『로마서를 무장해제 하다』는 로마서를 여러 가지 측면에서 무장해제 시킨다. 아니, 더 정확히 말하면 로마서를 읽고 해석하는 독자들을 무장해제 시킨다는 말이 더 맞을 것이다. 바울의 신학이 가장 정교하게 집대성된 로마서는 전통적으로 개인의 이신칭의 관점, 혹은 유대인과 이방인의 관계를 풀어내는 사회학적 관점에서 해석되어왔다. 하지만 본서는 로마서를 로마 제국에 대항해 로마 제국의 정신을 해체하고, 그 대안을 제시한다고 보는 정치적 읽기(political reading)를 우리 시대상에 접목해 오늘날의 언어로 풀어쓴 책이다. 권력과 부나 기득권의 관점이 아니라 노예와 가난, 상실 그리고 소외계층의 관점에서 제국의 심장부에 보낸 로마서가 얼마나 도전적이고 혁명적인 내용을 담고 있는지를 보여주는 책이다. 로마서에서 더 이상 신선한 내용을 읽어낼 수 없다고 생각하는 이들, 특히 전통적이고 정통적인 로마서 독법 테두리를 벗어나지 못하는 이들의 생각이 얼마나 비좁은지를 깨닫게 하는 책이다. 내용에 동의하든, 다 동의하지 못하든 본서는 얻고 배울 것이 참 많은 책이다.

김경식 웨스트민스터신학대학원대학교 신약학 교수

『로마서를 무장해제 하다』는 따뜻한 책이다. 이 책을 읽다 보면 사람을 품는 사랑과 창조세계를 보듬는 공감에서 나오는 온기가 느껴진다. 이 책은 1세기 로마 역사에 대한 해박한 지식과 오늘의 현실에 대한 깊은 이해, 그리고 양자를 연결하는 해석학적 통찰이 어우러져 로마서를 보는 우리의 눈을 바꾸어주는 신선한 해설서다. 박식을 뽐내어 독자를 주눅 들게 하기보다는 가상 독자와 친절하고 세밀한 대화를 통해 논의를 진행한다. 시와 이야기와 역사와 성서 해설을 적절히 곁들여 책 읽는 즐거움을 더해주기 때문에 나도 모르게 빠져들게 된다. 특히 반복하여 등장하는 다섯 개의 질문이 이 책의 해석적 통찰을 잘 보여준다. (1) 우리는 어디에 있는가? (2) 우리는 누구인가? (3) 무엇이 문제인가? (4) 해결책은 무엇인가? (5) 지금은 어떤 때인가? 이 질문들이 로마 제국, 아프리카 출신 노예, 유대인 디아스포라, 캐나다 원주민, 오늘날의 소비주의, 바울 등 다양한 주체에게 연이어 던져지면서 로마서를 읽는 우리의 관점을 조정하게 한다.

안용성 그루터기교회 목사, 『로마서와 하나님 나라』 저자

로마서가 복음의 급진적 성격을 내포한 편지임을 입증한 이 책은 초기 그리스도인들과 로마 제국 사이의 정치-경제적 역학, 그리고 황제가 독점한 제국의 민낯을 들출 때 성서 읽기가 얼마나 풍성해지는지 잘 보여준다. 또한 현대사회의 폭력적인 구조를 인식하지 못할 때 편파적 읽기의 함정에 빠질 수 있다고 경고한다. 이 책은 로마서의 반(反)제국적 의도를 대화체로 소개하여 '성서 읽기의 회심'을 촉구한다. 즉 바울이 신학 논문을 집필한 것처럼 읽은 종교개혁 이후의 '로마서 독법'에 대한 일격(一擊)이기도 하다. 특히 이신칭의 교의를 비판적으로 검토하여 유대인과 이방인이 혼재한 로마 교회의 일치를 이루는 유일한 토대는 황제가 아니라 영원한 왕이신 예수라고 강조한다. 우리 시대의 언어로 로마서를 풀어준 저자들의 타르굼은 교회가 세상과 어떻게 소통하며, 어디까지 포용할지 성서 연구자와 설교자들에게 도전한다.

윤철원 서울신학대학교 신학전문대학원 신약학 교수

이 책의 공동 저자인 실비아 키이즈마트와 브라이언 왈쉬는 로마서를 전혀 새로운 관점으로 이해하도록 독자들을 안내한다. 로마서는 오랜 세월 동안 많은 학자의 연구 결과를 토대로 조직신학적인 이해의 프레임 속에서 미시적이거나 거시적인 구원론의 렌즈로 읽혔다. 하지만 저자들은 로마서를 바울 당시의 사회적 맥락에서 이해하게 하려고 온갖 문학적 수단(예를 들면, 이야기, 시, 상상력과 가상 대화 등)과 사회역사적 및 문화적인 방법, 특히 로마 제국의 역사문화적 환경이라는 제국주의 해석의 틀을 동원한다. 그동안 진부하고 식상한 로마서 이해에 지쳐버린 경건한 독자들에게, 특히 세계 자본주의 제국의 환경에서 살아가는 현실 참여 독자들에게 이 책은 로마서의 새로운 해석으로 말미암아 그 속에 감추어진 진정한 맛을 음미하도록 도와주며, 동시에 기존의 해석에 정면으로 도전하게 할 것이다.

조석민 에스라성경대학원대학교 신약학 은퇴교수, 기독연구원 느헤미야 초빙연구위원

이 책은 고전적 의미의 로마서 주석서나 해설서가 아니다. 그렇다고 로마서 강해설교집이라고 하기도 어렵다. 이 책은 로마서의 한 논증 형식인 고대의 수사학적 문답식 대화법(diatribe)을 현대적 맥락에서 극대화하여 로마서의 메시지를 재맥락화하고자 한 시도라고 할 수 있다. 이러한 기획을 한 것은 이 책의 저자가 오늘날 변두리의 소외된 생명들을 돌보는 신앙공동체의 목회사역자이기 때문이기도 하지만, 무엇보다 "독자들에게 1세기에 쓰인 로마서가 좀 더 생생하고 도전을 주는 편지로", "오늘날에도 실질적인 영향을 미치는 편지로 다가오도록" 의도한 목적과 연관되어 있다. 그 결과는 당시

로마서를 받아 읽고 묵상했을 1세기 로마의 기독교 공동체가 그 서신에 신앙과 삶으로 응답했을 법한 내용을 문학적 상상력으로 재구성한 흥미진진한 플롯이고 교훈이며 메시지다. 그 신학적 되먹임 작업에서 주된 초점은 1세기 로마의 제국적 폭력성과 21세기 오늘날의 제국적 폭력성이 상응하는 반복음적 현실과 이에 대한 신랄한 비판적 성찰이다. 저자는 그 세세한 현상을 낱낱이 고발하면서 로마서를 단숨에 세상 변혁적인 복음의 화약고로 다시 읽어낸다. 이러한 도전적 모험의 역동성은 오늘날 로마서를 무미건조한 교리교과서로 읽고 형이상학적 신학도서로 자리매김하려는 모든 시도를 거부하는 동시에, 로마서를 날 선 검처럼 살아 있고 현대인의 미적지근한 심장을 쪼개는 예리한 복음의 비수로 다가오게 한다.

차정식 한일장신대학교 신학과 교수, 전 한국신약학회 회장

실비아와 브라이언은 내가 제일 좋아하는 성경학자들이다. 여러분이 교회에 과도하게 몰입하는 사람이든 소속감 없이 그냥 다니는 사람이든, 성경에 대한 새로운 호기심을 품게 될 것이다. 이 책은 학자들에게도 완벽하지만, 이제 막 성경을 읽기 시작한 사람들과 그 사이에 있는 모든 사람에게 다 딱 들어맞는 책이다. 성경 중에서 가장 잘못 읽히고 있는 로마서를 식민지주의자들과 십자군 전통으로부터 구해낸다. 그리고 1세기 상황에서 로마서가 전하는 반제국적 사랑 이야기를 듣도록 도와준다.

셰인 클레이본 작가, 활동가, Red Letter Christians 공동 창설자

바울이 로마에 있는 유대인과 그리스도를 따르는 이방인들에게 보낸 이 편지를 이전과는 전혀 다르게 읽어보고 싶다면 이 책을 읽어라. 그리고 반복해서 읽어라. 교회 안에서 소모임으로 공부해도 좋다. 친구들과 이 책을 가지고 토론도 해보라. 깊이 있게 공부해보라. 이전 책 『제국과 천국』에서 했던 것처럼, 키이즈마트와 왈쉬는 신약성경을 꼼꼼히 읽어나가며(그들은 성경을 정말로 사랑한다!) 신약성경이 갖고 있는 유대교적 뿌리와 로마 제국이라는 맥락을 서로 연결시킨다. 가장 중요한 것은, 로마서의 메시지를 오늘날 우리의 현실로 가져와 우리가 처한 제국적 맥락에서 메시아 예수의 복음을 어떻게 신실하게 살아낼 것인지 읽어낸다는 것이다.

J. 리처드 미들턴 로버츠 웨슬리안 칼리지 노스이스턴 신학교

1918년 칼 바르트가 발간한 로마서 주석으로 인해 굉장한 신학적 방향 전환이 일어났다. 그로부터 1세기 후 키이즈마트와 왈쉬는 트럼프주의와 함께 점점 깊어지는 사회적 격차 및 생태계 위기와 끝없는 전쟁 속에서 이 책을 썼다. 이들의 놀라운 연구는 제국의 그림자 아래서 노동하던 원래 독자들을 통해 그때와 비슷한 싸움을 하는 북미 그리스도인들을 위한 메시지를 이끌어낸다. 저자들은 왕성한 상상력을 발휘하여 교조적이고 경건주의적인 해석에 묶여 있는 로마서를 풀어내어 그 당시의 사회적 맥락(오늘날 우리와 비슷한 혼란들) 위에 다시 세운다. 우리는 이 책에서 말씀과 세상에 대한 우리 시대 최고의 해석가들이 제시하는 새롭고 신실한 해석을 듣는다. 로마서를 새롭게 보게 될 것이다!

체드 마이어스 바디매오 사역

여러분이나 저나 전에는 이런 식으로 로마서를 읽어본 적이 없을 것이다. 어떤 이들은 로마서를 무기로 사용했고, 어떤 이들은 추상적인 내용으로 축소시켰다. 실비아 키이즈마트와 브라이언 왈쉬는 이런 전례들을 무장해제 시킨 후, 로마서를 실제 현실의 세계로 되돌려놓았다. 두려움과 좌절, 신음이 넘치는 실제 삶 속에 선포된 복음의 위대함은 환희에 가깝다. 두 사람의 학구열을 통해 훨씬 더 많은 상상을 할 수 있는 깊은 토대가 마련되었다. 키이즈마트와 왈쉬는 서로 다른 질문과 의견을 가진 현대인뿐 아니라 이 편지를 처음 '들은' 고대 로마에 살던 사람들도 해석 과정에 참여시킴으로써, 우리가 이 세상을 새롭게 바라보고 어떻게 로마서를 적용해야 할지 알려준다. 저자들은 로마서 본문에서 (또다시) 복음에 대한 바울의 조직신학을 이끌어내려고 하지 않는다. 오히려 역사를 철저히 살펴봄으로써 복음이 갖는 실제적이고 혁명적인 성격을 드러낸다. 여기서 우리 시대를 포함한 어느 시대의 제국이든 그 제국이 무장해제 되고 황제가 몰락한다. 그 제국이 갖는 악한 가치들이 부인되고, 더 위대한 주인이자 왕이신 주님의 자유롭고 집을 세우는 능력이 드러난다.

그렉 폴 토론토 성소교회 교인, *God in the Alley, Resurrecting Religion* 저자

이 책에서 키이즈마트와 왈쉬는 이야기, 시, 가상 대화, 확고한 성경적·사회문화적·역사적 배경을 예술적으로 혼합하여 독자들이 로마서를 새롭게 이해하도록 돕는다. 나는 이들의 관점이 훨씬 더 정확하다고 믿는다. 로마서는 계몽 지향적인 세계관으로 쓰이지 않았기 때문에, 이 책은 그런 개념들을 제거한다. 관습적이지 않고 좀 더 바람직한 렌즈(오늘날 우리에게 정말 실질적으로 적용 가능한 렌즈)로 사도 바울의 세계와 우리 세계를 보도록 돕는 저자들의 솜씨에 고마움을 전한다.

랜디 S. 우들리 *Shalom and the Community of Creation* 저자

ROMANS DISARMED

RESISTING EMPIRE, DEMANDING JUSTICE

SYLVIA C. KEESMAAT

BRIAN J. WALSH

Resisting Empire, Demanding Justice

ROMANS

로마서를
무장해제 하다

로마서 읽기를 통해 제국의 질서를 전복시키기

DISARMED

실비아 키이즈마트,
브라이언 왈쉬 지음

이선숙 옮김

새물결플러스

토론토 중심에 있는 도피성인
성소교회에 헌정한다

차례

서문   13

1장   로마서 읽기와 제국을 무장해제 하기   19

2장   부엌 벽과 공동주택 현관   85

3장   제국과 일그러진 세계관들   131

4장   로마에서 집 없는 사람들   183

5장   창조세계와 집의 타락   237

6장   경제 정의와 생명의 왕국   357

7장   연약한 자들을 환대하기   411

8장   팍스 로마나와 평화의 복음   469

9장   제국의 성생활과 언약적 신실함   545

10장 구원, 탄식, 소망   623

서문

나른하고 더운 오후, 우리는 집에서 나와 젖소 목장 울타리를 옮기려고 초원 쪽으로 걸었다. 너무 더워서 젖소들은 나무 아래 모여 아침에 먹은 풀을 천천히 되새김질하고 있었다. 개들은 혀를 축 늘어뜨린 채 천천히 걷고 있었다. 모기와 사슴 파리가 윙윙거리며 우리 머리 주변을 맴돌았다. 6개월 후면 외투를 껴입고 모자와 부츠를 신어야 걸을 수 있다는 사실은 생각도 나지 않았다. 우리는 걸으면서 로마서에 대해 이야기를 나누었다. 노예들은 이 편지를 어떻게 들었을까? 유대에서 포로로 잡혀 온 사람들은 이 편지를 어떻게 들었을까? 땅을 잃은 사람들은 어땠을까? 성별에 따라 달리 들렸을까? 오늘은 젖소 울타리를 어디로 옮겨야 할지, 또 땅이 점점 딱딱해지고 건조해지고 있다는 말들을 하느라 잠깐 대화가 중단되기는 했지만, 참 즐거운 대화였다. 매일 젖소를 옮기며 걷는 일상은 작은 오아시스였다. 집으로 돌아가면 아이를 태우러 나가야 한다. 전화도 올 것이다. 논문을 검토하는 일도 끝내야 한다. 설교도 써야 하고 목회 상담도 해야 한다. 인턴들과 아이들과 함께 지내는 농장의 바쁜 일과로 돌아가야 한다.

간단하게 살펴본 우리의 여름 일상이 어떤 면에서 보면 이 책을 쓴 힘이 어디서 나왔는지 보여준다. 로마서에 대해 이야기를 나누고, 설교를 하고, 가르치고, 글을 쓰면서 보낸 수년의 시간은 농장을 가꾸고 아이들을 키우고 캠퍼스 사역을 하고 인턴들과 학생들을 멘토링하는 시간들이었다. 그래서 이 책을 쓰는 데 시간이 많이 지체되었고, 여러 가지 면에서 내용이 풍성해졌다. 이 책이 나오기를 오랫동안 기다리신 분들에게는 참 죄송하다. 우리의 이전 책『제국과 천국』을 읽으신 분들은 아시겠지만, 이번 에도 1세기의 상황과 오늘날의 구체적인 일상 속에서 로마서를 읽고자 애 썼다. 그렇게 하려다 보니 1세기 로마의 삶과 로마서 자체와 오늘날 우리 시대의 삶에 대해 방대한 양의 독서를 해야 했기에 시간이 걸렸다. 여러분 도 일상의 복잡함 속에서 성경을 읽어낼 수 있길 바란다.

앞으로 보게 되겠지만 다각적인 측면에서 로마서를 구체적으로 읽고 자 노력했다. 이 편지를 들은 1세기 독자의 눈으로, 타르굼이라는 방법을 통해, 현 시대 질문자와의 대화를 통해 로마서를 읽고자 했다. 이런 방법 들을 동원한 것은 이 책을 읽는 독자들에게 1세기에 쓰인 로마서가 좀 더 생생하고 도전을 주는 편지로 다가오도록, 그리고 오늘날에도 실질적인 영향을 미치는 편지로 다가오도록 하기 위해서다.

우리는 수년간 성경을 연구하면서 우리 친구 체드 마이어스와 엘라 인 엔스의 영향을 많이 받았다. 체드는 실비아가 자급자족 농업 디자인 코 스에서 성경을 가르치도록 초대해주었는데, 이것이 이 책을 쓰는 데 큰 영 향을 주었고 우리 삶에도 많은 영향을 주었다. 많은 사람에게 신실함과 치 유를 선물해준 체드와 엘라인에게 감사한다.

이 책이 나오도록 도와준 많은 분이 있다. 그중에서도 자급자족 농업 과 유기농 재배와 환경을 파괴하지 않고 살아가는 법에 대해 배우면서 이 책이 나오도록 도와준, 여름 내내 함께한 인턴들에게 참 감사하다. 특히 밴 지와 벤 스티븐슨, 이멜다 리, 로버트 밀러, 제이미 밀러, 벤 루텐스, 클 레어 페르툴라에게 고맙다. "우리가 할게요. 어서 들어가서 책을 쓰세요!" 라고 반복해서 말해준 당신들이 없었다면 이 책을 끝내지 못했을 것이다. 우리 친구이자 인턴인 아담 우드에게 감사의 마음을 전하려면 부활을 기 다려야 할 것이다. 아담을 잃은 슬픔이 이 책 속에 고스란히 녹아 있다.

이외에도 우리가 떠나 있는 동안 농장을 보살펴준 분들에게도 감사하다. 벤자민 그로엔올드와 트리시아 반 디크, 데이브 크라우스, 엘리엇 아비-콜본, 카를라 벨드만, 존 컬스타인, 조안나 더글라스(그리고 루이스!), 로버트 밀러와 제이미 밀러가 그들이다. 여름의 더운 열기를 이겨내고 나무를 때서 요리하고, 태양열로만 살아가는 법을 배우고, 동물들을 돌보고, 때로는 눈과 씨름하며 농장을 보살펴준 것에 참 감사하다.

호주와 영국, 미국, 캐나다에 있는 많은 분이 이 책을 읽고 다양한 피드백을 주었다. 기독교 연구소와 위클리프 대학 학생들과 세인트 제임스 영국성공회 교회 성도들도 이 일에 동참해주어 감사하다. 브라이언이 목회하는 Wine Before Breakfast 공동체 멤버들은 지난 12년 동안 로마서를 세 번이나 함께 연구해왔다. Generous Space 공동체 회원들도 그들의 연례 수련회에서 이 책을 함께 나누었다. 이분들이 제기한 질문과 도전들을 이 책에 나오는 대화자의 목소리에 실었다. 당신들의 도움으로 우리의 생각이 더 분명해졌고, 새로운 통찰력도 얻었고, 때로는 우리 생각이 달라지기도 했다. 사실 이 책은 당신들의 목회적 필요와 성경과 바울을 이해하고자 애쓰는 그 노력, 예수님과 동행하고자 하는 그 열정으로 탄생한 것이다. Wine Before Breakfast 교회의 많은 학생부 설교자들도 로마서에 대한 통찰력이 깊어지게 도와주었다. 그들의 이름은 각주에 밝혀놓았다!

우리 학생들 말고도 많은 분이 이 책의 여러 부분을 읽고 기꺼이 피드백을 해주셨다. 톰 라이트, 아론 홀브로, 리즈 키이즈마트 왈쉬, 베스 칼슨-말리나, 테리 르블랑이 그들이다. 테리는 우리나라에서 원주민들이 받고 있는 고통에 대해 쓸 때 많은 도움을 주었다. 우리가 특권층이기는 하지만 원주민들의 이야기를 제대로 전했기를 바란다. 독자 여러분께는 원주민들의 이야기를 직접 들어보기를 적극 추천한다.

바이런 보거와 앤드류 스테판-레니는 원고 전체를 읽고 자세한 피드백을 해주었다. 그의 피드백으로 중요한 통찰을 얻었고 이 책의 내용이 상당히 풍성해졌다. 수잔 스파이어는 전체 원고를 읽었을 뿐 아니라 이 작업을 하는 내내 목회적 격려를 아끼지 않았다.

조프 위처트는 놀라운 기지로 이 책의 제목을 *Romans Disarmed*로 지어주었다. 이 제목은 이중의 의미를 갖고 있는데 하나는 로마서가 1세기 로마 제국(그리고 오늘날 우리의 제국적 현실)의 폭력성을 해체한다는 의미가 있고, 또 하나는 로마서가 수 세기 동안 신학적으로 억압과 배제의 도구로 사용되었던 것에 대해 무장해제 한다는 의미가 있다.

조프가 우리의 의도를 너무나 명확히 파악하여 이런 제목을 지어준 것에 대해 감사하고 또 캠퍼스 사역의 동역자로 함께 해준 것에 대해서도 감사하다. 또 캠퍼스 사역을 하는 브라이언의 다른 동료들에게도 고마움을 전한다. 마르시아 보니페로, 캐롤 스코빌, 뎁 왈렌, 아만다 자그트, 에이린 베르던이 그들이다. 바울이 들려주는 이야기가 어떻게 실재가 되는지 이들을 통해 볼 수 있었다.

색인 작업을 해준 에이린 베르던에게 감사의 마음을 전한다. 그녀의 신학적 깊이 덕분에 색인 작업이 아주 창조적이고 세심하게 이루어졌다.

브라조스 출판사의 편집자 밥 호삭은 작업 기간이 많이 늦어졌는데도 포기하지 않았다. 그의 인내심이 고마울 따름이다. 멜리사 블록이 멋지게 편집을 해준 덕에 여러 가지 면에서 우리의 글이 훌륭해졌다. 그녀의 코멘트와 질문 덕분에 어디를 더 명료하게 써야 하는지 식별해낼 수 있었다. 훌륭하게 작업해준 그녀에게 감사한다.

토론토 대학교에서 기독교 개혁 캠퍼스 사역을 섬긴 덕에 브라이언의 글쓰기 작업이 참 많은 도움을 받았다. 이 작업을 하도록 유급휴가와 글쓰기 휴가를 허락해준 CRC 토론토 장로감독회에도 빚을 졌다. 앤드류와 에리카 스테판스 레니는 이 캠퍼스 사역의 동역자들인데, 글쓰기 휴가를 낼 수 있도록 관대하게 지지해주었다. 동역자들에게 참 감사하다. 프리실라 스탠포드 리드 트러스트는 지난 20년간 브라이언이 글쓰기 작업을 하도록 후원해주었다. 바라기는 이 책이 이 단체가 지향하는 문화적으로 변혁적인 신앙을 증거할 수 있으면 좋겠다.

우리 아이들, 특히 제일 어린 두 아이는 늘 로마서에 대해 말하는 것을 들으며 자랐다. 로마서에 대해 반복해서 말해도 잘 들어준 마들렌과 리즈에게 고맙다. 또 우리 삶에 기쁨이 되어준 주발과 수에게도 고맙고, 우리 손자 오스카와 장난감 기차를 가지고 놀 수 있었던 것도 감사하다.

토론토 성소교회 교우들이 없었더라면 이 책은 완성되지 못했을 것이다. 성소교회에는 가난한 사람과 부자, 노숙자와 집을 소유한 자, 정착민과 원주민, 흑인, 백인, 아시아인, 이성애자, 게이, 트랜스젠더, 양성애자 등 다양한 사람들이 모여 있다. 우리 모두 똑같이 망가진 삶을 살았었지만 이제 모두 은혜 안에 거하고 있다. 이들은 바울이 꿈꾸던 대안적인 공동체를 이루며 함께 노래하고, 춤추고, 먹고, 울고, 웃으며 지낸다. 모두의 이름을 다 적을 수는 없어 우리에게 큰 영향을 준 몇 분의 이름만 적겠다. 시몬 비어스토, 그렉 폴, 시아 프레스코드, 레이첼 툴로크다. 성소교회 덕분에 소망을 갖게 되었고, 이 어두운 시대에 우리의 일을 감당할 수 있었다. 이 책을 성소교회에 바친다.

러셋 하우스 농장에서
2018년 성 막달라 마리아 축일에

1장

로마서 읽기와 제국을 무장해제 하기

도피성에서의 기쁨과 슬픔

두 소절만 들어도 무슨 곡인지 모두가 안다. 노래가 시작되자마자, 춤을 추지 않던 사람들도 무리에 합류한다. 손을 들고 발을 움직이며 친숙한 미소를 띠며 얼굴에는 기쁨이 가득하다.

우리는 그곳에 있었다. 부자와 가난한 자, 원주민과 백인과 흑인과 동양인, 집이 있는 자와 집이 없는 자, 이성애자와 동성애자와 성전환자와 양성애자, 젊은이와 늙은이, 남자와 여자, 모두가 하나님 나라가 임할 때까지 춤을 추었다.

아시다시피 가사는 이렇다.

강 건너 한 성이 있네
그 안에서 불빛이 흘러나오고
사람들은 성루에서 춤을 추네
네게 손짓하며 들어오라고,
저 도피성[1]으로

그레이스홀에서 보낸 또 한 번의 밤이었다. 토론토 성소교회에서[2] 열린 또 한 번의 음악과 예술의 밤이었다. 또 한 번의 축제의 밤이었다.

이 도심 교회를 중심으로 활동하던 록 앤 블루스 밴드인 레드 레인의 30주년 기념일이다. 밴드가 "도피성"을 연주하자, 성소교회 공동체는 깊

---

1 2006년 발표한 레드 레인(Red Rain)의 "그레이스에서의 하룻밤"(A Night at Grace's) 음반 트랙 3번 "도피성"(City of Refuge).
2 성소교회는 토론토 시내 중심지에서 다양한 사역을 펼치는 교회다.

은 갈망과 열정적인 기쁨을 담아, 믿음과 의심을 담아, 상실의 눈물과 소망을 담아, **이** 춤추는 장소가 바로 도피성**이라는** 확신을 담아(비록 강 건너에 있는 환한 빛이 비치는 다른 성으로 해방되어 옮겨가길 간절히 갈망하지만) 춤을 춘다. 그 밤 **우리**는 도피성 안으로 들어오라고 모두를 손짓하여 부르며 성루에서 춤을 춘다.

이 파티에 참석하기 위해서는 안내원에게 뒷돈을 줄 필요가 없다. 이 클럽에 들어가려고 멋지게 꾸밀 필요도 없다. 입장표나 드레스, 혹은 아는 사람이 필요하지도 않다. 그곳에는 예약석도 없고 어떤 누군가를 위한 특별대우도 없다. 그 무도장에서 특별히 신경 써야 할 것이 있다면 모두가 즐거워하도록 신나게 춤추는 것뿐이다.

실제적인 기쁨이었다. 환한 빛이 새어 나오는 저 강 건너 성을 다 함께 노래하자, 마치 그 빛이 우리에게 직접 비추는 것 같았다. 그 무도장에는 빛과 자유와 깊고 깊은 기쁨이 있었다.

그런데 춤추는 무리에서 불과 몇 미터 떨어지지 않은 곳에서, 뭔가 다른 일이 벌어지고 있었다. 그 무도장 한구석에는 깊고 깊은 슬픔이 있었다. 프랭키는 그날 저녁 무도장에 맨 먼저 왔다. 혼자서 춤을 추며 다른 사람들에게도 함께 추자고 손짓했다. 프랭키는 음악에 맞춰 리듬을 타며, 손을 쭉 뻗고 온몸으로 기쁨을 표현했다. 그는 무도회 첫 세트 내내 자리를 지켰고 두 번째 세트가 시작되고 있었다.

그러다 어떤 일이 일어났다. 무슨 일이었는지 우리는 모른다. 어쩌면 노래 한 소절이 그를 심하게 흔들었을지 모른다. 아니면 갑자기 뭔가 생각났는지도 모른다. 어찌 됐든 한참 즐거워하던 그에게 슬픔이 덮쳤다. 프랭키는 무도장 옆으로 비켜나 주저앉아 울었다. 친구들이 그를 감쌌고 그는 울고 또 울었다.

더 이상 춤을 추지는 못했지만, 그가 아직 도피성에 있다는 것을 우리는 모두 알았다. 기쁨으로 춤추며 그곳에 있든지, 깊은 슬픔에 빠져 주저앉아 있든지, 이 파티, 이 공동체, 이 장소는 그에게 도피성으로 남아 있었다. 그는 기쁨 가운데서도, 슬픔 가운데서도 안전했다.

사도 바울은 로마 제국 한복판에 살던 그리스도인 공동체의 특징을 묘사하며, 이렇게 기록했다. "즐거워하는 자들과 함께 즐거워하고 우는 자들과 함께 울라"(롬 12:15). 그날 밤 성소교회에서 우리는 프랭키와 함께 이렇게 했다. 그와 함께 음악에 맞춰 기쁨을 만끽하며 춤을 추었고, 또 그와 함께 앉아 슬픔과 상실감과 고통과 아픔 속에 있는 그를 껴안았다.

소망이 기쁨을 낳는다면, 슬픔은 깨어진 소망의 소산이다. 사도 바울은 로마서의 첫 번째 짧은 찬가에서 이렇게 고백한다. "소망의 하나님이 모든 기쁨과 평강을 믿음 안에서 너희에게 충만하게 하사 성령의 능력으로 소망이 넘치게 하시기를 원하노라"(롬 15:13). 로마 그리스도인들에게 급진적으로(radical) 환영하는 공동체가 되라고 요청하면서 마지막에 한 말이다. 이렇게 모두를 환영하는 공동체에서만 "이방인"이 즐거워할 수 있을 것이다. 환영은 기쁨을 낳고 기쁨은 소망을 낳는다. "소망의 하나님이 모든 기쁨과 평강을 믿음 안에서 너희에게 충만하게 하시어 너희가 소망으로 넘치게 하시기를 원하노라." 소망을 가지려면 기뻐할 수 있어야 한다고 사도 바울이 시사하고 있다. 그리고 그날 밤 무도장에서 프랭키와 다른 모든 사람이 보여주었던 기쁨이 바울이 말한 바를 입증해주었다. 함께 춤을 추는 동안 비록 우리가 사는 이 도시와 우리의 삶, 그리고 우리를 둘러싼 모든 것이 기쁨과 거리가 멀다는 것을 알았지만, 그럼에도 우리는 소망으로 가득했다.

그러다 그 일이 일어났다. 한순간 음악과 춤추는 기쁨이 이어지지 못하고 슬픔이 이를 대신했다. 프랭키와 그 모임에 있던 다른 사람들은 슬퍼할 분명한 이유가 있었고 소망을 잃을 만한 충분한 이유가 있었다. 그런 이유로 지난 몇 달간 많은 사람이 죽었다. 많은 이들이 가난과 알코올중독과 질병과 마약중독과 노숙자로 살면서 매를 맞고 상처 입고 학대를 당했다. 인종차별과 억압과 문화 학살로 지독하게 곪아버린 상처와 흉터를 갖고 있었다. 그리고 그렇게 우리가 잃은 많은 사람이 원주민 형제, 자매들이었다.

모든 죽음이 고통스럽지만, 그날 밤 그 공동체는 너무나 가깝고 생생한 죽음을 마주했다. 그렉 "이기" 스푼(Greg Iggy Spoon)이 47세 생일을 하루 남겨 놓고 세상을 떠난 것이다.[3] 이 퍼스트 네이션스(First Nations) 공동체의 원주민 형제는 여러 차례 힘든 시기를 겪었다. 그는 상처 입고 고통받으며 슬픔[4]에 익숙한 삶을 살았다. 그의 삶은 알코올중독, 약물남용, 노숙, 폭력으로 물들어 있었고 경찰들과 마찰도 일으켰다. 그러나 그곳 성소교회 공동체에서 이기는 예술가이자 스승이고 친구로 여겨졌다. 이기 형제와 지내기가 쉽지는 않았지만, 뭔가 그에게는 지역주민들이 존경할 만한 것이 있었다. 3월 초에 그가 중환자실로 실려 가자 지역주민들은 24시간 불침번을 서며 그를 간호했다. 이기는 거의 평생을 거리에서 지냈지만 결코 혼자가 아니었다. 생을 마감할 때 그는 20여 명의 친구와 가족에게 둘러싸여 깊은 사랑과 애도를 받았다. 그의 추도식은 앉을 자리가 없을 정도였다. 프랭키는 이기의 절친이었다.

---

3 Greg Paul은 그의 저서 *Resurrecting Religion: Finding Our Way Back to the Good News*에서 Iggy 이야기를 소개하고 있다(Colorado Springs: NavPress, 2018), 173-79.

4 참조. Anna Bowen, "Cop Out," 2014년 3월 19일 자, *This*, http://this.org/2014/03/ 19/mayjune-cover-story-cop-out/.

레드 레인의 30회 기념행사였던 이 파티는 모두에게[5] 아직 이기의 죽음이 생생한 고통으로 남아 있을 때 열렸다. 이틀 전 캐나다 진실과 화해 위원회(Canada's Truth and Reconciliation Commission)[6]가 공개한 보고서로 인해 사람들의 마음은 고통과 배신으로 가득 찼다. 이 권위 있는 단체는 원주민 어린이들을 강제로 추방하여 교회가 운영하는 기숙학교로 보내려는 캐나다 정부의 정책이 문화 대학살이나 다름없다고 공개적으로 선포했다. 이것은 중요하면서도 여전히 고통스러운 진실이었다. 이것은 우리에게 단순한 사회적 "문제"가 아니었다. 극히 개인적인 문제였다. 이기, 크리스, 제임스, 프레드 그리고 그 외 많은 다른 공동체 구성원들의 문제였다. 이 보고서는 우리 속에 공존하던 애통함을 보여주었다.

이런 슬픔 속에서도 삶을 지속하기 원한다면 기쁨을 받아들일 수 있는 큰 능력이 필요하다. 그러나 슬픔을 외면하는 "기쁨", 삶의 중심에 있는 슬픔과 아픔을 끌어안지 못하는 "기쁨"은 기껏해야 값싼 감상일 뿐이고, 최악에는 감정의 은폐이고 거짓이다. 얼굴에 슬픔을 보이려면 구체적인 원인을 말할 수 있어야 한다. 그 고통의 원인과 우리에게서 소망을 빼앗는 힘의 세력을 거론하려면 용기와 대담함과 예언자적 정직함이 필요할 것이다.

성소교회에 있는 우리 친구들은 이것을 무엇보다 잘 알고 있다. 그래

5　이기의 사망 이후, 성소교회 인근의 퍼스트 네이션스 공동체에서 다른 사망자들도 나왔다. 한 사람은 급성 심장마비로, 다른 사람은 자살로 사망했다. 이기의 추도식에서 추모곡을 부른 Ramsey Whitefish는 살해됐다.

6　캐나다 진실과 화해 위원회(Canada's Truth and Reconciliation Commission)는 현재 진실과 화해 국립센터(National Center for Truth and Reconciliation, NCTR)로 전환되었다. 캐나다 진실과 화해 위원회의 보고서는 다음 사이트에서 확인할 수 있다. http://www.trc.ca/websites/trcinstitutin/index.php?p=890 or http://nctr.ca/reports.php.

서 그날 밤 레드 레인은 새로운 곡을 소개했다. 그 노래는 일명 "이기의 노래"다. 레드 레인 밴드 리더와 교회 목사 그렉 폴은 파티의 진행 속도를 늦추고 더 고요한 성찰의 시간을 갖게 하여 기쁨과 슬픔에 대해 서로 나누고, 진실과 화해 위원회가 발표한 내용과 우리 친구 이기에 대해서도 이야기를 나누었다. 그리고 리드 기타리스트 댄 로빈스가 작사한 곡을 코러스와 함께 부르기 시작했다.

> 난 너희들이 머리를 흔드는 모습을 보았지
> 난 너희들이 했던 말을 똑똑히 기억해
> 죽어 마땅한 또 한 명의 염** 술주정꾼 인디언 놈이라고…
> 너희들은 나에 대해 제** 아무것도 몰라[7]

댄 로빈스는 비속어를 쓰는 사람이 아니다. 약간 특이한 유머감각이 있긴 하지만 보통은 순진한 사람이다. 하지만 그날 밤은 아니었다. 댄은 이기의 목소리를 대신해서, 그리고 다른 많은 원주민 친구들의 목소리를 대변해서, 우리 친구들이 토론토 거리에서 그리고 미국 전역에서 날마다 직면해야 했던 묵살과 혐오의 태도들을 비판했다. "너희들은 나에 대해 제** 아무것도 몰라."

그 노래는 청중들에게 계속해서 엄청난 가사들을 쏟아냈다. "크랙과 메스 그리고 리스테린(마약의 일종—역자주)/ 싸구려 술과 대마초와 휘발유/ 자살과 근친상간과 한 번도 경험 못 한 두려움." 이것이 이기의 현실이었다. 그러나 이 무너진 삶은 퍼스트 네이션스 원주민의 타고난 성격적

---

7   발행자가 특정 비속어에 대한 번역 인쇄를 허용하지 않아 원 가사 내용을 수정했다.

결함 때문이 아니었다. 그 근간에는 식민지 탄압이 있었다.

> 수백 년간 백인들에게 겁탈당했지
> 상인들, 군인들, 개척자들
> 정부, 경찰, 그리고 교회 감독자들
> 너희들은 나에 대해 제** 아무것도 몰라

당신들은 인디언 지정 구역의 좌절과 고통 그리고 약속을 무시하고 깨버리는 시스템의 불결함을 모른다. 당신들은 죽도록 모욕당하고 구타당하는 그 깊은 한을 모른다.

> 아기일 때부터 학대를 받았지만, 아무도 우리의 울음소리를 듣지 않았지
> 너희들은 너무 쉽게 판단하고 너무 쉽게 경멸했지
> 나는 너희들 눈에 있는 그 증오가 느껴져
> 너희들은 나에 대해 제** 아무것도 몰라[8]

성소교회에 있던 활기 넘치던 사람들이 조용해졌다. 하늘을 찌를 듯이 소리치며 즐거워하던 한 공동체 일원이 슬픔에 사로잡힌 채 우리에게 와서 기도를 부탁했다.

바울은 "큰 근심과 그치지 않는 고통"(9:2)의 장소에서 로마서를 썼다. 이런 장소에 있어 본 일이 없다면, 이 고대의 서신에서 바울이 뭘 하려고 하는지 제대로 이해할 수 없을 것이다. 바울은 시작 인사에서 로마에

---

8   Dan Robins의 "이기의 노래"(Iggy's Song), 미발매. 승인 하에 인용

있는 그리스도 공동체를 방문하기를 간절히 원했고, 이는 피차 안위함을 얻기 위한 것이라고 말한다(1:11-12). 이는 그가 로마에 가기를 시도했으나 상황이 허락하지 않았다는 말을 점잖게 표현한 것만은 아니다. 오히려 이 서신에서는 그의 간절함을 엿볼 수 있다. 바울이 피차 안위를 얻고 싶다고 한 것은 그들이 매우 비관적인 상황에 놓여 있었기 때문이다. 바울의 문체에는 연민의 힘 같은 것이 있는데, 그의 글을 지나치게 신학적으로 읽으려고 하다 보면 그 힘을 보지 못하게 된다. 예를 들어, 로마서에서 바울이 이스라엘의 시편을 인용한 것은 우연이 아니다. 그는 탄원시[9]들을 인용한다. 이것만 봐도 그가 로마 제국 한복판에서 자신이 이해하는 복음으로 영적이고 감정적인 울림을 찾고 있는 것이 엿보인다.

사실 바울의 글을 관통하고 있는 것은 바로 이 연민, 이 열망이다. 창조세계가 속박되어 있기에, 모든 피조물이 해방되기를 갈망하고 다시 태어나는 고통을 감수하며 "산고와 같은 고통을 겪고 있다"(8:22). 그리고 창조세계가 탄식하듯이 우리도 "속으로 탄식하며 양자 될 것, 곧 우리 몸의 속량을 기다린다"(8:23). 여기 인간의 고뇌와 다른 피조물의 고뇌 사이에 울리는 여운이 있는데, 이기 같은 사람은 이를 충분히 이해했을 것이다. 하지만 창조세계를 관통하는 이 연민(pathos)은 또한 하나님의 마음까지 관통한다. 성령은 인간과 다른 피조물과 합력하여 "말할 수 없는 탄식으로 우리를 위하여 친히 간구하신다"(8:26). 인간과 창조세계가 당하고 있는 폭력적이고 소득도 없고 절망스러운 속박을 마주하며, 성령은 말할 수 없는 탄식으로 목소리를 보태신다. 다시 말하지만, 이기는 이것을 알았을 것이다.

---

9   예. 시 10편; 18편; 44편; 71편; 94편; 110편; 143편.

바울의 로마서를 이해하려면 우리도 이 연민, 이 슬픔과 고뇌를 알아야 한다. 자유롭게 기뻐하던 무도장에도 있어 봐야 하고, 옆으로 비켜나 울고 있던 프랭키와도 있어 봐야 하고, 이기의 병실을 지키다 또 한 번의 죽음을 목도하며 또 한 번의 배신, 또 한 번의 깊고도 깊은 상처를 받아 눈물도 흘려봐야 한다. 그런 자리에 있어 보지 않았다면, 고대의 상황에서 그리고 현재 우리의 상황에서 이 로마서가 갖는 힘을 제대로 알지 못할 것이다.

그러나 상처와 배신에 저마다 사연이 없을 수 없다. 슬픔과 고뇌에는 늘 구체적인 현실과 실제 장소가 있다. 이런 연민(pathos)은 특정한 고통과 억압의 상황에서 나온다. 댄 로빈스의 노래와 진실과 화해 위원회의 보고서에서 입증하듯이, 퍼스트 네이션스 캐나다 원주민(더 나아가 전 세계 모든 원주민)의 상처와 상흔은 식민주의 역사에 뿌리를 내리고 있다. 이기는 다른 어떤 말보다 제국의 희생자라 말할 수 있다. 그의 고통을 이렇게 말하지 않는다면 그의 기억에 몹쓸 짓을 하는 게 될 것이다.

이러한 제국이 준 상처들을 보면서 캐나다 진실과 화해 위원회는 일방적인 무장해제 과정을 촉구해왔다. 정의와 치유, 그리고 퍼스트 네이션스 원주민들과 화해하려면 식민주의 제국은 무장을 해제해야만 한다.

물론 이런 무장해제는 제국 자체를 해체하는 것이고 자신들의 문화적 우월감을 표시하는 것에 반하기 때문에 제국이 결코 자발적으로 행하지는 않는다. 제국의 이야기는 언제나 더도 덜도 아닌 문화적·경제적·군사적 권력에 대한 것들이다. 사실 제국의 관점에서 보면, 헤게모니를 유지하는 것이 일종의 도덕적 의무에 해당한다. 그들은 역사를 움직이고 문명을 발전시키는 일이 제국의 성장에 달려 있다고 본다. 제국의 중심에서 보면, 그런 힘을 자발적으로 포기한다는 것은 상상할 수 없는 일이다. 그러나 소외 계층 즉 제국의 주변에 있는 사람들, 특히 제국의 희생자들이 희망을 품게 하려면, 제국의 무장해제는 가능해야 하고 중요하다. 수천 명의 캐나다 원주민들의 이야기를 듣고 그들의 아픔과 고뇌를 목격한 후에, 정복과 민족흡수와 민족말살의 이데올로기를 거부하려는 진실과 화해 위원회의 요구는 식민주의자들의 사회 기반을 무장해제 하는 것으로 결론을 내린다.

바울이 로마에 있는 그리스도인 가정교회에 보낸 편지를 제국의 무장해제를 촉구하는 내용으로 읽는다면 어떻게 될까? 로마 제국 소외계층의 관점에서 제국 중심부에 보낸 편지로 읽는다면 어떻게 될까? 성소교회 무도회장 가장자리에서 울고 있던 프랭키와 함께 이 편지를 읽는다면 어떻게 될까? 아니면 망가진 몸과 마음으로 중환자실에 누워 있는 이기와 함께 이 편지를 읽는다면 어떨까? 로마서를 읽던 그 시대의 연민과 갈망과 아픔을 끄집어내 지금 우리가 처한 21세기 제국의 상황에 말하도록 해보면 어떨까?

로마서, 복음, 그리고 제국

잠깐만요. 이 시점에서 제가 잠시 실례를 해야겠습니다. 무례를 범하고 싶진 않지만 이 프로젝트에 대해 질문이 많습니다. 비록 아직 시작도 안 하셨지만요.

질문하시기 전에 차례대로 좀 더 진행하도록 기다려주시겠습니까?

못 기다리겠습니다. 답답함을 털어버리지 않고는 계속 읽을 수가 없네요.

뭐가 그렇게 신경이 쓰입니까?

음, 읽다 보니 저도 그날 밤 당신들과 함께 거기 있었던 게 생각났습니다. 저도 공동체와 함께 기쁨을 공유했고, 당신들이 프랭키와 이기 이야기를 할 때는 사실 눈물이 났던 것도 인정합니다. "이기의 노래" 가사처럼 거친 말을 잘 사용하지는 않지만, 댄 로빈스가 쓴 글에서 가슴 아픈 진실을 봅니다. 그래서 제가 일반적으로 성경을 읽는 방식은 아니지만, 그 아픔과 고통을 "큰 근심과 그치지 않는 고통"에 빗대는 것도 이해가 됩니다. 이런 슬픔과 고통의 눈으로 로마서를 읽어보고 무슨 일이 일어날지 보자는 말에 전적으로 동감합니다.

제가 받아들이기 힘든 부분은 소외된 사람들의 입장에서 로마서를 읽자는 부분입니다. 너무 추측 아닙니까? 두 분처럼 박사학위를 받은 분들이 어떻게 소외된 사람들의 입장에서 글을 쓴다는 거죠? 당신들은 개인적으로나 직업적으로나 성공한 분들이잖아요.

하지만 이것은 단순히 당신들과 소외계층을 어떤 식으로 관련지을 수 있느냐의 문제만은 아닙니다. 식민지주의에서 중요한 역할을 했고, 제국 안에서 안정된 지위와 지지를 받는 교회가 감히 어떻게 그들을 대변할 수 있는가 하는 겁니다.

이렇게 된 이상, 교회가 바울의 로마서를 자신들의 내부 전쟁과 서신서의 소위 신학 밖에 있는 사람들에 대항해서 무기로 사용해왔음을 말할게요. 제국이 무장을 위해 사용했던 문구에 우리가 호소한다면 어떻게 제국의 무장해제를 할 수 있을까요?

가장 어려운 질문을 바로 해주셨네요.

먼저, 우리가 속한 제국주의적 세계에서 우리는 소외계층이 아니라는 말
이 맞습니다. 우리가 아무리 제국을 해체할 방법을 찾으려고 고군분투
해도, 우리는 여전히 교육, 경제적 계급, 인종, 문화 권력의 중심부에 있
고 소외된 사람들과는 거리가 멀게 살아갑니다. 소외계층을 위해, 특히
퍼스트 네이션스 형제들을 대변하겠다고 주장할 수 없습니다.

우리가 소외된 자들, 우리 형제 이기가 당한 영육의 상처와 배신에 다가갈
수 있다면, 그것은 깊은 경청과 공감의 눈물로만 가능할 것입니다. 깊은
영적 공감으로 우는 자들과 함께 울고 즐거워하는 자들과 함께 즐거워
할 수 있습니다.

두 번째로, 교회에 대한 말도 맞습니다. 권력, 부, 특권, 문화적 합법성(정말
제국과 너무도 비슷합니다)을 누리는 교회가 어떻게 소외계층의 눈높이로
말할 수 있겠습니까? 중심에 있는 모든 흔적을 지닌 채 변두리에 있는
교회인 척하기는 정말 어렵습니다. 주교가 황실의 자주색 옷을 입고 있
는데 어떻게 교회가 제국의 무장해제를 위한 세력이 될 수 있겠습니까?

그러나 기쁜 소식은 교회가 스스로 소외계층이 되어버렸다는 겁니다. 정
복기에는 제국을 돕고 방조하며, 심지어 지배 권력과 결탁하여 교회 기
숙학교에서 문화 대학살의 대리인 역할을 충실히 해왔지만, 지금 교회
는 과거의 제도로 버려져 있는 것을 보게 됩니다. 현대화를 이끌던 세력
들과 협력하며 한때 함께했지만, 지금은 거리로 내몰리고, 학대받고, 혼
란 속에서 더 이상 쓸모없게 되었습니다. "기독교"의 종말은 깊은 의미
의 축복입니다. 교회가 일방적으로 문화적 무장해제의 과정을 거친 것
은 아닙니다. 오히려 역사가 그 일을 맡았지요. 아니면 어쩌면 하나님이
"기독교"의 종말을 가져왔고 문화적 영향력을 빼앗긴 교회가 제국으로

부터 해방되어 천국의 적합한 사명을 담당하게 하신 것인지도 모르겠습니다.

이 책을 쓴 이유 중 하나는 교회가 이 시대의 제국주의적 현실 속에서 변두리의 삶을 어떻게 살아갈지를 분별하도록 하는 것입니다. 바울이 로마 제국 한복판에 살면서 어떻게 그리스도인들에게 편지를 썼는지 보는 것입니다.

음, 그 말을 들으니 세 번째 질문이 생각나는군요. 로마서와 제국의 무장해제라고요? 로마서가 반제국적 서신이라고요? 소외계층의 관점에서 로마서를 본다고요? 이 오래된 서신이 역사상 다른 제국도 아닌 로마 제국에 어떻게 위협이 되었다는 것인지 이해도 안 되고, 바울이 로마서 13장에서 제국을 언급한 것을 보면 분명 순종하라고 말하는 것으로 보입니다.

물론 이것은 중요한 해석적 질문입니다. 그리고 실제로 여기에 두 가지 질문이 있습니다. 첫째, 바울은 로마서에서 그의 신학의 체계적인 개요인 신학 논문을 쓰고 있나요? 둘째, 이 서신이 로마 제국의 삶을 특징짓던 근본적인 신화와 상징들과 구조와 관행들을 합법화했습니까? 아니면 와해시켰습니까?

첫 번째 질문부터 시작해봅시다. 이 고대 문서를 전체적으로 보면 바울이 일정 정도의 체계적인 신학을 쓰고 있는 것이 분명해 보입니다. 그러나 그런 관점에서 보면, 고린도전후서가 로마서에 비해 훨씬 더 신학적인데, 의외로 그렇게 생각하는 사람이 거의 없긴 합니다.

당연히 아니지요. 고린도전후서는 분명 당시 기독교 공동체 내의 특정한 위기 문제를 다루고 있습니다.

맞습니다. 고린도전후서는 바울의 다른 서신들처럼, 특정 지역의 기독교 공동체에게 썼습니다.[10] 이 서신서는 일반적인 그리스도인들에게 썼다기보다, 특정한 사람들 그리고 그들이 처한 특정한 상황에 대해 썼습니다. 로마서도 마찬가지입니다.

하지만 바울이 로마 그리스도인들을 직접 만나지 않았다면, 그들의 상황을 다룰 만큼 잘 알 수 있었을까요?[11]

워싱턴이나 뉴욕에 사는 한 번도 만난 적이 없는 누군가에게 편지를 쓴다고 가정해보십시오. 그래도 그들의 상황을 다룰 수는 있을 겁니다. 링컨 기념관이나 그라운드 제로를 가본 적이 있는지 물어볼 수도 있겠지요. 이 도시들에서 발생한 사건에 대해 의견을 제시할 수도 있을 겁니다. 고대 세계에서 로마의 위상은 컸습니다. 도시와 건축물, 통치자에 대한 소식이 로마 제국을 통해 전해졌습니다. 더욱이 로마에서 일어난 일은 다른 나머지 지역 사람들의 행동에도 직접적인 영향을 주었습니다. 로마 군대 이야기는 예술작품과 동전에 새겨지고, 건축물에 그려지고, 회자되고, 노래로 다시 쓰였습니다. 로마의 법과 사회구조는 제국 전역에서

---

10 유일한 예외가 에베소서다. 하지만 에베소서 역시 특정한 지역 공동체에 쓴 회람서신이다.
11 많은 부분을 다음의 책을 참조하였다. Sylvia C. Keesmaat, "Reading Romans in the Capital of Empire," *Reading Paul's Letter to the Romans*, ed. Jerry L. Sumney (Atlanta: SBL Press, 2012), 47-64.

통했습니다.

그런 것들은 일반적인 지식이지요.

맞습니다. 하지만 바울과 로마 교회 사이에는 훨씬 강한 유대관계가 있었습니다. 로마서 16장은 바울이 상당히 많은 로마 교회 지도자들과 개인적인 친분을 맺고 있음을 보여줍니다. 바울은 그중 몇 사람(3절, 브리스가와 아굴라)과 동역했고, 다른 몇 사람(7절, 안드로니고와 유니아)과 함께 투옥되기도 했고, 또 어떤 이들은 바울의 필요를 공급하기도 했습니다. 이 사람들이 로마에서의 삶이 어떤지 바울에게 자세히 알려줬을 것입니다.

당시 로마의 상황을 일부 살펴보면 이러했습니다. 기원후 49년에 클라우디우스 황제가 유대인 몇 사람을 로마에서 추방했다는 증거가 있습니다. 한 지역에서 최소 두 명의 지도자가 추방된 것을 알 수 있는데, 이것이 로마의 신생 기독교 공동체에 어떤 영향을 주었는지는 정확히 알 수 없습니다. 그 두 사람이 브리스가와 아굴라인데, 바울이 16장에서 언급한 용감하고 창의적인 사역자 부부였습니다. 로마서가 집필될 때 그들은 클라우디우스 집권하에서 강제 추방되었다가 얼마 전에 로마로 돌아온 상태였습니다.[12]

우리가 아는 바는 유대인들을 향한 비유대인들의 태도가 전적으로 긍정

---

12 행 18:1-3은 모든 유대인을 로마에서 추방하라는 클라우디우스 황제의 명령으로 인해 바울이 아굴라(Aquila)와 브리스가(Priscilla 또는 Prisca)를 고린도에서 만나는 것으로 묘사한다. 이 구절 역시 세 사람이 모두 천막 만드는 자들(tentmaker, 또는 좀 더 정확히 말하면, awning maker)이었음을 말해준다.

적이지 않았다는 것과 초기 기독교 공동체가 성장하면서 내부에 그런 긴장감이 있었다는 것입니다.[13] 이런 점 때문에 바울은 서로 격려하고 (14:1; 15:7) 배타적으로 판단하지 말라(14:3-4, 10, 13)고 반복해서 강조합니다. 그는 기독교 공동체에 "화평의 일과 서로 덕을 세우는 일을 힘쓰라"(14:19)고 격려합니다. 또 서로 거룩한 입맞춤으로 인사하라고 말한 직후 "분쟁이나 다툼을 일으키는 자들을 살피라"(16:17)고 권합니다. 그는 환대와 연합의 공동체를 만들고자 몰두했는데, 이는 로마의 가정교회들이 실상은 그렇지 못했기 때문이었습니다.

이것이 유대인과 이방인들 관계와 무슨 상관이 있나요?

모든 점에서 상관이 있습니다. 근대 역사와 로마에 있던 유대인들의 긴 이야기는 멸시와 수치를 당한 사람들의 이야기를 전해줍니다.[14] 제국의 벽지인 유대라는 곳에 사는 유대인들은 로마에게 끊임없이 거슬리는 존재였습니다. 그들은 로마라는 도시에 살 때에도 늘 수상한 자들이었습니다. 그래서 로마의 비유대인들은 그리스도인이건 아니건 유대인을 골칫거리로 여겼습니다. 유대인들 역시 이방인들에 대한 인식이 좋지 않았습니다. 유대인들 눈에 비유대인은 부도덕한 우상숭배자였습니다. 유대인과 이방인이 예기치 않게 예수를 따르는 공동체 안에 함께하게 되자, 서로에 대해 깊이 자리 잡은 편견을 극복하는 법을 배워야 했습니다.

---

13 Mark Nanos는 이방인 그리스도인들이 점점 많아지면서 회당 내에 이런 긴장감이 생겨났다고 말한다. Mark Nanos, *The Mystery of Romans: The Jewish Context of Paul's Letters* (Minneapolis: Fortress, 1996), 384.

14 클라우디우스 통치하에서만 로마의 유대인 추방이 있었던 것은 아니다. 그러한 강제 추방은 기원전 139년에도 있었고, 기원후 19년 티베리우스 통치 때도 있었다.

유대인과 이방인 그리스도인들 사이의 갈등이 이 편지 전체에 흐르는 것은 놀라운 일이 아닙니다. 바울이 초반에 후렴처럼 외치던 "이 복음은 모든 믿는 자에게 구원을 주시는 하나님의 능력이 됨이라. 먼저는 유대인에게요 그리고 헬라인에게로다"(1:16)로부터 시작해서 이방인들의 우상숭배적인 삶을 비판할 때도(1:18-32), 유대인과 이방인이 하나님 앞에서 똑같은 죄인이라고 말할 때도(2장), 아브라함과 아담의 이야기를 할 때도(4-5장), 이스라엘의 가슴 아픈 이야기를 재연할 때도(9-11장), 그 외에도 수없이 많은 다른 방식으로, 바울은 제국의 중심에서 그리스도 공동체의 연합을 이루고자 애씁니다. 그리고 이것이 로마에 위기가 되는데, 일부 사람들이 이방인 회심자들도 토라의 율법을 따라야 한다고 주장해서가 아니라(갈라디아서에서 쟁점이 되었던 문제) 유대인과 이방인 신자들 사이에 로마가 만들어놓은 긴장감이 있기 때문입니다.

바울의 로마서가 이런 역사적 사건들로부터 야기된 일련의 긴장을 말하고 있다고 칩시다. 그렇게 되면 바울의 다른 서신들처럼 이 편지도 실제 사회역사적 맥락에 놓이게 되겠지요. 하지만 여전히 바울은 이런 갈등들을 해결하기 위해 체계적인 신학을 발전시키는 것처럼 보입니다. 지금은 그것이 정확히 어떻게 작동하는지 잘 모르겠지만 "이신칭의"(*justification by faith*)가 이 편지의 핵심으로 남는 것 같습니다. 이는 분명 신학적인 것으로 보이는데 제가 아는 교회사를 통해 볼 때 교회는 바로 이 지점에서 이 편지를 무기로 사용했습니다.

물론 바울은 믿음으로 의로워진다고 말할 것입니다. 교회 전체가 박해를 당하고 유대인 성도들이 엄청난 고난을 받는데 그가 무슨 다른 말을 할 수 있었겠습니까? 이것은 정의의 위기였기 때문에 바울은 칭의 (justification)를 말해야 했습니다.

칭의와 정의가 무슨 관계가 있나요? 로마서에 정의라는 단어가 한 번이라도 나오는지 잘 모르겠네요.

라이트(N. T. Wright)는 잘못되었던 것을 "바로잡고", 깨졌던 관계를 회복하려는 하나님의 구속적 목적이 칭의라고 말했는데 참 도움이 되는 설명입니다. 이런 의미에서 칭의는 정의와 전적으로 관계가 있습니다. 칭의는 일을 바로잡는 것이고, 불의의 반대이며 불의로 변형된 모든 관계의 회복입니다.[15]

로마서 번역본에는 **정의**(*justice*)라는 단어를 찾을 수 없는데, 이 그리스어 원어가 주로 "의"(righteousness)로 번역되기 때문입니다. 그리스어 "디카이오쉬네"(*dikaiosynē*)는 히브리어 "의"(*tsedaqah*)와 "정의"(*mishpat*) 두 단어를 번역할 때 쓰입니다. 그러므로 그리스어 디카이오쉬네는 이 두 가지 의미를 다 갖습니다. **의**(*righteousness*)라는 단어가 우리 문화에서 큰 의미를 갖지 못하기 때문에(누군가를 "독선적"[self-righteous]이라고 할 때를 제외하고는), 우리는 코스타리카의 신학자 엘사 타메즈(Elsa Tamez)를 따라 그 그리스어 단어가 갖는 사회적·정치적·문화적·함축적 의미를 살리기 위해 디카이오쉬네를 "정의"(*justice*)로 해석하려고 합니다.[16] 로마서를

---

15 N. T. Wright, *Paul and the Faithfulness of God 2* (Minneapolis: Fortress, 2013), 925. 『바울과 하나님의 신실하심-하』(크리스찬다이제스트 역간, 2015). 다음도 참조하라. *Paul in Fresh Perspective* (Minneapolis: Fortress, 2005), 57.

16 Elsa Tamez, *Justification by Faith from a Latin American Perspective*, trans. Sharon H. Ringe (Nashiville: Abingdon, 1993).

다시 읽으면서 **의**(*righteousness*)라는 단어를 볼 때마다 **정의**(*justice*)라고 대신 넣어서 읽어보면 어떤 의미인지 알 수 있을 것입니다.

한번 그렇게 해보겠습니다. 하지만 먼저, 왜 이 고난이 하나님의 정의에 대한 질문을 불러일으키는 겁니까?

시편을 얼마나 잘 알고 있나요? 로마서에서 바울은 시편 10편, 18편, 44편, 71편, 94편, 110편, 143편을 인용하고 있는데, 이들 모두 탄원시입니다. 이 시편들에서 하나님의 정의를 부르짖는데, 그들은 무엇을 찾고 있습니까?

주로 적들을 무너뜨리고 물리치시고 하나님의 신실한 백성을 보호해달라고 부르짖습니다.

바로 그겁니다. 이 시편들에서는 압제자들(종종 이방인)을 물리치시고 하나님의 백성을 구하시는 것이 하나님이 정의를 행하시고 신실하게 일하시는 것이라고 봅니다. 이것이 하나님의 언약이 보여주는 신실함입니다. 그래서 이 이야기는 신들에게 축복받은 자들(로마인들)이 야만적인 이교도 떼를 물리친다는 로마의 이야기와 그리 다르지 않습니다.
여러분이 이런 이야기를 듣고 살았다면, 제국에 의해 추방당한 유대인들 (비록 다시 돌아오도록 허락을 받았다 해도)은 하나님께 버림받은 자들로 보일 겁니다. 실제로 바울은 로마서 9장부터 11장에서 이런 생각을 반박하고 있습니다. 바울에 따르면 하나님은 그의 백성들을 버리지 않으셨습니다(11:1, 11-32). 그리고 우리는 바울이 왜 이런 주장을 해야 했는지

짐작할 수 있습니다. 하나님의 바로 그 정의(즉 그의 백성과 그 약속에 대한 하나님의 신실하심)가 위기에 놓였기 때문입니다.

그러니까 이 공동체는 유대인들이 고난을 받기 때문에 더 이상 하나님의 선택받은 백성이 아니라고 생각할 수 있었다는 말인가요?

바로 그렇습니다. 이방인들이 자랑하는 상황(11:17-24; 14:10)에서, 바울은 다른 이야기를 하는데, 고난이 패배를 의미하지 않는다고 말합니다. 그리고 이런 주장을 하면서 바울은 이스라엘의 일부 이야기**와** 로마 제국의 이야기를 와해시킵니다.

그가 극도로 의도를 가지고 이런 말을 한다고 어떻게 그렇게 확신하십니까? 당신들이 말한 고난과 정의라는 주제는 이스라엘 성경 전체에 나오지 않습니까? 로마에 있던 그리스도인들에게만 국한된 주제가 아닙니다. 바울은 로마의 이야기보다 훨씬 큰 범주의 이야기를 하기 때문에 로마 제국을 꼬집어서 말하는 것이 아니라고 봐야 하지 않을까요? 바울은 우주적인 문제들, 즉 죽음과 죄와 예수의 손으로 악을 물리치신 것을 말하고 있습니다. 그러니 그가 로마 제국을 콕 집어서 말하고 있다면 이러한 그의 우주적 차원의 비전과 글쓰기를 제한하게 되지 않겠습니까?[17] 다르게 말하면, 공동체 안에 실제 위기가 있었고 로마 제국하에서 당한 고난이 이 편지의 배경이라 할지라도, 바울은 로마 제국에 특별히 관심

---

17   이 주장은 John Barclay의 *Pauline Churches and the Diaspora Jews* (Tübingen: Mohr Siebeck, 2011), 19장에 나온다. N. T. Wright는 *Paul and the Faithfulness of God*, 1307-19에서 Barclay의 주장을 깊이 다룬다.

을 가졌다기보다는 더 큰 것을 말하는 것이 아닐까요?

한 가지만 빼면 꽤 설득력 있는 주장입니다. 성경 이야기 전체에서 이스라
엘 백성은 특정한 시간과 장소에서 언약의 하나님을 신뢰하는 방법을
배우고 있습니다. 모세는 신명기에서 이스라엘이 죽음의 길을 선택하
는 것에 대해 그저 추상적인 말로 경고하지 않습니다. 그는 가나안의 우
상들을 열거하고 그들이 아직도 애굽에 있는 것처럼 행동하는 것의 위
협을 열거합니다.[18] 이와 비슷하게 예언자들도 거대한 우주적 주제들을
거론하면서 이스라엘에게 신실함을 요구하지 않습니다. 오히려 **이** 땅
과 **이런** 백성들과 **저런** 정치적 동맹들과 관련해서 이스라엘과 유다의
특정한 불성실한 행동들에 대해 이 주제들을 거론합니다.[19]
언약의 하나님을 신뢰하는 것은 언제나 특별한 역사적 상황이나 맥락에
서 구체화됩니다. 역으로 그러한 성실함에 대한 도전들(악과 죽음과 불의
[adikia, 바울이 인용한 것처럼]의 힘)은 항상 특정한 이야기, 특정한 우상숭
배 행위, 특정한 상징 안에서 구체화됩니다. 그것들이 **이** 장소에서 **이**
사람들에게 어떻게 보이는지 말하지 않고는 그 큰 주제를 다룰 방법이
없습니다. 모든 성서 문학을 통틀어, 그런 장소들은 변함없이 제국의 모
습을 하고 있습니다. 월터 브루그만(Walter Brueggemann)이 성경적 믿음
은 언제나 제국의 그늘 아래서 형성되었다고 말했는데 맞는 말입니다.[20]

---

18 신 4:3; 12:2-4, 29-31; 16:21-22; 17:16; 18:9-14; 24:17, 21; 29:16-18; 참조. 레 19:36.
19 참조. 사 5:8-10; 렘 5:26-29; 호 5:13; 7:11-13; 8:1-10; 암 2:6-8; 3:9-11; 4:1-3; 5:10-
     13; 6:4-8; 8:4-6; 미 2:1-2; 3:9-11.
20 Walter Brueggeman, "Always in the Shadow of Empire," *Texts That Linger, Words That
     Explode: Listening to Prophetic Voices,* ed. Patrick Miller (Minneaoilis: Fortress, 2000). 다음도
     참조하라. Richard A. Horsley, ed., *In the Shadow of Empire: Reclaiming the Bible as a History*

바울이 로마 교회의 상황을 잘 알고 있었을 거라는 당신들의 주장은 수긍하겠습니다. 하지만 그가 이 편지에서 로마 제국을 언급했다는 것은 여전히 명확하지 않습니다. 로마서에서 "제국의 그늘"이라는 말을 본 적이 없습니다. 바울은 제국이라는 말을 한 번도 하지 않았고, 어떤 황제를 지칭한 적도 없고, 어떤 식으로든 제국 이야기를 명확하게 하지 않습니다.

맞습니다. 하지만 바울이 로마서에서 보여주는 세계의 근저에 로마 제국의 상징과 어휘, 구조물들이 있습니다.

바울은 왜 가이사와 제국에 정면으로 맞서지 않았나요?

바울이 그렇게 노골적으로 나갈 필요가 없었습니다. 한때 기독교가 "코카콜라가 진짜다"라는 코카콜라 광고문을 문화적으로 모방해서 "예수가 진짜다"라고 홍보한 것과 비슷합니다. 만일 "콜라가 아니라 예수가 진짜다"라고 적었다면 광고 효과를 얻지 못했을 겁니다. 중요한 것은 말로 설명하지 않아도 누구나 콜라 광고를 반박한 것임을 알 수 있다는 것이지요.

무슨 말인지 잘 모르겠습니다. 별로 좋은 예는 아닌 것 같군요.

---

of *Faithful Resistance* (Louisville: Westerminster John knox, 2008). Wes Howard-Brook, *"Come Out, My People!": God's Call out of Empire in the Bible and Beyond* (Maryknoll, NY: Orbis, 2010). 우리가 쓴 『제국과 천국』도 참조하라. 특히 3장과 4장(IVP 역간).

사실 이 예가 우리의 입장을 전적으로 보여줍니다. 우리가 젊었을 때는, 이 기독교 구호가 콜라 회사의 광고성 주장에 도전한 것임을 누구나 알았습니다. 이와 같은 방식으로 바울도 로마서에서 굳이 말로 표현할 필요가 없었습니다. 모두 그가 제국을 암시하고 있다는 걸 알았기 때문입니다. 오히려 지금은 세월이 많이 지나 지시어가 무엇인지 설명할 필요가 있겠지만 말입니다.

그러니까 우리가 더 이상 고대 로마의 상황에서 살고 있지 않기 때문에, 비유적 언어들을 이해하지 못한다는 말씀이신가요?

그렇습니다. 좀 더 가까운 예를 들어봅시다. 선거가 있는 해에 누군가 "예수를 대통령으로"라는 제목으로 순회강연을 다닌다면, 그 문구만으로도 미국 대통령직에 도전하는 것임을 알 것입니다.[21] 또는 "하나님이 세상을 축복하시길, 예외 없이"라는 문구가 적힌 차량 스티커를 붙이고 있다면, 아마도 이것이 "하나님이 미국을 축복하시길"이라고 써놓은 더 널리 보급된 차량 스티커에 도전하는 것임을 알 것입니다. 또는 "국토 안보를 위한 아미쉬파"라고 적힌 구호 문구가 있다면, 현재 군사력에 의지해 국가안보를 확립하려는 시도에 대한 비판이자 좀 더 비폭력적 대안을 제시한다는 것을 알아챌 것입니다.[22] 우리가 이런 문구들을 보고 이해할 수 있는 것은 이 문구들이 갖는 더 큰 문화적 맥락을 알기 때

---

21 Shane Claiborne과 Chris Haw는 2008년에 이 주제로 순회강의를 다녔다. 그들이 강의한 책 *Jesus for President: Politics for Ordinary Radicals* (Grand Rapids: Zondervan, 2008)는 예수의 복음과 로마와 현대 미국문화의 "복음"을 대조한다. 『대통령 예수』(조이북스 역간, 2016).

22 이 마지막 예는 Jamie Moffett 감독의 다큐 영화 *The Ordinary Radicals: A Conspiracy of Faith at the Margins of Empire*에서 발췌했다(Philadelphia: Jamie Moffett Media, 2008, DVD).

문입니다. 바울이 좀 더 명시적으로 말하지 않은 것은 그 당시에는 그의 주장이 좀 더 넓은 문화적 맥락 안에서 다 의미가 통했기 때문입니다. 그러나 2,000년이 지난 지금은 약간의 설명이 필요하겠지요.

로마서에서 예를 하나 들어보면 도움이 될 거 같습니다.

그러면 그리스어 로마서의 첫 네 단어를 한번 생각해봅시다. "예수 그리스도의 종, 바울."[23] 지위에 따라 모든 것이 결정되고 명예/수치의 논리로 돌아가는 제국의 문화적 환경에서 이 말이 어떻게 들릴지 상상해보십시오. 바울은 사회적 지위를 높이는 말로 자신을 소개하지 않고, 오히려 의도적으로 사회계층 맨 밑바닥에 있는 사람들과 스스로를 동일시합니다.

네, 단어와 저자는 이미 주목을 받습니다. 네 단어와 로마의 억압적인 위계 구조가 맞붙습니다. 바울은 단지 이 네 단어로 앞으로 써 내려갈 가장 포괄적인 전복(subversion)에 대한 편지의 의제(agenda)를 정합니다.

바울…종. 로마 시민인 바울이 아닙니다. 제국이 허용하는 합법성을 주장하는 바울이 아닙니다. 시민이자 자유인으로서 지위를 누릴 수 있는 바울이 아닙니다. 종 된 바울. 바울은 합법이라는 안전망 뒤에 숨지 않고 자신을 가장 낮은 자들과 함께 둡니다.

그러면 누구의 종입니까? 이 편지를 쓴 저자의 주인은 누구입니까? 저자는 어느 가문에 속했습니까? "바울, 예수 그리스도의 종." 어떤 로마 시

---

23 많은 번역본에서 "하인"으로 쓰고 있지만, 바울이 여기서 사용하는 단어 *doulos*의 가장 정확한 해석은 "종"이다. 영어 번역본은 여섯 단어로 되어 있지만, 그리스어로는 네 단어다.

민의 종도 아니고, 어떤 로마 가문의 종도 아니고, 모든 로마인 가문의
아버지인 황제에게 최후까지 충성을 바치는 종도 아닙니다. 카이사르
아우구스투스가 아닌 그리스도 예수의 종입니다. 로마 정권과 유대인
을 수치스러운 인종이라 배척한 모든 자가 주목합니다. 바울은 메시아
예수의 종으로서 글을 씁니다. 그가 속한 가문은 유대인의 메시아, 예수
의 가문입니다. 그리고 그는 이제 제국의 중심에 있는 교회, 때로는 제
국 가문과 가깝게 지내고 때로는 그 가문에 의해 억압받기도 했던 교회
에 예수의 종의 권한으로 편지를 씁니다.

겨우 이 네 단어에서 이 모든 내용을 읽어냈단 말인가요?

네. 그리고 이 네 단어가 갖는 체제 전복적인 성격은 사도 바울이 어떻게
예수의 종으로서의 자격을 취했는지에 대한 생각에서 나옵니다. "예수
그리스도의 종 바울은 사도로 부르심을 받아 하나님의 복음을 위하여
택정함을 입었으니 이 복음은 성경에 있는 선지자들을 통하여 그의 아
들에 관하여 성경에 미리 약속하신 것이라"(1:1-2).
종이라는 단어가 중요한 사회경제적 의미를 갖는 것처럼 **복음** 역시 정치
적인 무게가 있는 단어입니다. **복음**(*euangelion*)이라는 단어는 종종 제국
의 군대가 승리한 "기쁜 소식"으로 사용되었습니다.[24] 바울은 이 단어를

---

24 Neil Elliot, "Paul and the Politics of Empire," *Paul and Politics: Ekklesia, Israel, Imperium, Interpretation,* ed. Rechard Hosley (Harrisburg, PA: Trinity Press International, 2000), 24; Dieter Georgi, *Theocracy in Paul's Proxis and Theology,* trans. David E. Green (Minneapolis: Fortress, 1991), 83; N. T. Wright, "Gospel and Theology in Galatians," *Gospel in Paul: Studies on Corinthians, Galatians, and Romans for Richard N. Longenecked,* ed. L. Ann Jervis, Peter Richardson (Sheffied: Sheffied Academic Press, 1994), 226-28.

사용하면서 그 의미를 조심스럽게 부여합니다. "하나님의 복음"을 "하나님의 승리의 선포"로 해석한다면 의미 파악이 쉬울 겁니다.[25] 여기에 함축된 의미는 분명합니다. 누구의 복음이 승리한 것입니까? 가이사가 아닌 하나님의 복음입니다. 바울은 여기서 정치적으로 위험한 곳에 섭니다. 그의 언어는 선동적이고, 이 편지에서 바울은 딱 두 번만 그 용어를 사용합니다.

다른 제국처럼 로마에도 복음이 있었지만, 바울은 편지의 시작부터 그가 대안적인 예수의 복음을 선포하고 있음을 독자들이 알기 원했습니다. "예수 그리스도의 종, 바울은 사도로 부르심을 받아 하나님의 복음을 위하여 택하심을 입었나니." 가이사의 복음이 아닙니다. 로마의 복음은 아우구스투스의 후손으로 왕위를 주장하는 네로 황제로부터 시작한 반면, 바울은 "육신으로는 다윗의 혈통인 그의 아들에 관한 복음"(1:3)을 선포합니다. 자주는 아니지만 다윗을 언급함으로써, 바울은 그가 선포하는 복음이 유대 왕족에 뿌리를 둔 유대인 메시아의 복음임을 명확히 하길 원합니다. 이들은 바로 제국의 희생양이고 유린의 대상이 된 유대인들입니다.

후에 바울이 "로마에 있는 너희에게도 복음을 전하기를 원하노라"(1:15)라고 말할 때 이것이 얼마나 담대한 선언인지 놓쳐서는 안 됩니다. 로마에 있는 사람들에게 복음을 전하겠다는 생각은 지금 벌어지는 일들의 방향을 급진적으로 역행하는 것입니다. 로마 사람들이 오직 복음은 로마에 의해 만들어지고 로마로부터 전해질 수 있다고 생각한 반면, 바울

---

25 이 번역은 다음 책에서 가져왔다. Neil Elliot, *The Arrogance of Nations: Reading Romans in the Shadow of Empire* (Minneapolis: Fortress, 2008), 152.

은 로마로 복음을 들여옵니다.

이러한 선동적인 대담함이 있었기에, 사도가 "나는 복음을 부끄러워하지 아니하노니"(1:16)라고 담대히 선포한 것은 놀라운 일이 아닙니다. 그가 비록 이 복음을 수치스러운 존재로 여겨지던 로마 제국에 저항하던 사람들과 동일시하지만, 이 복음은 제국이 바뀔 때마다 완패한 부끄러운 민족의 이야기에 뿌리를 둔 것이지만, 또 이 복음은 제국의 어느 외딴곳에서 십자가에 달려 수치를 당한 분의 것이지만, 바울은 이 복음을 부끄러워하지 않습니다. 그가 복음을 부끄러워하지 않는다고 외치는 이유는 이것입니다. "모든 믿는 자에게 구원을 주시는 하나님의 능력이 됨이라. 먼저는 유대인에게요 그리고 헬라인에게로다"(1:16). 복음은 수치라는 제국적 개념들과 제국의 복음이 갖는 기만적인 허세에서 나오는 억압적 힘을 날려 버리는 뒤나미스(*dynamis*), 즉 하나님의 다이너마이트입니다.

혼혈정책, 부당한 세금, 농지 착취, 경제 붕괴, 전쟁, 폭력이 난무하는데도 모든 구원은 로마에 있다고 말하고 황제가 주님이자 구원자라 선포하는 제국의 복음에 맞서서, 바울은 심오하고, 변화 가능하고, 피조물을 회복하는 구원을 들고 와서 제국을 뒤집어 놓습니다. 유대인 메시아 예수를 구주로 선포하는 것은 제국주의 이데올로기에 정면으로 맞서는 것입니다. 예수가 왕이라면 가이사는 왕이 아니기에 선동적인 언어입니다. 게다가 이 복음은 먼저는 유대인에게 그리고 헬라인에게 오는 것으로 제국의 질서를 뒤바꾸어 놓습니다.

이것이 복음의 힘입니다. 복음, 복음, 복음, 복음, 복음. 바울은 복음을 5번이나 말합니다. 나사렛 예수가 메시아이시고 모든 왕 중의 왕이심을 선포하는 복음입니다. 이는 그가 선왕을 계승해서도 아니고, 로마 황실

의 계보에 있어서도 아니고, 선왕을 성공적으로 퇴위시키고 암살해서
도 아니고, 죽은 자들 가운데서 부활하셨기(1:4) 때문입니다. 그가 하나
님의 아들로 선포된 것은 그의 아버지가 신들 중에 있기 때문이 아니라,
그가 무덤을 열어 그곳에 자신을 묻은 제국의 봉인을 부수고 부활하셨
기 때문입니다.

그리고 이제 제국의 한복판에서 선포될 복음이 남았다면, 그것은 예수를
따르는 자들의 고군분투하는 공동체가 메시아에게 무릎을 꿇었다는 것
이고, 그분을 자신들의 주님으로 불렀다는 것이고, 제국에 충성하는 대
신 믿음을 가졌다는 것이고, 제국의 복종에 역행하는 순종의 삶을 살아
왔다는 것입니다.

이것이 오늘날 로마에서 나오는 복음입니다. 이것이 바울이 말하는 복음
이고 말할 가치가 있는 유일한 복음입니다.

당신들은 바울이 복음이라는 단어를 사용한 것을 보고 이 모든 내용을 다
알았단 말인가요?

네. 이보다 더 많은 것을 압니다! 바울은 왜 자신을 제국의 시민이 아닌 예
수의 종으로 소개하는 것일까요? 그가 선포하는 복음이 제국의 질서를
뒤집는 것이기 때문입니다! 바울은 시민이 아니고 종입니다. 그리고 그
는 메시아 예수의 종으로서 "헬라인에게나 야만인이나, 지혜 있는 자나
어리석은 자에게 다" 빚진 자(1:14)라고 말합니다.

이것은 사회적으로 혁명적인 일입니다! 명예/수치 사회(모든 사람이 이런저
런 방식으로 자신들보다 사회적 위계가 높은 사람들에게 빚을 진 사회)에서, 바울
은 자신이 그리스도의 종으로서 사회 계층 맨 밑바닥에 있고 그래서 그

보다 위에 있는 모든 사람에게 빚졌다고 말합니다. 그런데 그는 여기서 한 발 더 나갑니다. 그는 지혜 있는 자나 어리석은 자나, 배운 자나 배우지 못한 자뿐만 아니라 헬라인이나 야만인에게도 빚진 자라고 말합니다. 그는 제국의 한복판을 향해서 외치며, 최고의 문명에 서 있다고 여기는 자들과 자신들의 신화와 신들이 그 제국의 근간이라고 여기는 자들과 제국의 소외 계층들과 야만적이고 미개하고 원시적이어서 제국에 끊임없이 저항하고 테러를 일으키는 자들에게도 빚진 자라고 말합니다.

만일 바울이 제국의 이야기를 무너뜨리는 말로 시작했다면, 재빨리 신학으로 옮겨가겠군요. 로마서 1:16-17에서 이 편지의 전체 주제는 분명 구원, 의, 믿음에 대한 것입니다. 그는 성경적 소망이라는 주제들을 위해 제국적 암시들은 포기하는 것으로 보입니다.

전혀 그렇지 않습니다. 여기서 우리는 가장 반체제적인 언어를 만나게 됩니다. "나는 복음을 부끄러워하지 아니하노니 이 복음은 모든 믿는 자에게 구원을 주시는 하나님의 능력이 됨이라. 먼저는 유대인에게요 그리고 헬라인에게로다. 복음에는 하나님의 정의가 나타나서 믿음으로 믿음에 이르게 하나니 기록된 바 '의인은 믿음으로 말미암아 살리라' 함과 같으니라"(1:16-17, 개역개정의 "의"를 "정의"로 바꾸어 표현했음).

당신들은 또 제 성경에는 "의"라고 번역된 것을 "정의"로 바꾸었군요.

맞습니다. 여기가 *dikaiosynē*를 "정의"로 번역하는 첫 부분이기도 하고 가장 중요한 부분이기도 합니다. 앞으로 이 구절들을 여러 번 다시 다루겠지만, 여기서는 제국적 암시들을 읽어내는 것이 중요합니다(그렇게 하는 것이 이스라엘 성경이 암시하는 것과 어울리지 않는 것 같아 보여도 말입니다). 이 이스라엘의 하나님은 믿음으로 믿음에(*ek pisteōs eis pistin*; 1:17) 이르게 하는 정의(*dikaiosynē*)를 나타내시는 하나님으로 선포됩니다. 정의와 믿음, 이스라엘 성경에 깊은 반향을 울리는 이 두 단어를 가지고, 바울은 제국의 중심에서 제국주의에 도전합니다.

알다시피 로마가 자랑스럽게 여기는 한 가지는 바로 로마의 정의입니다. 로마의 정의는 여신 유스티티아(*iustitia*; 그리스어 *dikaiosynē*에 해당하는 라틴어)가 제국에 부여한 것인데, 이 여신은 아우구스투스 왕권과 밀접한 관계를 맺습니다. 게다가 아우구스투스 시대의 추앙받는 덕목 중 하나는 *fides*(신의 또는 충성, 그리스어 *pistis*에 해당하는 라틴어)입니다.[26] 바울은 여기서 추상적인 신학으로 유보하지 않고, 제국의 핵심적인 가치에 도전장을 내밉니다. 세상은 어디서 정의와 믿음을 봅니까? 가이사의 제국적 화법에서입니까, 아니면 예수의 이야기에서 재해석되는 이스라엘 이야기에서입니까? 이 구절들은 계획적으로 로마 제국이 중요하게 여기던 주제들을 가져와 다른 주인(예수를 통하여 구원을 주시는 이스라엘 하나님)의 이야기 맥락에서 그것들을 강력하게 재해석합니다. 그리고 앞으로 살펴보겠지만 바울은 그 이야기, 특히 이스라엘의 성경에서 하나님의 신실함이 억압이라는 현실 앞에서 문제가 되던 순간들을 끌어옵니다.

---

26 N. T. Wright의 *The New Interpreter's Bible*, 10권 (Nashville: Abingdon, 2002), 404에 수록된 "로마인에게 쓴 편지: 소개, 평론, 회고," *dikē*에 해당하는 라틴어 *Iustitia*에 대해, Wright는 오비디우스의 *Black Sea Letters* 3.3.25과 *The Deeds of Divine Augustus* 34를 참고한다.

또 나온다고요? "의인은 믿음으로 살리라"와 같은 신학적 주장이 어떻게 반제국 집회를 소집하는 기능을 하지요?

자, 다시 그 본문으로 돌아가서 바울이 어디서 그 구절을 가져왔는지 보십시오. 하박국 2장을 보면 "그러나 의인은 믿음으로 말미암아 살리라"(합 2:4)라는 구절이 나옵니다. 이는 그 전의 제국이었던 갈대아를 강하게 비판하는 신탁에서 나온 것입니다. 바울이 인용한 구절의 맥락입니다.

> 교만한 자들을 보라!
> 그 속에 영이 정직하지 못하나,
> 의인은 믿음으로 말미암아 살리라.
> 더욱이 부유한 재산은 사람을 속일 뿐이다.
> 거만한 사람은 참지 못한다.
> 그들이 스올처럼 목구멍을 넓게 벌려도,
> 사망 같아서 족할 줄을 모르고,
> 자기에게로 모든 나라를 모으고,
> 모든 백성을 모은다(합 2:4-5, 개역개정을 사용하지 않음).

제국처럼 보이고, 제국처럼 행동하고, 제국의 오만함을 갖고 있고, 제국의 만족할 줄 모르는 탐욕을 갖고 있고, 제국의 폭력적인 식민 정책에 가담하고 있습니다. 제국적인 상황에서, 하박국은 의인은 믿음으로 살리라는 비전을 받습니다.

바울은 또 다른 제국의 수도에서 믿음의 삶을 사는 그리스도인 공동체의 모습을 상상하기 위해 하박국이 처한 제국적 상황에서 그가 어떻게 믿음의 삶의 비전을 보았는지 살펴봅니다. 정의는 신실함에 뿌리를 둡니다. 그는 **어떤** 정의, **누구의** 신실함, **누구에게** 신실한가를 질문합니다. 구원의 능력은 로마의 정의나, 로마의 충성심이 아닙니다. 그가 말하는 것은 하나님의 정의, 유대인 메시아 예수에게 나타난 하나님의 믿음의 언약에 뿌리를 내린 정의입니다. 이 하나님의 신실하심에 반응하여 신실하기를 원하기 때문에 의인은 믿음으로 삽니다.

그러니까 종, 복음, 주, 빛, 구원, 의, 믿음이라는 단어들이 로마 제국에서 어떤 의미를 갖고 있는지 바울이 알았기 때문에 의도적으로 그 제국을 비판하기 위해 그런 단어를 썼다는 말이군요.

잠시 그 의미를 생각해봅시다. 바울은 이 단어들을 제국의 미사여구와 충돌하는 방식으로 사용합니다. 하지만 로마의 담론을 이해하고 다른 의미로 그것을 재사용하는 것은 바울 개인의 문제가 아닙니다. 이런 단어들은 로마의 수사법에서나 이스라엘의 상상력 안에서 모두 비슷한 의미를 갖습니다. 예를 들어, 로마는 "정치적"인 방식으로 구원을 말하고 구원자를 황제라는 언어로 사용한 반면, 바울은 일종의 비정치적인 "영적" 구원을 말하기 위해 같은 단어를 사용했다고 말하는 것은 잘못입니다. 다시 말하면, 로마나 이스라엘 양쪽 모두에게 이 단어는 같은 의미를 갖습니다. 구원은 이스라엘의 상상력 속에서 언제나 정치적이었고, 이스라엘의 하나님은 그들의 적들을 멸하고 물리치실 때 구원을 행하신 것이었습니다.[27] 그러므로 의미론적인 차원에서 같은 의미를 갖습니다. 문제는 그 의미의 실질적인 내용입니다. 구원이 정치적인 의미인지의 여부가 아니라 그 구원의 대리인이 누구인지가 문제입니다.

그것이 왜 중요하죠? 전 항상 로마서를 구원에 대한 책으로 읽어왔습니다. 사람들이 구원으로 가는 "로마의 길"을 걷도록 돕기도 했는걸요.[28] 하지만 그런 회심에 정치적인 요소는 없었습니다. 사람들은 예수님에게 삶을 맡긴 것이지 정치적 쟁점에 삶을 맡긴 것이 아니잖아요.

보세요. 우리는 사람들이 예수를 믿게 되면 기뻐합니다. 하지만 그 과정에서 성경이 잘못 해석된다면 상당히 위험합니다. 알다시피 제국의 중심에 사는 성도들에게 쓴 바울의 서신이 제국을 뒤흔들지 여부는 사람들이 어떤 복음을 듣고, 어떤 주님께 그들의 삶을 드릴 것인지와 관계가 있습니다. 제국의 권력으로부터 급진적인 해방이 없는 영적인 구원은 지나치게 안전하고, 지나치게 편합니다. 이것은 개인적으로는 충만하고 상급이 있는 경건이지만 영원한 주이신 예수에게 순종하는 철저한 부름은 불신하는 것입니다.

당신들 말이 맞을 수 있지만, 전 여전히 이 모든 것이 불편합니다. 죄는 어떻습니까? 구원은 죄와 용서에 대한 것 아닌가요?

---

27 참고 구절이 광범위하다. 시 13; 18*; 25; 35*; 36*; 37; 68; 79; 118편*; 사 25:6-12; 33:2-6; 46:12-13; 51:4-8; 52:7-12; 62:1-12(*=로마서에서 바울이 인용한 시편).
28 인터넷에 "구원으로 가는 잘 정비된 길"로서 "로마의 길"에 관한 많은 언급이 있다. 예. "The Roman Road," All About God, https://www.allaboutgod.com/the-roman-road.htm.

마치 당신의 질문을 예상이라도 하듯, 바울은 구원과 정의와 신실함에 대
해 말하다가 죄에 대해 말하기 시작합니다. 그리고 그다음 몇 구절에서
불의를 행하는 자들을 비판하면서 제국에 대한 비판의 목소리를 높입
니다.

"불의(injustice)라고요?" 제 성경에는 "악행"(wickedness)이라 쓰여 있는데
요. 지금 뭘 하시는 거죠? 의(righteousness)는 정의(justice)라고 하고, 악행
은 불의라고 하시는군요. 제 생각엔 당신들이 로마서를 정치적으로 해
석하려는 것처럼 보이는군요.

좀 더 정확하게 표현하자면, 우리가 이렇게 하는 것은 오히려 이 본문에
대해 우리에게 익숙한 그간의 정치적 해석을 없애려는 노력입니다. 알
다시피 "디카이오쉬네"(*dikaiosynē*)가 정확히 "정의"(justice)로 번역되는
것처럼, 주로 "악행"(wickedness)으로 번역되는 이 단어는 정의(justice)와
유사한 의미를 갖습니다. 그리스어로는 "아디키아"(*adikia*)인데, 디카
이오쉬네와 어원이 같고, 문자 그대로 "정의가 없음"(*a*=no; *dikē*=justice)
입니다. 그런 이유로 아디키아에 대한 우리의 번역은 "불의"(injustice)
입니다. 물론 불의는 악한 것이지만 "의"(righteousness)라는 단어를 "정
의"(justice)로 읽어보자고 제안했던 것처럼 "악행"(wickedness)을 "불
의"(injustice)로 읽는 연습을 해보자고 제안합니다.
로마서 1장 끝부분에서 이 연습을 해보면, 불경건(ungodliness)과 불의
(injustice)가 항상 함께 나오는 것을 보게 될 것입니다(1:18). 그런 불의
한 삶은 미련한 마음을 어두워지게 합니다(1:21). 그런 자들은 자신이
훌륭한 문명을 이루었다고 생각하겠지만, 그들의 생각은 허망합니다

(1:21). 그들은 지혜 있는 자가 아니라 어리석은 자들입니다(1:22). 제국 지도층의 화려함 속에서 그들이 모든 영광을 가진 듯 보이지만, 실상은 우상숭배로 인해 그들의 영광은 비천하고 실속 없고 허무한 형상으로 바뀌어 있습니다(1:23, 25).

로마의 맥락에서 이 말을 들어보십시오. 정의는 로마의 제국적 사고의 중심에 있을 뿐 아니라, 신들의 축복과 특히 정의의 여신(Iustitia)에 대한 숭배에 뿌리를 두고 있습니다. 그러나 바울은 이 세계를 불경건한 불의의 세계라고 표현합니다. 스스로 문명의 중심이고 인간의 업적과 지혜의 최고봉이라고 보는 제국이 있지만, 바울은 그런 생각을 허망하고 어리석다고 일축합니다. 도시들과 기념비, 건축, 도로, 신전들 안에서 로마의 영광이 명백한 것 같지만, 바울은 인간이 가질 수 있었던 진짜 영광을 비천하고 무기력한 모조품 우상으로 바꾼 것이라고 일축합니다.

앞으로 이 책에서 자주 이 구절로 돌아오겠지만 이 모든 불의, 어리석음, 허망함, 우상숭배가 어디서 끝나는지 한번 보십시오. 하나님은 그들을 "마음의 정욕대로" 더러운 음란을 행하게 내버려 두셨습니다(1:24-27). "모든 종류의 불의"로 가득 차서, 그들은 탐욕, 악독, 살인, 분쟁, 시기, 비방과 능욕을 도모합니다. 그들은 악의 창시자이고, 부모를 거역하고, 냉정하고 무자비합니다. 로마서 1:28-31에 나오는 모든 악의 목록을 다 이해할 것입니다. 로마서를 읽은 사람들은 누구나 이를 이해했던 것으로 보입니다. 끔찍하지만 로마 제국의 가정들의 모습과 꽤 비슷해 보입니다! 로마 황제들의 삶을 상당히 정확하게 묘사한 자료를 갖고 있는데, 특히 칼리굴라 황제의 자료입니다. 당시 사람들은 칼리굴라를 잔인하고 추악한 자로 묘사했습니다. 그는 가족을 살해하고 남녀를 막론한 터무니없고 굴욕적인 성 약탈을 일삼았습니다. 믿을 수 없을 만큼 오만하고 경건의 모양만 있는 자였습니다.[29] 정의의 여신의 표징이라고 간주되던 그 제국은 가장 맹위를 떨치는 불의를 행하는 자들에 의해 통치되고 있었습니다.

이 구절들은 이방인을 향한 유대인들의 일반적인 비판이라고 생각했습니다.

이 구절들이 수사적 구조와 그런 비판적 어조를 띠는 것은 당연하지만,[30] 로마 제국 내 가정의 모습을 보여준다는 점도 이 로마서를 읽는 독자의 입장에서는 간과해서는 안 됩니다. 사실 로마서 1장 전체를 반제국적 의미로 읽다가 우상숭배를 공공연하게 비판한 이 마지막 부분을 읽으면 당시 황제들의 삶을 풍자한 것임이 분명하게 드러납니다.
사도는 다시 한번 반제국적인 면모를 드러냅니다. 모든 실마리가 거기 있습니다. 이 편지는 제국의 질서를 뒤엎는 것으로, 제국의 생각을 약화시키고, 제국적 사상을 해체하고, 제국의 오만을 무너뜨리고, 제국의 지배층을 언짢게 합니다.

---

29 칼리굴라(Caligula, 로마의 3대 황제)를 언급하면서, Neil Elliott는 바울이 묘사하는 정확한 순서를 더 잘 예증해줄 인물은 상상하기 어려울 것이라고 쓴다.

> 신령한 창조주를 부정하는 오만;
> 우상숭배와 피조물 경배;
> 추악한 욕정의 후예;
> 마지막으로, 광범위한 잔인무도함의 총체(*Arrogance of Nations*, 80).

30 Joseph A, Fitzmyer, *Romans: A New Translation with Introduction and Commentary*, Anchor Bible (New York: Doubleday, 1993), 272-74. 그는 잠 13:1-19; 14:22-31; 마카베오4서 1:26-27; 2:15을 참조한다.

그다음은 뭐죠? 아니 어쩌면 이런 식으로 질문할 수 있겠네요. 그래서 뭐 어쩌란 말입니까? 이 모든 것을 다 받아들인다고 제가 뭘 어떻게 해야 하지요? 로마서를 믿음으로 의로워지는 도를 신학적으로 써놓은 책으로 볼 때도 쉽지는 않았지만, 적어도 죄와 구원에 대해 알게 되었기에 전도는 할 수 있었습니다. 그리고 어떻게 행위가 아니라 은혜로 구원받는지도 이해할 수 있었습니다. 악행을 식별해서 삶에서 피할 수 있는 도덕적 견해도 갖게 해주었습니다. 하지만 당신들이 하는 말로는 제가 뭘 할 수 있지요?

아니면 당신들 방식으로 한번 말해보십시오. 이것이 이기와 프랭크에게 어떤 관련이 있단 말인가요? 바울의 서신을 읽는 것이 그들의 삶이나 크리스텐덤 이후 교회와 어떤 관계가 있습니까? 만약 바울이 로마 제국의 전면에서 체제 전복을 시도한 것이라면, 21세기 초를 살고 있는 우리는 이것을 어떻게 읽어야 합니까?

"그래서 뭐 어쩌라는 말입니까?"는 아마도 이 오래된 성경 본문에 대한 가장 중요한 신학적 질문일 것입니다. 아니 어쩌면 이렇게 질문할 수도 있습니다. 바울의 로마서가 2,000여 년 전이 아니라 몇 주 전에 쓴 것이라면 어떻게 보일까요?

네, 그거 좋은 방법이네요.

율법주의 관행으로 돌아가 대답하는 것도 한 가지 방법일 수 있습니다. 로마 제국 전역에 흩어진 유대 디아스포라 교회의 율법학자들은 오늘날 우리와는 사뭇 다른 방식으로 성경을 읽었습니다. 그들은 회당에 서서 모세 오경(토라)을 읽었지만, 회중들 대부분은 히브리어를 알지 못했기에 율법학자(랍비)들이 통역을 했습니다. 그리고 공동체의 삶 속에서 말씀을 전할 필요가 있을 때는, 문장을 보완하여 변화된 상황에 적용하고, 그 지역의 언어로 해석해서 읽었습니다. 이런 광범위한 번역 작업의 결과물을 타르굼(Targums—해설 번역)이라고 부릅니다.[31]

오늘날에도 같은 일을 한다면 어떨까요? 이 서신의 첫 부분을 선택하고, 우리가 알게 된 제국에 대한 일련의 함축적 의미들에 세심히 주의를 기울이면서 현재 우리의 사회역사적 맥락으로 말할 수 있게 다시 써보면 어떨까요? 바울이 이기와 프랭크를 알았다면 이 서신의 처음은 어떻게 들릴 수 있을까요? 만일 그가 성소교회 무도회장에 있었다면 어떨까요? 만일 그가 2001년 9월 11일 이후부터 겪은 지리 군사적 분쟁의 맥락에서 서신을 쓴다면 어떨까요? 만일 그가 2008년 경제 붕괴 무렵 제국의 경제와 교묘한 음모에 관심을 가졌다면 어떨까요? 만일 그가 지난 수년간 벌어진 인종차별과 민족주의를 알았다면 어떨까요?

이제 이런 상상력을 한번 발휘해보겠습니다.

로마서 1:1-25 타르굼

구세주 예수의 종, 바울은
모든 권위를 불신하는 세상에서
권위 있는 사역자로 부름 받았다.

---

31 참조. Sylvia C. Keesmaat, *Paul and His Story: (Re) Interpreting the Exodus Tradition* (Sheffield: Sheffield Academic Press, 1999), 28-30.

단조로운 소비지상주의 동질성이 지배하는 세상에서 따로 구별되어
하나님의 급진적인 나라에 대한 기쁜 소식,
다름 아닌 하나님의 복음을 옹호하는 자다.

이 복음, 이 왕국의 선포는
풍요로운 유산을 가진 이야기다.
히브리 예언자들이 약속했던 이야기이고
진리와 화해를 구현한 자,
하나님의 아들, 예수에 대한 소식이다.

이 예수는 악명 높은 다윗 왕의 후손이지만
죽은 자들 가운데서 일어나실 때
정결하고 의로운 성령의 권능으로
하나님의 아들이라 선포되었다.

예수는 선출되거나 막강한 경제력이 있거나
위대한 군대를 지휘하기 때문에
하나님의 아들이 아니다.
아니, 죽음의 세력을 물리침으로 하나님의 아들이다.

이분이 구세주 예수다.
정치적으로 틀린 것처럼 보여도
내가 감히 나의 주인, 나의 주님이라 부르는 예수다.

구세주 예수로 말미암아,

추한 것들로부터 아름다움을 만드는,

모든 은사 중에 가장 고결한 은혜를 나는 입었다.

은혜라는 선물을 통해

자신만 위하고 자신이 최고인 문화에서

나는 복음을, 그야말로 충성된 순종을

선포하는 자로 부름 받았다.

나는 그의 이름으로 이 모든 것을 행한다.

내게 상표가 붙는다면,

예수의 이름이길.

그는 나의 주인이지, 어떤 회사의 로고(상징)도,

어떤 민족주의자 이념도,

어떤 경제 구조도,

어떤 정당도, 사회계급도, 민족 정체성도 아니다.

그리고 나는 다른 사람들이 예수의 이름을 갖도록 초청한다.

제국에서 나오도록 부름 받은 나의 친구들 바로 당신들이다.

여기 여러분의 정체성, 여러분의 고향이 있다.

여러분은 예수께 속한 자다!

여기 여러분이 궁극적으로 충성할 분이 있다.

세계 자본주의 제국에 사는 여러분 모두에게,

그 흉터와 상처를 견디는 모두에게,

대안적인 민족이 되라고 부름 받은 여러분에게,

나의 주, 예수 그리스도의 아버지 하나님으로부터

은혜와 평강이 함께하기를.

은혜와 평강.

주님은 알고 계신다. 이 시대에는 평안을 찾아보기 어렵고

은혜는 우리 문화생활에서 사라져버린 듯하다는 것을.

그러나 하나가 없이는 다른 하나도 가질 수 없다.

둘 다 예수님이 주신다.

나는 여러분 모두에게 감사한다.

알다시피 주류 언론매체가

전 세계에서 제국의 착취를 선포할 때,

제국의 중심에서 다른 이야기가 들려온다.

여러분의 이야기, 여러분의 복음.

여러분의 신실함에 대한 소식이

전 세계에 선포되었다.

권력의 회랑 지척에 사는

극빈자들에 대한 여러분의 헌신,

제국에 의해 망가진 사람들을 밤새워 지키는 여러분의 간호,
경찰의 만행과 노숙과 방치에 맞서
정의를 수호하는 여러분의 열정.

부자들 편에서 가난한 자들을 착취하는 무역협정의
불의에 맞서는 여러분의 용기,
정치 지도자들이 음모를 꾸미는 입법부의 계단에서
기도하는 여러분의 대담함,
망가진 지구를 치유하려는 여러분의 깊은 헌신,
여러분의 공동체 모임, 목적을 가지고 결성된 공동체,
서로의 긴장 속에 웃고 우는 파티,
이 모두가 속박에서 해방된 기쁜 소식(복음)이고,
그것은 제국의 가장 먼 끝까지 걸러낸다.

내가 섬기는 하나님이
그 아들의 복음을 선포함에 있어서
여러분 모두를 위한 나의 끊임없는 기도에 증인이 되신다고 나는 확신한다.

그리고 내가 기도하는 바는
여러분을 방문하기 위해
국토안보의 벽을 통과하는 것이다.
여러분에게 가는 것이 지연되고 막힐수록
내 마음의 아픔이 커진다.

내가 원하는 것은 여러분에게 가서 모든 역경을 헤쳐 나갈
힘을 주는 은혜를 끼치는 것이다.
그러나 솔직히, 나 또한 격려를 구한다.
나는 여러분이 속해 있는 환대와 제자도의 공동체 안에서
격려받게 되리라 확신한다.

알다시피 친구들이여,
내가 여러 해 동안 여러분에게 가고자 했다.

이 자유롭게 하는 예수의 혁명이 여기저기서 일어나고 있고
나는 이 혁명이 제국의 한복판에서 일어나도록 돕고 싶다.
그러나 오는 길에 많은 장애물이 있었다.
때로는 긴급한 사역이 생기기도 했고,
때로는 (여러분도 알겠지만) 당국이 내 길을 막을 때도 있었다.

하지만 한 가지 확실한 것이 있다.
나는 제국의 규칙대로 놀아나지 않을 것이다.
제국의 인종 프로파일링, 부도덕한 정찰 기구들,
제국에 순응하지 않고
제국이 주장하는 내재된 선함에 의문을 표하고
제국이 선포하는 진보의 이야기에 의문을 표하는 사람은 누구나
악마 취급하는 일에 동조하지 않을 것이다.

나는 예수를 따르고

그의 대속적 사랑이라는 기쁜 소식을 전하는 자이기 때문에
내겐 의무가 있다.

진정 나는 빚진 자다.

부자와 가난한 자,

교육받은 엘리트와 문맹인 가난한 자,

고급 와인을 마시는 자와 마약 중독자,

막강한 정치인과 실의에 빠진 노숙자 이웃들,

보안요원과 "테러리스트",

팔레스타인인과 유대인,

이성애자와 동성애자,

흑인과 백인,

원주민과 정착민,

건강한 사람과 그렇지 않은 사람 모두에게.

나는 모두에게 빚진 자이기 때문에
가장 배제되고 수치를 당하고 경멸받는 사람들을 포함하여
배타적인 제국 한복판에서
너무나 포용적인 예수의 복음을 선포하러
너무나 간절히 여러분에게 가고 싶다.

그리고 친구들이여, 놀라운 것은 그것뿐만이 아니다.
나는 복음을 부끄러워하지 않을 것이다.
나는 제국이 제시하는 수치 목록에 굴복하지 않을 것이므로
이 복음을 부끄러워하지 않을 것이다.

그리스도 신앙을 제국의 시녀로 만들고자 하는 자들이
수치스러운 목적으로 이 복음을 왜곡하고 이용해도
나는 복음을 부끄러워하지 않을 것이다.

문화 말살의 명분으로 교회가 정부와 공모한다면
부끄러울 것이다.

국가안보 이데올로기에 세례를 주려고
예수의 이름을 부른다면
부끄러울 것이다.

그리스도인들이 무기를 들 권리를 옹호한다면
부끄러울 것이다.

그리스도인들이 이민 정책이나
청소년 범죄, 노숙 문제,
마약중독에 대해 인색한 마음을 품는다면
부끄러울 것이다.

정치인들이 거짓과 속임수로 인한 전쟁을 정당화하려고
예수의 이름을 언급한다면 부끄러울 것이다.

최고 지도자들이 하나님 나라에 대한 소망과
미국의 약속을 혼동한다면 부끄러울 것이다.

소비주의와 탐욕이 기독교 영성의 두꺼운 허울을 입고

풍요의 복음이라는 이름으로 수용될 때

너무도 부끄럽다.

이 모두가 부끄러운 복음이지만,

나는 예수의 복음을 부끄러워하지 않을 것이다.

내가 이 복음을 부끄러워하지 않는 이유는

그것이 바로 제국의 압제로부터

우리를 자유롭게 하는 하나님의 능력이기 때문이다.

그것은 구원을 위한, 속박에서 해방되기 위한

하나님의 능력이다.

이 구원은 죽음 이후 천국에서의 삶이 아닌 진짜 이 세상에서의 구원이다.

"미국은 비즈니스에 열려 있다"[32]라든가 "미국을 다시 위대하게 만들자!"라는

텅 빈 복음이 아닌 진짜 복음이다.

군사력에 의존하는 허울뿐인 "민주주의"가 아닌 진짜 복음이다.

소모적인 성취에 대한 안일한 희망이 아닌 진짜 복음이다.

이것은 부르심에 순종하는 모든 자를 위한 하나님의 구원으로,

먼저는 유대인에게고 그다음은 비유대인에게다.

---

32 2001년 9월 11일 저녁, 부시 대통령이 대국민 연설문에 쓴 구원의 단어 "부시 연설문"(Text of Bush Address), CNN, September 11. 2001, http://edition.cnn.com/2001/US/09/11/bush.speech.text/.

먼저는 수치와 배척을 받은 자들에게고,
다음은 좋은 환경에서 안정적으로 지내는 자들에게다.

나는 왜 복음을 부끄러워하지 않을까?

예수에 대한 이 기쁜 소식 안에서 우리는 하나님의 정의를 보기 때문이다.
이것이 세상을 치유하는 회복의 정의다.

여러분은 "영원한 정의"[33]를 원하는가?
그렇다면 제국의 폭력적 정의를 보지 말고,
CIA 조사실에서 고문을 받고
제국의 권력에 의해 사형당한
예수 안에 드러난 하나님의 정의를 의지하라.

이 복음 안에서 우리는 제국의 폭력에
자신을 죽기까지 내주신 구세주의
영원한 정의를 만난다.

예수의 기쁜 소식에는 제국을 뒤바꿀 능력이 있다.
예수를 통해 하나님의 인자하시고 용서하시는

---

33 9·11 사태 이후 조지 W. 부시 대통령이 착수한 군사 개입에 대한 첫 이름이 "영원한 정의 프로젝트"(Project Infinite Justice)였음을 기억하라. 그는 며칠 후 그 이름을 철회했는데, 역사상 그 어떤 민족국가에 의해 행해진 "영원한 정의"(Infinite Justice)의 관념도 가식적이고 불경스럽다는 항변 때문이었다. 그럼에도 불구하고 부시 행정부가 지정학적 개입을 위해 그 이름을 승인했을 수 있었다는 것이 그 자체가 제국주의 의제라는 확실한 증거다.

힘이 드러나기 때문이다.

이 능력은 예수 그리스도 안에 있는 하나님의 신실하심을 통해 드러난다.
그리고 이 신실하심은 그의 오실 왕국의 백성인 우리들에게
신실함을 요구한다.

그래서 예언자 하박국은 예전 제국의 그늘 아래서 이렇게 썼다.
"의인은 믿음으로 말미암아 살리라.
…정의를 실현하는 사람은 신실함으로 살리라."

의, 정의, 신실함—모두 제국의 그늘 아래 있다.
이것이 내가 여러분 가운데 선포하기를 열망하는 복음의 열매다.

오늘날 어떤 일이 일어나고 있는지 명확히 보자.

시장의 교정(market corrections)이나 시장의 오류(market misbehavior) 같은 말로
은폐하는 일에 가담하지 말자.

부자를 위한 규제 완화와 세금 감면으로
바보들의 구멍 난 배를 구하려고 하지 말자.

친구들이여, 그것은 너무 값싼 방법이고
문제를 제대로 읽어내지도 못한다.
세계 자본주의 체제의 중심에서 일어나는 일은

다름 아닌 모든 경건하지 않은 것과 모든 불의와 모든 탐욕,
모든 거짓 복음들 그리고 그들이 만들어내는 왜곡된 삶에 대해
드러나는 하나님의 진노다.

기만하는 제국, 거짓된 경제는
창조세계의 본성에 분명히 드러나는
하나님의 진리를 억누를 때만 유지될 수 있다.

그들이 무한한 욕심과 만족할 줄 모르는 소비와
끝없이 팽창하려는 경제를 택했을 때,
창조세계의 유한하고 선물 같은 특징의 어떤 부분을
제대로 이해하지 못한 것일까?

창조세계의 바로 그 본성이
정의에 근거한 하나님의 풍성함을 증명하지 않는가?
창조세계의 바로 그 선함이
이 하나님의 관대함을 증명하고
사랑과 보살핌으로 이 창조세계를 잘 관리하여
이 하나님의 형상을 닮아가라는 우리의 소명을 증명하지 않는가?

친구들이여, 그래서 여기 슬픈 진실이 있다.
이 탐욕의 제국, 이 경제 성장의 이야기,
이 모든 불안정한 조직(카드로 만든 집)이
거짓과 기만 위에 세워져 있다.

이 소비문화, 돈의 제국은 스스로 고집스러운 무지함에 둥지를 튼다.

창조세계가 오히려 더 나은 방법을 선포한다.
창조세계는 은혜의 하나님을 증언하기 때문이다.
하지만 우리는 이 진실을 억눌렀고, 부인하고, 은폐해왔다.

감사하는 삶을 거부하면서
이렇게 풍성한 자연을 주신 하나님께 감사하기를 거절하고,
이 창조주 하나님을 높이기를 거부하고,
명분을 내세우며 감사도 모르는 문화를 수용하면서,
우리는 빛 되신 하나님을 버리고 어둠의 영을 택했다.

우리의 모든 복잡한 이론과
수준 높고 이해하기 어려운 경제 용어와
유세 현장의 거창한 미사여구 속에서
우리의 생각은 헛되어졌다.
말은 많이 하지만 의미가 없다.
공허한 이론들,
너무나 허무한 말들이다.

우리는 스스로 지혜롭다고 생각했다.
모든 것을 다 안다고 생각했다.
하지만 우리에게 돌아오는 건 조롱뿐,
그간 우리는 바보였다.

우상을 숭배할 때 바로 이렇게 된다.

공의의 하나님을 생각하지 않을 때 바로 이렇게 된다.

조각된 형상과 눈에 좋아 보이고 능력 있어 보이는

값싼 모조품을 품을 때 이렇게 된다.

우상은 언제나 여러분의 기대에 미치지 못하고 실망을 안겨줄 것이다.

우상은 무능하기 때문이다.

헛된 우상들, 허망한 마음.

말 못 하는 우상들, 어리석은 인생들.

배신과 실망.

두려움과 공포.

우상숭배와 제국,

이들은 언제나 함께 간다.

그리고 우상은 제물을 요구한다.

어린아이와 피의 제물을.

희생자들이 거리에 걸어 다닌다.

가난한 사람들의 무너진 삶 속에서,

몸과 영혼이 고통에 뒤틀린다.

부자들의 텅 빈 풍요 속에서,

무관심 속에 쓰러져간다.

경제주의라는 우상을 받아들여라.

그 거짓된 풍요의 약속을 믿어라.

이 우상의 탐욕에 여러분의 삶을 맡기라.

그러면 잘못된 믿음이 주는 파산의 열매를 거둘 것이다.

탐욕에 중독되고, 이념이라는 우상에 사로잡혀

여러분의 삶은 그 한심한 우상의 형상으로 재구성될 것이다.

경제주의라는 우상을 받아들여라.

그 부와 권력에 대한 거짓 약속을 믿어라.

그러면 막다른 길에 서 있는 자신을 발견하게 될 것이다.

여러분의 삶은 제약을 받고 얽매이게 될 것이다.

빠져나올 수 없는 순간에 갇히게 될 것이다.

경제적 자유라는 꿈이

가치 상실, 국제 테러, 훼손된 지구라는 악몽으로 변해 있을 것이다.

친구들이여, 우리는 경제 위기를 맞은 것이 아니다.

영적 위기를 맞고 있다.

근본적인 문제는 시장이나 무역협정이 아니다.

또 이민자들과 난민들을 희생양으로 삼을 수도 없다.

문제는 우리 사회에 뿌리 깊이 박힌 우상숭배다.

우리 삶의 방식 깊숙이,

우리 영혼 깊숙이 박혀 있는 우상숭배다.

우리는 진리 안에서 살도록 부름을 받았다.

우리는 진리 안에서 아이들을 양육하도록 부름을 받았다.

우리의 삶으로 진리를 구현하도록 부름을 받았다.
그러나 우리는 진리를 거짓으로 바꾸어버렸다.

우리의 상상력은 포로로 잡혀 있다.
우상숭배의 통제를 벗어난 삶은 꿈꿀 수도 없다.
소비의 속박에서 벗어난 삶은 상상할 수도 없다.
정의와 의로움이 무엇인지 생각조차 하지 못한다.
관용과 만족은 너무나 멀리 있고
충분한 경제생활을 살아가기는커녕 상상도 못 한다.

우리는 우상과 뒹굴었고
하나님을 알지 못했다.
우상을 숭배하며 무릎을 꿇었고,
영원히 복을 주시는
창조주는 경배하지 않았다. 아멘.

상상력과 충실하게 읽기

와, 정말 대단한 상상력의 위업이군요.

고맙습니다.

제가 칭찬으로 한 말인지 잘 모르겠군요.

아, 상상력을 좋아하지 않으시나요?

상상은 좋지만, 성경을 해석할 때 지나치게 상상하는 건 좀 위험한 것 같
  습니다.

지나치게 상상하는 건 어떤 건가요?

본문의 의미를 그 당시 맥락의 의미에 근거하지 않고 현대 상황에 너무 끼
  워 맞추려고 하는 것이지요. 이념적으로 해석하는 거라고 할까요?

충분히 일리가 있습니다. 더 넓게 보면 해석상의 문제이지요. 그 본문이
  처음 쓰이고, 읽히고, 해석될 때는 어떤 의미 혹은 의미들을 전달하고
  있었을까요? 또 글의 원저자와 수신자의 맥락을 파악해서 합당하게 의
  미의 범주를 밝혀냈다 하더라도, 그것이 오늘날에는 어떤 의미가 있으
  며 또 그러한 현대적 해석을 평가할 기준은 무엇일까요?

네, 그렇게 질문하는 것이 더 낫겠습니다. 당신들의 타르굼을 보고 상상력
  의 위업이라고 말하면서 제가 한 말이 칭찬인지 "잘 모르겠다"고 조심
  스럽게 말한 이유가 그겁니다. 정말 잘 모르겠습니다. 어쩌면 칭찬일 수
  도 있겠지요. 당신들이 상상력을 발휘해서 해석한 로마서 1장이 참 마
  음에 듭니다. 현대에 맞게 이렇게 해석하는 것이 맞는지 확신은 안 서지
  만 그 해석이 정말 "실감 나는" 건 사실입니다. 하지만 좀 고민이 됩니
  다. 당신들이 21세기 상황에 맞게 바울 서신을 해석한 것이 맞는지, 또
  이 편지를 처음 받은 독자들에게는 이 편지가 어떻게 들렸을지 제가 어

떻게 제대로 평가할 수 있겠습니까?

참 중요한 질문입니다. 이 책의 전반에 걸쳐 이 문제는 따라다닐 겁니다. 여기에는 3가지 문제가 있다고 생각합니다. (1) 상상력을 어떻게 발휘해야 하는가, (2) 타르굼 같은 것을 어떻게 평가해야 하는가, (3) 로마서 같은 고대 서신을 어떻게 그 원래의 맥락에서 이해하는지입니다. 두 번째와 세 번째 문제는 첫 번째 문제의 변형이라고 생각합니다. 사실 모두 상상력과 관련된 것이지요. 그래서 이번 장에서는 각 질문에 짧게 답하면서 마치려고 합니다.

이 질문들은 모두 상상력에 대한 것입니다. 이후에 상상력에 대한 문제로 돌아갈 기회가 있겠지만, 여기서 부분적으로나마 다뤄보겠습니다. 우리가 지금 이미지(형상) 시대에 살고 있다는 것은 누구나 인정하는 바입니다. 우리는 매일 수천 개의 이미지를 보며 삽니다. 상품, 조직, 정치인, 교회, 기업들이 어떤 느낌이나 인상을 주기 위해 "상표화"(branded)하는 것에서부터 시작해서 "이미지"는 어디에나 있습니다.[34] 물론 이 이미지들이 하는 역할은 우리의 상상력을 자극하는 겁니다. 물건이 같아도 특정 상표가 특정 사람들의 상상력을 더 자극합니다. 이와 비슷하게 두 정치인과 두 교회 간에 실질적인 차이가 없어도 이미지에 따라 충성도가 달라집니다.

실물보다 이미지를 더 중시하는 후기자본주의를 평가하는 것과는 별개로, 사실 문화를 형성하는 데서 이미지의 능력은 무시할 수 없습니다.[35]

---

34   Naomi Klein, *No Logo: Taking Aim at the Brand Bullies* (New York: Picador USA 2000). 이 책은 후기자본주의 사회에서 이미지와 브랜딩의 역할에 대한 획기적인 논의다.

35   Chris Hedges는 규제 없는 자본주의 윤리가 "실물보다 이미지"를 칭찬한다고 주장한다. *The*

이것은 원시 선조들이 처음 동굴 벽화를 그린 것만큼이나 오래된 것입니다. 제임스 스미스(James K. A. Smith)는 인간은 상상력을 가진 피조물로서 "상상한 것들을 실현하는 자들이고 이야기, 그림, 이미지, 비유는 우리의 구체적인 실존의 표현이다"라고 말하면서 문화적 이해라는 오래된 전통에 섭니다.[36] 찰스 테일러(Charles Taylor)는 "이미지, 이야기, 전설"을 통해 전달되는 내재된 "사회적 상상력"으로 사회가 형성된다고 봄으로써 같은 입장을 취합니다. 사회적 상상력은 "일이 대체로 어떻게 돌아가는지" 그리고 일들이 어떻게 "돌아가야 하는지"를 알려줍니다.[37] 이 이미지들을 통제하는 사람들이 사회를 통제하는데 바로 이들이 문화적 상상력을 통제하기 때문입니다. 바울이 로마의 지배적인 이미지들인 주권(lordship), 종, 구원, 정의, 신실함을 전복시킬 때 그는 상상력 대결을 벌이고 있는 겁니다. 상상은 절대 중립적이거나 일반적이지 않습니다. 그것은 다른 이야기와 비유들과 대조되거나 또 종종 갈등을 일으키는 특별한 의미가 가득한 어떤 이야기나 비유에 뿌리를 둡니다.

월터 브루그만이 "우리 모두를 사로잡고 있는 우리 시대의 주된 병리는 상상력의 감소다. 그 결과 우리는 너무 무감각하고 안일하고 매여 있어서 더 이상 상상할 수 없게 되었다"라고 말하는데 이는 정말 유념해야 할 말입니다.[38] 따라서 우리가 직면한 문제는, 그리고 우리는 바울도 이 문제에 직면했을 거라 생각하는데(비록 그는 이런 표현을 쓰지 않았지만), **지**

World as It is: Dispatches on the Myth of Human Progress (New York: Nation Books, 2013), 44.

36 James K. A. Smith, *Imagining the Kingdom: How Worship Works* (Grand Rapids: Baker Academic, 2013), 126. 『하나님 나라를 상상하라』(IVP 역간, 2018).

37 Charles Taylor, *A Secular Age* (Cambridge, MA: Belknap, 2007), 172-73.

38 Walter Brueggeman, *Interpretation and Obedience* (Minneapolis: Fortress, 1991), 199.

나친 상상이 아니라 상상력이 **속박**당한 것입니다. 제국의 이야기와 이미지들은 어디서나 볼 수 있고 너무 강력해서 이 제국적 상상을 벗어나서 생활한다는 것은 상상하기 힘듭니다.

다시 한번 스미스의 말이 도움이 됩니다. 그는 상상력이 언제나 경쟁적이라는 점에 주목하면서 "우리 마음으로 가는 길은 상상력을 통하고, 상상으로 가는 길은 이야기, 형상, 상징, 노래"[39]라고 주장합니다. 그러나 우리 대부분의 "이야기들과 이미지들과 소리들이 중앙집권적인 이윤을 추구하는 다국적 기업으로부터"[40] 나올 때 그러한 지배적인 제국의 상상으로부터 벗어나고 싶은 공동체가 있다면 새 노래를 불러야 할 것이고, 강력한 상징과 이미지를 받아들이거나 재해석해야 할 것이고, 가장 근본적으로는 대안이 되는 다른 이야기를 해야 될 것입니다. 우리는 바울이 로마서에서 이것을 기대하고 있다고 믿습니다. 그는 기독교적 상상력과 실천 및 공동체를 만들기 위해 새로운 이야기를 하고 있는 겁니다.

그렇기 때문에 이 장에서 우리가 제시한 타르굼을 "상상력의 위업"이라고 말하신다면 그건 칭찬입니다. 우리의 상상력이 좋다는 의미에서가 아니라 바울의 이 훌륭한 편지를 잘 읽기 위해서는 상상의 인도를 받아야 하기 때문입니다.[41] 이 편지를 해석하기 위해서는 지적인 토론의 과

---

39 Smith, *Imagining the Kingdom*, 162.
40 Smith, *Imagining the Kingdom*, 162에 다음 글을 인용한다. Michael L. Budde, "Collecting Praise: Global culture Industries," *The Blackwell Companion to Christian Ethics,* ed. Stanley Hauerwas, Samuel Wells (Oxford: Blackwell, 2006), 124.
41 물론 독자들은 타르굼이 "상상의 위업"이라고 말한 질문자도 우리가 상상으로 만들어낸 존재라는 것을 안다. 그러나 무에서 유를 만들어낸 것은 아니다. 이 책에서 질문자가 하는 질문들은 우리가 수년간 바울의 로마서를 강의하고 설교하면서 얻은 문제의식과 질문들을 반영한 것이다.

정도 거쳐야 하고 이 편지 자체가 지적인 역작이라는 것을 부정하지는 않지만, 종종 신학적 논쟁의 복잡함 속에서 상상이라는 요소를 잃게 됩니다.

이제 좀 더 간단하게, 두 번째 질문을 살펴봅시다. 타르굼과 같은 것을 어떻게 평가할까요? 『제국과 천국』에서 "이중 몰입"(double immersion)에 대해 종종 말했는데, 이는 우리가 사는 세상에 깊이 몰입하는 동시에 그 문구에(전체 성경 이야기의 문맥 안에서) 깊이 몰입하는 방법으로 그 본문을 현대적으로 해석하는 겁니다.[42] 그 구절의 의미(또는 의미들)는 살아 있는 것이어서 충실함과 창조성이 서로 뒤얽혀 춤을 추다 보면 드러나게 됩니다. 그 문구에 충실하게 해석하는 것은 중요합니다. 상상은 자기가 원하는 대로 하는 것이 아닙니다. 오히려 **그 구절**이 쓰인 구체적인 상황과 시간 속으로 깊이 들어가는 것입니다.

충실한 해석은 무엇보다 그 본문 자체를 깊이 있게 자세히 읽는 것입니다. 하지만 그 본문은 혼자 따로 떨어져 있지 않습니다. 개별적인 본문이란 없습니다. 그 본문은 전통과 함께 존재하고 실제로 살아 있습니다. 로마서는 성경의 더 넓은 맥락인, 이스라엘의 이야기와 상징과 비유 안에서만 이해될 수 있습니다. 그래서 교육을 많이 받은 이스라엘 전통이 몸에 밴 1세기 유대인 그리스도인이 쓴 이 글을 이해하려면 우리는 이스라엘의 울림들, 암시들, 이야기들을 들어야 합니다. 아니면 "엿들어야 한다"는 표현이 더 맞을지도 모르겠습니다.[43]

타르굼 같은 해석을 평가하기 위한 첫 번째 기준은 상상력과 밀접한 관

---

42   Walsh, Keesmaat, *Colossians Remixed* 136. 『제국과 천국』(IVP 역간).

43   우리 성서 해석 방법의 전형은 다음 책을 참조하라. Richard B. Hays, *Echoes of Scripture in the Letters of Paul* (New Haven: Yale University Press, 1989).

계가 있습니다. 우리는 그 본문을 쓴 저자와 독자의 사회적 상상(해석하는 공동체의 "이미지들, 이야기들, 전설들") 안에 이 본문을 놓을 필요가 있고, 이렇게 그 본문을 맥락에 놓는 행위 자체가 상상하는 노력입니다.

충실한 해석을 위해서는 현대 독자층의 문화적 상황에도 몰입해야 합니다. 그래서 두 번째 기준이 필요해집니다. 로마서는 특정한 역사적 상황을 향해 말하는 역사 문서입니다. 이 편지가 쓰인 1세기 상황에서 이 본문이 말하는 바를 듣고자 한다면, 로마에 있는 그리스도인 공동체를 제국적 상황에서 상상력을 발휘해 이해할 필요가 있습니다. 하지만 이 편지가 살아 있는 글로서 시대를 초월하여 진실과 비전을 계속해서 들려준다면, 이 편지를 **마치** 몇 주 전에 쓴 것처럼 들을 필요가 있습니다. 이를 위해서는 현재 우리의 문화적(그리고 제국적) 상황을 영적으로 분별하여 창의적으로 읽어야 합니다. 그래서 우리가 타르굼에서 이미 시작한 문화적 분석을 계속해야 하는 것입니다. 로마서 1:18-25에서 바울이 창조세계와 우상숭배를 논하다가 갑자기 세계 자본주의 경제학으로 이념적 도약을 할 수는 없습니다. 이를 위해서는 "역동적 유추"(dynamic analogy)[44]라고 불리는 조심스럽고 충실한 해석이 필요합니다.

역동적 유추는 우리 시대의 문화적 맥락과 고대 문서 안에서 보이는 문화적 맥락에서 역동적인 유사성을 식별해내려는 상상의 시도입니다. 한 예로, 본문이 삶을 왜곡하고 사회적 퇴보를 초래하는 우상숭배를 말하고 있다면 **우리** 시대의 우상은 무엇일까요? 또 그 우상숭배로 인해 오늘날 거두게 되는 사회적 취약점은 무엇일까요? 혹은 그 본문이 그 시

---

44   참조하라. James A. Sanders, "Canonical Hermeneutics," *From Sacred Story to Sacred Text: Canon as Paradigm* (Philadelphia: Fortress, 1987), 70.

대의 제국적인 상황 속에서 수치를 당하며 묵살당하는 자들을 말하고 있다면, 우리의 문화적 상황에서는 누가 이와 비슷하게 묵살되고 소외당할까요? 역동적 유추는 성경 구절과 현대의 문맥을 일대일로 끼워 맞추는 것이 아닙니다. 역동적 유추는 상상력이 깃든 예감이라고 할 수 있습니다. 만일 성경적 안목으로, 특히 로마서의 눈으로 우리가 사는 세상을 읽는다면 우리는 성령이 이끄시는 해석을 하게 될 것입니다. 그런 해석을 통해 로마서가 갖는 변치 않는 능력뿐 아니라 더 중요하게는 바울이 여기서 선포하는 복음을 만나게 될 것입니다.

이러한 해석은 충실하면서도 창의적이고, 변함없으면서도 혁신적이고, 안정적이면서도 적응력이 있어야 합니다. 원문에 충실하지 않은 채 창조적이면 기초나 뿌리가 없는 해석이 되고, 창조성 없이 충실하기만 하면 상상력과 적응력, 생명을 주는 힘과 비전이 없는 정통주의로 퇴보합니다.

이 모든 것이 어떻게 안정적으로 이뤄질 수 있을지 저는 여전히 회의적입니다. 모든 해석은 상상력을 발휘하는 것이라고 인정한다 해도, 그 상상이 얼마나 충실한지 어떻게 판단할 수 있지요?

예수 그리스도에게 충실하다는 의미인가요? 복음에 충실하다는 의미인가요? 로마서를 논할 때 이 문제가 중요하기 때문에 묻습니다. 앞에서 이미 시사했듯이 충실함이 이 편지의 핵심인데, 바로 예수 그리스도의 충실과 그분에 대한 우리 반응의 충실입니다.

그런 질문들이 이 논의에서 정말 중요할 거 같군요. 하지만 제 질문은 좀 다릅니다. 제 질문은 당신들이 말하는 역동적 유추가 원래의 맥락에서의 본문에 충실한지 어떻게 알 수 있느냐는 겁니다. 이 편지가 당시의 상황에서는 어떻게 들렸을지를 묻는 세 번째 질문과 일맥상통합니다.

다시 질문으로 돌아오게 해주셔서 감사합니다. 로마 그리스도인들이 이 편지를 어떻게 들었을지는 전적으로 상상에 달린 문제라고 인정할 때 그 상상을 역사에 근거해서 할 수 있을까요?

네, 제 질문이 바로 그겁니다.

바울의 언어가 어떻게 제국에 대항하는 의도적인 도발이었는지가 분명하게 설명된다면, 당시 이 편지가 어떻게 들렸을지에 대한 암시가 될 거라 생각합니다.

그렇지만 바울이 복음은 모든 믿는 자들에게 하나님의 능력이 되는데, 먼저는 유대인에게고 그다음에 이방인에게라고 했을 때 이방인과 유대인의 반응이 같았을까요? 종들은 바울이 자신을 "예수 그리스도의 종"이라고 한 것을 어떻게 들었을까요? 로마 시민과 자유인과 여자들은 그 말을 어떻게 들었을까요?

듣는 사람이 예수를 따르는 유대인인지 아니면 이방인인지가 중요하냐는 질문입니다. 종인지, 자유인인지, 상대적으로 안정이 보장된 삶을 사는 자인지, 항상 가난에 허덕이는 벼랑 끝에 선 사람인지가 중요한가요? 배부른 자인지 배고픈 자인지가 중요한가요?

물론 중요합니다. 사회적·인종적·경제적·문화적 정체성에 따라 세상을 해석하는 방식이 다르고, 물론 이 편지를 해석하는 방식도 달라집니다.[45] 로마서를 대충만 읽어봐도, 바울이 로마 교회에 속한 유대인과 이방인의 상반된 세계관을 중재하려고 시도하는 것을 분명 알 수 있습니다. 하지만 이 편지에는 유대인/이방인의 분열 그 이상의 것이 계속 등장합니다. 편지의 끝 인사말에서 바울은 다른 도시에 사는 다양한 사회경제적 지위를 가진 그리스도인들에게 안부를 전합니다.

환경 철학자 데이비드 오르(David Orr)는 이 부분에 도움을 줍니다. 오르는 건축 환경, 조경, 에너지 시스템, 수송 방식, 경제 교류 같은 것들이 우리 삶의 방식을 근본적으로 만들어간다고 말합니다. 그는 이런 것들이 "우리가 보는 것, 이동하는 방법, 먹는 것, 시공간에 대한 감각, 서로 관계 맺는 법, 안전에 대한 의식, 우리가 사는 특정한 지역을 어떻게 경험하는지를 결정한다. 게다가 이것들은 그들이 가진 저울과 힘으로 우리가 생각하는 방식을 조작하고 많은 경우 더 나은 대안을 생각해내는 능력을 제한한다"[46]고 말합니다. 사회적·지리적·경제적 위치(종종 민족 정체성과 관련이 있는)가 우리가 세상을 생각하고 상상하는 방법을 결정 짓습니다. 그렇다면 한 이방인 여종이 자신이 속한 모임에서 이 편지를 읽었다면, 가령 예를 들어 유대인 상인이 이 편지를 읽었을 때와 어떻게

---

45 다음은 사회적 위치의 중요성을 보여주는 첫 프로젝트 중 하나다. Fernando F. Segovis, Mary Ann Tolbert, eds. *Reading From the Place*, vol.1, *Social Location and Biblical Interpretation in the United States*, vol.2, *Social Location and Biblical Interpretation in Global Perspective* (Minneapolis: Fortress, 1995).

46 David Orr, *The Nature of Design: Ecology, Culture, and Human Intention* (Oxford: Oxford University Press, 2002), 31. Sandra R. Joshel, Lauren Hackworth Petersen, *The Material Life of Roman Slaves* (Cambridge: Cambridge University Press, 2014). 이 책은 로마 제국에 사는 노예들의 생활과 관련하여 이와 같은 역동성을 탐구한다.

다를까요? 그들이 가진 상대적으로 다른 안전 의식은 이 편지를 어떻게 듣게 했을까요? 만일 각자가 속한 공동체에서 이 편지에 대해 서로 논의할 기회가 있다면 어떤 말들이 오갈까요? 어떤 부분에서 이 둘은 이견을 보일까요? 무엇이 갈등의 요인이 되고, 무엇이 함께 즐거워하는 내용이 될까요?

그래서 이제 다르게 상상해보는 연습을 해보려고 합니다. 역사적으로 충실하게 본문 속으로 깊이 들어가기 위해, 이리스와 네레오를 소개하려고 합니다.

2장

부엌 벽과
공동주택 현관

이리스 이야기[1]

처음에는 그 말을 믿어야 할지 말아야 할지 몰랐다. 브리스가와 아굴라가 극찬하던 **바로 그** 바울에게서 편지가 왔다고 퀸투스가 말했을 때 믿을 수가 없었다. 퀸투스는 이따금 기쁜 소식을 상상하는 낙으로 살기 때문이다. 마침 시장에서 브리스가의 종인 알렉산드라와 마주쳤는데, 그녀가 사실이라고 말해주었다. 바울이 보낸 서신이 어제 도착했고, 겐그리아 교회 지도자인 뵈뵈라는 여자가 그것을 가지고 왔다고 했다. 오늘 밤 공동체와 함께 그 편지를 읽을 거라고도 했다.

　나도 밤에 가서 바울의 서신을 직접 듣고 싶었지만, 저녁에 몰래 빠져나가는 것은 상상도 할 수 없었다. 나는 맘대로 오갈 수 있는 자유가 없다. 사실 어떤 자유도 없다. 가끔 다른 종과 아이 돌보는 일과 시장 가는 일을 바꿔서 할 수는 있었지만, 저녁 내내 집을 나가 모임에 참석하는 건 불가능했다. 알렉산드라는 내 형편을 잘 알고 있었다. "네가 못 오면 내가 최대한 다 기억해서 내일 얘기해줄게. 브리스가는 너나 다른 사람들에게 이 기쁜 소식을 전하는 걸 분명 허락할 거야." 나는 그것으로 만족해야 했다.

　예수를 따르기로 결심했을 때 브리스가와 아굴라 집에서 모이는 모임에 참석하기가 쉽지 않을 거라는 것을 알고 있었다.[2] 그리스도를 따르지

1　이리스는 폼페이의 오래된 낙서에 나오는 여관 주인의 종 이름 이리스에서 따왔다. Peter Oakes, *Reading Romans in Pompeii: Paul's Letter at Ground Level* (Minneapolis: Fortress, 2009), 33-37. 실제 인물이 아닌 이리스라는 이름만 빌린 것이다. 벽 낙서에서 언급한 이리스는 주인에게 매춘을 강요당한 노예로 추정된다. 벽에서 언급한 이리스와 우리가 만들어낸 이리스 사이에 겹치는 부분도 있다.

2　바울은 롬 16:5에서 브리스가와 아굴라의 집에서 모이던 모임(*ekklēsia*)을 언급한다. 최근의 조직적이고 제도적인 뉘앙스를 풍기는 "교회"(*ekklēsia*)로 번역하기보다는 **모임**(*assembly*)이라고 하는 것이 맞겠다. 또 이것은 주로 "회당"이라고 번역되는 *synagōgē*의 좀 더 좋은 번역

않는 주인을 모시는 종이 주인 몰래 빠져나가기란 쉽지 않았다. 알렉산드라처럼 믿는 주인을 만난 노예들은 모임에 참석하도록 독려받았다. 나는 그 모임에 가려면 주인 나깃수가 그동안 나를 부르지 않기를 바라며 몰래 가는 수밖에 없었다. 만약 그가 알게 되면 나는 매를 맞을 것이다. 이건 기꺼이 감수할 만한 위험이 아니다.

그게 오히려 다행일지도 모른다. 브리스가와 아굴라의 작업장은 차양으로 말아 올린 천 위에 앉더라도 30여 명 정도만 수용할 수 있었다. 우리 집안에 속한 믿는 종이 모두 참석하면 다 앉을 자리가 없을 것이다.[3] 감사하게도 나깃수의 집안에는 예수를 따르는 다른 사람들도 있어서 우리는 대부분 늦은 밤에 집안사람들이 잠든 시간에 만날 수 있었다.[4] 나는 거기서 바울의 편지를 듣고 싶었다.

시간이 점점 지나면서 우리 집안에서는 딱 한 사람만 바울의 편지를 들으러 갈 수 있다는 사실이 분명해졌다. 주인이 그날 밤 저녁 만찬을 주최했기 때문이다. 주방 하인들은 밤늦게까지 음식을 준비하고 나르는 일을 하고, 보통은 화장실을 청소하던 하인들은 손님들이 간 후에 청소를 해

이다. 회당 역시 비슷한 제도적 뉘앙스를 갖고 있어서 후기 역사 시대에 더 적합하다. 따라서 이 단어는 회당과 교회의 연속선상에 있다.

3 1세기에 "천막 만드는 자"(tentmaker)가 된다는 것은, 브리스가와 아굴라(그리고 바울)처럼 주로 가게 앞에 사용되는 그늘 차양이나 원형극장에 있는 부자들을 위한 차양을 만드는 것을 의미한다. 브리스가와 아굴라는 경기 중에 햇빛을 가리거나 개인 가정집에 안마당을 덮는 데 사용되는 천막이나 차양을 만들었던 것 같다. 상점 주인들은 가게 판매대에 천막을 쳐서 사용했다. 가죽 천막은 주로 군인들이 사용했는데 숙련된 개인 직공을 개별적으로 데리고 있었다. Peter Lampe, *From Paul to Valentinus: Christians at Rome in the First Two Centuries*, trans. Michael Steinhauser (London: T&T CLARK, 1987), 188-89, 192. Oakes, *Reading Romans in Pompeii*, 89-97. 여기서 당시 전형적인 가정교회는 주로 가게를 사용했으며 30명 정도의 사람들을 수용할 수 있었다고 말해준다.

4 바울은 롬 16:11에서 나깃수의 집안에 속한 사람들에게 문안 인사한다.

야 하고, 나는 나깃수의 아내와 아이들을 돌보는 대신 주인과 손님들의 성 접대를 하곤 했다. 물론 아이들도 만찬에 잠시 참석했다.[5]

날이 저물수록 주인의 아이들이 어렸던 시절이 그리워졌다. 나는 그 아이들의 유모였는데, 두 아이가 태어나 각각 두 살이 될 때까지는 아무 도 나를 성적으로 이용할 수 없었다. 두 아이를 돌보느라 자유시간이 생겼 고 그 아이들과 함께 내 친아이도 기를 수 있었다.[6] 내게도 두 아이가 있었 지만, 나의 주된 역할은 주인의 아이들을 돌보는 것이었다. 최근까지도 네 아이 모두를 가르쳐왔다. 아이들은 로마 이야기를 해줄 때 특히 좋아했다. 그때까지 아이들이 가장 좋아하던 이야기는 위대한 아이네이아스(Aeneas) 이야기였다. 그는 트로이가 멸망할 때 자신의 아버지와 가문의 신들과 어 린 아들을 데리고 도망쳤다.[7] 아이들이 그 이야기를 특히 좋아하는 이유는 아우구스투스 광장에서 자기 아버지를 업고 어린 아들의 손을 잡은 아이 네이아스의 동상을 인상적으로 보았기 때문일 것이다. 물론 아이들은 아 이네이아스의 이야기가 그의 직계 후손인 조국의 아버지(Pater Patriae) 아 우구스투스에서 절정에 이른다는 것을 알았다. 그 광장에는 네 마리 말이

---

5   만찬에 아이들이 참석한 것에 대해서는 다음 책을 참조하라. Margaret Y. MacDonald, *The Power of Children: The Construction of Christian Families in the Greco-Roman World* (Waco: Baylor University Press, 2014), 19-22, 41-42.

6   유모가 하던 일, 그들이 교육자로서 끼쳤던 영향에 대해서는 다음 책을 참조하라. MacDonald, *Power of Children*, 40-41; Christian Laes, *Children in the Roman Empire: Outsiders Within* (Cambridge: Cambridge University Press, 2011), 72-77.

7   아이네이아스의 트로이 탈출에 대한 베르길리우스의 설명은 *The Aeneid*, 1권에서 볼 수 있 다. 이 이야기는 교육의 표준이 되었고, 연극으로도 자주 상영되었으며, 벽화의 일상적인 주 제였고, 낙서나 램프 같은 가정용품의 장식에도 사용되었다. 이와 같이 사회 계층 전반에 알 려진 이야기였다. Nicholas Horsfall, "Virgil: His Life and Times," "Virgil's Impact at Rome: The Non-literary Evidence," *A Companion to the Study of Virgil* (Leiden: Brill, 1995), 1-25, 249-55.

끄는 승리의 전차를 탄 아우구스투스 동상이 중앙에 서 있다. 아이들은 그 동상을 보며 아우구스투스뿐 아니라 그의 명령을 따르는 힘센 말들에게도 압도되었다.[8] 어느 누가 그처럼 멋진 이야기의 한 부분이 되고 싶지 않겠는가? 아이네이아스 이야기는 모든 민족에게 정의와 평화를 주기 위해 세계를 다스리도록 신들의 명을 받은 위대한 로마의 시작을 말해준다. 이 이야기에 따르면 우리의 구원자이자 주인인 카이사는 신들의 후손이다. 그래서 우리는 집안 신들뿐 아니라 아이네이아스의 어머니인 베누스와 카이사에게 승리를 안겨준 전쟁의 신 마르스 울토르를 숭배하는 것이다. 광장 마르스 사원에서 우리 머리 위로 높이 솟아 있는 베누스와 마르스의 웅장한 동상을 바라볼 때 그 이야기는 더 인상적이다.[9]

　　그 광장이 이 이야기를 들려주기에 가장 좋은 곳이긴 하지만, 굳이 거기 가야만 그 이야기를 들을 수 있는 것은 아니다. 아이네이아스는 우리 집 램프에도 있고, 나깃수의 연회가 열리는 연회장 벽에도 그려져 있다. 가끔은 극장에서도 그 이야기가 힘차게 낭송된다. 그리고 제물을 바치는

8　이 동상은 아우구스투스 광장에 있었다. 마르스 신전으로 가는 길에 그 동상을 지나가게 되는데, 신전의 북서쪽에는 아이네이아스의 동상이 있었다. 아우구스투스 광장에 대한 설명은 다음 책을 참조하라. Mary Beard, John North, Simon Price, *Religions of Rome* (Cambridge: Cambridge University Press, 1998), 1:199-200, 2:80-83. 그 광장에서는 재판이 열리기도 하고, 장군들을 전쟁에 내보내는 행사가 열리기도 하고, 원로들이 전쟁에 관한 논의를 위해 만나기도 했다. 또 전쟁에서 돌아온 장군들이 "그들의 승리의 상징"을 그곳으로 가져왔다. 전쟁 전리품이었는지 아니면 승리의 월계관이었는지는 분명하지 않다. Beard, North, Price, *Religions of Rome*, 2:82-83.

9　Paul Zanker, *The Power of Images in the Age of Augustus*, trans. Alan Shapiro (Ann Arbor: University of Michigan Press, 1988), 193-96. 이 책에 따르면 아우구스투스 광장은 아이네이아스, 베누스, 마르스 등 새로운 신화로 사람들을 교육하는 역할을 했다고 한다. 이 신화들은 바울이 로마서를 쓸 당시만 해도 더 이상 "새롭지" 않았음에도 불구하고, 폼페이의 증거들을 통해 아이네이아스의 이야기가 여전히 비문이나 미술품의 주제였음을 보여준다. 참조. Mary Beard, *The Fires of Vesuvius: Pompeii Lost and Found* (Cambridge, MA: Belknap, 2008), 51-52, 59.

아이네이아스 이야기가 평화의 제단(*Ara Pacis*)에 그려져 있는 것도 보았다. 이 이야기는 로마의 승리뿐 아니라 로마의 풍요를 이끌었던 공적을 그리고 있다.[10] 아이들은 이 이야기의 일부가 되고 싶어 했다. 그것은 경건과 충실과 진정한 선행의 이야기다. 승리와 힘의 이야기다. 내 이야기도 아니고 로마인은 내 민족도 아니지만, 때론 나도 그게 사실일지도 모른다고 생각했다.

아이들을 돌보면서 그 이야기를 들려**주곤** 했다. 그런데 어느 날 나깃수가 내 아들과 딸을 시장에 데려가더니 혼자서만 돌아왔다. 내 아이들이 어떻게 되었는지 감히 물어볼 수 없었다. 나는 노예이기 때문이다. 노예들은 아이를 가질 수 없다. 내가 낳은 아이들은 나깃수가 마음대로 이용하고, 원하는 대로 팔 수 있었다.[11] 내 아이들이 다른 가정집으로 갔는지, 곡식을 측량하는 트란스티베리움(Transtiberium)에 있는 창고에 팔렸는지, 아니면 시골 농장의 노예로 팔렸는지 나는 모른다. 아이들은 다른 곳으로 가기에는 너무 어렸다. 아들은 여섯 살, 딸은 세 살이었다.[12] 어떤 엄마가 이

---

10 평화의 제단(*Ara Pacis*)에 대한 설명은 다음 책을 참조하라. Beard, North, Price, *Religious of Rome*, 2:83-85. 그 제단에서 풍요의 이미지와 군대의 승리가 어떻게 서로를 보강하는지에 대해서는 다음 책을 참조하라. Zanker, *Power of Images*, 172-75.

11 그리스어 *sōma*(몸)가 노예(종)를 묘사하기 위해 어떻게 사용되었는지는 다음 책을 참조하라. Jennifer A. Glancy, *Slavery in Early Christianity* (Oxford: Oxford University Press, 2002), 10-11.

12 노예 가족을 흩어지게 하던 것에 대해서는 다음 책을 참조하라. Carolyn Osiek, "Female Slaves, Porneia, and the Limits of Obedience," *Early Christian Families in Context: An Interdisciplinary Dialogue*, ed. David L. Balch, Carolyn Osiek (Grand Rapids: Eerdmans, 2003), 258; Beryl Rawson, "Family life among the Lower Classes at Rome in the First Two Centuries of the Empire," *Classical Philology* 61, no. 2 (April 1966): 71-83. 노예 아이들이 어떤 일을 했는지에 대해서는 다음 책을 참조하라. Christian Laes, "Child Slaves at Work in Roman Antiquity," *Ancient Society* 38 (2008): 235-83. 어린 노예들은 종종 유아기에 팔리기도 했고, 5살 무렵부터 주인의 시중을 들었던 것으로 보인다. Laes, "Child Slaves," 241, 259; Beryl Rawson, *Children and Childhood in Rome Italy* (Oxford: Oxford University Press,

것을 감당할 수 있을까? 도대체 어떤 인간이 이 어린아이들을 엄마에게서 빼앗는단 말인가? 로마의 이야기가 아무리 위대해도, 엄마로부터 아이들을 떼어놓아 그들의 마음이 고통으로 일그러지는데, 어떻게 정의와 평화와 구원의 민족이라고 할 수 있단 말인가? 나를 유린했던 남자들 때문에 사랑스러운 아이들을 갖게 되었지만 기뻤다. 하지만 내 아들과 딸을 빼앗겼을 때는, 이들과 이들의 신이 얼마나 잔인한지 분명히 깨달을 수 있었다.

깊은 슬픔을 드러내서는 안 된다는 것을 알고 있었지만, 더 이상 로마의 이야기를 들려주거나 칭송하는 찬가를 불러줄 수는 없었다. 주인의 아들들을 계속 돌봤지만, 더는 로마의 이야기를 믿는 척할 수 없었다. 그 광장과 사원을 방문하는 일도 명목을 유지할 정도로만 드물어졌다.

몇 달 전 하인 중 하나인 퀸투스가 맡고 있던 집안 제사를 그만두었다는 사실을 알게 되었다. 부엌에는 라레스(lares)와 게니우스(genius)라는 신이 사는데, 이 신들의 축복으로 우리 집안과 주인 및 그의 종들도 복을 받는다고 믿었다.[13] 퀸투스는 종들을 대표해서 그 신들에게 빵과 기름을 바치곤 했다. 그런데 그가 그 일을 다른 종에게 맡긴 것이다. 어느 날 함께 시장 갈 기회가 있을 때 그에게 이유를 물었다.

그는 조심스럽게 주위를 둘러보더니 목소리를 낮췄다. 내 쪽으로 머리를 살짝 숙이고, 유일하신 참 하나님이 우리의 구원자로 정하신 예수에 대해 조용히 말하기 시작했다. 이 예수는 세상에 평화와 용서를 가져다줄 진정한 구주라고 했다. 예수는 로마인들에 의해 십자가에 못박혔다고 했

2003), 160.

13 집안 제사가 실제로 어떻게 진행되었는지는 잘 알려져 있지 않다. 참조. Beard, North, Price, *Religions of Rome*, 2:102 ; Beard, *Fires of Vesuvius*, 297-98.

다. 종처럼 죽음을 맞이한 것이다. 그리고 믿을 수 없는 일이지만, 성령의 능력으로 죽은 자들 가운데서 다시 살아났다고 했다! 많은 이가 그분이 하늘로 승천하시기 전에 살아계신 것을 보았다고 했다.

참 놀라운 이야기였다. 죽었다 살아난 사람의 이야기는 한 번도 들어본 적이 없었다. 그래서 퀸투스에게 미신을 믿는 옛 아낙들의 이야기에 빠진 게 아니냐고 물었다. 그가 내 말에 화가 난 것 같지는 않았다. 나깃수가 나를 데려온 후로 퀸투스는 엄마처럼 나를 보살펴주었는데, 참을성 있게 이 예수라는 분에 대해 더 많은 것을 이야기해주었다.

예수는 이방인들이 사는 갈릴리에서 태어났고 병든 자들을 고치고, 맹인을 눈 뜨게 하고, 절뚝거리는 자를 걷게 했다고 했다. 예수가 어떻게 배고픈 이들을 먹였는지, 어떻게 멸시받고 병든 자들과 함께하며 그들을 환대했는지, 그리고 유대인이면서 어떻게 이방인을 용납하고 병을 고쳐주었는지 말해주었다.[14]

여기서 내가 끼어들며 물었다. "이 예수가 **유대인**이라고요? 저주와 천대받는 민족에 속한 사람을 추종한단 말이에요?"

퀸투스는 그가 유대인의 메시아인 예수이고, 하나님이 온 세상을 구원하기 위해 보내신 이라고 말했다.

나는 말했다. "하지만 그건 불가능해요, 유대인들은 다른 민족을 증오하잖아요. 그들은 우리와 함께 식사도 하지 않고, 우리를 축복하는 신들에게 예배하기를 거부하는 사람들이에요!"

퀸투스는 여전히 아주 침착했으며, 계속해서 말을 이어갔다. "이게

---

14 그리스어 *Ioudaios*의 뜻에 더 가깝고, *Ioudaios*와 *Judea* 사이의 지리적 연관성을 보더라도 유대인(*Jew*)보다는 유대 사람(*Judean*)이 더 정확하다.

다가 아니야. 예수를 따르는 사람들은 그들이 믿는 하나님이 온 세상을 축복하신다는 것을 알고 있어. 그래서 예수는 유대인과 이방인 모두를 다 반기시지. 물론 그의 제자들도 그렇게 하고." 퀸투스는 내가 원하면 직접 와서 보라고 초대했다. 차양을 만드는 브리스가와 아굴라의 작업실에서 다음날 오후에 예수를 따르는 자들의 모임이 있었다. 내가 원하면 아이들을 데리고 갈 수도 있었다. 나는 가보고 싶다고 말했다. 다음날 안주인에게는 아이들을 데리고 사원에 간다고 말하고는 차양 만드는 그 사람들의 작업실로 갔다.[15]

참 놀라운 경험이었다. 퀸투스의 말을 들었을 때는 이 모임이 종들만 모이는 모임이라 생각했다. 그런데 아굴라와 브리스가의 집안사람들이 모두 와 있었다. 아이들과 종들, 그리고 부부 한 쌍이 참여했다. 또 기술자도 한두 명 있었고 그들이 데려온 노예들, 석공 한 사람, 퀸투스가 벽돌을 사러 간다는 핑계로 데려온 우리 집안의 노예들 몇이 더 있었다. 땅을 잃어서 정착할 곳을 찾아 로마에 온 사람들도 몇 있었다.[16] 그들은 노예로 팔리기에는 나이가 많았고, 아피아 거리(Via Appia)를 따라 늘어선 묘지에서 지내고 있었다.[17]

---

15 돌보던 아이들을 모임에 데려가는 등 노예들과 그들이 돌보던 아이들과의 관계를 보려면 다음 책을 참조하라. Rawson, *Children and Childhood,* 216.

16 작업실에서 가정교회를 세워간 것에 대해서는 다음 책을 참조하라. Oakes, *Reading Romans in Pompeii,* 89-96.

17 Lampe의 말에 따르면, 아피아 거리(Via Appia)는 로마시에서 인구밀도가 가장 높은 빈민 지역이었다(*From Paul to Valentinus,* 46, 56-58). Andrew Wallace-Hadrill은 로마 주택의 특징(거리 앞쪽으로는 가게가 있고 뒤쪽으로는 큰 집들이 있던 구조와 2층 넓은 공간을 세주기 위해 작은 방들로 나눈 구조)이 다양한 사회경제 계층의 사람들이 도시 전체에 밀집해서 살았다는 것을 보여준다고 지적한다("*Domus* and *Insulae* in Rome: Families and Housefuls," Balch, Osiek, *Early Christian Families,* 3-18). 또 트란스티베리움이나 아피아 거리 같은 도시 일부 지역은 인구밀도가 높고 유해한 상업(직물 축용공, 무두장이)이 성행한 반면, 제과

이 모임은 내가 참석해본 모임 중 가장 이상했다. 가장 먼저 모두 음식을 동등하게 나누어 먹었다. 주인이든 노예든, 남자든 여자든 상관없었다. 모두에게 같은 음식을 권하고, 모두에게 나누어 주었다. 노예인 우리가 주춤거리자, 모임의 지도자가 괜찮다고 격려했다. 이런 일은 한 번도 본 적이 없었다.

둘째로 그 모임은 아굴라가 아닌 그의 아내 브리스가 이끌었다! 남편이 참석한 자리에서 여자가 권위 있는 연설을 하는 것을 본 적이 없었다. 찬양과 기도로 시작한 다음, 브리스가는 유대인의 성경과 예수에 대해 말했다. 그런 다음 로마에 처음 온 사람들을 위해 음식과 머물 곳과 일자리까지 제공할 수 있는 방법에 대해 의견을 구했다. 그것도 내게는 낯선 풍경이었다. 모든 사람에게 말할 기회가 주어졌다. 노예, 남자, 여자, 생각나는 대로 말하는 아이까지. 게다가 그 아이의 생각은 꽤 훌륭했다. 이 공동체는 어떻게 모든 사람을 존중하는 걸까?[18]

후에 퀸투스에게 그 모임이 내게 얼마나 놀라웠는지, 그리고 브리스가가 그토록 많은 유대인의 이야기를 알고 있는 것이 얼마나 놀라웠는지 말해주었다. 퀸투스는 브리스가와 아굴라, 그리고 석공들이 로마인 같지만 사실은 유대인이라고 했다. 그중 몇 명은 유대인 노예들의 자녀로 2대째 로마에 살고 있다고 했다.[19]

점 같은 생활편의 시설은 인구밀도에 비해 비율이 낮았다고 말한다. Lampe, *From Paul to Valentinus*, 51-54.

18 Bruce W. Longenecker, *The Lost Letters of Pergamum: A Story from New Testament World,* 2nd ed. (Grand Rapids: Baker Academic, 2016). 이 책은 초기 그리스도인 공동체가 이곳에 참여한 사람들에게 어떻게 보였을지 상상할 수 있도록 보여준다.

19 정복의 결과로 로마에 끌려온 노예들에 대해서는 다음 책을 참조하라. Keith R. Bradly, "On Captives under the Principate," *Phoenix* 58, nos. 3/4 (2004): 298-318(이 논문 관련 삽화는 374-90쪽을 참조하라). 로마에 있는 유대인 노예들의 자손에 대해서는 다음 책을 참조

"2대째라고요? 유대인들은 로마에서 다 추방되지 않았나요?" 내가
물었다.

로마에는 숨을 곳이 많고 그들은 로마인처럼 말할 수 있기 때문에 많
은 유대인이 떠나지 않았다고 퀸투스는 말해주었다. 또 떠났던 사람 중 일
부는 네로 통치 때 돌아왔다고 했다. 브리스가와 아굴라도 로마를 떠났다
가 한두 해 전에 다시 돌아왔다고 했다.[20]

그 모임은 석 달 전에 있었다. 아주 가끔 브리스가와 아굴라 부부 집
에서 열리는 다른 모임에도 참석할 수 있었다. 하지만 퀸투스와 나는 주인
가족이 잠든 시간에 집안의 다른 노예 몇몇과 좀 더 자주 만났다. 그러면
서 나는 서서히 아우구스투스 광장에 가지 않게 되었다. 주인 아이들을 광
장에 데려가서 아이네이아스의 어머니 베누스의 이야기나, 로마가 야만
인들을 정복하고 전 세계에 평화를 가져오게 한 마르스와 그의 큰 축복들
을 얘기해주는 대신, 원수를 죽이지 않고 자신을 죽인 자들을 용서함으로
써 평화를 가져온 예수의 이야기를 들려주었다. 그것은 다른 사람에게 해
를 끼치기보다는 자신을 상하게 한 주님이자 구원자의 이상한 이야기였
다. 그의 아버지가 죽어서 신이 된 것이 아니라, 자기가 죽은 자들 가운데
서 살아났기 때문에 하나님의 아들이 된 분의 이야기였다. 이런 은밀한 이
야기들을 통해서였는지, 아니면 예수의 도를 따르는 사람들의 환대하는
공동체 때문이었는지 어느새 나도 그 이야기를 믿고 있음을 깨달았다. 나
도 예수의 도를 따르고 있었다. 그리고 왜 그런지는 잘 몰랐지만 난생처음

하라. Bradly, "On Captives," 309n17; Beard, North, Prince, *Religions of Rome,* 1:272. Robert
Jewett는 아굴라가 원래 노예 출신이라고 제안한다. *Romans: A Commentary*, Hermeneia
(Minneapolis: Fortress, 2007), 955-56.

20   행 18:1-3.

으로 집에 온 느낌이었다. 나는 수년 전 어머니와 헤어진 후 아이를 낳기 전까지는 가족도 없이 혼자였다. 아이를 떠나보내면서는 가슴 아픈 진실을 알게 되었다. 노예는 집과 가족을 결코 주장할 수 없다는 것을 말이다. 나는 노예이고 로마에 있는데도 집에 온 듯한 느낌이 들게 한 예수와 그의 도를 따르는 사람들에게는 뭔가 특별한 것이 있었다.

그러나 여전히 문제가 하나 있었다. 알다시피 내가 더 이상 로마인들의 이야기를 하지는 않게 되었지만, 그 아이들에게 다른 이야기, 즉 유대인의 이야기를 해줄 수는 없었다. 예수가 비천한 자들을 위해 치유와 용서와 정의를 회복하러 오셨다는 이야기 말이다. 나는 그분이 자기를 따르는 사람들을 위해 죽은 자들 가운데서 다시 살아나셨다는 것도 믿었다. 단 이 유대인들의 이야기가 예수를 따르는 자들 특히 나와 같은 비유대인들에게 어떻게 **중요한지** 알 수가 없었다.

그리고 지금 바울은 로마에 있는 회중들에게 편지를 보냈다. 퀸투스만 그날 밤에 가서 바울의 편지를 들을 수 있었다. 그는 주인의 집사였기 때문에 연회에 있을 필요가 없었다. 내가 다음 날 서신의 내용이 무엇인지 묻자, 그는 여느 때와 달리 의기양양해 보였다. 그가 말했다. "오늘 밤 부엌에서 보자, 놀라운 일이 생길 거야! 뵈뵈가 우리(나깃수 집안에 있는 예수를 따르는 자들)에게 편지를 읽어주러 올 거야!"

여기로 온다고! 우리 **부엌**에! 나는 좀처럼 믿기지가 않았다. 귀한 분이 우리와 이야기를 나누고 바울의 서신을 읽어주려고 우리 부엌으로 오다니! 다른 장소였으면 좋았겠지만, 부엌은 우리 여섯 명이 은밀하게 무언가를 하기에 가장 안전한 장소였고, 라레스와 게니우스 사당이 있는 것이 한편으로는 안심이 되었다. 우상들 앞에서 예수를 찬양하는 것이 이상

하긴 했지만, 발각**되더라도** 집안의 번영을 위해 기도했다고 하면 되었다.[21]

시간이 되었을 때 노예들(부엌에서 잠을 자는 노예들은 예수를 따르는 자들이었고 비좁은 그 공간에 익숙했지만)뿐 아니라 집주인의 여동생 한 명도 참여한 것을 보고 놀랐다. 브리스가와 아굴라의 집에서는 그녀를 본 적이 없었다. 그녀는 아리스도불로 집에 있는 친구한테서 바울의 편지에 대해 들었는데, 전날 밤 그 친구가 브리스가와 아굴라의 집에서 퀸투스를 보았다고 전했다고 했다.[22] 그녀는 자기 집 노예 중에 예수를 따르는 자들이 있으리라고는 생각도 못 하고 있다가 그날 밤 우리와 함께 만날 수 있어 매우 기뻐했다.[23] 그녀를 알게 되어 기쁘긴 했지만, 공간이 비좁아서 우리 중 한 명은 복도 쪽으로 밀려나야 했다.

조용히 찬송을 부르고 요리사가 남겨둔 떡을 돌려 나눈 후, 뵈뵈가 바울의 편지를 읽기 시작했다. 첫 문장부터 내가 기대한 것과는 달랐다. 바울은 자신을 구세주 예수의 종이라 부르며 편지를 시작했다. 그는 자신을 귀족이나 자유인이 아닌, 따르는 자들이 왕에 대한 유대의 이름인 메시아

---

21 부엌과 다른 휴게공간에 가정 제단(*lararia*)이 있었을 가능성과 그것이 함축하는 의미에 대해서는 다음 책을 참조하라. David L. Balch, "Rich Pompeiian Houses, Shops for Rent, and the Huge Apartment Buildings in Herculaneum as Typical Spaces for Pauline House Churches," *Journal for the Study of the New Testament* 27, no. 1 (2004): 38-40. 라레스(*lares*) 와 게니우스(수호신) 우상을 돌보던 노예들의 역할에 대해서는 다음 책을 참조하라. Lampe, *From Paul to Valentinus*, 379. Beryl Rawson은 노예들이 라레스와 게니우스 우상을 돌보는 역할을 더 비중 있게 두었다고 주장하며 그 증거로 그들이 그 우상들이 있는 휴게공간에 자주 머물렀다고 말한다. "'The Roman Family' in Recent Research: State of the Question," *Biblical Interpretation* 11, no. 2 (2003): 119-38, 특히 123.

22 바울은 롬 16:10에서 아리스도불로 가정에 문안한다.

23 Margaret Y. MacDonald는 초기 그리스도인 활동에서 여성 지도자의 역할을 설명한다. Balch, Osiek, "The Role of Women in the Expansion of Early Christianity," *Early Christian Families*, 157-84. 여성들의 일 특성상 복음을 나눌 기회가 많았지만, 그렇다고 위험이 없는 것은 아니었다고 한다. MacDonald는 이렇게 말한다. "이 대담함과, 곤욕과 은폐의 조화는 초기 기독교 성장의 특징 중 가장 흥미롭고도 이해하기 힘든 부분이다"(184).

라고 부르던 주님이신 예수의 종이라고 소개했다. 놀라운 일이었다. 왜 자유인인 그가 종을 자처하며, 선한 주인이신 예수의 종이라고 했을까? 종이 된다는 것은 수치를 당한다는 의미다. 종이 된다는 것은 누구도 존중하지 않는다는 뜻이다. 종이 된다는 것은 맞거나 고문을 당할 수도 있는데 아무도 막아주지 않는다는 뜻이다. 종이 된다는 것은 집도 없고, 부모도 없고, 자녀도 없고, 고국도 없고, 가정도 없는 것이다.[24] 바울은 왜 자신을 종이라 했을까? 종으로 사는 것이 어떤 것인지 그가 알까? 종이 된다는 것이 어떤 것인지 그가 **상상이나** 할 수 있을까? 어떻게 감히 자유인이고 유대인이지만 로마 시민인 그가 우리와 같은 삶을 사는 것처럼 자신을 소개하는 걸까?[25]

더 이상 편지를 들을 수 없을 지경이었다. 하지만 바로 다음 구절이 나의 관심을 사로잡았다. "그의 아들에 관하여 말하면 하나님의 승리의 기쁜 소식이다."[26] 대개는 승리의 기쁜 소식이라고 하면 가이사가 새롭게 승리한 후 전하는 소식이었다.[27] 어머니와 내가 12년 전에 마우레타니아에서 끌려온 것처럼, 더 많은 포로가 노예로 로마에 끌려올 것이다.[28] 가이사의 기쁜 소식은 항상 우리들에게는 좋지 않은 소식이었다.

그러나 바울은 예수와 그분의 하나님의 기쁜 소식은 구원의 능력이

---

24 태어나면서부터 부모와 분리되어 종으로 살아가던 모습에 대해서는 다음 책을 참조하라. Glancy, *Slavery in Early Christianity*, 25-26.

25 이런 생각을 해준 Grace van Oudenaren에게 감사한다.

26 롬 1:3 저자 번역.

27 그리스어 *euangelion*은 "복음" 또는 "기쁜 소식"으로 해석할 수 있다. 로마 제국에서 이 단어는 군사적 승리의 기쁜 소식을 전할 때 쓰였다. 1장 각주 24번 참조.

28 Bradly, "On Captives under the Principate," 301-4. 로마는 마우레타니아(Mauretania)를 정복하기 위해 기원후 40-44년까지 전쟁을 했다(p. 302). 고대 마우레타니아는 현재 서알제리와 북모로코 사이에 위치해 있다.

라고 했다. 특이하게도 먼저는 유대인에게고 다음은 헬라인에게라고 했다! 왜 유대인에게 먼저라는 것인가? 이 편지가 유대인을 강조하는 것이 이해가 되지 않았다. 이교도들이 바울이 말하는 우상숭배를 통해 성적으로 문란한 생활을 하는 것은 사실이다. 탐욕과 시기에 매여 있는 것도 사실이다. 그러나 바울은 유대인들도 악하다고 인정하지 않는가? 그는 심지어 유대인 때문에 더 고통스럽고 고뇌한다고 인정한다. 또 하나님은 공평하시고 유대인의 외적 표시는 중요하지 않다고도 말했다![29]

그렇다면 그는 왜 그렇게 많은 시간을 들여 유대인의 잘 알려진 조상 아브라함의 이야기를 한 걸까? 아이네이아스의 이야기는 결코 나의 이야기가 아니었고, 이제는 더 이상 끌리지도 않았다. 하지만 한 이방 나라의 선조를 버리고 왜 또 다른 이방 나라의 선조를 따라야 하는가? 나는 로마인도 유대인도 아니다. 예수는 어떤 한 민족의 구원자가 아닌 것이 분명한데, 왜 이 유대 아브라함의 후손들이 세상을 기업으로 상속받는다는 약속을 받은 것일까? 아브라함의 이야기 없이 예수가 우리 모두의 구원자가 될 수는 없는가?

편지의 다른 부분들은 그래도 이해하기가 쉬웠다. 앞에서도 말했듯이 바울이 제국 내 가정에 있던 성적인 죄들을 비판했을 때(우리 주인이 휘두르던 폭력도), 나는 그것이 무엇을 말하는지 알았다.[30] 바울이 마음으로는 하나님의 법을 섬기고 육신으로는 죄의 법을 섬긴다고 말했을 때, 그는 적어도 종이 된다는 것이 무엇을 의미하는지 아는 것 같았다.[31] 미덕을 따르고 경건한 삶을 살고 싶지만 주인이 수치스러운 요구를 하면 그걸 따를 수

밖에 없는 바로 그 상황을 말하는 것 같았다.[32] 우리의 육신이 구원받기를 간절히 기다린다고 말한 이유가 이것이 아닐까?[33] 우리는 완전한 자유(하나님 자녀들의 자유)를 얻을 때까지 울부짖는다고 그는 말했다. 그런 자유가 오면, 우리는 더 이상 죄의 종노릇하는 속박에 매이지 않을 것이다. 나는 항상 내 안에 깊은 탄식이 있다는 것을 알았고, 그것은 예수를 따르기 시작하고 나서 더 강렬해진 것 같다.

이해하기 힘든 부분도 있는 긴 편지인 데다 나는 온종일 일하느라 피곤했다. 하지만 몇 가지 분명히 기억하는 내용들도 있다. 바울은 우리 공동체가 이미 시도하던 일들을 몇 가지 제안했다. 우리는 이방인들을 환대하려고 했다. 우리는 노예나 자유인이나 모두를 존중하고자 했다. 사실 나는 조금 졸다가 바울이 편지 마지막에 나깃수 가족에게 문안하는 대목에서 정신이 번쩍 들었다.

뵈뵈가 읽기를 마쳤을 때 침묵이 흘렀다. 그때 퀸투스가 미소 지으며 "그럼, 누가 먼저 거룩한 입맞춤을 하시겠습니까?"라고 말했다. 그제야 모두 웃기 시작했고 급기야는 조용히 하라고 제지해야만 했다. 언젠가 퀸투스의 독특한 유머 때문에 우리가 발각될지도 모르겠다!

끝으로 뵈뵈는 함께 기도한 후 엿새 후에 만나자고 제안했다. 그녀는 얼마간 로마에 머물 것이고 이 편지에 대해 우리와 이야기를 나누러 다시 오겠다고 했다. 그동안은 우리끼리 브리스가와 아굴라 집에서 함께 이야기를 나누기로 했다.

나는 안주인 방으로 몰래 돌아갔다. 피곤했다.[34] 어떤 것도 우리를 하

---

32 참조. Oakes, *Reading Romans in Pompeii*, 147.

33 롬 8:23.

34 대부분 가정 노예들은 부엌, 창고, 복도, 또는 심지어 주인이나 여주인의 침실에서 잠을 잤던

나님의 사랑에서 끊을 수 없다고 말한 부분이 내게 참 위로가 되었다. 하지만 다른 부분은 어렵고 이해하기 힘들었다. 내가 바울의 편지를 더 이해하는 데는 여러 달이 걸렸다.

내가 이 편지를 이해하도록 도와준 사람은 네레오라는 유대인이었는데, 그의 할머니는 백여 년 전에 노예로 이곳에 끌려왔다.[35] 그는 지금 자유인이고, 보통은 진흙 개는 일을 하며 테베레강 건너편에 살았다. 브리스가와 아굴라가 램프, 접시, 항아리 들을 만들어달라고 그를 고용했다. 그 다음엔 퀸투스가 우리 부엌에 토기 용품들을 만들어달라고 그를 고용했다. 그가 트란스티베리움의 빈민 지역에서 온 유대인 토기장이라는 것을 우리 주인이 알았다면 그를 고용하도록 결코 허락하지 않았을 것이다. 네레오는 바울이 편지 말미에 그와 공동주택에 사는 다른 몇몇 그리스도인들에게 문안 인사를 하고 있어서 이 편지가 더 반가웠다.[36] 바울이 그들의 소식을 듣고 있었다니! 아마도 바울과 함께 감옥에 갇혔던 테베레강 건너 유대인 빈민가에 살던 안드로니고와 율리아로부터 들었을지 모른다.[37] 사실 이것만으로도 네레오에 대해 많은 것을 알 수 있다. 그는 자기 민족에 대해 자부심을 품고 있었고, 성도들 사이에서 알려져 있었다는 것이 자랑

것으로 보인다. Michele George, "Domestic Architecture and Household Relations: Pompeii and Roman Ephesos," *Journal for the Study of the New Testament* 27, no. 1 (2004): 7-25, 특히 3-14. 그러나 Oakes는 적어도 일부 노예들에게는 기본적인 잠자리가 제공되었다는 증거를 제시한다. Oakes, *Reading Romans in Pompeii*, 40.

35 Bradly, "On Captives under the Principate," 309n17. 필론은 로마에 있던 유대인 트란스티베리움 공동체는 운 좋게도 노예에서 해방된 포로들의 후손이었다고 보고했다(*Leg.* 155). 고대 로마에 네레오라는 이름을 가진 사람들 대부분은 그 조상이 노예였다. Lampe, *From Paul to Valentinus*, 174.

36 롬 16:15.

37 롬 16:7은 안드로니고(Andronicus)와 유니아(Junia)를 유대인 조상을 두었다는 점에서 바울의 친척으로 언급한다.

스러웠을 것이다.[38] 하지만 그의 이야기를 직접 들어보는 것이 좋겠다.

네레오 이야기

처음 바울의 편지 이야기를 들었을 때는 그 편지가 내 삶을 이렇게 깊이 변화시킬지 미처 몰랐다. 나는 34년의 세월 대부분을 북적대고, 소란스럽고, 냄새나는 트란스티베리움 거리에서 살았다. 이곳은 테베레강 근처 저지대로 부두노동자, 창고지기, 선원, 상아조각공, 선반목공, 제분공, 벽돌공들이 산다.[39] 염색업자들도 소변을 사용했지만 가죽공들에게서 특히 그 냄새가 심했다. 물론 나는 그곳에서 자랐기 때문에 그곳이 얼마나 북적대고 냄새나는 곳인지 몰랐다. 강 건너 로마시의 다른 쪽을 가보고서야 알게 되었다. 바울의 편지가 그것을 깨닫는 기회가 되었다.

사정은 이러했다. 어느 날 강 건너 아벤티노 언덕 가에 사는 브리스가

---

38 이 책의 목적상, 롬 16:15에 나오는 사람들(빌롤로고, 율리아, 네레오와 그의 누이와 올름바)은 로마 트란스티베리움 구역에 사는 예수를 따르는 유대인 무리라고 말하겠다. 이렇게 말하는 근거는 다음과 같다. (1) 이 네 명의 이름은 그 조상이 노예였을 가능성이 높다(Lampe, *From Paul to Valentinus*, 174-79); (2) 로마에 살던 유대인 대다수는 기원전 63년 폼페이우스 시절에 노예로 끌려왔을 것이다(각주 35번 참조); (3) 로마에 살던 유대인 대다수는 트란스티베리움에 살았다(Lampe, *From Paul to Valentinus*, 38-34; Beard, North, Price, *Religious of Rome*, 1:269); (4) Lampe의 치밀한 연구에 따르면 그리스도인들이 밀집해 있던 곳은 트란스티베리움이었다(Lampe, *From Paul to Valentinus*, 42-47). 따라서 이 편지에 나오는 사람들이 예수를 따르는 유대인들이라면, 로마의 트란스티베리움 지역에 살았을 것이고 노예의 후손이었을 가능성이 높다. 그들을 기원후 49년 클라우디우스(Claudius) 황제가 로마에서 추방한 고위급 유대인들이었다고 볼 근거는 없다. 명백한 특징이라고 단정 짓고 싶지는 않지만, 이들의 이름은 그 조상이 노예였을 가능성을 시사하기 때문이다.

39 Lampe, *From Paul to Valentinus*, 50-51.

와 아굴라 집의 노예 알렉산드라가 내 친척인 율리아를 찾아왔다.[40] 그녀는 율리아에게, 예수를 따르는 사람들에게 뵈뵈가 바울의 편지를 전하러 왔다고 전해달라고 했다. 몇몇 사람이 브리스가와 아굴라의 작업실에서 예수의 도를 따르는 사람들과 한두 차례 모여왔지만, 나는 참석할 기회가 없었다. 낮 동안 열심히 램프를 만들지 않으면 나와 여동생은 음식을 살 돈을 마련할 수 없었다. 이곳에서 살아남는 것이 얼마나 힘든지 모를 것이다. 또 해가 진 후에 혼자서 강 건너로 가는 건 쉽지 않았다. 유대인이 보호자도 없이 어두운 로마 거리를 걷다가는 매를 맞기 십상이었다. 가끔은 밝은 대낮에도 공격을 받는다. 여동생은 빌롤로고와 함께 한두 번 모임에 갔었다. 아직 해가 있는 늦은 오후에 출발해서 다음 날 이른 아침에 돌아오곤 했다. (여동생이 브리스가와 아굴라의 작업실에서 안전하게 잘 수 있게 해주신 분에게 주의 은총이 있기를!) 그들은 모임에서 들은 소식과 새로 배운 내용을 전해주곤 했다. 때로는 율리아의 작업실 뒤뜰에서 다른 성도들과 인사하도록 주선하기도 했다. 여동생과 나는 건물 꼭대기에 겨우 잠잘 공간만 있는 작은 방에 세 들어 살아서 모임을 주최해본 적이 없다. 솔직히 많은 사람을 수용할 자리가 없었다.[41]

---

40 Jewett는 다양한 자료들을 근거로 『로마서』(p. 956)에서 브리스가와 아굴라의 집이 아벤티노에 있었다고 말한다. 또 브리스가의 위상을 우리가 생각하는 것보다 더 높게 본다. 다음 책에 따르면 브리스가와 아굴라 같은 수공예사들은 보다 부유한 주거지에서 공동생활을 했던 것 같다(Wallace-Hadrill, "Domus and Insulae in Rome").

41 일부 공동주택은 3평(약 10제곱미터) 정도의 작은 방들이 위층에 있고, 1층은 물탱크가 있어서 화장실과 물을 공동으로 사용했다. Janet DeLaine, "Housing Roman Ostia," Contested Spaces: Houses and Temples in Roman Antiquity and the New Testament, ed. David L. Balch, Annette Weissenrieder (Tübingen: Mohr Siebeck, 2012), 341–43. 대부분의 공동주택에는 취사시설이나 실내 위생시설이 없기 때문에, "공동 목욕탕과 근처 식당이나 술집이 공동생활의 본거지"였을 것으로 보인다. Wallace-Handrill, "Domus and Insulae," 13. 정원에서의 모임에 관하여는 다음 책을 참조하라. David L. Balch, "The Church Sitting in a Garden"(고

여하튼 나는 일을 해야 했기 때문에 알렉산드라에게 못 간다고 말해야 했다. 늘 그랬듯이 그들이 내게 소식을 전해줄 터였다. 나는 그것으로 만족했다.

그런데 이번에는 알렉산드라가 고집을 피웠다. 내가 꼭 가야 한다고 했다. 나와 여동생과 올름바, 빌롤로고와 율리아 모두 가야 한다고 했다. 왜 다섯 명 다 가야 하는지 그 이유는 말하지 않았다. 그렇게 오래 자리를 비우면 다음 날 먹을 것을 살 수 없거나 일자리를 잃을 수도 있다고 말했지만, 그녀는 이상하게도 걱정하는 기색이 없었다. 오히려 모든 일이 합력해서 선을 이룰 거라고 확신했다. 그래서 나는 순종하는 마음으로 떠날 준비를 했다. 알렉산드라도 여느 유대인처럼 거리에서 공격당하기 쉬운 노예였지만, 우리가 함께 간다는 사실만 생각했다.[42] 우리는 머리를 숙이고, 서로 꼭 붙은 채 관심을 끌지 않으려고 애썼다.

붐비는 거리를 헤치고 강을 건너 아벤티노 언덕 기슭까지 갔다. 얼마 뒤 공기가 달라진 것을 느꼈다. 나귀 냄새가 나고 썩은 음식 냄새가 나는 것은 여전했다. 일상적인 냄새와 먼지와 연기가 자욱했지만 무두장이의 강렬한 냄새는 사라졌다. 가게들 앞쪽으로는 더 다양한 색채의 벽화들이 있었고 더 많은 조각과 큰 신상들이 있었다. 아파트는 3, 4층 건물로 비슷했지만 더 견고하고 잘 지은 것 같았다. 긴 여행은 아니었지만 내게는 다른 도시에 온 것 같은 느낌이었다.[43]

전 14:30; 롬 16:23; 막 6:39-40; 8:6; 요 6:3, 10; 행 1:15; 2:1-2), Balch, Weissenrieder, *Contested Spaces*, 201-35.

42 대개 자유인들은 자신들과 마주치는 노예들에게 거친 말을 하고 심지어 신체적 학대를 할 권리가 있었다. Glancy, *Slavery in Early Christianity*, 12.

43 도시 전체에 다양한 계층의 주택들이 밀집되어 있었고 상업과 가정생활 공간이 뒤섞여 있었다. 참조. DeLaine, "Housing Roman Ostia," 327-51; Wallace-Handrill, "*Domus and*

그날 밤 모임은 특별했다. 우선 믿을 수 없을 만큼 사람이 많았다. 여동생 말로는 보통 삼십여 명이 모임에 나온다고 했다. 하지만 그날 밤에는 우리까지 오십 명이 작업실 안으로 들어갔다. 의자와 벤치는 말할 것 없이 벽에 기대어 접어둔 차양 위에까지 앉았고, 출입구와 바닥에도 틈이 있는 곳에는 모두 비집고 앉았다. 마당에서 모일까도 생각했지만, 여유 공간이 없었고 앉을 차양도 없었다. 각양각색의 사람들이 그곳에 있었다. 점원, 상인, 노예, 남자, 여자, 어린이, 뚱뚱한 사람, 나보다 마른 사람. 모두가 사도 바울이 구원자 예수, 거룩한 하나님, 성경 말씀의 성취에 대해 쓴 편지를 읽고자 모여 있었다.

정말 놀라운 편지였다. 바울은 로마에서 우리가 겪는 고통을 정확히 알고 있었다. 사실 편지를 시작하면서 바울은 로마의 삶에 많은 영향을 주는 우상들의 이름을 나열했다. 나도 잘 알고 있는 이름들이었다. 나는 원래 램프를 만드는 사람인데, 주인은 가끔 이방인들이 장식으로 이용하거나 때로는 예배에 쓰는 토기 형상을 만들게 했다. 내가 이교도들이 예배에 쓰는 물건을 만들지 않으려고 하자 쫓아내겠다고 협박했지만, 정말 그렇게 하지는 않았다. 우리가 만드는 램프는 대부분 틀을 이용해서 만들지만, 나는 가볍게 손을 대서 보기 좋은 특상품을 만들 수 있었다. 내가 만든 작품으로 상당한 돈을 벌기 때문에 그가 나를 내칠 수는 없었다. 하지만 그는 완악한 사람이었는데, 바울은 편지 도입부에서 그를 잘 묘사했다. 그는 성폭력을 일삼고 어린 남자 노예들을 자신의 욕정을 충족하는 데 이용했다. 그는 탐욕스럽고 오만했으며, 동료 상인들을 이간질하고 그들의 장사에 해를 끼치고, 거래할 때 속임수를 썼다. 그는 정말 매정하고 무자비했

Insulae," 10-15; in Pompeii, Beard, *Fires of Vesuvius*, 62-63.

다. 바울이 마치 내 주인을 보고 그런 표현들을 쓴 것 같았다.[44]

그 편지에는 위로가 넘쳤다. 아무리 굶주리고 헐벗고 박해를 당해도 우리를 그리스도의 사랑에서 끊을 수 없다고 말했을 때는, 여동생과 내가 당한 힘든 상황을 직접 보면서 말하는 것 같았다. 나는 기근과 박해에 익숙했고, 겨울에 입을 옷이 충분한 적이 없었다.[45] 만일 이교도의 우상을 만드 일에 내 기술을 썼다면 먹고사는 데는 큰 지장이 없었을 것이다. 그러나 먹고사는 것이 예수에게 충성하는 것보다 중요하지 않았다. 예수 그리스도의 사랑 때문에 우리는 새로운 피조물이 되기를 기다릴 수 있다.

묘하게도 바울의 편지는 내게 애가처럼 느껴졌다. 우상숭배가 어떻게 폭력을 이끄는지 애통해하는 시작 부분부터 반복해서 인용하던 탄원 시편들(이 시편들은 내가 주야로 드리는 기도다)과 그리스도의 도를 알지 못하는 사람들에 대한 애통함까지, 바울의 애통함이 느껴졌다.[46] 그가 피조물들의 신음과 성도들의 울부짖음과 성령의 탄식을 쓴 것은 너무나 당연했다.[47] 어떻게 그러지 않을 수 있겠는가? 하나님은 예언자들을 통해 우리의 믿음 없음을 애통해하셨고, 지금 바울은 우리 시대의 예언자로서 동일하게 믿음 없음에 대해 성령과 함께 탄식하고 있다.

그러나 그의 편지는 한편 당혹스럽기도 했다. 내가 이방인 그리스도인들을 만난 것은 이번이 처음이었다. 바울은 그들에게 자랑하지 말라고 권고하긴 했지만, 우리 이스라엘의 이야기를 전할 때 내가 기억하는 것보다 그들을 더 반기는 것처럼 말했다. 공동체에서 고기를 먹지 않는 자들을

---

44 롬 1:24-32.
45 롬 8:35.
46 롬 9:2.
47 롬 8:18-26.

비난하지 말라고 한 것은 기뻤지만, 율법에 대해서는 좀 더 긍정적이면 좋겠다는 생각이 들었다. 예수가 율법의 완성인 것처럼 모세 오경은 여전히 언약의 중심에 있었기 때문이다.

그러나 가장 놀라운 부분은 뵈뵈가 끝인사를 읽을 때였다. 우리 다섯 명(빌롤로고, 율리아, 올름바, 나와 여동생)을 언급하는 것이 아닌가! (바울은 여동생의 이름은 몰랐다!) 그는 오래전 우리에게 예수를 전해준 마리아에게서 우리 이야기를 들었을 것이다. 아니면 우리를 잘 아는 안드로니고와 율리아 사도에게서 들었을지 모른다. 어떤 경우든 알렉산드라가 왜 우리에게 꼭 가야 한다고 말했는지 이해가 되었다.

긴 편지였기에 끝나고 나니 늦은 시간이었다. 우리 다섯 명은 1층에서 자게 되었는데 나는 차양 위에서 자기로 했다. 다음 날 아침 아굴라가 오더니 시장에 함께 갈 수 있는지 물었다. 나는 이것이 무슨 의미인지 알았다. 사람들로 북적이는 차양 작업실에서는 사적인 대화를 나누기 어려웠기 때문이다. 나하고만 하고 싶은 이야기가 있는 게 분명했다. 그래서 함께 갔다.

아굴라는 거의 말이 없는 무뚝뚝한 사람이다. 어젯밤 모임에서도 전혀 말이 없었다. 우리가 만난 적은 없었지만, 그는 내가 하는 일과 어려움을 알고 염두에 두었던 것 같다. 그는 내게 그곳에 얼마간 머무르면서 램프를 만들고 자기 집에 필요한 접시와 항아리를 만들면 좋겠다고 제의했다. 또 다른 고객 하나를 소개해줄 테니 타일을 만들어 달라고도 했다. 나는 당황했다. 보통은 옹기장이에게 램프와 접시와 항아리를 사는 것이 훨씬 쌌기 때문이다. 하지만 아굴라는 아무런 문양이 없는 램프, 곧 제국이나 신들의 형상이 없는 램프를 원했다.[48] 또 어떤 한 사람에게 도공 일을 가르쳐달라고 부탁했다. 그는 노예가 아니고, 어제 로마에 처음 온 피난민 중 하나였다. 내가 그곳에 머물겠다고 하자, 옆 골목에 사는 그리스도인의 가마를 사용하게 해주고 작업실에서 지내며 그의 노예들과 함께 식사할 수 있도록 해주었다. 처음에는 여동생이 혼자 떠날 수 없기 때문에 이 제안을 받아들일 생각이 없었는데, 아굴라에게 내 생각을 말하자, 브리스가가 여동생과 함께 지내며 차양 꿰매는 일을 돕도록 해주겠다고 했다.

그래도 처음에는 조금 주저했다. 관대한 제의였지만, 문제는 음식이었다. 알다시피 브리스가와 아굴라는 유대인이지만 그 집에는 이방인과 유대인이 함께 머물고 있어서, 유대인의 음식법을 제대로 지킬 수 있을지 의문이었다. 나는 식당에서 만든 음식을 주로 사 먹었지만, 고기는 먹지 않았다.[49] 로마에서는 고기가 가장 흔하지만, 우리 율법은 돼지고기 먹는 것을 금지하기 때문이다. 내가 주로 음식을 사는 식당은 다른 고기로 만든 스튜를 팔긴 했지만, 그 고기가 우상에게 바쳐진 고기인지는 확인할 수가 없었다.[50] 또 보통은 이런 걱정들 때문이 아니더라도 고기를 먹으려면

48　Zanker, *Power of Images*, 274. 빅토리아 여신이 그려진 램프에 대한 설명이 나온다. 아이네이아스 이야기는 램프에 그려지는 인기 주제였다. 참조. Galinsky, *Age of Augustus*, 서문, 3.

49　로마의 극빈자들은 대부분 취사 시설이 없었으므로 음식을 사 먹어야 했다. John M. Wilkins, Shaun Hill, *Food in the Ancient World* (Oxford: Blackwell, 2006), 40, 67.

50　Lampe, *From Paul to Valentinus*, 73. 이 당시는 디아스포라 유대인들 사이에 고기를 먹는 것에 대한 기준이 없었던 것으로 보인다. 신명기에 금지된 고기는 피했지만, 식기류를 둘러싼 율법과 육류와 유제품을 섞는 것을 금지하는 율법에 대해서는 후대에 법률적으로 발전되었다. 우리가 아는 한 모든 육류와 와인을 금지한다는 규정된 관행은 없었던 것 같다. John D. Rosenblum, "Jewish Meals in Antiquity," *A Companion to Food in the Ancient World*, ed. John Wilkins, Robin Nadeau (Chichester, UK: Wiley and Sons, 2015), 348-56. 기원후 49년 클라우디우스 황제의 칙령 때문에 유대 율법에서 허용하는 고기는 로마에서 더 이상 구하기 힘들었을 것이라고 한다. Jewett, *Romans*, 838.

돈이 많이 들었다. 로마의 모든 주민에게 고기가 제공되는 축제 기간에도, 같은 건물에 사는 주민들은 다 고기를 먹었지만 나는 먹을 수 없었다. 그런 축제는 이방 신들을 숭배하는 행사였기 때문에, 그 기간에 나는 조용히 지내며 아무도 나의 부재를 눈치 채지 못하기를 바라곤 했다.[51]

하지만 고기를 먹을 경제적 여유가 있어도 나는 먹지 않을 것이다. 로마에서 고기와 포도주는 로마에 은혜와 축복을 가져다주는 신들을 숭배하는 축제의 중요한 부분이다. 화려한 축제에서 자유를 기원하며 축배를 들어 신들에게 제사한다. 내 후견인(주인)도 집에서 친구들과 이런 성회를 벌인다.[52] 고기는 제물의 일부이고 포도주는 신에게 바치는 헌주일 뿐 아니라,[53] 그런 만찬은 부자들이 소위 신들이 베푼 호의를 축하하는 방법이다. 내 입장에서 보면, 이런 만찬은 로마의 거리와 가정에서 늘 보이는 부자와 가난한 자의 불평등을 감사하는 행위다. 나의 후견인과 그의 고객들의 위상은 이런 축제를 통해 견고해진다.[54] 고기와 포도주는 불평등, 불의, 과도한 우상숭배에 뿌리를 둔 삶의 결과이기 때문에, 나는 결코 그것을 먹고 마시는 일을 하고 싶지 않았다. 로마의 이야기는 내 것이 아니기 때문에 그것이 지지하는 관행들에 참여하고 싶지 않았다.[55] 내가 로마의 이야

---

51 고대 로마에서 고기를 먹는 것에 관하여는 다음 책을 참조하라. Wilkins, Hill, *Food in the Ancient World*, 54-46.

52 Wilkins, Hill, *Food in the Ancient World*, 81, 143.

53 Wilkins, Hill, *Food in the Ancient World*, 166. Mark Reasoner, *The Strong and the Weak: Romans 14.1-15. 13 in Context* (Cambridge: Cambridge University Press, 1999), 73; Jewett, *Romans*, 869.

54 이것은 음식이 "사회적 자본"으로 변화된 방법이었다. Wilkins, Nadeau, *Companion to Food*, 96. 참조. Martin Pitts, "The Archeology of Food Consumption"; Katherine A. Dunbabin, *The Roman Banquet: Images of Conviviality* (Cambridge: Cambridge University Press, 2003), 8-11.

55 흥미롭게도 고전 11:17-35에서 바울은 다른 종류의 이야기, 곧 모일 때마다 예수의 죽음을

기를 믿지 않았던 것은 예수를 따르기 때문만은 아니었다. 나는 모세의 율법을 지키는 유대인이기 때문이다. 우리들의 전통에 관하여 한 가지 분명한 것이 있다면, 우리가 언약의 자녀로 구별된다는 것이고, 그것은 모든 우상과 그와 관련된 모든 음식을 배척하는 것을 의미한다. 그러니 내가 어떻게 이런 율법을 철저히 지키지 않는 유대인 그리스도인의 집에 머물 수 있겠는가? 바울은 예수를 따르는 우리를 "성도"라고 불렀다. 나는 그 이름에 부응해 살고 싶었지, 경건을 타협하며 살고 싶지 않았다.

이런 나의 걱정을 아굴라와 나누자, 그는 이런 문제가 공동체 내 갈등 요소임을 인정했다. 일부 이방인 그리스도인은 고기를 먹지 못하는 사람을 멸시했고, 반대로 그들은 고기를 먹는 사람을 멸시했다. 이 문제로 한동안 시끄러웠다. 사실 이 문제 때문에 모임 안에서 나쁜 감정이 생겼다고 아굴라가 말했다. 그러면서 어쩌면 이것 때문에라도 내가 이곳에 더 머물러야 한다고 했다. 그는 내가 예수뿐 아니라 이스라엘의 성경에 대해서도 잘 안다는 사실을 알고 있다고 했다. 빌롤로고와 율리아가 나에게 배운 지혜를 자주 말했기 때문이었다. 그와 브리스가는 성경을 해석하고 그 이야기를 들려줄 사람이 필요하다고 했다. 로마 같은 도시에서 살아계신 하나님을 따르는 삶을 살려면 성경을 잘 아는 유대인의 지혜가 필요하다고 했다.

나는 그 말은 감사하지만 갈등의 중심에 서고 싶지 않다고 말했다. 차라리 집으로 돌아가 이런 문제들에 대해 같은 생각을 하는 동료 유대인들과 지내는 것이 속 편할 것 같았다. 그리고 고기 먹는 문제에 집중하기보다는, 그리스도를 신실하게 따르기 위해 더 의미 있는 일들에 집중하는 것

기념하고 주린 사람이 배불리 먹는 만찬에 대해 이야기함으로써 어떤 사람은 배부른 반면 어떤 사람은 배고픈 채로 남아 있는 제국의 만찬 관습을 비난하고 있다.

이 나을 것 같았다.

아굴라는 잠시 생각하는 듯했다. 그는 급하게 말하지 않고 충분히 생각했다. 그러더니 바울의 편지에서 그가 음식 문제에 대해 뭐라고 했는지 기억나느냐고 물었다. 나는 전부 기억나지는 않았지만, 바울이 고기 먹는 사람들이 먹지 않는 사람들을 비난해서는 안 된다고 말한 것은 기억났다. 그 말을 듣고 놀랐던 것 같다.

아굴라는 이 문제에 대해 공동체와 의논하려고 한다고 말했다. 공동체가 다른 음식 습관을 어떻게 다룰지는 사소한 문제가 아니기 때문에 함께 상의해야 한다고 말했다. 그 문제가 복음의 중심에 있기 때문에 바울이 많은 지면을 할애해서 그 이야기를 한 것이라고 했다. 내가 트란스티베리움으로 돌아가서 의견을 같이하는 유대인들만 만나는 것은 너무 안일한 태도라고 아굴라는 말했다. 공동체는 토라를 믿든 안 믿든, 유대인과 이방인이 다 필요하다고 했다. 우리가 불경건하다고 생각하는 사람들과 평화롭게 사는 법을 배울 수 없고, 관습이 우리와 다른 사람들을 함께 살 수 없게 한다면, 예수가 우리에게 원하는 서로를 반기는 공동체가 될 수 없을 거라고 말했다. 예수 안에서 새로운 가족이 되려면 서로 화평할 수 있는 방법을 찾아야 한다고 했다.

아굴라에게는 보기 드문 설득의 은사가 있다. 그는 자신의 의견을 말한 후 조용히 기다렸다. 나는 그의 논지가 다 이해되었다. 어떻게 먹느냐는 문제는 부수적인 문제가 아니었다. 음식과 만찬을 즐기는 것과 정의를 행하라는 요청은 성경 안에서 다 연결되어 있었다. 어쩌면 이곳의 공동체 사람들에게 이런 내용을 전달해줄 수 있을지 모른다. 그래서 여동생이 동의하면 이곳에 머물겠다고 말했다.

이렇게 해서 우리는 브리스가와 아굴라 가정에서 함께 지내게 되었다. 뵈뵈가 로마의 다른 지역에 가서 바울의 편지를 나누고 돌아온 후, 우리는 그의 편지를 다시 조금씩 읽었다. 브리스가와 아굴라가 부탁한 일과 몇몇 후견인들과 그들의 고객이 맡긴 일을 다 마칠 때쯤에는 그 편지를 거의 다 외울 수 있었다.

그래서 나깃수의 집안일과 사업을 관리하는 노예인 퀸투스의 일을 맡았을 때 브리스가와 아굴라는 내가 그 가정의 신도 모임에서 바울의 편지 내용을 이해할 수 있게 도와주기를 권했다. 나깃수의 집에는 램프며 그릇들, 그리고 모자이크 타일 등이 필요했다. 그 일을 마치려면 얼마간의 시간이 필요했고, 바울의 편지를 얼마간 상세히 말해줄 시간이 될 것이다. 그러는 동안 나는 브리스가와 아굴라 집에서 편하게 지내며 음식을 제공받는 대신 집안의 다른 사람들에게 계속 일을 가르쳐주었다.

우리는 나깃수의 집에서 바울의 편지를 읽으며 서로 열정적으로 토론했다. 바울이 쓴 내용이 어렵거나 복잡해서 그럴 때도 있었지만, 구원자 예수를 따르는 것이 어떤 의미인지 우리 각자의 생각이 달라서이기도 했다. 특히 이리스와 나 사이에 다소 팽팽한 불만스러운 대화가 오가기도 했다. 그녀와 대화하면서 바울의 편지 상당 부분이 이방인들이 이해하기에는 어려울 수 있다는 것을 알게 되었다. 예를 들면, 그녀는 우리의 성경을 알지 못했다. 그녀는 바울이 탄원 시편들을 인용하고 있다는 것을 알지 못했다. 그녀는 아브라함이 누구이며, 심지어 아담이 누구인지도 몰랐다. 예언자 이사야도 모르고, 왜 유대인 메시아가 세상을 구원하는지도 이해하지 못했다. 하지만 이 부분에 대해서는 일단 그녀의 말을 들어보는 게 좋겠다.

다시 이리스의 이야기

사실 처음부터 네레오가 마음에 들지 않았다. 예수를 따르는 자로서 우리가 사랑의 삶을 살아야 한다는 건 잘 안다. 하지만 바울도 "우리의 사랑이 진실"해야 한다고 했고, 네레오를 사랑하지 않는 게 사실이었기 때문에, 그를 처음 만났을 때부터 사랑했다고 말하면 거짓말일 것이다. 그리고 인정하기 좀 그렇지만, 나는 다른 사람들만큼 그를 존경하지 않았다.[56]

알다시피 네레오는 음식에 대해 의심이 많았다. 브리스가와 아굴라 집에서 그를 처음 봤을 때 그가 음식을 두고 하는 행동을 보고 정말 깜짝 놀랐다. 이미 말한 것처럼 예수를 따르는 사람들의 모임에서 가장 마음에 드는 것 중 하나가 모두 동등하게 음식을 나누는 것이었다. 노예와 자유인, 남자와 여자 사이에 차별이 없었다. 모두 함께 먹도록 환영을 받았다. 만찬이 아니어도 모두가 함께 음식을 나누어 먹으니 훨씬 풍성한 느낌이었다. 처음 누군가 고기를 나누어주었을 때 고기는 주로 집안에서 높은 사람들만 먹는 것이었기 때문에 정말 흥분이 되었다. 모르긴 해도 이렇게 친절하게 함께 음식을 나누는 모습 때문에 내가 예수의 사랑을 받아들였는지도 모른다. 식탁에서 환영받는다는 것은 존중의 표시였으므로 노예였던 나로서는 그간 내가 알던 모든 것이 뒤바뀌는 경험이었다. 적어도 이곳 공동체에서는 나도 평등했다.

그래서 이 모임에서 네레오를 처음 보고, 그다음 우리 집 모임에서 그가 친절하게 제공된 음식을 거부하는 것을 보면서 화를 참을 수가 없었다. 감히 공동체의 친절을 거절하다니! 사실 네레오는 세상적인 눈으로 보면

---

56 롬 12:9.

우리만큼이나 천한 사람이었는데, 다른 곳에서는 받을 수 없는 존경과 경의를 주려 하는데도 왜 그것을 받으려 하지 않았을까? 우리가 베푼 친절을 받지 않는 것은 공동체에 대한 모욕이라고 생각한다. 감사할 줄 모르는 것이다. 공동체가 베푸는 존중을 무시한다면, 그는 어떤 식으로도 존중받을 자격이 없다.

좀 심하게 들릴지도 모르겠다. 특히 그는 우리에게 많은 것을 가르쳐 주었고 존경받는 사람이었기에 이런 식으로 그를 평가하는 게 나도 마음이 편치 않다. 하지만 그만큼 이것은 그와 나에게 어려운 문제였다. 먹고 마시는 문제에 관해 서로를 비방하기보다 서로 덕을 세우기 위해 화평하기를 힘써야 한다고 바울이 썼을 때, 우리 공동체 안에 일어난 이 문제를 그가 다 알고 있는 것 같았다.[57] 식사에 관해 바울의 권고를 따르기까지 우리에게는 얼마간의 시간이 걸렸다.

그러나 이미 말한 것처럼, 바울의 편지에서 이것이 가장 큰 문제는 아니었다. 나는 바울이 자신을 종이라고 묘사한 순간부터 충격을 받았다. 솔직히 말하면, 이 말에 모욕감을 느꼈다. 자유인이 누리는 모든 권리를 가진 사람이 자신을 종이라고 소개하는 것은 일종의 자유인의 권리였을까? 자유인인 그가 명예도 집도 가족도 없는 지위를 자처하다니 어떻게 그럴 수 있을까? 노예가 당하는 폭력과 위험을 그가 상상이나 할까? 내가 과민 반응을 보이는 것일 수도 있겠지만, 그가 모든 것을 잃은 사람과 자신을 동일시하는 것에 나는 모욕을 느꼈다.

그래서 네레오와 대화를 하기 시작했다. 나는 바울에 대해 잘 알지 못한다. 네레오가 내게 말해준 바에 의하면 바울은 브리스가와 아굴라 같이

___
57 롬 14:13, 19.

차양을 만드는 사람이고, 낮밤을 가리지 않고 일하고, 우리처럼 배고프고 목마르며, 추위에 고통받는 사람이라는 것이다.[58] 그는 바울이 예수를 전한다는 이유로 붙잡혀 매를 맞았고 감옥에도 들어갔었다고 말해주었다. 이런 일은 노예들에게 늘 생긴다. 예수를 따른다는 이유로 바울이 받은 이 수치는 노예들이 받는 수치와 같다. 어쩌면 바울은 노예인 우리가 안고 사는 불안감과 폭력을 알았을지 모르겠다. 어쩌면 노예가 된다는 것이 무엇인지 알았을 것 같다. 하지만 마치 그것이 좋은 일인 것처럼 자신에 대해 그렇게 말할 수 있을까? 네레오도 그의 첫인사를 이해하기 힘들다고 말했다. 바울은 노예들이 갖는 무력감을 알고 있었던 것이 분명하다. 나중에 그는 죄에게 종노릇한다고 말한다. 사실 우리가 예수 이야기의 일부가 되면 정확히 이것으로부터 자유로워진다고 했다. 우리가 메시아와 함께 십자가에 못박히면, 예수와 같이 새 생명으로 부활하게 될 것이다.[59] 그리고 하나님이 우리에게 주신 영은 우리 안에 두려움을 주는 종의 영이 아니고, 자녀 됨의 영이라고 했다.[60]

노예와 두려움. 바울은 분명히 잘 알고 있었다. 종으로서 두려움은 내 삶의 모든 부분에 스며 있다. 나는 항상 두렵다. 주인이나 그의 친구 중 누군가에게 강간당하는 것이 두렵고, 너무 느리다고 매를 맞는 것이 두렵고, 시장에서 매를 맞거나 다른 집으로 팔려 갈까 두렵다. 오랫동안 내 아이들

58　고후 11:27. Elsa Tamez는 이것이 1세기 장인들 대부분이 일반적으로 겪는 일이라고 언급한다. *The Amnesty of Grace: Justification by Faith from a Latin-American Perspective*, trans. Sharon H. Ringe (Nashville: Abingdon, 1993), 53.

59　롬 6:5-8.

60　롬 8:15. 입양을 뜻하는 그리스어 *huiothesia*는 문자 그대로 "아들 됨"(sonship)으로 해석한다. 로마 사회에서는 문자 그대로, 아들(*son*)이 되는 것이 중요했기 때문에 우리는 "입양" 대신 그 단어를 사용한다.

을 잃을까 봐 두려워했지만, 이제 아이들이 떠나고 없으므로 그들에게 일어날 일들이 두렵다. 매일, 매 순간 아이들에 대한 두려움으로 살았다. 그리고 지금은 예수를 따르기 때문에 주인에게 발각될까 또 두렵다.

하지만 나는 다른 영, 즉 자녀 됨의 영과 자녀로서의 특권과 지위도 안다. 나깃수의 집에서 그것을 볼 수 있다. 내 주인의 아들은 그의 아버지가 누구인지 안다. 그의 형제가 누구인지도 안다. 사회에서 그의 위치와 누리게 될 특권이 무엇인지 안다. 누군가의 아이가 되는 특권, 한 가정에서 존중받는 자리에 있는 특권은 어머니와 내가 로마에 노예로 끌려온 이후에는 다 잊고 있었지만, 이제 다시 그리스도의 도를 따르는 사람들의 가정에서 그 자리를 정확히 되찾았다. 노예의 삶과 두려움은 집(고향)에 대한 느낌을 앗아가 버렸다. 예수 안에서 누리는 자유로움은 양자가 되어 남자나 여자나 자유인이나 노예나 모든 사람이 함께 아들 됨의 특권을 누리는 새 가정에서 환영받는 느낌을 주었다. 그리고 어떤 면에서 브리스가와 아굴라는 내게 어머니와 아버지 같았다.

그래서 바울이 이런 식으로 노예에 대해 말하는 것을 들었을 때 네레오와 나는 그의 첫인사를 좀 더 감사하게 받아들이게 되었다. 네레오는 바울의 편지 전체에서 종과 아들 됨의 언어가 반복해서 나온다고 말해주었다. 이스라엘이 이집트의 왕 파라오의 노예였던 이야기와 어떻게 하나님이 그 신음을 듣고 그들을 종의 속박에서 자유롭게 하셨는지 말해주었다.[61] 하나님이 노예 신분에서 탈출한 이스라엘을 그의 아들로 부르셨다

---

61 출 1-3장. 롬 8장의 배경이 된 이 전체 주제에 대해 참조하라. Syivia C. Keesmaat, *Paul and His Story: (Re)Interpreting the Exodus Tradition* (Sheffield: Sheffield Academic Press, 1994), 54-154.

는 것도 말해주었다.[62] 나는 이 이야기들을 들으면서 하나님이 그의 백성의 고난을 **아신다**는 점이 좋았다. 하나님은 그들의 고통, 그들의 삶에 만연한 폭력(횡포)을 알고 계신다.[63] 네레오의 이야기를 듣다가 이 하나님은 자녀를 빼앗기는 것이 무엇인지도 아신다는 사실을 깨달았다. 왜냐하면 그것은 애굽 사람들이 이스라엘 백성에게 했던 짓이기 때문이다. 그들은 이스라엘 사람들의 아들을 빼앗아 나일강에 던졌다. 이 때문에 하나님이 그들을 구원하신 것이다. 나는 종종 노예의 속박에서 도망치는 꿈을 꾼다. 네레오는 그런 꿈이 유대인들의 마음과 기억 속에 늘 남아 있다고 했다. 이스라엘의 하나님, 예수의 하나님은 노예를 자유롭게 하시는 하나님이시다. 그는 종노릇하던 그의 백성을 인도해내신 하나님이시고, 이것이 출애굽의 이야기다. 곧 종으로부터 자유로의 탈출이다.

이런 이야기를 나누다 보니 이스라엘의 이야기에서 노예가 중요한 이유와 바울이 이해하는 예수의 승리가 왜 기쁜 소식이 되는지 이해가 되었지만, 바울이 자신을 종으로 소개한 이유는 여전히 이해할 수 없었다. 종이 된다는 것이 왜 자랑일까? 그런데 네레오가 아주 중요한 말을 해주었다. 그것은 이 편지 전체를 이해할 수 있는 중요한 말이었다.

그가 말했다. "아마 바울이 말하려던 것이 바로 그거 아닐까? 종이라고 자랑할 것도 없고, 예수를 따른다고 자랑할 것도 없다는 거지." 그래서 바울은 자신을 높이는 인사를 하지 않았고, 자신의 권위나 영광이 아닌 오직 그리스도 예수의 큰 영광의 종이라고 말한 것이다. 바울이 편지에서 쓴 내용을 전체적으로 생각해보면, 이런 네레오의 추측이 일리가 있었다. 우

---

62 예. 출 4:22-23; 호 11:1.
63 출 3:7.

리는 모두 죄의 종이고 하나님의 영광에 이르지 못한다고 바울은 썼다.[64] 우리 중 누구도 자랑할 것이 없다. 아무것도 없다. 종노릇하다 해방된 우리의 구원은 전적으로 선물이며 은혜의 결과다. 이에 대해 자랑할 사람은 아무도 없다.[65] 바울은 시작부터 메시아 예수 안에서 받은 구원을 빼고는 그가 자랑할 것이 아무것도 없음을 분명히 밝혔다.

바울은 죄의 종에서 해방되어 하나님의 자녀로 옮겨갔다는 말을 하면서도 여전히 종이라는 말을 사용한다. 우리는 죄로부터 해방되어 하나님의 종이 되는데, 이것은 정의의 종이 된다는 의미라고 했다![66] 네레오와 나는 이 의미를 깨닫고는 잠시 아무 말도 할 수 없었다. 바울의 편지 중 어떤 부분은 네레오가 나보다 더 잘 이해했고, 어떤 부분은 그보다 내가 더 잘 이해했지만, 이것은 우리 둘 다 충격을 받은 내용이었다. 우리는 노예 제도가 불의의 결과라는 것을 안다. 이방인이든 유대인이든 이에 동의할 것이다. 바울은 의의 종이 되기 위해 불의의 종에서 해방되어야 한다고 우리를 부른다. 이것을 어떻게 이해하든 한 가지는 분명하다. 우리 삶에서 겪은 것과는 전혀 다른 종이 되어야 한다는 의미다. 나도 종이 되어야 하고 네레오도 종이 되어야 한다면, 우리의 구원자이신 예수의 종이 되어야 한다. 우리는 네로 왕국의 종이 아닌 예수 왕국의 종이 될 것이다. 포로로부터 해방시키는 의의 종이 될 것이다. 우리 두 사람은 예수 집의 종이 될 것이다.

이런 대화를 하면서 네레오에 대한 나의 생각이 바뀌기 시작했다. 바울이 음식에 대해 뭐라고 했는지 말할 필요가 없었다. 자신을 종이라고 소

---

64 롬 3:23.
65 롬 3:24, 27.
66 롬 6:17-22.

개한 바울에 대해 내가 부정적으로 생각한 것을 네레오가 이해했다는 것
이 무척 의미 있게 다가왔다. 종이 된다는 것이 무슨 의미인지, 의에 대해
종이 된다는 것이 무슨 의미인지, 전에는 남자와(아니 누구와도) 이런 대화
를 해본 적이 없었다. 그러면서 그에게 더 배우고 싶어졌다. 그도 역시 나
에게 기꺼이 배우고자 했다. 우리가 정의의 종으로서 공동체를 이루려고
한다면, 남자와 여자가 맺는 방식에서도 정의가 필요할 것이다. 잘은 몰라
도, 브리스가, 뵈뵈, 유니아, 그 외 다른 훌륭한 여성 지도자들의 모습 덕분
에 네레오와 내가 함께 고민하며 이 편지를 읽을 수 있었을 것이다.

그 후 몇 주간에 걸쳐 우리는 계속 이야기를 나누며 편지의 내용을 더
잘 이해하게 되었다. 바울이 우상을 설명하는 부분에서 네레오는 그의 주
인을 보았고, 나는 우리 집에서 벌어지는 성폭력과 주인의 무자비함을 볼
수 있었다.[67] 나중에는 바울의 글에서 우리 두 사람이 겪은 고난도 볼 수
있었다.[68] 앞서 말했듯이, 바울이 그리스도 예수로 인해 시작된 정의의 나
라와 대치되는 제국이라는 사망의 나라를 말할 때에는 정말 많은 부분이
공감되었다.[69] 우리는 가이사 제국의 법이 얼마나 많은 사람을 사망에 이
르게 했는지 알고 있었다. 전쟁에서 죽은 자들, 들에서 일하다 죽은 자들,
도로를 건설하다 죽은 자들, 탄광에서 일하다 죽은 자들, 주인에게 맞아
죽은 노예들, 거리에서 굶어 죽은 아이들, 로마를 기리는 또 하나의 사원
을 만들다가 죽은 수많은 유대인이 있다. 우리는 예수가 어떻게 다른 차원
의 구원자인지, 어떻게 다른 주님이 되고 다른 왕이 되시는지 알 수 있었
다. 그의 공동체에는 사망이 아닌 생명이, 수치가 아닌 명예가, 배고픔이

---

67   롬 1:24-32.
68   롬 8:35-39; 12:14-15.
69   롬 5:14-17.

아닌 정의가, 폭력이 아닌 용서가 있었다. 바울이 서술하는 공동체 안에는 종과 유대인에게 더 이상의 수치가 없고 환영만 있으리라는 것을 알았다. 또 문제의 핵심이 무엇인지도 알았다. 비록 우리는 연약하고, 죄인이며, 존중받을 자격이 없지만, 구원자 예수는 우리를 위해 죽으시고, 하나님의 사랑을 우리에게 보여주셨고, 우리를 하나님과 화목하게 하셨고, 서로— 이방인 여종과 자유인 유대 남자—가 화목하게 하셨다.

정말 멋진, 인생을 바꾸는 대화였다. 네레오에게 늘 진심으로 감사한다. 그와 이렇게 오랜 시간을 함께한 것은, 같이 보내는 시간이 즐거운 것도 있었지만, 그만큼 얘기할 것도 많고, 설명할 것도 많고, 고민해야 할 문제도 많았기 때문이다. 한 가지 확실한 것은, 우리 둘 다 바울이 말하는 예수와 예수를 따르는 것이 무엇인지에 대해 더 깊이 알고자 갈망했다는 것이다. 마치 우리가 나누는 이야기에 인생 전체가 걸린 것 같았다. 그 정도로 중요했다.

하지만 바울의 편지를 읽을 때 한 가지 큰 걸림돌이 있었다. 나는 노예로서도 그의 편지를 읽는 것이 힘들었지만 이방인이기에 더 힘들었다. 편지 서두에서 바울이 자신은 복음을 부끄러워하지 않으며 이는 모든 믿는 자에게 구원을 주시는 하나님의 능력이 되기 때문인데 "먼저는 유대인에게요 그리고 헬라인에게로다"라고 했을 때, 앞에서 말한 종이라는 단어를 사용한 것에 대한 거부감이 더 커졌다.[70] 왜 유대인들은 다른 사람들보다 우위에 있어야 하는가? 나는 유대인도 헬라인도 아니기에, 로마인들이 다른 사람들을 "야만인"으로 일축하며 자신들을 소위 지혜 있는 자라고 생각하는 것도, 유대인들이 자신들을 앞에 놓는 것도 내게는 중요하지 않

---

70 롬 1:16.

았다.[71] 나는 어느 쪽이든 제외되었기 때문이다. 하지만 예수를 따르면서 한 가지 알게 된 것은 그가 나를 부르셨고, 내 위의 다른 어떤 이에게도 특권을 부여하지 않으셨다는 것이다. 전에 모임에서 잃어버린 양 한 마리에 대해 들었을 때 그것이 나를 위한 말이라고 확신했다. 그래서 유대인들의 말이 마음에 걸리곤 했다. 이는 유대인을 "수치스러운" 자들이라고 혐오하는 로마인이 문제가 아니라, 내가 예수에 대해 알게 된 것과 이런 차별이 어떻게 함께 갈 수 있는가의 문제였다.

나는 네레오에게 이런 질문을 하는 것이 두려웠다. 그가 방어적이 될까 봐 두려웠다. 그리고 처음에는 정말 그랬던 것 같다. 내가 고민하는 이 부분을 이야기하자, 그는 오랫동안 앉아서 생각했다. 그러더니 이렇게 말했다. "편지 시작부터 이 문제로 고민하면, 유대인과 헬라인에 대해 말하는 다른 부분들은 어떻게 감당하려고 그래?" 사실 나는 그 편지의 요지를 전혀 이해할 수 없고, 편지의 많은 부분이 지루하기도 하고 거슬린다고 솔직히 말했다. 반복되는 이스라엘의 이야기들과 내가 전혀 알지 못하는 고대 성서의 인용구들을 대하면 바울은 나와 같은 이방인 신자들은 염두에 두지 않는 것 같았다. 이런 부분들을 접하면 알고 싶던 갈망이 불쾌감으로 변했다. 네레오가 나의 갈망을 채워주기 위해 이 모든 것을 다 설명하려고 한다면 상당히 애먹게 될 것이다. 그래서 지금은 이야기를 계속 이어나가야 할지 잘 모르겠다.

---

71 롬 1:14.

다시 네레오의 이야기

흥미롭게도 이리스와 처음 만났을 때 이리스는 다른 사람들보다 나를 존중하지 않았던 것이 분명하다. 지금은 그 일에 대해 웃을 수 있지만, 사실 처음에는 나도 그녀를 존중하지 않았다. 나는 아무것이나 먹는 사람들을 경멸했다. 이런 태도로 먹는 사람들을 혐오스럽게 여겼다. 이리스가 그런 혐오를 알았다면 가만히 있지 않았을 것이다. 내 행동이 도덕적으로 우월하다고 믿는 한, 나는 이리스와 다른 이방인 신도들에게 걸림돌이 될 뿐이었다. 하지만 아굴라가 바라는 섬김의 사람이 되려면, 그리고 메시아 예수를 받아들인 이 자매와 함께 이스라엘의 성경 지식을 나누려면, 나는 "마땅히 생각해야 하는 것 이상으로 생각하지" 말아야 했다. 나는 "분수에 맞게 생각"해야 했다.[72] 처음에는 브리스가와 아굴라의 가정 모임에서, 그다음에는 나깃수의 집에서 몇 주 지내면서, 특히 이리스와 대화하면서 나는 내게 가르치는 은사가 있다는 것을 알게 되었다.[73]

바울이 이스라엘의 이야기와 구약성경을 인용하는 것이 절대 지루하지는 않았지만, 이리스와 마찬가지로 초조해질 때는 종종 있었다. 하지만 이리스와는 다른 이유에서였다. 명망 있는 유대인 가문에 속했던 바울이 전하는 이스라엘의 이야기와 수많은 고대 성경 구절들을 설명하기가 쉽지 않아 보였다. 솔직히 나도 바울의 가르침을 이해하기 힘들었다. 그는 내가 알고 있던 것보다 이방인들에 대해 훨씬 더 너그럽고 호의적이었다. 나는 예수 안에서 성취된 약속을 보지 못하고, 메시아의 도를 받아들이지

---

72 롬 12:2 NRSV(신개정표준) 번역.
73 롬 12:7.

못한 내 동족에 대한 그의 고뇌에 공감하면서도, 하나님께서 그 언약 백성에게 신실하신가에 대한 의문을 다루는 방식에서는 이해하기가 참 힘들었다.

하지만 바울이 이스라엘의 이야기를 예수의 관점에서 해석하는 것을 이리스에게 설명하기 앞서 좀 더 근본적인 것들을 알려줄 필요가 있었다. 앞서 얘기했던 것처럼 그녀는 아브라함과 아담의 이야기를 몰랐다. 이스라엘의 시편이 그녀에게는 기도의 언어가 아니었다. 율법과 예언자들도 생소했다. 언약과 그 약속도 알지 못했다. 하지만 그녀는 바울의 편지를 이해하고 싶어 했고, 더 중요한 것은 그녀가 자신이 믿는 예수를 더 많이 알기 원했다는 것이다. 바울이 취하고 있는 것처럼 보이는 친유대적 자세에 대해 그녀는 여전히 초조해했지만, 이스라엘과 노예에 대해 이야기를 나누다 출애굽 이야기까지 하면서 그녀의 알고 싶은 욕구는 더 커졌다. 제국의 대리인들이 바울을 로마의 통치에 방해되는 인물로 보는 것만큼이나, 많은 유대인이 그를 이스라엘의 반역자로 본다고 말하자, 그녀는 바울의 메시지를 더 받아들이는 것 같았다.

우리는 처음에는 서로 경멸했지만 차츰 상호 존중하는 관계가 되었다. 이리스는 내가 그녀의 염려와 혼란을 진지하게 받아주는 것에 감사했고, 나 역시 바울이 말한 많은 부분에 혼란스러워한다는 사실을 좋아했다. 그녀의 질문들은 예리했다. 예를 들어, 유대인의 선조인 아브라함이 예수의 이야기에서 왜 중요한가? 이리스가 로마의 이야기를 거부한 것은 예수가 모든 민족의 구원자이기 때문이다. 누구도 부끄러워할 필요가 없었다. 그렇다면 그녀는 왜 스스로 선민이라고 생각하는 민족, 자기 집을 떠나 다른 곳에 사는 민족의 선조 이야기를 받아들여야 하는가?[74] 아이네이아스를 거부하고 왜 아브라함의 이야기를 받아들여야 하는가? 그런 민족주의적 이야기는 다른 민족을 향한 폭력으로 끝나지 않는가? 로마의 이야기가 이리스와 그녀의 민족을 말살했던 것처럼 말이다.

나는 그녀가 하려는 말이 무엇인지 알 수 있었다. 그래서 아브라함에 대해, 그리고 하나님이 그를 부르시고 **모든** 민족에게 복이 되라고 하신 것과 아브라함은 예수 안에서 할례 받고 율법을 따르는 유대인만의 조상이 아닌 하나님의 의를 믿는 모든 자의 조상이 된다는 것을 지금 우리가 어떻게 알 수 있는지 말해주었다.[75] 우리가 아브라함의 자녀가 되고 세상을 기업으로 받을 약속의 상속자가 되는 것은, 우리가 유대인의 율법을 지켜서가 아니라 아브라함의 신실함에 참여하기 때문이라고 바울은 주장한다.[76]

이런 이야기는 이리스에게 생소했다. 그녀는 예수를 믿는 것과 아브라함이 무슨 관계인지 이해하려고 애썼다. 그래서 이런 질문을 건넸다. "누가 아이네이아스의 상속자들이지? 이것은 누구의 이야기이지?"

"로마인들이죠, 물론." 그녀가 대답했다.

"너의 이야기가 아니고?" 내가 물었다.

"아니요, 나의 이야기도 당신의 이야기도 아니에요. 이것은 우리 압제자의 이야기이지 우리 가족의 역사가 아니에요."

"그러면 바울은 누가 아브라함의 상속자라고 말하지?" 나는 질문을 계속했다. 당황하는 모습이 스쳐 갔다. "어서 말해봐", 내가 재촉했다. "아

---

74 참조. N. T. Wright, *Paul and the Faithfulness of God*, book 1(Minneapolis: Fortress, 2013), 307-11. Neil Elliott, *The Arrogant of Nations: Reading in the Shadow of Empire* (Minneapolis: Fortress, 2008), 125-38.

75 창 12:1-3; 롬 4:16-22.

76 롬 4:13-16.

브라함의 상속자가 누구야?"

그녀가 대답했다. "바울이 말하길 나와…당신…우리 모두라고 했어요! 내가 예수를 따르고 예수가 아브라함의 후손이라면, **이것은** 내 가족의 이야기예요. 그래서 바울은 예수가 대가족의 장자이고, 우리는 그 집안의 일원이라고 말한 거예요."

"맞아. 바울은 분명 그렇게 말했어. 아브라함의 믿음을 가진 자, 그 약속을 믿는 자, 예수가 주님이시고 구원자라고 고백하는 **모든** 자가 아브라함의 자녀인 거야."

여기서 문제가 생겼다. 이리스는 사실 나보다 더 바울이 말한 아브라함 이야기에 흥분하고 있었다. 알다시피 나는 바울의 말에 확신이 없었다. 내 생각에는 그가 이 이야기를 다소 마음대로 이용하는 것 같았다. 율법에 순종하는 것**과** 예수 안에 있는 정의와 구원에 대한 하나님의 약속을 믿는 것 **두 가지 다** 중요하다고 나는 여전히 생각했다. 그래서 유대인의 음식법에 순종했던 것이다. 그러나 이리스 역시 바울의 말에 계속 의문을 품고 있었다. 바울이 아브라함을 강조하는 것은 일종의 민족주의라는 결과를 가져올지도 모른다고 우려하는 듯했다. 우리는 대화를 나누다가 바울의 말에 서로 상반된 문제의식을 갖고 있는 것을 깨닫고 웃음을 터트렸다. 이리스는 아브라함 이야기가 여전히 유대인에게 지나친 우선권을 준다고 우려한 반면, 나는 바울이 유대인에게 너무 우선권을 적게 준다고 걱정했던 것이다. 그녀가 좋아하든 싫어하든, 바울이 구원은 먼저 유대인에게고, 그다음 헬라인에게라고 말했다는 점을 상기시키자, 이리스는 모든 행악자에게 닥치는 고통과 괴로움도 "**먼저**는 유대인에게요 **다음**은 헬라인에게"라고 바울이 같은 말을 했다고 지적했다.[77] 바울의 요지는 예수가 유대인의 구원자로 오셨지만, 모든 사람의 구원자가 되고 만물의 주님이라는 것 같았다. 그리고 예수 안에서 "하나님은 사람을 차별 없이 대하신다."[78]

여기서 아담에 대한 이야기를 시작할 수 있었다. 바울에게는 아브라함이나 민족주의가 문제가 되지 않는 것이 분명하다. 아브라함은 해답의 일부이며, 정의가 세상에 들어올 방법의 일부였다. 문제는 아브라함보다 오래전에 이야기의 다른 부분에서 시작되었다. 문제는 죄가 아담을 통해 세상에 들어온 것이다.[79] 처음에 이리스는 아담이 또 다른 유대인이라고 생각했지만, 나는 그녀에게 아담이 모든 민족의 아버지며 죄와 사망의 법이 그를 통해 세상에 들어왔다는 사실을 분명히 했다. 바울은 그의 편지에서, 아담으로 인해 "모든 사람이 죄를 범하였으므로, 하나님의 영광에 이르지 못하였다"고 했다.[80] 아담으로 인해서 우상숭배와 불의가 우리(로마, 유대인, 세상 모든 민족)의 이야기가 되었다. 바울이 편지 서두에서 로마의 성적이고 경제적인 폭력을 비난했는데, 이것은 이스라엘의 예언자들에게서 줄곧 보던 비난이었다. 살아계신 하나님을 거부하고, 그들의 영광을 우상으로 바꾼 자들은 언제나 우상숭배로 인한 사망의 파국을 마주하게 된다. 그리고 그리스도가 오신 것은 바로 이 사망과 이 죄와 이 우상숭배로부터 우리를 구원하시기 위함이었다. 하나님의 사랑으로, 그리스도가 경건하지 않은 자들을 구원하러 오셨다. 우리가 아직 원수 되었을 때에, 그의 아들의 죽으심으로 말미암아 하나님과 화목하게 되었다.[81]

---

77   롬 2:10.
78   롬 2:11.
79   롬 5:12.
80   롬 3:23.
81   롬 5:6-10.

아담의 이야기는 우리 모두의 이야기이므로 중요하다. 우리의 이야기일 뿐 아니라 모든 피조물의 이야기다. 그래서 바울은 자유를 간절히 기다리는 피조물에 대해 말한다. 우리가 다시 한번 하나님의 영광스러운 형상을 지닌 자들로 해방이 될 때 피조물도 자유를 얻을 것이다![82]

이상하게도 이리스는 이것을 알고 있었다. 그녀는 주인의 만찬에서 시인들이 선포하는 말을 들었다고 했다. 아우구스투스가 황제가 되었을 때 모든 자연 만물이 소생하게 될 것이라는 이야기를 들었다고 했다. 그리고 이제 네로가 가이사(황제)가 되었기 때문에 곡식이 스스로 추수를 하고 가축들이 스스로 모이게 될 거라고 들었다고 했다.[83] 그것이 창조적 소생이 아니겠는가? 그러나 바울은 다소 다른 것을 말하는 것 같았다. 우리는 사람이 하나님의 형상으로 창조되었다는 것이 무슨 뜻인지 꽤 오래 이야기를 나누었다. 특히 이미지(형상)로 가득 찬 도시에서 살았기 때문에 더 그랬다. 모든 "영광"이 황제와 신들을 향하고 있는 세상에서, 평범한 사람들이 창조주께 순종할 때 어떻게 영광을 받게 되는지 오랜 시간 얘기해야 했다.

그렇게 우리의 대화가 이어졌고, 우리 두 사람은 바울을 이해하려고 애썼다. 내가 이스라엘의 이야기와 성경 구절로 설명하려고 하면, 이리스는 이 모든 것이 예수를 따르는 이방인에게 어떤 의미가 있는지 되묻곤 했다. 우리의 대화가 노예라는 현실, 로마 제국의 수도에 사는 유대인이라는 현실을 벗어나 있지 않기를 원했기 때문이다. 우리의 모든 의문과 토론 뒤

---

82   롬 8:18-30.

83   참조. Robert Jewett, "The Corruption and Redemption of Creation," *Paul and the Roman Imperial Order*, ed. Richard A. Horsely (Harrisburg, PA: Trinity Press International, 2004), 30-31.

에는 이런 질문이 있었다. 예수가 값없이 우리에게 베풀어주신 용서의 삶을 산다는 것은 어떤 것일까? 이리스는 주인이 그녀에게 성접대를 요구할 때 어떻게 죄의 속박에서 벗어날 수 있을까?[84] 그녀가 아이네이아스의 이야기를 주인 아이들에게 들려주고, 연극과 베누스와 키벨레(대지의 여신)의 축제에 참석할 때 어떻게 그녀의 몸을 정의의 도구로 드릴 수 있을까?[85] 이런 일들을 하지 않으면 매를 맞아 죽을 수도 있기 때문이다. 하지만 그녀가 순종하면 언젠가 그 집안의 가장이 될 주인의 아들에게 예수 이야기를 계속 가르칠 수 있을 것이다.[86]

고군분투하는 것은 이리스만이 아니었다. 바울은 그것을 분명하게 설명했다. 이리스는 이방인과 함께 유대인도 하나님의 용서와 은혜가 필요한 죄인이라는 사실을 내게 상기시켜주었다. 이는 나도 물론 알고 있는 바다. 그러나 바울은 율법에 대해서는 좀 느슨한 것 같았다.

이면적 유대인이 유대인이라는 말은 무슨 의미일까? 마음의 할례는 무슨 뜻일까?[87] 물론 모세와 예레미야도 같은 말을 했지만, 그들은 안과

---

84 롬 6:1. 이 갈등에 관해서는 다음 책 참조. Magaret Y. MacDonald, "Slavery, Sexuality, and House Churches: A Reassessment of Colossians 3.18-4.1 in Light of New Research on the Roman Family," *New Testament Studies* 53 (2007): 94-113; MacDonald, *Power of Children,* 48-51.

85 롬 6:13. 극장에 가는 것은 "로마에서 가장 큰 단체 관람 중 하나였다. 축제는 모든 사람을—노예들조차—일에서 벗어나게 해주었다." John R. Clark, *Art in the Lives of Ordinary Romans: Visual Representation and Non-elite Viewers in Italy, 100 BC-AD 315* (Berkely: University of California Press, 2003), 130.

86 Peter Lampe는 초기 그리스도인들이 두 가지 사회적 상황에 놓여 있었을 거라고 말한다. 사회적 기준에 따라 행동해야 하는 그리스-로마 사회의 상황과 그러한 사회적 차이가 무의미했던 그리스도인 공동체의 상황이 그것이다. 그들이 그리스-로마 세상에 있을 때는 그리스도인으로서의 정체성을 드러내지 않았다. Balch, Osiek, "The Language of Equality in Early Christian House Churches: A Constructivist Approach," *Early Christian Families in Con text,* 79-80.

87 롬 2:28-29.

밖이 같아야 한다는 의미로 그렇게 말한 것이다. 육신의 할례는 마음의 할례로 나타나야 한다.[88] 바울은 육신의 할례가 필요하지 않다고 말하는 것 같았다.

감사하게도 바울의 편지에 함축된 의미를 찾으려고 고심하는 사람은 우리만이 아니었다. 모임에서 다른 사람들을 만났을 때 그들 모두 바울이 "서로 환영하라"고 명령한 바를 따르려 한다는 것을 알 수 있었다. 우리는 예수 그리스도를 따르는 일이 아무리 힘들지라도, 어떤 것도 우리를 우리 주 예수 그리스도 안에 있는 하나님의 사랑에서 끊을 수 없다는 바울의 말이 옳다는 것을 안다.

---

88   신 10:16; 30:6; 렘 4:4.

3장

제국과
일그러진 세계관들

깨어진 가정에 속한 이리스

그녀의 가슴을 아프게 한 것은 아이들이었다. 불화와 근본적인 신뢰의 상실, 골이 깊은 이질감을 초래한 것은 아이들 때문이었다. 신들에 대해 분노가 생기고, 주인의 말을 거절하게 되고, 제국의 이야기를 경멸하게 된 것은 아이들 때문이었다.

아이들이 없었다면 이리스는 나깃수 가정의 노예로서 그저 순응하며 살았을 것이다. 그저 살아가며 머리를 조아리고 주인 내외의 호의를 받기 위해 복종했을 것이다. 주인이 그녀를 더 열악한 환경으로 팔지 않도록 쓸모 있는 노예가 되려고 애썼을 것이다. 그녀는 이미 어머니와 고향을 다시 볼 수 있으리라는 희망을 포기했다. 그래서 그나마 자신의 운명을 가장 잘 헤쳐 나갈 수 있는 곳으로 왔는지도 모르겠다. 수치를 받고 성 접대를 요구받는 것이 고통스럽긴 했다. 성 접대를 하다 두 아이를 낳았다. 그게 문제였다. 아이들이 있을 때는 어느 정도 노예생활을 잘 견딜 수 있었다. 두 아이가 있는 한 제국의 중심, 이 적대적인 곳에서도 가정이라는 느낌을 가질 수 있었다. 그러나 그것은 환상에 불과했다. 이 아이들은 그녀의 아이들이 아니었다. 그녀의 몸에서 태어난 몸뚱이였을 뿐이다.[1] 그들의 몸뚱이뿐 아니라 그녀의 몸도 주인이 원하는 대로 쓰는 소유물이었다. 어느 날 주인은 자기 마음대로 그 두 작은 몸뚱이를 다른 사람에게 팔아버렸다.

이것은 제국의 일상적인 삶이었다. 시장에서는 매일 사람들이 거래되었다. 이리스와 같은 노예에게 이것은 일반적인 경제생활이고 성생활

---

1   고대에는 노예를 "몸뚱이"라고 표현했다. 참조. Jennifer A. Glancy, *Slavery in Early Christianity* (Oxford: Oxford University Press, 2002), 10-11.

이자 가정생활이었다. 그러나 아무리 일반적이고 합법적인 문화라 해도, 한 엄마의 슬픔과 고통을 지울 수는 없었다. 북아프리카에서 노예로 데려온 어린 여종에게 제국이 걸었던 마법은 이 슬픔과 고통과 상심으로 인해 깨져버렸다. 그녀는 아이들을 데리고 있을 때 그나마 느꼈던 가정이라는 느낌을 완전히 빼앗겼고, "가정"은 완전히 무너졌다.[2]

그녀는 아이들이 팔려 간 후에는 광장에 가는 일을 웬만하면 피했다. 제국의 상징, 신들의 동상, 사원의 제사의식(그녀가 돌보는 아이들을 매료했던 이 모든 것)들이 점점 혐오스러워졌다. 그녀의 아이들을 팔아버린 그 잔인함은 평화와 덕과 정의를 주장하는 로마 사상의 폐단의 흔적으로 남았다. 그녀는 고통과 슬픔에 빠져 주인의 아이들에게 더 이상 로마와 신들의 위대한 이야기를 가르쳐줄 수 없었다. 그녀를 조용히 복종하도록 현혹했던 제국의 세계관은 그녀의 아이들이 팔려 가면서 산산이 깨져버렸다. 자기 아이들이 주인의 소유라는 것을 알았지만, 자신이 낳은 친자식이라는 깊은 감정은 극복하기 힘들었다.

†

이미 서두에서 이리스에 대해 말하면서 세계관이 어떻게 형성되는지 보기 시작했는데 이제 좀 더 깊이 파고들어 보는 것이 좋겠다. 세계관은 이

---

2   2018년 멕시코와 미국 국경에서 부모에게서 아이들을 분리하는 것에 반대하는 대규모 저항이 있었다. 이는 우리 시대 문화에서도 비난받을 일이라는 점을 시사한다. 제국의 권력이 아이들을 겨냥하던 방식에 대해서는 다음 책을 참조하라. Sylvia C. Keesmaat, "Separating Children and Parents at the Border is Not about Safety. It's about Hate," June 25, 2018, *Sojourners,* https://sojo.net/articles/separating-children-and-parents-not-about-safty-its-about-hate.

야기가 있는 삶이고 삶을 위한 비전이다.[3] 찰스 테일러(Charles Taylor)가 사회적 상상물(social imaginary)로 묘사한 것과 비슷하게, 우리는 **세계관**이라는 용어를 삶을 이끄는 깊은 지향을 이해하기 위해 사용하는데, 대개는 별생각 없이 사용한다.[4] 이러한 공동의 지향들, 세상을 경험하는 습관적 방법들은 모든 인간의 삶을 구성하고 세상이 무엇인지 그리고 그 세상에서 우리는 어떻게 행동해야 하는지를 이해하게 만든다.[5] 이처럼 세계관은 "사고 체계"(systems of thought)라기보다는 세상에 대한 상상의 해석이다. 세계관은 무엇이 중요한지, 우리가 어떻게 여기에 왔는지, 어디로 갈 것인지를 우리에게 말해준다. "세계관은 상징에 암호화되고 생활 방식에서 구현되는, 토대를 닦고(grounding) 방향을 제시하는(directing) 이야기나 신화의 관점에서 인생의 중심에 있는 궁극적인 질문들에 답한다."[6] 우리는 다음과 같이 이 모델을 도표로 나타낼 수 있다.[7]

---

3   참조. James H. Olthuis, "On Worldviews," *Christian Scholar's Review* 14, no. 2 (1985): 153-64; Brian J. Walsh, J. Richard Middleton, *The Transforming Vision: Shaping a Christian World View* (Downers Grove, IL: InterVarsity, 1984), part 1.

4   Charles Taylor, *A Secular Age* (Cambridge, MA: Belknap, 2007), 172-73.

5   세계관의 일반적인 특징(어떤 반복적인 습관들로 어떻게 형성되고 유지되는지, 그리고 우리가 사는 세상을 어떻게 만들어가는지)에 대해서는 다음 책을 참조하라. Pierre Bourdieu, Loïc J. D. Wacquant, *An Invitation to Reflexive Sociology* (Chicago: University of Chicago Press, 1992), 5-24, 120-36. 습관에 대해서는 다음 책을 참조하라. James K. Smith, *Imagining the Kingdom: How Worship Works* (Grand Rapids: Eerdmans, 2008), 2장.

6   Steven Bouma-Prediger, Brian J. Walsh, *Beyond Homelessness: Christian Faith in a Culture of Displacement* (Grand Rapids: Eerdmans, 2008), 135.

7   이 모델은 Brian Walsh와 협력하여 N. T. Wright가 개발하였고 다음 책에서 최초로 설명되었다. Wright's *New Testament and the People of God* (Minneapolis: Fortress, 1992), 122-24. Bouma-Prediger, Walsh는 *Beyond Homelessness*, 126-36에서 집(house)이 어떻게 가정(home)이 되는지를 구분하는 데 이 모델을 사용했다. 가정의 경험을 형성하는 데 이야기가 미치는 영향에 대해서는 다음 책을 참조하라. J. Edward Chamberlin, *If This Is Your Land, Where Are Your Stories?: Reimaining Home and Sacred Space* (Cleveland: Pilgrim, 2003).

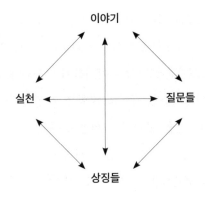

이리스는 로마의 그 웅장한 이야기를 알고 있었다. 아이들에게 아이네이아스에 관한 위대한 이야기를 가르쳐주기도 했다. 아우구스투스의 부상과 "황금시대" 서막의 이야기는 평화의 제단(*Ara Pacis*)에 상징적으로 그려져 있었고 광장에도 표현되어 있었다. 등잔 위, 안마당의 벽화, 일상에 사용하는 동전에 그려진 형상들, 부엌에 있는 집안의 수호신들, 모든 것이 이 이야기를 증명했다. 이 이야기가 로마에 사는 모든 사람의 상상력을 자극하기에 충분하지 않았다고 하더라도, 로마인들의 일상의 삶(실천과 리듬과 구조)이 그 제국적 세계관을 더 강화했을 것이다. 집안 신들에게 바치는 매일의 제사부터, 제국의 영광을 축하하고 로마군의 힘을 과시하는 많은 연례행사, 로마인의 생활을 지배하는 명예와 수치라는 위계질서 시스템, 노예이기 때문에 주인의 손에 운명이 달린 그녀의 상황에 이르기까지, 이리스의 일상은 제국적 상상이 권력을 장악하고 있음을 시사해주었다. 이러한 사회적 상상을 벗어난 삶은 상상하기 어려웠다.

이 제국의 이야기는 제국 어디에서나 흔히 볼 수 있는 상징물들을 통해 표현되며 소통이 되었고, 로마인들의 일상에서 활용되었는데, 나깃수 가정에도 그러했다. 그래서 이 이야기는 많은 세계관적 질문들에 답을 해주고 있었다. 그 답은 다음과 같았을 것이다.

우리는 어디에 있는가? 우리는 우주의 중심, 제국의 심장부, 문명의 정상에 있다. 모든 길은 로마로 통한다. 로마는 만물의 종착지이고 목표이기 때문이다. 세상은 제국이 다스리는 곳이라면 어디든지 자연의 복이 넘치는 보고다.

우리는 누구인가? 우리는 로마인이다. 신들의 축복으로 덕과 풍요를 누린다. 우리는 문명과 법과 정의를 전파하기 위해 제국으로서의 책임을 다한다. 우리는 신의 아들이고, 세상의 구원자인 신령한 가이사의 종이다. 우리는 **조국의 아버지**(*Pater Patriae*)의 자녀들이다.

무엇이 문제인가? 제국의 기쁜 소식에 저항하는 자들이 있다. 가이사의 권력에 저항하는 야만적이고 불경건한 세력이 있다. 제국을 위해 사용되기 위해 해방시켜야 할 자원들이 있다.

해결책은 무엇인가? 제국의 승리라는 기쁜 소식을 온 세상에 전해야 하고, 더 많은 민족과 나라들이 무릎을 꿇고 가이사가 왕이라고 고백하게 해야 한다. 야만적인 저항 세력을 물리쳐야 하고, 군사적으로 통제해야 하고, 로마로 가는 항구와 도로를 로마로 들어오는 상품과 자원과 전리품으로 채워야 한다.

지금은 어떤 때인가?[8] 우리는 세계사의 절정에 있다. 아우구스투스와 그의 후계자들이 통치하는 황금기에 살고 있다. 팍스 로마나(*Pax Romana*) 시대다. 로마의 평화가 그물을 펼쳐서 더 많은 사람을 포위하는 시대다.

---

8 N. T. Wright는 그의 책 *Jesus and the Victory of God* (Minneapolis: Fortress, 1996), 138에서 다섯 번째 질문 "지금은 어떤 때인가?"를 추가한다. Brian J. Walsh와 J. Richard Middleton 의 *The Transforming Vision: Shaping a Christian Worldview* (Downers Grove, IL: InterVarsity Press, 1986)에서 제시한 네 가지 질문에 Wright가 다섯 번째 질문을 추가한다.

그리고 지금 네로 황제가 권좌에 앉아 새로운 황금기에 들어갔기 때문에 더 이상 무력으로 통치할 필요가 없는 시대다.

세계관 질문에 대한 이러한 답들은 이리스가 살던 시대 대부분의 사람이 받아들였을 것이다. 그녀가 매일 행하던 일(praxis), 편재한 제국의 상징들, 그 이야기의 힘 그리고 노예로서 그녀의 지위를 고려해보면, 이리스는 이것들을 믿을 수밖에 없었을 것이다. 그녀에게 무슨 대안이 있었겠는가? 어렸을 때 어떤 이야기를 들었든 간에 그녀는 고국을 빼앗기고 어머니와 이별한 채 노예가 되고 말았다. 만일 그녀에게 대안이 될 다른 문화적 관습이나 상징이 있어 예전의 세계관을 상기해줬다면, 그런 것들은 탄압을 받았을 것이다. 그녀는 생존하기 위해서는 운명을 받아들여야 했고, 나깃수 가정의 노예로 상대적인 안전을 보장받으며 아이들을 돌보는 일을 열심히 하고, 문제를 일으키지 않으며, 자신의 아이들을 사랑하는 것이 전부였다.

그런데 말 한마디 없이 그녀의 아이들을 빼앗겼다. 이리스가 이 모든 세계관을 버리게 된 것은 바로 이 사건 때문이었다. 이 악행, 이 파괴, 이 견딜 수 없는 잔인한 행동으로 인해, 로마의 웅장한 역사와 신전과 신들에게 바친 제물들이 심판대에 올려졌다. 이것은 결코 다시는 그녀의 이야기가 될 수 없었다. 이러한 상징들은 더 이상 그녀가 세상을 바라보는 렌즈가 될 수 없었다. 노예로서 그녀가 당해야 했던 삶의 방식은 선을 주장하는 이 이야기를 더 이상 신뢰하지 못하게 만들었다. 세계관의 질문에 대한 제국의 대답은 이 잔인한 악행으로 인해 거짓임이 드러났다. 그녀에게 떠나온 고향의 느낌을 유일하게 주던 두 아이를 빼앗아 간 제국의 악행은 이제 이 제국에서 그녀가 평화로울 수 있을 것이라는 모든 기대를 지워버렸다.

그러면 퀸투스가 그녀에게 예수 이야기를 했을 때 이리스는 세계관

적 질문에 어떻게 답했을까? 그녀의 답은 아마도 이런 것이었을지 모른다.[9]

나는 어디에 있는가? 나는 외국에 유배되어, 잔인하게 억압하는 제국의 중심에 살고 있다. 나는 덕과 문명을 말하지만 잔인하고 냉정한 사람들과 살고 있다.

나는 누구인가? 나는 나깃수의 소유물이다. 나는 노예이고, 주인이 내게 준 정체성은 그것밖에 없다. 나는 주인의 성노리개이고, 그의 폭력의 희생물이다. 나는 내 운명을 받아들여야 하지만, 노예 상태의 수치로 무거운 짐을 지고 있다.

무엇이 문제인가? 나는 상심했다. 그들이 내 아이들을 빼앗아 갔지만 슬퍼할 수도 없었다. 나는 노예라는 현실 외에는 명예도, 가족도, 집도 없다. 나는 거처를 잃은 자다.

해결책은 무엇인가? 모른다. 내 아이들이 그립다. 나도 누군가의 자녀이고 싶다. 나는 간절히 집(고향), 곧 내가 존중받을 수 있는 진정한 집(고향)을 원한다. 나는 자유를 원하지만 그것은 상상조차 할 수 없다.

지금은 어떤 때인가? 그들은 "영광"의 때라고 하지만 내게는 수치의 시간이다. 그들은 "도덕적"이라고 하지만 내게는 방탕함만 보인다. 그들은 "평화롭다"고 하지만 내게는 폭력만 보인다. 그들은 위대한 이야기가 절정에 다다랐다고 하지만 내게는 구원의 이야기도, 진정한 소망의 이야기도 없는 때다. 지금은 애통의 때다.

---

9 세계관이란 언제나 공동체적이고 개인적이지 않다. 하지만 여기서는 1인칭을 사용하겠다. 왜냐하면 모든 노예를 대상으로 한 것이 아니라 이리스가 어떻게 대답할까를 생각했기 때문이다.

깨어진 언약을 가진 네레오

네레오는 결코 로마에 대한 환상을 갖고 있지 않았다. 그는 살면서 제국에 순응하고 싶은 어떤 유혹도 받아본 적이 없다. 그는 로마인들이 그의 고향 유대에서 한 일을 잘 알고 있었다. 로마인들은 전능하시고 만물의 창조주 이신 아브라함과 이삭과 야곱의 언약의 하나님이 그 백성에게 약속하신 땅을 끊임없이 차지하려고 했다. 몇 해 전 유대인들을 로마에서 내쫓으라는 클라우디우스 황제의 칙령이 내려졌는데, 그것은 로마에서 유대인의 위상이 얼마나 취약한지를 분명히 보여주는 사건이었다. 그들은 수치스러운 민족으로 간주되었기 때문에 끊임없이 의심과 박해를 받았다.

일부 유대인들이 로마를 칭송하며 심지어 로마 제국을 언약의 하나님의 계획의 일부(하나님이 로마를 축복하셨다고)라고 주장할 방법을 찾는다는 말을 들었지만, 그에게 이 말은 언약에 대한 배신과 반역으로 들렸다.[10] 아이네이아스 이야기와 아브라함의 이야기를 둘 다 믿는 것이 어떻게 가능하겠는가? 유일한 하나님을 신령으로 예배하면서 동시에 우상숭배에 참여할 수는 없다. 가이사를 "주" 또는 "구원자" 또는 "신의 아들"로 보는 생각에 동의한다면 그것은 신성모독 죄이고 언약의 백성에서 떨어져 나갈 수밖에 없다.

대부분의 디아스포라 유대인들처럼, 네레오는 로마의 이야기를 단순한 이야기가 아닌 이교도의 불경한 이야기로 확신했다. 이 이야기가 언약의 하나님 이야기와 단지 다르다는 이유만은 아니었다. 그것은 우상숭배

---

10 역사가 요세푸스(Josephus)의 입장이다. 참조. N. T. Wright, *Paul and the Faithfulness of God*, book 1 (Minneapolis: Fortress, 2013), 128-31. 참조. Josephus, *Jewish War* 5.412, 6.312-15; 참조. 3.399-408.

자들의 거짓 이야기였다. 로마의 이야기는 네레오와 그의 동시대 사람들이 "황금기"에 산다고 말했다. 하지만 네레오 같은 유대인들에게는 "황금기"가 아니었다. 오히려 절망적이고 고통스러운 유배의 시간이었다. 예수를 메시아로 받아들이기 전에는 하나님의 언약을 지키지 않아 약속이 지연된 것이라고 생각했다. 그들은 율법과 예언서를 알았으므로 그의 민족과 조국이 처한 현재의 상황은 단지 하나의 역사적 사건도 아니고 로마 제국이 급부상하면서 생긴 슬픈 결과도 아니었다. 문제는 제국의 역사에 숨어 있는 계략들이 아니었다. 네레오와 그의 유대인 동족들에게는, 이 모든 것이 지켜지지 않은 언약의 결과였다.[11] 하나님의 백성들이 그 언약으로 돌아올 때까지, 회복과 귀향의 약속은 지체될 것이다.

그러니 네레오가 신들의 형상이나 제국의 영광을 표현하는 도자기나 물건들을 만들고 싶지 않은 건 당연했다. 그런 상징들을 그린다면, 우상을 새기는 것을 금하는 토라 율법을 위반하는 것이고 그것은 우상숭배에 연루될 것이다. 그는 위대한 로마의 덕목인 **신의**(*fides*)에 대해 잘 알고 있었다. 하나님이 유일한 신이시고, 전능한 왕이시라면, 이 언약의 하나님께 신실하기 위해 가이사를 포함한 모든 협잡꾼에 충성하라고 할 수 없었다. 제국의 상징물과 형상들을 전파하는 데 참여한다면 자신의 동족이 하나님의 언약을 어기고 스스로 집 없는 자가 되고 유배생활을 지속하게 만든 일에 공모하는 것이나 다름없었다.

물론 이런 생각은 위험했고, 유대인들이 이런 선동적인 견해를 품고

---

11   여기서는 유배라는 모티프가 제2성전기 이스라엘(Second Temple Israel)에서 지배적이었다는 Wright의 의견을 따랐다. 바울의 로마서에서도 이 끝나지 않은 이야기와 유배의 끝을 갈망하는 것을 엿볼 수 있다. N. T. Wright, "The Law in Romans 2," *Pauline Perspectives: Essays on Paul*, 1978-2013 (London: SPCK, 2013), 134.

있다는 것을 로마 권력자들도 잘 알고 있었다. 그래서 네레오는 실제 생활에서는 신중을 기해야 했다. 이리스처럼 그도 매일의 삶의 실천들 속에서 극도의 긴장감을 느껴야 했다. 이리스에게는 아이들이 원인이었다. 네레오에게는 음식이 원인이었다. 이 편지를 보낸 사도 바울처럼, 네레오도 우상들로 가득한 도시를 걸으면서 깊은 동요와 괴로운 삶을 살았다.[12] 그리고 그 괴로움은 음식 문제에서 최고조로 드러났다. 특정한 신을 경배하거나 제국의 일을 기념하기 위해 열리는 축제에서 모두에게 고기가 제공되면 네레오는 자신의 방으로 피했다. 네레오 같은 가난한 생계 노동자는 늘 배가 고팠지만 그는 그 고기를 역겹게 여겼다. 우상에게 제사를 지낸 고기가 제공될 때면, 네레오의 감정적이고 영적인 격분이 신체적인 역겨움으로 나타났다.

제국의 생활 방식을 거부하는 것은 네레오가 제국의 이야기를 거부하는 표현이었고, 중요하게는 제국의 상징에 대한 위험한 거부였다. 알다시피 음식은 단순히 음식이 아니다. 인류학에서 설득력 있게 주장해온 것처럼 음식은 매우 상징적인 의미를 지닌다.[13] 의심의 여지없이 네레오 같은 1세기의 유대인에게 이것은 사실이었다. 이런 상징들이 자신이 당하는 압박감과 슬픔을 정당화하고 심지어 당연한 생활 방식이라고 말하는 것을 보았을 때, 이리스는 이 제국의 상징들이 주던 환상이 무너졌다. 그러나 네레오에게 그 상징들은 늘 혐오스러웠다. 그는 다른 상징의 세계에

---

12 바울이 아테네를 방문했을 때 그는 "그 성에 우상이 가득한 것을 보고 마음에 격분하였다"(행 17:16).

13 참조. Mary Douglas, *Purity and Danger* (London: Routledge, 1966); Margaret Visser, *Much Depends on Dinner* (Toronto: McLelland and Steward, 1986). 음식의 상징성과 특히 고대 로마의 만찬에 관해서는 다음 책을 참조하라. Katherine M. Dunbabin, *The Roman Banquet: Images of Conviviality* (Cambridge University Press, 2003).

서 살고 있었기 때문이다. 토라는 1세기 유대인에게 강력한 상징이 되어 주었다. 토라는 언약이고 약속이고 하나님의 신실하심의 징표였다. 토라에 나오는 안식일 규례와 할례, 정결 음식법은 언약 백성의 정체성에 깊은 상징적 표시가 되었다. 사실 유대 땅 자체도 비록 지금은 로마에게 점령당한 채 로마의 전리품과 관습과 제사의식으로 세속화되었지만, 신실한 유대인들에게는 젖과 꿀이 흐르는 땅으로서 중요한 상징적 무게를 가졌다.[14] 토라, 땅, 할례, 음식, 이 모든 것이 언약의 하나님을 떠올리게 하는 상징들이었다. 그리고 이 상징들은 로마의 상징들과 달리 냉엄했고 치명적이었다.

제국의 중심인 로마에 살았어도 네레오에게 예루살렘은 여전히 약속의 땅이었다. 그는 사실 양쪽 어디에도 집이 없었다. 모든 유대인이 그랬듯이 예루살렘이 참혹하게 점령되면서 집을 잃고 망명 생활을 해야 했다. 그리고 아직도 디아스포라 유대인으로서, 고국의 동료 유대인들로부터 추방되어 살고 있다. 이러한 유대인 정체성과 유대 역사 때문에 그는 로마가 자신의 집이 될 수 없다는 것을 잘 알고 있었다.

하지만 네레오는 여동생을 부양하기 위해 자신의 민족을 억압하고 그가 집이 없게끔 만든 자들을 위해 일해야 했다. 그는 타협해야만 했다. 함께 일하는 사람 중에는 도덕적으로 혐오스러운 자들도 있었다. 언약이 파기되고 그 약속이 지연되는 것 같아 보였지만, 그래도 언약에 충실하려고 애썼다.

예수를 메시아로 받아들이기 전에, 네레오의 세계관의 윤곽은 무엇

---

14 로마 제국의 이러한 상징들의 위력에 대해서는 다음 책을 참조하라. Paul Zanker, *The Power of Images in the Age of Augustus*, trans. Alan Shapiro (Ann Arbor: University of Michigan Press, 1988), 167-92.

이었을까? 그가 이스라엘 이야기에 신실하고, 그 상징들을 경배하며 그 이야기와 상징들의 증인이 되는 삶을 지키려고 힘썼다면, 그는 세계관 질문들에 어떻게 답을 했을까?

나는 어디에 있는가? 나는 낯선 땅, 유배의 땅, 사자의 심장에 사는 이방인이다. 나는 크고 부유한 도시의 변두리, 더럽고 가난하고 폭력적인 빈민가의 부정한 사람들 사이에서 살고 있다.

나는 누구인가? 나는 아브라함의 아들, 언약의 자녀, 약속받은 상속자다. 나는 오직 진리이신 하나님 한 분을 예배하는 자다.

무엇이 문제인가? 나는 이 낯선 땅에서 이방인이다. 나는 수치스러운 유대인으로 멸시받는다. 나는 우상숭배자와 불의한 자, 그리고 부정한 자들에게 둘러싸여 있다. 내 동족들은 고국에서 포로 생활을 하고, 나는 그들에게서조차 추방되어 우리를 억압하는 이방 제국의 중심에 살고 있다.

해결책은 무엇인가? 메시아가 오셔야 한다. 이스라엘이 회복되고 약속이 성취되고 포로 귀환이 이루어져야 한다. 그러는 동안 나는 믿음을 지키고 나의 정체성을 붙들고 내 민족의 이야기를 저버리지 말아야 한다. 나는 토라를 지키고 경건을 추구하며, 유대인이라는 이유로 내게 불의를 행하려는 자들의 관심을 피해야 한다.

지금은 어떤 때인가? 낙심과 갈망의 때다. 항상 깨어 토라의 율법에 대한 열심과 예루살렘을 갈망하는 것이 무엇보다도 중요한 때다. 메시아가 오실 때다. 포로생활을 마치고 압제자로부터 해방될 때다. 모든 우상숭배의 불의에서 로마가 몰락할 때다.

깨어진 조약에 속한 백성

우리는 이 책을 우리 친구 이기의 이야기로 시작했다. 하지만 비단 그만의 이야기는 아니다. 우리의 이야기이기도 하다. 우리의 슬픔, 공동체의 슬픔, 친구의 죽음을 애도하며 "이기의 노래"를 부른 첫 공연의 이야기였다. 이번 단락을 "깨진 조약에 속한 이기"라고 정하려고 했었으나, 1장에서 질문자가 지적했듯이, 이기의 이야기는 사실 그의 민족의 이야기이지 우리가 말할 수 있는 우리 이야기가 아니다. 이리스와 네레오는 여종과 유대인이 그들이 가진 사회적 위치와 역사 속에서 어떻게 바울의 편지를 이해했고 로마 제국 안에서 어떻게 삶으로 반응해야 할지를 대표적으로 보여주기 위해 우리가 만든 가상의 인물들이다. 1세기 로마 역사를 근거로 우리가 상상으로 만들어낸 이야기다. 하지만 이기는 그런 상상의 인물이 아니다. 이기는 우리의 친구였다. 이기의 이야기를 한다기보다는 그의 삶을 형성해온 더 광범위한 이야기를 한다고 생각하자. 이것은 식민주의 이야기이고, 캐나다의 정복 역사이자 정착민과 토착민의 관계에 대한 이야기다. 앞으로 보게 되겠지만, 이기의 삶은 이 이야기에 지배를 받고 있을 뿐 아니라 식민주의 역사가 요구한 희생양이었다.

어떻게 한 민족의 이야기가 (그들의 상징이나 생활방식과 함께) 폭력적인 탄압과 공격의 대상이 될 수 있는지 알고 싶다면, 미 대륙의 원주민들(the First Peoples of the Americas)과 영토 확장시대 이후 전 세계에 있는 토착 원주민들의 삶을 보면 된다. 그 결과 1세기 이리스와 네레오의 집 잃은 슬픔이 현대 토착 원주민들이 당한 비극과 상당히 유사함을 보게 될 것이다.

원주민들이 땅과 교감하는 삶의 방식을 잃어버리고, 그들의 상징물과 제사의식은 기껏해야 박물관의 진열품이 되고, 최악의 경우에는 사회

에서 추방되고, 그들의 시조 이야기는 서구 문명의 진보가 정복한 권력장
악의 이야기로 탈바꿈한다면, 그들이 전통적으로 세계관 질문들에 답하
던 방식들은 사라지고 말 것이다.

일부 국가에서는 이런 모든 일이 무력으로 행해졌다. 미국에서는 남
북전쟁 동안 서로를 향하던 전쟁 무기들이 1865년 남북 간의 갈등이 사
라지자 "인디언들"을 향했다. "인디언 전쟁"은 원주민들을 그들의 땅에서
제거하려는 군사 계획이었을 뿐 아니라, 그렇게 함으로써 정착민들이 대
륙을 가로질러 서부로 나갈 수 있는 여건을 만들기 위한 것이었다. 그것은
또한 다름 아닌 대학살의 의도였다. 강탈과 죽음은 항상 함께 간다. 말살
은 언제나 착취의 수단이다.[15]

이러한 폭력의 추한 면이 없이는 식민지 정복의 이야기를 할 수 없다.
하지만 시간이 지나면서 (식민)제국들은 식민지 사람들을 관리하기 위해
서는 군사력 이상의 것이 필요하다는 것을 알게 되었다. 민족말살이 완전
히 가능하지 않다면(우리는 역사를 통해 민족말살이 좀처럼 완전할 수 없음을 알고
있다), 제국 정부는 정복 민족을 동화할 필요가 있었고 또는 사회 주변부나
종종 제국의 한복판에서 끊임없이 발생하는 반란과 "테러"에 시달려야
했다. 한 예로, 바빌로니아의 동화정책을 생각해보자. 한 민족을 포로로
잡아오고, 그들의 정치종교적 제도와 상징을 파괴하고, 바빌로니아식 교
육을 시키고, 이름을 바꾸게 하고, 제국의 음식을 먹게 하고, 제국의 신들
에게 기도하도록 요구했다. 이것은 다니엘과 그의 세 친구들이 느부갓네
살의 바빌로니아 궁정과 그 후에는 페르시아의 다리오 치하에서 당한 이

---

15 참조. Bouma-Prediger, Walsh, *Beyond Homelessness*, 68-75. 여기 수록된 나봇의 포도나무 이
  야기를 참조하라(왕상 21장).

야기다.[16] 다니엘서는 제국의 동화전략의 목격자이자 저항의 힘을 보여주는 성경이다.

현대 식민 제국들은 성경을 앞세우며 나갔다. 그들은 아마 다니엘서를 읽지 않았던 모양이다. 아니 읽었더라도 그 교훈을 배우지 않았을 것이다. 사실 캐나다와 전 세계에서 다니엘서에서 보는 것과 똑같은 (민족)동화정책들을 사용했다. 캐나다의 진실과 화해 위원회의 최종 보고서에 따르면 토착원주민들에 관한 캐나다 정부의 이전 정책은 다름 아닌 문화 대학살이었다. 익숙한 방법들이다. 제도를 파괴하고, 토지를 빼앗고, 강제 이주 명령을 내리고, 원주민의 언어를 금지하고, 영적 지도자들을 박해하고, 종교적 의미가 있는 물건들을 파괴하거나 몰수하고, 가정을 무너뜨렸다. "캐나다는 이런 모든 일을 자행했다."[17]

역사적으로 보면 모든 식민 제국주의 세력은 이러한 동화정책을 도덕적으로 선한 것으로 여기고, "미개인들"(또는 "야만인들")을 문명으로 이끌고 역사의 불가피한 전개를 확장하는 것이라고 정당화했다. 이는 바빌로니아의 문화적 우월성을 보여주는 신화든, 로마의 우위를 뽐내는 아이네이아스의 이야기든, 문명화를 진보라고 말하는 현대의 이야기든 다 마찬가지다. 모든 제국은 동화정책을 (수단과 상관없이) 불가피한 역사의 전개로 보고 문화적 우월성에 호소하며 정당화했다.[18] 1883년 로즈베리 경

---

16 단 1:1-21; 3:8-30; 6:1-28.
17 캐나다 진실과 화해 위원회, *Final Report of the Truth and Reconciliation Commission of Canada*, vol. 1, *Summary: Honouring the Truth, Reconciling for the Future* (Toronto: Lorimer, 2015), 1. 이후에는 *Final Report*로 표기하겠다.
18 인간의 삶과 모든 문화적 표현에는 이러한 이야기들이 바탕이 되었다는 점에 대해서는 다음 책을 참조하라. Christian Smith, *Moral Believing Animals: Human Personhood and Culture* (Oxford: Oxford University Press, 2003).

(Lord Rosebery, 후에 영국 수상이 된다)은 주저 없이 참 놀라운 말을 했다. "어두운 미래를 헤쳐 나가고 참을성 없는 인류 집단을 개선하려는 사람들은 영국 민족에게 최고의 희망을 걸어야 한다."[19] 이것은 "백인들의 짐" 혹은 제국의 오만이라고 부를 수 있다. 이러한 시각은 강제 동화정책에 도덕적 우위를 주는 것이다. 진실과 화해 위원회의 보고서가 이런 동화정책의 도덕적 합법성을 잘 정리한다. "전체적으로 보면 식민주의 과정은 유럽의 신념과 가치를 세계 모든 민족에게 부여해야 할 특별하고 보편적인 가치로 선포해야 한다는 생각에서 행해졌다. 유럽의 가치를 보편화하면서… 캐나다 원주민들에게 기숙학교 제도를 시행하는 것을 정당화했다."[20]

한 문화의 가치들(특정한 이야기와 세계관에 뿌리를 두고 자신들만의 상징물과 관습들로 무장한)이 명백하게 보편적인 것으로 여겨질 때, 그것은 모든 사람에게 기쁜 소식이 될 거라고 여겨진다. 이 기쁜 소식을 듣는 식민지 원주민들이 그렇게 받아들이든 아니든 상관없이 말이다. 1세대나 2세대 식민지인들은 제국의 보편적인 기쁜 소식을 기꺼이 받아들이는 것이 쉽지 않아 보였기에, 어린이들을 동화시키는 것이 시급했다. 그래서 교육이 문화학살과 동화정책의 주요 과정이 되었다.

강제 교육을 통한 "인디언 죽이기"는 식민 제국의 주문이 되었다. 캐나다의 첫 수상인 존 맥도날드 경(Sir John A. MacDonald)은 원주민 아이들이 부모와 같이 있으면 교육을 받아도 사고방식이 여전히 "인디언"으로 머물게 된다는 이유로, 보호구역 내에 있는 "인디언" 학교는 불충분하다고 주장했다. "[그들은] 단지 읽고 쓸 줄 아는 야만인일 뿐이다"라고 맥도

---

19   *Final Report*, 47.
20   *Final Report*, 29.

날드는 말했다. 어린 노예들을 부모로부터 떼어 팔아버리던 로마 노예 주인들의 전략을 반영하듯, 맥도날드는 "인디언 아이들은 가급적 부모로부터 떨어져야 하고, 그러기 위한 유일한 방법은 그들을 제국이 운영하는 산업학교에 보내 백인 남성들의 습관과 사고방식을 습득하게 하는 것이다"[21]라고 주장했다. 이렇게 해서 캐나다에 기숙학교제도가 생겨났다. 맥도날드를 따라하듯, 공공사업부 장관 헥토르 랑주뱅(Hector Langevin)은 "만일 이 아이들을 교육시키고 싶다면 교육받는 동안 부모와 떨어져 있게 해야 한다. 그들이 가족과 함께 있으면 읽고 쓰는 법을 배워도 여전히 야만인으로 남을 테지만, 우리가 제안한 방식으로 부모와 떨어지면 그들은 문명인의…습관과 취향을 습득할 것이다"[22]라고 1883년에 주장했다.

습관, 사고방식, 취향. 이것들을 바꾸면 원주민들을 변화시키고, 개종시키고, 개화시켜 결국 동화시킬 수 있다고 생각했다. 그러나 기숙학교 제도를 만들어낸 사람들은 한 민족의 세계관을 단지 읽고 쓰는 법을 가르친다고 바꿀 수 없다는 것을 알았다. 문명의 진보라는 막강한 식민제국의 이야기로써 전통적 토착신화에 뿌리 내린 이야기를 대체하는 것이 동화정책의 핵심이었지만, 책을 통한 학습 그 이상이 필요하다는 것을 알았다. 이러한 이야기, 즉 세계관을 전면적으로 재구성해야 하기 때문에 아이들은 식민지 문화의 습관을 습득해야만 한다. 즉 제국의 이야기를 받아들여야만 한다. 제국의 이야기로 세계관의 기본적인 질문에 답할 수 있어야 한다. 원주민 문화의 전통적인 상징들이 제국의 상징으로 바뀌고, 산업자본주의 사회와 "개화된" 문화가 (종교도 함께) 그들의 문화를 대체해야 한다.

21　*Final Report*, 2.
22　*Final Report*, 45.

하지만 이 모든 것은 그들의 일상의 문화적 실천이 변하지 않는 한 불가능하다. 다시 말해서, 옛 습관이 사라지고 새로운 습관이 아이들의 생활에서 생겨나야 한다.[23]

그래서 아이들은 부모와 떨어져야 했다. 이리스가 그녀의 두 아이를 계속 가르칠 수 있는 기회를 빼앗긴 것처럼, 원주민 부모들도 자기 아이들에게 문화적 관습과 언어와 상징과 이야기를 전해줄 기회를 빼앗겼다. 이런 방식으로 원주민 아이들은 문명화 정책 속에서 비슷하게 단순한 몸뚱이(body)로 전락했다.

학교들은 아이들의 식사법과 말하는 법, 옷 입는 법을 바꿨다. 아이들은 식사 예절에서부터 놀이하는 법, 윗사람에게 순종하는 법, 아플 때 치료받는 법, 기도하는 법, 이 모든 것을 바꿔야 했다. 특히 기도하는 법이 변했다. 이것이 교회들이 동화정책에서 자발적인 공범이 된 부분이다. 교회는 문화 대학살의 자발적 공범이었다. 원주민 아이들의 생활습관을 다시 만드는 데 자발적으로 공모하면서 교회는 식민주의와 결탁하게 되었다. 바울은 제국을 거부하는 편지를 쓴 반면, 현대 교회는 제국의 대리인으로서 미대륙으로 들어왔다. 이것은 놀라운 일이 아니다. 먼저 두 번의 교황칙령이 정복을 합법화했다. "1455년의 교황칙령 「로마누스 폰티펙스」(Romanus Pontifex)는…새로 '발견한' 땅의 점령을 허가했고 원주민들의 노예화를 권장했다. 그다음 1493년 교황 알렉산데르 6세가 발표한 「인테

---

23 사람들은 생각만으로 세계관을 수용하는 것이 아니다. 오히려 매일의 습관이 형성되는 곳에서 세계관이 형성된다. Bourdieu의 *Habitus* 개념이 도움이 된다. Bourdieu가 말하듯이, 습관(*Habitus*)이란 "삶의 방식, 습관적인 상태…그리고…기질, 경향, 성향 또는 특정한 방식으로 행동하는 성향"이다. Bourdieu, Wacquant, *Invitation to Reflexive Sociology*, 18에서 인용. Pierre Bourdieu, *Outline of a Theory of Practice* (Cambridge: Cambridge University Press, 1997), 214.

르 카이테라」(Inter Caetera)는 미대륙을 스페인과 포르투갈에게 넘겨주었다."[24] 가톨릭 교회는 종교 조직이었을 뿐 아니라 당시 가장 영향력 있는 정치 세력이었고, 이 교황 칙령들은 국제법의 일부가 되었다. 이 칙령들은 "발견의 원칙"(doctrine of discovery)의 근간으로서, 원주민의 땅을 "발견"한 유럽 그리스도인들의 소유로 합법화했다. 이것은 오늘날 식민 정책을 위한 법률적 기초로 남아 있다.[25] 토착 민족의 제거, 말살, 노예화의 전체 역사에 신성한 정당성을 부여하면서, 교회는 순차적으로 원주민 어린이들을 "문명화"하고 "기독교화"시키는 일에 적극 참여했다.[26]

기숙학교의 기념비적 임무는 한 민족의 전체 역사가 제공하던 그들의 정체성과 함께 모든 생생한 역사들을 비워버리고 다른 것으로 대체하는 것이었다. 그것은 낯선 과거(그리스나 로마에 뿌리를 둔 유럽 문명의 이야기)를 "적극적인 현재"이자 "제2의 천성"으로 만드는 것이었다. 그래서 원주민 아이들의 성향, 경향, 기질을 바꾸기 위해 기숙학교들은 새로운 역사에 익숙해지도록 급진적 처방을 시행했다.

문제는 이것이 공포로 구현한 역사였다는 것이다. 아이들은 심한 체

---

24   이 교황칙령은 실제로 1454년에 작성되었다. Sylvia MacAdam, "Dismantling the Doctrine of Discovery: A Call to Action," *Wrongs to Rights: How the Churches Can Engage the United Nations Declaration of the Rights of Indigenous Peoples,* ed. Steve Heinrichs, 2nd ed. (Winnipeg: Mennonite Church Canada, 2016), 143.

25   캐나다와 미국의 식민주의를 지속적으로 지지하는 "발견의 원칙"(doctrine of discovery)에 바탕을 둔 법적 결정에 대해서는 다음 책을 참조하라. Robert J. Miller, "The International Law of Colonialism," *Yours, Mine, Ours: Unravelling the Doctrine of Discovery,* ed. Cheryl Woelk, Steve Heinrichs (Winnipeg: Mennonite Church Canada, 2016), 21-25. MacAdam, "Dismantling the Doctrine of Discovery," 144; Jennifer Reid, "Church and Land Theft," Woelk, Heinrichs, *Yours, Mine, Ours,* 14-17.

26   캐나다에서 기숙학교들은 다음 교파들에 의해 운영되었다. 로마 가톨릭교회, 캐나다 성공회, 캐나다 장로교, 캐나다 연합교회. 미국에서는 다양한 가톨릭과 개신교 선교 단체들에 의해 원주민 어린이 기숙학교가 운영되었다.

벌을 당하고, 학교 안에서 사망하기도 했으며, 가족과 분리되어 트라우마를 겪고, 성폭력도 수시로 당했는데, 이 "보편적" 가치들은 이런 일들을 어느 정도 정당화하는 것으로 보였다. 학교의 이런 일상의 습관들은 "많은 학생들로 하여금 극심한 배신감, 두려움, 고립감을 느끼게 했고 가정에서 받는 교육과 보호를 빼앗겼다는" 희생자 문화를 만들었다.[27] 학교들은 아이들에게 식민지에서 새로운 가정의 느낌을 만들어주기보다는 집을 잃은, 갈 곳 없는 세대로 만들어버렸다. 이런 기숙학교의 유산 때문에 "토착원주민과 다른 캐나다인 사이에 교육, 경제, 건강에서 심각한 사회적 격차"가 드러나고 있다.[28] 원주민 아이들은 강제로 집을 떠나야 했고 부모로부터 긍정적인 교육을 받지 못했기에 부모가 되는 기술을 발전시킬 기회를 갖지 못했다. 자신들의 문화와 단절되었지만 지배문화에도 동화되지 못한 아이들은 심각한 문화적·종교적·언어적 고립상태를 경험했다. 학대 아동은 학대 성인이 되었다. 중독이 대응 기제가 되었다. "기숙학교는 감옥으로 가는 지름길이었다."[29]

이런 역사를 고려하면 캐나다 교도소에 원주민의 비율이 과도하게 높은 것은 이상한 일이 아니다.[30] 퍼스트 네이션스 원주민들의 자살률은 전체 캐나다 인구의 두 배이고,[31] 원주민 어린이들은 비원주민 어린이들보다 백 배나 더 사회보호가 필요하다.[32] 또 중증 알코올 중독이 원주민들

27 *Final Report*, 110.
28 *Final Report*, 135.
29 *Final Report*, 136.
30 2011년부터 12년까지, 캐나다 교도소 인구의 28%가 원주민이었다. 캐나다 전체 인구의 4%가 원주민이었다. 원주민 여성은 여성 교도소 인구의 43%를 차지했다. *Final Report*, 170.
31 "보호구역 내 거주하는 10-29세 연령대의 원주민 청소년은 비원주민 청소년에 비해 자살 가능 사망률이 5-6배 높았다." *Final Report*, 161.
32 2011년 원주민 어린이의 3.6%가 위탁보호 아래 있었고, 이는 0.3%의 비원주민 어린이들과

사이에 전염병처럼 퍼지고 있다.[33]

문화적 학살과 물리적 학살은 종이 한 장 차이다. 한 민족의 문화를 파괴하면 그들은 떠돌이가 될 것이다. 문화 학살은 언제나 문화적(그리고 물리적!) 살인이다. 가정을 죽이는 것이다. 집을 잃은 곳에는 죽음이 있다. 문화 대학살은 죽음의 시스템이고, 제국의 식민주의 제단 앞에 전 민족들을 제물로 바치는 것이다.

이 모든 것이 정말 충격적이지만, 민족이 아닌 한 개인 그렉 "이기" 스푼과 같은 실제 개인의 이야기를 할 때는 더 개인적으로 다가온다. 이기는 이 문화 대학살에서 단지 부수적인 피해자가 아니다. 그의 삶은 수없이 많은 사람의 삶처럼 제국의 제단에 올려진 희생제물이었다. "이기의 노래"에서 나오듯, 그는 그저 "죽어도 마땅한 또 한 명의 염** 술주정뱅이 인디언"이었다.[34] 하지만 그는 우리의 친구였다. 우리가 깊이 사랑하고 존경

비교된다. 1960년대 기숙학교가 폐교하기 시작했을 때, 원주민 아동들을 부모로부터 강제 분리하는 일이 광범위하게 일어났고 이는 "60s Scoop"이라 불린다. 도심 거리에서 유럽이나 아시아 성을 가진 노숙인 퍼스트 네이션스 원주민들을 마주치는 것이 다반사였다. 입양을 통해 비원주민 문화에 동화하게 하는 정책은 명백히 실패했다(*Final Report*, 138). 상황은 개선되지 않았다. "기숙학교가 절정일 때보다 오늘날 사회보호를 받는 원주민 아동이 더 많기 때문이다"(Shari Russell, "Still Questioning: The Theft of Indigenous Children," Woelk, Heinrichs, *Yours, Mine, Ours*, 30). 모카신 프로젝트(Moccasin Project)는 캐나다 내 원주민 아동 체포율에 대한 인식을 제고하기 위한 사업이었다. 최신 정보는 다음 자료를 참조하라. "Resources and Facts on Child Apprehension in Canada," http://www.sotheycangohome.com/resources.html.

33　진실과 화해 위원회는 직설적으로 이렇게 말했다. "식민지 정책은 원주민 문화와 언어를 억압했고, 그들의 정부를 방해하고, 그들의 경제를 파괴하고, 종족을 변두리와 불모지로 내몰았다. 식민 정책이 배고픔과 질병과 가난을 초래했을 때, 연방 정부는 원주민들에 대한 의무를 시행하지 못했다. 그 정책은 다른 정치문화 단체들이 원주민을 제거하도록 분명 기여했기에 실제로는 '문화 대학살 정책'이라 말해야 한다." *Final Report*, 133.

34　출판사측에서 비속어가 활자화되는 것을 허용하지 않았고, 우리는 작사자의 언어가 변형되는 것을 원치 않기에 별표로 처리했다.

하는 공동체의 일원이었다. 친구의 죽음은 언제나 고통스럽다. 그러나 우리가 수혜를 받고 있는 식민주의 때문에 그가 죽었고, 교회가 직접 식민주의 학살의 역사에 연루되었을 때 그 고통은 더욱 깊어지고 죄책감으로 혼란스러웠다.

그러니 원주민 공동체 사람들이 그 다섯 가지 세계관 질문에 어떻게 대답할 것이라고 생각할 수 있을까? 아니면 우리가 잘못된 질문을 하고 있는 것일까? 세계관 질문은 중립적이지 않다. 질문들 자체가 어느 정도 보편성을 갖고 있긴 하지만, 다른 이야기를 갖고 있고 다른 상징과 다른 생활방식이 몸에 밴 사람들은 분명 다르게 해석할 수 있을 것이다(그들이 꼭 답해야 한다면). 예를 들어, 북미 식민주의자들의 세계관은 특성상 확실히 현세적이었다. 진보의 신화에 뿌리를 두고 있었기 때문에, 식민주의자들은 세상이 어디로 가고 있으며, 어떻게 개발되고 변화되어야 할지 주로 이런 면에서 바라보았다. 그러나 토착민족들은 좀 더 공간적(우주적)이고 관계적인 면에서 이러한 질문들의 틀을 짰다. 테리 르블랑(Terry LeBlanc)은 미크맥 아카디언(Mi'Kmaq-Acadian, 캐나다 원주민 부족)의 지도자이자 원주민 배움공동체(NAIITS)의 이사다. 그는 우리를 위해 세계관 질문들을 좀 더 공간적이고 관계적인 방식으로 새롭게 만들었다.[35] 테리의 지혜에 감사하며 우리는 그의 인도를 따라 각각의 세계관 질문들을 수정했다.

이 수정된 질문들을 가지고 캐나다(그리고 미대륙과 그 너머까지) 토착 원주민들의 다양한 전통을 인식한다는 맥락에서, 기숙학교 시대가 지난 현대를 살아가는 이기와 같은 원주민들이 이 질문들에 어떻게 대답할지

---

35   개인 편지에서 한 것이다. www.naiits.com.

그 전반적인 틀을 우리가 이해할 수 있을까?[36] 문화 대학살 프로그램이 토착 원주민들의 생활 방식을 무너뜨리고, 그들의 토착 상징물과 제사의식을 파괴하고, 퍼스트 네이션스 이야기와 신화를 근절한 지금, 그들은 어떻게 이 세계관 질문들에 답할까? 아마도 이와 같을 것이다.

우리는 어디에 있는가? 우리는 어디에서 왔는가? 누가 우리 민족이고, 우리 친족인가? 그리고 땅과 나는 무슨 관계인가? 토지는 우리의 어머니이고, 모든 창조물이 우리의 친척이고, 모든 피조물이 우리의 형제다. 창조주 하나님이 원(circle)과 네 방향이 상징하는 조화로운 세상을 주셨다.[37] 그러나 우리는 어머니 품에서 떨어져 나왔다. 우리는 우리의 전통방식과는 낯선 장소에 있는 보호구역에 강제 이주를 하고 식민권력에 의해 쓸모없는 자들이 되어 소외와 가난과 박탈의 삶을 살고 있다.

우리는 누구인가? 한 민족으로 우리의 비전은 무엇인가? 서로에 대한 그리고 땅에 대한 우리의 책임은 무엇인가? 한때는 여러 민족과 종족으로 이루어진 활기 넘치고, 독립적이고, 자유로운 사람들이었고, "우리만의 체

---

36 캐나다 전체에서 원주민들의 세계관은 상당히 다양하다. 우리는 정착민이기 때문에 캐나다 원주민을 대변하려는 시도가 위험하다는 것을 알고 있다. 그래서 Mi'Kmaq-Acadian의 Terry Leblanc에게 조언을 구했다. 세계관 질문에 대한 우리의 해답은 Dene Nation of northern Saskatchewan과 Alberta에 대하여 얻은 정보에 의존한다. 다음 책도 참조했다. Thomas R. Berger, *Northen Frontier, Northern Homeland: The Report of the Mackenzie Valley Pipeline Inquiry, Volume One* (Ottawa: Supply and Services Canada, 1977).

도움이 된 다른 자료들은 다음과 같다. Steve Heinrichs, ed., *Buffalo Shout, Salmon Cry: Conversations on Creation, Land Justice, and Life Together* (Harrisonburg, VA: Herald Press, 2013); John Mihevc, ed., *Sacred Earth, Sacred Community: Jubilee, Ecology and Aboriginal Peoples* (Toronto: Canadian Ecumenical Jubilee Initiative, 2000). 미국 원주민들이 갖고 있는 기독교 세계관에 대해서는 다음 책을 참조하라. Randy S. Woodley, *Shalom and the Community of Creation: An Indigenous Vision* (Grand Rapids: Eerdmans, 2012); Richard Twiss, *Rescuing the Gospel from the Cowboys: A Native American Expression of the Jesus Way* (Downers Grove, IL: IVP, 2015).

37 원과 조화의 중요성에 관하여는 다음 책을 참조하라. Woodly, *Shalom*, 71-73, 88.

계적인 지도력을 갖추고 수 세기 동안 연마한 법률 제도도 있고, 각양각색의 자연 풍경과 친밀한 관계를 누렸지만, 지금 우리는 깨진 조약에 속한 사람들이다."[38] 정부와 마찬가지로 교회로부터 배신당하고 "주류" 사회로부터 경멸받음으로써 우리는 진짜 고향인 이곳에서 동등한 대접을 받을 가치가 없는 사람들로 여겨진다.

무엇이 문제인가? 그 조화가 어떻게 파괴되었는가? 우리는 그 땅에서의 삶을 잃었다. 우리의 언어를 잃었고, 우리의 이야기와 신성한 의식과 장소를 잃었다. 신성한 원(sacred circle)이 망가지고, 피조물 사이의 조화가 파괴되고, 자연의 어머니가 더럽혀졌다. 식민제국들은 우리의 영혼과 가족과 육신을 망가뜨렸다. 우리 땅을 훔치고, 학교는 열악한 상태에 두고, 깨끗한 물도 마실 수 없고, 집은 살 수 없는 곳이 되고 아이들은 우리에게서 분리되고, 교도소와 도시의 변두리 거리를 헤매게 되고, 상당수가 술과 마약으로 고통을 잊고자 한다. 그래서 술 취하고 게으른 "인디언"의 이미지로 전락하여, 우리는 무시당하고 수치를 당한다.

해결책은 무엇인가? 조화와 바른 관계를 어떻게 회복할까? 우리의 목소리(주장할 권리)와, 우리의 언어, 이야기, 영성 그리고 그 땅을 되찾아야 한다. 신성한 제사의식도 회복해야 한다. 고대의 의식들이 치유를 가져다줄 것이다. 우리는 활기차고 독립적이고 자유로운 민족으로서 자연과 더불어 사는 집으로, 우리 땅의 집으로, 우리 자리의 집으로 가야 한다. 우리의 가정과 공동체와 정치 조직을 재건해야 한다. 신성한 원(sacred circle)을 회복해야 한다. 식민주의자들은 우리와 한 약속을 지키고 우리와 맺은 조약을 존중해야 한다. 우리는 선한 믿음으로 정부와의 조약을 인준했고, 국가

---

38   McAdam, "Dismantling the Doctrine of Discovery," 142-43.

대 국가로서 언약에 서명을 했다. 국가 간의 관계도 회복되어야 하고, 명백한 국가로서 우리의 주권이 존중되어야 한다.

지금은 어떤 때인가? 이 땅에서 현재의 삶을 어떻게 성실하게 함께 살아갈까? 고대의 방식으로 돌아가야 한다. 지금은 우리가 누구인지를 기억할 시간이다. 다시 감사로 살아가며, 우리 모두의 친족들과 사이좋게 살아야 할 시간이다. 진실과 화해의 시간이다. 그리고 정의를 위한 시간이다. 식민주의 사상은 살인적인 거짓의 탈을 벗어야 한다. 문화 대학살을 합법화한 제국주의의 근본 원칙들을 버려야 한다. 퍼스트 네이션스 원주민과 정부와 캐나다 국민들 사이에 새로운 "화해의 언약"을 세울 시간이다. 그 언약은 "상호 인식, 상호 존중의 원칙에 기초를 두고, 미래지향적인 관계를 유지하는 책임을 같이할 것이다."[39] 따라서 교회들은 대학살을 용인했던 것을 회개해야 한다.[40] 지금은 길고도 고통스러운 치유의 길로 출발할 시간이다.

깨어진 마음, 언약 그리고 조약들

얘기 좀 할 수 있을까요?

---

39 *Final Report*, 200. "화해의 언약"(The Covenant of Reconciliation)은 최종보고서의 행동지침 46번이다.

40 캐나다의 많은 교파가 그들이 정부와 연합하여 운영한 기숙학교의 부조리에 대해 배상금을 지불하였고, 문화 대학살에 가담한 것에 대해 퍼스트 네이션스 원주민에게 사과했다. 이 자료들 다수가 *Final Report*, 378-93에 수록되어 있다. 행동지침(Call to Action) 58번은 아일랜드 폭행의 희생자들에게 발표한 2010년 사과문과 유사하게, 기숙학교 생존자들과 그들의 가족과 공동체에 교황이 사과해야 한다고 촉구한다.

물론이죠.

왜 우리에게 이런 세계관에 관한 문제를 장황하게 늘어놓는지 좀 이해하기가 힘들군요. 로마서를 이해하는 데 필요한 이리스와 네레오의 세상은 우리가 이미 잘 아는 바입니다. 그런데 식민주의와 원주민에 대해서도 아는 것이 중요하다는 말은 좀 이해가 안 갑니다. 비록 제국적 상황이 비슷하긴 하지만, 이리스와 네레오 같은 사람들의 이야기는 우리 시대 원주민 이야기보다 로마 사회에서 훨씬 많았습니다. 우리 시대 원주민 이야기는 너무 소수의 사람들에 관한 이야기가 아닌가요?

평등을 말하는 우리 사회에서 이기 같은 사람들은 소외계층이기 때문에 그렇습니다. 네레오와 이리스는 고대 로마 사회에서 무관한 사람들로 여겨졌습니다. 한둘 죽는다고 문제 될 것이 없었습니다. 그들은 그저 "죽어도 싼 또 다른 재수 없는(염**) 노예"이거나 "죽어도 싼 또 다른 재수 없는(염**) 유대인"("이기의 노래"에서 나온 단어)이었습니다. 우리 사회에서 누가 가장 이리스와 네레오와 비슷한지, 식민주의와 제국으로부터 누가 가장 상처받았는지, 그리고 폭력적인 제국의 이야기에 의해 가장 고통을 겪은 사람이 누구인지 물어본다면, 그것은 북미 토착 원주민일 겁니다. 그들의 몰락을 이해하지 못한다면, 복음이 로마에 있는 그리스도인 공동체에 왜 기쁜 소식이었는지 또는 그것이 오늘날 어떻게 기쁜 소식이 되는지 이해할 수 없을 겁니다. 우리가 이 단락을 쓰면서 **깨어진**(*broken*)이라는 단어를 쓴 것을 아시지요. 우리는 깨어진 마음, 깨어진 언약, 깨어진 조약들의 역사를 다뤘습니다. 1세기와 마찬가지로 오늘날에도 그 깨어짐은 삶을 파괴하고 세계관을 파괴하는 모든 일과 관련이 있습니다.

그러니까 깨어짐을 야기한 것이 로마 제국과 북미를 형성한 식민주의의
의도였다는 말씀인가요?

네, 그렇습니다. 한 예로, 캐나다 정부와 퍼스트 네이션스가 맺은 조약이
깨진 이유 중 하나는, 토착 원주민들은 신뢰와 상호 언약적 관계로 조약
을 맺었지만 다른 한쪽은 그 언약적 책임을 다하지 않았기 때문입니다.
식민지 침략자들은 이 언약을 파기할 의도였습니다. 언약의 용어로 쓰
인 서류들은 사실상 사회적·경제적·종교적 통제, 몰수 그리고 우리가 보
았던 문화 대학살의 법적 성격을 가질 뿐이었습니다.

그렇다면 진실과 화해 위원회는 왜 여전히 "화해의 언약"을 요구하지요?
원주민들은 이제 언약이라는 말이 의심스럽지 않을까요?

그러니까 참 놀랍지 않습니까? 원주민들은 종종 유대 그리스도교 전통에
깊이 속해 있는 자들보다도 더 깊이 언약을 이해하는 것 같아 보입니다.

당신이 말하는 바를 이해는 하겠는데, 저는 아직도 이것이 로마서를 읽는
데 어떤 도움이 되는지 모르겠습니다.

그것을 명확히 알려면 이 세 이야기에서 공통점을 찾아보면 됩니다. "우
리는 어디에 있나?"라는 질문에 대해 이리스와 네레오 그리고 원주민
들의 대답이 비슷한 점을 발견했나요?

음, 그들 모두 집에 있다는 느낌을 받지 못했다고 한 것 같습니다. 이리스와 네레오는 고국에 있지 않았고, 원주민들은 땅을 빼앗겼으니까요.

정확히 그렇습니다. 로마에 있는 북아프리카 노예나, 로마에 있는 디아스포라 유대인이나, 문화 대학살을 시도한 후에 원주민들이 겪은 위기나, 세 경우 모두 혼란 속에서 고립되어 집 없는 비참한 상황에 있습니다. 더욱이 이들은 모두 자기를 위해 돈을 벌려고 집을 떠난 사람들이 아닙니다. 오히려 지리적으로 또 영적으로 강제로 이동당한 이야기입니다. 기억해야 할 것은, 세 경우 모두 단지 고향이 아닌 곳으로 사람들을 이동시킨 것이 아니라 그들의 고유한 문화를 떠받치고 있는 이야기와 상징들을 정복자들의 이야기와 상징물로 대체하여 그들의 정체성을 말살하려고 했다는 것입니다.

하지만 네레오는 그의 이야기와 상징물을 고수했습니다.

그것은 그가 제국에서 유대종교를 지켜 행할 수 있는 특권을 가진 민족 출신이었기 때문입니다. 이리스나 원주민들에게는 그런 운이 없었지요. 자신들의 고유한 이야기와 상징물을 빼앗기게 되면 정체성을 지키기가 매우 어렵습니다. 이는 일상의 습관(부모와 자녀 관계로부터 먹을 것과 생계를 유지하고 종교의식을 준수하는 것까지)을 바꾸는 것이 언제나 동화정책의 중심에 있었던 이유입니다. 그래서 바울이 로마서 후반부에서 많은 시간을 들여 로마의 그리스도인 공동체에게 이런 일상의 습관을 말했던 것입니다. 로마 사회 안에서 고군분투하는 이 이질적인 공동체가 그리스도인의 연합과 정체성을 굳건하게 하려면 제국의 중심에서 하나님 나라의 (거룩한) 습관을 만들어가는 것이 필요했습니다.

하지만 초기 그리스도인들은 새로운 습관을 배웠습니다. 네레오와 이리스는 이 다른 이야기, 즉 예수의 이야기에서 다르게 사는 방법을 배웠지요. 그것은 동화라고 부를 수 없나요? 그것이 원주민들에게 원하던 것이 아닌가요? 새로운 이야기 속에서 자신의 역할을 찾고 번영을 누리며 살면 되지 않나요? 이민자들도 그렇게 동화되는 것 아닙니까?

그것이 식민주의에 대한 일반적 표현이지만 너무 지나치게 장밋빛 모습을 그린 겁니다. 알다시피 제국이 스스로 도덕적으로 탁월하고 문명화에 우월하다고 여긴 필연적인 결과는 언제나 지배당하는 민족의 명예훼손과 수치였습니다. 역사에서 "패배자"들은 결코 존중받지 못합니다. 노예, 유대인 그리고 "인디언", 모두 각자의 상황에서 수치스러운 민족으로 여겨졌습니다. 따라서 네레오나 이리스 같은 사람이 부유한 로마 남성과 동등하게 로마 사회의 일부가 될 길은 없었습니다. 또 토착 원주민들이 캐나다에서 번영을 누릴 길은 없습니다. 이민자들과 맞먹지 않느냐고 하셨는데, 마침 좋은 대상을 지목하셨네요. 왜냐하면 원주민들은 이민자들보다도 못한 대우를 받기 때문입니다. 그들의 땅을 빼앗아 새 이민자들에게 주었고, 땅을 지킨다 해도 현대적 도구를 사용하거나 이민자들이 사용하는 기계는 소유할 수 없었습니다.[41] 이리스와 네레오,

---

41 문제는 원주민들이 적절한 순서로 농사를 배워야 하는 "농부"가 되었고 손 연장을 쓰면서 시작해야 했다는 것이다. Rebecca B. Bateman, "Talking with the Plow: Agricultural Policy and Indian Farming in the Canadian and US Prairies," *Canadian Journal of Native Studies* 16, no. 2 (1996): 201-28.

이기가 당한 수치가 "무엇이 문제인가?"라는 질문의 핵심 답이고, "해결책은 무엇인가?"라는 질문에 답하는 토대가 됩니다. 정체성과 가치를 새롭게 느끼려면 제국이 가했던 수치심을 극복해야만 합니다.

바울이 로마서 1장에서 부끄러움에 대해 말한 이유가 이것인가요?

그렇습니다. 바울은 로마서 1장에서 명예와 수치의 목록들을 뒤집고 있고, 12장에서 대안적 공동체를 위한 선언문을 제시할 때도 같은 일을 합니다. 제국에서 수치스럽다고 여기는 사람들을 그리스도인 공동체가 가장 명예롭다고 부르는 자들로 만듭니다.

명예와 수치는 고리타분한 단어 같습니다. 아직도 그런 식으로 말하는 사람이 있나요?

음, 원주민들은 그렇습니다. 그들은 명예를 중시하는 사람들이기 때문에 명예를 더럽히고, 무시당하고, 조롱받는 무게를 더 무겁게 느끼겠지요. 그리고 수치의 문제를 해결하려면 명예가 필수입니다.

수치가 소외받고 무시당하는 "아웃사이더"가 된다는 비참한 함축이 있다면, 명예는 기꺼이 반기며, 집으로 환영받는 것과 관계가 있어야 합니다. 세 이야기 모두 자신들이 속해 있는 제국 때문에 고향을 잃은 사람들의 이야기입니다. 가족과 공동체와 나라를 떠나 끌려온 노예나, 고향에서 소외되어 로마로 망명한 예루살렘을 그리워하는 디아스포라 유대인이나, 자신의 땅과 자기 민족과 유산으로부터 멀어져 토론토의 거리를 헤매던 우리 친구 이기의 결과는 같았습니다. 제국은 이들을 아주 처절하고 비참하게 집이 없는 사람으로 만들어버렸습니다.

이렇게 집을 잃은 이야기가 세 개의 이야기의 공통점이라면, 각각의 이야기에서 네 가지 세계관 질문(우리는 어디에 있나? 우리는 누구인가? 무엇이 문제인가? 해결책은 무엇인가?)에 비슷한 대답이 나오는 것은 어찌 보면 당연합니다. 하지만 다섯 번째 세계관 질문(지금은 어떤 때인가?)에 오면, 여전히 비슷하지만 훨씬 더 중요한 차이점이 발견됩니다. 세 가지 시나리오에서는 제국 세력(노예나 디아스포라 유대인이나 원주민들을 집 없는 상태로 만든 사람들)의 급진적 해체가 요구됩니다. 우리가 지어낸 이리스와 네레오의 이야기를 고려해보면, 제국 세력은 예수 안에서 해체됩니다. 우리는 바울이 로마 그리스도인 공동체의 삶에서 제국의 모습을 씻어내기 위해 어떻게 예수의 삶을 재구성하는지 잘 살펴볼 필요가 있습니다. 또 예수 이야기의 중심 상징들과 그 이야기가 요구하는 삶의 방식과 더불어, 예수 이야기가 어떻게 로마의 한복판에서 이리스와 네레오에게 새로운 가족과 심오한 집을 제공하는지도 탐구해볼 필요가 있습니다. 다시 말해서, 예수가 제공하는 집은 교회이고, 그곳에서 집 없음이 귀향으로 대체됩니다.

모두 흥미로운 이야기이고 바울의 로마서를 이해하는 데 도움이 되겠지만, 퍼스트 네이션스 원주민들에게도 이것이 적용되리라고는 생각하지 않습니다.

왜 안 될까요?

글쎄요, 당신들이 수치에 대해 한 말이 사실이라면, 교회와는 무관하지 않을까요? 당신들은 교회가 이리스와 네레오를 위한 귀향의 장소라고 말했습니다. 하지만 북미에서는 교회가 퍼스트 네이션스 원주민들의 상징물과 이야기를 빼앗는 데 일조했습니다.

슬프지만, 사실입니다. 그래서 교회들은 식민지 역사에 일조하게끔 만든 교리들을 거부하고 문화 학살에 참여했던 것을 회개하도록 요구받는 겁니다. 바울의 로마서와 너무나 모순되는 이런 현실이 참 슬픕니다. 로마서는 동화주의를 반대하는 사람의 편지로 읽어야 합니다. 바울은 예수를 둘러싼 이야기, 상징, 세계관 그리고 실천방식을 재구성하면서 로마의 그리스도인들에게 제국에 동화되는 것을 거부하라고 말합니다. 당신의 말이 맞습니다. 이리스와 네레오의 실향(homelessness)을 해결해야 할 교회가 퍼스트 네이션스 원주민 문제의 중심에 있었습니다. 로마서에서 보게 될 반제국적이고 반동화적인 복음이 오히려 제국과 동화에 사로잡혀 도구가 된 것이지요.

그러면 우리는 뭘 해야 하죠?

원주민 형제자매들이 우리에게 요구하는 것을 하면 됩니다. 회개해야 합니다. 문화 학살에 가담한 일을 회개해야 합니다. 동화정책의 대리인이 되었던 것을 회개해야 합니다. 교회가 제국의 포로가 되었던 것을 회개해야 합니다. 그러기 위해서는 눈을 크게 뜨고 교회를 현혹시켜온 제국을 봐야 합니다.

깨어진 세계관의 민족

『제국과 천국』에서 제국을 이렇게 정의했다. "제국은 체계적인 권력 중앙화로 세워졌고 사회경제적 구조와 군사적 통제로 안정을 보장받는다. 제국은 기본적으로 가정에 뿌리를 둔 신화에 의해 종교적으로 합법성을 얻고 민중의 상상력을 사로잡는 제국의 이미지들을 확산함으로써 존속된다."[42]

식민주의가 제국의 본능이라는 것은 놀랍지 않다. 영향력과 세력을 확장하려는 충동적인 욕구로, 모든 제국은 다른 나라와 민족을 사회경제적 그리고 군사적으로 통제하려는 식민주의 정책을 쓰게 된다. 하지만 앞서 보았듯이, 어떤 제국도 경제력과 군사력만으로는 통치를 지속할 수 없다. 이런 이유로 모든 제국이 자연적이고 필연적인 역사의 정점이 되는 중요한 신화나 메타내러티브를 통해 스스로를 정당화한다. 제국의 관점에서 보면, 이리스와 네레오와 이기 같은 식민지 민족은 그처럼 경이로운 이야기에 속한 것을 감사해야 한다. 게다가 이 메타내러티브는 제국적 상상력을 가능케 하는, 제국에 만연한 이미지와 상징물들을 통해 반영되고 영향력 있게 전달된다. 그 상징물이 이리스 주인집의 부엌에 있던 가정 수호신이든, 기숙학교의 교실 앞에 있던 십자가상이든, 그 목적은 같다. 바로 제국의 식민지화를 신성하게 합법화시켜 사람들의 상상력을 형성하려는 목적이다.

로마 제국의 한복판이라는 현실을 떠나서는 이리스와 네레오의 삶

---

42 Brian J. Walsh, Sylvia C. Keesmaat, *Colossians Remixed: Subverting the Empire* (Downers Grove, IL: IVP Academic, 2004), 31.

을 이해할 수 없고, 근대 식민제국주의라는 현실을 떠나서는 미대륙의 퍼스트 네이션스 원주민의 문화 학살을 이해할 수 없는 것처럼, 우리 자신의 제국적 상황을 살펴보지 않고서는 21세기 초 우리의 삶도 이해할 수 없다. 고대적 맥락에서든 현대적 해석에서든 제국의 역동성을 무시하고 로마서를 읽는 것은 기껏해야 신학적 추상화이고, 최악의 경우에는 로마서의 급진적 메시지를 부정하는 것이 된다. 그러면 우리의 제국주의적 현실을 어떻게 부를까? 우리 역시 제국에 살고 있다면, 그것은 어떤 제국일까?

20세기 말 소비에트 연방이 몰락하고 그 결과 유일하게 남은 "초강대국"으로서 미국이 부상하며 "미 제국"이라는 말이 나왔다면, 2001년 9월 11일 사건은 그 제국의 현실을 봐야 할 역사적 필요성을 만들었다. 9/11 사건 한 달 후, 「월스트리트 저널」의 전 편집장 맥스 부트(Max Boot)는 "미 제국 사건"이란 제목의 기사에서 "테러리즘에 가장 현실적으로 대응하는 것은 미국이 제국으로서의 역할을 명백하게 받아들이는 것이다"라고 주장했다.[43] 다른 분석가들은 역사가 이 나라 미국에 던진 제국적 부담을 인식하고 그간의 "제국적 부인"(imperial denial)을 벗어버리고 그 책임을 져야 한다고 주장했다.[44] 조지프 나이(Joseph Nye)는 이렇게까지 말했다. "로마 이후로 다른 나라들보다 월등히 앞서는 나라가 등장하지 않았는데, 이제 '제국'이라는 말이 드디어 옷장 밖으로 나왔다."[45] 2003년 1월 5일 자 「뉴욕타임즈」 표지에는 "미 제국: 그것에 익숙해져라"라고 쓰였다. 로마

---

43 Max Boot, "The Case for American Empire," *Weekly Standard*, 2003년 8월 25일, 27.

44 참조. Deepak Lal, *In Praise of Empires: Globalization and Order* (New York: Macmillan, 2004); Niall Ferguson, *Colossus: The Price of America's Empire* (New York: Penguin, 2004).

45 Jim Wallis, "Dangerous Religion: George W. Bush's Theology of Empire," *Evangelicals and Empire: Christian Alternatives to the Political Status Quo*, ed. Bruce Ellis Benson, Peter Goodwin Heltzel (Grand Rapids: Brazos, 2008), 25.

제국과 미 제국이 이렇게 비유된다면, 고대 로마 제국의 맥락에서 쓰인 바울의 편지가 오늘날 우리의 상황에서 어떻게 들릴지 질문해봐야 할 것이다.

제국들이 권력을 중앙집권화하는 특성이 있다면, 20세기 말 유일하게 남은 초강대국을 제외하면 다른 어떤 곳에 세계사적 권력이 집중될 수 있겠는가? 물론 앞선 모든 제국처럼 미 제국은 혼란으로부터 질서를, 미개로부터 문명을, 폭력으로부터 문화를, 억압으로부터 자유를 보호하는 역사상 가장 자애로운 권력이라고 스스로를 소개한다. 이에 대해서는 하나님의 섭리라는 이유로 미국이 역사의 선봉에 서 있다. 조지 W. 부시 대통령은 다음과 같이 이 제국의 경건함을 표현했다. "자유의 신이 미국을 자유의 대리자로 임명하셨다. 우리나라는 특히 강대국들 사이에서 자국을 넘어 더 큰 이익을 추구한다. 이를 실천할 때 우리는 더 높은 권위를 대변하며 그 명령에 따라야 한다."[46] 미국이 역사에서 자유를 위해 부름 받은 하나님의 대리인이라는 생각은 정당과 상관없이 모든 대통령이 공유하던 미국인들의 깊은 확신이다.

앤드루 바세비치(Andrew Bacevich)는 "자유란 미국인들이 숭배하는 제단이다. 그들이 명시적으로 내세우는 종교가 무엇이든 말이다"라고 썼다. 계속해서 그는 "우리의 공개 담론에서, 자유는 말이나 가치보다는 마법의

---

46 Andrew J. Bacevich, *The Limits of Power: The End of American Exceptionalism* (New York: Holt, 2008), 75. 역사에 대한 같은 견해를 좀 덜 경건하고 더 세속적으로 표현한 것은 다음 책이다. Francis Fukuyama, "The End of History?," *National Interest*, Summer 1989, 3-18. 그 후속작은 다음 책이다. *The End of History and the Last Man* (New York: Free Press, 1992). Fukuyama의 역사관에 대한 비판은 다음 책을 참조하라. Brian J. Walsh, *Subversive Christianity: Imaging God in a Dangerous Time*, 2nd ed. (Eugene, OR: Wipf & Stock, 2014), chap. 3.

주문과 같아, 그 말을 언급하기만 해도 충분히 의심을 잠재우고 논쟁을 끝내게 한다"[47]고 했다. 하지만 이 자유는 정확히 무엇인가? 이 이데올로기 안에서 자유란, 다름 아닌 가능한 한 간섭을 받거나 책임을 지지 않으면서 소비적 식욕과 욕구를 만족시키는 것이다. 이 경제적 세계관 속에서 개인의 자유는 자유기업, 자유시장, 자유무역의 시스템 안에 반영된다. 미 제국은 전 세계에 그러한 자유주의를 수출하면서, 국내적으로는 그러한 자유를 보호하도록 요청받는다. 테러리스트의 공격 앞에서도, 국내의 소비주의는 외국의 "독재 세력들"과 싸우는 것과 같은 애국적 의무다.

지난 수십 년에 걸쳐 미국 정치 풍토의 발전이 시사하는 바는 이 자유에 대한 미국적 관념을 가장 강력히 지지하는 곳은 기독교 교회, 특히 보수 교회들이 상당 부분을 차지한다는 것이다. 웬델 베리(Wendell Berry)는 제국의 맥락에서 교회를 언급할 때 서슴지 않고 이렇게 말했다.

[교회]는 대부분 약탈 경제가 세계를 잠식하고, 자연의 아름다움과 건강을 파괴하고, 인류 공동체와 가정을 강탈하는 동안에 조용히 방관하고 있었다. 교회는 제국의 깃발을 날리며 제국의 구호를 따라 불렀다. 교회는 경제학자들과 함께 "경제적 힘"(요인, 영향력)은 자동적으로 선을 위한 것이라고 가정하고, 기업가와 군사 전략가들과 함께 기술이 역사를 결정한다고 가정했다. 거의 모든 사람과 함께 "진보"는 선하고 현대적이며 시대에 앞서가는 것이라는 주장을 따랐다. 교회는 가이사를 경배하며 그가 약탈하고 의무를 불이행할 때 위로했다. 하지만 교회는 가이사와 실질적 동맹관계를 맺으면서 사

47   Bacevich, *Limits of Power*, 5, 6.

실은 피조물의 살인에 직접적으로 가담한 것이다.[48]

교회가 퍼스트 네이션스 원주민의 가정과 땅을 강탈하는 데 협조했다는 것은 근대 교회가 제국과 공모했다는 비참한 현실과 맥을 같이한다. 베리는 이 특정한 제국의 구체적인 성격을 말하기 시작한다. 경제적·기술적 요인들로 결정되는 역사 속에서 "진보"의 이야기에 뿌리를 내리는 것이 제국이다. 이것은 인간사회에서 가장 취약한 사람들과 모든 경제의 가장 근간이 되는 바로 그 피조물을 먹이로 삼는 경제다. 베리는 이런 모든 일을 통해 교회가 가이사와 실질적 동맹을 맺었다고 한탄한다. 바울의 로마서에서 우리는 얼마나 멀어졌는가!

소위 말하는 발견과 정착 시대의 식민주의와 현대 식민주의가 깊이 연관성이 있긴 하지만, 우리가 사는 제국의 현실에 급격한 변화가 있었다는 점을 분명히 하는 것이 중요하다. 18세기에서 20세기 초에 식민주의는 유럽 국가들의 제국주의 열망에 이끌렸지만, 현재 우리는 기업 식민주의라는 새로운 형태에 돌입했다. 세계를 지리적으로 앞다투어 식민지로 나눠 갖는 대신, 지금 세상은 기업의 통제와 착취를 위해 문호를 개방하고 국가적 이해관계나 국경의 제한을 받지 않는다. 또다시 웬델 베리의 통찰력이 돋보인다. "세계 '자유시장'은 기업들에 자유롭다. 그것은 분명 옛 민족적 식민주의의 경계를 허물고 규제나 경계가 없는 새로운 식민주의 건설로 대체하고 있기 때문이다."[49]

---

48 Wendell Berry, "Christianity and the Survival of Creation," *Sex, Economy, Freedom and Community* (New York: Pantheon, 1993), 115.

49 Wendell Berry, "The Total Economy," *Citizenship Papers* (Washington, DC: Shoemaker & Hoard, 2003), 66.

다국적 기업으로 민족국가를 대체하는 것은 늘 식민주의 역학에 내재되어 있었다. 제국의 팽창은 시작부터 경제적으로 이루어졌던 것이기 때문에 자유기업 자본주의 논리, 즉 시장의 힘에 이끌리는 세계라는 논리가 어느 시점부터는 그것의 민족주의적 족쇄를 풀어버릴 수밖에 없었다. 이로써 기업 권력의 시대가 오고, 더불어 정치인들이 기업 이익의 하수인이 되어 수억 달러짜리 로비활동과 조작에 가담한다. "민주주의" 국가(언제나 모호하지만)가 "기업" 국가로 바뀌면서, 시민들은 권리를 박탈당하고, 삶의 형태나 사는 세상의 권력 역학과 관계없는 부정 선거에 참여하게 된다. 베리 와이즐리(Berry Wisely)는 이렇게 말한다. "정치적 자유란 전체주의 경제에서는 의미가 없다."[50] 이는 경제가 정치의 영역을 지배할 때 더욱 그렇다.

국제 자본주의라는 새로운 제국주의에서, 국가는 국제화의 과정을 보호하고 촉진하는 안전망 역할을 한다. 국가는 기업을 위해 공공 자원을 민영화하고, 기업이 이익을 낼 수 있도록 규제를 완화하고, 모든 무역 장벽을 허물어 민족국가들이 자국경제를 통제하지 못하게 만들고 법인세를 줄이도록 한다. 그리고 2008년 때처럼, 경제가 무너지기 시작하면 국가가 개입해서 부실 금융기관들과 거대 산업기업들을 퇴출한다.[51] 9·11 테러공격은 제국의 상징물과 역학을 잘 이해한 전략이었다. 세계무역센터(World Trade Center)와 그다음 미 국방성을 겨냥한 것은 미 제국의 경제/군사의 심장부를 파악했을 뿐 아니라 그 공격 순서까지 정확했다. 먼저 세계무역

---

50 Wendell Berry, "Sex, Economy, Freedom and Community," *Sex, Economy, Freedom and Community,* 129.
51 "세계화의 특징은 대중을 위해 하지 않을 것을 민간 분야를 위해 한다는 것이다." John Ralston Saul, *The Collapse of Globalism: And the Reinvention of the World* (Toronto: Penguin, 2009), 105.

센터이고 그다음이 국방성이었다. 먼저 제국의 중심, 즉 실세가 있는 세계 경제 질서의 중심으로 가고, 그다음 그 경제 질서를 보호하고 확장하는 군사체제의 중심을 공격하라.

리처드 보컴(Richard Bauckham)이 "우리 세상의 현실은 웅장한 이야기의 끝이 아니라 경제의 세계화 이야기가 점점 지배적이 되는 것이다"라고 썼을 때 이 모든 것을 잘 종합하고 있다. 이것이 "신제국주의다." 이곳에서 우리는 "자본주의 경제가 정치적으로 지배하는 모습"을 본다.[52]

세계 경제화의 이야기는 현대(와 포스트모던 시대)를 지배해온 진보의 신화에서 가장 최근 것인 동시에 가장 전염성이 강한 부분이다. 이것은 경제 성장을 역사를 이끄는 힘으로 보는 이야기다. 무한정한 경제 성장과 번영이 역사의 목적(telos)이고, 이것은 경제가 모든 형태의 사회정치적 통제로부터 자유로워질 때 실현된다. 그 말대로 하면, "시장"은 "보이지 않는 손"과 함께 가난을 근절할 만고불변의 경제를 통해 전례 없는 번영의 시대로 이끌어 평화의 시대로 인도하고 환경적으로도 지속 가능한 방법을 찾을 것이다.

이 이야기의 중심에는 이기적이고 자율적인 개인이 있다. "인간에게 알려진 가장 강력하고 창조적인 힘은 수백만 명의 개인이 자신의 이익을 증진시키고, 자신의 가치관에 따라 삶을 영위하려고 시도하는 것이다"[53]라고 이 사상의 유명한 주창자 중 한 명인 밀턴 프리드먼(Milton Friedman)이 말했다. 인생 전체가 상품이 되고, 시장이 모든 가치의 결정권을 가지

---

52 Richard Bauckham, *Bible and Mission: Christian Witness in a Postmodern World* (Grand Rapids: Baker Academic, 2003), 94. 『성경과 선교』(새물결플러스 역간, 2016).

53 Milton Friedman, *Capitalism and Freedom* (Chicago: University of Chicago Press, 1962), 200. 이것은 물론 "인간"이 지배하는 세상이다. 『자본주의와 자유』(청어람미디어 역간, 2007).

며, 개인의 이익과 탐욕과 욕심이 최상의 덕목으로 숭배된다면 공익, 사회적 책임, 절제, 도덕적 책임이라는 의식은 모두 사라지게 될 것이다. "회사의 책임자들이 주주들에게 가능한 많은 돈을 벌어주기 위한 것 외에 사회적 책임을 받아들이는 동향만큼 자유사회의 근본을 철저히 훼손할 수 있는 것은 없을 것이다"[54]라는 프리드먼의 주장이 놀라운 것도 아니다. 공동의 보살핌, 책임, 협력, 사랑이라는 개념이 인간은 끊임없는 긴장과 서로 간의 경쟁 속에서 살아간다는 역사관으로 대체되고 있다. 이것은 기본적으로 전쟁에 관한 이야기다. "자본주의는 인간관계를 투쟁과 갈등으로 정의한다. 공동의 목적과 공익이 부재할 때 개인은 현재 위협의 대상으로 간주되는 다른 개인으로부터 자신의 재산과 이익을 지키기 위해 힘쓴다."[55] 모든 사람이 경쟁에서 이기려고 한다.

그러한 전쟁, 그러한 경제적 폭력은 자본주의가 항상 말하던 이야기에 일관되게 나온다. 전쟁에는 승자와 패자가 있고, 세계 자본주의 제국에서는 이것이 누구인지가 분명하다. 제국을 통치하는 정치 선동가나 후원자라는 단일 지위는 없지만, 아주 극소수의 사람이 사실상 세계 부의 대다수를 통제한다.[56] 지구상의 가장 부유한 국가들 간의 거대한 불평등의 신동맹 시대가 시작되었다.[57]

---

54 Friedman, *Capitalism and Freedom,* 133.

55 Daniel M. Bell Jr., *The Economy of Desire: Christianity and Capitalism in a Postmodern World* (Grand Rapids: Baker Academic, 2012), 104. 『자본주의 경제의 구원』(CLC 역간, 2021).

56 Jeff Sparrow, "By Every Meaningful Measure, Today's Elites Are Gods. This Should Make Us Angry," *The Guardian,* January 21, 2016.

57 이것은 Thomas Piketty가 조심스럽게 문서로 기록했다. Thomas Piketty, *Capital in the Twenty-First Century,* trans. Arthur Goldhammer (Cambridge, MA: Belknap, 2014). 『21세기 자본』(글항아리 역간, 2014). Obery M. Hendricks Jr.는 미국의 경제 경험을 구체적으로 기술하면서, 부는 아래가 아닌 위로 흐른다고 주장한다. 그 증거로 미국의 레이건 정부 시기에 해당하는 1981년부터 1990년 사이 인구의 극빈층 20%는 수입이 12% 감소한 반면 상

경제적 세계화라는 후기 식민제국의 이야기가 "모든 경제성장은 인류에게 이롭고 성장을 이룰수록 혜택이 더 확산된다"[58]는 명백한 신념에 힘입은 시장의 자유로워진 힘(the liberated forces of the Market)이 만들어낸 유토피아적 역사 이야기라면, 이 세계관의 실천(praxis)은 분명하다. 인류 역사의 목적을 무한정한 경제 성장에서 찾는다면, 삶은 가장 싼값에 생산된 상품을 끝없이 소비하는 것으로 이루어질 것이다. 만족할 줄 모르는 경제생활은 누구도 충분히 많이 가졌다고 느끼지 못하게 만든다. 인간의 삶이 소비로 전락하고 "경쟁이 인간관계를 규정하는 특징이 되면"[59] 일상은 더 앞서고 회사에서 상위 지위로 승진하고, 최신 기술을 구매하고, 우리가 속한 경제 전쟁에서 승리하기 위한 투쟁이 된다.

이미 명시했듯이 전쟁에는 승자와 패자가 있다. 제국의 실천(praxis)은 항상 불평등의 실천이다. 게다가 **더 많이**를 요구하는 경제 생활방식은 언제나 저렴한 자원의 무한한 공급에 의존하는 추출 경제(extractive economy)를 요구하게 된다. 이 세계관에서는 또 다른 피조물들과도 전쟁을 하게 된다. 웬델 베리는 시장의 호전적 성격을 언급하면서, 국제 자본주의는 전체를 지배하고 통제하는 힘이어서 "세상의 어떤 장소나 지역도 일련의 약탈로부터 스스로 안전하다고 생각할 수 없다"[60]고 말한다. 독

위 1%는 수입이 136% 증가했다고 지적한다. Obery M. Hendricks Jr., *The Universe Bends toward Justice: Radical Reflections on the Bible, the Church, and the Body Politics* (Maryknoll, NY: Orbis, 2011), 157. 제국들은 공식적으로는 평등과 자유를 내세우면서도 늘 지도층과 귀족층이 있었다. "미국의 1% 부자가 하위 95%의 사람들이 소유한 것보다 더 많이 소유하고 있다. 이것은 귀족주의다"라고 Hendricks는 주장한다.

58   John Perkins, *Confessions of an Economic Hit Man* (New York: Penguin Putnam, 2006), xiv. 『경제 저격수의 고백』(민음인 역간, 2005).

59   Georgy Monbiot, "Neoliberalism: The Ideology at the Root of All Our Problems," *The Guardian*, April 15, 2016.

60   Wendell Berry, "The Failure of War," *Citizenship Papers*, 27.

성 오염, 토지 황폐화, 토양 부식, 생물의 다양성 상실, 생물권(biosphere)에 대한 공격, 이 모든 것이 경제적 폭력을 나타낸다. 나오미 클라인(Naomi Klein)은 "우리 경제체제와 태양계는 현재 전쟁 중이다"[61]라고 말한다. 그리고 전쟁에는 희생자가 있다. 환경이 이런 흥정을 당해야 한다면, 당연히 환경이 희생제물이 된다. 우리 사회는 소모적이어서, 땅과 바다와 대기가 우리의 산업 쓰레기와 생활 쓰레기로 채워지는 것은 이상한 일이 아니다. 지구는 이 이야기에서 패자다. 지구가 인간의 소비를 위해 얼마만큼 풍요를 제공하느냐가 이 이야기의 완성 정도다. 소비주의의 결코 만족을 모르는 실천(praxis)은 낭비와 자연환경의 파괴를 실천하는 것이다.

생태계 파괴로 인해 우리 자녀와 손자, 손녀들은 경제라는 우상의 손에 던져지고 있다. 지구를 희생시키면 우리 다음 세대가 희생된다. 하지만 경쟁적 소비자가 된 인간에게 다른 무엇을 기대할 수 있겠는가? 다음 세대는 또 하나의 경쟁자가 되어, 현재 우리가 가진 번영을 누릴 자격을 빼앗을 것이다. 솔직히 말하겠다. 이것은 바로 어린이를 희생제물로 바치는 실천방식(praxis)이다.

하지만 지금 뭔가 다른 일이 일어나고 있다. 끝없이 발전하는 경제성장이라는 이야기는 속도와 이동성을 중시하는 생활방식을 낳는다. 경제가 속도를 내면, 사회와 우리도 속도를 낸다. 이 속도의 역동성이 역사의 맥박이라면, 너무 느리게 있던 자리에 머물며 특정 장소에 헌신하기로 결정한 사람들, 또 "충분히" 또는 "너무 많이" 가져서 "더 많이"의 경주에 참여하지 않기로 결정한 사람들은 뒤처져 역사의 고물이 되고 만다. 이동성

---

61   Naomi Klein, *This Changes Everything: Capitalism versus the Climate* (Toronto: Knopf Canada, 2014), 21.

과 속도로 가속화된 생활은 세계 자본주의의 필요 요건이다. "생산은 기동성 있고 일시적인 노동력을 필요로 하는데, 이것은 임금을 낮추고 노동자들이 서로 등을 돌리게 하며 노동 연대를 와해시킨다. 자본은 장소와 상관없이 초고속으로 재생산이 가능한 곳이라면 어디서든 투자와 회수, 재투자가 자유로워야 한다."[62] 이 세계관에 의하면, 노동과 자본은 장소나 지역사회에 충실할 필요가 없다. 또한 이동성의 실천방식은 집 없음(실향)의 실천방식이다. 폴 바히텔(Paul Wachtel)의 사회심리학을 다룬 단행본인『풍요 속의 빈곤』에서 "성장과 생산에 대해 지금 우리가 느끼는 스트레스는 근원을 잃어버린 것과 깊은 관계가 있다. 공동체의 안전한 울타리를 빼앗기고 나서 외로움과 취약성을 직면하게 되었을 때 우리는 소유를 통해 그 취약함을 상쇄하려고 했다."[63] 소비주의와 뿌리 없음(rootlessness)은 함께 간다. 데이비드 오어(David Orr)가 이에 동의하며 "어쩌면 우리는 괴로움과 지루함을 충동적 소비로 대체하며 한때는 고향이라 부르던 그 황폐한 곳에서 우리가 망명자이자 이방인이라는 사실에 반응한다"[64]라고 했다.

만일 우리의 제국적 세계관이 경제성장이 역사를 주도하는 이야기이고 그런 이야기가 만들어낸 삶의 실천과 방식이 충동적인 소비, 낭비와 파괴, 아동희생, 이동성, 집 없음이라면, 일상에서 이 이야기를 암호화한 상징물을 알아내기 위해 그리 멀리 바라볼 필요가 없다. 자동차는 그 자체

---

62 Bouma-Prediger, Walsh, *Beyond Homelessness*, 258. James Howard Kunstler, *The Geography of Nowhere: The Rise and Decline of America's Man-Made Landscape* (New York: Simon & Schuster, 1993); William Leach, *Country of Exiles: The Destruction of Place in American Life* (New York: Vintage, 1999).

63 Paul Wachtel, *The Poverty of Affluence: A Psychological Portrait of the American Way of Life* (New York: Free Press, 1983), 65.

64 David Orr, *The Nature of Design: Ecology, Culture, and Human Intention* (Oxford: Oxford University Press, 2002), 175.

로 단지 교통수단 이상의 기능을 한다. 그것은 대량 생산, 소비, 이동성의 문화를 한눈에 보여주는 상징이다. 자율적인 개인의 기술적 상징으로 자동차보다도 더 좋은 것이 있겠는가?[65] 신용카드, 휴대폰(늘 하는 자기애의 표현인 셀카), 쇼핑몰(대면 할인매장보다 온라인 매장)은 제국적 맥락에서 상징적 의미를 갖는다. 익명성과 효율성이라는 면에서 선호되는 드론은 암살의 도구일 뿐 아니라 이 세계관의 상징이지 않을까?[66] 제국의 먼 지역에서 온 과일과 채소로 넘치던 고대 로마의 풍요가 상징적 힘을 가졌던 것처럼, 계절에 상관없이 세계 여러 곳에서 온 과일과 채소로 넘치는 지역 식료품 체인점의 농산물 코너는 세계 소비주의 세계관의 상징이 아닐까?

우리가 제국적 맥락에서 식별해낸 이런 이야기, 이런 상징물들, 이런 실천 방식으로 볼 때 세계 소비주의의 관점에서 다섯 가지 세계관 질문에 어떻게 답할 수 있을까? 우리의 제국적 상황에서 제국이 내놓는 세계관에 관한 대답을 어떻게 분별해낼까?

우리는 어디에 있는가? 우리는 모든 것(생명의 형태, DNA, 인체, 자원, 환경, 상품, 추상적 금융 상품, 문화, 이미지)에 값을 매기는 세상에 살고 있다. 이 세상의 모든 가치는 시장(Market)의 전능하고 자애로운 뜻에 따라 결정된다. 이 세상은 유한하지만, 그럼에도 무한한 경제 성장을 지속할 수 있다. 세상은 인간의 생산 자원으로, 지배의 영역으로, 인간의 쓰레기의 수령자로서 스스로를 제시한다. 세상은 인간 연구의 대상이고 인간의 번영을 위해

---

65 자동차를 통해 개인의 이동성에 대한 자주권을 얻었다면, 논리적으로 그다음 단계는 자동차를 다루는 개인이 얻게 된 자주권을 자동차가 갖게 될 것이다. 운전자가 없는(무인) 자동차가 나오는 것은 자동차의 자주권이라 할 수 있다.

66 물론 개인 정보를 수집하고 그것을 기업에 파는 인터넷의 영향을 고려한다면, 어떤 거래도 사실 익명으로 이루어지지 않는다. 역설적이게도 "익명"의 온라인 활동이 역사상 가장 낮은 수준의 사생활 보호를 야기했다.

맞춰지고, 건설되고, 운용되고 착취된다.

우리는 누구인가? 우리는 **호모 오토노머스**(*Homo autonomous*)로서 영웅적 개인들이고, 자유와 해방의 피조물이다. 우리는 **호모 이코노미쿠스**(*Homo economicus*)로서 경제적 번영과 능력의 확장 속에서 가장 완전한 자유를 느낀다. 또한 자신의 이익을 추구하며, 만족할 줄 모르는 욕망의 피조물이다. 한때는 악으로 여겨지던 탐욕과 욕심이 이제는 인간의 구성 요건으로 인식된다. 우리는 자유와 번영과 평화라는 다가올 유토피아의 시대를 소망하는 사람들이다. 장소에 구애받고 싶어 하지 않고, 경제의 속도를 받아들이고, 장소에 관심을 두지 않는 이동하는 사람들이다. 우리는 번영의 길에 선 순례자이고, 가장 경제적으로 적합한 때에 주저하지 않고 집을 팔아버릴 사람들이다.

무엇이 문제인가? 인간의 자유, 경제성장, 시장의 자유원리를 완전히 깨닫지 못하게 하는 것은 무엇이든 문제다. 우리의 세계관과 문화 이야기를 부정하는 테러 집단, 자유롭고 제한 없는 경제 성장을 규제하는 정부의 규정, 부자들에게 세금을 거두어 가난한 사람들에게 비정상적으로 재분배하는 과세제도, 자연의 필요가 경제나 경기위축보다 중요하다고 생각하는 환경운동가들, 이 모두가 역사의 전개와 소비사회의 유토피아적 환상에 치명적인 위협을 준다.

해결책은 무엇인가? 경제 성장을 방해하고, 자유로운 역사 전개를 통제하고, 시장의 자유를 제한하고 번영의 권리를 빼앗고, 소비적인 생활방식을 위협하는 모든 것을 근절해야 한다. 공공 분야를 민영화하고, 국제무역관계와 경제기관들의 규제를 완화하고, 기업의 세금을 줄이고 환경

기준을 경제성장의 요구에 따르게 해야 한다.[67] 그래서 우리의 경제적 자유를 위협하는 모든 자에 맞서 끝없는 전쟁을 시작해야 할 때다.

만일 이것이 세계 자본주의 제국이 첫 네 가지의 세계관 질문에 대답하는 정당한 설명이라면, 다섯 번째 질문, 즉 시기를 분별하는 질문에는 어떻게 답할까?

지금은 어떤 때인가? 앞에서 본 것처럼 어떤 이들은 지금이 역사가 미국에 맡긴 책임을 감당해야 할 시간이라고 주장할지도 모른다. 지금은 미합중국이 우리를 괴롭히는 문제들을 해결하기 위해 군사경제적 리더십을 발휘함으로써 자유의 요청에 응해야 할 때다. 우리가 따라온 식민주의가 기업 국가로 대체되었다는 것을 알기에, 세계자본주의의 보편적 사명을 위해 그 나라가 해야 할 일이 많다. 그렇다면 지금은 어떤 때인가? 미 제국이 일어날 때다.

그러나 어떤 이들은 확신하지 못한다. 수백만 명의 미국 시민들(부유한 서구 국가들에서도 이와 비슷한 숫자로)은 자신들의 생활을 간섭하는 국가에 대해 분노를 느끼고, 그들을 뒤처지게 만든 것으로 보이는 회사의 엘리트들에 대해 분노하며 깊은 절망에 빠져 있다. 실업, 저고용, 높은 부채, 전반적인 경제 위축들로 인해 많은 미국 시민들이 미국의 중심 가치인 자유가 희생되었다고 느끼는 것도 이해할 만하다. 만일 자유가 미국인들의 생활방식과 아메리칸 드림을 실현할 수 있는 권리라면, 그 꿈이 악몽이고 그 생활방식이 저당 잡힌 것 같이 느껴질 때 당연히 분노할 수밖에 없다. 그렇다면 이 많은 사람에게는 지금이 어떤 때인가? 미국이 다시 위대해질 때이고, 다른 나라의 문제보다는 자국의 문제를 돌볼 때다. 미국을 다시

---

67   참조. Klein, *This Changes Everything*, 19.

움직이게 할 때다. 요약하면 워싱턴의 부패한 정치조직 밖에 있는 강한 지도자가 나와서 미국의 자유 비전에 불을 붙일 때다.[68]

이 두 가지 선택을 지지하는 자들은 각자의 방식으로 자유와 번영의 이야기를 궤도에 돌려놓을 때라고 믿는다. 경제적 번영이라는 비전이 많은 도전을 받겠지만, 제국은 스스로 해낼 수 있다. 하지만 어떤 이들은 이 이야기는 이제 갈 때까지 갔고, 제국은 몰락하고 있으며, 이제 파산한 세계관을 버려야 할 때라고 생각한다.

크리스 헤지스(Chris Hedges)는 이러한 몰락을 예언한 사람이다. 버락 오바마 대통령의 첫 취임사가 행해졌던 그 주간에, 헤지스는 그 순간의 낙관론을 이렇게 깨트렸다. "미국 역사에서 그 어떤 시대도 민주주의가 이렇게 위험에 처한 적이 없었고 전체주의의 가능성이 현실이 된 적이 없었다. 우리의 생활방식은 이제 끝났다. 방탕한 소비는 끝났다. 우리 아이들은 우리가 누리던 생활수준을 결코 회복하지 못할 것이다. 빈곤과 절망이 전염병처럼 휩쓸 것이고…우리의 제국은 죽어가고 있다. 경제가 붕괴되고 있다."[69] 2년 후, 2016년 공화당의 대통령 후보 지명대회에서 우리가 목격한 문화적 분출을 거의 예언한 듯 보였다. "정치적 통일체(body politic)의 혈관을 타고 흐르는 급증하는 분노와 증오는 폭력과 이에 대항하는 폭력을 불가피하게 만들었다. 마음 단단히 먹어라. 미 제국은 끝났다. 그 추

---

68 주의 깊은 독자라면 2016년 대통령 선거에서 공화당 후보 도널드 트럼프가 영향력을 행사하며 이어 선거에서 승리하는 동안 우리가 이렇게 했다는 것을 알 것이다. 그렇게 많은 고통을 겪은 미국인들이 이 경제 지도자를 자신들의 희망으로 삼고자 한다는 것은 참 아이러니하다. 도널드 트럼프의 당선은 기업 국가라는 역전된 전체주의 구조 안에서 고전적인 전체주의의 선동성을 허용하는 것 아니냐는 두려움도 주었다. 트럼프 대통령 임기 첫해를 분석해보면 이런 예견이 정확했다는 것을 알 수 있다.

69 Chris Hedges, *The World as It Is: Dispatches on the Myth of Human Progress* (New York: Nation Books, 2013), 2.

락은 끔찍할 것이다."[70] 제국이 자기 탐닉과 방탕한 소비와 함께 끝나게 된다면 우리는 무엇을 해야 할까? 제국은 자신의 정치, 경제, 군사적 몰락에 어떤 반응을 보일까? "자기기만의 곡조에 맞춰 자국의 위대함과 덕과 권력에 대한 터무니없는 모토를 외치고 모닥불 주위를 돌며 계속 춤을 출지도 모른다. 아니면 우리를 삼켜버린 고통스러운 현실을 직면할지도 모른다"라고 헤지스는 말했다. 이런 쇠퇴를 역전시키기 위해 할 수 있는 일은 없지만, "우리가 자기기만을 벗어버린다면" "우리와 다른 나라들에게도 피해를 최소화하면서 무너져 가는 제국과 국가 안보 상태를 해체할 수 있을 것이다."[71] 제국의 역사적 관점에서 볼 때 이것은 가능성이 희박해 보인다. 어떤 중대한 문화적·경제적·정치적 변화가 일어나기 전에는 상황이 더 악화할 것이다. 그렇다면 지금은 어느 때인가? 문화적 쇠퇴의 때이고 모든 위협과 취약점과 불안정이 그 뒤를 따르는 때다.

나오미 클라인(Naomi Klein)은 헤지스의 몰락 예언과 제국 해체의 주장에 동조한다. 기후 변화의 위기에 직면하여 클라인은 설득력 있는 주장을 하는데, 태양계의 생태학적 규칙이 경제 이야기나 규제 없는 경제 팽창의 실천방식과 대립할 때는 무조건 새로운 세계관이 필요한 때라고 했다. 기후 변화라는 현실이 우리가 살아가고 이동하며 생존하는 제국적 세계관을 산산이 무너뜨릴 때, 냉전 시대 동안에[72] 우리가 봤던 이념적 갈등보

---

70 Hedges, *World as It Is*, 81.

71 Hedges, *World as It Is*, 267.

72 소비에트 공산주의와 자유 민주주의는 세상을 가치가 경제 교류로 결정되는 지배 영역이라고 본다는 점에서 같은 시각을 갖고 있었다. 그래서 두 체제 모두 환경을 파괴하는 추출주의(extractivist) 경제학에 기반을 두고 있다. 이들이 서로 다른 것은 경제 성장을 관리하는 방법과 누가 생산의 수단을 소유했는가에 대한 것이다. Klein이 상상하는 세계관 이동은 이보다 훨씬 급진적이고, 인간과 자연 사이의 관계의 핵심으로 들어간다.

다 훨씬 급격한 세계관의 전투가 시작될 것이다. 경기 팽창을 위해 수동적 세계를 지배하려는 인류의 신화는 타도되어야 하고, "우리를 실패하게 한 것들을 대체할"[73] 새로운 이야기가 필요할 것이다. 클라인은 말한다. "근본적으로 우리가 해야 할 일은 대안적인 정책들을 수립하는 것뿐 아니라 생태위기의 핵심에 있는 옛 세계관을 대체할 대안적인 세계관(초개인주의보다는 상호의존, 지배보다는 상호협력, 위계질서보다는 협력을 말하는)을 찾는 것이다."[74] 그렇다면 지금은 어떤 때인가? 무너진 세계관 아래에서 괴로워하는, 처참히 상처 입은 세계에서 지속 가능하고 재생 가능한 새로운 세계관과 새로운 이야기가 새 상징물 및 실천과 함께 필요한 때다.

제국, 무너진 세계관 그리고 로마서

깨어진 가정, 지켜지지 않은 언약, 파기된 조약, 무너진 세계관. 이 모든 것 중에서 이리스의 깨어진 삶은 디아스포라 유대인들과 토착 원주민들과 세계소비주의라는 후기 현대 문화의 경험과 비슷하다. 이리스처럼 우리도 모두 집이 없다. 자신의 아이들을 빼앗긴 여종처럼, 약속받은 땅을 빼앗긴 유대인처럼, 가족과 그들의 땅에 있던 집을 빼앗긴 퍼스트 네이션스 원주민 아이들처럼, 어느 곳에도 정착하지 못하고 집에 대한 깊은 생각 없이 이동성과 소비에만 전념하는 모든 뿌리 없는 문화는 같은 결과를 얻는다.

---

73 Klein, *This Changes Everything*, 461.
74 Klein, *This Changes Everything*, 462.

제국들은 언제나 집이라는 언어로 자신을 포장한다. 황제는 조국의 아버지(*Pater Patriae*)다. 가이사가 아버지인 제국이라는 가정 안에서 모두가 집과 가정을 찾아야 한다. 근대 식민주의에서 토착 원주민들은 아이처럼 여겨졌고, 머나먼 땅에 있는 주권자 아버지에게 순종해야 했으며, 국가의 피부양자로 전락했다. 그들은 교양 교육 프로그램으로 이야기를 배워야 했고, 관습에 적응하고 상징물로부터 영향을 받아 새로운 가족과 새로운 가정의 세계관을 수용해야 했다. 그리고 테러 세력들이 세계 자본주의의 상징 한복판을 공격해서 미 제국을 위협하자 그 결과는 당연히 "국토 보안법"과 "테러와의 전쟁"이었다. 그 많은 국민이 집을 잃었는데도, 제국들은 언제나 집을 이야기했다.

그래서 이제 우리는 바울의 로마서로 돌아가려고 한다. 로마서가 제국의 중심에 사는 그리스도인들에게 보낸 편지라면, 이 편지는 이리스와 네레오의 삶 속에서 발견한 집 없음(실향)에 대해 말하지 않을까? 만일 바울이 그들의 집 없음을 다룬다면, 이 편지는 우리 시대의 집 없는 자들에게 귀에 꽂히는 말로 들리지 않을까? 바울이 이 편지를 처음 받은 사람들에게 제국적 현실에서 급진적 대안을 제시했다면, 우리에게도 반제국적 언어로 들리지 않을까? 제국의 깨어진 세계관의 핵심에 어떤 방식으로든 집 없음이 있어서 제국의 이야기와 실천과 상징들이 모든 제국적 담론의 일부인 고국 수사법(homeland rhetoric)과 함께 강탈을 위한 위장이라면, 바울의 로마서는 제국과 그것의 몰락 앞에서 체제를 바꾸는 상징과 해방의 실천뿐 아니라 대안적 이야기를 제공하지 않을까? 이제 이 질문들로 돌아가야겠다.

4장

로마에서
집 없는 사람들

귀향, 제국 그리고 로마서

이리스와 네레오는 로마에서 집이 없는 사람들이었다. 황제가 그들의 아버지가 될 수 없었고, 제국은 그들의 고국이 아니었다. 사실 그들을 제국의 수도에서 집 없는 자들이 되게 한 것은 바로 제국이었다. 그들의 대부분의 대화가 어떠했을까 상상해보면 많은 대화가 예수 안에서 (노예나 유대인으로서) 함께 (노예 상태나 유배 중에) 집에 있다는 것이 무슨 의미인지에 대한 질문이었을 것이다. 우리 친구 이기도 집이 없었다. 사랑하는 공동체가 있었고 때로는 머물 곳이 있기도 했지만, 주로 거리에서 지냈던 이기 역시 집이 없는 이유는 제국 때문이었다. 그래서 우리가 기숙학교와 문화 학살과 식민주의가 토착 원주민들에게서 그들의 고향을 빼앗은 방법에 대해 이야기했던 것이다. 또한 세계 자본주의 이야기, 세계관, 상징물, 실천방식을 특징으로 하는 기업 식민주의의 중심에는 지역 가구의 파괴와 같은 것이 있다고 주장했던 것이다. 현대의 집을 빼앗는 식민주의자들은 너무도 많은 면에서 그들 자신이 제국에서 집 없는 자들이 되었다.

그래서 우리는 궁금해지기 시작했다. 제국이 집을 없게 만드는 힘인데도 진정한 "고국"이라는 자기의식을 갖고 있고, 바울의 로마서는 분명한 의도를 가지고 제국의 중심에 있는 사람들에게 쓰인 것이라면, 이 편지에는 집, 집 없음, 귀향이라는 주제가 전체적으로 녹아 있지 않을까? 만약 그렇다면 그것이 21세기에 우리가 직면하는 다양한 형태의 집 없음과 관련하여 이 편지를 해석하는 렌즈가 되지 않을까?

우리의 명제는 간단하다. 너무도 간단하다. 하지만 오랫동안 수많은 사람이 알지 못했던 이 편지의 진정한 의미를 알아내는 데 도움이 될 것이다. 이 편지는 그간 교회가 분열되는 것을 정당화하는 데 이용되어왔다.

이 편지를 어떻게 해석하느냐가 성경적 "정통"을 가르는 기준이 되어 누가 안에 있고 누가 밖에 있는지를 구별했다. 또 이 편지는 신학적 폭력을 가하는 무기로 사용되어왔다. 이것이 잘못되었다는 것을 우리는 안다. 로마서는 무장해제 되어야 할 필요가 있다. 가르고 상처 주기보다 모으고 치유하는 방식으로 이 편지를 새롭게 들을 필요가 있다. 다소 거창한 주장과 복잡한 논쟁을 명료하고 간단한 이야기로 바꾸도록 이 편지를 새로운 각도에서 읽어야 한다. 그래서 우리의 논지가 발전하기 시작했다.

유대인들이 로마에서 추방되었다가 다시 돌아온 상황이기에, 바울이 그 제국의 한복판에 있는 그리스도인 공동체에게 보낸 편지는 기본적으로 가정에 대한 것이다. 유대인들이 제국에서 가정이라는 울타리를 누릴 자격이 없는 수치스러운 민족으로 끊임없이 간주된다면, 그리스도인 유대인들과 이방인들이 섞여 있는 공동체가 어떻게 함께 가정을 만들어 갈 수 있을까? 상인들과 고용된 사람들, 교육받은 자와 문맹자, 자유인과 노예, 남자와 여자가 함께 있는 공동체가 어떻게 메시아 예수 안에서 가정을 찾을 수 있을까? 기본적으로 예수의 이야기로 형성된 공동체에서 귀향(homecoming)은 어떤 모습일까? 예수 이야기의 맥락에서 그 공동체는 어떻게 이스라엘의 이야기를 수용할까? 이러한 질문들이 로마서의 핵심이다. 공의와 의로움, "예수 그리스도에 대한 믿음", 바울 신학에서 이스라엘의 지위 같은 더 전통적인 신학적 주제들은 이제 막 시작된 다양한 인종적·종교적·사회적·경제적 배경을 가진 공동체가 어떻게 집을 이루고 집으로 받아들여지는지를 말하는 더 큰 맥락에서 보아야 도움이 된다.

이것이 우리의 논지다. 아니면 역사적 관찰을 근거로 한 우리의 "육감"이라고 말하는 것이 나을지도 모르겠다. 바울의 편지를 문맥에 따라 읽는다면(이것 말고 다른 방법이 있겠는가?) 우리가 제안하는 읽기 방식이 역사적으로 훌륭한 주장임을 알게 될 것이다.

하지만 문맥을 따라 읽는 것은 단순히 고대 문서의 지정학적·상징적·문화적 상황에 주의를 기울이는 것만은 아니다. 그것은 또한 우리 자신의 지정학적·상징적·문화적 상황 속에서 성경을 읽는 것이다(그 문맥을 우리가 인정하든 아니든 상관없이).

강제 추방, 경제적 이주, 소수 공동체에 대한 억압, 그리고 장소와 시민권에 대한 거부는 1세기만큼 현재에도 흔하게 일어난다. 엘리 위슬(Elie Wiesel)은 "그렇게 많은 사람이 집에서 쫓겨난 적이 없었다"[1]라고 썼다. 이스라엘/팔레스타인 분단이라는 다른 편으로 가 봐도 비슷한 장면을 보게 된다. 에드워드는 이렇게 말했다. "현대의 전쟁과 제국주의와 전체주의 통치자들의 유사 신학적 야망들이 존재하는 우리 시대는…실로 난민의 시대, 거처를 잃은 사람들의 시대, 대규모 이주의 시대다."[2] 제국이 1세기에 가정을 세우지 못하게 했던 것처럼, 우리 시대의 세계 자본주의도 같은 일을 하고 있다.

우리는 유랑(displacement) 문화 속에 살고 있다. 가장 산업화된 나라들에서 사회경제적 노숙자들(혹은 집 없는 사람들)의 수가 놀랍게 증가하고 있을 뿐 아니라, 좋은 집에 사는 사람들도 집을 잃을 거라는 생각을 점점 더 많이 하고 있는 것을 보게 된다. 부마-프레디거(Bouma-Prediger)와 왈쉬(Walsh)는 『노숙자를 넘어』(Beyond Homeless)에서 이렇게 말한다. "사다리를 타고 위로 올라가듯 장소를 출세 지향의 표시로 보는 사람이든, 어떤 장소

---

1   Elie Wiesel, "Longing for Home," *The Longing for home*, ed. Leroy S. Rouner (Notre Dame, IN: University of Notre Dame Press, 1996), 19.
2   Edward Said, "Reflections on Exile," *Out There: Marginalization and Contemporary Cultures*, ed. R. Ferguson, M. Gever, Trinh T. Minh-ha, Cornel West (Cambridge, MA: MIT Press, 1990), 357.

나 어떤 전통에 뿌리내리지 않고 떠도는 포스트모던 유랑민이든, 자기가 어디에 사는지 자기가 먹는 음식이 어디서 오는지 전혀 모르는 평범한 소비자든 현실은 같다. 우리는 유랑(displacement) 문화에 살고 있다."[3] 하지만 그것이 이 세상에 퍼져 있는 단순히 떠도는(displacement) 느낌은 아니다. 이 책을 쓸 때 우리 세계는 제2차 세계대전 이래 전쟁으로 가장 많은 사람이 이주하는 모습을 목격했다. 난민들이 시리아와 아프리카로부터 유럽으로 쏟아져 나왔다. 해안가에 죽어 있는 아이들과, 넘쳐나는 난민들로 몸살을 앓는 난민 캠프와, 지중해에서 전복된 보트들은 유럽 국가들뿐만 아니라 캐나다와 미국의 정치 담론의 주제가 되었다.

이 모든 이동, 이 모든 실향은 제국의 산물이다. "공동의 선"에 헌신하려는 생각이 조금도 없는 세계 자본주의 제국은 가장 가난한 이웃들을 위한 "주거의 권리"를 생각조차 하지 못한다. 이런 삶의 비전은 장소의 중요성을 진지하게 받아들일 수 없는데, "상업적 기대와 상품으로 이루어진 이 뿌리도 없고 장소도 없는 단일 작물 재배"[4]는 "현대 세계의 권력과 부라는 관점에 따라 늘 어느 곳이든 파괴할 준비가 되어 있어야 하기 때문이다."[5] 누구의 집도 안전하지 않다. 모든 것이 권력과 부의 조건에 달려 있다. 모든 공동체, 모든 민족, 모든 거주지가 이 시대의 신들에게 제물로 바쳐질 수 있다. 그래서 지정학적·사회경제적·문화적·생태학적·영적으로 집이 없는 상태가 되면 "집 없는 두려움"이 우리 문화로 침투해 들어온

---

3   Steven Bouma-Prediger Brian J. Walsh, *Beyond Homelessness: Christian Faith in a Culture of Displacement* (Grand Rapids: Eerdmans, 2008), xii.

4   Wendell Berry, *Sex, Economy, Freedom and Community* (New York: Pantheon Books, 1993), 151.

5   Berry, *Sex, Economy, Freedom and Community*, 22.

다.[6] 최근 난민이 급증하면서, 그 두려움이 살기 위해 도망쳐야 하는 실제적인 악몽으로 바뀌었다. 가장 부유한 도시의 거리를 떠도는 수많은 노숙자에게는 집이 없는 현실이 두려움에서 무감각으로 바뀌었다.

성경 본문을 읽으려면 이중의 분별력이 필요하다. 문서의 역사적 상황과 독자층의 상황을 모두 알아야 한다. 로마서의 문맥이 집과 집 없음이 맞고, 우리의 유랑 문화 속에서 집 없음을 식별해냈다면, 이것이 성경이라는 고대 문서를 읽는 대안이 되지 않을까? 우리가 로마서를 이런 식으로만 읽어야 한다고 말하는 것은 아니다. 집과 집 없음이라는 주제가 로마서를 푸는 **유일한** 해석학적 열쇠라고 말하는 것도 아니다. 우리는 좀 더 겸손하게 로마서를 이런 특정한 주제로 읽게 되면 이 편지가 쓰인 고대적 맥락과 이 편지를 읽는 우리의 맥락에 대해 귀중한 해석을 할 수 있을 것이라고 제안한다. 모든 성경 해석이 그렇듯이 그 본문의 뜻을 충실하게 알려주고 그것을 읽는 공동체가 더 신실한 제자의 삶을 살도록 도와주는 성경 읽기가 되어야 한다.[7] 그러나 먼저 읽기 전에 성경의 문맥을 간단히 살펴볼 필요가 있다.

---

6 John Della Costa, "Outsourcing, Downsizing, Mergers and Cutbacks: Folks Are Living with a Creeping Sense of Homelessness," *Catholic New Times*, May 3, 1998, 10.

7 또는 Richard B. Hays가 쓴 것처럼, "성경 읽기가 독자들을 그리스도로 말미암아 보여주신 하나님의 사랑을 구현하는 공동체로 이끌지 못한다면 정당화될 수 없다." 게다가 "진정한 성경 해석은 우리를 사랑하시어 자신을 내어주신 하나님 아들의 순종을 재현하는 일을 소명으로 하는 공동체 안에서 우리의 삶을 제한 없이 내어주도록 이끈다." Richard B. Hays, *Echoes of Scripture in the Letters of Paul* (New Haven: Yale University Press, 1989), 191.

제국에 맞서 성경적 가정 세우기

본향에 대한 그리움은 언제나 성경적 믿음의 중심이었다. 이것은 언제나 꿈이었고 소망이었다. 언약과 평안과 땅과 상속이라는 성경적 주제들을 합하면, 모두 본향(home)으로 귀결된다. 우리는 본향을 위해 창조되었다. 죄는 본향을 파괴하는 행위이고, 모든 성경적 믿음의 열망과 소망은 본향으로 돌아오는 것이다. 창조와 타락과 구속이라는 전통적 세 가지 주제는 본향과 실향, 귀향이라는 세 가지 주제로 깊어지고 설명된다.

아브라함과 조상들에게 주신 약속은 본향에 대한 것이었다. 이것은 애굽의 노예들과 바빌로니아의 포로들에게 하신 약속이었다. 그리고 이것은 언제나 제국의 그늘 아래서 주어진 약속이었다.[8] 아브라함이 제국을 넘어 본향에 대한 비전을 받은 것은 바벨의 제국적 계획이 수포로 돌아간 때였다. 이집트의 속박을 넘어 본향에 대한 약속이 새로워진 것은 제국의 노예로 집을 잃은 상태에 있을 때였다. 야웨 하나님이 그의 백성과 가정을 이룬 후 집을 세우는 원칙으로서 토라를 주신 곳은 광야, 즉 사람이 살 수 없고 집이 될 수 없는 곳이었다. 그리고 그 백성이 스스로 가정을 파괴하고 가정을 잃은 유배자가 되었을 때 그 약속은 다시 한번 갱신되었다. 예언자 이사야는 "눈을 들어 사방을 보라"고 외쳤다. 눈을 들어 보라. "무리가 다 모여 네게로 오리라. 네 아들들은 먼 곳에서 오겠고 네 딸들은 안기어 올 것이라"(사 60:4). 형제자매들이 본향으로 돌아온다.

본향에 대한 열망은 꺼트릴 수 없다. 브루스 콕번(Bruce Cockburn)의

---

8   참조. Walter Brueggemann, "Always in the Shadow of Empire," *Texts That Linger, Words That Explode: Listening to Prophetic Voices,* ed. Patrick Miller (Minneapolis: Fortress, 2000), 73-87.

190

노래처럼, "백만 명의 집 잃은 사람들을 진압하려면 비장의 무기 그 이상이 필요하다."[9] 바로가 이집트 노예들에게 벽돌을 만들게 하고, 솔로몬이 집을 제국으로 재건하기 위해 강제 노역을 시킨 것은 모두 같은 이야기다. 집이 더럽혀졌다. 그리고 이것은 이스라엘의 이야기에서 계속된다. 아시리아와 바빌로니아의 포로기부터 로마의 압제까지, 언약의 백성들은 제국에서 집을 갖지 못했다. 카이사르 아우구스투스에 대해 말하든, 아우구스토 피노체트 장군에 대해 말하든, 제국 체제는 언제나 집이라는 이름으로 집을 파괴했다. 비극적인 것은 집의 경계가 넓어지면서(종종 "본토"라는 이름으로) 집에 대한 방어가 다른 사람의 집을 파괴하고 그 집에 살던 사람들을 이주시키는 것을 합법화하고 필요한 조치로 여기게 되었다는 점이다.[10]

이것이 이스라엘의 이야기였다. 예수가 오실 때까지 포로생활은 영구적인 삶의 상태였다. 이스라엘 민족은 자신들의 땅에서 추방되어, 군대의 힘에 복종했고, 스스로 두려움의 노예가 되었고, 감히 목소리를 내는 사람들은 십자가형에 처해졌다.[11] 이 이야기에는 집을 파괴하는 제국이

---

9   Bruce Cockburn, "Santiago Dawn," track 7 on *World of Wonders*, High Romance Music Inc., 1985. Cockburn은 1973년 9월 11일 민주적으로 선출된 살바도르 알렌데 정권을 전복시킨 미국의 지원을 받아 일어난 쿠데타 10년 후에 아우구스토 피노체트 정권이 자행한 강제 철거를 회상한다.

10   누군가를 위해 집을 세우는 것이 **항상** 또는 **반드시** 다른 누군가의 집을 잃게 하고 거처를 옮기게 하는 것은 아닌지 질문할 필요가 있다. 이것이 아브라함의 약속에 뿌리를 내린 이스라엘 역사의 동력이었음은 충분히 명백하다. 아브라함의 자녀들이 터전을 갖기 위해서는 그 땅의 거주민들이 학살되어야 했다. 앞으로 보겠지만, 바울은 배척이 아닌 포용을 주장하는 방법으로 아브라함의 약속을 재해석한다. 예수가 "가나안" 여인에게 한 약속의 관점에서 가나안 족속 정복기를 새롭게 보기 위해서는 다음을 참조하라. Grant LeMarquand, "The Canaanite Conquest of Jesus"(마 15:21-28), *ARC: The Journal of the Faculty of Religious Studies, MacGill University* 33 (2005): 237-47.

11   1세기 이스라엘을 포로생활의 맥락에서 이해하기 위해서는 다음을 참조하라. N. T. Wright,

계속해서 등장한다. 이스라엘 민족은 자신의 땅에서도 다른 민족의 땅에서도 쫓겨났다. 제국 전역에 흩어진 유대인 디아스포라는 고향에서 쫓겨나 제국의 변덕스러움에 억눌렸고, 제국의 집의 건축에 저항한 수치스럽고 어리석은 민족으로 멸시받았다. 그래서 바울은 제국의 집 건축을 해체함으로써 성경적 전통의 선두에 선다.

우리는 이제 포로생활 중에 집을 세우는 관점, 집을 파괴하는 제국에 맞서 집을 세우려는 관점에서 로마서를 읽으려고 한다.[12]

제국의 집 해체하기 (롬 1:1-17)

시작 인사에서 본 것처럼, 사도는 "예수 그리스도의 종, 바울"이라고 말하면서 이미 자유인과 노예로 나뉜 집을 해체하기 시작했다. 그는 자신을 그 집에 속한 자로 말하지도 않고 그러한 지위가 수반하는 모든 특권을 가진 교육받은 로마 시민으로 말하지도 않으면서 노예제도 위에 세워진 집을 해체하기 시작한다. 오히려 그는 로마가 세운 그 집에서 가장 지위가 낮은 종을 자처한다. 그리고 이것이 의도적인 전복의 움직임이라는 것을 분명히 하기 위해 자신은 로마라는 집의 최고 "아버지"인 황제가 아닌 예수 그

The New Testament and the People of God (Minneapolis: Fortress, 1992); *Jesus and the Victory of God* (Minneapolis: Fortress, 2002). 이스라엘 이야기의 핵심에 집이 있다는 것을 폭넓게 연구한 것은 다음 책이다. Walter Brueggemann, *The Land: Place as Gift and Challenge in Biblical Faith* (Philadelphia: Fortress, 1977); *The Prophetic Imagination* (Philadelphia: Fortress, 1978); *Cadences of Home: Preaching among Exiles* (Louisville: Westminster John Knox, 1997).

12 이 장에서 집 이야기의 일부로 다루고 있는 로마서의 많은 구절은 다음 장에서 좀 더 깊이 논의할 것이다.

리스도의 종임을 분명히 한다.

제국의 집의 건축은 제국의 복음, 즉 제국이 선포한 좋은 소식에 기반을 둔다. 군사적 승리와 더 많은 사람과 땅을 얻은 승리, 제국의 영토 확장을 알리는 제국의 선포가 로마가 들려주는 **복음**, 곧 "좋은 소식"이었다. 제국의 복음은 여신 로마의 승리들에 뿌리를 두고, 제우스의 축복으로 부여된 본토 확장의 이야기를 말했다. 바울이 편지의 처음 16절에서 **복음**이라는 말을 다섯 차례나 반복하면서 이 모든 내용을 뒤집어엎은 것은 결코 우연이 아니다.

> "사도로 부르심을 받아, 하나님의 **복음**을 위하여 택정함을 입었으니"(1절)
>
> "그의 아들에 관한 **복음**"(3절)
>
> "그의 아들의 **복음**을 선포하며"(9절)
>
> "로마에 있는 너희에게 **복음**을 선포하고자 원하니"(15절)
>
> "내가 **복음**을 부끄러워하지 아니하노니"(16절)

집은 언제나 이야기가 있는 곳이다. 집은 깊은 추억과 함께하는 이야기 속에 뿌리를 내린다. 바울이 말하려는 이야기, 즉 그가 제국의 복음에 맞서 선포할 기쁜 소식은 바로 유대인의 이야기를 바탕으로 한 "[하나님이] 선지자들을 통해 성경에 약속한"(1:2), "육신으로는 다윗의 혈통인"(1:3) 하나님의 아들에 관한 것임을 분명히 한다. 이것은 아우구스투스의 아들이나 다른 로마 황제의 후손이 아닌 하나님의 아들에 대한 기쁜 소식이다. **집(가정)은 언제나 이야기 속에 뿌리내린다. 문제는 누구의 이야기이고 누구의 부계(patrilineage)냐다.**

집은 또한 질서와 규칙이 있는 곳이다. 로마의 집은 스스로 신을 자처하는 가이사의 주권에 기초를 둔다. 황제는 말 그대로 신의 아들이다. 이는 그의 아버지가 사후에 만신전의 구성원에 가담하기 때문이다. 그러나 바울은 다윗의 혈통이고 "죽은 자 가운데서 부활하심으로…하나님의 아들로 선포된" 이에 대해 말한다. 이분이 "우리 주 예수 그리스도이시다"(1:4). 이것은 주님께 속한 집이고 가이사의 주권에 속하지 않는다. 이것은 하나님의 아들에게 속한 집인데, 그가 아들로 선포된 것은 제국이 선언해서도 아니고 그의 아버지가 죽어서 신이 되었기 때문도 아니다. 이 주님은 사망을 물리치고 죽은 자들로부터 살아나신 하나님의 아들이시다. 집은 거주지를 세우는 문제이지만 거주지는 질서가 잡힌 장소라는 의미다. **집에는 질서가 있어야 한다. 문제는 어떤 질서이고 누구의 질서이냐다.**

집은 언제나 포함과 배제의 장소다. 집들은 합법적인 경계들이 있고, 그 안에 있는 사람과 밖에 있는 사람 사이에 합법적인 구별이 있다. 제국의 집들은 포함보다 배제에 능한 경향이 있다. 로마 문화와 신화의 상당 부분이 그리스인들의 지혜에 의존했는데, 그리스인들은 로마 제국의 자발적이고 열정적인 구성원이었기 때문에 로마로부터 호의적인 대우를 받았다. 야만인들은 로마의 집에 속하길 거부하고 제국의 권력 다툼에 맞선 사람들이다. 이와 유사하게 지혜 있는 자들은 자연권을 통해 지배한 교육받은 엘리트들이었고, 반면 어리석은 자들은 호이 폴로이(*hoi polloi*), 즉 집 안에서 낮은 지위를 가진 평범한 사람들이었다. 유대인들은 당연히 교육을 받았고 야만인은 아니었지만, 그럼에도 불구하고 수치스러운 민족으로 여겨졌는데 이는 그들이 만신전을 인정하기를 거부했고, 제국의 우상 제사를 피하는 경향이 있었으며, 그들의 본토인 유대로 돌아가기 위해 제국에 계속해서 저항했기 때문이다. 이런 모든 것은 수치스러운 행동이었고, 제국을 불안정하게 만드는 기능을 했다.

따라서 바울이 "헬라인이나 야만인이나 지혜 있는 자나 어리석은 자에게 다 내가 빚진 자라.⋯내가 복음을 부끄러워하지 아니하나니, 이 복음은 모든 믿는 자에게 구원을 주시는 하나님의 능력이 됨이라. 먼저는 유대인에게요 그리고 헬라인에게로다"(1:14, 16)라고 했을 때 그는 지위와 수치, 포함과 배제와 같은 제국이 정한 항목들을 전복시키고 있는 것이다. 야만인들과 어리석은 자들에게 빚졌다고? 복음이 유대인에게 먼저고 그다음이 헬라인이라고? 그 말에 온 우주의 질서가 뒤집혔다. **집은 포함과 배제의 문제다. 문제는 누가 안에 있고 누가 밖에 있느냐다.**

마지막으로, 제국의 수사로 표현하자면 로마라는 집은 정의의 집이다. 정의(*iustitia*)의 번영은 아우구스투스 이후 제국에 내린 신의 축복 중 하나로 여겨졌다. 그리고 정의의 가까운 친구는 충성(*fides*)—그리스어로 각각 *dikaiosynē*와 *pistis*—일 것이다. 정의와 충성, 이 두 가지 위에 제국이 세워졌고 제국의 집이 세워졌다. "복음에는 하나님의 의가 나타나서 믿음으로 믿음에 이르게 하나니, 기록된 바 정의로운 자는 신실함을 통해 살리라"(1:17 저자의 번역). 바울이 이렇게 썼을 때 그는 제국의 자기 인식의 핵심으로 들어간다. **집은 충성을 요구한다. 집은 정의의 실천에 뿌리를 내려야 한다. 하지만 누구의 정의인가? 누구의 충성인가? 그리고 누구에 대한 충성인가?**

우리는 이 서신에서 열일곱 절(아마도 세 문단)만을 살펴보았는데, 사도는 또다시 그 일을 하고 있는 것이 분명하다. 그는 다시 한번 반제국적 글을 쓰는데, 이번에는 그 핵심을 찌르고 있다. 모든 단서가 가리키는 것은 이것이 체제전복적인 편지로서 제국의 상상력을 와해시키고, 제국의 이념을 무너뜨리고, 제국의 오만을 끌어내리고, 제국의 주를 폐위하고, 제국의 위계질서를 뒤집어엎고, 제국의 집의 건축물을 무너뜨릴 것이라는 점이다.

집을 세우는 영광인가, 아니면 집을 파괴하는 수치인가? (롬 1:18-32)

유대인 바울은 우리를 이스라엘 이야기의 시작으로 데리고 가서 가장 급진적으로 구별되는 유대인의 신념 두 가지를 보여준다. 그는 창세기의 첫 시작 이야기와 우상숭배를 금하는 토라에서 인간이 누구인가를 상기시킨다. 우리는 하나님의 형상인가 아니면 새겨진 우상들의 형상인가? 그것이 문제다.

하나님의 형상으로 창조된 우리는 하나님이 만드신 창조세계라는 집을 보살피는 자들로서 창조세계의 신실하고 감사하는 종이 되어 하나님의 선한 창조세계 안에서 집을 세우라는 부름을 받았다. 이것은 우리의 영광이고, 우리가 입는 옷이고, 우리의 지혜다.[13] 하지만 우리는 영광을 우상으로 바꾼다. 집을 만드신 하나님이 주신 집을 관리하라는 사명을 버리고, 창조주가 아닌 피조물을 섬기고 경배한다. 진리이시고 유일한 창조주께 순종하여 집을 관리하는 소명을 거부하고, 집을 세우는 자가 아닌 집을 파괴하는 자가 된다. 모든 피조물은 세상이 관심과 사랑을 받아야 하고, 세상이 집을 세우기 위한 곳임을 안다. 모든 피조물이 지혜로 만들어졌고[14] "사물의 구조 속에 지혜가 역사하고 있기"[15] 때문에, 우리가 창조주와 창조세계를 등지고 우상을 받아들이면 우리는 지혜에서 끊어져 "어리석은

---

13 하나님의 형상을 성경적으로 이해한 중요한 연구로 다음을 참조하라. J. Richard Middleton, *The Liberating Image: The* Imago Dei *in Genesis 1* (Grand Rapids: Brazos, 2005). 『해방의 형상』(SFC출판부 역간, 2010).

14 잠 3:19; 8:22-36; 시 104:24. 또한 집회서 24:1-22 참조.

15 Ellen Davis, *Scripture, Culture and Agriculture: An Agrarian Reading of the Bible* (Cambridge: Cambridge University Press, 2009), 34. 지혜에 대한 추가 논의는 33-36, 142-47을 참조하라. 『성서 문화 농업』(코헨 역간, 2012).

자"가 된다(1:22).

집은 바로 이 창조의 구조 안으로 지어지고 모든 피조물은 인간이 의
도적으로 놓치고 있는 것을 안다. 이 영광이 주위에서 온통 비추고 있다.
하나님의 영광, 창조의 영광, 그리고 피조물의 종으로서 우리가 가진 영광
이다. [16] 하지만 우리는 집을 세우는 우리의 사명인 영광을 새겨진 우상의
형상과 바꾸었다. 하나님의 형상으로 지어진 사명을 가진 피조물인 우리
가 거짓 형상 곧 우상에게 복종하기 위해 마땅한 사명과 영광을 포기한다.
새겨진 우상의 형상에 복종하게 되면, 우리의 생각이 사로잡힌다. 우상의
손아귀를 벗어난 삶이 어떤 것인지 꿈도 꾸지 못한다. 지배적인 신화와 이
념의 노예로 살지 않는 것이 무엇인지 상상도 못 하게 된다. 제국의 위계
질서와 차별이 없는 삶이 어떤 것인지 생각할 여력이 없다. 정의와 충성은
왜곡되고 우리 자신은 제국이 심고 길러낸 배제라는 거짓된 삶을 살게 된
다.

그 결과 집이 다 무너진다. 성적 신실함은 성을 권력이나 소비로 보도
록 변질된다. 이것이 집을 파괴하는 제국의 성생활이다. 상황은 더 나빠진
다. 집은 아이들을 돌보고 보호해야 할 장소이지만, 우상은 언제나 제물을
요구한다. 그리고 그 요구는 끝이 없다. 성생활에서 느끼던 친밀함과 신실
함은 제국의 난잡한 여흥이 되고, 어린이들은 그 여흥을 위한 제물이 된
다. 제국의 성문화는 약탈자가 됨으로써 제국이 갖는 모든 다른 면모들의
거울과 같다. 항상 더 많은 것을 원하고 더 통제하고 더 삼킬 것을 찾는다.
그리고 아이들은 그러한 성적 약탈에 가장 취약한 희생자들이다. 이것이

16　참조. 시 8편.

우상숭배의 쓴 열매다. 이것이 제국의 성문화다.[17]

우리의 성생활에 해당하는 것이 제국의 삶의 모든 측면, 집의 모든 측면에서 드러난다. 언약에 뿌리를 두어야 할 집은 불성실로 훼손된다. 진리의 장소여야 할 집이 거짓으로 파괴된다. 존중의 피난처여야 할 집이 수군거림과 반항으로 훼손된다.

우상숭배적인 결합은 처절하게 왜곡된 삶, 가득한 욕망과 탐욕과 증오와 시기, 공동체의 분열, 가정의 분열, 오만, 거만, 무례, 어리석음, 불의, 사랑을 배신한 마음의 산물인 무자비로 가득한 나쁜 열매를 맺는다.

그것은 언제나 집과 관련된 것들이었는데 우리는 치유 불능의 집 파괴자들이다. 그것은 언제나 집에 관한 것들이었지만 우리는 집을 죽이는 데 관여한다. 제국에서 우리의 집을 찾을 수 없는 것은 당연하다.

우리 모두 가정 파괴자다(롬 2:1-3:20)

특정한 삶의 방식을 비난하는 것과 관련해서 문제가 되는 것은 그것이 너무 쉽게 어떤 사람들에 관한 것으로 생각될 수 있다는 것이다. 우리는 누군가의 삶을 보며 왜곡되었고 집을 세울 능력이 없다고 비난하지만, 정작 자신이 집을 파괴하는 행동을 하는 것은 모른다. 로마에 있던 가정교회들처럼 다양한 사람들로 구성된 공동체에서는 그런 식으로 자기 의를 내세우며 다른 사람을 비판할 가능성이 크다. 교회의 이방인 성도들은 그들

---

17 9장에서 제국의 성에 대해 다룰 텐데, 우리 시대가 씨름하는 성에 대해 바울이 뭐라고 말하는지 들어볼 수 있을 것이다.

의 유대인 형제들에 대해 어쩔 수 없이 편견을 가질 수밖에 없었다. 그들은 유대인들이 로마의 평화(*Pax Romana*)에 늘 위협이 되었던 분열을 좋아하는 사람들이고 그래서 로마라는 집의 근간을 뒤흔드는 사람들이라고 생각했다. 반면 그 공동체의 유대인 성도들은 바울이 우상숭배를 비판하는 말을 들으면서 그가 로마 제국 안에 있던 이방인들이 집을 파괴하는 방식에 대해 말한다고 생각했을 것이다. 만일 집이 받아들이고 환영하는 장소라면, 바울은 시작부터 그리스도 공동체 안에 있던 이 분열을 다뤄야 할 것이다. 만일 집이 "경멸과 거부가 아닌 소속과 인정과 받아들여짐의 장소"[18]라면, 사도 바울은 그 경멸과 거부를 돌파할 방법을 찾아야 할 것이고 로마에 흩어져 있는 그리스도인 공동체들이 메시아 예수 안에서 언약으로 소속되는 집을 만들어야 할 것이다.[19]

그래서 사도는 즉시 청중들에게 묻는다. 우리 중에 누가 다른 사람을 판단할 수 있는가? 우리 중에 누가 집에서 배제시키는 심판을 내릴 수 있단 말인가? 우리 중에 누가 하나님이 만드신 집 안에서 그러한 특별한 덕과 높은 명철과 지위를 얻는단 말인가? 오히려 사도 바울은 이방인과 유대인 모두 집을 파괴하는 자라고 말한다. 그는 "너희가 누구든지" 하나님의 심판 아래 있는데, 왜냐하면 하나님은 집을 세우려 하나 그의 형상을 닮은 피조물들이 집을 파괴해서 번번이 실패하고 있기 때문이라고 한다(2:1, 3).

이스라엘의 토라가 집을 세우기 위한 말씀이라는 것은 맞는 말이다. 일부 이방인은 모르면서도 이에 순종했는데(2:14-16), 많은 유대인은 집

---

18   Bouma-Prediger, Walsh, *Beyond Homelessness*, 65.
19   바울은 이 경멸과 거부에 대해 롬 14장, 15장에서 좀 더 다룬다.

을 파괴하는 삶의 방식을 통해 이에 불순종했고 그래서 오늘날까지 포로 상태로 있는 것이라고 바울은 말한다(2:17-24). 약속의 자녀들이 포로가 되어 집 없는 상태가 되었을 뿐 아니라 그들의 집을 파괴하는 행동으로 인해 전 세계가 영원히 집이 없게 된다! 그래서 사도가 하나님의 이름이 이방인 중에서 모독을 받는다고 쓴 게 아닐까?(2:24)[20]

게다가 집은 언제나 규칙과 전통에 뿌리를 내리고 있지만, 진짜 집은 그런 규칙과 전통들을 단순히 의무적으로 준수하는 것만으로 유지될 수 없다. 그렇다. 할례는 언약백성의 가정에서 구성원(남자)들의 기본적인 상징이었지만, 옛 속담이 일말의 진실을 보여준다. "집은 마음이 있는 곳이다." 마음이 언약에 깊이 뿌리를 내리고 있지 않다면, 세상의 모든 규칙을 지키고 전통을 존중해도 집을 세우지 못할 것이다. 집은 영적인 실재여서, 규칙은 지키지만 그 언약의 정신이 없다면 당신은 집 없는 상태에 있게 될 것이다.

이방인의 우상숭배와 유대인의 토라 불순종은 같은 것이고 따라서 우리는 모두 집 없는 자들이 된다. 집은 충실을 요구하지만 우리는 모두 충실하지 않다. 집은 정의를 요구하지만 우리 모두는 불의만 행한다. 유대인도 다른 사람들처럼 구제불능의 가정파괴자들이라면 그들이 이방인들보다 나은 것이 무엇인가? 물론 그들이 더 나은 것이 있다. 그들은 하나님의 집을 세우라는 말씀을 받았다. 그들이 집을 파괴해도, 하나님은 끊임없이 그들을 위해 그리고 그들과 함께 신실하게 집을 세워나가신다. 그들의 이야기가 우리에게 보여주는 것은 하나님이 어떻게 거짓과 불의와 불충실이 우리의 약속된 집을 진리와 정의와 충실로 만들어가는 것을 방해

---

20   사 52:5; 겔 36:20.

하지 못하게 하는가다. 하지만 우리는 아직 거기까지 가지 못했다. 바울은 이스라엘을 억압하던 이교도에 대항해 쓴 시편 14편, 5편, 10편, 36편을 인용하면서, 유대인과 헬라인이 모두 죄의 권세 아래에 있다고 설명하고, 집을 파괴하는 같은 죄를 짓고 있다고 말한다.[21] "모두가 다 치우쳐…선을 행하는 자가 하나도 없으니"(3:12). "그들의 목구멍은 열린 무덤이요. 그 혀로는 속임을 일삼으며"(3:13). "그 입술에는 독사의 독이 있고"(3:14). 친절함 없이 계속되는 속임과 폭력의 담화로 어떻게 집을 이룰 수 있겠는가? 이방인을 대적하는 일련의 시편들을 조심스럽게 인용하면서 바울은 예언서의 음성 하나를 더하는데 그것은 언약 공동체 "밖에" 있는 이방인들이 아닌 사로잡혀 있는 이스라엘 백성, 즉 언약의 집 "안"에 있는 자들을 향하고 있다.

> 그들의 발은 피를 흘리는 데 빠른지라.
> 파멸과 고생이 그 길에 있어,
> 평강의 길을 알지 못하였고(롬 3:15-17; 사 59:7-8 인용).

집은 안전한 장소여야 하는데, 이스라엘에서도—로마에서처럼—폭력의 장소가 되어버렸다. 집은 가장 깊은 언약적 의미에서 평강에 대한 것이다. 집은 복지의 장소이고, 온전함의 장소이며, 모든 관계의 화해와 회복의 장소다. 그러나 이스라엘에서 (로마에서처럼) 평화의 길은 알려지지 않았다.

바울은 이렇게 선포하며 정리한다. "모든 사람이 죄를 범하였으매 하

---

21 Sylvia C. Keesmaat, "The Psalms in Romans and Galatians," *The Psalms in the New Testament*, ed. Steve Moyise, Maarten J. Menken (London: T&T Clark, 2004), 139-61(특히 145-48).

나님의 영광에 이르지 못하더니"(3:23). 모두가 하나님의 형상을 왜곡했다. 모두가 집을 세우는 청지기 역할을 하지 못했다.

한 명만 빼고… 전부.

귀향이 가까워졌다(롬 3:21-31)

한 의인이 있었다고 바울은 말한다. 폭력을 참고 자신의 피를 흘림으로써 집을 파괴하는 우리의 폭력을 대속하신 신실하신 한 분이 있었다. 우리 모두(유대인이나 헬라인이나) 죄를 범하여서 하나님의 영광에 이르지 못했다 (3:23). 우리 모두 성실하게 집을 세움으로써 하나님의 형상을 담지하는 영광을 드러내기를 포기했다. 우리 모두가 창조의 집을 더럽혔다. 우리 모두 파괴자들이다. 그리고 우리 스스로 이 집을 회복할 가능성은 전혀 없다. 우리 스스로 우상의 포로에서 해방되어 집을 세우는 자로 새로워질 길은 없다. 아니, 영광을 회복하고 청지기의 사명을 회복하고 삶 속에서 하나님의 형상을 회복할 수 있다면 그것은 파격적인 선물이어야 할 것이다. 은혜 안에 뿌리를 내리고 집 세우기를 회복하는 것은 결국 인간의 업적이 아닌 신적인 집 건설자의 선물이다. 우리가 집을 우상에게 넘겼기 때문에, 다른 이가 대가를 지불하고 집을 되찾아와야만 한다. 우리의 불의로 집을 잃게 되었다면, 집을 세우기 위해서는 다른 이의 정의가 필요하다. 우리가 집으로 돌아가는 것이 정당화되려면, 그 정당화는 우리 스스로 할 수 없을 것이다. 집을 파괴한 것이 근본적으로 우리의 불충 때문이라면, 집을 새롭게 회복하기 위해서는 다른 이의 신실함이 필요할 것이다. 이것이 바울이

얘기하는 예수 그리스도의 신실함이다.[22]

모든 언약적 집 세우기의 기초인 충성을 유지하는 그 신실하신 분이 자비의 자리이기 때문에, 집이 그분 안에서 회복되고 우리가 집을 무너뜨렸던 것을 하나님이 넘어가 주신다. 예수 그리스도의 의를 믿는 자들은 누구든지 (하나님의) 집에서 의로워진다(3:24-26).[23]

귀향(집으로 돌아가는 것)이 가까워졌다. 그것은 우리가 힘들게 일해서 얻는 것이 아닌 선물이다. 귀향이 가까워졌다. 그것은 토라에 순종하기로 굳게 결심(이것은 토라만큼 좋은 것이다)해서가 아니라 은혜로 주신 것이다. 은혜 없이는 집이 없고, 은혜 없이는 귀향도 없는데, 이것은 유대인에게나 헬라인에게나 마찬가지다. 의로우신 예수로 말미암아, 의인이신 예수로 말미암아, 예수 그리스도의 신실하심으로 말미암아, 그의 의로우심을 받아들이고 그의 의로우심을 통해 받아들여진 자들에게 귀향이 가까워졌다.

---

22 *pistis Christou*를 번역한 "그리스도의 신실함"에 관해서는 다음을 참조하라. Richard B. Hays, *The Faith of Jesus Christ: An Investigation into the Narrative Substructure of Galatians 3:1-4:11*, SBL Dissertation Series (Chico, CA: Scholars Press, 1983). 『예수 그리스도의 믿음』(에클레시아북스 역간, 2013).

23 N. T. Wright의 요약이 도움을 준다. "*The Messiah, the faithful Israelite, has been faithful to death, and through him the faithful justice of the covenant God is now displayed for all, Jew and gentile alike.*" N. T. Wright, *Paul and the Faithfulness of God*, book 2 (Minneapolis: Fortress, 2013), 841.

집 이야기를 재구성하기 (롬 4:1-5:11)

집은 겸손한 신실함 안에서 받는 선물이다. 이는 그 이야기가 언제나 했던 말 아닌가? 우리가 집을 세우는 데 근간이 된 바로 그 이야기가 아닌가?[24] 우리는 모든 집 건축은 이야기로 말해진다고 제안했었다. 이것을 다른 방식으로 말하면, 모든 집은 가족의 뿌리를 갖고 있다. 로마의 기억은 경건하고 독실한 아이네이아스가 아들과 아버지와 집안 수호신들을 데리고 트로이 전쟁에서 피신하여 로마를 세운 이야기로 돌아간다.[25] 로마인들에게 아이네이아스의 경건과 신실함은 자신들의 고국과 집의 특성이 된다.

그러나 바울은 로마에서 집을 세우려는 공동체인 로마 교회에게 내러티브의 토대를 제공하기 위해 다른 곳을 바라본다. 그가 아브라함까지 거슬러 올라가 이스라엘의 언약이 시작된 시점으로 돌아가는 것은 놀라운 일이 아니다. 아이네이아스가 군사 정복을 통해 집을 얻게 된 반면, 아브라함은 약속을 붙든 것 말고는 한 게 없다. 그는 집을 약속받고, 믿음으로 그 약속을 받았다. 모든 위대한 메타내러티브들처럼 바울은 집으로 돌아가는 길에 집을 떠난 이야기를 한다. 하지만 그 주인공은 자신의 경건이나 군사적 용맹으로가 아닌 오직 은혜로 얻을 수 있는 집으로 부름을 받는다. 그리고 바울은 로마에 있는 유대인들뿐 아니라 이 약속이 성취될 때까지 메시아 예수를 따랐던 이방인들을 위해 아브라함의 이야기로 거슬러 올라간다.

---

24   성경 이야기를 총체적으로 들려주는 책으로는 다음이 있다. Richard Middleton, *A New Heaven and a New Earth: Reclaiming Biblical Eschatology* (Grand Rapids: Baker Academic, 2014), esp. chap. 3. 『새 하늘과 새 땅』(새물결플러스 역간, 2015).

25   참조. Neil Elliott, *The Arrogance of Nations: Reading Romans in the Shadow of Empire* (Minneapolis: Fortress, 2008), 125-38.

그렇다면 아브라함은 누구의 조상인가? 그에게 약속된 집에서는 누가 환영을 받는가? 아브라함의 유업을 누가 함께하는가? 물론 그의 믿음을 같이 가진 자들이다. 믿음으로 집을 만들어가는 이야기에 속한 자들이다. 아브라함의 자녀는 그를 조상이라 주장하거나 족보를 따라서가 아니라 귀향의 언약을 믿는 자들이다. 이리스는 아브라함 안에서 집으로 환영받았고, 네레오는 그 언약의 핵심에 늘 있었던 세상을 다 포괄하는 관점에서 아브라함에게 주신 약속을 이해해야 했다.

그 약속은 그가 세상의 상속자가 되리라는 것이었음을 기억하라!(4:13) 이스라엘 땅만이 아니라 온 세상이 의의 집이 되어야 한다. 하나님의 언약의 정의는 한 민족이나 한 장소로만 국한되지 않는다. 아니, 그 약속은 온 세상을 위한 것이다. 모든 창조세계가 집을 세울 거처로 회복될 것이고, 많은 사람이 아브라함의 후손이 될 것이다. 많은 이가 아브라함과 사라를 그들의 조상으로 받아들일 것이다.

집에 돌아오고 싶은가? 제국이 결코 줄 수 없는 집을 원하는가? 그렇다면 제국의 집 이야기를 버리고 아브라함의 이야기를 받아들여라. 모든 배제적인 집 건설을 버려라. 이것은 양날의 칼이다. 아브라함에게 주어진 약속을 우주적이고 포괄적인 관점에서 해석함으로써, 바울은 유대와 로마의 예외주의를 무력화한다. 모두가 아브라함의 집으로 환영받는데, 그 집의 중요한 한 가지 조건은 신실함이다. 가족의 경계를 정하던 할례나 법, 심지어 이스라엘의 율법을 넘어 신실함만을 요구한다.

그래서 바울은 바랄 수 없는 중에 바라며, 그 길에 서 있는 이 다양한 공동체들에게 아브라함을 따르고 그 약속들을 믿으라고 충고한다. 집을 잃게 하는 제국의 세력이 사망의 세력이고, 그 무덤의 어둠이 깊을지라도 받아들일 새벽이 있다. 부활의 새벽이다. 정의의 화신이 되어, 우리를 집으로 초대하고, 아브라함의 약속을 지킨 신실하신 분이 제국의 손에 죽으시고 하나님의 집을 지키시는 능력으로 부활하셨다(4:24-25).

이 예수를 믿음으로 우리가 정의로워질 것이라고 바울은 주장한다. 그리고 그 정의로써 우리는 로마의 평화(*Pax Romana*)가 결코 이해하지 못하는 평화를 누린다(5:1). 이것은 구원의 주님 예수를 통한 하나님과의 화평이다. 이것은 제국에게 처형당한 그분을 통한 화평이기에 성도들은 가이사가 아닌 예수가 구주라는 사실을 담대히 전한다. 은혜 없이는 집이 없고 우리는 예수로 말미암아 은혜의 집으로 들어갈 수 있다. 예수로 인해 우리는 은혜 안에 서 있고, 그렇지 않다면 집도 있을 수 없다(5:2).

하지만 은혜 위에 세워진 집은 그 은혜를 이해하지 못하는 자들의 손에 고난을 받을 것이다. 이것은 제국의 배제적인 범주를 거부하고, 그 거부로 인해 고난을 받게 될 집이다. 그러나 예수가 받은 고난을 반사하는 그 고난은 집을 세우는 덕을 갖춘 공동체를 형성할 것이다. 이 공동체는 고난이 인내를 낳고 무슨 일이 있어도 돌아갈 천국에 대한 비전을 굳게 붙들 것이다. 인내는 그 공동체에 소망을 낳는 특성을 줄 것이다. 집은 소망의 장소다. 소망이 없다면, 그 집은 죽은 곳이다. 하지만 복음의 소망은 실망시키지 않는다고 바울은 기록한다. 성령이 우리의 마음을 어떤 집에서도 유일하게 안전한 토대가 되는 (하나님의) 사랑으로 채우셨기 때문에 이 소망은 실현될 것이다(5:3-5).

은혜 위에 세워진 집은 자격이 없고 부정하여 환영받지 못하던 자들을 배척하는 장벽을 쌓지 않는다. 이것은 "우리가 아직 죄인 되었을 때 그리스도께서 우리를 위하여 죽으심으로 하나님께서 우리에 대한 자기의 사랑을 확증하신" 집이다(5:8). 죄인들이 이 집에서 환영받는다. 사실 바울은 우리 모두가 죄인이라고 했다.

바울의 이 모든 말은 1세기 유대 신학의 일부 분파를 사로잡고 있던 정결에 대한 이념을 뒤집어엎은 다음, 제국의 이념을 급진적으로 와해시키고 무장해제 시킨다. 집이 안전한 장소여야 한다면, 집은 적으로 생각되는 자들로부터 보호하고 그들을 배제하는 장소가 되어야 한다. 하지만 바울은 그 어떤 것도 하지 않을 것이다. 알다시피 "우리가 원수였을 때 그의 아들이 죽으심으로 말미암아 하나님과 화목하게 되었다"(5:10). 만일 우리가 하나님과 우리의 창조세계라는 집과 또 우리 서로에게 원수였기 때문에 집이 파괴되었다면, 새로운 집으로의 환영은 화해를 통해서만 가능할 것이다. 우리가 멀리 떠났을 때도 하나님은 팔을 벌려 우리를 집으로 환영하셨다. 비록 바울은 이 과정을 자세히 설명하지 않지만 신실한 분의 죽음, 즉 로마 제국의 십자가에서 메시아가 흘리신 피의 집 없음이 원수들이 화해하고 집으로 환영받게 된 방법이다. 십자가의 신비, 폭력적인 배제의 불의가 역설적이게도 우리를 의롭게 한다. 집은 적개심이 아닌 화해의 장소가 되어야 한다. 집은 비난하며 배제하는 곳이 아닌 용서하며 환영하는 곳이다. 집은 분노가 아닌 사랑의 장소다. 제국 앞에서 이것이 자랑할 만한 것이다!(5:11)

로마는 다른 사람의 피를 흘림으로써 평화를 얻은 반면, 예수는 자신의 피를 흘림으로써 평화를 이루셨다는 것이 바울 신학의 핵심이다. 로마의 평화뿐만 아니라 로마의 안보의식과 집에 대한 생각은 적들의 피 흘림을 요구한다. 그래야 로마는 안도하며 쉴 수 있다. 바울은 우리 대적을 어떻게 다룰지에 대한 대안적 계획과 함께 대안적인 귀향의 비전을 그린다. 예수는 십자가에서 팔을 벌리심으로써 모두를 집으로 환영하신다. 그의 피를 통해 모두가 집으로 환영받는다. 죄인들, 원수들, 그리고 모든 부류의 집 파괴자들이 이 회복된 집에서 환영받고 화목을 누린다.

처음으로 돌아가기 (롬 5:12-21)

여기가 처음부터 모든 이야기가 향하고 있었던 곳이다. 그래서 바울은 아브라함 이전으로 돌아간다. 그는 태초의 아담으로 돌아간다. 집을 세우라는 청지기로서의 사명이 아담에게 주어졌지만, 아담이 그 사명을 어기고 타락하여 죽음이 우리 삶에 들어왔다. 아담의 잘못된 섬김과 집을 관리하지 못함과 불순종이 생명의 집을 사망의 집으로 만들었다.

아담의 죄가 집을 무너뜨린 최초의 순간이라면, 생명의 왕국을 시작한 것은 예수 그리스도의 순종과 신실함과 값없이 주신 선물(은사)이었다. 생명의 집으로 문을 열어준 것은 메시아의 의로움, 그의 정의와 은혜다.

그렇다면 당신은 어디에서 살기 원하는가? 사망의 집인가, 아니면 생명의 집인가? 사망의 제국의 통치 아래에서인가, 아니면 생명 왕국의 통치 아래에서인가? 제국에서 집 없이 지낼 것인가, 아니면 그리스도 안의 집에서 살 것인가?

귀향으로서의 세례 (롬 6:1-23)

바울은 5장을 끝내면서 대조되는 두 나라, 즉 아담과 동일시되는 사망의 지배와 구원의 주님 예수를 통한 의인 언약적 정의의 지배라는, 대립되는 주권을 비교한다. 이제 6장에서 바울은 정체성에 대해 질문하는데, 먼저 어디에서 살겠냐고 묻는다. 우리 집은 어디인가? 이 모든 것의 결말은 무엇인가? 바울은 묻는다. 죄에 맞서 은혜의 통치가 넘쳐흐른다면, 우리가 죄에 머물러 있어야 하는가? 어느 왕국에서 우리의 정체성을 찾아야 하겠는가?

너무 당연해서 질문이 아닌 것 같지만 어떤 사람들은 바울이 여기서 제국에 우호적으로 그것의 생활방식을 따르라고 말하고 있다고 생각할 수도 있다. 하지만 더 중요한 것은 바울은 우리가 **어디에** 있고, **누구**이고, **누구에게** 속했는지 끊임없이 상기해야만 한다는 것을 알았다는 것이다.

당신은 어디에 있는가? 당신은 사망이 아닌 생명의 주권 안에 있다. 사망의 제국이 아닌 하나님의 왕국에 살고 있다. 어떻게 알 수 있나? 그리스도 예수로 세례를 받았을 때 그의 죽음으로 세례를 받았기 때문이다. 그 의미는 당신이 그가 죽으실 때 그와 **함께** 묻혔고 그의 부활로 **그와 함께** 다시 살아났다는 말이다.

문제는 집으로 돌아오길 원하는가다. 생명의 왕국에서 살기 원하는가다. 그렇다면 죄와 사망의 이야기에 대해 죽고, 사망의 법에 대해 죽고, 사망의 문화에 대해 죽어야 한다. 세례를 받아 그리스도와 함께 죽고 생명을 주는 그의 왕국의 통치에 대해 그리스도와 함께 다시 살아나야 한다. 문은 활짝 열려 있고 모두가 집으로 돌아오도록 초대받았다. 하지만 누구나 환대하는 집이라도 출입구와 문턱은 있다. 우리는 그 문을 통해 문턱을 넘어가야 한다. 그리고 세례가 바로 그 출입구다. 달리 말하면, 세례를 받는 물은 경계의 물이다. 그것은 분수령의 순간이다. 바울은 예수에 비추어 이스라엘의 이야기를 다시 재구성하며 아브라함부터 모세까지 이르렀고 이제 출애굽의 물들을 떠올리며 세례를 말하고 있다.[26]

바울이 지금 무엇을 하는지 알겠는가? 그는 세례에서 우리가 예수의

---

26   참조. N. T. Wright, "The Letter to the Romans: Introduction, Commentary, and Reflections," *The New Interpreter's Bible*, vol. 10 (Nashville: Abingdon, 2002), 534.

이야기를 믿는 우리의 믿음을 고백할 뿐 아니라, 그 이야기에 실제로 참여해서 예수에게 일어났던(일어나는) 일들이 우리에게도 일어났다(일어난다)고 말하는 것이다. 이것은 이스라엘의 이야기가 이후의 모든 세대가 하나님이 출애굽의 물을 통해 그들을 이집트에서 해방시켰을 때 현장에 있게 만드는 방식과 유사한, 심오한 설명이다.

당신은 생명의 왕국에 있다. 왜냐하면 그리스도 안에서 사망의 제국과 문화에 대해 죽고 새 생명으로 살아났기 때문이다. 그의 이야기는 우리의 이야기다. 우리가 그리스도의 집에 초대받아 생명의 왕국에 들어간다면, 더 이상 사망의 권세가 있는 집의 종이 아니다. 집을 파괴하는 죄의 권세는 더 이상 세력을 떨치지 못한다.

당신은 누구인가? 당신은 그리스도 **안에** 있다. 그러므로 자신을 그와 함께 죽고, 장사 되고, 새 생명으로 다시 산 자로 여겨야 한다. 더 이상 어둠의 권세에 붙들려 있지 않고 그리스도에게 속했기 때문이다.

그렇다면 **당신은 누구에게 속해 있는가?** 당신이 그리스도 왕국의 신하(subject)라면, 더 이상 사망의 제국의 종(slave)이 아니다. 하지만 바울은 우리에게 신하와 종의 구분이라는 위안을 허용하지 않을 것이라는 점을 주목하라. 그는 죄가 다스리는 제국적 왕국과 우리 사이의 관계와 예수가 다스리는 메시아 왕국과 우리 사이의 관계를 같은 단어로 표현하기를 고수한다. 두 경우 모두 우리는 종이다. 우리의 이해의 한계 때문에 사람의 이미지를 사용한다고 말하면서 바울은 자신이 택한 단어가 좀 유별나다는 것을 인정하는 것 같다(6:19).

바울은 출애굽의 이미지를 가져와서 한때 죄의 종이었던 우리가 그리스도 안에서 그와 연합하여 세례를 받음으로써 해방의 새로운 출애굽에서 물을 통과했다고 말한다. 하지만 단순히 종에서 벗어나 자유로워진 것이 아니라 죄로부터 해방되어(사망의 제국과 그 압제자들로부터 해방) 의의 종, 정의의 종이 되었다고 말한다. 우리는 여기서 이 편지의 첫부분에서 사도가 자신을 종이라고 한 말의 좀 더 깊은 의미를 이해하게 된다.

바울은 우리 삶의 모든 분야를 불의의 무기가 아닌 정의의 무기로 내주어야 하기 때문에 실생활에서 죄가 지배하게 해서는 안 된다고 말한다. 불의한 노예 제도에 뿌리를 내린 제국에서 우리는 정의의 종이 되어 우리 몸과 상상력, 경제활동, 정치 생활, 문화 활동, 성의 표현, 가족 구조, 지적 이론, 일상의 업무를 정의에 복종시켜야 한다. 그렇게 정의를 구현하는 생활을 할 때 우리의 삶은 세례의 증거가 되기 때문이다. 우리는 언약적 정의를 구하는 것을 통해서만 우리가 **실제로 어디서 살고** 있는지 근원적으로 보여줄 것이다. 우리는 우리가 하는 모든 일에서 의로운 삶을 살 때에만 **우리가 진정 누구에게 속했는지** 증거될 것이다. 역설적이지만 의의 종이 되었을 때에만 우리는 **진정한 우리가 될 것이다.** 우리는 하나님이 값없이 주신 선물(우리 주 그리스도 예수 안에 있는 영생)을 받았기 때문에 죄로부터 해방된 죄인이고, 사망의 권세에 더 이상 속박되지 않은 죄인이다. 이것이 귀향이다. 죄의 거짓된 집을 떠나서 우리는 언약의 동반자이신 그리스도에게 붙어 있도록 부르심을 받았다. 우리는 그리스도와 혼인하여 결실을 맺고 번성하라는 새로운 부르심을 받았다.

치료 불가능한 가정 파괴자(롬 7:1-25)

그러나 한 가지 문제가 있다. 바울도 그것을 알고, 그가 편지를 보낸 로마의 공동체도 알고, 우리도 가슴 아픈 경험을 통해 알고 있다. 그것은 우리가 그리스도와 연합할 수는 있지만, 여전히 치료 불가능한 가정 파괴자라는 것이다. 신실함은 저절로 생기지 않는다. 우리는 여전히 우상에 얽매여 있고, 간음의 노예로 보인다.

바울은 7장에서 매끄럽지 않은 유비를 제시하는데, 이는 다분히 의도적인 것으로 보인다. 혼인한 여인은 남편 생전에는 남편에게 매여 있다가 그가 죽으면 더 이상 남편에게 매이지 않고 다른 남자에게 자유롭게 갈 수 있다. 우리도 율법에 매여 있으나 이제는 "그리스도의 몸으로 말미암아 율법에 대하여 죽임을 당하였으니 이는 다른 이 곧 죽은 자 가운데서 살아나신 이에게 가서 우리가 하나님을 위하여 열매를 맺게 하려 함이라"(7:4). 벌써 좀 이상하다. 여기서 죽은 것은 아내이지 남편(토라)이 아니기 때문에 유비가 다소 바뀐다. 그러나 바울은 그리스도인이 토라에 **대해** 죽은 것을 그리스도인이 간음에 대한 두려움이 없이 그리스도와 연합하여 그와 함께 열매를 맺도록 자유로워진 것으로 적시한다. 논란의 여지는 있지만 요점은 분명하다. 우리는 율법으로부터 놓여 간음의 두려움 없이 성령의 새 생명을 향한 자유를 얻었다.

그러나 이 대목에서 그 유비는 이상한 것을 넘어 깨어진다. 바울은 우리가 간음에서 자유로운 삶을 살도록 해방되었지만, 그럼에도 불구하고 여전히 우리 모두가 간음한 자들이라는 것을 고통스럽지만 솔직하게 말한다.[27] 우리는 자유로워졌지만, 동시에 "죄 아래 종으로 팔렸다!"(7:14) 하나님의 법이 우리에게 집을 세우게 하셨지만, 우리는 늘 집을 파괴한다는 것을 안다. 우리는 그리스도 안에서 집에 거하도록 부름을 받았지만,

---

27 2009년 11월 10일 토론토 대학 Wine Before Breakfast에서 Amy Fisher가 한 멋진 설교에서 이 영감을 받았다.

죄가 우리 안에 거하며 자리를 잡아서 집을 세우는 것이 우리 안에서 편하게 자리를 잡을 수 없는 것처럼 보인다. 우리는 찢겼고, 집을 짓고자 하는 의지보다 더 깊은 세력에게 사로잡혀 있다. 우리는 집 없음(선하지 않은 것, 죄)의 종이고 우리가 그토록 간절히 원하던 집을 떠나 밖에서 살아간다는 것을 발견한다. 우리의 삶은 그리스도 안에서 제공받은 집, 세례의 물을 통해 들어간 그 집에 들어갈 자격을 끊임없이 상실하는 것으로 보인다.

그래서 이제는 세례를 통해 방금 들었던 정체성이 아닌 다른 정체성을 보게 된다. 우리는 누구인가? "죄 아래 종으로 팔린 자들이다"(7:14). 이제 죄가 "우리 속에 거하여"(7:17), "우리 안에 선한 것이 거하지 않는다"(7:18). 우리가 종노릇했던 죄가 너무도 깊이 우리 안에 박혀서 말 그대로 우리 안에 자리를 잡고 있다. 우리가 죄에 거하는 것만이 아니라 문제가 훨씬 더 심각하다. 죄가 우리 안에 거하여, 우리가 거하는 곳 모두가 사망의 장소가 된다. 우리 모두가 다시 철저히 집 없는 상태로 돌아간다.

성령 안에 있는 대속적인 귀향(롬 8:1-38)

여기에 좋은 소식이 있다. 그리스도 예수 안에 있으면 누구나 정죄함이 없다! 이것은 정죄의 집이 아니다! 종이 이 이야기에서 마지막 단어가 아니다. 해방이 바로 옆에 있다. 귀향이 여전히 가능하다. 그리고 그 약속은 무효화되지 않으며, 집을 파괴한 우리의 태도조차 그것을 무효화할 수 없다.

그렇다, 죄가 당신 속에 살고 있다. 맞다, 죄가 당신 안에 거처를 두었다. 하지만 죄보다 더 강한, 하나님의 영 또한 당신 안에 거한다. 그것이 당신이 받은 세례에 대한 모든 것이다! 그것이 당신이 예수의 이야기와 연합할 때 일어나는 일이다. 그리스도가 당신 안에 계신다! 예수를 죽은 자 가운데서 일으키신 영이 당신 안에 거하시고, 집을 새롭게 하는 계획이 분명히 진행 중이다. 바울은 5장과 6장에서는 지배(dominion)라는 언어로 논리를 펼친 것처럼, 7장과 8장에서는 거처(dwelling)라는 비유를 사용한다. 둘 다 집(home)이라는 언어와 관련이 있다. 바울은 7장에서 언급된 우리 안에 "거하는" 죄와 대조적으로, 8장에서는 그리스도 안에 있는 영이 그들 안에 거하신다고 로마 공동체에 말한다(8:9, 11).

유대인인 바울은 영으로 인도받아(8:14) 종노릇에서 벗어나고 하나님의 완전한 양자가 되는(8:15) 구원에 대해 말한다. 우리는 하나님의 자녀로서 영광의 관을 쓸 때(8:17-18) 참 상속자로 기업을 받는다(8:17). 이것은 우리가 종 되었을 때 "아빠! 아버지!"(8:15)라고 부르짖었기 때문에 일어난 일이다. 바울의 말이 사실이라면, 그가 무엇에 대해 말한다고 생각하는가? 이런 일이 언제 일어났나?

물론 이 말은 이집트에서의 탈출을 떠올리게 한다. 어떤 유대인이 종에서 풀려난 얘기를 하면, 출애굽에 대한 기억이 떠오르는 법이다. 어떤 유대인이 다시 무서워하는 종의 영을 받지 않았다고 말하면, 광야에서 두려워하며 이집트로 돌아가겠다고 했던 이스라엘의 모습이 떠오른다. 어떤 유대인이 영의 인도를 받는다고 말하면, 낮에는 구름기둥으로 밤에는 불기둥으로 인도함을 받은 것이 떠오른다. 어떤 유대인이 양자의 영을 받은 얘기를 하면, 종이었던 그들의 신분이 언약을 통해 바뀌고, 이어서 나라가 세워지는 출애굽 사건이 떠오를 것이다. 어떤 유대인이 우리가 하나님의 자녀이고 하나님의 상속자임을 우리의 영과 더불어 증언하시는 성령에 대해 말하면, 기업을 받기 위해 하나님의 자녀들을 이끌었던 모세가 생각난다. 어떤 유대인이 이 모든 것이 "아빠! 아버지!"라고 불렀을 때 이루어진 일이라고 말하면, 이스라엘 백성들이 이집트의 속박 속에서 할당된 벽돌을 구우며 하나님께 "부르짖었던" 일을 떠올리지 않을 수 없다.[28]

문제가 종노릇이라면, 해결은 출애굽이다. 그래서 바울은 선동적이고 해방적인 언어로 예수 그리스도 안에서의 새로운 출애굽을 구상한다. 사도는 6장에서 세례를 말하며 상기했던 출애굽의 비유를 상당히 깊게 파고든다.

모세가 광야에서 백성들 앞에 두 길(축복과 저주, 삶과 죽음)을 제시했을 때처럼, 바울도 예수 그리스도를 믿는 우리 앞에 같은 선택이 놓여 있다고 주장한다. 그는 생각을 육신에 고정하는 것은 사망이라고 말한다. 생각을 영에 고정하는 것은 생명과 평안이라고 말한다(8:3-8; 참고. 신 30:15-20). 우리는 집 없는 폭력과 육신을 따를지 아니면 돌아갈 집의 평안과 영을 따를지 선택해야 한다.

세상을 어떻게 보는지는 우리의 삶에 누가 깊이 자리 잡고 있는지, 즉 누가 당신 안에 거하는지에 따라 결정된다고 바울은 말하는 것 같다. 육신의 생각을 하는지 영의 생각을 하는지, 이집트에 남길 원하는지 출애굽의 위험을 감수하는지, 또는 제국에서 편하게 있기를 원하는지 해방되기를 원하는지는 누가 혹은 무엇이 당신의 삶에 가장 큰 동력이 되는지에 달려 있다. 그것은 당신이 어떤 이야기 속에 있는지에 달려 있다. 바울은 그의 청중들에게 궁극적으로 그들이 원하는 이야기는 출애굽의 이야기라고 다시 말한다.

지금은 어떤 때인가? 지금은 자비로운 네로의 통치로 시작된 새로운

---

28   Sylvia C. Keesmaat, *Paul and His Story: (Re) Interpreting the Exodus Tradition* (Sheffield: Sheffield Academic Press, 1999), 54-154.

황금기인가? 제국의 미덕 안에서 즐거워할 때인가? 로마의 조화로움으로 평화를 이루는 때인가? 역사의 끝인가?

바울은 아니라고 말한다. 지금은 새로운 출애굽의 때다. 자유로워져서 집으로 돌아갈 때다. 두려움에 빠지게 하는 종의 영을 벗어버릴 때다. 사망의 제국에서 벗어나 우리에게서 사망의 제국을 내쫓을 때다. "아빠! 아버지!"라 부르며 하나님의 영이 우리를 더 이상 종이 아닌 하나님의 자녀라고 부르시는 것을 들을 때다. 우리는 창조의 집을 상속받을 자들이다. 우리는 집에서 환영받을 뿐만 아니라 이 집은 언제나 우리의 집이었다.

그러나 한 가지 단서가 있다고 바울은 말한다. 알다시피 우리가 자녀이고 상속자(하나님의 상속자요 그리스도와 함께한 상속자)라면 영광을 받기 위하여 고난도 함께 받아야 할 것이다(8:17). 누구도 이것이 쉬울 것이라고 말하지 않았다. 우리가 그리스도와 함께한 상속자라면, 우리가 이 새로운 출애굽에서 그리스도를 따르기 위해 자유로워진다면, 그리스도가 우리 안에 거하신다면, 그리스도와 함께 하나님 나라에 들어가는 것이 우리의 기업이라면, 우리는 이 그리스도의 길에 동행할 것이다. 우리는 제국을 떠나 천국에 안길 것이다. 십자가에서 우리의 속박을 벗기신 그분을 따를 것이고 십자가에 그를 못박은 그 사망의 제국과 그 뒤에 이어지는 제국들의 손에 그와 함께 고난을 받을 것이다. 그럴 때 우리는 완전히 회복된 인류의 영광에 함께할 것이다.

로마에 있는 이 신생 그리스도인 공동체는 어디에서 살기 원하는지를 결정해야 할 것이다. 노예, 위계질서, 폭력과 억압이 있는 제국에 살 것인가? 제국의 변두리에서 조롱과 박해를 받으며 살 것인가? 제국 안에 있는 집에 있을 것인가, 아니면 예수와 함께하는 출애굽의 여정인, 고난의 길에 오를 것인가? 알다시피 비록 집으로 돌아가는 길에 고난이 있을지라도, 그 고난은 영광의 회복, 결실의 회복, 언제나 그랬던 것처럼 모든 피조물의 회복으로 보상받을 것이다.

그 이야기의 시작부터 창조세계는 우리의 집이었다. 그래서 바울은 모든 창조물이 우리의 구속과 회복될 종의 신분과 귀향을 숨죽이며 기다리고 있다고 말한다. 창조물만 아니라 성령도 우리의 귀향을 소망하며 참고 기다리고 탄식하며, 바라고 친히 간구하고 계신다고 바울은 말한다. 인간이 하나님의 형상을 회복하고 신실한 청지기로서의 자리를 찾을 때를 기다리고 계신다. 그 귀향의 때에 우리는 순종으로 집을 세우는 책임을 다할 것이다. 그때에 우리는 다시 의로워져 우리가 마땅히 받을 영광을 회복할 것이다.

그렇다면 누가 제국의 모략에 신경 쓰겠는가? 누가 제국의 박해를 걱정하겠는가? 우리가 그리스도 안에 있는 집으로 환영을 받는다면, 누가 우리를 집 없는 자로 여기겠는가? 만일 그리스도가 죽으시고 부활하시어 하나님 우편에 앉아 계신다면, 누가 우리를 그의 사랑에서 끊겠는가? 누구도 어떤 것도 그럴 수 없다! 집을 없애는 제국의 세력들은 이 희망의 부활능력 앞에 무력하다. 어떤 것도 우리를 하나님의 사랑에서 끊을 수 없다. 어떤 것도 우리를 다시 집이 없도록 만들지 못한다.

아무것도, 즉 우리 자신을 제외한 어떤 것도 그럴 수 없다. 제국은 우리에게 힘을 쓸 수 없지만, 우리 자신은 여전히 스스로 집 없는 상태가 될 수 있다. 우리는 약속을 거부할 수 있다. 그리고 이것이 바울의 가장 깊은 고뇌다. 제국이 그의 동료 유대인들에게 할 수 있는 것은 별로 중요하지 않다. 그의 형제자매들이 스스로에게 하는 것이 문제다.

자기배제라는 비극과 하나님의 신실하심 (롬 9:1-11:36)

사도는 8장 끝에서 강력하고 담대하게 반제국적 선언을 하다가 9장 서두에서 깊고 참을 수 없는 근심으로 옮겨간다. 이스라엘이 집으로 돌아오기를 거부하기 때문에 그의 고통은 그치지 않는다. 온 세상이 기쁨으로 받아들인 예수 안에서의 귀향은 메시아의 귀향이다. 이것은 처음부터 언약적 소망이었던 아브라함에게 주신 귀향의 약속이다. 하지만 사도 바울의 유대인 형제자매들 대다수가 이 귀향을 거부하고 포로로 남아 있다. 이것은 사도 바울에게 신학적 난제를 만들 뿐 아니라 "큰 근심과 마음에 그치지 않는 고통"(9:2)을 만들었다. 바울은 말한다. "그들은 이스라엘 백성이고 양자됨과 영광과 언약들과 율법을 세우신 것과 예배와 약속들이 그들에게 속하고 조상들도 그들의 것이요, 육신으로 하면 그리스도가 그들에게서 나셨으니 그는 만물 위에 계셔서 세세에 찬양을 받으실 하나님이시라. 아멘"(9:4-5).

이것은 그들의 이야기이지만, 절정에 이른 지금 그들은 이 이야기 밖에서 안을 들여다보고 있는 자신들을 발견한다. 여기에 이중의 비극이 있다. 제국이라는 외부세력에 집을 잃고 포로가 된 민족이 이제는 그토록 오래 기다려온 바로 그 메시아를 거부함으로써 스스로 집이 없게 된 것이다.

이것을 어떻게 이해해야 할까? 이스라엘의 하나님의 구원을 바라지 않았던 자들은 우연히 이 귀향에 참여하게 되었는데, 그토록 구원을 갈망하고 기다려온 자들은 걸려 넘어지다니 이것을 어떻게 이해할까? 시온에는 모퉁잇돌이 있다. 이는 하나님 나라를 위한 초석이다. 하지만 어떤 이들은 이 돌에 걸려 넘어질 것이다(9:32-33). 이 집의 기초인 바로 그 돌이 걸림돌이 되어, 먼저 약속을 받은 자들을 막고 있다.

일이 생각한 대로 되지 않을 때 당신은 어떻게 하는가? 바울이 이 편지에서 하는 일을 당신도 할 것이다. 말이 되도록 이야기를 재구성해보는 것이다. 집은 언제나 이야기로 풀어진다. 집이 무너지면, 그 이야기는 재구성되어야 한다. 그리고 바울이 이 재구성을 위해 가져온 질문은 어떻게 이스라엘의 불신과 하나님의 의를 조화시키는가다. 이것이 이스라엘과 그들의 신실하신 언약의 하나님의 이야기인데, 이야기의 절정에서 이스라엘이 스스로 배제되었다면 여기서 무슨 일이 일어난 것인가?

사도 바울에게 이것은 단지 골치 아픈 신학적 문제가 아니었다. 바울은 이스라엘의 이야기를 재구성해서 로마에 있는 교회 공동체들에게 들려주는데, 유대인들은 로마 제국이 유대에서 온 이스라엘 민족을 골칫거리로 보던 방식을 그대로 답습하여 자신들을 수치스러운 민족이라 생각하는 반면 이방인 그리스도인들은 오만함을 갖고 있었는데 바로 그 오만함을 지적하며 이야기를 재구성한다. 그래서 그는 지배적인 로마의 이야기를 약화시키고 무력화하는 이야기를 계속한다. 사도는 이 이야기가 "만물 위에 있는 메시아"(더 낫게 말하자면 "만물 위에 계시어 세세히 찬양을 받으실 하나님")[29] 안에서 해결책을 찾게 될 것이라고 말한다. 세상의 주로 아우구스투스를 왕좌에 앉힌 이념과의 수사적 충돌이 이보다 더 분명할 수는 없을 것이다.

그래서 바울은 이스라엘과 로마 둘 다를 생각하면서 그 이야기를 재구성하는데, 또다시 쟁점은 하나님의 정의다. 그 정의는 어떻게 실현될까? 그리고 그 정의는 어떤 모습일까? 선택받은 백성은 하나님의 정의에 대해 무지하고, 하나님의 정의가 갖는 호의적이고, 치유하고, 용서하고,

---

29 Wright, "Letter to the Romans," 624.

관대하고, 긍휼이 많고, 구원하시는 능력에 대해 알지 못하기 때문에 스스로 정의를 세우고자 힘쓴다(10:3). 바로 "자신의 정의"다. 많이 들어본 말이 아닌가? 이것이 제국이 늘 하던 일이다. 그들은 하나님의 정의가 아닌 자신들의 정의를 스스로 구한다. 그래서 이스라엘이 다시 한번 제국처럼 보이기 시작했는지 모른다.[30]

바울은 랍비식의 성서 주해를 하는데 이는 현대 신학을 공부하는 사람들에게는 분명히 생소한 일일 것이다. 8장에서 육신과 영을 대조할 때 함축적으로 언급되던 것이 이제 로마서 10장에서 신명기 30장을 인용하며 명백하게 드러난다. 포로생활을 예견하고 하나님의 은혜로운 섭리로 포로에서 돌아오게 될 거라는 토라의 이 구절이 그리스도의 관점에서 한 줄 한 줄 해석된다.

이 의(righteousness)는 어디에 있나? 이 정의는 어디에 있나? 포로에서 돌아오게 된다는 소망, 우리의 기다림과 열망의 성취는 어디에 있나? 하늘에 있는가? 무저갱(흥미롭게도 신명기에서 잘못 인용되었는데, 지금은 다루지 않겠다)에 있는가? 아니다. 우리는 하늘에 올라갈 필요도 없고(그리스도를 모셔 내려오기 위해라고 바울은 덧붙인다) 무저갱에 내려갈 필요도 없다(죽은 자 가운데서 예수를 모셔 올리려고라고 바울은 덧붙인다). 왜냐하면 이 말씀(성취되었다는 증언, 천국의 도래와 포로생활의 종식을 알리는 선포)은 "네게 가까워 네 입

---

30 이것은 이스라엘 역사에서 되풀이되던 유혹이었는데, "다른 나라들처럼 왕"을 세워 이스라엘을 다스리고 영토를 확장하려는 군주제의 설립에서 가장 두드러지게 나타났다. 이것은 또한 바울이 롬 9-11장에서 인용한 이사야의 많은 구절에서도 보여주는 역사적 현실이었다. 이스라엘은 언약의 하나님을 신뢰하기보다는 다른 세력들과 동맹하여 안전을 찾고자 했다(사 1:9; 8:14; 10:22; 11:10; 28:16; 29:10; 모두 롬 9-11장에 언급된다). 바울은 또한 사 45:52-53; 59장; 65장을 인용한다. 다음을 참조하라. J. Ross Wagner, *Heralds of Good News: Isaiah and Paul in Concert in the Letter to the Romans* (Leiden: Brill, 2003).

에 있으며 네 마음에 있기"(10:8; 신 30:14 인용) 때문이다. 그것은 아주 가까이에 있어 맛볼 수도, 느낄 수도, 충분히 이해할 수 있어 인생을 걸 수 있다. 왜인가? 바울은 복음이 선포되었기 때문이라고 말한다! 기쁜 소식이 전파되었다!

포로에서 해방되어 이 천국을 맛보기 위해 필요한 것은 입으로 시인하고 가까이 있는 말씀, 즉 예수가 주님이심을 마음으로 믿기만 하면 된다. 이것을 시인하고 예수가 죽은 자 가운데서 살아나신 것을 마음으로 믿기만 하면 구원을 받게 된다.

하지만 뜻밖의 결말이 있다. 이 천국을 받아들이고, 그리스도를 받아들이기 위해서는 이스라엘의 이야기를 예수를 가리키는 이야기로 재해석해야 한다. 예수가 바로 모세가 말한 가까이 있는 그 말씀이다. 이 메시아를 영접하는 것은 그의 죽음과 부활의 이야기를 이스라엘의 이야기의 성취로, 그리고 모든 이스라엘 백성이 간절히 바라던 소망의 성취로 받아들이는 것이다. 그리고 그렇게 하는 것은 쉬운 일이 아니다. 때로는 당신의 기준에 맞기를 주장하다 그 약속의 성취를 놓칠 수도 있다. 물론 바울이 말하는 공개적인 선포도 어려운 일이다. 예수가 주님이심을 마음으로 믿고 입으로 시인하는 것 말이다. 당신이 유대인이든 이방인이든 로마에서 그런 고백을 한다면 목숨을 걸어야 할 것이다. 알다시피 모두 가이사를 주로 알고 있다. 하지만 유대인이 예수를 메시아일 뿐 아니라 구원의 주님으로 시인하는 것은 유대인들과 제국의 권력자들 모두를 어려운 관계에 처하게 하는 것이다. 가이사를 주라 선포하고 제국의 방식에 맞추는 것이 훨씬 쉽다.[31]

---

31   Neil Elliott은 알렉산드리아에 있는 유대인들이 로마 시민권을 의지하려고 했던 시도가 이

그래서 극히 소수의 유대인들만 메시아 예수를 영접한 것은 놀랄 일이 아니지만, 그 사실이 앞서 예언자 이사야의 마음을 슬프게 했던 것처럼 사도의 마음도 아프게 한다. 알다시피 포로 생활 중에 이사야는 "좋은 소식을 전하는 자의 발은 아름답도다!"라고 했다(사 52:7; 롬 10:15에 인용). 즉 제국 앞에서 귀향의 복음을 선포하는 것은 얼마나 구속적으로 아름다운가! 그러나 이사야는 동시에 "우리가 전한 소식을 누가 믿었나이까?"라고 애통해한다(사 53:1; 롬 10:16에 인용).

바울도 함께 애통해한다. 바울은 여전히 이스라엘에 대한 약속이 성취되기를 기다린다. 사실 바울은 앞에서도 만물이 메시아의 왕국이 오기를 기다리며 바라고 있다고 말했다. 그리고 지금은 복음을 선포하면서 만물의 목소리를 끌어낸다. 바울은 시편 19장을 인용하면서 소리가 온 땅에 퍼졌고 말씀이 땅끝까지 이르렀다고 말하는데, 이것이 그 소리다. 이것은 오시는 그분, 곧 길가의 돌들이 이스라엘의 왕이자 만물의 구속자라고 선포할 그분을 증언하는 만물의 소리다(10:18-19). 1:18-23에서 제국의 우상에 반하는 증언을 하도록 부름 받은 그 창조세계가 지금은 그리스도 안에 있는 귀향의 기쁜 소식을 듣지 않는 이스라엘에 반하여 증언하고 있다. 그들이 창조세계의 증언에 귀를 기울이지 않는다면, 모세의 말도 듣지 않을 것이다. 하나님이 그를 찾지 않던 백성에게 복을 주심으로써 자기 백성을 시기하게 하고 노엽게 하는 방식으로 이스라엘의 우상숭배에 대해 책임을 물을 것이라고 한 사람은 바로 모세였다(10:19; 신 32:21 인용). 바울도 정확히 똑같은 말을 하고 있다. 그를 찾지 않던 민족들이 포로생활이 끝났

구절에 드러난다고 말한다. 이 유대인들은 제국에서 그들의 평안과 위상을 찾고자 했다. 이는 바울이 제국에 접근한 방법과 정반대다. Elliott, *Arrogance of Nations*, 93-96, 117-18.

다는 좋은 소식의 수혜자가 되었다. 그러자 마치 상처(자기 상처!)에 소금을 문지르는 것 같은 고통이 되었다고 바울은 다시 이사야서를 인용한다. 하나님은 그를 찾지 아니하던 자들에게 찾은 바 되고, 묻지 아니한 자들에게 나타나셨다(롬 10:20; 사 65:1 인용).

그렇다면 지금 하나님은 무엇을 하시는 건가? "너희 기다림은 끝났다. 내가 예수 안에서 그 약속을 성취하기 위해 왔다는 것을 볼 수 없다면 너희들이 원하는 데까지 계속 기다려도 좋다. 하지만 너희 기다림은 헛될 것이다"라고 말씀하신 것인가? 성취되었기 때문에 기다림이 끝났다고 말씀하시는 것인가? 아니다. 하나님은 슬픈 어조로 "순종하지 아니하고 거슬러 말하는 백성에게 내가 종일 내 손을 벌렸노라"(롬 10:21; 사 65:2을 인용)라고 말씀하신다. 온종일, 사실은 수 세대에 걸쳐 하나님은 당신의 손(치유의 손, 용서의 손, 포로들을 집으로 돌아오게 하신 손)을 벌리셨다. 그리고 하나님은 여전히 손을 벌리고 계신다. 하나님의 피 묻은 손, 못에 찔린 손은 아직도 펼쳐져 있다. 기다림이 끝났는가? 아니다. 하나님은 여전히 기다리고 계신다. 이것이 하나님의 정의다. 이것이 하나님의 언약적 신실하심이다.

포로생활이 끝났고, 귀환이 선포되었고, 모든 창조세계가 기쁜 소식을 울린다. 그리고 은혜는 메시아를 거부한 상황에도 남아 있다. 지금 바울이 말하는 것을 이해하도록 복음의 비유를 든다면, 탕자가 집으로 돌아왔는데 이방 친구들을 함께 데리고 왔다고 말하는 것과 같다. 귀향 잔치가 시작되었고 형은 아직 밖에 있다. 실제로 귀향 잔치가 시작되었고, 탕자의 모든 이방 친구들은 아버지의 집에 양자로 들여졌고, 언약 공동체에 접붙임되었다(11:17-21). 그렇다면 형은 어떻게 될까? 잔치에 함께하기를 거부하는 자에게는 어떤 일이 생길까? 그가 집으로 돌아오기를 거부한다면 어떻게 될까?

아버지의 인자하심과 사랑은 변함이 없다. 이분은 언약을 신실히 지키시는 하나님, 언약적 정의를 이루시는 하나님이시다. 그리고 그 정의는 형에게까지 확대된다. 그 환영하는 정의, 펼친 손은 여전히 그를 향해 펼쳐져 있다. 그는 여전히 가족이다. 그가 복음의 원수(11:28), 귀향의 기쁜 소식의 원수라도, 약속을 지키시는 하나님의 집은 여전히 그의 집이다. 이것은 이스라엘의 이야기이고, 그들은 여전히 사랑받고 있다. 하나님의 은사와 귀향에 대한 약속은 후회하심이 없다(11:29). 이것은 모두에게(11:32), 원수들에게조차도(5:10; 12:20) 베푸시는 긍휼의 집이고, 그 집으로 들어가는 문은 결코 닫히지 않는다.

우리가 이 모든 것을 이해할 수 있을까? 물론 그럴 수 없다. 하나님의 지혜는 우리보다 풍성하다. 하나님의 지식은 우리가 헤아릴 수 없다. 우리가 할 일은 예배와 찬양을 드리는 것뿐이다(11:33-36).

예배, 공동체, 그리고 환대(롬 12:1-21)

사도 바울은 11:33-36에서 짧은 찬가를 부른 후에 로마서 12:1에서 "그러므로"라고 말하며 화제를 전환한다. "그러므로 형제들아, 내가 하나님의 모든 자비하심으로 너희에게 권하노니 너희 몸을 하나님이 기뻐하시는 거룩한 산 제물로 드리라. 이는 너희가 드릴 영적 예배니라."

그러므로. 즉 우리는 집을 파괴한 자들인데, 집을 파괴한 우리의 우상 숭배와 불의함이 집을 회복하는 예수 그리스도의 신실함으로 덮인 것이 사실이라면, 또 사망의 권세를 생명의 권세로 멸하신 것이 사실이라면, 또 집을 파괴하려는 죄가 여전히 우리 가운데 있음에도 성령이 우리 가운데 거하는 것이 사실이라면, 또 하나님의 자비가 모든 사람과 모든 피조물에게 내리는 것이 사실이라면, 바울은 로마의 그리스도인 청중들에게 그들의 몸을 새롭게 된 하나님의 집에 거룩한 산 제물로 드리라고 담대히 권한다.

그런 다음 바울은 창조세계를 회복하는 하나님의 자비하심과 귀향을 가능케 하는 예수 그리스도의 능력에 대한 반응으로, 그들의 구체적인 삶을 제국의 정치적 통일체(body politic)에 대한 대안으로 살아내라고 말한다. 그러한 철저한 희생과 헌신만이 참된 예배로 받아들여질 수 있다. 더 이상 집을 파괴하는 제국의 이념에 포로가 되지 말고, 고향을 잃은 가운데서도 돌아갈 길을 분별하여 마음을 새롭게 함으로 변화를 받으라. 귀향에 대한 새로운 마음이 있을 때에만, 분별력 있는 사람이 된다. 그러면 눈물로 가득한 창조주의 눈빛으로 세상을 바라보게 될 것이다. 그러면 하나님의 애통함을 깨닫고 하나님의 소망에 참여하게 될 것이다.

로마서 12장에는 귀향 공동체의 선언문이 나온다. 메시아 예수 안에서 절정에 이르게 되는 이스라엘 이야기에 충실할 때 집은 어떤 모습일지가 나온다. 이야기는 특징을 만들어낸다. 하나님의 언약적 신실하심과 정의에 대한 이 이야기가 이 공동체의 삶에 근간이 되는 이야기라면, 그 삶의 특징은 무엇일까? 로마 안에 있는 교회라는 집은 어떤 특징이 있을까?

집은 노력의 결과가 아니라 선물이라는 것을 보았듯이, 바울은 이 집을 세우는 공동체를 선물(은사) 안에 뿌리내리게 한다. 하지만 이 선물(은사)들은 제국에서와는 달리 은혜로 받는 것임에 주목하라. "내게 주신 은혜로 말하노니…"(12:3). 제국의 집에서는 선물들이 사회경제적 지위와 생물학에 달려 있었다. 예를 들어, 남자면 이성이라는 선물을 받았고, 남자아이라면 이 선물을 발전시킬 수 있다. 하지만 여자라면 이성이라는 선물을 받았어도 권위가 없다. 그러나 노예는 아예 이 선물을 받을 수 없다.[32] 지도력과 관련해서는 더욱 그러했다. 남자가 가장인 집에서 그런 선물들은 집을 다스리는 남자들에게만 속한 것으로 여겨졌다.

그러나 바울은 이런 문제들에 대해 제대로 판단하라고 요청한다. "마땅히 생각할 그 이상의 생각을 품지 말고", "오직 하나님께서 각 사람에게 나누어주신 믿음의 분량대로 지혜롭게 생각하라"(12:3). 제국의 집이 갖는 오만과 우월감은 대안적인 예수의 이야기에 뿌리를 둔 공동체에는 적절하지 않다. 바울은 당신의 집이 제국이 아닌 공동체의 믿음 안에 드러나는 하나님의 선물로 세워진다고 말한다.

제국이 몸(sōma), 실로 정치적 통일체인 것처럼 교회도 몸이다(12:4-5). 바울이 로마와 다른 곳에 있는 교회를 그리스도의 몸으로 말한 것은 의도적인 도발이다. 몸은 많은 지체를 갖고 있고, 이 서로 다른 지체들이 협력하여 기능한다. 제국은 노예, 이민자, 노숙자, 자영업자, 농부, 군인, 귀족 지배층에 속하는 성직자, 황실과 그 몸의 머리인 황제로 지체들이 위계적으로 구성되어 있다. 바울이 말하는 몸은 제국의 구조와 근본적으로 다르게 다양한 은사를 사용하는 사람들로 이루어진다. 이것은 예언의 은사, 사역의 은사, 가르침의 은사, 권면(또는 위로)의 은사, 구제의 은사, 다스림의 은사, 긍휼의 은사를 가진 사람들로 이루어진 한 몸이다(12:6-8). 정치적 통일체의 중심에 사역, 위로, 구제와 긍휼이 있을 것이라고 누가 생각했겠는가? 게다가 이 모든 것의 기초가 되는 내러티브를 고려해볼 때 예언, 가르침, 다스림의 은사들이 사역과 위로와 관대함과 환영의 공동체를

---

32   Aristotle, *Politics* 1.1260a.

만들어냈다. 그리고 16장의 인사말을 미리 보면, 이 은사들은 성별과 계층의 경계를 넘어 서로 기뻐하며 사용받는다.

그런 다음 바울은 이러한 은사들을 사용할 때 만들어질 공동체를 묘사한다. 이 구속의 집을 지어가는 데 있어 당신이 설 자리와 고유한 은사를 이해하면서, 언약적 집의 핵심인 사랑으로 공동체적인 삶을 살아야 한다(12:9). 이것이 귀향의 이야기라면, 환영하는 집을 세우는 사람들이 되어라. 그런 집은 후원으로 세워지는 제국의 세계에서는 지어질 수 없다. 제국의 집은 고객들과 낮은 계급의 구성원들이 후원자의 호의를 바라며 섬기고 헌신한다. 하지만 바울은 진실하게 사랑하라고 말한다. 서로 깊이 사랑하고, 높은 데에 있는 자들에게 낮은 자들이 하는 가짜 사랑으로 하지 말라(12:10)고 한다. 바울은 지도층만 존중하는 제국에서 그리스도인들은 모든 사람을 존중해야 한다고 말하며 이 요지를 강조한다. 권위자들의 환심을 구하지 말고, "억압받는 자들과 함께하라"(12:16 저자의 번역)고 말한다.[33] 긍휼의 공동체로서 즐거워하는 자들과 함께 즐거워하고 우는 자들과 함께 울라(12:15)고 말한다. 빈부가 존재하는 제국에서 경제적 관대함을 실천하는 공동체가 되라고 요청한다(12:13).

이것이 교회가 내적으로 또한 더 넓은 의미의 공동체 안에서 행해야 할 헌장이다. 두려워서 폐쇄적으로 자신을 보호하는 문화에서 낯선 이들을 대접하라(12:13). 박해하는 자들과 당신의 거처를 빼앗는 자들을 축복하라(12:14). 당신의 집을 무너뜨린 자들이 굶주리거든 먹이라(12:20). 이것은 하나님의 집이니 악에게 지지 말고 선으로 악을 이기라(12:21). "할

---

33 "억압당하는 자들과 함께한다"(making one's way with the oppressed)가 "미천한 자들과 연합한다"(associate with the lowly)보다 12:16의 의미를 더 잘 나타낸다. 참조 Elliot, *Arrogance of Nations*, 152.

수 있거든, 모든 사람과 더불어 화목하라"(12:18). 당신은 로마의 평화(*Pax Romana*)를 선포하지만 폭력과 박해 위에 세워진 도시에 살고 있다. 하지만 악을 악으로 갚는 사망의 길을 도모하지 말라(12:17). 그것은 폭력적인 집 없음의 길일 뿐이다. 차라리 사람의 지혜로는 이해할 수 없는 평화를 로마에 보여주는 집이 되라.

이 가정의 헌장을 통해 우리는 예레미아가 바빌로니아에 포로로 끌려간 자들에게 하는 조언을 듣게 된다. "그 성읍의 평안을 구하라"(렘 29:7 저자의 번역). 그 성읍이 당신을 위협하고 당신과 이웃들에게서 그런 평안을 빼앗는데도 말이다.[34]

집을 죽이는 국가를 조심하라(롬 13:1-14)

로마서 13장을 전통적인 방식으로 읽게 되면, 로마서는 이스라엘의 예언적 전통에서 분리되고 복음 안에서 우리가 예수에 대해 알고 있는 모든 것들과 단절되고 만다. 뿐만 아니라 로마서 12장과 로마서 전체의 맥락에서 로마서 13장을 읽지 못하게 된다.

바울은 제국 한복판에 있던 공동체에게 편지를 썼고, 그 편지 시작부터 제국에 반대하는 복음을 선포했던 것이 분명하다. 그는 제국 한복판에서 새로이 해방된 믿음의 집을 이룰 대안적 상상력을 갖게 해준다.

이때 그 편지가 읽히는 것을 들은 공동체 구성원들은 이렇게 물을 수 있었을 것이다. "우리가 받는 박해의 원인이 되는 이 세대와 통치자와 권

---

34 롬 12장을 6장과 8장에서 좀 더 길게 논의할 것이다.

세들에게 순응하지 않으면, 아직 우리 주님이 완전히 오시기 전인 지금은 그들과 어떤 관계를 맺으며 살아야 합니까?" 예수의 집은 그리스도와 정반대되는 "주 가이사"를 섬기는 집과 어떻게 관계를 맺어야 할까?

바울이 그 공동체에게 가이사의 집에 속하라고 조언할 수 있었을까? 이 공동체의 삶에서, 그리스도와 황제 사이에서 합법적으로 통치권을 분리할 수 있었을까? 앞에서 살펴본 12장까지의 내용을 보면, 이것은 불가능해 보인다.

가이사를 신들이 세운 집의 머리로 삼는 도시에서, 바울은 집은 하나님께 속한 것이고 가이사의 권세도 하나님이 주신 것이며 진짜 주인은 그분의 아들임을 분명히 한다(13:1). 가이사는 부여받은 권세를 가지고 심판과 공포, 두려움, 분노, 그리고 칼로 다스리는 집을 만들 뿐이다(13:2-4). 이것은 바울이 12장에서 설명한 환대와 관용, 결속과 용서의 집과는 대조가 된다. 교회(그리스도의)라는 몸은 제국의 정치적 통일체에 대한 근본적인 대안이다. 이 로마의 **정치적 통일체**는 폭력과 무력에 뿌리를 두고 있기 때문에, 바울은 그리스도인 공동체가 주 예수 그리스도의 집에 속했다는 것을 늘 기억하며 필요하다면 신중하게 제국을 두려워하고 존중할 줄 알아야 한다고 권고한다. 그는 폭력적인 로마의 집에 속한 사람들에게 우리가 하나님께로부터 받은 것(서로 사랑하라)을 행해야 함을 기억하라고 권고한다. 왜냐하면 그래야 이 이야기가 완성되기 때문이다.

그러면서 바울은 이러한 모순을 이해하지 못한 사람들에게 수고스럽지만 그의 논지를 명확하게 하려는 듯, 살인, 간음, 도둑질, 탐심이라는 죄악 위에 건설된 제국의 집에 맞서 그러한 죄들을 거부하라는 명령을 인용한다. 네로의 집은 결국 클라우디우스가 저지른 살인으로 세워졌다. 네로의 침실은 그가 원하는 대상과 성관계를 하는 놀이터였다. 그리고 그의 제국은 만족을 모르는 탐욕으로 가득했다.[35] 만일 바울이 예수 안에 뿌리내린 새로운 집을 바라는 것이라면, 그 집은 이러한 제국의 집과 정반대일 것이다. 이스라엘 안에 뿌리내리고 있고 예수 안에서 깊어진 또 다른 법, 즉 사랑의 법이 로마법을 이기고 심판한다.

그리고 그 제국적 질서를 묵살하라는 뜻을 아직 파악하지 못한 사람이 있을 경우를 대비해, 바울은 시기(what time it is)에 대해 언급하며 논지를 더 밀어붙인다. "또한 너희가 이 시기를 알거니와 자다가 깰 때가 벌써 되었으니 이는 이제 우리의 구원이 처음 믿을 때보다 가까웠음이라"(13:11-12). 제국의 집이 만들어낸 대중적인 견해와는 달리 이 시기는 빛이 아닌 어둠의 시기이고, 이 제국은 밤에 갇혔다. 당신은 이제 이 카드로 만든 제국의 집이 무너질 때임을 안다. 성적 약탈과 탐욕, 기만과 폭력에 뿌리를 둔 "집"은 결코 집일 수 없다. 그러니 어둠의 일을 버려라. 방탕과 시기를 버리고 제국의 집의 허울을 벗고 그리스도의 옷을 입고 빛 가운데서 살아라.

집을 세우는 삶에서 분별력을 가지라고 바울은 말한다. 우리는 제국의 그늘 아래서 집을 세운다. 어둠 속에서 집을 세운다. 하지만 이것을 명심하라. "밤은 깊고, 낮이 가까웠다." 그러니 집을 무너뜨리는 어둠이 계속될지라도 빛 가운데 살고, 귀향의 소망 가운데 살라.[36]

---

35 Elliott은 이렇게 말한다. "로마서를 기록하던 당시 네로 황제가 신임 총독에게 내린 지시는 다음과 같다. '내가 원하는 것을 알 것이다. 누구도 아무것도 소유하지 못하게 해라.'" Elliott, *Arrogance of the Nations*, 43.

36 이 책 6장과 8장에서 롬 13장을 다룰 것이다.

공동체 생활에서 인격적으로 행하기 (롬 14:1-15:13)

제국의 어둠이 아닌 귀향의 빛 속에서 산다는 것은 무슨 의미인가? "믿음이 연약한 자를 환영하라"(14:1 저자의 번역). "그리스도가 너희를 받으신 것 같이…서로를 받아라"(15:7). 이것이 급진적인 환대, 급진적인 환영의 공동체다. 그러므로 "정죄해서는 안 된다"고 바울은 말한다(14:3). "정죄하는 너희는 누구냐?"(14:4) "어찌하여 정죄하느냐?"(14:10) "이러므로 우리 각 사람이 자기 일을 하나님께 직고하리라"(14:12). "그런즉 우리가 서로 비방하지 말자"(14:13). 이 집에서는 환영이 심판을 불가능하게 하기에 바울은 다양한 삶을 포용할 방법을 찾고자 고심한다. "하나님의 나라는 먹고 마시는 것이 아니라 성령 안에서 의와 화평과 기쁨"(14:17)이기에 이 공동체는 "화평과 서로 덕을 세우는 일에 힘써야 한다"(14:19). 이것은 "이웃에게 선을 행하고 덕을 세우는 공동체"(15:2)이기에 "예수 그리스도를 본받아 서로 뜻을 같이하여 살고, 한마음과 한 입으로 하나님 곧 우리 주 예수 그리스도의 아버지께 영광을 드려야 한다"(15:5-6).

화평, 화목, 환영. 우리는 다른 이들을 배척하는 비판을 행하는 집에 살지 않고, 모두가 환영받는 집을 세우고자 한다. 그러므로 믿음이 약한 자들을 환영하라. 그리고 천국이 되도록, 예수에게 걸려 넘어지지 않는 길을 이미 찾은 사람들 앞에 걸림돌을 놓지 마라.

그러나 바울은 순진한 다원주의를 따르거나 모든 사람이 화목하게 되기를 바라는 단순한 바람에서 모두를 포용하라고 조언하는 것이 아니다. 이것은 기본적으로 주권의 문제다. 바울은 말한다. "우리는 자기를 위하여 사는 것이 아니고, 자기를 위하여 죽지도 않는다. 우리가 사는 것은 주님을 위하여 살고, 우리가 죽는 것은 주님을 위하여 죽는 것이다. 그런

즉 사나 죽으나 우리는 주님의 것이다. 이를 위하여 그리스도가 죽었다가 다시 사셨으니, 이는 죽은 자와 산 자의 주님이 되려 하심이다"(14:7-9, 개역개정을 사용하지 않음). 우리 친구인 레이첼 툴록(Rachel Tulloch)이 이에 대해 이렇게 논한 바 있다. 바울에게 "연합이란 모든 세부적인 것들을 **일치**시키는 것이 아니라 행동과 확신의 **방향**을 맞추는 것이다. 누구를 위해 먹고 안 먹고를 결정하는가? 누구를 위해 축하하고 안 하고를 결정하는가? 좀 더 결정적으로, 누구를 위해 살고 죽고를 결정하는가? 우리는 누구에게 속했는가?"[37] 문제는 누가 주인이고, 또 그 주인 아래서 함께 집을 세우고 공동체를 이루며 산다는 것은 무슨 의미인가다.

이 집에는 우리와 심각한 의견 차이가 있는 자들을 포용하기 위한 깊고 심오한 헌신이 있다. 툴록은 다음과 같이 설명한다.

여기에는 죽는 것도 포함된다. 바울이 교회 내의 의견 차이를 논하다가 재빨리 주를 위해 죽고 사는 문제로 넘어가는 것을 보면 흥미롭다. 왜냐하면 환영의 공동체는 또한 십자가의 공동체이기 때문이다. 그래서 우리 주인이 누구인지가 그렇게 중요한 것이다. 우리는 다른 사람을 환영하기 위해 우리 자신을 아낌없이 바쳐야 한다. 분명히 잘못되었다고 확신하는 사람도 포용하는 것은 자신을 부인한 자들을 위해 목숨을 버리신 그분을 영접하는 것의 연장이다. 우리는 그분을 위해 죽기도 하고 살기도 해야 하며 우리 모두가 그분에게 응답해야 한다.

---

37 이것과 아래 인용구들은 Wine Before Breakfast, University of Toronto, February 27, 2007 설교에서 가져온 것이다.

주 예수의 집은 황제 네로의 집과 정반대다. 로마의 그리스도인들(유대인이나 헬라인이나 똑같이)은 누구의 집에서 살지를 결정해야 했다.[38]

집: 로마에서 예루살렘으로 그리고 스페인으로(롬 15:14-16:27)

그것이 바울이 로마에 있는 형제자매들에게 편지를 쓴 이유였다. 그들의 도시 안에 있는 긴장들 사이에서, 그리고 배척의 문화(그것이 갖는 지위와 명예, 수치와 박해의 구조) 속에서 그들이 환영의 집이 되도록 하기 위해 바울은 편지를 썼다. 복음이 예수 그리스도의 신실하심으로 인해 우리가 늘 바라던 집으로 갈 수 있는 문이 열린 것이라면, 그리스도인들은 환대와 집을 세우는 공동체로 부르심을 받은 것이다. 바울은 이 편지 전체에서, 이 공동체 안에서 형제자매들이 새로운 창조라는 부활의 새벽에 집으로 돌아오고 있다고 선포한다.

이 귀향은 어디서나 일어나고 있다. 아가야와 마케도니아에 있는 성도들이 예루살렘에 있는 가난한 성도들을 위하여 바울에게 선물을 보냈다. 바울은 복음을 전하기 위해 스페인으로 가기를 바라는데 이는 "야만인들"도 그리스도의 집에서 환영받기 때문이다. 사실 바울은 제국 한복판에 있는 사람들에게 이 야만인들을 환영하는 걸 도와달라고 요청한다.

편지는 공동체에 속한 다양한 사람들에게 인사를 전하며 끝을 맺는다. 바울의 귀향에 대한 비전은 이 인사말만큼 폭넓다. 그는 남자와 여자, 힘 있는 자와 힘없는 자, 노예와 자유인, 상류층과 최하층민 모두에게 인

---

38   이 책 7장에서 롬 14장 15장을 좀 더 자세히 살펴보겠다.

사하며 그들을 예수 안에 세워진 집으로 초대한다. 유대인과 이방인이 서로 긴장관계에 놓여 있던 공동체 안에서, 바울은 모두에게 인사를 건넨다. 또 서로 인사하라고 권면한다. 제국의 집과 가까운 자들과 권력의 끝에 있는 자들, 제국에서 높은 지위에 있는 자들과 수치스럽게 여겨지는 자들, 모두가 서로 인사하며 사회가 부여한 차별을 없애라고 요구한다. 제국이 배제한 자들을 수용하고 사회 권력 계층이 경멸하는 자들을 존중하라고 말한다. 쌍방이 서로 그렇게 해야 한다. 예수의 집에서는 모두가 환영받는다. 억압하던 자들도 형제자매로 환영받는다.

또 이 새로운 통일체인 그리스도의 몸 된 교회에서 친밀함이란 서로가 육체적으로 환영하는 것이다. "거룩하게 입맞춤으로 서로 문안하라"(16:16). 그것은 자신의 종을 강간하는 주인이 행하던 외설적이고 공격적인 입맞춤이 아니다. 이것은 사도 바울이 공동체에게 서로 행하라고 명하는 거룩한 입맞춤이다. 이것은 한 가족으로 받아들이는 입맞춤이다. 이것은 형제자매들 사이의 입맞춤이며, 제국의 인종, 정치, 성별, 경제적 경계를 무너뜨린다. 이것은 가이사의 제국의 집과는 대조되는 예수의 가족을 특징짓는 사랑스럽고 존중하는 입맞춤이다.

바울의 목적이 정말로 예수 안에 뿌리내린 집에 대한 새로운 생각을 키우는 것이라면, 그가 편지 마지막에서 가장 강력한 언어를 쓴 것은 놀라운 일이 아니다. 그는 인사를 전한 사람들에게 수용하고 환영하는 공동체를 만들라고 당부한 후에, 모든 청중을 향해서 거슬러 분쟁을 일으키거나 바울이 이 편지에서 설명한 복음에 반대되는 것을 전하는 자들을 주의하라고 말한다(16:17). 우리가 하나님의 가족이고, 우리가 하나님의 집에 속해 있고, 우리가 예수 그리스도 안에서 하나님을 향해 그리고 우리 자신과 모든 피조물과 서로를 향해 집으로 돌아왔다면, 그 집에서 분쟁을 일으키는 자들을 조심해야 한다. 억압의 경계를 다시 세우고, 분쟁의 벽을 다시 세우고, 제국의 배제목록을 재구성하는 자들을 조심해야 한다.

그리고 바울은 끝까지 반제국적인 관점을 견지하며 마지막 무장해제의 일격을 가한다. 로마가 평화라고 부르는 것이 사실은 억압이라는 것을 잘 알았기에(포로의 머리에 로마인이 발을 올리고 있는 제국의 동전이 팍스 로마나의 현실을 보여준다는 것을 알았기에), 바울은 가장 거칠고 노골적인 비난을 가한다. "평강의 하나님이 속히 사탄을 너희 발아래에서 상하게 하시리라"(16:20). 평강의 하나님(분열의 벽을 무너뜨리고, 존중과 수치의 범주들과 권력과 위계질서라는 구조를 허무신 분)이 팍스 로마나를 타도하신다. 제국이 피정복자들의 머리에 로마의 발을 올려놓는 대신, 바울은 담대하게 상황을 역전시킨다. 제국의 중심에 있는 폭력의 실제 세력인 사탄은 다른 주를 믿고 충성을 다하기로 맹세한 자들의 발아래 상하게 될 것이라고 바울은 선포한다. 바울은 편지 마지막에서 하나님의 집을 무너뜨리는 자들에 대해 엄중한 경고를 할 뿐 아니라, 처음부터 성경 이야기를 괴롭히던 집을 파괴하는 세력에 대해 묵시적 심판을 선언한다.

이제 집을 세우시고 구원하시는 지혜로우신 하나님께 예수 그리스도로 말미암아 영광이 세세 무궁토록 있을지어다. 아멘.

5장
창조세계와
집의 타락

땅을 위한 애가[1]

언제 처음 눈치챘나?

언제 기쁨이 슬픔으로 변했다는 것을 깨달았나?

눈을 떠서

  땅과

  강과

  습지를 보는 것이

고통스러워진 것이 언제인가?

즐거움이 탄식이 되었던

그 순간을 기억하는가?

손주들을 데리고 늘 가던 곳에 갔는데

  블루베리도 없고

  왜가리도 보이지 않고

  매도 보이지 않았던

때였나?

조카를 데리고 개구리를 잡으러 갔는데

개구리가 기형인 것을 보았을 때였나?

손자가 옛날에 늘 놀던 대로

---

1   이 부분은 Sylvia가 2015년 10월 2일 인디애나주 엘크하트에서 있었던 아나뱁티스트 메노
    파 성서 신학교(Anabaptist Mennonite Biblical Seminary) 주최로 열린 회의(the Rooted and
    Grounded Conference)에서 기조연설 했던 내용이다.

얼음 위에서 낚시를 하러 갔는데

얼음이 너무 얇아 물에 빠졌을 때였나?

예전에 토끼를 잡으며 놀았던

들판과 숲을 차로 지나가며

이제는 그곳에 살던 새 이름들인

   쌀먹이새

   들종다리

   찌르레기

같은 이름들로 불리는 도로만 있는 것을 보았을 때였나?

사과나무가 꽃을 피운 봄인데

열매에 가루받이를 하던 벌들이 없던 그때였는가?

강이 메마른 바위와 메마른 식물들, 메마른 뼈만

남은 계곡이 되어버린 것을 알았을 때였나?

기름이 땅에 스며들어

   습지로

   바다로

   물고기 속으로

   당신의 음식 안으로

   당신 아이들의 피로

들어가는 것을 지켜보았던 그 아침이었나?

눈을 들어보니

모래가 지평선까지 쌓여 있고
트럭은 타르가 섞인 땅을
더 깊이깊이 파고 있었던 그날이었나?

당신의 어머니,
당신의 아이,
당신의 이웃,
당신의 누이,
당신의 조카가
병을 진단받던 그날이었나?

캐나다 두루미가 더 이상 습지에 둥지를 틀지 않고,
카너블루 나비(Karner blue butterfly)가 더 이상
당신의 정원을 찾지 않는다는 것을 알게 된
그 여름이었나?

아니면 박주가리(Milkweed)에 제왕나비의 애벌레가 한 마리,
딱 한 마리밖에 없던
그해였나?

처음 알아챘을 때
당신은 울었는가?
탄식의 신음을 뱉었는가?

탄식은 황폐한 땅을 본
예언자들의 반응이었다.
탄식은 자기 땅이 고통받는 것을 본
예수의 반응이었다.
탄식은 이 땅의 신음을 들은
바울의 반응이었다.

바울. 그렇다. 바울.
사도 바울.

바울과 그의 여행들을 생각해보라.
직선으로 뻗은 돌이 깔린 제국의 길을
걷고 또 걷는다.

길마다 용의주도하게 환경을 해치고 있다.
12미터 폭에 3.5미터의 토대를 쌓은 길,
　땅을 다 파헤쳐놓았고
　물길을 끊어놓았으며
　숲을 벌목했고
　침식시켰다.[2]

2　J. Donald Hughes, *Environmental Problems of the Greeks and Romans: Ecology in the Ancient Mediterranean*, 2nd ed. (Baltimore: Johns Hopkins University Press, 2014), 180.

길들은 그 땅을 강탈할 수 있도록

군인들이 행진하기 쉽게 만들어졌다.

집약적 농경과 채광을 위해 만든 길들이

이탈리아와 그리스를 메마르고 건조한 풍경으로 바꾸어버렸다.

바울은 나무가 사라지고 바람에 흙이 날리는

벌거벗은 풍경 속을 걸었다.

갱도를 만들려고 베어간 나무들,

로마의 욕실을 데우려고 베어간 나무들,

로마의 음식을 하려고 베어간 나무들,

그릇을 만들고 제련하는 로마의 가마에서 쓰려고 베어간 나무들.

바울은 로마의 첫 속주를 걸었다.

로마가 북쪽으로 치고 올라가며, 자르고, 벗기고, 강탈하여

처음에는 헐벗은 정도였지만, 나중에는 황폐하게 버려진 곳이 되어 있었다.

바울은 물론 여행 전에도 이런 모습을 본 적이 있었다.

그는 조상들의 땅인 유대에서

로마가 마을을 파괴하는 것을 보았다.

로마는 비옥한 땅을 합병해서

한때 가족 농장이었던 곳에 현금 작물을 심었고

그 시골길을 군대가 지나가게 했고,

그들의 동물들은 사람이 먹을 곡식을 먹어 치웠다.

그때 제국의 희생자들을 보았기에

바울은 지금의 똑같은 희생이 놀랍지 않았다.

지금처럼 그때도 점령은 물을 도시로 끌어오는 것이어서

농부들은 농사를 지을 수 없었다.

그때 갈릴리 농부들의 기약 없는 굶주림이

지금은 팔레스타인 농부들에게서 보인다.

그때 유대인들이 당했던 강제 이주를

지금은 토착 원주민들이 당하고 있다.

그때 유대 사막에서 입이 마르도록 외치던 절규가

지금은 웨스트 뱅크의 절규가 되었다.

모두 제국의 희생자들이다.

우리가 그랬던 것처럼

바울도 분명 공허한 약속들을 들었다.

제국의 풍요라는 약속들.

그는 제국의 풍요와 결실을 찬송하는 시를 들었고,

(여신) 가이아와 풍요의 뿔(Cornucopia)과 함께 있는

아우구스투스의 형상을 보았고,

그녀의 풍성한 가슴에 안긴 로마를 보았다.

전에 들었던 그대로였다.

그의 전통에서,

성경에서,

예언자들의 목소리에서

풍요를 주겠다는 우상의 약속들을 들었었다.

가나안의 신 바알,

바빌로니아의 신 느보와 마르두크,

그리고 지금은 로마의 신들.

제국의 신들은 언제나 풍요를 약속하지만

땅을 착취하고 가난한 자들에게 고통을 주고

연약한 자들의 유산을 파괴한다.

바울은 전에도 다 들었다.

그래서 그는 제국의 한복판에 사는 자들에게,

로마에 사는 예수를 따르는 자들에게,

종이었던 자들에게,

전에 종이었던 자들에게,

고국을 잃고 로마로 이주해온 자들에게,

포로가 되어 매매되는 자들에게,

머리 둘 곳이 없던 자들에게,

주인의 부엌 모퉁이에서 잠들던 자들에게,

스스로를 시민이라 부를 수 있던 자들에게,

사람 대접을 못 받던 자들에게,

억압과 기근과 무력에 고통받고, 먹을 것 마실 것에 주리고 목마른 자들에게,

한겨울 밤에 걸칠 외투도 없이

국가의 손과 권력자들의 손에서 고통받던 자들에게,

숨조차 쉴 수 없던 자들에게,

항복했기에 아직 총을 맞지 않았지

안 그랬으면 경찰의 감금에 죽었을 자들에게,

애통의 편지를 쓴다.

바울이 편지를 쓰고 있는 이 모든 이들은
땅을 잃는다는 것이 무엇인지를 안다.
그것이 그들의 땅이든 조상들의 땅이든.
풍요의 약속이
　　가난한 자들,
　　굶주린 자들,
　　성욕을 풀기에 적절해 보이는 어린 남종들,
　　정욕에 쏠 만한 여종들,
　　목욕탕에 불을 지피는 자들,
　　석공들,
　　베틀 짜는 자들,
　　염색가공자들,
　　부두 노동자들,
　　곡물 취급자들,
　　가죽 무두장이들,
　　쓰레기 청소부들,
　　광부들,
　　현장 노동자들,
　　이주자들,
　　노숙자들에게는
주어지지 않는다는 것을
그들은 알았다.

그들을 위한 풍요는 없다.

그들의 배를 채울 고기는 없다.

그들의 목마름을 씻어줄 물은 없다.

그들의 몸을 지켜줄 보호는 없다.

그들의 외침을 들어줄 정의는 없다.

바울이 깊이 탄식하는 마음으로

이들에게 편지를 썼다는 것은 명백하다.

그렇다. 탄식이다.

바울은 복음의 좋은 소식

하나님이 불의를 고치시는 복음의 구원의 능력을 말하자마자

탄식으로 간다.

바울은 로마서 1:16-17에서

하나님의 놀라운 정의에 대한 좋은 소식을 선포한다.

그리고 바로 탄식으로 간다.

예언적 탄식,

땅에 대한 탄식,

우상숭배의 폭력에 대한 탄식,

그리고 제국의

경제적 착취에 대한 탄식이다.

이것은 전혀 놀랄 일이 아니다.

"의인은 믿음으로 말미암아 살리라"[3]는

하박국의 경이로운 믿음의 고백을 인용한 후,

바울은 사실 달리 갈 곳이 없었다.

결국 하박국의 고백이 나온 맥락도 탄식이었다.

예언자들이 담대하게 소망을 고백할 때는

항상 탄식 가운데였다.

모든 나타나는 증거들에 대항하며

예언자들은 하나님께서 구원하시고,

하나님께서 모든 것을 바로잡으시고,

창조주 하나님께서 이 땅과 그 안에 있는 것들을

회복**하실** 것이라고 선포한다.

바울은 하박국을 인용하면서 이 모든 것을 마음에 두었을 것이다.

그는 자기 민족의 이야기들을 기억했을 것이다.

배역한 재물을 가진 오만한 자들과

탐욕으로 만족할 줄 모르고 사람들을 자신들의 종으로 모으던 자들을[4]

예언자 하박국이 어떻게 정죄했는지 그는 기억했을 것이다.

가난한 자들을 감당 못 할 빚으로 궁지에 몰고,

사람들을 죽이고, 이 세상에 폭력을 가하고,[5]

빚진 자들을 사들이는 탐욕스러운 자들을

---

3   합 2:4 저자의 번역.

4   합 2:5.

5   합 2:6-8, 17.

하박국이 어떻게 생생하게 묘사했는지

그는 기억했을 것이다.

그들은 불의의 거처,

배제의 집을 만드는 자들이다.

창조세계가 그들을 거슬러 증언하니

그들은 변명하지 못한다.

돌들이 심판의 소리를 부르짖고

들보가 함께 외친다.[6]

왜 그들이 부르짖는가?

"사람이 피를 흘리고,

땅과 성읍들과 그 안에 사는 모든 사람에게

폭력을 가했기 때문이다."

예언자는 이렇게 두 번이나 말한다.[7]

바울은 이 예언적 말들을 알고 있었다.

그는 그런 성읍들을 본 적이 있었다.

그는 그런 폭력을 알고 있었다.

땅을 파괴하는 탐욕, 수치, 불경,

이 모든 것이 예언자의 말에 들어 있고,

사도 바울의 편지에도 메아리치고 있다.[8]

---

6   합 2:9-11.
7   합 2:8, 17에서 반복된다.
8   "동일한 내용인 합 2:8과 2:17은 탐욕(합 2:9; 참조. 롬 1:29), 수치(합 2:10; 참조. 롬 1:16)
    에서 일반적인 땅에서뿐 아니라 특정한 장소(레바논)의 불경과 동물들의 죽음(합 2:8, 17)
    으로 이동한다. 롬 1장에서도 수치, 탐욕, 불경(주로 롬 1:18에서 *ungodliness*로 번역)이라

하박국의 "의인은 믿음으로 살리라"는 고백은
교만하고 탐욕스러운 자들과의 대조에 구현되어
제국의 영성에 대한 대안으로 제시되고 있다는 것을
바울은 알았다.

모든 나타나는 증거들에 반하는,
의인들이 살 것이라는
하박국의 놀라운 확신은,
피 흘리고 우상숭배로 인해 경제적 착취가 일어나고
땅은 황폐화되고 그 안에 사는 사람들도 죽어가던
그런 상황에서 나온 것이다.

이것은 물론, 우상숭배의 언어다.
우상숭배는 돌들을 부르짖게 하고
나무늘보가 응답하게 한다.
우상숭배는 땅이 그 존엄을 상실하게 만든다.
이제 바울은 로마서에서 우상숭배로 옮겨간다.

바울이 말한다.
세상이 창조된 이래로,
"있으라"는 창조의 첫 말이 있은 이래로,

는 단어가 반복되는 것이 놀랍다." Sylvia Keesmaat, "Land, Idolatry, and Justice in Romans"
Conception, Reception, and the Spirit: Essays in Honor of Andrew T. Lincoln, ed. J. Gordon
McConville, Lloyd J. Pietersen (Eugene, OR: Cascaded Books, 2015), 93.

하나님께서 땅의 생물들과

　아름다운 나무와

　음식과

　씨를 위해

숲을 만드시고

우리에게 돌보고 가꾸어

우리 생명을 유지하도록 하신 이래로,

마치 신이 땅에 무릎을 꿇은 것처럼

하나님의 영이 우리에게 호흡을 불어넣으신 이래로,

그때 이래로, 우리는 하나님께서 만드신 것들을 통해서

하나님에 대해 알았다.

창조세계는 말하지 않는 것이 아니라 웅변을 하고 있다.

창조세계는 우리에게 하나님에 관해 말해준다.

바울이 이렇게 썼을 때,

하나님께서 만드신 많은 것들이

더 이상 말할 수 없게 되었다는 것을 알았을까?

우상숭배가 피조물들을 파괴하여

창조세계가 더 이상 말할 수 없게 만들었다는 것을 그는 알았을까?

그는 모든 종의 멸종에 대해 알고 있었을까?

아마 아닐 것이다.

하지만 우리는 안다.

그래서 스스로에게 물어야 한다.

다섯줄무늬 도마뱀이나 왕뜸부기를 보지 못하기 때문에

우리가 잃어버린 심오한 지식은 무엇일까?

우드콕(누른도요새)의 절묘한 춤이 하나님에 관해 무엇을 말해주었을까?

아니면 사탕줄무늬 매미충은 어떤가?

아니면 때까치는?

처음 외양간올빼미와

멕시코 방울뱀과

삼나무 아래서 사슴파리들에 둘러싸인

노랑복주머니난을 봤을 때,

하나님에 관해 무엇을 배웠는가?

바울은 로마가 북아프리카와 유럽, 그리스와 이란에서

많은 종을 멸종시키는 것을 보았지만,[9]

모든 창조세계가 하나님을 찬양하는 찬송의 소리가

영원히 들리지 않게 될 거라고는 생각하지 못했을 것이다.[10]

하지만 **우리**는 안다.

우리가 창조세계를 침묵하게 만들어서

이제 하나님에 관해 우리가 결코 알 수 없는 것들이 생겼다는 것을.

---

9   Hughes는 이러한 멸종 위기는 어느 정도 사냥, 채렵, 전쟁, 외래종 교류, 서식지 파괴에 기인
     한다고 설명한다. 그는 이렇게 요약 정리한다. "로마인들은 끈질기고 효율적이고 돈도 많이
     지불했기 때문에 지중해 연안에 걸쳐 동물과 축산물 거래를 장악했고 그래서 멸종의 주된
     책임이 그들에게 있었다." Hughes, *Environmental Problems*, 104.
10   그러나 Hughes는 이 당시 동물 개체 수가 감소하고 있는 것을 걱정하고 있었다고 말한다. 키
     케로가 시칠리아를 다스릴 때 표범의 개체 수가 줄어들고 있었기 때문에 표범 수렵을 금지
     했고, 여러 아프리카 통치자들도 로마의 사냥으로부터 동물들을 보호하기 위한 법을 개정했
     다. Hughes, *Environmental Problems*, 98-99.

창조세계가 하나님을 찬양한다는 시편 저자들의 말이

더 이상 우리의 현실이 될 수 없다는 것을 **우리**는 안다.

찬양의 노래가 이제는 그리움의 신음이 되었다는 것을 안다.

그리고 앞으로 알게 되겠지만, 바울도 그 신음에 대해 알고 있었다.

바울은 멸종에 대해서는 몰랐을 것이다.

하지만 우상숭배가 공허와

　열매 맺지 못함과

　무능함을 가져온다는 것은 알았다.

우리의 영광을 우상으로 바꾸고

하나님의 형상을 신실하게 지키는 자가 되기를 거부하고

그 힘을 다른 형상들에 넘긴 것이

　폭력을 가져오고

　땅을 잃게 하고

　신음하게 한다는 것을 바울은 알았다.

그래서 바울은 이스라엘의 역사에서 이것이 반복되었다고 말한다.

시편 106편은 광야에서 백성들이

어떻게 그들의 영광을 송아지 형상으로 바꿨는지

얘기하지 않았는가?[11]

시편 저자는 어떻게 그들이 우상숭배로

하나님을 잊고, 하나님께서 그들을 이끄셨던

11　시 106:19-20; 롬 1:23에서 반복됨.

농경지를 멸시했는지 다시 말하지 않았는가?[12]

그 백성이 자신의 아이들을

풍요의 신에게 제물로 바쳐서

그 땅이 피로 얼룩졌던 이야기를 듣지 않았는가?[13]

우리도 이런 이야기를 알고 있다. 그렇지 않은가?

제국의 신들의 이름으로 땅을 정복한 정착민들은

유익과 풍요의 신들을 믿었다.

정복자들은 땅을 경시하고,

　비옥한 초원을 갈아엎고,

　물소 떼를 몰살하고,

　토착 원주민들(Wendat, Anishnaabeg, Mississauga, Haudenosaunee족)의

　식량이자 약과 피난처이며 옷이었던

　숲을 벌목하지 않았던가?

아이들을 부모에게서 떼어놓은 것이

　피에 굶주린 신들 앞에 아이들을 희생제물로 바친 것이 아니라면

　달리 뭐라 말할 수 있겠는가?

시편 저자는 그들이 피로 땅을 더럽혔다고 말한다.

실제로 피로 더럽혀졌다.

바울의 말에서 예레미야의 탄식이 들리지 않는가?

이스라엘은 그들의 영광을

12　시 106:24.

13　시 106:37-39.

무익하고

공허하고

무능한 것들로 바꾸어

좋은 땅의 열매가 더럽혀지게 했다.[14]

그리고 분명히 바울은 그 땅의 애통함을 부르짖는 호세아의 외침과

그 애통함과

폭력의 치하에서 울부짖는 소리를

알았다.

예언자와 함께 사도는

살인, 간음, 도둑질이

그 땅의 피조물들,

들짐승들,

공중의 새들을

언제나 사망으로 이끈다는 것을 알았다.

바다의 물고기조차 죽어가고 있다.[15]

호세아는 계속 말한다.

그 백성이 그들의 영광을

수치로 바꾸었다고.[16]

---

14   렘 2:7-11; 롬 1:23에서 반복됨.

15   호 4:2-3.

16   호 4:7은 롬 1:23에서 분명하게 인용된다.

우리도 이런 것들을 알고 있다. 그렇지 않은가?

비옥한 땅은 소위 이윤과 석유, 가스를 얻으려고 희생되었고,

남은 것은 생명이 아닌 의미 없는 사망이었다.

우리는 그 땅의 슬픔을 안다.

　멕시코만이나 앨버타 연못가에 있는 기름을 덮어쓴 새들,

　강을 메우고 있는 물고기 사체들과

　강을 거슬러 올라가 떼죽음을 당한 연어들,

　우리 땅의 옥수수밭과 콩밭을 메운

　유전자 변이 곡식들이

　수치다.[17]

그리고 우리도 바울처럼, 제국의 이야기가 어디로 가는지 안다.

우상숭배는 언제나 성적이고 경제적인 폭력으로 이어진다는 것을

호세아도, 바울도, 우리도 안다.

영광을 수치로 바꾸게 되면

소모적이고 만족할 줄 모르는 상태가 되어

경제생활과 성생활에서뿐 아니라 삶의 모든 분야에서

불모와 결실의 상실을 초래한다고

예언자는 선포한다.[18]

17　유전자 조작 종자는 제초제에 내성이 생기도록 유전자를 변형한 것이다. 이 종자를 심기 전에 제초제를 뿌려 들의 모든 식물을 죽이고, 중간쯤에 또 한 번 제초제를 뿌려 농작물을 제외한 모든 식물을 죽였다. 이 때문에 먹이사슬의 다양성에 의존하는 식물들과 조류, 나비, 벌, 곤충들이 다 죽었다.

18　호 4:7, 10, 14.

이런 것들은 분리되지 않는다.

　가난한 자들,

　여자들,

　난민들에게 행한 폭력과

　땅에 대한 폭력, 지구에 대한 폭력을 분리할 수 없다.

우리가 우리의 영광을 바꾸었다면,

우리가 창조주의 형상을 닮은 자들이고,

　우리의 영광은 모든 피조물과 함께 서로를 보살피고

　사랑하는 것임을 깨닫지 못한다면,

폭력은 피할 수 없고 합법적인 것이 된다.

제국의 폭력의 상황에서,

즉 종들과 어린 소년들과 여자들을 성착취하던 곳,

그런 학대가 지배구조의 관행이 된 곳에서

바울은

주인들이 어린 남종들을 성적 노리개로 이용하고,

여성들을 강제로 여신 종교의 매춘부가 되게 하고,

지도층이 성폭력을 행하는 제국을

정죄한다.

고대 로마의 사회경제적 구조에서부터

　현대 토착민 기숙학교에 이르기까지,

　전쟁의 관행에서부터

　우리 시대 가장 취약한 자들의 삶에 이르기까지

땅을 강탈하고 약한 자들을 강탈하는 일은 늘 연결되어 있다.
제국의 우상숭배는 언제나, 언제나, 언제나
땅과 여성과 어린이와 가난한 자들을 강탈한다.

그리고 이러한 성폭력은 경제적 강포와 함께 간다고
바울은 말한다.
우상과 동침하는 자들은
모든 불의로 가득하다.

그래서 바울은 이런 폭력적인 마음이 허용하는 경제적 죄들에 대해 열거한다.
　탐욕, 악의, 시기, 약자 괴롭히기, 수군거림, 살인.
그는 이러한 경제적 폭력에 수반되는 태도들을 말한다.
　교활, 무례, 오만, 허풍.
우상숭배로 뒤틀린 그런 자들은
　추악, 어리석음, 불의, 무정, 무자비를 도모하는 자들이다(1:29-31).

우상과 동침하면, 우상에게 겁탈당하고
　당신도 그런 부류의 겁탈자가 될 것이다.
성경적 믿음 안에서, 그런 경제적 죄목들은 늘 땅과 관계가 있다.
　누가 땅에 접근할 수 있고
　누가 땅의 소유권을 빼앗을 수 있고
　누가 다른 이의 땅을 빼앗기 위해 판사에게 뇌물을 주고
　누가 그 땅에서 소출한 식량과 자원에 접근할 수 있는가.
우상숭배는 땅, 성, 경제 모두에 침투한다.

그러면 우리는? 기꺼이 우리의 우상숭배를 고백하겠는가?

강이 마른 뼈들의 계곡으로 변하고

물줄기가 오염되는 것을 보며 탄식할 때,

들판의 땅이 씻겨 흘러가고

벌들이 죽고

기름이 스며들고 스며들어

생명체의 심장까지 스며드는 것을 지켜볼 때,

기꺼이 우리의 우상숭배를 고백하고

우리를 여기까지 오게 한 우상숭배를 회개하겠는가?

"창조세계 보호"라는 새로운 인식만으로는 충분하지 않다.

유기농 경작을 하고

꽃가루를 공급하는 식물을 더 많이 심고

농산물 직매장을 이용하고

지역사회 공동 농업프로그램에 참가할 수 있다.

파이프라인에 반대하고

모두가 원하는 기후와 일자리를 위해

행진할 수 있다.

그러나 바울은 문제는 창조세계에 대한 관심 부족보다

더 심각하다고 말한다.

바울이 우리의 탐욕과 능욕과 무자비를 탄식할 때

　—그리고 당연히 이것들은 생태학적으로 끔찍한 악이다—

그는 우리의 마음을 향해,

우리가 스스로 배신에 매여 있는 방식에 대해,

　우리 자신의 욕망과

　자신의 안전과

　자신의 안보를 위해 끊임없이 돌아가는 것에 대해

호소하고 있는 것이다.

안전과 안보.

가능한 분명하고 대담하게 이에 대해 말해보자.

"안전과 안보"가 이방인을 배제하고,

더 큰 벽을 쌓고,

폭력을 정당화하려는 구호(슬로건)인 세상에서,

예수는 복음을 위해

우리의 안전과 안보를 버리라고 요청하신다.

바울의 세상에서처럼,

우리의 세상에서 안전과 안보는 우상숭배의 언어다.

그것은 탐욕의 언어이고

이기심의 언어다.

그것은 하나님과 다른 사람들과 또는 창조세계와 언약하지 않은

믿음 없는 자들의 언어다.

그것은 다른 사람보다 자신의 이익을 보호하려는 사람들의 언어이며,

손을 펴지 않는 인색한 사람들의 언어다.

그것은 예언자들을 핍박하고,
예수를 반대하던 자들,
　안전과 안보가 외면당한 자들을 환영하고
　용서받지 못할 자들을 용서하는 것이라고 하면
그것을 가차 없이 허공에 던져버리는 분노하는 습관을 가진 자들의 언어다.

안전과 안보는 간단히 말해,
하나님보다 자신을 믿는 자들의 언어다.

그러한 안전과 안보를 위해 우리의 경제구조를 신뢰하는 것은
우리의 창조적 친족을 배신하도록 스스로를 얽어매는 방법이다.
그러한 안전과 안보를 위해 우리 자신의 폭력성과 군사력을 신뢰하는 것은
"우리"가 아닌 사람들을 배반하도록 스스로를 얽어매는 방법이다.

그러니 우리 문화의 우상을 거부하는 것은
어떤 모습일까?
날마다 우리의 상상력을 형성하는
　경제적 우상,
　기술적 우상,
　군사적 우상을 거부하는 것은 어떤 모습일까?

창조세계에 이것은 어떤 모습이 될까?

만일 그리스도인들이

공동체나 창조세계에 해가 되는 일자리를 거부하고,

공동체나 창조세계에 해가 되는 기술 사용에 의문을 제기하고,

공동체나 창조세계에 해가 되는 방법으로 생산된 제품을 쓰지 않겠다고
　말한다면, 어떻게 될까?

왜 우리의 공동체들은 이렇게 하지 않을까?

우리 문화의 경제적 우상들을 배제하기 어렵기 때문이다.

관용, 정의, 보살핌의 경제를 수용하기 어렵기 때문이다.

우리의 식량과 장난감을 생산하는 노예 구조에서 벗어나기 어렵기 때문이다.

공동체와 창조세계에 해가 되는 기술을 포기하기 어렵기 때문이다.

공동체와 창조세계에 해가 되지 않는 제품을 찾기가 어렵기 때문이다.

사실 그러한 우상숭배를 포기하는 것은 때로 불가능해 보인다.

그러니 작은 것부터 실천해보자.

휴대폰이 있는가?

꺼내서 앞에 놓아라.

이 전화기가 어떻게 만들어졌는지 알지 않는가?

플라스틱에 들어 있는 유독 화학물이 지하수를 오염시키고

우리 이웃들을 암에 걸리게 한다는 것을 알고 있다.

회사들이 살인과 착취로 토착 원주민 공동체들의 거처를 빼앗아

노예노동을 시켜 광산에서 금속을 캐낸 것을 알고 있다.

휴대폰을 만드는 것이 공동체와 창조세계에 해가 된다는 것을 안다.

우리는 이 충격적인 결론을 피할 길이 없다는 것이 두렵다.

우리의 생활에서 이런 기계들이 어떤 기능을 하는지 아는가?

그것 때문에 우리는 대화를 중단한다.

가공할 만한 정보량 때문에 휴대폰에 의존한다.

휴대폰을 친구로 삼는다("안녕, 시리").

설교를 듣다 말고 전화를 받는다.

휴대폰 때문에 회의나 계획에 전념하지 않는다.

부적절한 사진을 찍고 부적절한 문자들을 보낸다.

같은 것을 보는 데 빠져든다.

중독된다.

그리고 이 중독은 다른 많은 것처럼,

에너지를 필요로 한다.

우리는 이런 치명적인 일들을 하기 위해 화석 연료를 사용하고,

우울과 고립이라는 보상을 받는다.[19]

핸드폰 사용은 공동체와 창조세계를 해롭게 한다.

그리고 이 기계들을 다 쓰고 나면 무슨 일이 생기는지 안다. 그렇지 않은가?

유독 화학물이 어떻게 지하수 안으로 침출되는지 안다.

그것이 어떻게 전화기를 분해하는 사람들을 병들게 하는지

---

19 참조. Jean M. Twenge, *iGen: Why Today's Super-Connected Kids Are Growing Up Less Rebellious, More Tolerant, Less Happy-and Completely Unprepared for Adulthood* (New York: Atria Books, 2017).

어떻게 유독 쓰레기가 되는지 안다.

휴대폰을 다 쓰고 나면, 그것들은 공동체와 자연을 병들게 한다.

그러면 우리는 왜 이런 것을 가지고 다닐까?

왜일까?

우리 자신을 파괴하고 배반하게 하는 것을 우리가 만들어내기 때문이다.

그것들이 우리 문화의 기술적 우상숭배의 일부이기 때문이다.

우리에게 선택의 여지가 없다고 생각하기 때문이다.

　이런 기기들 없이는 살 수 없다고 생각하기 때문이다.

　기술적으로 불가피하다고 생각하기 때문이다.[20]

하지만 그렇지 않다.

　"선택의 여지가 없다"는 것은 제국의 언어다.

　우상숭배의 언어이고,

　죄의 종의 언어이고,

　사망 권세의 언어다.

그리고 우리가 이렇게 죄의 종노릇을 하고 있어서[21]

바울은 탄식으로 시작한 것이다.

20　Robert Miller는 그의 석사논문에서 우상숭배와 장소에서 분리되는 것과 관련해서 이러한 기술의 불가피성을 도발적으로 분석한다. "Idolatry, Technology, and Place"(석사논문, University of St. Michael's College, Toronto, 2017).
21　참조. 롬 7:14-25.

우리가 죄의 권세 아래 있기 때문에

바울은 로마서 3장에서 탄원시편들을 인용한다.

그리고 그런 죄가 로마 전역뿐 아니라

믿음의 공동체에까지 퍼져 있어서

바울이 로마서 8장에서 창조세계가 갈망하고 신음한다고 했을 때

그러한 탄식이 최고조에 달한다.

바울이 탄식으로 시작해서 계속 탄식하는 것은

그 이야기가 원래 이렇게 되어서는 안 된다는 것을 알기 때문이다.

하나님의 사랑하시고 기뻐하시는 성품을

드러내기 위해 부름 받은 창조세계는(1:20)

허무한 데 굴복하고 말았다(8:20).

생명을 주는 정의를 행사하지 못한 아담은(5:12-14)

피조물이 속박되게 만들었다(8:21).

이 땅을 상속받기로 되어 있었던 아담의 후손들은(4:13)

지금 속박 가운데 탄식한다(8:23).

반복해서 바울은 인간과 세상에 대한

하나님의 소망의 비전, 배신당한 비전을 우리에게 말한다.

베드로가 자신의 배신을 깨달았을 때

일어나 밖으로 나가 울었던 것을 기억할 것이다.

그렇다면 이것이 우리가 탄식하는 첫 번째 이유다.

우리는 로마서 7장의 진리를 알고 있기 때문이다.

우리는 우리의 사명을 행하지 않았다.

우리는 배신한 자들이다.

그래서 운다.

하지만 우리가 탄식해야 하는 또 다른 이유가 있다.

우리가 되었어야 할 모습과 현재의 모습 사이의

비극적인 간극 사이에 사는 사람들이기 때문이다.

하나님의 선한 창조에 대한 비전이

우리의 상상력 깊이 새겨져 있고

우리 몸에 깊숙이 퍼져 있어서

우리가 잃어버린 것을 슬퍼할 수밖에 없기 때문에

우리는 애통하며 살아간다.

기쁨이 슬픔으로 변한 것을 처음 알게 되었을 때

당신도 울었는가?

알도 레오폴드(Aldo Leopold)가 이런 말을 한 적이 있다.

"생태 교육의 벌칙 중 하나는 상처투성이 세상에서 혼자 사는 것이다."[22]

우리는 상처 입은 세상에 살고 있고

그러기에 우리는 신음하며 부르짖는다.

그러나 레오폴드의 말과 달리, 우리는 혼자가 아니다.

세상의 부르짖음과 피조물의 외침은

---

22   Aldo Leopold, *Sand County Almanac* (New York: Ballantine, 1996), 197.

우리와 함께 탄식하고,

우리 곁에서 울고,

우리의 슬픔 가운데 들어오신

성령의 간구가 있기에 우리는 혼자가 아니다.[23]

바울이 로마에 보낸 편지에는 슬픔이 관통하고 있다.

그가 소개하는 하나님은 애통하시는 하나님이기 때문이다.

홍수 이전 인간이 세상에 가져온 폭력에 대해 격분하셨던 것에서부터[24]

이스라엘이 그 땅을 파괴한 것,[25]

그 백성이 포로가 된 것,[26]

예루살렘이 그 땅에서 폭력을 행한 것에 대해

예수가 슬퍼하신 것까지,[27]

성경에서 하나님의 이야기는 슬픔의 이야기다.

성령이 우리와 함께 탄식하는 것은 분명하다.

성령의 탄식이 성경 전체의 이야기에 깔려 있다.[28]

바울은 우리가 성령의 사람들이기 때문에,

---

23 롬 8:26.
24 창 6:5-7.
25 사 24:4-6, 11, 19; 9:10; 렘 2:4-8.
26 호 11:8-9.
27 눅 19:41-44.
28 Terence Fretheim, *The Suffering of God: An Old Testament Perspective* (Philadelphia: Fortress, 1989).

하나님의 자녀이기 때문에 그렇다고 말한다.

그렇기에 그 탄식은 우리의 탄식이기도 하다.

한때는 하나님 나라의 비전이 우리를 사로잡았었고

한때는 새로운 피조물이 되길 간절히 원했었기에

우리는 현실의 상황을 보며 애통해하지 않을 수가 없다.

아직 오지 않은 세상을 애통해하지 않을 수 없다.

우리는 세상의 고통을

보지 않을 수 없다.

실제로 우리의 소망이 그 고통을 폭로한다.

소망이 고통을 드러나게 한다.

그것은 "세상이 이래서는 안 돼"라고 말한다.

그리고 우리가 할 수 있는 것은 애통뿐이다.

그리고 그 탄식,

그 애통,

그 슬픔이,

우리가 살아야 할 곳이 된다.

소망과 현실 사이의

비극적 간극.

이것이 예수의 영 안에 산다는 의미다.

영적으로 충만하고 지속적인 기쁨이 있는 곳이 아니다.

그렇지 않다. 제국의 중심,

사망의 문화 한가운데,

강대국들이 기후 변화를 심각하게 받아들이지 않고

수백만 리터의 기름이 소택지로 흘러들고,

토착 원주민 여인들이 계속해서 사라지고,

팔레스타인 청소년들이 희망 없는 미래를 슬퍼하는 곳인

이 세상에서,

성령 안에 사는 것은 산고의 고통처럼 보인다.

성령 안에 사는 것은

우리가 사는 세상이 얼마나 나빠졌는지,

그리고 원래는 이렇게 되어서는 안 된다는 것을 아는 사람의

눈물로 얼룩진 얼굴과 같다.

이것도 우리가 성령의 이끄심을 받는다는 것을

보여주는 고통의 일부다.[29]

이것도 그리스도인의 인내, 성품, 소망을

형성하는 고통의 중심에 있다.[30]

예수의 영이 창조의 동이 틀 때

깊은 수면 위에 운행하던 그 영과 같은 영이라면,

생태계가 파괴된 상황에서

그런 고통과 탄식이 없이

그 영 안에서 산다고 할 수 없다.

---

29   롬 8:14-17.
30   롬 5:3-5.

그리고 우리가 잃어버린 것이 무엇인지 알 때에만

그 탄식은 실제적일 수 있다.

카너블루 나비의 멸종을 슬퍼한 적도 없고

노랑복주머니난이나 다섯줄무늬 도마뱀을 본 적이 없을 수도 있다.

에스키모 쇠부리도요새가 사라져서

아름다운 음악의 한 부분을 잃었다는 것을 알지 못할 수도 있다.

창조세계가 부르던 아름다운 합창의 어떤 부분이 침묵하는지 모를 수도 있다.

하지만 무엇이 사라졌는지 안다면 우리가 잃어버린 것을 슬퍼할 수 있다.

그래서 우리는 우리가 사는 장소의 이야기를 배워야 한다.

발전의 이야기를 말하는 것이 아니다.

과거의 이름을 지우고,

지도를 다시 그리고,

시내와 강을 막고,

문명화 때문에 이 땅이 존재하게 되었고

이 땅은 오직 우리의 소비를 위해 존재한다고 생각하게 하는

문화적 기억상실의 이야기를 말하는 것이 아니다.

이것은 장소를 잃어버리는 이야기다.

아니, 당신이 사는 장소의 이야기를 알고 싶다면

오래된 이야기들,

정복과 민족학살의 이야기가 우리의 세상을 만들어가기 전

원주민들(First Peoples)이 들려주던 이야기를 알아야 한다.

당신이 있는 곳의 토착 원주민들,

아니시나아벡과 미시소가, 웬다트와 코스트 살리쉬족의 이야기를 배워라.
먹을거리로 쓰고 약으로 쓰던 식물들,
　쑥국화와 서양톱풀의 이야기를 배워라.
거처를 만들고 운송 수단으로 쓰던 나무들,
　참피나무와 자작나무의 이야기를 배워라.
늑대와 노래하는 개,
　거북이와 비버의 이야기를 배워라.
과거의 사람들을 그 땅에 결속시키던
　힘줄과 같았던 이야기들을 배워라.

우리가 잃은 것을 알지 못하면 슬퍼할 수 없기에
우리는 이 이야기들을 들을 필요가 있다.

북 앨버타주의 오일샌드를 보러 가서
황량함에 압도될 수도 있다.
하지만 포르 맥케이족과
포르 치프위안족 또는 미키수 크리 퍼스트 네이션족과 이야기를 나누고
땅에 대한 그들의 이야기와 잃어버린 삶의 방식을 듣고 나서야
그 상실의 깊이를 이해하기 시작하고
사라진 것을 애석해하기 시작하고
애통해하는 고된 일을 시작할 수가 있다.

이 탄식의 장소는
그 하나가 아니었으면 견딜 수 없었을 것이다.

슬픔이 보조 본문이라면

하나님의 사랑은 본문이다.

바울은 말한다.

나는 하나님의 사랑이

　　피조물의 사망과

　　악을 요구하는 천사들과

　　파괴를 명하는 통치자들과

　　죽음의 문화의 현재의 실재와

　　파괴하려는 장래의 계획과

　　통제하는 것처럼 보이는 권력들과

　　군사적 포부의 높음과

　　역청탄의 깊음을 넘어 계속된다고 확신한다.

우리가 창조세계에 가한 어떤 상처도

우리 주 그리스도 예수 안에 있는 하나님의 사랑에서 우리를 끊을 수 없다.[31]

그리고 우리를 모든 피조물과 화해하게 하신 그 같은 사랑 때문에

우리는 담대하게 탄식의 눈물을 흘리며

새 하늘과 새 땅에 대한 성경의 약속을 볼 수 있다.

바울은 우리가 우리 몸의 속량을 기다린다고 말한다.[32]

우리는 새 창조 안에서 부활의 생명을 기다린다.

잠시 천국을 맛보는 것이 아니라

31　롬 8:38-39.
32　롬 8:23.

정의가 자리 잡은 새 하늘과 새 땅을 기다린다.

그리고 결국 우리가 안전과 안보를 포기할 힘을 내고
    우리 문화의 우상숭배와
    죽음을 초래하는 세상의 희망들과
    현대 기술이 우리를 유혹하는 방식에 대해
'아니오'라고 말할 수 있는 것은
그러한 깊은 사랑이 우리를 감싸기 때문이다.

이것이 바울이 로마에 보낸 편지가 주는 도전이다.
당신이 탄식의 백성인 것을 인식하라.
우리 상황의 중요한 본질을 보지 못하게 하는
희망의 이야기들로 너무 빨리 너무 싸게 옮겨가지 말라.
창조세계의 아픔이 당신의 삶에서 소리 낼 수 있게 하고
그 아픔을 당당히 표현하라.
이것이 성령 안에서 사는 것임을 깨달라.

그러나 거기서 멈춰서는 안 된다.
그 위기가 공동의 것이라면
우리는 공동체로 돌아가야 한다.
그래서 바울은 로마에 있는 예수를 따르는 자들에게 말한다.
사랑에 거짓이 없게 하고, 악을 미워하며, 선에 속하라.
즐거워하는 자들과 함께 즐거워하고 우는 자들과 함께 울라.
서로 화목하게 살라.

교만하지 말고, 낮은 자들과 함께 걷고,

스스로 지혜 있는 체하지 말라.[33]

이런 삶이 창조세계에 어떤 모습으로 드러날지 상상이 가는가?

우리가 사는 장소를 사랑할 뿐만 아니라 우리의 사랑의 대상을 해치는

악을 미워하는 것은 어떤 모습으로 나타날까?

이것은 실제로 휴대폰을 버리라는 요구일 수 있을까?

창조세계를 사랑하는 시험을 통과하지 못하는

다른 기술 장치들이 있는가?

드라이기나 전자레인지 없이 사는 삶은 상상할 수도 없는가?

현대 자율성의 상징인 자동차는 어떤가?

현실적으로 보이는 증거에 반하더라도

선한 것, 창조세계의 기쁨과 즐거움과 신실함을 붙드는

참으로 소중한 삶을 사는 것은 어떤 모습일까?

창조세계와 함께하는 기쁨이 너무 깊어서

곤충과 식물과 동물이 야생적으로 번식해서

우리의 이익을 침해할 때에도 즐거워할 수 있을까?

창조세계와 함께 울 뿐만 아니라

---

33   롬 12:9, 15-16. Walsh, Sylvia C. Keesmaat, *Colossians Remixed: Subverting the Empire*
     (Downers Grove, IL: IVP Academic, 2004), 193-200. 『제국과 천국』(IVP 역간, 2011). 바
     울이 골 3:12-17에서 묘사하는 덕목들의 생태적 모습을 다루었다.

우리가 무엇을 하고 있는지 실제로 안다는

우리의 교만한 허세를 포기하는 것은 어떤 것일까?

창조적 겸손을 갖는다는 것은 어떤 것일까?

피조물과 함께하며 그 억압을 경험하고,

애서베스카와 미키수 크리족과 함께 걷고,

역청탄으로 오염된 공기를 함께 호흡하고,

그 물고기를 먹고, 기름으로 인해 암이 몸속에 자라는 것을 보는 것은

어떤 것일까?

목마른 미시간주 플린트 주민들과 함께하고,

폭력적인 돌봄 아래 있는 동물들과 땅과 함께하고,

식료품을 구하기 힘든 흑인 지구에서 그들과 함께하고,

토착 원주민 여인들이 다 사라지기 전에 그들과 함께하는 것은

어떤 것일까?

그들의 탄식이 우리의 깊은 슬픔이 되고,

그들의 희망이 우리의 깊은 희망이 되는 방식으로

이렇게 한다면 어떨까?

우리는 막다른 곳까지 왔고, 이제 그곳이 시작의 장소임을 알게 된다.

언제 처음 알았는가?

기쁨이 슬픔으로 변한 것을

언제 알았나?

그 순간을 기억하라.

그때가
당신이 고통받는 창조세계의 고통받는 종으로
부름 받았음을 인지하기 시작한 때였기 때문이다.

바울의 상황, 우리의 탄식

이 땅이 파괴되었기 때문에 우리에게 탄식하라고 간절히 요청하는 것이
분명하네요. 제대로 받아들이려면 조금 시간이 필요할 것 같군요. 당신
이 말한 상실감은 느낄 수 있어요. 변두리 도로 확장을 하면서 제가 좋
아하던 장소가 없어졌거든요. 그래서 당신 말에 공감합니다. 하지만 조
금 불편한 마음도 있습니다. 당신 생각에 동의하지 않아서가 아닙니다.
창조세계에 대한 이 탄식의 요청을 로마서에서 찾을 수 있다고 한 말에
좀 회의적입니다. 당신이 지적하듯 종들이 멸종되고 있는 것은 알겠는
데, 바울이 이런 환경문제를 인식했다고 보기는 어렵지 않나요? 이것은
단지 우리의 관심을 바울에게 투영한 것이 아닌가요?

이것이 성경과 창조세계 보호에 대해 우리가 받는 가장 일반적인 질문입
니다. 성경의 저자들이 기후 변화나 멸종 같은 문제에 관심을 갖지 않았
다는 것은 사실이지만(어떻게 그럴 수 있었겠습니까?), 성경 구절들을 자세
히 보면 하나님이 그들에게 주신 땅의 비옥함과 그 땅에 있는 그들 공동
체의 건강에 관심이 **있었다는** 것을 알 수 있습니다.

엘렌 데이비스(Ellen Davis)는 구약을 농업적 관점에서 읽으면서, "히브리 성경은 땅에 지대한 관심을 갖는데, 국가의 영토로서만이 아니라 좀 더 근본적으로 그 땅의 비옥함과 그 땅의 비옥함을 지키라는 인간의 원초적인 소명에 관심이 있었다(창 2:15)"라고 했습니다. 이것은 토라가 "귀하고 소중한 생명인 나무들(신 20:19)과 새들과 가축들(신 22:4, 6-7; 25:4) 같은 다른 피조물들과 함께 공유하고 있는" 특정한 지역인 가나안 땅에서의 신실한 삶에 관심이 있다는 의미입니다.[34] 이것을 다른 식으로 표현하면 이렇게 말할 수도 있습니다. "이스라엘의 신실함은 땅 문제를 중심으로 돌아간다. 땅을 간절히 염원하기도 하고, 땅을 문제가 있는 방식으로 소유하기도 한다."[35]

이것은 데이비스가 보여주었듯이, 토라와 예언서의 저자들뿐 아니라 바울과 같은 도시에 사는 저자에게도 해당됩니다. 예레미야, 호세아, 이사야는 그 땅에 대한 탄식과 이스라엘이 언약에 신실하지 못하여 초래한 피조물의 좌절을 표현할 때 구체적인 현실을 보고 있었습니다.[36] 바울이 "간절히 고대하며", "허무한 데 굴복하고", "고통을 견디며 신음하는 것"(롬 8:19, 20, 22)이라고 했을 때 무엇을 의미한 것인지 묻지 않는다면, 바울의 언어에서 예언의 힘을 빼앗는 것입니다. 신학적 추상과 독단적 담론의 수준에서 바울의 글을 읽으면, 그가 정확히 무슨 말을 하는지 알

---

34 Ellen F. Davis, *Scripture, Culture, Agriculture: An Agrarian Reading of the Bible* (Cambridge: Cambridge University Press, 2009), 9, 82. 『성서 문화 농업』(코헨 역간, 2012).

35 Walter Brueggemann, "Israel's Sense of Place in Jeremiah," *The God of All Fresh: And Other Essays,* ed. K. C. Hanson (Eugene, OR: Cascade Books, 2015), 45.

36 Davis는 이렇게 지적한다. "기원전 8세기부터⋯식량 생산은 한편으로는 황실과 그의 대리인들 그리고 다른 한편으로는 많은 민중들 사이의 경쟁이었다." Davis, *Scripture, Culture, Agriculture,* 3.

수 없습니다. 바울은 분명 **인간의** 고통에 깊이 뿌리를 두고 있습니다. 그가 창조세계를 언급할 때도 같은 예측을 할 수 있지 않을까요?

그러니까 바울이 피조물의 탄식을 말할 때 그의 주변에서 일어나던 특정한 일들을 말하고 있다는 의미인가요?

그렇습니다. 그리고 이것은 바울에게 새로운 것이 아니었습니다. 이스라엘의 성경에서, 특히 바울이 인용한 시편에서 저자들은 땅이 망가지고 창조세계가 고통받는 것을 불신과 불복종과 연결하고 있습니다.

그 점이 궁금했습니다. 저는 히브리 성경에서 당신이 언급한 것과의 관련성을 한 번도 알아채지 못했거든요.

이 모든 성경 구절들은 우상숭배가 인간과 동물, 그리고 이 땅에 얼마나 치명적인 영향을 주는지를 보여줍니다. 그래서 바울은 우상숭배의 핵심에 있는, 보지 못함을 말하면서 편지를 시작합니다. 불의를 행하는 자들은 만물이 그들에게 하나님이 계신 것을 보여준다는 것을 알지 못합니다(롬 1:19-20). 그들의 허망한 생각과(1:21) 미련한 마음은(1:22) 피조물과 창조주 모두를 제대로 보지 못하게 합니다(1:25). 바울이 여기서 암시하고 있다고 학자들이 널리 인정하는 세 구절을 언급했습니다. 바로 시편 106:20(105:20 LXX),[37] 예레미야 2:11, 호세아 4:7입니다. 주목

---

37 LXX는 히브리 성경을 그리스어로 번역한 70인역 성서를 말한다. 히브리 성경(구약)은 Masoretic Text의 머리글자 MT로 표기한다. 바울이 그의 성서에 인용한 문구들은 그가 70인역 성서를 잘 알고 있었음을 보여준다. 종종 구약성경과 70인역 성서의 장절이 다르다. 그

할 만한 것은 이 세 구절이 우상숭배와 땅의 유린을 연관시킨다는 것입니다. 예를 들어, 시편 106편에서는 금송아지를 숭배한 이스라엘에 대한 심판을 말한 후, 이스라엘이 하나님의 말씀을 믿지 못하여 그들이 갈망하던 땅에서 돌아섰다고 말합니다(시 106:24).

이와 비슷하게 예레미야 2:11은 이스라엘 백성이 헛된 것을 따라 헛되이 행하였다(*emataiōthēsan*: 렘 2:5 LXX)고 말하는 부분의 절정인데, 로마서 1:21에서 주로 "허망하여졌다"라고 번역되는 단어와 같은 단어를 사용합니다. 예레미야에서 이 허망함은 하나님이 인도하신 풍요롭고 기름진 땅을 이스라엘 백성들이 더럽혔다는 의미입니다(렘 2:7). 우상숭배가 그 땅을 파괴합니다.

더 놀라운 것은 바울이 호세아 4:7을 반향한 것입니다. 호세아 4장은 하나님께서 인도하신 그 땅을 유린한 백성들에 대한 하나님의 진노로 시작합니다. 예언자는 그 땅에 신실함이나 충성, 하나님을 아는 지식이 없다고 선언합니다. 저주, 거짓, 살인(*phonos*: 호 4:2 LXX; 참조. 롬 1:29), 도둑질, 간음, 유혈이 뒤따릅니다. **그러므로** 예언자는 땅이 신음하고, 그 땅에 사는 자들이 들짐승과 땅에 기어 다니는 동물들과 함께 쇠잔할 것이고, 공중에 나는 새들과 바다의 고기가 죽을 것이라고 결론을 내립니다(호 4:2-3 LXX; 히브리 성경은 바울이 롬 1:23에서 포함한 땅에 기어 다니는 동물을 생략한다). 호세아는 이어서 탐욕과 불의(*adikiais*: 호 4:8; 참조. 롬 1:18)와 그 백성이 행한 우상숭배를 서술합니다(호 4:7-19).

비유가 참 가슴 아픕니다. 땅이 슬퍼하고, 폭력 아래서 울부짖습니다. 만물이 시들고, 쇠잔하여 활기를 잃습니다. 통곡하고 생명력이 사그라들

래서 두 성경의 장절이 다른 경우 둘 다 기록했다.

다 죽습니다. 이것이 우상숭배가 이끄는 곳입니다.

로마서와 이 성경 구절들이 상당히 유사한다는 것은 인정합니다. 하지만 땅에 대한 유린이 우상숭배의 중심에 있다고 주장하는 것은 과장이 아닐까요? 거짓 신들을 숭배하는 것이 우상숭배가 아닌가요?

맞습니다, 바로 그래서 우상숭배가 땅을 그렇게 황폐하게 하는 것입니다. 알다시피 누구를 또는 무엇을 숭배하느냐가 당신의 삶 전체를 형성합니다. 그것이 경제적 문제를 어떻게 다룰지, 가난한 자들과 어떻게 관계를 맺을지, 땅을 어떻게 다룰지를 결정합니다. 숭배란 가장 깊은 신뢰를 보이는 것입니다. 땅을 파괴하여 운영되는 경제체제(어떤 경제체제든지)를 신뢰한다면 그것이 우상숭배입니다. 피조물을 파괴해야 유지되는 생활방식을 유지한다면, 우리가 누구를 또는 무엇을 숭배하는지 물어볼 필요도 없습니다. 피조물을 괴롭히는 삶을 산다는 것은 창조주 하나님, 성경의 하나님이 아닌 우상을 믿는다는 증거입니다. 모든 점을 고려해볼 때 우리의 경제생활과 생활방식은 언제나 그 땅 안에서 구체적인 형태를 갖춥니다. 그것이 우리가 사는 유일한 장소입니다.

당신이 말하는 "신뢰한다"는 게 무슨 의미인지 제가 잘 이해했는지 모르겠네요. 이것은 제가 지금껏 들어본 성경적 의미의 우상숭배 같지는 않습니다.

성경의 저자들이 우상숭배에 대해 말하는 것을 살펴보고 그것이 어떤 것인지 한번 알아봅시다. 바울이 로마서 1장에서 우상숭배를 묘사한 것은 모든 점에서 예언서와 시편의 의미와 일치합니다. 우상숭배는 참 창조 주를 알지 못하게 하고,[38] 거짓에 뿌리를 두며,[39] 언제나 허망한 것과 어 리석음으로 끝나게 됩니다.[40] 우상숭배로 영광을 잃어버리게 되고[41] 창 조세계를 오해하게 됩니다.[42] 마지막으로 우상숭배는 성적으로 경제적 으로 모두 탐욕스러운 소비의 형태를 낳습니다.[43] 이런 소비와 탐욕은 땅을 유린한 고대 이스라엘 백성의 삶에서 늘 나타납니다. 그래서 데이 비스는 이렇게 말합니다. "여기서[창 3장] 시작되어 구약 전체를 통틀 어, 땅의 훼손(예. 레 26:18-20; 신 28:15-18)은 인류가 하나님께로부터 돌 아선 분명한 증표다. 반대로 땅을 번성하게 하는 것은(예. 레 26:3-6, 10; 신 28:2-5, 11-12; 사 35장; 시 65편; 72편) 하나님께 돌아온다는 표시다. 간 단히 말해서, 구약은 인류가 하나님께 보이는 유일한 최상의 지표로 땅 의 상태를 보여준다."[44]

우상숭배를 말하는 시편과 예언서 본문들은 하나님이 그의 백성들에게 좋은 선물을 주시는 천지의 창조주임을 아는 사람과 하나님을 알지 못 해 속이고, 더러운 돈을 탐하고, 불의로 땅을 파괴하는 우상숭배자들을

---

38 롬 1:20-21; 호 4:6.
39 롬 1:25; 렘 10:14; 51:17; 합 2:18.
40 롬 1:21-22; 왕하 17:15; 시 97:7; 115:3-8; 사 44:9; 렘 2:5; 10:2, 15; 51:17-18; 호 5:11.
41 롬 1:23; 시 106:20; 115:8; 사 42:8; 렘 2:11; 호 4:7.
42 롬 1:25; 사 44:10-20; 렘 10:3.
43 롬 1:24-31; 왕상 21장; 사 2:6-8; 렘 5:7-9; 22:9-17; 겔 18:1-19; 22:1-16, 22; 호 4:10-12, 17-19; 암 2:6-8; 미 6:9-16; 합 2:9-10. 참조. G. K. Beale, *We Become What We Worship: A Biblical Theology of Idolatry* (Downers Grove, IL: IVP Academic, 2008), 203. 『예배자인가, 우상숭배자인가?』(새물결플러스 역간, 2014).
44 Ellen F. Davis, "Learning Our Place: The Agrarian Perspective of the Bible," *Word and World* 29, no. 22 (Spring 2009): 114.

끊임없이 대조합니다.[45] 로마서 1장을 주의 깊게 읽으면 이러한 대조가 핵심이라는 것을 알 수 있습니다. 은혜라는 하나님의 선물을 핵심으로 하는 이 편지에는 하나님의 능력을 보는 것과 창조세계의 계시를 통해 드러나는 하나님의 속성을 보는 것이 핵심입니다. 그러나 우상숭배로 인해 창조주께서 베푸신 은혜를 보지 못하면 자기 나름의 방식(경제적 착취와 억압과 사망의 결과를 낳는 방식)으로 그 은혜의 풍성함과 열매를 얻고자 합니다. 우상숭배는 언제나 피조물의 입을 막아 창조주를 찬양하지 못하게 합니다. 또 우상숭배는 폭력적인 성욕과 속임과 불신에 근거한 탐욕의 경제를 초래하는 일종의 폭력적인 소비를 하게 합니다. 땅을 선물로 보지 못할 때 이렇게 됩니다.[46]

그럼 우상숭배자들은 창조세계를 하나님이 주신 엄청난 선물로 보지 못하기 때문에, 하나님께서 그들에게 필요한 것을 주신다는 것을 믿지 못한다는 말인가요? 대신 그들은 자신들의 폭력성과 지배적인 경제 행태를 신뢰한다는 말인가요?

정확히 그런 말입니다.

---

45 예. 시 97편; 115편; 135:1-7; 146편; 사 41:17-20; 45:1-8, 18-19; 렘 8:10; 9:3-14; 10:14; 호 4:6; 합 2:4-19.

46 우상숭배와 부에 관하여는 다음을 참조하라. Joel Marcus, "Idolatry in the New Testament," *Interpretation* 60, no. 2 (April 2006): 152-64; Brian S. Rosner, *Greed as Idolatry: The Origin and Meaning of a Pauline Metaphor* (Grand Rapids: Eerdmans, 2007), 103-29. Beale은 겔 22:1-16을 언급한다. 여기서 우상숭배는 경제적·성적 죄의 근원으로 묘사된다. Beale, *We Become What We Worship*, 203.

아, 이해가 갑니다. 하지만 아직 몇 가지 질문이 남아 있습니다. 무엇보다
어떻게 이것이 바울이 로마서에서 창조세계와 그것을 돌보는 것에 대
해 관심을 기울이고 있음을 보여준다는 말인지 잘 모르겠습니다. 그리
고 두 번째로, 로마서가 폭력적인 경제 행태들을 말한다고 하시는데 그
것도 잘 모르겠습니다.

조금 있다가 창조세계에 대한 바울의 관심을 다룰 겁니다. 하지만 먼저 로
마서 1장에서 바울의 논조는 우상숭배에서 시작해서 성적이고 경제적
인 관점에서 착취적이고 폭력적인 소비에 대한 논의로 옮겨가고 있음
을 알아야 합니다. 이 책 후반부에서 이에 대해 좀 더 많이 다루려고 합
니다. 일단 지금은 바울이 황실을 알고 여신 종교를 환기한 자들과 공감
할 수 있는 언어로 우상숭배를 실천하는 사람들을 묘사한다는 점에 주
목하십시오.[47] 설사 로마서의 수신자들이 황실의 삶을 직접 알지는 못
했다 할지라도, 로마 통치자들의 특징이 로마 사회 전체를 형성하고 있
었기 때문에 바울이 지도층의 생활양식을 말하고 있음을 알았을 것입
니다.[48] 게다가 다양한 종교적 맥락에서 발견되는 착취적인 성행위들은
황실의 삶을 반영하고 있었습니다. 어떤 종류의 성생활이 로마 사회의

---

47 Elliott는 바울이 롬 1장에서 말하는 폭력적인 성행위와 황실에서 벌어지던 성행위가 매우
     유사하다고 말한다. Neil Elliott, *The Arrogance of Nations: Reading Romans in the Shadow of
     Empire* (Minneapolis: Fortress, 2008), 78-83. Townsley는 이 구절들이 여신 종교들의 우상
     숭배적인 성행위들을 반영한다고 강력하게 주장했다. Jeramy Townsley, "Paul, the Goddess
     Religions, and Queer Sects: Roman 1:23-28," *Journal of Biblical Literature* 130, no. 4
     (2011): 707-28.
48 참조. Margaret Y. MacDonald, "Salvery, Sexuality, and House Churches: A Reassessment
     of Colossians 3.18-4.1 in Light of New Research on the Roman Family," *New Testament
     Studies* 53 (2007): 94-113.

모든 계층에서 행해지고 있었을까요? 착취와 소비라는 폭력적이고 약탈적인 성생활이었습니다. 여성과 노예들(남녀 모두), 그리고 성전 매춘부를 성 착취하는 것이 제국의 우상숭배적인 담론에 의해 정당화되었는데, 여기서 사회적 분리와 착취는 신적 우주론 안에 뿌리를 내리게 됩니다. 사람들이 하나님의 형상이 아닌 그저 신들의 노예가 될 때 그들은 성적 상품으로 이용될 수 있습니다.[49]

그러니까 우상숭배는 인간을 하나님의 형상으로 보지 않기 때문에 다른 사람을 학대할 수 있다는 말이군요. 사람을 더 이상 하나님의 형상 담지자로 보지 않으니까요.

정확히 그렇습니다. 그렇게 되면 인간은 그들의 주인이 보기에 합당한 대로 사거나 팔며 이용할 수 있는 상품으로 여기게 됩니다. 이것 때문에 식민지주의자들이 토착민들을 속이고, 노예로 삼고, 죽이고 그들의 땅을 빼앗을 수 있었던 것이지요. 원주민들은 진짜 사람이 아니라 야만인들이었지요.[50] 로마 제국도 다르지 않았습니다. 나깃수의 집에서 이리스

---

49 창 1장에서는 인간을 하나님의 형상으로 보는 반면, 수메르-아카드와 바빌로니아 창조 설화에서는 인간을 신들의 노예로 본다. 참조. J. Richard Middleton, *The Liberating Image: The Imago Dei in Genesis 1* (Grand Rapids: Brazos, 2005), 149-219. 『해방의 형상』(SFC출판부 역간, 2010).

50 이와 비슷하게 미국 독립선언문은 "모든 인간은 동등하게 창조되었다"라고 선포하면서 동시에 "무자비한 야만인 인디언들의 유명한 전쟁 기법은 나이와 성별과 조건에 상관없이 모두를 죽이는 것이다"라고 선언한다. 이 말은 "그 '빨간' 인디언들은…진짜 사람이 아니라, 친절을 베풀 수 없는 '무자비한' 야만인들이다"라는 말이다. Iris De León-Hartshorn, "Dismantling Injustice through Balance and Harmony," *Yours, Mine, Ours: Unravelling the Doctrine of Discovery*, ed. Cheryl Woelk, Steve Heinrichs (Winnipeg: Mennonite Church Canada, 2016), 121.

가 경험한 삶도 이러했을 겁니다. 그는 원하는 대로 사용할 수 있는 상품이었지요. 그리고 이것은 경제라는 더 큰 규모의 착취와 학대의 일부입니다. 다음 장에서 이에 대해 좀 더 자세히 다루어보려고 합니다. 일단은 바울의 설명이 약탈적인 **성생활**에서 약탈적인 **경제학**으로 옮겨가고 있음을 아는 것이 중요합니다.[51]

바울이 성생활에 대해 말한 것은 알겠는데, 경제학에 대해 말했다는 건 아직 잘 모르겠습니다.

그동안 이 본문을 너무 영적인 방식으로만 좁게 읽어왔기 때문에 경제적인 암시를 읽어내지 못하는 겁니다. 우리가 매일 행하는 경제활동과 집 안일에서 우리의 영성이 분명히 드러나는 것이 아니듯이, 바울이 열거한 미덕과 악덕 목록은 "영적인 삶"을 언급하는 것으로 해석될 수밖에 없습니다. 바울은 여기서 매우 구체적인 행위를 언급하는데, 이는 고대 세계에서는 누구에게나 익숙한 일들이었습니다. 바울은 로마서 1:29-31에서 제국의 천박한 사고방식과 행위들을 묘사하는데, 불의와 탐욕과 무자비함과 냉혹함과 경제적 속임수와 폭력을 강조하고 있습니다. 그가 살던 세상은 돈과 사회적 지위를 자랑하는 자들이 저지르는 악하고 신실하지 못한 행동들로 인해 사람들이 희생당했고, 시기가 뒷거래

---

51 폭력적인 성생활과 폭력적인 경제학 사이의 연관성에 대해서는 다음을 참조하라. Walter Brueggemann, "Land, Fertility and Justice," *Interpretation and Obedience* (Minneapolis: Fortress, 1991), 235-60. 역사 속에서 여성들을 폭력적으로 학대하는 것과 지구를 폭력적으로 학대한 것과의 관련성에 대해서는 다음 책을 참조하라. Susan Griffin, *Women and Nature: The Roaring inside Her* (New York: Harper, 1980); Derek Jensen, *Endgame*, vol. 1, *The Problem of Civilization*, vol. 2, *Resistance* (New York: Seven Stories, 2006).

5장 창조세계와 집의 타락　285

(악한 일)를 부추겼습니다. 계약을 맺을 때 가장 중요한 경제적 정의는 설 곳이 없는 세상이었습니다.[52] 간단히 말해 이것은 바로 로마 제국의 약탈적인 경제였습니다.[53] 피터 오크스가 지적하듯이 아마도 노예는 이 구절들에서 자신들의 주인이 하던 행동을 떠올렸을 것입니다. 성적 학대뿐 아니라 경제적이고 사회적인 행위들도 떠올렸을 것입니다.[54]

그 구절들이 경제와 관련이 있다는 말은 전혀 들어보지 못했습니다. 전 그저 우리의 태도에 관한 말이라고 생각했습니다.

우리의 태도는 매일의 삶에서 구체적인 행동들로 늘 드러나지요. 성경은 경제 행위가 우리의 태도를 가장 잘 드러내는 지표라고 말합니다.

이것과 땅이 무슨 관련이 있는지 아직도 잘 모르겠습니다.

로마 제국뿐 아니라 히브리 성경을 통틀어서 (그리고 실제로 전 역사를 통틀어서) 경제적 억압은 늘 땅을 소유하고 통제하는 것과 연관이 있었다는 점에 주목해야 합니다.[55] 결론적으로 말하면 바울이 여러 시편을 복잡하

---

52 이 책 6장에서 롬 1:29-31에 나오는 바울의 용어 선택이 보여주는 경제적 색채를 좀 더 살펴보려고 한다.

53 Described by Neil Elliott, "Disciplining the Hope of the Poor," *A People's History of Christianity*, vol. 1, *Christian Orgins*, ed. Richard A. Horsley (Minneapolis: Fortress, 2005), 180.

54 Peter Oakes, *Reading Romans in Pompeii: Paul's Letter at Ground Level* (Minneapolis: Fortress, 2009), 133.

55 예. 왕상 21장; 호 4:1-3; 미 7:1-3; 합 2:6-17. 이것은 물론 우리 시대를 포함한 모든 경제에서 사실이다.

게 인용하면서 로마서 3:10-18에서 불의를 묘사하는데, 이때 그의 시선은 땅에 집중되어 있습니다. 바울은 여기서 하나님을 모르고 구하지도 않는 불의한 사람들, 입에 치명적인 독과 같은 거짓이 가득하여 저주와 고통을 만들어내는 사람들, 방해가 되는 무고한 자들을 죽음으로 이끌고 파멸과 비극을 일으키는 사람들을 묘사하고 있는데, 이는 우상숭배를 반대하는 전통적인 히브리 성경 본문들의 분위기가 물씬 풍깁니다. 그런 사람들은 하나님을 알거나 구하지 않기 때문에 평화를 위해 무엇을 해야 하는지 모릅니다. 그리고 여기서 인용한 성경 구절들이 대부분 탄원시(신실한 자들이 경제적 억압으로 땅을 잃어 하나님께 정의를 구하는 내용)임을 알게 되면, 그가 예언자들이 했던 것처럼 우상숭배와 경제적 학대를 연결시키고 있음을 알 수 있습니다.[56] 예언자들이 자신들이 살던 시대에 행해지던 성적이고 경제적이고 창조세계를 훼손하는 학대에 대해 말했던 것과 같이, 그들을 환기시키는 바울의 반향은 그가 살던 시대의 권력자들에 대한 심판을 속삭이고 있습니다. 그러나 편지가 계속 이어지면서 그 심판은 더 이상 속삭임으로 머물지 않습니다.

하지만 제가 보기에는 바울이 그가 살던 시대에 우상숭배를 일삼던 권력자들에 대한 심판을 드러내놓고 말한 것은 8장 끝부분으로 보이는데요.

---

56 바울이 이런 주제로 인용한 시편은 다음과 같다. 시 71편(LXX 70편); 14편(LXX 13편); 10편(LXX 9편); 140편(LXX 139편). 다음도 참조하라. 사 7:6, 9; 호 4:1-13; 미 7:1-13; 합 2:6-17. W. Derek Suderman은 시 35편이 어떻게 여섯 부족 연합의 원주민들이 정의를 요구하며 내는 목소리로 읽힐 수 있는지 보여준다. 이 시편들이 원래 불렸던 상황도 이와 정확히 비슷할 거라고 우리는 생각한다. Suderman, "Reflections of a Christian Settler in the Haldimand Tract," *Buffalo Shout, Salmon Cry: Conversations on Creation, Land, Justice, and Life Together*, ed. Steve Heinrichs (Harrisonburg, VA: Herald Press, 2013), 263-77.

그것도 땅에 대해 얘기하다가 살짝 언급하는 것으로 보입니다.

편지 전체의 흐름을 살펴보면 아마 도움이 될 겁니다. 로마서 전체의 구조
는 이스라엘의 이야기를 그려내고 있는데, 땅과 땅을 잃어버린 것과 땅
을 약속받는 복잡한 과정을 담고 있습니다. 로마서에 대한 우리의 논의
에서 우리가 로마서를 집을 세워가는(homemaking) 본문으로 보기 시작
할 때, 아담과 아브라함과 출애굽과 땅과 관련한 축복과 저주를 말하는
신명기의 약속들과 회복에 대한 예언자의 약속들이 모두 그 편지 안에
명시적으로 드러나 있음을 알게 됩니다.[57] 그러나 더 놀라운 것은 로마
서 8장의 내러티브는 훨씬 암시적인 방식으로 창조세계와 관련한 인간
의 소명에 관한 이야기와 창조세계가 허무한 것에 굴복한 이야기, 창조
세계가 썩어질 것에 매인 이야기, 창조세계의 탄식, 믿는 자들과 성령,
육체의 구속과 관련한 하나님의 자녀가 미래에 받게 될 영광스러운 자
유를 생각나게 합니다.

아주 간단명료하게 개관을 해주셨네요. 그러니까 당신들의 말은 바울이
사용한 언어가 성경의 시작인 창조 이야기를 생각나게 하는데, 로마서
8장뿐 아니라 로마서 전체에서 그렇다는 거군요.

사도 바울은 성경의 이야기를 떠오르게 할 뿐 아니라 그 이야기 안에 창조
세계의 현재 경험을 명시적으로 위치시킵니다. 바울은 이것을 세 가지

---

57 아담: 롬 5:12-21; 아브라함: 롬 4장; 출애굽기: 롬 6-8장; 신명기의 약속들: 롬 8:1-2; 예언
적 회복: 롬 9:25에 나온 호 2:23; 롬 9:27에 나온 사 10:22; 롬 11:26에 나온 사 59:20-21;
롬 15:12에 나온 사 11:10.

방식으로 합니다. 하나는, 로마서 8:20에서 창조세계가 겪는 속박을 묘사하기 위해 허무라는 용어를 사용합니다. 허무는 성경 전체에서 우상에 해당하는 단어로,[58] 앞에서 보았듯이 이러한 우상숭배는 땅을 착취하는 것과 압도적으로 연관이 있습니다. 바울은 이 부분에서 허무라는 주제로 돌아옴으로써 로마서 1:21-22에서(여기서 그는 맹목적으로 창조세계를 숭배하는 것과 "허무한" 생각과 "무분별한 마음"을 분명히 연결합니다) 시작한 원을 완성시킵니다. 로마 사회에 드러난 우상숭배는 이스라엘의 성경 전체가 말해주는 창조세계라는 더 큰 이야기 안에서 그저 하나의 행위에 불과합니다. 예언자들이 자신들이 살던 시대에 행해지던 황실의 구체적인 현실들을 세상 속에 펼쳐지던 더 큰 하나님의 이야기 안에서 거론했던 것처럼, 바울도 로마 치하에서 창조세계가 고통받는 것을 그 제국이 저지르던 우상숭배적이고 폭력적인 행위들로 인해 생긴 것으로 보고 있습니다.

두 번째로, 바울은 로마서 8장에서 창조세계가 신음한다고 표현하고 있는데 이는 다른 성경 구절들에도 비슷하게 등장합니다. 예를 들어, 폭력적인 경제적 억압 상황에서 이스라엘이 하나님께 울부짖는 이야기로 출애굽 사건이 시작되는데, 여기서 이스라엘의 속박은 이집트가 그 땅을 경제적으로 착취하는 것(곡식 저장창고를 짓게 하고 들판에서 노동하게 했던 일)에서 비롯했습니다.[59] 창조세계의 신음은 종종 인간이 저지른 죄의

---

58 이에 반하여 David Horrell, Cherryl Hunt, Christopher Southgate, *Greening Paul: Reading the Apostle in a Time of Ecological Crisis* (Waco: Baylor University Press, 2010), 77은 허무 (*mataiotēs*)라는 단어가 70인역 성경에서 시편과 잠 22:8과 전도서, 특히 전 3:19에서만 나온다고 주장한다. 그러나 *mataio*를 어근으로 형성된 단어들은 우상숭배와 관련하여 역사서와 예언서 전체에 걸쳐 나온다. 예. 왕하 17:15//사 2:5; 44:9; 10:3, 15; 호 5:11.

59 이러한 언어적 병행관계는 일정 부분 다음 책에서 발췌한 것이다. Sylvia C. Keesmaat,

결과로 창조세계도 고통받는다는 사실을 시적으로 표현하는 일반적인 은유적 언어로 여겨졌습니다. 그러나 이 표현은 이스라엘의 성경 안에서 경제적이고 사회적인 구체적 행위들을 지목하고 있었기 때문에, 바울도 땅과 관련하여 경제적이고 사회적인 구체적 행위들을 말하고 있습니다.

세 번째로, 바울은 로마서 8:35에서 로마의 신자들이 받는 고통을 말하면서, 가난(억압, 좌절, 기근, 헐벗음은 모두 경제적 이유로 생깁니다)과 정치적 탄압(박해, 위험, 칼)을 모두 포함시킵니다. 따라서 8:23에서 바울이 믿는 자들이 탄식한다고 표현한 것은 새로운 시대의 출범에 앞선 고통을 신학적으로 공식화한 것일 뿐 아니라 이 자리와 이 공동체 안에서 직면하는 구체적인 모습도 포함합니다. 그것은 가난과 학대의 모습을 닮았습니다.[60] 따라서 창조세계의 신음이라는 바울의 언어는 창조세계가 "그 목적을 달성할 수 없어서 혹은 고역과 고통과 죽음이라는 끝없는 순환을 겪어서" 고통을 받고 있다는 의미일 뿐 아니라,[61] 창조세계가 믿는 자들이 탄식하는 것과 같은 이유로 신음한다는, 즉 로마 황실의 착취적인 경제 행태와 폭력적인 군사주의로 인해 고통받는다는 의미입니다.

Paul and His Story: (Re) Interpreting the Exodus Tradition (Sheffield: Sheffield Academic Press, 1999), 107-10. 다음도 참조하라. Terence Fretheim, "The Reclamation of Creation: Redemption and Law in Exodus," *Interpretation* 45 (1991): 354-56; "The Plagues as Ecological Signs of Historical Disaster," *Journal of Biblical Literature* 110 (1991): 385-96.

60 참조. Oakes, *Reading Romans*, 114-15.

61 Horrell, Hunt, Southgate, *Greening Paul*, 77.

환경 파괴와 로마 제국

하지만 바울이 1세기에 환경 파괴를 언급한다는 것이 가능할까요? 로마인들이 환경과 관련해서 어떤 행동을 했는지 우리가 알 수 있을까요?

사실 우리는 꽤 많이 알고 있습니다. 예를 들어, 이 편지는 네로 시대에 쓰였다는 걸 압니다. 아우구스투스 황제의 통치하에서 세상이 처음 창조되었던 모습대로 "황금시대"를 누렸다는 신화처럼 네로 통치하에서 자연은 "들판의 짐승들이 너무나 온순해서 스스로 떼지어 모이고, 땅은 쟁기를 사용하지 않아도 스스로 수확물을 내는 원시적 사투르누스신 시대의 원상태로" 회복되었다고 주장되었습니다.[62]

그러나 현실은 너무나 달랐습니다. 공식적으로는 경제적으로 풍요로웠지만, 로마의 **관행**(*practices*)은 제국을 떠받치는 것이 땅을 파괴하는 경제적 억압이었음을 드러냈습니다. 로마(그 이전의 많은 다른 제국들처럼)는 자신이 창조적인 재생의 근원이라 **주장했지만**, 제국이 창조세계를 파괴하고 있음을 보여주는 설명들은 차고 넘쳤습니다. 로마의 승리는 정복지의 하부구조를 파괴했고, 로마의 통치로 인해 그 땅과 사람들은 지속적으로 착취를 당해야 했습니다. 군대만 해도 거대한 자원을 필요로 했습니다. 포도주와 올리브유, 돼지고기, 가룸(garum), 후추, 말, 짐을 나르는 동물들, 희생제사를 위한 동물들, 이 가축들을 위한 먹이 등이 필요했습

---

62 Robert Jewett, "The Corruption and Redemption of Creation: Reading Romans 8:18-23 with the Imperial Context," *Paul and the Roman Imperial Order*, ed. Richard A. Horsley (New York: Trinity Press International, 2004), 31. 제국의 풍성함에 대한 이미지와 이스라엘 전 역사를 통해 이러한 제국의 주장들에 대한 도전의 중요성에 대해서는 Walsh, Keesmaat의 『제국과 천국』(4장)을 참조하라.

니다. 가죽과 금속은 모든 것에 필요했습니다.[63] 금속을 캐기 위해 광산 갱도를 만들고, 금속을 녹이고, 원석을 씻어내기 위한 하부 시설들을 건설하기 위해 엄청나게 많은 나무를 베어야 했습니다.[64]

로마로 나 있는 뱃길과 육로를 통해 다른 나라에서 빼앗은 물품을 로마 군대의 주둔지와 로마 자국 내로 신속히 옮길 수 있었습니다.[65] 게다가 로마 내에서 식량 소비가 늘어나자 이탈리아와 아프리카의 숲과 초원을 조직적으로 파괴해서 결국 그곳들은 사막화되었습니다.[66]

그 외에도 많은 고대 저자들이 공기의 질을 언급하는데 그들의 글에 따르면, 로마는 요리하느라 불을 때고, 목욕물을 데우고 집을 난방하느라 불을 때고, 화장(火葬)을 하고 각종 산업 활동을 위해 불을 때느라 공기가 매우 오염되었다고 합니다.[67] 도시들은 결핵이나 말라리아 같은 전염병

---

63 Neville Morley, "The Early Roman Empire: Distribution," *The Cambridge Economic History of the Greco-Roman World*, ed. Walter Scheidel, Ian Morris, Richard P. Saller (Cambridge: Cambridge University Press, 2007), 276. 군대가 주둔하면서 땅에 점점 많은 부담을 가하게 된 것에 대해서는 다음 책을 참조하라. Elio Lo Cascio, "The Early Roman Empire: The State and the Economy," Scheidel, Morris, Saller, *Cambridge Economic History*, 632-38. 채굴된 대리석의 양과 제국에서 태워진 목재의 양에 대해서는 다음 책을 참조하라. Willem M. Jongman, "The Early Roman Empire: Consumption," Scheidel, Morris, Saller, *Cambridge Economic History*, 609-11.

64 Dennis Kehoe, "The Early Roman Empire: Production," Scheidel, Morris, Saller, *Cambridge Economic History*, 567.

65 Klaus Wengst, *The Pax Romana and the Peace of Jesus Christ*, trans. John Bowden (London: SCM, 1987), 30; Herbert Girardet, "Rome and the Soil," *Far from Paradise: The Story of Man's Impact on the Environment*, ed. John Seymour, Herbert Girardet (London: BBC, 1986), 60.

66 Girardet, "Rome and the Soil," 59; Wengst, *Pax Romana*, 35; David J. Hawkin, "The Critique of Ideology in the Book of Revelation and Its Implications for Ecology," *Ecotheology* 8, no. 2 (2003): 169.

67 Robert P. Saller "Ecology," Scheidel, Morris, Saller, *Cambridge Economic History*, 22.

의 온상이었습니다.[68]

환경을 생각하지 않은 결과 농부들은 경작지를 잃게 되었습니다. 생산량
은 더 낮아지고, 땅은 부식되고, 땅이 징발되면서 농부들은 그 땅에서
생존할 수 없어졌고 사회경제적 권력들에게 땅을 더 많이 빼앗기게 되
었습니다. 따라서 이런 모든 소비의 중심에는 땅을 잃어버리게 되는 현
실이 조심스럽게 숨겨져 있었는데, 어용 시인들이나 예술가들은 로마
의 덕과 힘을 극찬하느라 이런 현실은 입 밖에도 내지 않았습니다. 로마
제국은 세상을 재건하는 가장 풍성한 나라처럼 주장되었지만, 실상 그
땅에서의 삶은 너무나 어려웠습니다.

잠깐만요, 고대 저자들이 로마 사람들이 행하던 일들, 그러니까 지금 우리
가 확인할 수 있는 파괴적인 행위들을 글로 남겼고, 그들 스스로도 그것
이 파괴적인 행위임을 알았다는 말씀이신가요?

네, 그렇습니다. 『그리스와 로마의 환경문제들』이라는 책에서 도날드 휴
스(J. Donald Hughes)는 바울 당시 환경 파괴가 널리 퍼져 있었고, 비트루
비우스, 스트라본, 아리스토텔레스, 테오프라스토스 같은 고대 저자들
은 이러한 자연 파괴를 묘사하며 비난했다고 조심스럽지만 확신을 가
지고 주장합니다.[69] 시인들은 야생동물들이 황제의 그물에 걸려 사라지

---

68   Saller, "Ecology," 35-37.
69   Hughes, *Environmental Problems*, 1-16, 56-58, 144-45; Morman Wirzba, *The Paradise of
     God: Renewing Religion in an Ecological Age* (Oxford: Oxford University Press, 2003), 11. 여
     기서는 호메로스(『일리아스』 16.389-92)와 플라톤(『대화』, 3권)을 인용하며 삼림벌채와 토
     지 부식에 대해 말한다. 위에서 언급했듯이 Hughes는 이 당시 동물의 숫자가 줄어드는 것에
     대한 우려도 있었고, 키케로는 그의 속주민들에게 표범 사냥을 시키는 걸 거부했다고 지적

고 있고 "야생동물들의 서식처가 목초지가 되었다"고 노래했습니다.[70]

하지만 그렇다고 바울이 그들과 같은 생각을 했다는 말은 아니지 않나요?

사실 바울의 글을 보면 그가 이들과 같은 관심을 갖고 **있었음**을 엿볼 수 있습니다. 그렇게 생각하는 이유가 두 가지 있습니다. 첫째, 바울은 유대에서 상당히 많은 시간을 보냈는데, 그곳은 제국의 경제 정책으로 인해 사람들의 삶과 땅이 파괴된 곳이었습니다. 휴스(Hughes)는 로마의 군사 행동, 농업 기술, 경제 행위, 인구 재배치가 미친 환경적 영향을 묘사하는데, 이 모든 것이 갈릴리와 유대에서 널리 시행되고 있었습니다.[71] 바울은 군대가 수십 년간 그 땅에 주둔했을 때 어떤 일이 일어나는지 보았고, 제국의 부동산이 늘어나면 가족 토지를 잃을 수밖에 없으며, 그런 폭력을 당했을 때 겪는 좌절을 지켜보았습니다.[72]

두 번째로, 바울이 머물며 일했던 도시들은 그들을 둘러싼 땅과 다양한 관계를 맺고 있었습니다. 일반적으로 유대 사람들은 주변의 자연환경이 부식되고 메말라서 한곳에 장기적으로 머물 수가 없었습니다.[73] 게다가 더 넓은 도심지들은 여러 가지 이유로 땅을 빼앗긴 사람들로 붐볐고, 그

한다.

70 Hughes, *Environmental Problems*, 88.

71 Hughes, *Environmental Problems*, 70-76, 110-20, 124-26.

72 Richard A. Horsley, *Galilee: History, Politics, People* (Harrisburg, VA: Trinity Press International, 1995), 207-21. Ekkehard W. Stegemann, Wolfgang Stegemann, *The Jesus Movement: A Social History of Its First Century*, trans. O. C. Dean Jr. (Minneapolis: Fortress, 1995), 47-52, 108-13.

73 Hughes, *Environmental Problems*, 2, 163-64, 183.

들은 도시 빈민이 되어 있었습니다.[74] 많은 도시 거주민들이 사실은 얼마 전까지 농사를 지으며 살았던 사람들이었습니다. 로마 제국은 아직 전반적으로 농경문화였기 때문에 바울과 그와 함께 일하던 사람들을 포함해 그 땅에 사는 대다수의 사람이 땅과 땅의 비옥함과 풍부한 소산, 그리고 땅에 대한 경제적 착취에 대해 관심이 많을 수밖에 없었습니다. 이런 맥락을 가지고, 바울이 이 편지의 초반에 우상숭배를 언급한 것과 그와 더불어 로마서 8장에서 창조세계의 고통을 자세하게 묘사한 것은 폭력적으로 땅을 파괴하는 행위를 일삼는 로마 제국의 행위를 미화시키는, 창조적 풍성함과 쇄신이라는 지배 신화를 예언자적으로 비판한 것이라 볼 수 있습니다.

탄식에 대한 재고

이것이 예언자적 비판이라면, 왜 탄식을 말하는 데 그렇게 긴 시간을 할애했나요? 우상숭배에 대한 바울의 심판적 언어는 분노라기보다는 슬픔에 가까운 것 같은데요. 그가 언급한 예언자들의 글은 분노에 가깝지 않나요?

그런 해석이야말로 성경을 완전히 잘못 이해하는 것이라 생각합니다. 창

---

74 Oakes, *Reading Romans*, 95. 여기서는 로마 안에 많은 이주 노동자들과 이민자들이 있었다고 말한다. Walter Scheidel은 인구밀도가 높아지면서 이 당시 농경지가 귀해졌다고 말한다. 또한 로마에 있던 많은 노예는 제국 내 외곽 농경 지역에서 데려온 사람들이었다고 한다. Scheidel, Morris, Saller, "Demography," *Cambridge Economic History*, 49.

조세계에 영향을 준 폭력에 대한 하나님의 첫 반응은 슬픔입니다. 창세기 6:6에서 창조주는 하나님의 형상을 따라 창조된 사람들의 악한 생각을 보시고 슬퍼하며 후회하십니다. "하나님의 슬픔은 세상의 아침으로 거슬러 올라간다"[75]고 표현한 사람도 있습니다. 이 슬픔이라는 단어는 시편(78:40-41)에 다시 나오고, 이사야 63:7-10에도 나옵니다.[76] 사실, 예언서 전반에 걸쳐 이스라엘의 불순종에 대한 하나님의 슬픔과 고통을 말하고 있습니다. 예를 들어, 예레미야 3:19-20을 보겠습니다.

> 내가 말하기를
> "내가 어떻게 하든지 너를 자녀들 중에 두며
> 허다한 나라들 중에
> 아름다운 기업인 이 귀한 땅을 네게 주리라" 하였고
> 내가 다시 말하기를 "너희가 나를 나의 아버지라 하고
> 나를 떠나지 말 것이니라" 하였노라.
> 그런데 "이스라엘 족속아, 마치 아내가 그의 남편을 속이고 떠나감 같이
> 너희가 확실히 나를 속였느니라."
> 여호와의 말씀이니라.

이렇게 소망을 배신당한 하나님의 통렬한 슬픔은 거의 감당하기 어려운 정도입니다. 아니면 이사야 65:1-2을 보십시오. 여기서는 창조주가 그 손으로 주는 선물을 거절하는 사람들에게 간청하는 모습을 만나게 됩

---

75 Fretheim, *Suffering of God*, 112.
76 분노라는 인간의 속성을 하나님께 손쉽게 돌리는 전형적인 예들이다. LXX 창 6:6; 시 78:40-41; 사 63:7-10은 "슬픔" 대신 "분노"로 대체한다.

니다. 예언자들은 하나님의 심판과 분노도 말했지만, 이 분노는 언제나 그 사람들이 될 수 있었던 것에 대한 하나님의 소망에 뿌리를 둡니다. 하나님은 언제나 자신의 백성을 구원하실 겁니다.[77] 결과적으로 "슬픔 은 언제나 하나님 편에서 본 심판의 모습"입니다.[78] 이스라엘의 불성실 에 대한 하나님의 고통과 아픔은 언제나 성경 구절들 안에 드러납니다. 성경 이야기 전체에서 땅이 이 같은 하나님의 고통과 아픔을 공유합니다. 앞에서 호세아 4:1-3 말씀을 이미 다루었는데, 여기서 모든 창조세계 (땅, 바다, 동물, 곤충, 새)가 인간의 폭력성으로 고통받고 탄식합니다. 그러 한 애도는 예레미야 12:1-3에서도 발견되는데, 여기서는 땅이 운다는 표현이 반복적으로 등장합니다(4절, 11절). 우리는 이 구절들이 바울의 생각 속에 그대로 드러나고 있음을 보게 되는데, 예레미야 12장의 탄식 이 로마서 8:27, 36에 그대로 드러나 있습니다.[79]

따라서 바울이 상기시키는 예언서 본문들은 이스라엘을 향해 예언자들 본인과 하나님이 느꼈던 슬픔을 말하고 있습니다. 하지만 바울이 로마 서에서 인용하는 많은 시편 가운데 대다수가 탄원시라는 점도 주목해 야 합니다. 바울은 편지 초반부터 자신이 탄원시 전통에 서 있음을 확실 히 합니다.[80] 이 탄식은 로마서 8장에서 고조되는데, 9장에서도 자기 백

---

77 호 11:5-9. 이스라엘의 불성실에 대한 하나님의 고통과 그런 고통 중에서도 구원을 향한 하나님의 끝없는 열망 사이의 역동성에 대해서는 다음 책을 참조하라. Scott A. Ellington, *Risking Truth: Reshaping the World through Prayers of Lament*, Princeton Theological Monograph Series (Eugene, OR: Pickwick, 2008), 44-52, 136-41; Fretheim, *Suffering of God*, 109-48; Abraham Heschel, *The Prophets*, vol. 2 (New York: Harper & Row, 1962), 263-65.

78 Fretheim, *Suffering of God*, 112.

79 Keesmaat, *Paul and His Story*, 130-31.

80 롬 1:16에서 "내가 복음을 부끄러워하지 않는다"라고 말하면서, 사도는 수치를 당한다고 한 탄하는 이스라엘의 모습을 넌지시 암시하고 있다. 또한 이 시편들에서 수치와 정의라는 주

성을 생각할 때 그의 마음 안에 큰 슬픔과 고통이 멈추지 않는다고 말하며 지속됩니다. 로마서 1-11장에 탄식이 깔려 있다고 말할 수 있습니다.

그리고 예언자들이 하나님의 탄식을 말했던 것처럼, 로마서에서 바울도 창조세계 혹은 믿는 자들의 탄식에서 멈추지 않습니다. 로마서 8:26은 성령이 말할 수 없이 탄식한다고 말합니다. 하나님의 영이 창조세계와 믿는 자들의 탄식에 함께하며 할 말을 잃습니다. 하나님의 슬픔이 계속됩니다.

여전히 질문이 생기는데요. 바울이 탄식을 바탕으로 편지를 쓰고 있다는 것이 왜 중요합니까?

글의 어조, 이야기의 구조, 비애감 이런 것들과 다 연관이 있기 때문입니다. 그거면 충분하지 않나요?

당신들은 탄식과 슬픔이 이 책으로 들어가는 중요한 길이라고 처음부터 말씀하셨는데, 두 분에게 개인적으로도 뭔가 의미가 있는 것 같습니다. 그래서 이런 질문을 하는 겁니다.

맞습니다. 이 책을 시작하면서 토론토 성소교회와 그 공동체에 속한 원주민 형제자매들의 이야기를 했습니다. 그렇게 한 이유는 그 공동체가 가

제도 함께 발견된다. 가장 주목할 시편으로는 시 71:1-2이 있다(LXX 70:1-2). "오 주님, 당신 안에서 소망합니다/ 결코 수치를 당하지 않게 하소서/ 당신의 정의로 나를 구원하소서/ 내 말을 들으시고 나를 구원하소서"(저자의 번역).

진 슬픔과 상실이 고대 로마 시대에 예수를 따르던 자들의 공동체가 느꼈던 슬픔, 상실과 깊은 유사성이 있다고 보았기 때문입니다. 이리스와 네레오의 이야기는 로마 제국에 살던 대다수의 삶을 대표적으로 보여줍니다. 우리가 살펴보았듯이 그들의 이야기는 상실의 이야기였습니다. 정체성을 잃고, 가족을 잃고, 안전망을 잃고, 가정을 잃은 이야기였지요. 그리고 그런 상실의 깊은 우물에서 탄식이 솟아납니다.

우리가 주장해왔듯이 그간 너무 오랫동안 로마서를 바울이 "신학"을 체계화하기 위해 애쓴 지적 산물로 읽어왔습니다. 그 결과 로마의 부엌이나 일터에서 그 편지를 실제로 들었던 사람들의 갈등과 소망과는 단절되었던 것이지요. 그렇게 좁게 "신학적으로" 로마서를 읽은 또 다른 불행한 부작용으로, 우리는 그간 바울이 예언자들의 탄식과 시편 저자들의 탄식, 이 지구의 탄식, 그리고 고집스러운 백성을 바라보는 하나님의 탄식을 깊이 체감하면서 이 편지를 쓰고 있다는 사실을 미처 볼 수 없었습니다.

그럼 이 편지를 제대로 이해하려면 그 중심에 탄식이 있다는 것을 알아야 한다는 말인가요?

그렇지요. 알다시피 이 편지가 로마 제국에서 가장 억압받고 가장 소외된 사람들에게 쓰인 것이라면, 이것이 그 사람들에게 좋은 소식이 되고 소망이 없는 사람들에게 소망을 주는 복음의 편지라면, 오늘날에도 같은 종류의 사람들에게 이 편지가 읽힐 때 생명을 주는 편지가 될 수 있을 겁니다. 로마서를 중산층의 특권을 누리는 교인들 혹은 월급을 잘 받는 지식인들에게 쓰인 것으로 읽는다면 그 의도뿐 아니라 그 능력도 제거해버리게 됩니다. 우리 자신에게 물어봐야 합니다. 오늘날 누가 소외되고 무시받고 경멸받는 사람들입니까? 누구에게 이 로마서가 복음의 말, 소망의 말이 되겠습니까? 우리는 이 로마서를 바로 이런 형제자매를 위해, 그리고 그들과 함께 읽어야 합니다. 이런 이유로 우리 친구 이기(Iggy)와 함께 시작했던 겁니다. 하지만 이번 장에서는 바울의 생각을 조금 더 깊이 파고 들어가 보면서, 이 편지는 로마에 있던 그리스도인 공동체의 입장에서 읽어야 할 뿐 아니라 제국적인 경제 시스템으로 인해 남용되고 훼손되고 파괴되었던 창조세계를 위해 그리고 그들과 함께 읽어야 함을 살펴보았습니다. 우리는 이 편지가 어떻게 이 지구를 위해, 땅과 바다에 있는 피조물들을 위해, 고통받는 모든 창조세계를 위해 복음이 되는지 물어야 합니다.

탄식에서 생태적 회개로

하지만 지금까지 복음에 대해서는 말하지 않았습니다. 탄식에 대해 말하셨지요. 제게는 탄식이 복음처럼 보이지는 않는데요. 아니면 제 질문을 이렇게 표현할 수도 있겠습니다. 우리가 창조세계와 함께 탄식하는 것이 왜 중요합니까? 우리가 모든 것을 망쳤고 그걸 바로잡으려고 한다는 것을 인정하면 충분하지 않나요?

좋습니다. 뭘 제안하시는 거지요?

무슨 말씀이신지?

음, 지금 우리가 일을 망쳤고 그걸 바로잡고 싶다고 인정하셨습니다. 어디서 시작할까요? 우리가 제일 먼저 뭘 해야 한다고 생각하시나요?

음, 환경파괴 문제를 해결하기 위해 어떤 방법을 써야 할지 제안해보라는 말씀인가요? 글쎄요. 뭐 여러 가지 방법이 있겠지요. 에너지 절약을 실천하고, 유기농 지역 상품을 구매하고, "녹색" 기업 제품만 사고, 천 기저귀를 사용하고, 차 대신 자전거를 타는 것들이지요. 이런 걸 말씀하신 건가요?

아니요. 저희가 말씀드린 건 그런 것이 아닙니다.

아니라고요? 하지만 우리가 삶을 영위하려면 이런 일들을 꼭 해야 하지 않나요?

맞는 말씀입니다. 하지만 성령의 첫 열매를 가진 사람들은 창조세계와 함께 탄식한다는 바울의 말을 조금 더 심각하게 받아들일 필요가 있습니다. "우리가 문제 있다는 것을 아니까 해결책도 가장 먼저 찾게 될 것"이라고 바울은 말하지 않습니다. 사실 우리는 50년 동안 해결책이 무엇인지 알고 있었지만 실제로 우리 삶을 의미 있는 방식으로 바꾸지 못했습니다. 바울이 우리에게 탄식하고, 슬퍼하고, 창조세계의 신음에 동참하라고 요청하는 이유 중 하나는 진정한 슬픔과 탄식은 회개의 표시이기 때문입니다. 슬픔은 회개로 가는 문입니다. 슬픔 없이는 그 문제의 깊이를 제대로 파악할 수도 없을 것이고 우리에게 얼마만큼의 회개가 필요한지 그 깊이를 가늠하지도 못할 것입니다. 슬픔의 자리로 들어가지 않으면 우리 죄의 깊이를 깨닫지 못한 채 해결책을 찾으려 하기가 너무 쉽습니다. 그리고 죄의 깊이를 깨닫지 못하면 우리의 삶이 습관이나 심지어 중독들로 이루어진 것이 아니라 우리의 선택으로 이루어진다고 생각하게 됩니다. 우리의 행동을 여기저기 조금 고치면 변할 수 있다고 너무 쉽게 생각하게 될 겁니다. 그리고 우리의 선택이 문제라고 생각해서 내리는 해결책들은 너무 얄팍합니다. 전구를 바꿔서 에너지 절약을 실천할 수는 있겠지만 그렇다고 달라지는 것은 없을 겁니다. 우리는 지구를 파괴하는 삶의 방식을 형성하는 세계관의 내용을 좀 더 깊이 파헤쳐볼 필요가 있습니다. 그 세계관이 어떻게 우리의 중독을 살찌우는지 인정해야 하고, 창조세계라는 집을 파괴하는 삶을 깊이 슬퍼해야 합니다. 그럴 때에만 우리는 로마서에서 바울이 보여주는 집을 세우는 비전을 들을 수 있고 구체화할 수 있습니다.

오래된 "로마서의 길" 접근법으로 이 편지를 읽는 거군요. 자신이 죄인인 걸 깨닫고 죄에 대해 후회할 때 구원자가 필요하다는 걸 깨닫는 법이지요. 그러니까 당신들 말은 우리가 창조세계의 탄식에 들어가지 않으면 진짜로 회개하기 어렵다는 말이군요.

음, 로마서를 어떤 식으로 읽든 조금씩의 유익은 있기 마련이지요. 그런 식으로 로마서를 읽으면, 바울의 복음이 갖는 모든 창조세계를 포함하는 함축적 의미는 물론 구속이 갖는 공동체적 속성을 파악하지 못하고 개인주의적으로 읽게 되는 단점이 있지만, 그래도 죄와 회개에 대해서는 바로 볼 수 있지요.
하지만 로마서를 그런 식으로 읽으면 탄식의 중요성도 파악하지 못하게 됩니다. 탄식과 회개는 하나님의 백성과 신음하는 땅이 함께 추는 춤이 자, 서로의 고통을 나누고 이 깊은 고통을 초래한 죄악을 함께 인식하는 행위입니다. 우리의 문화가 얼마나 치명적인 방식들을 사용하는지 깨닫고 우리가 그 문화와 공모했음을 알 때 탄식하게 됩니다. 월터 브루그만은 우리는 탄식 안에서 "현실을 전혀 모르는 황제가 건설한 조작된 세상의 완전한 몰락"을 인정하게 되고 "너무나 많은 귀중한 가치들이 거부되도록 한 것에 우리도 책임이 있음을 알아 죄책감을 느끼며 그런 가치들을 이제 되돌릴 수 없다는 슬픔에 고통을 맛보게 되는 **고통의 공개적인 실천**에 대해 고뇌에 찬 음성을 발하게 된다"고 말합니다.[81]

그래서 이번 장을 시작하면서 우리가 잃어버린 것에 대해 길게 말씀하신 거군요.

우리가 자신과 아이들에게 먹인 것이 현실의 만화 버전뿐이라면 하나님의 창조의 풍성한 다양성과 복잡성에 슬픔을 느끼기 어렵습니다. 우리가 잃어버린 것이 무엇인지 바로 알아야 제대로 슬퍼할 수 있고, "이러한 깨달음에는 고통이 따릅니다."[82]

그럼 어디서 시작할까요?

---

81   Walter Brueggemann, "Unity and Dynamic in the Isaiah Tradition," *Journal for the Study of the Old Testament* 20 (1984): 95.

82   Wendell Berry, "A Native Hill," *The Art of the Commonplace: The Agrarian Essays of Wendell Berry*, ed. Norman Wirzba (Berkeley: Counterpoint, 2002), 8.

"해결책이 뭘까?"를 묻기보다 "고통이 어디에 있는가?"를 물으면서 시작해야 할 겁니다. 그리고 우리가 그 고통을 야기하는 데 얼마나 일조했는지 질문하게 된다면 그 질문으로 인해 회개에 이르게 될 겁니다. 이것은 "로마서의 길"(Romans Road)이 갖는 무거운 죄책감과는 다르다는 점에 주목하십시오. 여기도 죄책감이 있긴 하지만, 더 충격적이고 더 고통스러운 감정이 깊이 깔려 있습니다. 그것은 단순히 개인적인 죄책감의 문제가 아니고 우리 자신의 도덕적 결함보다 더 큰 어떤 것에 붙들려 있는 문제입니다. 그리고 우리가 생각하지도 못한 채 우리 시대의 우상숭배에 가담하고 있는 것은 아닌지 돌아보아야 합니다. 바울은 바로 여기서 이 편지를 시작합니다. 바울은 그저 우상숭배 행위를 나열하는 데 그치지 않고 로마 그리스도인들로 하여금 그런 행위들에 대해 회개하라고 요청합니다. 어떠십니까? 우리가 회개해야 할 우상숭배적인 행동으로는 어떤 것이 있을까요?

우상숭배라고 하면, 우리가 무엇을 신뢰하는지를 의미하시나요?

네.

글쎄요. 경제 성장 같은 것이 당신들이 의미하는 그런 거 아닐까요?

정확히 맞습니다. 선거운동도 경제 성장에 초점이 맞춰져 있고, 경제가 성장해야 미래의 직업과 안전을 보장받는다고 생각합니다. 하지만 그러려면 농경지와 동물들과 사람들과 우리 공동체의 행복을 희생해야만 합니다. 경제 성장과 생태 건강이 긴장 상태에 놓이면 늘 "경제"가 이깁니다. "승자와 패자" 비유가 정확히 들어맞습니다. 제국의 이데올로기로 영구적인 전쟁 상태에 놓인 채 경쟁적인 경제 시스템 혹은 전쟁의 경제학을 따른다면 누가 우리의 적입니까? 유한한 세상에서 무제한적으로 경제 성장을 하다 보면 생태와 경제가 경쟁할 수밖에 없고, 생태는 어쩔 수 없이 질 수밖에 없습니다.[83] 하지만 생태 혹은 창조세계는 우리의 경제체제가 벌이는 전쟁에서 유일한 패자가 아닙니다. 지구와 동물들과 우리 공동체의 행복을 보호하려는 사람들도 제거해야 할 위협으로 여겨집니다. 식민지주의자들이 자신들의 규범을 거부하는 사람들을 죽이려고 하는 진짜 이유가 이것입니다. 고대 로마 제국이 아프리카를 정복하고 꾸준히 북쪽으로 움직여 영국까지 점령할 때 가장 먼저 자원을 수탈했습니다. 무기와 걸쇠와 마구, 연장들, 동전을 만들기 위한 금속을 제공해주던 광산을 유지하려면 엄청난 양의 나무가 필요했습니다. 광산 주변의 나무를 다 베면 더 먼 곳으로 이동해갔습니다. 물론 로마로 물건들을 나르는 배를 움직이기 위해서도 나무가 필요했고, 로마 안에서도 요리하고 목욕물을 데우는 데 나무가 필요했습니다. 로마의 화려한 삶은 다른 사람들의 자원을 빼앗아 세워진 것이었습니다. 나무는 고대 세계의 화석 연료였습니다.[84]

캐나다와 더 관련 있는 일로 거북이섬(북미)에 있는 원주민들을 학살하려

---

83 사실 이것은 가정의 바로 그 구조 안에 있는 모순이다. Steven Bouma-Predige와 Walsh는 이렇게 표현한다. "그리스어 *oikos*(eco-)는 집이나 집안을 의미하기에, '생태학'(ecology)은 *oikos*의 로고스, 즉 집안에 대한 연구이고 '경제학'(economics)은 *oikos*의 *nomos*, 즉 집안의 법 혹은 규칙이다." 경제 행위가 삶의 생태적 구조와 갈등을 빚으면 가장 깊고 위험한 모순을 갖게 된다. 인간의 집이 창조세계의 집과 갈등을 빚으면 이것은 심각하게 분열된 집이 되고 결국 무너질 수밖에 없다. Bouma-Prediger, Walsh, *Beyond Homelessness: Christian Faith in a Culture of Displacement* (Grand Rapids: Eerdmans, 2008), 185.

84 Kehoe, "Production," 567; Hughes, *Environmental Problems*, 68-70.

는 시도가 있었는데, 이것도 이와 같은 치명적인 경제를 위해서 벌어진 일이었습니다. 탐험가들이 왜 그 땅에 접근했습니까? 금, 목재, 모피 등 자원이 풍부했기 때문입니다. 심지어 지금도 캐나다 경제는 원주민들의 땅에서 자원을 약탈하기 위해 조약을 파기하고 원주민들의 소유를 빼앗고 있습니다. 그런 예는 수없이 많습니다. 매니토바주 쇼얼호에서는 인근 위니펙을 위해 쇼얼호의 깨끗한 식수를 소진해버리는 바람에 12년 동안 캐나다 원주민 보호지역 40(Shoal Lake 40 First Nation)에서는 식수를 소독 처리해서 사용하라는 권고령을 내려야만 했습니다. 앨버타주 포르 맥케이 사람들은 역청탄으로 많은 땅을 잃었고, 더불어 포르 치프위안족과 애서베스카 원주민들의 물과 식물과 공기가 오염되었습니다. 온타리오주 그래시 내로우스에서는 지난 50년간 종이 공장에서 나온 수은 때문에 물이 오염되었습니다. 좀 더 유명한 예로서 노스다코타주 스탠딩 록의 수(Sioux)족은 다코타 액세스 송유관(Dakota Access Pipeline)으로부터 그들의 성스러운 물을 지키려고 싸우고 있고, 좀 더 최근 일로는 세크웨펨 땅 방어자들, 즉 스쿠아미시족과 콜드워터 인디언 밴드 그리고 츨레일-와우투스족이 앨버타주의 역청에서부터 웨스트 코스트까지 트랜스 마운틴 송유관(Trans Mountain Pipeline)을 설치하려는 시도로부터 자신들의 땅과 성스러운 물을 지키려 하고 있습니다.[85]

우리는 원주민들의 자원을 약탈하고 훼손해서 부를 얻는 데 중독되어 있습니다.[86] 그리고 모든 중독이 그렇듯이 부를 유지하기 위해 필요한 폭

85 Grassy Narrow, www.freegrassy.net; Standing Rock, www.standwithstanding.net; Secwepemc Land Defenders, https://www.secwepemculecw.org; the Sacred Trust initiative of the Tsleil-Waututh, https://twnsacredtrust.ca; Protect the Inlet, 이 단체는 산악 돔과 송유관에 반대하는 원주민과 비원주민 저항을 위한 우산조직이다. https://pretecttheinlet.ca.
86 Grace Li Xiu Woo, "Is Exorcism Necessary: Casting Our Colonial Ghosts," Woelk,

력을 정당화합니다. 말 그대로입니다. 전 세계적으로 광산업과 현금작
물, 자원 약탈로부터 자신들의 땅을 보호하려다가 죽는 원주민 사망률
은 계속해서 높아지고 있습니다.[87]

기후 변화에 대한 나오미 클라인의 최근 책은 가정구조 내에서 일어나는
이러한 갈등을 강력하게 증언하고 있습니다. 지구의 규칙과 경제의 규
칙이 파괴적인 충돌을 일으키고 있습니다. "환경이 파괴되지 않기 위해
서는 인간의 자원 사용을 축소해야 한다. 우리의 경제 모델이 망하지 않
기 위해 필요한 것은 무제한적 팽창이다. 이 규칙 중 하나만 바뀔 수 있
는데, 자연법칙은 바뀔 수 없다."[88]

하지만 성장하지 않는 경제는 위기에 처했다고 여겨집니다. 자발적으로
우리 경제와 자원의 추출을 제한하거나 축소시킨다는 생각은 정말 상
상하기 힘듭니다.

바울은 로마서 1:22-23에서 우리의 상상력이 우상숭배에 사로잡혀 있기
때문에 상상할 수 없다고 말합니다. 우리의 상상력이 이렇게 예속되어
있기 때문에, 인간 집안의 규칙이 전체 창조세계라는 집안의 규칙에 예
속되어야 한다고 인정하고 이 지구가 살 만한 행성이 되도록 경제를 축
소시켜야 한다는 주장은 말 그대로 많은 사람에게 생각조차 할 수 없는

Heinrichs, *Yours, Mine, Ours*, 41.

87 Global Witness의 보고를 참고하라. https://www.globalwitness.org/en/. 「가디언」도 자신들
    의 땅을 지키려다 죽은 원주민들과 그들의 이력을 문서로 제공한다. www.theguardian.com/
    environment/series/the-defenders.

88 Naomi Klein, *This Changes Everything: Capitalism versus the Climate* (Toronto: Knopf
    Canada, 2014), 21.

일이 되어버렸습니다. 이것을 앞서 고찰한 세계관 분석의 관점대로 표현하면 세상에서 급진적으로 다르게 살아가는 것, 즉 우리의 경제생활을 생태적으로 바라보는 것은 제국의 이야기와 상징과 실천에 뿌리를 내린 전 세계 자본주의라는 지배적인 세계관 때문에 불가능합니다. 이런 이유로 클라인은 기후 위기에 직면한 지금 새로운 세계관이 필요하다고 말합니다. "근본적으로 이 일을 해결하기 위해서는 정책적 제안이 아니라 (생태적 위기 한복판에서) 초개인주의보다는 상호의존을, 우월보다는 호혜를, 위계질서보다는 협력에 기반한 대안적인 세계관을 길러내야 한다."[89]

그럼 바울의 로마서가 그런 세계관을 제공할 수 있다는 말씀이신가요?

모든 생태 문제의 해답을 로마서가 줄 수 있다고 너무 쉽게 답변하지는 않겠습니다. 하지만 클라인이 이러한 세계관의 변화를 위해서는 "우리를 실패하게 했던 이야기들을 대체할 어떤 새로운 이야기"[90]가 필요한지 토론해야 한다고 말하는데, 우리는 조심스럽지만 바울이 로마서에서 말하는 반제국적 이야기가 바로 그 이야기가 될 거라고 생각합니다. 구속에 대한 바울의 비전은 초개인주의와 신인동형론을 둘 다 깨뜨리고 있는데, 구원받은 창조세계 안에서 구원받은 공동체를 그리고 있기 때문입니다. 바울은 수치, 우월, 위계질서라는 제국적 시스템을 붕괴하기 위해 호혜와 협력이라는 비전을 제시합니다. 사실 바울의 신학은 성령

---

89 Klein, *This Changes Everything*, 462.
90 Klein, *This Changes Everything*, 461.

하나님이 모든 창조세계와 함께 호혜와 협력의 관계 속에 서는 신학입니다.

세계관 변화를 위한 클라인의 전략은 "크게 생각하고, 깊게 가고, 지구의 안위에 가장 큰 적이 되었던 숨 막히는 근본주의로부터 정반대의 이데올로기로 움직이는 것"[91]입니다. 바울의 말로 하면, "당신의 상상력을 창조적인 구속이라는 비전으로 해방시키고, 이러한 구속의 이야기로 깊이 이끌리게 하고 모든 우상숭배를 회개하라"고 말할 수 있습니다.

네. 하지만 그렇다고 환경 운동을 바울의 세계관이라고 할 수는 없지요. 로마서는 포스트자본주의 세계 질서를 위한 선언문이 될 수는 없습니다!

물론 그럴 수는 없지요. 하지만 그리스도인들은 세계질서 안에서 좀 더 건설적인 역할을 할 것이고 생태적 재앙을 겪는 세상 안에서 좀 더 치유의 힘을 발휘할 수 있을 거라는 의미로 받을 수 있을 겁니다. 최소한 그리스도인들은 바울의 글을 읽으면서 생태적으로 파괴적인 세계관에 묶여 있던 것에서 해방되고 생태적으로 집을 세워가는 방법을 모색할 수 있기를 소망합니다. 바울의 생태적 비전은 우리에게 대안적인 경제 모델을 상상하며 만들어내라고 촉구하고 있고, 이 지구에서의 삶을 지속하고, 서식지를 보호하고, 가장 취약한 자들을 위한 생태정의를 추구하는 데 열정적인 사람들과 힘을 합하라고 요청합니다.[92]

---

91 Klein, *This Changes Everything*, 26.
92 다양한 세계관을 가진 사람들을 지속 가능한 지구를 위한 통합된 운동으로 함께 모으는 좋은 조직들이 많이 있다. 가장 건전한 기독교 환경보호 구호단체 중 하나는 Rocha다. 이 국

참 흥미로운 주제지만, 솔직히 고백하자면, 너무 거창한 일 같습니다. 우상숭배를 말하기는 쉬워도 그것에 대해 무엇을 해야 할지는 모르겠습니다.

부르디외의 습관 개념에 대해 말했던 것이 기억나십니까? 삶의 문화적 패턴은 매일의 삶을 형성하는 습관들을 통해 사람들의 삶에 뿌리박히고 유지되고 주입됩니다. 경제 성장이라는 이데올로기는 마치 돈이 창조세계나 공동체나 우리 가족보다 더 중요한 것처럼 생각하게 만들어서 그 시스템을 지지하는 삶의 습관과 교육적 습관과 직업적 습관을 갖게 만듭니다. 소비와 남용이라는 매일의 작은 습관이 우리 문화 안에서 더 큰 남용이 일어나도록 만듭니다. 웬델 베리는 다음과 같이 지적합니다. "보통은 토양을 한꺼번에 많이 잃는 것이 아니다. 수많은 사람이 부주의하게 한 작은 행동들이 모여 엄청난 양을 잃게 된다. 이렇게 잃어버린 토양은 거대한 기술의 영웅적 위업으로는 되돌릴 수 없고, 오직 수많은 사람의 성실과 기술과 바람이 쌓이고 조금씩 자신의 행동을 절제함으로써만 가능하다. 토양 소실은 궁극적으로 문화적 문제다. 오직 문화적 해결책으로만 바로잡힐 것이다."[93]
이것은 비단 토양 소실 문제만 해당하지 않습니다. 우리가 매일 사소한 부주의한 행동을 하느냐 아니면 우리가 매일 주의하고 스스로를 제한하느냐에 따라 우리 경제가 상처를 입을지 치유를 받을지가 결정될 겁니

제 조직은 전 세계의 다양한 장소에서 창조세계 보호를 위한 직접적인 기회들을 제공한다. www.arocha.org. 특히 기후 변화와 관련하여 경제적·정치적·환경적 변화를 실제적으로 이뤄내야 한다고 주장하는 운동은 350.org이다.

93 Wendell Berry, "Conservation and Local Economy," *Art of the Commonplace*, 202.

다. 급격한 구조적 변화라는 큰 움직임에도 참여해야 하지만, 그러한 행동주의는 (문자 그대로) 집을 세우기 위한 생태와 경제학이 활성화되도록 도움을 주는 일상의 작은 습관들, 즉 "작은 성실과 기술과 바람" 속에 기초를 두어야 합니다.[94]

그렇다면 이러한 우상숭배를 회개하는 하나의 방법은 내가 돈을 쓰는 방법이 어떻게 내가 사랑하는 사람들 혹은 공동체를 파괴하는지 묻는 것이라는 말이군요.

맞습니다. 하지만 당신이 사랑하는 공동체뿐만이 아닙니다. 우리는 자신의 우상숭배를 위해 어느 곳에 있는 **어떤** 공동체든, 어느 누구의 복지든 희생하려고 해서는 안 됩니다.[95] 안 그러면 우리는 산업혁명이라는 "식민주의 원리"(다른 누군가를 위해 한 장소나 문화를 파괴해도 된다는 생각)[96]에 속고 있는 겁니다. 이것은 고대 로마의 식민주의 원리이기도 했습니다.

---

94 Bouma-Prediger와 Walsh는 다음의 책에서 어느 정도 "가정을 세우는 경제학"을 발전시킨다. *Beyond Homelessness*, 141-52. 다음 책도 참조. Bob Goudzwaard, Harry de Lange, *Beyond Poverty and Affluence: Toward an Economy of Care* (Grand Rapids: Eerdmans, 1995); Herman Daly, John Cobb Jr., *For the Common Good: Redirecting the Economy toward Community, the Environment, and a Sustainable Future* (Boston: Beacon, 1989); Bill McKibben, *Deep Economy: The Wealth of Communities and the Durable Future* (New York: Holt, 2007).

95 그의 논문 「전쟁의 실패」("The Failure of War")에서 Wendell Berry는 "우리의 자유, 영향력, 그리고 (아마도) 평화를 위해 얼마나 많은 다른 사람의 자녀가 폭탄이나 기아로 죽도록 허용하겠는가?"라고 질문한다. 그는 계속해서 이렇게 말한다. "그 질문에 나는 재빨리 대답한다. **아무도** 그렇게 되어서는 안 된다.…제발. 어떤 어린이도 그렇게 되어서는 안 된다. **내** 유익을 위해 어떤 어린이도 죽여서는 안 된다." Wendell Berry, *Citizenship Papers* (Washington, DC: Shoemaker & Hoard, 2003), 29.

96 Wendell Berry, "Sex, Economy, Freedom, and Community," *Sex, Economy, Freedom and Community* (New York: Pantheon Books, 1993), 166.

그래서 내가 하고 있는 어떤 삶의 방식, 어떤 습관적인 매일의 행동이 사람들과 공동체와 창조세계를 파괴하는지 질문해야 합니다.

음. 좀 더 깊이 생각해봐야겠군요.

대부분의 사람이 무심코 하는 행동을 하나 생각해볼 수 있습니다. 당신은 휴대폰을 얼마나 자주 사용하시나요?

휴대폰이요? 얼마나 자주 사용하는지 별로 신경을 안 써봤는데요. 아마 엄청 많이 확인할 겁니다.

휴대폰 사용은 오늘날 정말 민감한 사안이지요. 저희가 휴대폰이 없다고 말하면, 사람들은 자신들도 휴대폰에 너무 의존하지 않았으면 좋겠다고 말합니다. 하지만 다들 휴대폰 없이 사는 건 상상도 할 수 없지요.[97] 휴대폰은 이제 우리 일상에서 너무 보편화되어서 이 기계가 정말 필요한 의사소통 수단인지 심각하게 재고해보아야 한다고 말하는 것도 우스꽝스러울 지경입니다. 하지만 우리가 실제적으로 휴대폰에 중독되어 있음을 보여주는 더 많은 연구가 나오면서, 휴대폰이야말로 억압적인 경제 시스템에 우리가 종속되어 있다는 결정적인 증거가 아닐까 질문해봐야 합니다.

97　너무나 아이러니하게도, 우리가 아는 한 젊은이가 최근 면접을 봤는데 휴대폰이 있냐는 질문을 받았다고 한다. 그가 휴대폰이 없다고 말하자 면접관은 "합격입니다!"라고 말했다. 회사 대표는 직원들에게 휴대폰을 내려놓고 일하라고 말하는 데 지쳤다고 한다.

정말로 중독이라고 생각하시나요?

휴대폰 사용이 게임 중독이나 마약 중독과 같은 화학물질이 나온다는 연구 결과들이 나오고 있습니다.[98] 정말 말 그대로 중독이지요. 말 그대로 매여 있습니다. 그리고 모든 노예 상태가 그러하듯이, 휴대폰은 우리를 공동체에서 끊어지게 하고 우울증을 유발시키고 우리로 하여금 노숙자가 되게 합니다.[99]

정말 센 진술이군요.

우리를 땅에서 끊어버리고, 약자를 괴롭히며 폭력을 합법화하고, 우리가 받는 정보와 관계 맺는 사람들을 점점 더 통제하는 것을 그럼 달리 뭐라고 표현하시겠습니까?

그렇게 말씀하시니 폭력적인 관계를 말하는 것처럼 들리는군요.

휴대폰 사용의 불필요한 부산물인 폭력과 약자 괴롭히기를 제외하면, 나머지는 소셜 미디어 산업의 결과이자 **목표**입니다.[100] 우리가 이런 관계에 참여하려고 한다는 것 자체가 우상숭배입니다. 그리고 우상숭배에 대해 말하려면, 가장 최근에 일어났고 가장 강력하고 가장 효율적인 전

---

98   참조. Adam Alter, *Irresistible: The Rise of Addictive Technology and the Business of Keeping Us Hooked* (New York: Penguin, 2017).

99   참조. Twenge, *iGen*.

100 참조. James Williams, *Stand out of Our Light: Freedom and Resistance in the Information Economy* (Cambridge: Cambridge University Press, 2018).

기 장치를 요구하는 기술적 필요에 대해 질문해보아야 합니다. 이것은 분명 기술주의라는 우상숭배적 이데올로기로 보입니다.

기술주의라고요?

네. 경제주의의 가까운 사촌이지요.[101] 기술주의는 인간의 도구를 만드는 능력을 절대화합니다. 일단 기술을 신격화시켜버리면, 모든 우상이 그렇듯이, 기술이 당신의 삶을 왜곡시키기 시작하고 당신을 자신의 형상으로 다시 만들기 시작합니다. 경제적 성장과 부의 증가에 이끌리지 않는 삶은 상상할 수 없듯이, 계속해서 가속화되는 기술 문화가 제공하는 도구들 없이 사는 삶은 상상하기 거의 힘들어졌습니다. 우리가 생각하기에는 이것이야말로 우리 삶을 좀 더 빠르고 효율적으로 만들어준다고 여기는 전기 장치들에 중독되어 있는 것이지요.

최근 몇 년 동안 태양열을 이용하고 수도, 가스, 전기 등 공공설비를 사용하지 않는 집에서 살면서, 우리는 고통스럽지만 우리 사회에서 아무 생각 없이 사용되는 전기의 힘을 자각하게 되었습니다. 태양열을 쓰려면, 공동체와 창조세계에 해를 주지 않고서 기계를 사용하는 방법은 이것밖에 없다는 자각이 있어야 합니다. 또한 우리는 생태계에 해를 주는 습관들로부터도 자유롭지 못합니다. 바울은 의로운 자는 하나도 없다고 말합니다. 산을 깎아내는 석탄 채굴과 지역 상수도를 오염시키고 지리

---

101 J. Richard Middleton과 Brian J. Walsh는 다음 책에서 과학주의와 기술주의와 경제주의라는 가짜 삼위일체에 대해 쓰고 있다. *The Transforming Vision: Shaping a Christian World View* (Downers Grove, IL: IVP, 1984), chap. 9; *Truth Is Stranger Than It Used to Be: Biblical Faith in a Postmodern Age* (Downers Grove, IL: IVP, 1995), 16-17.

적 안정성을 깨뜨리는 가스 채굴에는 반대하지만, 사실 우리가 사용하는 태양전지판도 그 자체로 생태계에 위협이 됩니다. 그래서 우리는 가급적 최대한 많이 전기 사용량을 줄이면서, 이것이 선택사항이 아닌 필수사항이 될 미래를 준비해야 합니다. 우리가 전기를 사용하는 한 문제가 될 수 있다는 자각을 해야 합니다.

전기 제품 없이 살라는 말씀은 아니지요?

먼저 상황을 제대로 파악하고 탄식하고 회개한 다음에 뭔가를 해야겠지요. 그리고 개인보다는 공동체 차원에서 행동하길 추천합니다. 삶의 습관들은 공동체적으로 형성되기 때문에 공동체적으로 변화해야 합니다. 문제를 제대로 파악하기 시작하면 여러분과 공동체는 삶에서 꼭 필요하지 않은 장치들과 기기들을 포기해야겠다고 결심하게 될 겁니다. 예를 들어, 지금은 전기를 사용해서 하는 많은 것들이 다른 방법으로도 가능하다는 사실을 알게 될 겁니다. 아마 건조기를 사용하는 것이 시간이 지나 자연스럽게 빨래가 마르는 것보다 생태적으로 너무 값비싼 대가를 치러야 한다는 것을 알게 될 겁니다. 우리는 건조기 없이 아이 셋을 키웠습니다. 아마 헤어드라이기에 대해서도 같은 생각을 하게 될 겁니다. 아니면 토스트기나 믹서기, 통조림 따개, 우유 스팀기, 커피머신 같은 것들에 대해서도 같은 생각을 하게 될 겁니다. 어느 시점이 되면 이런 기기들을 다 소유한 채 편리함만 추구하는 모습이 얼마나 문제가 있는지 깊이 고민하게 될 겁니다.

꼭 기기를 사용해야 한다면, 따로 소유하지 않기로 결심할 수도 있습니다. 빨래방을 이용해서 빨래를 할 수도 있습니다. 빨래방 물은 모두 태양열로 가열됩니다. 공동 세탁기를 사용하게 되면 적어도 쓰레기 매립장 하나 정도를 구하는 셈이 됩니다. 그리고 빨래방을 이용하게 되면 사람들을 만나 마을 일에 대해 이야기를 나눌 수도 있고, 빨래가 돌아가는 동안 도서관과 우체국, 중고서점을 방문하며 이웃들과 대화를 나눌 수 있습니다. 그러면 빨래를 하면서 공동체를 세워갈 수 있습니다. 그리고 빨래가 다 되면 집에 가지고 와서 빨랫줄이나 건조대에 널면 됩니다. 다시 말하지만, 공동체가 함께해야 답이 됩니다. 많은 사람이 한 세탁기를 같이 쓰기로 결심하면 어떤 일이 벌어질까요? 그렇게 되면 빨래를 위해 공동의 협력이 필요해지고 좀 더 공동의 상호작용이 생겨납니다.

세탁기를 소유하지 않음으로써 뭔가를 포기하는 것이 아니라 다른 것을 얻는다는 말씀이군요.

비단 세탁기만 그런 것이 아닙니다. 피클도 기계를 사용하지 않고 손으로 썰게 되면, 아이들이나 친구들에게 도움을 요청해 함께 이야기를 나눌 수 있습니다. 일하면서 공동체를 이루게 되는 것이지요(사실 아이들은 좀 성가시다고 생각할 수도 있습니다).

하지만 너무 뜬구름 잡는 말이 되지 않으려면 한 가지 확실히 하고 가야할 것이 있습니다. 빨래방에서 세탁을 해서 빨랫줄에 널어 말리는 일은, 저녁 먹기 전에 세탁기에 빨래를 넣어 돌려서 저녁 먹고 건조기에 넣어 말리는 것보다 훨씬 시간이 걸리는 일입니다. 우리의 습관을 바꾸기란 쉽지 않은 일입니다. 왜냐하면 우리는 우상숭배적인 행위와 중독에 안주하고 있기 때문입니다. 우리는 웬델 베리가 말한 "환경적 기생충"이 되어버렸습니다. 베리는 우리가 변화하려면 어떤 모습이어야 하는지

단호하게 말합니다.

> 환경이 파괴되는 것이 두렵다면, 환경적 기생충이 되는 것을 멈추는 법을 배워야 한다. 우리는 모두 이런저런 방법으로 기생충이고 그것을 치료하는 방법은 늘 분명하지 않지만 한 가지 확실한 것은 치료하기 어렵다는 것이다. 그것을 치료하려면 새로운 삶의 방식이 필요하다. 더 어렵고, 더 노력이 들어가고, 덜 화려하고, 기계도 덜 사용해야 하지만 확실한 것은 더 의미 있고 더 실질적인 즐거움을 느낄 수 있다는 것이다. 건강한 환경을 만들려면 우리 모두 좋아하는 것을 포기해야 할 것이다. 심지어 필수품이라고 생각하는 것도 포기해야 할 것이다. 하지만 질병을 두려워하면서도 치료를 위해 대가를 지불하려고 하지 않는 것은 그저 위선적인 것이 아니라 우둔한 것이다.[102]

이런 일이 가능해지려면 같은 일을 하는 사람들이 공동체로 모여야 할 것 같습니다. 기계로 돌아가는 쳇바퀴에서 내리려면, 완전히 새로운 친구들이 필요한 것 아닐까요?

그 질문에는 답을 할 수가 없군요. 하지만 우리 모두가 더 넓은 시야로 이 문제에 접근해야 합니다. 대안적인 이야기에 뿌리를 내리지 않고서는 치유의 길을 식별해낼 수 없는데, 그런 이야기는 반드시 공동체가 공유해야 합니다. 오늘날의 제국적인 맥락에서 1세기와 마찬가지로 구속적인 치유가 가능하려면 분별력이 있는 공동체를 세워가야 합니다. 그런 깊은 공감을 이루는 공동체가 있어야 회개와 신실함이라는 문제를 가

---

102 Wendell Berry, "Think Little," *Art of the Commonplace*, 87.

지고 씨름해나갈 수 있습니다. 공동체 안에서 뭔가를 결정할 때는 우리가 구매하는 물건이 얼마나 오래 쓸 수 있는지, 그것들을 어떤 방식으로 써야 할지 등의 분별하는 질문을 할 수 있어야 합니다.

분별하는 질문을 한다고요?

그렇습니다. 우리는 살면서 어떤 물건을 소유하려고 할 때 그것이 어떻게 생산되었고, 어떻게 사용되고, 어떻게 폐기되는지 일련의 질문들을 해 봐야 합니다. 이 세 가지 질문은 그 물건을 사야 할지 여부를 분별하는 데 도움이 됩니다.[103]

1. 이 물건을 **만드는 일**이 공동체나 창조세계에 해를 끼치는가? 그것의 제조가 서식지나 생물 종들을 파괴하는가? 사람들이 착취당하거나 그들을 아프게 하지는 않는가? 이 물건을 만드는 일이 하나님의 창조세계의 평화를 훼손하는가?
2. 이 물건을 사용하는 일이 공동체나 창조세계에 해를 끼치는가? 그것을 사용하면 서식지가 파괴되거나 종들이 해를 입는가? (이 질문은 전기 사용에도 적용된다.) 그 물건이 사용될 때 사람들이 착취당하거나 해를 입는가? 이 물건의 사용이 하나님의 창조세계의 평화를 훼손하는가?

---

103 Wendell Berry는 산업적 세계관에서 압도적인 수익성과 효율성의 기준을 뛰어넘어 노동과 그것의 생산품에 대해 다음의 질문들을 가지고 비슷한 분별의 과정을 제시한다. "노동자가 이 일을 하면서 어떤 방식으로든 손해를 보거나 학대를 받는가? 그 일을 함으로써 그 장소에서 생태계나 식수나 대기환경에 어떤 영향을 미치는가? 그 물건이 그것을 사용하는 사용자와 그것이 사용되는 장소에 어떤 영향을 미치는가?" Berry, "Going to Work," *Citizenship Papers*, 38.

3. 이 물건을 폐기할 때 공동체나 창조세계에 해를 끼치는가? 이 물건이 폐기되면서 서식지나 종들이 파괴되는가? 사람들이 착취당하거나 병이 드는가? 이것을 폐기하면서 하나님의 창조세계의 평화가 훼손되는가? 아니면 이 물건이 수명을 다할 때 새로운 생명을 살리는 거름의 역할을 하는가?

바울이 죄가 우리의 죽을 몸을 지배하지 못하게 하고, 우리의 지체를 불의의 무기로 죄에게 내주지 말고 의의 무기로 하나님께 드리라고(롬 6:12-13) 말할 때 이런 것들을 말하는 것으로 보입니다. 우리의 매일의 행동이 불의를 따릅니까, 아니면 의를 따릅니까? 바울은 그 대답이 무엇이어야 하는지 분명히 합니다.

정말 너무 어려운 질문들이군요. 그리고 너무나 제약이 많습니다. 이런 기준을 따른다면 플라스틱 제품은 하나도 살 수 없지 않을까요?

플라스틱은 제조할 때도 폐기할 때도 물을 오염시키고 암 발병률도 높입니다. 플라스틱의 원료가 되는 원유 추출도 고려되지 않습니다.[104] 그러니 플라스틱을 사용할지를 질문하는 것은 중요합니다. 좋은 소식은 전 세계적으로 플라스틱을 대체할 물건들을 만드는 사람들이 있다는 것이지요.[105] 또 아예 플라스틱을 안 살 수도 있습니다. 아니면 플라스틱을

---

104 우리 환경에서 플라스틱이 미치는 영향을 명확하게 정리해놓은 책은 다음과 같다. Sasha Adkins, "Plastics as Spiritual Crisis," *Watershed Discipleship: Inhabiting Bioregional Faith and Practice*, ed. Ched Myers (Eugene, OR: Cascade Books, 2016), 154-67.

105 플라스틱 없는 삶으로 전환하도록 도움을 받고자 한다면 Zero Waste Institute를 방문해 보라(www.zerowasteinstitute.org; www.zerowasteeurope.eu/2015/3/zero-waste-a-key-

소유하기 전에 그 결과가 어떨지를 미리 질문해보는 것도 좋습니다. 인정하지만, 이것은 정말 어려운 일입니다. 왜냐하면 어떤 물건은 플라스틱만 가능하기 때문입니다. 만족스러운 대답을 찾아내기 힘들어도 이런 질문들은 정말 소중합니다. 그리고 아직 음식 이야기는 꺼내지도 못했습니다.

무슨 말씀이시죠?

회개가 필요한 삶의 첫 영역 중 하나가 식량 생산과 소비 분야입니다. 우리가 식량을 생산하는 방식은 창조세계의 건강에 막대한 영향을 끼칩니다. 하지만 식량이 **통제되는** 방식은 우리가 땅에 대해 어떤 태도를 취하고 있는지, 그리고 땅을 어떻게 보살피고 있는지를 보여줍니다. 성경 이야기 전체에서 땅을 착취의 대상으로 보는 제국적 관점과 땅의 건강과 보살핌이 자신들의 삶과 건강과 긴밀하게 연결되어 있다고 보는 땅의 사람들을 대조하고 있습니다. 예를 들어, 요셉이 이집트에서 모든 식량을 통제할 때 기근의 첫해에는 사람들이 가진 돈과 식량을 바꾸어줍니다. 두 번째 해에는 그들이 가진 동물과 식량을 바꾸어줍니다. 세 번째 해에는 사람들 자신**과** 그들의 땅을 바로에게 바칩니다. 땅이 없으면 자신들에게 아무런 소망이 없다고 본 것이 분명합니다. 또한 자신들이

solution-for-a-low-carbon-economy/). 형광등에서부터 피임약에 이르기까지 대안에 대한 고민은 다음 사이트를 참조하라. www.rubbishfree.co.nz. 이 사이트의 창시자 Waveney Warth와 Matthew Luxon은 매년 버려야 할 항목들을 한가득 만들어낸다. 다음 책도 참조하라. Bea Johnson, *Zero Waste Home: The Ultimate Guide to Simplifying Your Life and Reducing Your Waste* (New York: Scribner, 2013); Amy Korst, *The Zero-Waste Lifestyle: Live Well by Throwing Away Less* (Berkeley: Ten Speed Press, 2012).

땅과 분리되면 땅이 황폐화된다고 보고 있습니다(창 47:1-19). 이와 비슷하게 나봇의 포도원 이야기에서 아합 왕과 이세벨 왕비는 나봇에게서 그의 *nahala*, 즉 가족이 속해 있는 땅을 빼앗음으로써 왕실의 힘을 공고히 합니다(왕상 21장).

비슷한 예로, 캐나다는 식민지를 만들면서 원주민들을 그들의 땅에서 몰아내는 방법으로 이중의 효과를 가져오려 했던 것으로 보입니다. 먼저는 땅이 그들을 보살피던 사람들의 손에서 분리되게 함으로써, 정착민들이 부와 단기 이득을 극대화할 목적으로 그 땅을 오용하고 남용하며 착취하도록 했습니다. 두 번째로는, 원주민들에게서 땅과 식량의 원천을 빼앗음으로써 기아와 질병에 노출되도록 했습니다.[106] 식량과 식량의 원천에 접근하지 못하게 하는 것은 대량학살의 도구가 되었습니다.

식량에 대해 이야기한다고 했을 때 유기농이나 뭐 그런 것을 말하려는 줄 알았습니다.

그것도 물론 중요합니다. 우리가 대부분의 식량을 어디서 얻는지 질문해 보면, 산업화된 농업이야말로 우리 이웃을 사랑하지 못하게 하고 지구를 보호하지 못하게 한다는 것을 알게 됩니다. 실제로 산업화된 농업은 빠른 속도로 온 세계가 식량을 공급받는 것을 불가능하게 만들고 있습니다. 땅의 지표층이 다 없어져서 석유 기반의 비료를 토양에 뿌려 오랫

---

106 나봇의 포도원 이야기와 현대 원주민 땅의 유린을 서로 연결한 다음 글을 참조하라. Matthew Humprey, "A Pipeline Runs through Naboth's Vineyard: From Abstraction to Action in Cascadia," Myers, *Watershed Discipleship*, 121-37.

동안 사용하다 보니 땅이 황폐화되고 영양분이 없어졌습니다.[107]

이 문제에 대해서는 교회보다 대중의 상상력이 훨씬 더 앞서가고 있습니다. 지역에서 생산한 먹거리, 농산물 직판장, 환경파괴 없이 기른 축산물, 도시형 농업 같은 전 세계적 움직임은 그저 잠깐 유행하는 먹거리가 아닙니다. 이는 성경이 명령하는 바입니다. 이것은 무엇이 잘못되었는지 몰라서 생긴 문제가 아닙니다. 문제는 우리의 **도덕적 무지**와 **인격의 약함**입니다.[108] 말하자면, 우리가 수입한 산업적으로 생산된 음식으로 인해 대가를 지불해야 한다는 것을 알면서도 우상숭배적 식욕 때문에 그 음식을 거부하지 못한다는 의미입니다. 우리는 계절에 맞는 먹거리를 먹어야 한다는 것을 알지만, 봄이 되면 당근과 비트가 너무 지겨워집니다. 모든 우상숭배의 핵심에 있는 만족할 줄 모르는 소비욕구가 게걸스러운 식습관에 그대로 드러납니다.

아이러니하게도 이것은 창세기 3장에서 아담과 하와가 최초로 먹는 것과 관련하여 무분별한 행동을 했을 때 묘사되던 죄와 그 방식이 동일합니다. 하나님은 그들에게 식욕을 억누르라고 말씀하셨습니다. 그분은 오직 한 나무만 금지하셨습니다. 그런데 그들이 먹겠다고 고집한 것은 바로 그 나무였습니다. 원죄는 계절에 맞지 않는 것을 먹은 것, 즉 그때 그들에게 허락되지 않았던 것을 먹은 것이었습니다.

"음식과 관련한 무분별한 행동"이라고요? 저녁 식사하면서 바람을 피운

---

107 UN식량농업기구에 의하면, 표층흙은 수확을 60번 할 수 있는 양밖에 남지 않았다고 한다. 참조. Chris Arsenault, "Only 60 Years of Farming Left If Soil Degradation Continues," *Scientific American*, https://www.scientificamerican.com/article/only-60-years-of-farming-left-if-soil-degradation-continues/.

108 Wendell Berry, "The Unsettling of America," *Art of the Commonplace*, 44.

다는 소리처럼 들리는군요.

계절에 맞지 않는 것을 먹는 것은 바람을 피우는 것과 같습니다. 당신이 속한 장소에 충실하지 않은 것이지요.

그렇다면 왜 그 금지된 과일이 "제철이 아니었나요?"

왜냐하면 다른 나무들은 수확해도 무방한 반면에, 이 나무의 뭔가가 그 당시에 인간이 먹기에 부적합하게 만들었기 때문에 그 나무를 금지한 것이지요. 그 나무가 다른 때에는 제철이 될지 우리는 모르지만, 이 나무의 열매는 인간의 소비에 제한을 둡니다. 아담과 하와가 그들의 동산 집을 책임 있게 관리하려면 이 나무의 본성을 존중했어야 했고, 자신들의 식욕을 제한했어야 했습니다. "우리 인간은 먹어야 하는 피조물로서, 영양을 공급하는 동산이 우리에게 요구하는 바에 맞추어 살아야 한다"라고 노만 워즈바(Norman Wirzba)는 말합니다.[109] 에덴동산의 죄는 잘못 이끌린 욕구 중 하나였고, 적절한 창조세계의 경계를 넘어선 것이었고, 창조자와 나머지 창조세계 모두로부터 독립을 선언한 것이었습니다.[110] 그들은 그것이 좋아 보여서 먹고 싶다는 이유로 그 열매를 취해 먹었습니다(창 3:6). 이는 마치 캐나다에서 1월에 나는 딸기 같습니다. 아니면 3월에 나는 멜론 같습니다. 우리는 왜 그것들을 먹습니까? 왜냐하면 보

---

109 Norman Wirzba, *Food and Faith: A Theology of Eating* (Cambridge: Cambridge University Press, 2011), 75.

110 Randy Woodley는 아담과 하와의 타락이 땅을 유린하여 "창조세계를 저버리고 창조주와 우리의 관계를 틀어버린 것"이라고 설명한다. Woodley, "Early Dialogue in the Community of Creation," Heinrichs, *Buffalo Shout, Salmon Cry*, 100.

기에 좋아 보여서 그것들을 원하는 것이고 지금 먹고 싶다는 이유로 그렇게 합니다. 그게 다입니다.

언약을 벗어나 있고, 창조세계의 평화를 구하지 않고, 음식 생산자와 이 음식을 얻지 못하는 사람들을 위한 정의에 어긋나 있는 음식은 언제나 "제철이 아닌 음식"입니다. 워즈바는 이것을 "포로된 상태에서 먹기"라고 표현합니다.[111] 포로로 끌려가 우리가 창조된 집에서 분리될 때 음식은 상품이 되고 우리는 소비자가 됩니다. 우리는 음식을 생산하는 것에서 배제된 채(혹은 음식을 정성스럽게 준비하는 것에서도 배제된 채) 우리 음식이 많고, 싸고, 편리하기를 요구합니다. 포로된 상태에서 먹는 것은 어쩔 수 없이 "제철이 아닌 음식"을 소비하는 문제가 됩니다. 아니면 로마서 1장 끝에 나오는 바울의 비판으로 돌아가 보면, 욕심과 탐욕(그리고 그것의 사촌인 폭식)으로 소비한 음식 및 땅과 관련해서 무모하고 불성실한 방법으로 어리석게 경작하여 얻은 음식은 언제나 "제철이 아닌 음식"입니다.

정말로 우리가 계속해서 이런 식으로 행동하다니 놀라운 일입니다. 우리가 2월에 포도를 먹고 4월에 토마토를 먹고 싶어 한 것 때문에 우리 자녀들이 더 악화된 기후 문제를 안고 살아야 할까요? 얼마나 이기적인 사치입니까? 성경 이야기에 나오는 가장 오래된 이기적인 사치입니다. 사치 문화가 퍼져나가게 되는 것은 우리가 매일 행하는 이런 사치스러운 행동들 때문입니다. 대규모 남용이 허용된 것은 이런 작은 규모의 남용들에 우리 모두가 공모자가 되기 때문입니다.[112]

---

111 Wirzba, *Food and Faith*, chap. 3.
112 Davis, *Scripture, Culture, Agriculture*, 13.

위에서 소개한 3가지 분별을 위한 질문들을 곰곰이 생각해보면 온 창조세계가 신음하며 구속을 기다린다는 바울의 선견과 그리 다르지 않아 보입니다. 우리가 속한 넓은 의미의 농업적 상황 속에서 음식을 생산하고 소비하고 폐기하는 과정이 하나님의 창조세계의 평안을 깨뜨립니까, 아니면 증진합니까?

탄식에서 부활의 소망으로

이런 질문들을 하기 시작하면 의기소침해지는데, 왜 이런 무거운 감정을 느껴야 하지요?

아무도 우울해지는 걸 원하지는 않습니다. 우울함은 심신을 미약하게 하고 아무것도 못하게 만듭니다. 그렇게 되면 우리도 인정할 수밖에 없는 우울한 상황에 대해 대응할 자산이 하나도 없게 됩니다. 우리의 먹는 습관이며 글로벌 자본주의에 속하는 거의 모든 삶의 영역에 대해 이런 질문들을 정직하게 한다는 것은 정말 정신이 번쩍 들 정도로 어려운 일이 맞습니다. 그래서 생태적으로 상처를 입은 세상과 진지하게 맞닥뜨리는 일은 탄식으로 시작됩니다.

탄식해야 하는 또 다른 이유도 있습니까?

네, 있습니다. 알다시피 탄식한다는 것은 간절히 달라지고 싶다는 의미이기 때문에 탄식이 필요합니다. 우리는 하나님 앞에서 다른 세상을 소망하며 기대하게 되고 하나님께 그런 세상이 오게 해달라고 요청합니다. 탄식은 하나님께 창조세계와 인류를 위한 정의를 반복해서 요청하는 것입니다.[113]

그럼 탄식이 소망하는 행위라는 말씀이신가요?

네, 탄식은 소망하는 행위입니다. 사실 "열정적으로 기대"하는 행위입니다.[114] 우울은 우리를 현재의 깨어진 상태에 가둬버리지만, 탄식은 우리를 앞으로 나아가게 하는 삶의 비전을 가져다줄 수 있습니다. 바울이 로마서 8장에서 창조세계를 어떻게 그리는지 기억해보십시오. 창조세계는 해산의 고통으로 신음할 뿐 아니라 하나님의 자녀들이 나타나기를 간절히 바라며 기다립니다(롬 8:19). 그리고 바울은 우리도 입양, 즉 몸의 구속을 기다리며 속으로 신음한다고 말합니다(롬 8:23). 알다시피, 탄식은 회복된 세계를 간절히 소망하기 때문에 "얼마나 더" 기다려야 하는지 조바심 내며 묻게 됩니다. 창조세계는 하나님의 자녀가 그분의 형상을 닮은 자들로서 창조세계를 돌보라는 사명을 감당하기 시작할 때 창조세계 자신이 자유로워질 것임을 압니다. 그리고 우리는 믿는 자로서 우리가 그런 진실한 자녀가 되고 바로 우리 몸이 구속받게 되기를 간절히 바랍니다.

이것이 당신들이 앞에서 말한 "비극적인 간극에서 살아가기"라는 말의

---

113 Walter Brueggemann, "The Formfulness of Grief," *The Psalms and the Life of Faith*, ed. Patrick D. Miller (Minneapolis: Fortress, 1995), 91.

114 Brueggemann, "Formfulness of Grief," 91.

의미입니까?

네, 맞습니다. 파커 파머가 한 말이었지요.[115] 비극적인 간극은 창조세계가 될 수 있고 되어야 할 모습과 우리의 현재 모습 사이의 공간입니다. 우리는 치유와 용서와 회복의 장소를 간절히 소망합니다. 하지만 우리가 있는 곳은 그런 곳이 아닙니다. 우리가 소망하는 모습과 그렇지 못한 현실 사이에서 우리는 슬픔을 안고 살아갑니다.

그것 때문에 저도 참 우울합니다. 그 간극이 너무 참을 수 없을 정도로 커서 아무것도 할 수 없습니다. 보노(Bono)가 말한 대로 표현하자면 "벗어날 수 없는 순간에 갇혀" 있습니다.[116] 그래서 뭘 해야 할지 모르겠습니다.

여기에 문제가 있습니다. 비극적인 간극 안에서 살아가는 것은 규칙 몇 가지를 지킨다고 좋아지지 않습니다. 예를 들어 "창조세계를 잘 관리하고 이런저런 일을 하면 좋아질 것이다"라고 말한다고 해결되지 않습니다. 우리는 벗어날 수 없는 순간에 갇혀 있습니다. 우리 삶의 이야기, 즉 식료품의 생산과정에 그대로 드러나는 문명의 발전과 영향력의 이야기가 막다른 골목에 다다랐기 때문입니다. 이것은 꽉 막힌 이야기입니다. 우리에게 필요한 것은 일련의 규칙이 아니라 변화된 상상력입니다.

---

115 Parker Palmer, "The Broken-Open Heart: Living with Faith and Hope in the Tragic Gap," *Weavings* 24, no. 2 (March/April 2009); 1-12.

116 U2, "Stuck in a Moment," *All That You Can't Leave Behind*, Universal International Music, 2000.

바울이 로마 제국 한복판에서 들려주는 위대한 이야기는 우리를 앞으로 나아가게 하고 새로운 비전을 갖게 합니다. 하나님이 제공하는 치유와 구속 안에서 살고 싶다는 간절한 소망을 품게 합니다. 이 비전이 우리의 상상력을 강력하게 사로잡아서 이제는 다른 방식으로는 살 수 없습니다. 비극적인 간극이 우리 모두의 삶을 관통하며 흐르고 있다는 것을 깨닫게 되면서(참조. 롬 7장), 우리는 삶 전부를 하나님께 드리게 되고 세상의 우상숭배적인 시스템에 순종하는 막다른 길에서 풀려나기를 구하게 됩니다. 이 이야기에 뿌리를 내리고 이것이 주는 해방을 경험하면서 우리의 상상력은 제국이라는 전 지구적 이데올로기에 사로잡혀 있던 상태에서 풀려나게 되고 우리의 삶에서 무엇이 선하고 하나님이 받으실 만한 것인지 분별하기 시작합니다(롬 12:1-2).

정말 힘든 일이긴 하지만, 이러한 비전으로 우리의 상상력이 해방되고 나면 1월에 딸기를 먹고 드라이기를 소유하고 휴대폰을 소유하는 사소한 일들을 절대 할 수 없게 됩니다. 그것들은 우리가 원하는 세상이 달성할 수 있는 최고의 모습을 성취하는 것과는 너무도 거리가 멀기 때문입니다.

성장하면서 우리가 사는 이 땅에 대해 무엇을 소망해야 하는지 배우지 못하는 것도 문제입니다. 예를 들어, 천국에서 예수와 함께하는 것이 최고의 복이라고 가르친다면 "이 세상이 될 수 있는 최고의 상태가 되는 것"에 대한 강력한 소원은 가지지 않게 되지요. 천국은 이 땅이 사라지는 것이니까요. 그런데 당신들은 지금 하나님이 주시는 평안은 현재와 미래, 그리고 이 땅도 포함하는 그런 평안이라는 말씀이군요.

바울이 로마서에서 그리스도인의 영원한 평안은 천국에서 예수와 함께하는 것이라고 말한 곳이 있나요? 그렇게 말한 적이 없습니다. 바울이 어떻게 그런 생각을 할 수 있겠습니까? 성경에서는 그런 생각을 전혀 발견할 수 없고 사도 바울도 그런 생각을 한 적이 없습니다.[117] 인간의 정체성과 사명에 대한 바울의 가장 근본적인 이해는 창세기 2장이 생생하게 보여주는 이야기에 뿌리를 두고 있음을 기억해야 합니다. 거기서 우리는 손이 더러워진 하나님을 만납니다. 창조주는 땅에 무릎을 대고 앉아 흙으로 사람을 만듭니다. 하나님은 흙('adamah)을 가지고 아담('adam), 즉 흙으로 된 피조물을 만드십니다. 흙으로 된 흙 피조물이 우리입니다. 인간(humans)은 부엽토(humus)로 만들어집니다. 랜디 우들리는 우리를 "걸어 다니는 흙"이라고 표현합니다.[118] 하지만 그것으로는 흙 피조물이 되기에 충분치 않습니다. 그래서 그다음에 하나님의 영을 우리 폐에 불어넣습니다. 그러자 흙 피조물은 살기 시작합니다. 우리는 흙과 하나님의 살아 있는 호흡으로 만들어진 피조물입니다.

창세기 2장은 계속해서 우리가 있던 장소와 하나님이 우리에게 하라고 주

---

117 J. Richard Middleton은 성경이 증언하는 완전히 새로워진 땅에 대한 소망을 빼앗아버린 이원론적인 천국 교리에 대해 회개하라고 요청한다. Middleton은 성경적 종말론(정경 전체를 관통하는!)은 천국에 있는 영원한 거처가 아니라 이 땅의 회복을 분명히 가리키고 있음을 보여준다. 뿐만 아니라 천국이 우리의 최종 목적지라고 말한다고 볼 수 있는 모든 성경 구절도 소개한다. 여기서는 로마서에 집중해야 하기에 이 구절들을 다 자세히 소개하지는 않겠다. J. Richard Middleton, *A New Heaven and a New Earth: Reclaiming Biblical Eschatology* (Grand Rapids: Baker Academic, 2014), 특히 221-27, 300-305. 『새 하늘과 새 땅』(새물결플러스 역간, 2015). 다음 책도 크게 도움이 된다. Barbara R. Rossing, *The Rapture Exposed: The Message of Hope in the Book of Revelation* (New York: Basic Books, 2004). 끝맺는 말에서 요한계시록 밖에 있는 성경 구절들을 소개한다("Debunking the Rapture Verse by Verse," 173-86).

118 Randy S. Woodley, *Shalom and the Community of Creation: An Indigenous Vision* (Grand Rapids: Eerdmans, 2012), 86.

신 일에 대해 매력적으로 그려갑니다. 자기 손으로 직접 우리를 만드신 하나님은 우리를 위해 정원을 가꾸십니다. 그곳은 장식용으로 꾸민 정원이라기보다는 숲으로 이루어진 동산에 가깝습니다. 정원사 하나님은 보기에 좋은 나무들이 자라게 하시고 음식으로 먹기에 좋은 나무들, 예를 들어 헤이즐넛과 버터넛과 아몬드와 도토리와 호두와 밤과 복숭아, 사과, 망고, 파파야, 무화과, 석류, 올리브, 포도, 대추야자, 체리, 엘더베리, 씨베리 등 땅 위의 피조물들을 위해 생명을 주고 쉼터가 되어주고 약이 되는 온갖 나무들을 심으셨습니다.

물론 숲은 그저 나무만 있는 곳은 아닙니다. 그곳은 서식지, 즉 동물들과 새와 뱀과 개구리들과 덤불들과 꽃들과 박테리아와 균들의 집입니다. 숲 정원은 모든 피조물의 집입니다.

그런 후 하나님은 흙 피조물을 이 숲 정원에 거하게 하여 그것을 경작하고 지키게 하셨습니다. 흙 피조물은 정원사 하나님의 형상을 갖고 있어서 정원 일을 할 수 있습니다. 인간은 하나님의 형상을 닮아서 집에 거하고 집을 만들어가며 이 세상이 모든 피조물의 서식처가 되도록 보호하고 가꿔갑니다. "경작하고 지킨다"는 번역은 우리에게 친숙합니다. 엘렌 데이비스는 이보다는 "섬기고 준수한다"라는 번역이 더 낫다고 말합니다.[119] 우리가 서로의 종이 되어 섬겨야 하듯이 창조세계의 종이 되어 섬겨야 한다는 의미입니다. 그리고 법의 한계에 복종함으로써 법을 준수하듯이 [창조세계의 법에 복종함으로써] 창조세계를 준수해야 합니다. 우리는 사랑하는 마음으로 조심스럽게 창조세계 안에 집을 세웁니다. 우리는 자연세계가 제시하는 한계를 지키고 그 규칙을 따르면서 살아

---

119 Davis, *Scripture, Culture, Agriculture*, 39.

가야 합니다.[120] 기쁨과 아름다움을 제공하고 음식과 자양분을 제공하는 숲에 살게 되었으니 우리는 숲이 요구하는 것에 주의를 기울이고 숲을 돌볼 의무가 있습니다. 그게 전부입니다.

바울이 로마서에서 암시하고 있는 많은 예언서 본문들의 요지는 우리가 누구인지를 잊었다는 것입니다. 흙으로 만들어진 피조물은 우리가 받은 사명, 이 땅을 완전히 우리 집이 되게 하라는 사명을 따라 사는 데 실패했습니다.[121] 이것이 살아계신 하나님의 형상을 바꾸어버렸다고 말한 의미입니다. 우리는 창조세계를 충실하게 다스리도록 하나님의 형상을 닮은 존재로 창조되었습니다. 그리고 우리는 그 책무를 다하지 못했습니다. 우리는 하나님을 닮은 자답게 살지 못했고 우리의 뿌리가 땅에 있음을 망각했습니다. 우리는 이제 더 이상 흙 피조물이 아니고 죽음을 가져오는 존재가 되었습니다. 우리는 "경작하고 지키는" 대신 "빼앗고 파괴"했습니다. "섬기고 지켜보는" 대신 "지배하고 저버렸습니다."

이것이 바울이 로마서 8:19에서 모든 피조물이 하나님의 자녀가 나타나기를 간절히 바라며 신음한다고 말할 때 그가 보여주는 이미지입니다. 창조세계는 흙 피조물이 나타나기를 기다리고 있고, 우리가 사명을 다하고, 정체성을 회복하기를 간절히 기다리고 있습니다. 우리는 흙 피조물로서 섬기고 준수하기 위해 존재하며, 이 땅과 그 안에 사는 것들을 보살피고 지키는 일을 해야 합니다. 창조세계는 우리가 원래의 우리 존재를 기억해내길 기다리고 있습니다.

하지만 앞에서도 보았듯이 창조세계만 기다리는 것이 아닙니다. 바울은

---

120 태초에는 생태-경제 분리가 없었다.
121 Woodley, *Shalom*, 76.

성령의 첫 열매인 우리, 곧 하나님의 생명을 불어넣는 호흡으로 다시 살게 된 우리는 우리의 사명을 안다고 말합니다. 우리는 우리가 누구인지 알고 그래서 우리도 우리 몸의 구속을 기다리며 신음합니다(롬 8:23). 우리는 창조세계와 함께 간절히 기다리며 신음합니다. 우리는 부활을 기다립니다.

그리고 바울은 우리 몸의 구속에 대해 말하면서 우리가 누구인지뿐 아니라 어떤 존재로 부름 받았는지도 말합니다. 알다시피 우리는 흙 피조물이기에 성경은 우리가 이 몸과 땅을 떠나 영원히 산다고 말하지 않습니다.[122] 그래서 요한계시록은 하나님이 인간과 이 땅의 피조물들과 함께 거하실 새 하늘과 새 땅에 관련한 우리의 소망을 말합니다. 그곳에서 하나님은 모든 눈에서 눈물을 닦아주실 것이고 그곳에는 죽음이 더 이상 없을 것이며 우는 것과 슬퍼하는 것과 고통이 더 이상 없을 것입니다(계 21:1-5).[123]

제 생각엔 그것이 로마서 8장에 더 잘 들어맞는 것 같습니다. 우리가 천국을 위해 이 땅을 버리게 된다면 창조세계가 하나님의 자녀를 기다린다는 것이 무슨 의미가 있겠습니까?

그리고 우리가 어떤 존재로 부름 받았는지에 관한 성경의 비전과도 무관

---

122 다시 한번 다음 책을 참조하라. Middleton, *New Heaven*, 227-37. 이 책은 죽음 이후의 삶에 대해 많은 도움을 준다. Middleton은 관련된 모든 성경 구절을 자세히 주해하면서, 천국에서 죽은 자들이 몸 없이 중간 상태로 있다는 교리는 성경이 말하는 바가 아님을 보여준다.
123 N. T. Wright도 다음 책에서 새로운 땅 종말론의 관점에서 부활에 대한 풍성하고 설득력 있는 비전을 명확히 표현했다. *Surprised by Hope: Rethinking Heaven, the Resurrection, and the Mission of the Church* (San Francisco: HarperOne, 2008).

합니다. 보시다시피 죽으면 천국 간다는 보편적인 생각을 받아들이면 이 땅에 대해 등 돌리기 쉬워집니다. 이 땅이 어떻게 되든 별문제가 되지 않기 때문이지요. 우리가 천국에 집중하는 비성경적인 신학을 붙드는 한, 이 땅을 생태적으로 회복시키려는 비전도 품지 않게 될 것이고 삶 속에서 그 비전을 실천할 필요도 없을 겁니다.

바울과 성경 전체가 보여주는 성경적 소망은 분명 이 세상과 관련되어 있습니다. 부활의 소망은 언제나 모든 창조세계를 포함하는 육체적 소망입니다. 성경은 우리에게 우리가 누구인지 기억하라고 합니다. 우리는 땅에서 왔고, 땅을 위해 존재하고, 새로운 땅으로 가게 될 터인데, 그곳은 하나님이 우리와 함께 거하시는 곳입니다.[124] 아니면 로마서 8장의 말로 표현하자면 우리는 하나님의 자녀로서 언젠가 우리 몸이 구속받을 때 창조세계의 해방을 위한 대리인이 될 것입니다. 이것은 부활의 언어, 소망의 언어입니다(롬 8:19-24). 로마서 전체가 보여주는 것은, 성경 전체에서 발견되는 부활에 대한 열망이 예수 안에서 응답되었다는 것입니다.

"성경 전체에서 발견되는 부활에 대한 열망"이 무슨 뜻입니까? 예수의 부활은 제자들도 깜짝 놀란 일이 아니었습니까?

아, 물론 정말 놀랄 만한 일이었죠. 하지만 예수의 부활이 그들이 기대했

---

124 Wendell Berry는 이렇게 표현한다. "내가 성경을 읽어본 바로, 성경의 목적은 영을 세상에서 해방시키는 것이 아니다. 오히려 그들(즉 영과 세상)의 상호작용에 관한 지침서다. 성경은 이 둘이 분리될 수 없다고 말한다. 그들의 상호성, 연합성은 필수불가결하다. 그들은 분리가 아닌 조화를 이루어야 한다. 몸의 부활이 의미하는 것이 이것이 아니고 다른 무엇이겠는가?" Berry, "The Body and the Earth," *Art of the Commonplace*, 104.

던 것과 너무나 달랐기 때문에 놀랐던 것이지요. 바울이 성경에서 부활에 대해 말하는 부분을 살펴보면, 예수가 이 성경들의 기대를 충족시키고 있음을 볼 수 있습니다. 부활의 소망에 대해 말하려면, 우상숭배에 대해 한 가지 더 말하고 가야 합니다. 우상의 문제는 무능입니다. 그들은 지식도 없고 이해도 없고, 듣지도 말하지도 못하며, 움직이지도 못하고, 가장 중요하게는 구원할 수 없습니다.[125] 우상숭배는 그것의 약속을 이행할 수 없고, 그것의 이념적 수사대로 살 수 없고, 늘 실망시키고, 그래서 늘 소망이 없게 만듭니다. 반대로 이스라엘의 하나님은 모든 것의 창조주이실 뿐 아니라 약한 자와 고아를 구원하시고 억압받는 자와 가난한 자의 권리를 지켜주시는 분입니다.[126]

이 시편들에서 하나님은 억압받는 상황과 이방 나라들의 우상숭배에 맞서 행동하시도록 요청받는데, 부활이라는 단어가 핵심적입니다. 시편 저자는 "하나님이여, 일어나사[anasta] 세상을 심판하소서!"(시 82:8)라고 말합니다.[127] 하나님이 왜 일어나셔야 합니까? 이스라엘을 향한 하나님의 변함없는 사랑 때문입니다(44:26). 바울은 로마서 전체에서 그러

---

125 참조. Walter Brueggemann, *Israel's Praise: Doxology against Idolatry and Ideology* (Philadelphia: Fortress, 1988), 94-95, 106-18.

126 후자의 개념을 잘 보여주는 것이 시 82편(LXX 81편)으로서 그 시편은 억압받는 자를 *tapeinō*라는 단어로 사용하고 있는데 이는 롬 12:16에서도 발견된다. 참조. Walter Brueggemann, "Reflections on a Biblical Understanding of Property," *A Social Reading of the Old Testament: Prophetic Approaches to Israel's Prophetic Life*, ed. Patrick J. Miller (Minneapolis: Fortress, 1994), 278. 다른 신들의 무능함과 하나님의 창조하시고 구원하시는 행위를 비교한 본문은 다음과 같다. 신 4:25-31; 10:12-22; 32:36-43; 33:23-29; 왕상 18:20-38; 시 115편; 135편; 사 10:1-13; 히 2:18-19; 그리고 사 40-48장에 지속적으로 나온다.

127 다음 구절도 참조. 시 3:7(LXX 3:8); 7:6(LXX 7:7); 9:19(LXX 9:20); 10:12(LXX 9:33); 17:13(LXX 16:13); 44:26(LXX 43:27); 68:1(LXX 67:2); 102:13(LXX 101:14); 132:8(LXX 131:8).

한 요청이 응답받았다고 주장합니다. 하나님의 신실하심을 우리가 어떻게 압니까? 예수 안에서 하나님은 불의와 싸우셨고(롬 1:18), 예수 안에서 하나님은 죽음의 지배를 끝내셨고(5:17), 예수 안에서 하나님은 사악한 권세를 끝내셨고(6:17-19), 예수 안에서 하나님은 우리를 향한 당신의 사랑을 증명하셨고(5:8), 예수 안에서 우리는 하나님의 영광을 함께 나누어 갖게 된다는 확실한 소망이 있기 때문이고(5:2), 예수 안에서 우리는 의롭게 되었을 뿐 아니라 영화롭게 되었고(8:30), 예수 안에서 우리는 우리 몸의 구속을 소망하기 때문입니다(8:23). 이 모든 일이 일어난 것은 예수가 죽은 자 가운데서 살아나셨기 때문입니다(1:4; 4:24-25; 6:4-8; 7:4; 8:11, 34; 10:9; 14:9).

이 부활의 소망은 바울이 로마서 8:19-21에서 말하는 창조세계의 회복과 밀접하게 연결되어 있습니다. 앞에서 보았듯이 창조세계는 하나님의 형상을 닮은 자들로서 그 책무를 다할 하나님의 자녀를 기다릴 뿐 아니라(8:19, 29) "하나님의 자녀들의 영광의 자유"(8:21)를 기다립니다. 로마서 1:23에 나오는 우상숭배의 결과로 잃어버린 영광이 로마서 8:30에서 아들의 형상을 본받는 자들에게 회복됩니다. 시편 8:4-9과 다니엘 7:14 같은 본문에 비추어 볼 때(그 외에도 아담의 영광과 그 땅의 보살핌을 연결시키는 많은 다양한 쿰란 문서들과 신구약 중간기 문학을 놓고 볼 때), 바울은 "영광"의 상실과 그것의 회복을 강조합니다.[128]

제가 보기에 "영광"에 대해 말하면 보통 땅에 부정적인 영향을 미치는 것

---

128 이 주제에 대한 자료와 더 깊은 논의를 알고 싶으면 다음 책을 참조하라. Keesmaat, *Paul and His Story*, 84-101.

같던데요.

무슨 의미지요?

음, 먼저 "영광스럽게 된다"는 말은 천국으로 간다는 말과 같은 뜻인데, 당신들이 이미 보여주었듯이 그것은 생태적으로 유익이 없는 신학이잖아요. 게다가 "영광"은 종종 제국의 언어로 쓰이잖아요. 무슨 말인지 아시지요? 당신들도 말했듯이, "조국의 영광", "제국의 영광"은 늘 그 땅에는 나쁜 소식이었습니다. 어떤 것이 영광을 받으면, 그 영광을 위해 다른 것들을 희생시키는 것이 철저히 합법화되는 것 같습니다.

그러나 바울이 영광을 강조한 것은 그러한 제국의 이야기에 엄청난 도전이 됩니다.

어떻게 그렇지요?

먼저, 로마 입장에서 보면 황제는 신들의 형상을 가진 자이고 세상을 영광스럽게 다스리는 일을 합니다.[129] 그런데 바울은 다른 이야기를 합니다. 황제가 창조세계에 회복과 풍성함과 평화를 가져오는 것이 아니라, 그러한 회복을 가져오는 것은 하나님의 회복된 백성들로서 이것이 그들

---

129 사실 고대 근동 전역에서 왕은 신의 형상을 가진 존재로 여겨졌다. 그에 따른 당연한 결과로 나머지 인간들은 그 왕을 섬김으로써 신들을 섬기기 위해 존재한다. 이미 창 1장에서 왕이 아닌 인간을 하나님의 형상을 가진 존재로 묘사함으로써 이 고대 근동의 이야기들에 대한 도전이 되었다. 참조. Middleton, *Liberating Image*, 185-219. 『해방의 형상』(SFC출판부 역간, 2010).

의 사명이라고 말합니다. 바울은 보통 왕에게 쓰던 "하나님의 형상"이라는 단어를 하나님의 자녀들, 즉 예수의 형상을 닮은 사람들에게 적용합니다(롬 8:29; 비교. 골 3:10). 이런 방식으로 하나님의 형상으로 여김 받던 황제의 특별한 지위가 급진적으로 평하됩니다. 다른 사명을 가진, 다른 주님을 따르는 사람들이라고 주장하는 이러한 잡다한 부류의 사람들에 의해 도전을 받습니다.[130]

두 번째로, 흔히 말하는 제국의 풍성함과 비옥함은 로마의 군사력에 뿌리를 둡니다. 폭력이 제국이 제공하는 **모든** 것의 근간입니다. 그러나 바울은 로마서 8장에서, 창조세계를 바르게 통치할 하나님의 자녀들이 성령의 첫 열매이고 이들은 창조세계와 함께 해산의 고통을 겪는다고 말합니다(8:23).[131] 말하자면 창조세계를 폭력적으로 다스리는 것이 아니라 창조세계의 고통에 동참하는 것이 그 몸의 구속을 기다리는 하나님의 자녀에게 부합한다는 말입니다. 하나님의 자녀가 "영광스럽게 되는 것"(8:30)이 우리의 원 정체성을 회복하고 창조세계를 잘 경작하며 지키고 섬기고 준수하는 원래의 사명을 회복하는 것이라면, 창조세계의 고통에 동참하는 것이야말로 그러한 참된 인간의 영광을 깨닫는 데 필수불가결합니다. 바울은 이런 방식으로 그 땅을 유린하여 얻는 로마의 "영광"을 치유와 섬김이라는 구속적인 영광으로 대체합니다.

정말 아름다운 그림입니다.

---

130 예수를 주로 보는 것과 황제를 주로 보는 것을 대조한 책은 다음과 같다. Sylvia Keesmaat, "Crucified Lord or Conquering Saviour? Whose Story of Salvation?," *Horizons in Biblical Theology* 26, no. 2 (2004): 69-93.

131 물론 8장 이후에서는 성령도 이 고통에 동참한다(8:26).

그것이 요지입니다. 바울은 이 땅의 치유라는 비전을 제국의 비전에 대한 대안으로 제시합니다. 우리가 정말로 흙으로 만들어진 존재이고 창조 세계를 보살피라는 사명을 받았다면, 창조세계의 파괴는 우리를 슬픔과 탄식 속에 남게 할 것이고, 우리는 생태계가 치유되고 사랑과 보살핌의 삶이 회복되길 간절히 열망하게 될 것입니다. 이것은 오염된 세상과 절망의 눈물로는 분명히 볼 수 없는 세상입니다. 그래서 바울은 이것을 보기 위해 소망이 필요하다고 말합니다. "만일 우리가 보지 못하는 것을 바라면 참음으로 기다릴지니라"(8:25).

땅과 물근원(watershed)에 대한 소망

그럼 그 소망은 어떤 모습일지를 물어야겠군요. 그러니까 회개에 대해 말하면서, 우리가 회개한다면 포기해야 할 것들이 있다고 말했잖아요. 그런 것처럼 우리가 이런 소망으로 살아간다면 이번에는 우리가 해야 할 일들이 있지 않을까요? 이런저런 규칙들을 알려달라는 말이 아니라 땅에서 발을 뗄 수 있는(off the ground) 소망 어린 상상을 할 수 있도록 도와주시겠어요?

땅에서 발을 뗀다고요?

아, 비유가 적절치 못했군요. 제가 말하려던 것은 땅 위에서의(on the ground) 소망 어린 상상력입니다.

소망 어린 상상력을 찾을 수 있는 곳이 한 군데 있는데, 바로 원주민들이 땅에 대해 갖고 있는 비전입니다. 이번 장 초반에 탄식에 대해 말하면서, 우리가 잃어버린 것들을 기억하고 배우자고 했습니다. 그렇게 배우고, 우리가 사는 장소의 이야기들을 들으면서, 그 땅에 원래 있던 식물과 동물들에 대해 배우면서, 우리의 물근원과 그것들이 어떻게 변화했는지 알아가면서, 우리는 슬퍼해야 할 것뿐만 아니라 다시 건강을 되찾기 위해 무슨 일이 일어나야 하는지도 배우게 될 것입니다.

정말 어려운 주문이네요.

그럼 당신의 물근원부터 시작해보십시오.

제 물근원이라니, 무슨 말씀이시지요?

얼마 전까지만 해도 공동체들의 가장 주된 질문이 물의 근원이었을 때가 있었습니다. 물은 인간의 삶에 가장 근간이 되고 또한 인간들이 음식을 얻고 보호처와 도구와 옷을 얻는 동식물의 생명의 근간이기도 합니다. 그래서 사람들은 자신들의 물근원이 어디인지를 알았습니다. 뿐만 아니라 그 물근원을 건강하게 유지하기 위해 무엇이 필요한지도 알았습니다.

우리 농장은 마틴 크릭 분수령에 위치해 있는데, 더 넓게는 가와타 호수 분수령에 속해 있는 발삼 호수 분수령으로 흘러들어 갑니다. 이 지역은 최고의 농경지는 아니지만 현금 작물을 재배하면서 이익을 내기 시작했습니다. 콩이나 옥수수처럼 현금 작물들이 더 많이 재배되기 시작했습니다. 이 작물들은 석유에 기반한 비료에 대한 의존도가 높고 살충제와 제초제가 많이 사용됩니다. 이런 식으로 농사를 지으면 돈은 벌지만, 땅이 망가지고 유용한 곤충들이 죽고 물근원이 오염됩니다.[132] 대형 장비를 용이하게 사용하고 농장의 가용 면적을 다 사용하려면 들판 가운데 있는 나무들은 다 잘라내는 게 일반적입니다. 나무들은 부식을 방지하고 땅을 기름지게 하고 많은 동물들과 곤충들과 식물들에게 서식처를 제공하고 땅에 물이 계속해서 흐르도록 도와주는데 말입니다.

이런 식의 농사는 우리의 물근원지를 망가뜨립니다. 그래서 우리는 살충제를 제한하는 법을 적극 지지합니다. 물근원을 망가뜨리는 살충제를 사용해서 생산한 제품들은 구매하지 않으려고 애씁니다. 이 살충제가 다른 물근원에 있는 생물들도 죽이기 때문입니다. 그래서 우리는 우리 농장으로 흘러들어 오는 물에 대해 좀 더 주의를 기울였습니다. 어떻게 해야 우리가 농사를 짓는 행위를 통해 우리의 물근원을 더 건강하게 할 수 있을까? 점점 더 오염되고 있는 저수지에서 물을 곧바로 끌어 쓰지 않을 수 있는 방법이 있을까? 물을 땅에 조금이라도 더 잡아두어서 조금 더 천천히 지하수면으로 배어들도록 할 수는 없을까? 이전부터 이런 질문들을 품고 있었는데, 우리 지역에 현금 작물 재배가 늘어가고 우리의 물근원에 있는 생물들의 건강에 적신호가 켜지면서 이런 질문들을 좀 더 빨리 행동으로 옮겨야겠다는 위기감이 들었습니다.

---

132 산업 농업(industrial agriculture)이 기후 파괴에 얼마나 큰 부분을 차지했는지 큰 그림으로 보여주고 재생을 위한 대안을 보여주는 글로는 다음 책을 참조하라. Eric Toensmeier, *The Carbon Farming Solution: A Global Toolkit of Perennial Crops and Regenerative Agriculture Practices for Climate Change Mitigation and Food Security* (White River Junction, VT: Chelsea Green, 2016); Paul Hawken, ed., *Drawdown: The Most Comprehensive Plan Ever Proposed to Reverse Global Warming* (New York: Penguin, 2017).

그래서 무엇을 하셨나요?

우리 밭을 다시 디자인해서 일직선으로 가꾸기보다 등고선을 따라 작물을 심었습니다. 밭을 등고선을 따라 디자인하면, 중앙에 제방과 습지를 만들어서 비가 내릴 때 그곳에 물을 담아두어 땅에 물이 천천히 흐르도록 할 수 있습니다. 우리 농지 중 한 군데에는 이런 식으로 저수지를 판 다음 제방을 따라 수백 그루의 나무와 덤불들을 심었습니다. 이 중에는 곡식도 있고 열매들도 있어서 사람과 동물 모두를 위해 쓰일 겁니다.

현금 작물들을 심느라 나무를 다 베고 있는데, 당신들은 새로 심고 있다는 말인가요?

정확히 그렇습니다. 우리 입장에서 이것은 엄청나게 큰 프로젝트지만, 더 넓은 차원에서 보면 아주 작은 실천에 불과하지요. 창조세계를 회복하려는 비전을 삶으로 살아내기 위해 한 장소에 집중하는 것이니까요. 하지만 이 일에 다른 측면도 있습니다. 점령자들이 이 땅에 들어오기 전에는 아니시나아베족의 미시소가족이 살고 있었습니다. 그리고 이 땅은 계절별로 그들에게 필요한 모든 것을 제공해주었습니다. 예를 들면, 늦은 겨울에는 메이플 시럽을 주었고, 봄에는 구이용 민물고기와 강꼬치 고기를 주었으며, 계절별로 딸기, 산딸기, 블루베리, 엘더베리 등 열매들을 맺었고, 옥수수, 콩, 늙은 호박도 수확하게 했으며, 가을에는 야생 벼와 견과류, 오리, 거위, 사슴을 주었고, 겨울에는 얼음낚시를 할 수 있었습니다. 그 땅은 그들이 필요로 하는 모든 음식과 약, 옷, 거처를 제공했습니다. 우리는 농장을 하면서 그저 나무와 관목을 심기만 한 것이 아니라 우리의 물근원에 맞는 토착 식물들을 배우려고 애썼습니다. 음식과 약과 거처를 제공할 수 있는 그런 식물들을 심은 겁니다. 아주 사소한 방법이지만 우리는 물근원을 회복시키려고 애쓰고 있습니다.

하지만 어떻게 제 물근원을 찾을 수 있지요? 저는 도시 한복판에 살고 있는데요. 제 물은 수도에서 나옵니다.

분수령 지도를 보면 당신이 사는 지역의 물근원을 찾아볼 수 있습니다. 그리고 우리는 지금 전 세계적으로 벌어지는 흥미로운 기독교 운동에 참여하고 있는데, "분수령 제자도"라는 표어를 내걸고 그들이 지향하는 생태적 비전을 실천하고 있습니다.[133] 먼저는 이들과 연대하는 것으로 시작할 수 있습니다. 그리고 당신의 물근원에 대해 배우기 시작했다면, 그 물근원의 피조물(creature)이 된다는 것이 무슨 의미인지를 식별하기 시작합니다.

제 물근원의 피조물이라고요? 그게 무슨 뜻인지 잘 모르겠는데요.

노만 워즈바(Norman Wirzba)는 이렇게 말합니다. "우리는 피조물이 되는

---

133 좀 더 많은 정보는 분수령 제자도 웹사이트를 이용하라. https://watersheddiscipleship.org. 캐나다에서 당신이 속한 분수령을 찾고 싶거나 중요 분수령들을 알아보고 싶으면 다음 웹사이트를 방문해보라(Canadian Geographic). http://www.canadiangeographic.ca/watersheds/map/?path=english/watersheds-list. 카이로스 캐나다(Kairos Canada)는 분수령 화해 프로그램뿐 아니라 우리가 속한 분수령에 대해 배우고 분수령 제자도에 대해 배우기 위한 자료들에 대해 유용한 정보를 제공한다. http://www.kairoscanada.org/what-we-do/ecological-justice/reconciliation-in-the-watershed. 미국에서는 다음 웹사이트에서 분수령을 찾을 수 있다. https://water.usgs.gov/wsc/map_index.html.

기술을 회복해야 한다. 이 말의 의미는 (a) 우리 삶이 얼마나 은혜로 유지되고 있는지 감사해야 한다는 것이고, (b) 그 감사를 행동으로 옮기기 위해서는 실질적인 기술이 필요하다는 것이다."[134] 우리가 무엇을 잃었는지 아는 것만으로는 충분치 않습니다. 그 잃은 것을 슬퍼하는 것만으로도 충분치 않습니다. 우리는 그 상실을 회복하기 위해 어떻게 살아야 하는지 다시 배우는 어려운 여행을 시작해야 합니다. 어떤 이가 "농경적인 비전"[135]이라 부르는, "집으로 돌아오고 집을 짓는 방법을 배우고, 장기적으로 자기가 사는 장소와 지역 사회를 위해 헌신하는 법을 우리 젊은이들에게 가르치는"[136] 일을 해야 합니다.

문제는 제가 집을 세우는 법을 모르기 때문에 누구를 가르칠 수 없다는 것이지요. 지금은 제가 태어난 곳에서 너무 멀리 떨어져 살고 있어서 가끔 방문하는 정도인걸요. 그리고 학교도 그렇고 일터도 그렇고 제가 뿌리 내린 고향이라고 느낄 만큼 그렇게 오래 산 곳이 없습니다.

많은 사람이 가진 근본적인 문제를 잘 지적해주셨습니다. 사실 우리는 우리가 사는 곳에서 집을 세워가는 기술을 다 잊어버렸습니다. 그래서 한 가지 시작할 수 있는 방법은, 우리를 창조세계로부터 멀어지게 하는 기

---

134 Wirzba, *Paradise of God*, 15.
135 농경적 비전을 가장 간결하게 표현한 글은 다음과 같다. Wendell Berry, "The Agrarian Standard," *Citizenship Papers*, 143-52. 그리고 Berry의 논문들을 Wirzba가 모아놓은 *The Art of the Commonplace*도 참조하라.
136 Wirzba, *Paradise of God*, 99. 이러한 가정 세우기에 대해 좀 더 깊이 알아보고 싶으면 다음 책을 참조하라. Shannon Hayes, *Radical Homemakers: Reclaiming Domesticity from Consumer Culture* (Richmondville, NY: Left to Write Press, 2010).

술과 단절되어서 정원을 가꿔보는 겁니다.[137]

정원이라고요?

그렇습니다. 창문이나 현관 앞에 박스나 용기를 사용해서 자기가 먹을 음
식을 직접 길러보는 것이지요. 식물 두 개 정도만 있는 정원일지라도
"인내심을 가지고 관심을 기울여 겸손히 섬겨야" 한다는 것을 배우게
됩니다.[138] 좀 더 큰 규모로 정원을 가꾼다면 로마서 12:16이 말하는 "억
압받는 자들과 함께하는 것"(저자의 번역)이 무엇인지, 특히 도시와 시골
에서 모두 보게 되는 땅이 억압받고 유린당하는 것에 대해 알게 될 것입
니다. 그리고 당신이 있는 곳에서 무엇을 잃었는지 깨닫기 시작한다면,
그저 "지속 가능하게 하는" 것으로는 충분치 않다는 것을 깨닫게 될 것
입니다. 그것은 이미 손상을 입은 것을 그저 붙들고 있는 것입니다. 이
제는 그것을 넘어 회복으로 가야 합니다. 소위 **영속 농업**(permaculture)과
깊은 연관이 있는 운동이 있습니다.[139] 영속 농업은 두 단어, 즉 **영원**과
농업을 합친 용어입니다. 그 맥락에서 이 용어는 식물과 동물과 사람이
장기적인 관점에서 서로 회복적이고 재생 가능한 상호작용을 하는 농

---

137 Norman Wirzba는 정원을 "작은 세상"이라고 표현하며, 여기서 "우리가 이 땅과 연결되어
    있음을 느끼고 이해하는 가장 실제적인 렌즈"를 얻게 된다고 말한다. 또한 정원은 창조(에
    덴)와 구원(겟세마네) 모두의 맥락이라고 지적한다. Wirzba, *Paradise of God*, 113.
138 Wirzba, *Paradise of God*, 115.
139 도심 상황에서 영속 농업에 대한 이해하기 쉬운 접근은 다음 책이다. Toby Hemenway,
    Gaia's Garden: A Guide to Home-Scale Permaculture, 2nd ed. (White River Junction, VT:
    Chelsea Green, 2009). 농촌 영속 농업에 대한 최근의 탁월한 예는 다음 책이다. Ben Falk,
    *The Resilient Farm and Homestead: An Innovative Permaculture and Whole Systems Design
    Approach* (White River Junction, VT: Chelsea Green, 2013).

업을 가리킵니다. 즉 과일과 견과류 나무와 관목들과 다년생 곡식과 야
채들을 심어야 한다는 의미입니다. 대대로(즉 영원히) 지속 가능하고 회
복 가능한 생태체계를 만들어야 합니다. 하지만 영속 농업은 그 이상의
의미를 갖습니다. 영속 농업을 실천하는 사람들의 기본적인 이론을 읽
어보면, 우리 스스로 이 땅을 엉망이 되게 했다는 점을 강조합니다. 영
속 농업은 우리 인간들이 환경에 엄청난 영향을 미치고 있고, 그런데도
우리의 행동이 환경에 어떤 영향을 미치는지 믿을 수 없을 정도로 무지
하다고 인정합니다. 그리고 그 결과는 대부분 재앙이라고 말합니다.

로마서 1-3장의 내용처럼 들리는군요.

죄에 대한 성경적 이해는 경험적으로 입증 가능한 유일한 교리일지 모릅
니다. 따라서 성경적 믿음을 전혀 모르는 사람들이 성경이 증언하는 내
용을 동일하게 보는 것은 놀라운 일이 아닙니다. 하지만 그 이상의 의
미가 있습니다. 영속 농업을 하려는 사람들은 창조세계와 인간 공동체
둘 다를 보호할 수 있는 삶의 방식들을 찾고자 합니다. 건강한 관계, 모
든 피조물 공동체에 유익이 되는 음식, 그곳에 살고 있는 사람들에게 치
유를 가져다주는 건물에도 관심을 둡니다.[140] 그리고 이 모든 일을 할 때

---

140 David Pritchett, "Watershed Discipleship in Babylon: Resisting the Urban Grid," Myers,
Watershed Discipleship, 42-49. 도시라는 상황에서 우리를 토지와 멀어지게 하는 하부구조
를 뒤엎어버리는 "마을 다시 세우기", "포장도로 없애기", "음식 지도 만들기" 등의 방법들
을 제시한다. 영속 농업의 원리들이 어떻게 전 지구적 상황에서 회복 가능한 공동체를 만
드는지 보여주는 책은 다음과 같다. Trina Moyles, *Women Who Dig: Farming, Feminism and
the Fight to Feed the World* (Regina, SK: Regina University Press, 2018); Rob Hopkins, *The
Transition Handbook: From Oil Dependency to Local Resilience* (White River Junction, VT:
Chelsea Green, 2008); *The Transition Companion: Making Your Community More Resilience*

우리가 망쳐버릴 가능성이 있다는 사실을 묵과하지 않습니다. 그래서 꼭 피드백을 받고 지속적으로 깊이 생각하고 오래 지켜보면서 지금 행하는 일이 그 일에 참여한 사람들을 치유하는지 확인합니다.

깊이 생각하고 오래도록 지켜본다는 말을 들으니 당신들이 앞에서 우리의 사명이 창조세계를 섬기고 지켜보는 일이라고 했던 말이 생각나네요.

네, 아주 비슷한 태도입니다. 섬김과 지켜봄은 지속적인 피드백의 회로가 됩니다. 계속해서 지켜보아 정말로 섬기는지를 확인하는 겁니다! 우리는 창조세계보다는 우리 자신을 섬기려는 고집스러운 성향이 있어서 이러한 피드백이 꼭 필요합니다. 지금 일어나는 일들을 주목하며 깨어 있는 것이 필요합니다. 창조세계에 아주 민감하게 주의를 기울여야 합니다.

이 점이 아주 중요한데, 예언자들은 어느 시점이 되면 우리에게 선택의 여지가 없다고 말하기 때문입니다. 그 땅이 우리를 토해낼 것이고 우리는 생각지도 못한 곳으로 포로로 끌려가게 될 것입니다.[141] 그것은 아마 환경파괴가 될 수도 있고, 아니면 도시에 홍수가 나거나 농경지가 황폐화되어 새로운 곳으로 이주해가야 하는 것일 수도 있습니다. 하지만 한 가지 확실한 것은 지금처럼 사는 것, 지금처럼 에너지를 사용하면서 안정

in Uncertain Times (White River Junction, VT: Chelsea Green, 2011). Hopkins는 전환 운동(Transition Movement)의 창시자다. 신학적 토대는 Timothy Gorringe와 Rosie Beckham 이 제공한다. *Transition Movement for Churches: A Prophetic Imperative for Today* (Norwich: Canterbury Press, 2013).

141 레 18:25-28; 20:22.

된 미국인 중산층의 생활을 누리는 일이 더 이상 가능하지 않을 것이라는 점입니다. 문제는 우리가 이미 치유와 구속의 비전을 가지고 살고 있고, 그래서 이렇게 포로로 끌려가는 상황이 왔을 때 그 비전이 어떤 모습으로 나타나야 하는지 아는가입니다. 우리는 정원을 만들고 집을 세우는 법을 압니까? 가정을 세우는 법을 알고 있습니까? 아니면 너무 오랫동안 우상숭배와 중독에 빠져 있어서 세상 속에서 하나님의 치유의 손이 어떻게 일하시는지 모르고 있습니까? 그것이 문제입니다.

저는 아직도 다른 문제들과 씨름하는 것 같습니다. 당신들은 앞에서 우리의 경제체제가 캐나다뿐 아니라 전 세계 원주민들로부터 탈취한 자원 위에 세워졌다고 말했습니다. 그리고 우리가 한 행동의 결과가 무엇인지, 창조세계 안에 어떤 일이 일어나고 있는지 민감하게 볼 수 있어야 한다고 말했습니다. 회개를 말해야 한다면 원주민들의 땅이었던 우리나라에 지금 무슨 일이 일어나고 있는지 심각하게 받아들일 필요가 있는 것 같습니다. 그리고 솔직히 말하면 이런 문제들을 생각하니 너무 거대하고 복잡하게 느껴져서 어디서부터 시작해야 할지 모르겠습니다.

아마 당신이 있는 곳에서부터 시작해야 할 겁니다. 당신의 지역에 살았던 원주민들의 역사를 아십니까? 예를 들어, 실비아는 온타리오주 칼레도니아에서 태어났습니다. 칼레도니아는 부족 연맹 원주민 지정 지역 옆에 있습니다. 그녀는 10대 시절 그 원주민 지정 지역 바로 길 건너(문자 그대로)에 살았고, 6부족(이러쿼이 혹은 하우데노사우니 연맹을 형성하는 모호크족, 카유가족, 세네카족, 투스카로라족, 오네이다족, 오논다가족)의 역사를 들으면서 자라났습니다. 어린 시절 실비아의 아버지는 집 근처 들판에서 화살촉과 연장들을 발견하곤 했는데, 그때마다 부족 연맹의 삶이 어땠는지 말해주곤 했다고 합니다(이 땅은 부족 연맹이 이주해오기 전에는 미시소가족에 속했던 곳입니다. 부족 연맹은 지금은 미국령이지만 전에는 웬다트족에 속했던 곳에서 이주해왔습니다). 게다가 그녀의 삼촌은 앤 존슨과 결혼했는데 그녀는 부족 연맹 출신이었습니다.

하지만 이런 모든 연결고리에도 불구하고 그녀가 몰랐던 것이 있었습니다. 그녀는 숙모가 삼촌과 결혼하면서 인디언 지위를 상실했다는 것을 몰랐습니다. 앤 숙모는 인디언 지정 지역에 살 수 **없었고** 그녀의 아이들은 원주민으로 인정되지 않는다는 것을 몰랐습니다. 부족 연맹 사람들은 원래 950,000에이커를 받아야 한다는 것(그랜드리버 수원에서 하구까지 양쪽 끝에서 6마일씩)도 몰랐습니다. 그들은 지금 그 땅 중에서 45,000에이커만 받아서 살고 있다는 것도 몰랐습니다.[142]

저희는 지금 카와사(Kawartha) 호수 근처에 살고 있는데, 이곳에 살았던 미시소가족이 지금의 커브(Curve) 호수 지정 지역에 갇히기 전에 어떻게 살았는지 그 역사를 천천히 배우고 있는 중입니다. 이 두 경우 모두에서(실비아가 성장했던 곳과 지금 우리가 사는 곳), 땅과 관련한 싸움이 계속되고 있습니다. 부족 연맹은 할디만드 조약(Haldimand Tract)을 체결할 때 정부가 약속했던 돈에 대해 설명을 요구하고 있습니다. 우리도 이 돈

---

142 자세한 역사는 다음을 참조하라. http://www.sixnations.ca/SicMilesDeepBooklet2015Fianl. pdf. "Six Miles Deep Booklet"을 클릭해보라. 이 사이트의 원주민 문제에 대한 UN 퍼머넌트 포럼에서 Chief Hill이 한 연설을 찾아볼 수 있다. 이 연설은 행동을 촉구한다(http://www.sixnations.ca/UnitedNationsApril2015PresentaionChiefHill.pdf). 다음 책도 참조하라. Susan M. Hill, *The Clay We Are Made of: Haudenosaunee Land Tenure on the Grand River* (Winnipeg: University of Manitoba Press, 2017).

들의 회계와 보상을 요구하며 목소리를 낼 수 있습니다.[143]

또한 이 지역에 있는 메노파 교회, 루터파 교회, 영국 성공회 교회 성도들
은 "영적 언약" 운동을 펼치고 있습니다. 아드리안 제이콥스는 이렇게
말합니다. "할디만드 선언에 참여한 교회들은 부족 연맹이 그 땅의 관
할권을 갖는다고 인정하고 부족 연맹에게 임대료를 지불하고, 부족 연
맹은 그 대가로 교회들이 교회로서의 기능을 하도록 허락한다. 교회가
해체되면, 그 땅은 부족 연맹과 협약한 대로 사업적 목적(담배 가게 같은)
이 아닌 영적·공동체적인 목적을 위해 사용되도록 부족 연맹에게 귀속
된다."[144]

커브 호수에는 다른 문제들도 있습니다. 카와사 호수로 불리는 지역에 살
던 아니시나아베족의 전통 주식은 야생벼 혹은 마누민(manoomin)입니
다. 오랜 기간 그 지역에서 야생벼가 자라지 않았는데, 그 호수가 점점
살아나면서 야생벼가 다시 자라기 시작했습니다. 커브 호수 원주민인
제임스 웨텅(James Whetung)은 그 호수에서 야생벼를 수확할 권리가 있
습니다. 그런데 그곳에 사는 집주인들이 그가 수확하는 것을 망치기 위
해 최선을 다해왔습니다. 그들은 야생벼를 잡초처럼 생각해서 자신들
이 모터보트와 제트스키를 타는 데 방해가 된다고 생각합니다. 그들은
올해 초 야생벼를 제거하게 해달라고 정부에 요청했지만 거부되자 최
후 수단으로 파괴 전략을 펴고 있습니다. 모터보트에 쇠사슬을 연결해
서 그것이 벼 밭으로 지나가게 한 후 파괴된 벼를 남아 있는 싱싱한 벼

---

143 Adrian Jacobs, Karen Kuhnert, "Seeking a Spiritual Covenant: Possibilities in the Haldimand Tract," Woelk, Heinrichs, *Yours, Mine, Ours*, 157; Six Nations Council, *Six Miles Deep: Land Rights of the Six Nations of the Grand River*, http://www.sixnations.ca/SixMilesDeepBooklet2015Fianl.pdf.

144 Jacobs, Kuhnert, "Seeking a Spiritual Covenant," *Yours, Mine, Ours*, 154.

위로 버리고 있습니다.[145]

그게 합법인가요? 농부가 곡식을 수확하지 못하게 방해하는 것에 상응하지 않나요?

맞습니다. 하지만 그들은 3세대(기껏해야 47년인데)를 거기서 살았다는 이유로 수천 년 동안 그곳에 살던 사람들의 음식 공급원을 파괴해도 된다고 생각하는 것 같습니다.

하지만 누구든 다른 사람의 곡식을 파괴하면 안 되지 않습니까?

이런 일은 정착민들이 그 땅에 대해 그간 원주민들에게 한 일에 비하면 아무것도 아닙니다. 자기 사유재산(그리고 우리가 거기서 얻는 즐거움)이 도덕성이나 정의보다 늘 더 중요한 법이지요.[146]

하지만 이런 식은 정말 아니지요. 우리는 제임스 웨팅의 입장에 찬성하며 그의 수확이 보호되어야 한다고 주장합니다. 우리는 사람들에게 그의 이야기를 전할 수 있습니다. 우리는 그곳에 사는 집주인들과 농부들을 교육시키고 그 호수를 그냥 서류상으로만이 아니라 실제로 공동 소유가 되도록 해야 합니다.

---

145 그 이야기는 몇 가지 다른 버전이 있다. 다음을 참고하라. Lisa Jackson, "Canada's Wild Rice Wars," *Al Jazeera*, February 20, 2016, https://www.aljazeera.com/indepth/features/2016/02/canada-wild-rice-wars-160217083126970.html.

146 Jennifer Harvey, "Dangerous 'Goods': Seven Reasons Creation Care Movements Must Advocate Rparations," Heinrichs, *Buffalo Shout, Salmon Cry*, 324.

시스템 전체를 뜯어고치는 것보다는 그래도 해볼 만한 일 같군요.

음, 우리는 뭔가를 "뜯어고치려고" 여기 있는 것이 아님을 알아야 합니다. 그렇게 뜯어고치려고 하는 게 문제거든요. 우리가 회개해야 할 것 중 하나가 모든 것을 뜯어고치고 모든 문제를 해결하려고 하는 것입니다. 우리 원주민 형제자매들은 우리에게 **들으라고** 말합니다. 그들이 하는 말을 들어야 합니다. 입을 닫고 그간 너무 오랫동안 억압을 받아온 그들이 우리에게 말하는 자유와 치유와 화해와 보상이 어떤 것인지 이제 들어야 합니다.[147]

방금 "보상"이라고 하셨나요? 그게 무슨 의미지요?

음, 성경은 회개와 화해가 쉽지 않다고 분명히 말합니다. 죽음의 통치를 떠나 생명의 통치로 들어가는 것(롬 5:17; 6:12-14)은 예수와 함께 십자가에 못박히는 것을 포함합니다(6:3-11). 이것은 우리가 말하는 그런 뜯어고치는 것이 아닙니다. 우리의 옛 자아를 십자가에 못박는 것은 죽음으로 향하던 모든 것을 포기하는 것입니다. 그것은 불의로 인해 누군가가 억압을 받아야만 가능했던 우리의 중독, 우리의 안위, 우리의 즐거움을 포기하는 것을 의미합니다. 이렇게 하려면 우리가 **희생**해야 한다는 의미입니다. 그 땅과 그곳에서 우리가 몰아낸 사람들과 화해하고 싶다고 말하면서 그들에게 보상하려 하지 않고, 그들이 요구하는 정의를 들

---

147 Randy Woodley는 *Shalom and the Community of Creation*에서 원주민들의 세계관으로 듣는 것이 중요하다고 주장한다(144-47).

으려 하지 않고, 그러한 정의를 구하는 자들과 겸손히 함께하지 않는다
는 것은 말이 안 됩니다. 이렇게 하는 것이 바로 우리 몸을 정의의 도구
로 드리는 것이고(6:13), 억압받는 자들과 함께하는 것(12:16)이라고 말
하고 싶습니다.

예를 들면, 스탠딩 록에 가서 다코타 액세스 송유관으로부터 수족의 성스
러운 물을 보호하려고 함께 싸우거나 그래시 내로우스족이 자신들의
물에서 수은을 없애려고 싸우는 일에 동참하는 일 같은 건가요?

그런 일도 포함되지요. 하지만 기억하십시오. 당신은 어느 한 장소에 속한
사람입니다. 그 장소에 얽힌 당신만의 이야기를 알아내야 합니다. 당신
(혹은 당신 조상들)은 어디에서 와서 지금 그곳에 머물게 되었나요? 당신
이 그곳에 있게 된 경제적이고 정치적인 동력은 무엇인가요? 그 장소에
서 쫓겨난 사람들의 역사를 배우십시오. 그 사람들을 찾아보십시오. 그
들의 이야기를 들어보십시오. 그들이 말하는 그들 공동체에 대한 정의,
그리고 당신이 살고 있는 그 땅에 대한 정의를 배우십시오.[148] 그곳에 제
일 먼저 살았던 사람들은 그 첫 번째 물근원을 알고 있습니다. 그들의
지혜는 당신의 건강과 삶에 필요할 것입니다.

또 다른 차원에서, 그리고 당신이 있는 자리에서, 정치인들에게 편지를 쓰
십시오. 적어도 정치인들에게 협약을 이행하라고 촉구하십시오.[149] 그

---

148 이 과정에 대해 좀 더 자세하고 풍성하게 알고 싶다면 Elaine Enns와 Ched Myers의 중
   요한 글을 참조하라. "Healing from 'Lies That Make Us Crazy': Practices of Restorative
   Solidarity," Woelk, Heinrichs, *Yours, Mine, Ours*, 138-42.
149 Sylvia McAdam, "A Need for Courage: Discussing Settler Stumbling Blocks to Solidarity,"
   Woelk, Heinrichs, *Yours, Mine, Ours*, 63.

들에게 물에 대해 정의를 행하라고 촉구하십시오. 원주민들이(그리고 우리 모두가) 의지하는 물근원을 보호하는 일은 너무나 중요합니다.

이런 문제들과 관련해서 일하는 원주민들을 못 찾으면 어떻게 하지요?

그럴 일은 거의 없을 거라고 생각합니다. 하지만 물근원 회복 운동을 이끌어온 교회들이 있습니다. 인디애나주에서는 벤톤 메노파 교회가 엘하르트강에서 세례식을 준비하다가 그 물이 오수와 농업용 폐수로 인해 대장균에 오염되었다는 것을 알게 되었습니다. 그들은 그 오염의 원인이 무엇인지 파헤치기 시작했고 강을 깨끗하게 하려고 일하고 있습니다. 이런 과정을 통해 그 강은 그 공동체에 점점 더 중요해졌습니다. 더그 카우프만 목사는 강의 상태를 정기적으로 확인하면서 그 강을 공동체의 일부로 여기고 있습니다. 그는 그 공동체의 건강과 안녕에 관심을 갖고 있습니다. 어떤 면에서 그 강은 이제 그 회중의 일부입니다. 이 교회는 물근원과 창조세계의 건강을 위해 일하는 메노파 교회 네트워크에 속해 있습니다.[150] 에이 로카(A Rocha)라고 불리는 전 세계 그리스도인 네트워크가 이 문제들에 관해 지역 공동체들과 협력하고 있습니다.[151]

---

150 메노파 창조세계 보호 네트워크(The Mennonite Creation Care Network)는 일반적인 물근원과 생물 보호와 관련하여 많은 자료를 갖고 있다. www.mennocreationcare.org. 여러분 공동체에서 물근원 제자도에 대한 정보를 알고 싶으면 "물근원 길"(Watershed Way)을 검색하라. 실질적인 자료를 구비한 많은 도움이 되는 커리큘럼이 있다. https://www.mennocreationcare.org/every-creature-singing/.
151 캐나다의 에이 로카 웹사이트는 아주 유용한 전례적이고 교육적인 자료들이 많다. www.arocha.ca. 그 사이트는 메노파와 에이 로카 교과과정 자료들과도 연계되어 있다.

당신들이 말한 것이 다 사실이라면 교회가 창조세계를 보호하는 시작점이 되어야겠군요.

로마서는 정확히 창조세계의 탄식에 동참하고 가장 연약한 자들과 함께 동행하는 공동체가 되는 것에 관해 말합니다. 당신의 교회에서부터 시작해야 합니다. 메노파 창조세계 보호 네트워크와 에이 로카가 제공하는 교육과정 자료들도 있지만, 녹색 교회 네트워크와 와일드 교회 네트워크 같은 운동들도 있습니다.[152] 체드 마이어스는 물근원 교회학(watershed ecclesiology)을 설명합니다.

> 지역 교회 회중들은 우리가 사는 장소를 보호하고 그곳을 회복시키도록 그 장소를 사랑하고 알아가는 일을 하기에 가장 적합하다. 하지만 우리는 먼저 **교회로서** 우리의 물근원에 다시 거주하고, 자연적이고 사회적인 풍경이 우리의 상징적인 삶과 사명의 참여와 물질적인 습관을 형성하도록 해야 한다. 몇몇 전통에서는 교구를 **특정 장소에 터를 잡은** 공동체로 보는 옛 모델이 여전히 남아 있는데(비록 시장에 기반을 둔 구성원의 이동과 먼 곳에서 출석하는 사람들의 이동성으로 말미암아 위축되긴 했지만 말이다) 이 모델이 다시 활기를 띨 수 있다.…물근원 교회론을 발전시키는 것은 우리의 크고 작은, 또는 내부적으로 혹은 외부적으로 기인한 집합적인 습관들을 의도적으로 다시 생각하는 것이다.[153]

---

152 www.wildchurchnetwork.com.
153 Ched Myers, "Toward Watershed Ecclesiology: Theological, Hermeneutic and Practical Reflections," Myers, *Watershed Discipleship*, 210.

"상징적인 삶, 사명의 참여, 물질적 습관들." 정말 이상하게도 이런 일들을 하고 있는 교회 중 어느 곳도 스스로 물근원 교회론을 행하고 있다고 생각하지 않지만, 이 모든 일을 실천하고 있습니다. 예를 들어, 캐나다에 있는 많은 시골 영국 성공회 교회들의 창문에는 복음의 이야기를 그 지역의 지형으로 풀어내는 그림들이 있습니다. 캐나다 순상지(楯狀地)에 십자가가 세워집니다. 우리는 좀 더 의도적으로 이렇게 우리가 예배하는 장소에 우리 지역의 지형을 옮겨 놓을 수 있습니다. 우리가 아는 또 다른 교회는 매년 가을에 회중들이 함께 하이킹을 합니다. 하이킹을 통해 그 지역의 식물들과 새들을 가까이 보게 되면서 많은 사람이 이곳으로 거주지를 옮기게 되었고 그러면서 자신들의 물근원에 대해 더 잘 알게 되었습니다. 교회 내 정원, 음식 준비와 보관을 가르칠 수 있는 부엌도 사명의 참여를 위한 장소들입니다. 그리고 많은 교회가 가끔 외부로 나가 섬기기도 하는데, 주로 부활절에 그렇게 합니다.[154]

당신이 속한 교회에서 이러한 활동들에 대해 신학적으로 숙고한다고 상상해보십시오. 그렇게 할 때 최근 일어나고 있는 이런 일들을 실천할 수 있습니다. 그래야 교회 구성원들이 불의가 아닌 정의의 도구로 신실하게 행할 수 있습니다(롬 6:13).

당신들이 말하는 내용은 죽음의 지배를 거부하고 예수를 통해 오는 생명을 받아들이는 방식으로 살아가는 모습을 보여주는 것 같네요(롬 5:17).

---

154 Myers, "Toward Watershed Ecclesiology", 200-17. 이와 같은 예들을 많이 인용한다. 다양한 교파에서 시작한 일들도 연계시킨다.

그리고 아마도 이것이 바울이 새 생명 가운데서 행하라(롬 6:4)고 한 말의
의미일 것입니다. 이것은 우리 공동체와 우리 자신과 이 땅 위의 모든
피조물을 위한 새 생명입니다.

ROMÁNS DISARMED

6장

경제 정의와
생명의 왕국

지금까지 바울이 오이코스(*oikos*)의 모습, 즉 창조세계의 집과 믿음의 집에 관심이 있다는 것을 살펴보았다. 이런 의미에서 그는 생태 신학자(이 용어의 가장 넓은 의미에서)다. 왜냐하면 로마서 전반에 걸쳐 땅의 신학, 즉 창조 신학(a theology of creation)이 깔려 있을 뿐 아니라 그의 편지 전체가 로마 제국 한복판에서 예수를 따르는 자들의 대안적인 가정을 만들려는 시도이기 때문이다. 게다가 창조세계에 대한 바울의 관심은 로마에 있는 이질적인 기독교 공동체들을 통일된 집(home)으로 만들려는 그의 목적과 다르지 않다. 아니 오히려 그 목적에 꼭 필요한 것이다.

하지만 지금까지 보았듯이 창조세계에 관한 비전(creational vision)과 경제학은 따로 뗄 수가 없다. 실제로 창조세계의 집(creational household)이 파괴되는 것은 늘 인간의 집이 행한 일들에서 기인한다. 생태학과 경제학은 종종 충돌이 불가피하다. 인간들은 서식지를 파괴하는 방식으로 세상에서 자신들의 집을 만들고, 그래서 바로 그 세상을 서식할 수 없는 곳으로 만들어버리는 경향이 있다. 인간의 문화 형성, 특히 인간의 경제활동이 갖는 이러한 서식지 파괴적인 경향은 제국의 힘을 등에 업고 더욱 강화되고 신화적이고 상징적인 합법성까지 부여받는다.

그래서 우리는 이러한 질문을 해야 한다. 바울의 창조 신학은 경제학에 대한 신학적 비전을 불러일으킬 정도로 넓고 깊은가? 바울이 로마 사람들에게 보낸 편지에서 창조세계에 관한 비전이 전체적으로 흐르는 것이 분명하다면, 이 편지가 경제생활도 다루고 있다고 확실히 주장할 수 있는가? 바울이 로마에 보낸 편지에는 그가 주변에서 경험했던 땅의 유린과 이 편지를 읽는 대다수 독자가 경험하던 일상적인 경제적 불평등이 저변에 분명히 깔려 있는가? 바울의 비전은 생태학과 경제학을 다 포괄하는가? 만일 그렇다면 바울이 로마로 보낸 편지가 우리의 경제적 삶, 특히 삶

의 경제적 측면이 만신전(pantheon)으로까지 격상된 세계 자본주의의 제
국적 맥락에서 말하는 바를 우리가 어떻게 들을 수 있는가? 이번 장과 다
음 장에서는 이런 질문들을 다뤄보려고 한다.

우상숭배, 생태학, 경제학

피폐해진 창조세계는 이스라엘 이야기에서 두드러지는 주제다. 그리고
예언자들은 창조세계의 파괴는 언제나 우상숭배와 민족들의 신들(the gods
of the nations)의 이야기 안에서 살고자 하는 욕구에서 나온 경제활동의 결
과임을 분명히 한다. 이전 장에서 우상숭배가 어떻게 창조세계의 신음을
야기하는지, 또 우리 자신의 우상숭배적이고 중독적인 삶의 방식이 이 땅
의 구원과 치유를 위한 시도들을 어떻게 좌절시키는지 살펴보았다. 또한
우리가 당연하다고 여기고, 단순히 경제생활이 작동하는 방법이라고 간
주하는 경제적 구조들로 인해 그러한 창조세계의 파괴가 일어난다고 주
장했다. 1세기 로마의 제국 경제가 그랬듯이 지금 우리 세상의 불의를 영
속시키는 경제 구조도 마찬가지다.

바울이 로마서를 시작하면서 제국의 우상숭배적 전제들을 폭로하면
서 한탄했던 것을 보았다. 그런 우상숭배 때문에 창조세계와 관련한 우리
의 소명을 저버리게 되었고 또한 성적이고 경제적인 폭력을 일삼게 되었
다고 바울은 주장한다. 이번 장에서는 경제적 폭력의 역동성에 초점을 맞
추려고 한다. 경제 정의라는 주제(특히 제국의 구조 때문에 가난해진 사람들과
관련해서)가 로마서 전체를 꿰뚫고 있다. 이 주제는 본문이 소개하는 상징
적인 세상을 통해 표현되기도 하고, 때로는 노골적으로 표면으로 드러나

서 이 편지가 경제적/사회적으로 계층화된, 그래서 시민의 대다수가 경제적으로 위태로운 상태로 제국의 중심부에 살고 있는 사람들에게 쓰인 것임을 상기시켜준다.[1]

하지만 구체적인 텍스트로 들어가기 전에, 앞장의 내용을 간단하게 정리해보자. 이 책 1장에서는 로마서가 이스라엘을 향한 하나님의 신실하심의 문제를 깊이 다룬다고 말했다. 리처드 헤이스(Richard Hays)의 말을 빌리면, 이는 신정론[2]의 문제라 할 수 있다. 모든 제국이 그렇듯 로마의 문화적 내러티브는 신들이 권력을 가진 자들, 즉 승리한 자들의 편이라는 것이었다. 로마에서 박해를 받고 고통을 당하던 유대인들(이들 중에는 기원 49년에 추방되어서 54년까지 돌아오지 못한 이들이 있었다)이 로마 문화의 내러티브에서 패배한 쪽에 위치하는 것은 당연했다. 유대 그리스도인들도 비그리스도인 동족들과 마찬가지로 패배한 쪽이었다. 따라서 로마서 전체에 흐르는(롬 5:3-5; 8:17-39; 12:12-21) 고통이라는 주제는 바울에게 있어서 단순히 추상적인 논의가 아니었고 좀 더 폭넓은 사회문화적 연관성(referent)을 갖고 있었다. 사실 로마서가 사용하는 몇몇 용어들은 제국 차원의 박해를 가리키는 것이 분명하다. 로마서 전반에서 유대인들에게 이

---

1   Elsa Tamez는 그들을 "배제된 사람들"(the excluded)이라고 부른다. *The Amnesty of Grace: Justification by Faith from a Latin-American Perspective*, trans. Sharon H. Ringe (Nashville: Abingdon, 1993), 37, 115. 다음 책도 참조. Peter Garnsey, Richard P. Saller, *The Roman Empire: Economy, Society, and Culture* (Berkeley: University of California Press, 1987); Walter Scheidel, Ian Morris, Richard P. Saller, eds., *The Cambridge Economic History of the Greco-Roman World* (Cambridge: Cambridge University Press, 2007); Margaret Atkins, Robin Osborne, eds., *Poverty in the Roman World* (Cambridge: Cambridge University Press, 2006).

2   Richard B. Hays, *Echoes of Scriptures in the Letters of Paul*, 38. 『바울서신에 나타난 구약의 반향』(여수룬 역간, 2017).

방인을 받아들이라고 호소하는 것 또한 이 주제를 강조한다.[3] 이러한 맥락에서 바울은 하나님 백성을 향한 하나님의 신실함을 확고히 하기 위해 이스라엘의 성경(Scriptures)을 깊이 있게 인용하면서 편지를 쓴다. 지금까지보았듯이 이 모든 것은 하나님의 정의(*dikaiosyne theou*) 혹은 하나님의 백성과 (그들을 통해) 세상을 향한 하나님의 언약적 신실함이라는 용어로 표현된다.

로마서에서 이 고통이라는 주제는 하나님의 정의의 문제와 함께 이방인-유대인의 관계뿐 아니라 경제적으로 고통을 받는 이들과도 연결된다고 말하고 싶다. 그러한 경제적 고통은 2중 기반을 갖는다. 한편으로는피터 오크스(Peter Oakes)가 주장했듯이 예수를 따르기 시작하려는 사람들은 동료들, 고객들, 후원자들로부터 반감을 샀기 때문에 결과적으로 일감을 잃거나, 협동조합(길드)에서 배제되거나, 공동의 자산(오븐이나 가마 같은)을 사용할 수 없었기 때문에 더 가난해졌다.[4] 또 한편으로는 로마에 있는 신자 공동체는 제국적 문화가 갖는 경제적 편향성과 정책들 때문에 고통받는 사람들이 주를 이루었다. 2장에서 살펴본 네레오와 이리스의 삶은로마 제국 내 바울 공동체의 경제적 복합성을 찾아내려는 최근의 연구를기반으로 한 것이었다.[5] 세부적인 부분에서 다른 의견들이 있겠지만, 최저

---

3   이 주제가 로마서의 핵심이라는 주장은 Neil Elliott가 했다. *Liberating Paul: The Justice of God and the Politics of the Apostle* (Sheffield: Sheffield Academic Press, 1995); Sylvia C. Keesmaat, *Paul and His Story: (Re) Interpreting the Exodus Tradition* (Sheffield: Sheffield Academic Press, 2004); Jewett, *Romans*, 70.

4   Peter Oakes, *Reading Romans in Pompeii: Paul's Letter at Ground Level* (Minneapolis: Fortress, 2009), 114-15; *Philippians: From People to Letter* (Cambridge: Cambridge University Press, 2001), 89-96.

5   Steven Friesen의 연구는 바울의 편지를 받은 공동체들의 사회적 위치가 어떠했는지를 중점적으로 다루었다(Steven J. Friesen, "Poverty in Pauline Studies: Beyond the So-Called New Consensus," *Journal for the Study of the New Testament* 26, no. 3 [2004]: 323-61). Friesen

생계의 기준을 사람이 생명을 유지하는 데 필요한 칼로리로 잡는다면, 제국에 있던 사람들의 훨씬 더 많은 숫자가(85% 이상) 최저생계 수준이나 그이하의 상태에 있었다.[6] 바울 계통의 공동체들이 제국의 사회경제적 현실들을 반영하고 있기에, 여기에는 가난하게 살았던 많은 사람의 이야기가들어 있을 것이다. 또한 바울이 자신의 편지를 읽는 사람들의 사회적 상황을 암시적으로 표현한 것들을 볼 때 바울도 초기 기독교 공동체를 가난하다고 여긴 것이 분명하다.[7]

은 자신만의 빈곤의 잣대를 가지고 제국 내 사람 대다수의 빈곤 정도를 조사한 자료를 제시했다. 그리고 바울의 편지에 나오는 언급들(이상하게도 롬 16장은 포함하지 않았지만)을 토대로 바울의 교회에 속한 대다수(약 70%)가 최저생계 수준이나 그 이하였다고 결론을 내렸다. 그 숫자는 로마에서 더 높은 것으로 보이는데, 로마는 최저생계에 필요한 액수가 다른 도시들에 비해 매년 약 300데니리온 이상이 더 들었다. 다음의 글들도 참고하라. Bruce W. Longenecker, "Exposing the Economic Middle: A Revised Economy of Scale for the Study of Early Urban Christianity," *Journal for the Study of the New Testament* 31 (2009): 243-78; Bruce W. Longeneker, *Remember the Poor: Paul, Poverty, and the Greco-Roman World* (Grand Rapids: Eerdmans, 2010); *Engaging Economics: New Testament Scenarios and Early Christian Reflection*, ed. Bruce W. Longenecker, Kelly D. Liebengood (Grand Rapids: Eerdmans, 2009). 생활의 경제적 역학에 대한 소설적 묘사는 다음의 책을 참조하라. Bruce W. Longenecker, *The Lost Letters of Pergamum: A Story from the New Testament World*, 2nd ed. (Grand Rapids: Baker Academic, 2016). 『어느 로마 귀족의 죽음』(복있는사람 역간, 2012).

6   Friesen의 "바울 연구에서 빈곤의 문제"에서 사용된 기준이다. 그러나 Peter Oakes가 지적하듯이 이러한 기준으로는 가난의 단계들이 칼로리 소모량을 기준으로 판단하기 훨씬 앞서 시작된다는 사실을 설명하지 못한다. 그래서 Oakes는 가난에 대한 정의를 사람이 자신이 속한 문화의 일반적인 기대치를 충족시키지 못하는 것으로 제시한다(아이러니하게도 로마 제국에서 "일반적인 기대치"는 인구의 대다수가 충족시킬 수 없는 것이었다). Peter Oakes, "Constructing Poverty Scales for Groco-Roman Society: A Response to Steven Friesen's 'Poverty in Pauline Studies,'" *Journal for the Study of the New Testament* 26, no. 3 (2004): 367-71.

7   예를 들어, 바울은 고린도 교회에 대해 말하면서 "세상의 천한 것들과 멸시받는 것들", "세상의 약한 것들"이라는 표현으로 그들의 사회경제적 형편을 보여준다(고전 1:27-28). 또 성만찬 시행을 말하면서 "빈궁한 자들"이 부끄러움에 처해 있는(고전 11:22) 것에 신경을 쓰고 있는 것이 분명하다. 다음을 참조하라. Longenecker, *Remember the Poor*, chapters 6-13.

이리스와 네레오의 삶을 통해 우리는 당시 평범한 두 사람의 삶을 허구적으로 그려봄으로써 로마 내 믿음의 공동체를 이루고 있던 사람들의 다양성을 느껴보고자 했다. 그리고 그들이 로마의 신앙 공동체에서 예외적인 존재가 아니라 일반적인 모습이었음을 말하고자 했다. 이들의 삶을 재구성한 것은 일정 정도 피터 오크스의 연구를 기반으로 했는데, 오크스는 제국에서 최저생계 수준 이상으로 살던 사람들의 물질문화(material culture)를 면밀히 연구해서(특히 로마와 로마서에 집중해서), 바울의 편지를 듣던 사람들의 삶을 창조적으로 아주 잘 보여주고 있다.[8] 하지만 우리가 또한 묻고 싶은 것은 바울이 이 편지에서 경제적인 문제를 직접 다루고 있는지, 있다면 어느 정도까지 다루고 있는지다. 앞으로 로마서 전체를 통해 바울의 언어를 살펴보려고 하는데, 특히 이스라엘 성경의 맥락에서 보려고 한다. 바울은 과연 이 편지에서 전에 우리가 생각했던 것보다 어떻게 보면 더 노골적으로 가난에 대해 실제로 말하고 있는가? 가난의 문제가 하나님의 언약적 신실하심의 핵심, 그리고 은혜가 의로 말미암아 왕 노릇 하여 영생에 이르게 하는(롬 5:21) 공동체의 핵심에 있을 수 있을까? 바울이 이 편지에서 그려내고 있는 그 집이(4장에서 제안한) 반드시 경제적 정의가 이루어지는 집이어야 할까? 그리고 만일 이러한 경제적 주제들이 바울의 편지에서 실제로 중점적인 것이라면 이를 바탕으로 우리 시대의 경제적 왜곡들, 불평등, 위기 같은 것들을 말할 근거가 되는 걸까?(3장에서 소개했다)

---

8   Oakes, *Reading Romans*.

로마 신자들의 고통

로마서 전반에 걸쳐 바울은 고통을 표현하고 있는데, 이는 정치적 압박과 박해뿐 아니라 가난으로 인한 고통도 가리킨다. 피터 오크스는 로마서에서 고통을 인내하라는 주제가 중요하다고 지적했다.[9] 이러한 주제는 로마서 5:3-5, 8:17-39, 12:12-21에서 중점적으로 나타난다. 5:3과 8:35에서 고통에 해당하는 그리스어 단어 "틀립시스"(*thlipsis*)가 쓰였는데, 이는 슬픔의 시편들에서 반복적으로 등장하는 단어로, 바울은 이 시편들을 로마서에서 자주 인용한다.[10] 앞으로 살펴보겠지만 이 시편들에서 고통은 일관되게 불의(injustice)와 연결되어 있다. 로마서 8:35에서 그리스도의 사랑에서 신자들을 끊을 수 없다고 말하는 고통의 목록에는 정치적 박해와 (국가에 의해 휘둘러졌을) 칼뿐 아니라 고난, 역경, 기근, 헐벗음 같은 것들도 포함된다. 이 목록들을 보면 이 공동체의 일원들이 국가가 직접 저지르는 행위(8:35, 38에서 "칼", "통치자"라고 표현한 것으로 보아)뿐 아니라 경제적인 어려움으로부터도 위협을 받고 있었음을 보여준다. 헐벗음과 기근으로 고난당하는 자들은 누구인가? 부족한 자원들을 구할 수 없는 가난한 자들이다. 칼을 휘두르고 박해를 가하는 자들, "통치자"와 "권세자들"(8:38)에 해당하는 사람들은 굶주리거나 헐벗지 않았다.

물론 바울은 이런 고난을 직접 경험했다. 그는 여행을 하고 장사를 하면서 사회적 지위가 낮은 다양한 사람들을 볼 수 있었다. 엘사 타메즈(Elsa Tamez)는 이렇게 말한다. "바울은 여행하면서 선원, 팔려 가는 노예들, 도

---

9   Oakes, *Reading Romans*, 138-39, 173-79.
10   예. 시 9편(LXX 10편); 43편(LXX 44편); 70편(LXX 71편); 139편(LXX 140편).

망 중인 노예들, 장사꾼들, 교사들, 군인들처럼 다양한 여행객들과 직접 만날 수 있었다."[11] 게다가 그가 천막(혹은 차양) 만드는 일을 했다는 것은, 같은 업종에 종사하는 노예와 해방된 노예들과 함께 일하면서 그들의 이야기를 들었다는 것을 의미한다.[12] 또한 바울이 감옥에 갇혔을 때는 도둑질하거나 빚을 져서 감옥에 갇힌 사람들의 이야기를 들었을 것이다. 감옥에 갇힌 사람 중 많은 이가 노예였을 것이다. 로마의 경제 시스템이 갖는 불의함이 바울이 만난 사람들의 삶 속에서 생생하게 드러났을 것이다. 바울이 시간을 함께 보냈던 사람들은 가난과 불의로 인해 생겨난 슬픔을 아주 잘 아는 사람들이었다.

이제부터는 그러한 가난이 로마의 경제체제하에서 필연적으로 나올 수밖에 없었다는 점을 살펴보려고 한다. 즉 대다수의 사람이 살아남기 위해 필요한 음식을 얻으려고 분투했다. 하지만 또 한 가지 알게 된 사실은 예수를 따르려고 할 때 뒤따르는 고통이 이러한 가난을 더욱 악화시켰다는 것이다. 오크스는 이방인 예배를 포기할 때 뒤따르는 결과들을 소개하는데, 그들은 이웃과 고객들과 후원자들과 사업 파트너들로부터 비밀 결사나 유대인 활동(그리스도인들의 모임을 표현하는 두 가지 방식이었다)에 가담했다고 의심을 받았고, 복음을 전할 때 폭행을 당하기도 했다.[13] 관계에 의지해서 사업을 하던 사람들(이웃 제빵사와 오븐을 공유한다거나, 요금을 과하게 요구하지 않는 공급업자와 일을 한다거나, 매일 많은 양의 빵을 주문하던 후원자가 있던 사람들)은 예수를 따른다는 이유로 이런 관계가 깨지거나 신용을 잃을

---

11   Tamez, *Amnesty of Grace*, 48.
12   Tamez, *Amnesty of Grace*, 54.
13   Oakes, *Philippians*, 89-96.

수 있었기 때문에 심각한 경제적 손실을 입을 수 있었다.[14] 이뿐 아니라 믿지 않는 남편을 둔 부인은 이혼을 당할 수도 있었고, 아버지가 믿지 않는 아이들은 집에서 쫓겨날 수 있었고, 팁이나 다른 돈벌이로 돈을 모아 노예에서 해방되려고 했던 노예들은 믿지 않는 주인들에 의해 이 적은 돈마저 삭감당할 수 있었다. 또한 해방된 노예들은 이전 주인들과의 관계가 깨져서 고통을 받을 수도 있었다.[15]

로마서 8:35에서 말하는 "칼"은 경제적 파급효과를 의미할 수 있었다. 예수를 따르던 사람이 행동이 의심스럽다는 이유로 판사에게 불려가 매를 맞고 감옥에서 하루 지내고 나온다면, 그로 인한 명예 실추로 고객을 잃거나 맺고 있던 관계에 치명적인 손상을 입을 수 있었다.[16]

따라서 바울이 "성도들의 쓸 것을 공급하며 손 대접하기를 힘쓰라"(12:13)고 말한 후에 "너희를 박해하는 자를 축복하라"(12:14)고 권고하는 것은 놀라운 일이 아니다. 이렇게 경제적으로 서로 돕는 일은 그 공동체가 직면한 박해로 인해 필수적이었다. 공동체에 속한 사람들과 손님들을 똑같이 경제적으로 도우라고 한 것은 이러한 고난을 야기한 사람들까지도 은혜로 용서하라는 의미였다. 12:20에서도 이 둘이 함께 나오는데, 공동체에 고난을 야기한 원수에게도 음식과 음료를 나누라고 말한다 (억울한 일이 없었다면 왜 원수 갚는다는 말이 나오겠는가?).

게다가 다른 문맥들에서 바울이 나누라는 의미로 코이노네오(*koinōneō*) 라는 동사를 사용한 것으로 보아 그가 경제적인 나눔을 염두에 둔 것이 분

---

14 Oakes는 다음의 책에서 이러한 역학관계를 소개한다. Oakes, *Philippians*, 89-91.
15 이러한 시나리오는 Oakes의 다음 책에서 소개되고 있다. Oakes, *Philippians*, 91-95.
16 Oakes, *Philippians*, 90.

명하다(갈 6:6; 빌 4:15; 비교. 롬 15:27).[17] 그러나 바울이 기독교 공동체 내에서 경제적으로 관대하라고 한 권고는 낯선 이들에게 호의를 베푸는 것까지로 확대되는 것에 주목할 필요가 있다. 이것은 분명 배고픔과 헐벗음으로 신음하는 기독교 공동체 밖에 있는 사람들에게도 음식과 옷을 나누는 것을 포함한다(8:35). 그러한 호의를 베풀려면 이미 그들과 비슷한 가난을 겪고 있던 공동체로서는 더 희생을 감내해야 했다. 바울이 꿈꾸던 집으로서의 기독교 공동체가 그들이 따르던 주님에게 합당하려면, "그 집에 속한 다양한 사회계층뿐 아니라 이웃에 사는 타인들에게까지 열려 있어야 한다."[18]

몇 구절 후에 바울은 공동체에게 "억압받는 자들(*tapeinos*)과 함께하라"고 명령하는데, 이 단어는 주로 "낮은 데 처하다"(12:16)라는 의미로 번역한다. 이 단어는 70인역에 자주 등장하는데, 억압받는 자들(*tapeinos*)은 보잘것없는 가난한 사람들 혹은 "끌어내려지거나" "짓밟힌" 즉 "탄압받는" 사람들을 가리킨다.[19] 사실상 *tapeinos*는 바울이 로마서 여기저기서 인용하는 가난한 자들과 연관이 있다.[20] 예를 들어, 인간의 죄성을 말하

---

17   Jewett, *Romans*, 764.

18   Neil Elliott, *The Arrogance of Nations: Reading Romans in the Shadow of Empire* (Mineapolis: Fortress, 2008), 152.

19   Elliott이 번역한 단어들이다. Elliott, *The Arrogance of Nations*, 152.

20   이 책 전체에서 바울의 로마서를 텍스트 상호 간에 비교하며 읽었다. 즉 바울이 더 오래된 히브리어 본문을 어떻게 인용했는지, 또 직접 인용하지는 않아도 히브리어 텍스트 전통을 어떻게 암시하고 있는지 주의 깊게 살펴보았다. 이번 장에서도 암시(의도적인 언급들)와 반향(비의도적인 언급들)에 주의를 기울일 텐데, 바울이 명백하게 인용하는 많은 구절에서 식별 가능하다. 지금 다루고 있는 장들에서도 바울이 인용한 세 개 구절(시 10:7; 18:49; 사 11:10)이 가난하고 억압받는 자들에 대한 성경적 관심을 암시하고 있음을 볼 수 있다. 바울의 서신서를 텍스트 상호 간에 비교를 통해 읽는 것은 Richard B. Hays의 획기적인 책 *Echoes of Scripture*가 가장 기본이 된다. 이 위에 Sylvia Keesmaat가 *Paul and His Story* (48-52)에서 사용한 방법이 더해진다.

는 로마서 3:9-18에서 바울은 시편 10:7을 인용한다. "그 입에는 저주와 악독이 가득하고"(3:14). 누구의 입인가? "가난한 자를 잡으려고 기다리며 자기 그물을 끌어당겨" "무죄한 자를 죽이는" 자들이다(시 10:8-9). "마음의 욕심을 자랑하는" 자(시 10:3)이고, 그 입에 "거짓과 포악"이 있는 자(10:7)다. 그래서 시편 저자는 이러한 경제적 폭력을 당할 때 하나님께서 "고아와 압제당하는 자를 위하여 심판"(10:18)하실 거라고도 한다. 이 시편에는 경제적인 암시들로 가득한데 사도 바울은 이러한 경제적 암시를 놓치지 않으며, 이는 로마 제국 안에서 그가 목도한 인간의 죄성과 그리 크게 다르지 않았다.

아니면 로마서 15장에서 바울이 급진적으로 환대하는 공동체가 되라고 요구하는 맥락에서 인용한 시편 18:49을 살펴보자. "그러므로 그리스도께서 우리를 받아 하나님께 영광을 돌리심과 같이 너희도 서로 받으라.…이방인들도 그 긍휼하심으로 말미암아 하나님께 영광을 돌리게 하려 하심이라"(롬 15:7, 9). 이 선언은 찬송시 끝에 나오는데, 이 시에서 시편 저자는 하나님이 "곤고한 백성(*tapeinos*)은 구원하시고 교만한 눈은 낮추시기" 때문에 하나님을 찬양한다(시 18:27; LXX 17:28). 이방인들이 하나님을 찬양하는 것과 환대하는 공동체를 만드는 것은 경제적으로 억압받는 자들의 구원과 깊은 연관이 있다.

세 절 후에(15:12) 바울은 이사야 11:10을 인용하면서 급진적으로 환대하는 공동체를 만들어야 한다는 그의 메시지를 예언적 절정으로 끌어올린다. "이새의 뿌리 곧 열방을 다스리기 위하여 일어나시는 이가 있으리니 열방이 그에게 소망을 두리라." 이것이 정의로운 통치가 아니면 무엇이겠는가?

그의 눈에 보이는 대로 심판하지 아니하며,

그의 귀에 들리는 대로 판단하지 아니하며,

공의로 가난한 자[tapeinos]를 심판하며,

정직으로 세상의 겸손한 자를 판단할 것이며(사 11:3-4).

그렇다면 바울이 설명하는 로마 신자들의 상황과 중요한 시편 및 예언서 본문을 인용하면서 그가 암시하는 것을 볼 때, 그는 박해와 가난 둘 다로 인해 비롯된 고통을 말하고 있는 것을 알 수 있다.

무엇이 불의인가? 무엇이 죄인가?

그 공동체가 처한 상황을 엿볼 수 있는 이런 텍스트 외에도 바울은 로마 제국의 불의(adikia, 롬 1:18)가 경제적 성격을 강하게 띠고 있다고 말한다. 그는 이를 두 가지 방식으로 표현하는데, 하나는 하나님 닮기를 멈춘 사람들에 대한 노골적인 표현이고, 두 번째는 이스라엘의 성경을 인용하거나 암시한다.

로마서 1:18과 이어지는 구절에서 바울은 하나님의 진노가 어떻게 "불의에 진리를 가두는 자들"[21]의 불의와 경건하지 않음에 대해 나타나는지 말한다. 하나님을 인정하지 않는 사람들의 불의에 대한 바울의 묘사는 1:26-27에 나오는 성적 남용보다 훨씬 광범위하다. 바울은 탐욕과 학대의 문화에 뿌리를 두고 성생활과 경제생활을 다 왜곡시키는 행동들에 대

---

21   이 표현은 Tamez의 번역을 빌렸다. Tamez, *Amnesty of Grace*, 58.

해 말한다. 로마서 1:29-31에 열거된 악행 목록(혹은 사람들의 유형)은 다음과 같다. 불의, 추악, 탐욕, 악의, 시기, 살인, 분쟁, 사기, 악독, 수군수군하는 자(밀고자),[22] 비방하는 자, 하나님께서 미워하시는 자, 능욕하는 자, 교만한 자, 자랑하는 자, 악을 도모하는 자, 부모를 거역하는 자, 우매한 자, 배약하는 자(혹은 언약을 지키지 않는 자; 비교. 렘 3:6-25), 무정한 자, 무자비한 자다. 여기에 스물한 가지 행동이 나오는데, 바울은 이를 비열한 마음이며 부적절한 행동이라고 한다. 이 스물한 가지의 행동 중에서 처음 아홉 개는 바울이 기록한 성경에서 취약한 자들(the vulnerable)에게 폭력을 휘두른 결과 생겨난 경제적 불평등을 표현하는 데 사용되었다(불의, 추악, 탐욕, 악의, 시기, 살인, 분쟁, 사기, 악독).[23] 그중 세 개는 시편 저자들이 경제적 억압과 연결된 속임수를 표현할 때 쓰던 단어들이다(수군수군하는 자, 비방하는 자, 악을 도모하는 자).[24] 그중 세 개는 다른 사람들보다 더 우월한 사회경제적 지위를 가진 사람들의 특징을 묘사한다(능욕하는 자, 교만한 자, 자랑하는 자).[25] 또 그중 세 개는 불의한 사회기풍(ethos)을 만들어내는 태도를 말한다. 곧 배약하는 자(즉, 언약을 무시하는 자), 무정한 자, 무자비한 자다.

지금까지 스물한 개 중에서 열여덟 개를 말했다. 남은 세 개(하나님께서 미워하시는 자, 부모를 거역하는 자, 우매한 자—혹은 이해력이 부족한 자)는 경제적인 것과 직접적인 상관이 없어 보이지만, 경제적 함축성이 있는 것은 분

---

22 Jewett, *Romans*, 183.
23 신 2:13-15; 렘 6:6, 9; 호 4:1-3; 미 6:9-16; 7:1-13; 합 2:6-17 참조.
24 예를 들어, 시 5:9; 10:7; 36:3; 140:3. 이 구절들 모두 롬 3:10-18에 인용되었다.
25 롬 1:29에 표현된 단어와 같은 단어를 사용한 구절들만 언급하겠다. 잠 15:25; 16:19; 사 2:7-11; 13:11; 합 2:4-5. Pleonexia(탐욕; 롬 1:29)는 70인역 성경에서 폭력적인 억압과 불의한 소득을 비판하는 의미로 반복적으로 등장한다. 시 10:3; 렘 22:17; 겔 22:27-29; 합 2:9. 소개된 많은 구절이 adikia(불의), phonos(살인)라는 단어도 사용하는데, 이 두 단어 모두 롬 1:29에 나온다.

명하다. 실제로 앞에서 말한 악의 목록들이 함축하는 경제생활을 하고 있다면, 그 사람은 "하나님께서 미워하시는 자"일 것이다. 관대한 사랑과 언약을 지키시는 신실함과 정의를 가지신 분, 또한 우리를 삶의 모든 영역(경제 분야도 포함해서)에서 이런 하나님을 닮도록 부르시는 하나님을 의도적으로 거부하고 불순종하는 것이 아니라면 어떻게 이렇게 탐욕스러운 기만과 불의의 경제학을 정당화할 수 있겠는가? "부모를 거역하는 자"도 온갖 다른 무례함과 오만함을 수반하게 되는데, 그중 하나는 분명 경제적인 불순종의 형태로 나타날 것이다. 부모를 향한 경제적 의무는 고대 세계에서 당연히 져야 할 책임이었다. 부모에게 불순종하는 것은 그 책임을 다하지 않는 일일 수 있었다.[26] 바울은 이런 사람들을 "우매한 자" 혹은 "이해력이 없는 자"라고 표현하는데, 우상숭배하는 자들이 "스스로 지혜 있다 하나 어리석게 되었다"(1:22)고 말한 이후로 그 논리를 계속 이어간다. 선하고 책임 있는 경제적 선택을 하는 데 필요한 지혜, 즉 집을 세우고 정의를 세우는 데 기초가 되는 지혜는 바울이 여기서 열거하는 악들에 사로잡힌 우상숭배자들에게는 전혀 찾아볼 수 없다.

여기서 열거한 목록들은 로마 제국의 약탈적인 경제학을 그대로 보여준다.[27] 이 경제학은 예언자들과 시편 저자들, 그리고 토라가 언제나 심

---

26 오늘날 우리 시대에 목도하는 부모에 대한 책임의 부재인 후기 자본주의의 개인주의 속성을 심도 있게 암시하는 부분이다. 경제학은 집안을 보살피는 문제이지만, 오늘날 우리는 요양원을 운영하는 단체에 어른들의 보호를 위임한다. 이러한 부모에 대한 책임 회피는 삶을 기업의 대리인에게 위임하여 살아온 결과다. 우리는 경제적 삶 전체(음식, 의복, 안식처, 교육, 여가, 환자와 노인 돌봄)를 기업의 통제에 맡긴다. Wendell Berry는 「시민 신문」(Citizenship Papers)에 기고한 "총체적 경제"(The Total Economy)라는 글에서 이렇게 말한다. "간단히 말해 우리의 가장 주된 경제활동은 그 일을 다른 사람에게 맡기는 것이다." Washington, DC: Shoemaker&Hoard, 2003, 64.

27 다음의 글을 참조하라. Neil Elliott, "Disciplining the Hope of the Poor in Ancient Rome," *A People's History of Christianity*, vol. 1, *Christian Origins*, ed. Richard Horsley (Minneapolis:

판을 선언했던 제국적인 경제와 너무나 닮아 있다. 이리스와 네레오는 이 본문을 읽으면서 자신들이 살고 있는 사회의 제국적인 면모를 보았을 것이고 자신들의 주인과 고용인들의 경제생활을 볼 수 있었을 것이다.[28] 또한 예수를 따르는 자들의 공동체에 속한 사람들이 이런 행동들로 인해 얼마나 고통을 받았는지 알 수 있었을 것이다. 한편으로 이 공동체의 대다수 구성원은 탐욕, 시기, 불의, 살인, 배반, 거만, 불성실 같은 특징이 부를 지키려는 엘리트들의 경제활동에 나타난다는 것을 알았을 것이다. 또한 이들의 고통은 새롭게 예수를 믿게 되었기 때문에 더욱 강화되었다. 누군가는 밀고하는 자들이나 비방하는 자 혹은 그들이 새롭게 갖게 된 종교에 헌신하는 모습에 악의적으로 반응하는 사람들 때문에 고객을 잃었을 것이다. 그러한 악의와 비방 때문에 의뢰인, 고객, 동료들은 이들(새롭게 불명예로운 자들로 여겨지는)과 거리를 두려고 했기에 경제적인 어려움이 극대화될 수밖에 없었다.[29]

예전에는 위에서 열거한 악의 목록을 사회경제적이고 문화적인 차원보다는 개인적인 죄성의 차원에서 보았기 때문에, 그것이 갖는 반제국적 힘을 끌어내지 못했고 경제적으로도 무해하다고 여겼다. 설상가상으로 그간 너무 오랫동안 본문 이전 구절에 나오는 소위 동성애에 대한 공격에 필요 이상으로 너무 집착한 나머지, 바울이 제국을 비판하는 내용에 담긴 급진적인 경제적 비판에는 기꺼이 눈을 감고 말았다.[30]

따라서 바울은 처음부터 분명하게 경제적 관점에서 불의를 이야기하

Fortress, 2005), 180.

28 Oakes, *Reading Romans*, 133.

29 Oakes, *Philippians*, 89-91.

30 롬 1:26-27에 나오는 동성애 문제는 9장에서 다루려고 한다.

고 있었다고 할 수 있다. 불경건한 불의(the injustice of ungodliness)는 어떤 모습일까? 진리가 불의 안에 갇혔을 때 어떤 모습일까? 그것은 부자가 가난한 자를 억압적으로 통치하고, 부자들이 재산을 지키기 위해 폭력과 시기와 거짓말과 술수를 마음껏 휘두르는 모습일 것이다. 바울 사도의 말은 모호하지 않다. 하나님에 대한 지식이 거부되고 숨겨지면 불의는 불가피하다.

그러나 바울은 죄와 불의를 노골적으로 표현하는 것으로 경제적 불평등을 정죄하는 데서 그치지 않는다. 그는 편지 전체에서 구약성경을 인용하여 이러한 정죄를 다시 생각나게 하고 암시한다. 바울이 예언자 하박국의 말을 인용한 부분이 가장 강력하다. 1장에서 이미 살펴보았듯이 바울은 로마서 1:17에서 예언자 하박국의 말에 호소한다. 그러나 예언자 하박국이 제국을 비판한 내용보다 더 폭넓은 맥락을 담아낸다. 또 하박국의 비판이 제국의 경제에 초점을 맞추고 있다는 점에 주목한다. "의인은 그의 믿음으로 말미암아 살리라"(합 2:4)는 중요한 통찰이 나오고 바로 다음 구절에서 "게다가 부는 신뢰할 수 없다"(2:5)고 말한다. 하박국은 계속해서 교만한 자들의 만족하지 못하는 모습을 말한다. 그들은 스올처럼 입을 크게 벌리는 자들이고 죽음처럼 족한 줄을 모른다(2:5). 그들은 볼모 잡은 것으로 무겁게 짐을 지고 있다. 그들은 자신의 소유가 아닌 것을 탐욕스럽게 쌓아놓고 자기 집을 위하여 "부당한 이익"(2:6, *kakēn*)을 취한다(2:9). 이는 바울이 로마서 1:29에서 사용한 "카키아"(*kakia*)와 정확하게 같은 단어다. 이 단어는 주로 "탐욕"으로 번역한다. 또한 바울과 마찬가지로 하박국에게도 이 모든 것은 제국의 우상숭배에 뿌리를 두고 있다(2:18-19).[31]

---

31 하박국 당시의 문화적이고 제의적인 행위에 대해서는 다음 책을 참조하라. Brian J. Walsh,

하박국 2장과 로마서 1장 사이의 개념적 함축(conceptual overtone)은 엄청나다. 물론 하박국 본문은 갈대아인들에 대한 심판이다. 그들의 죄는 지정학적이고 경제적인 폭력의 관점에서 묘사된다. 그러나 로마 신자들은 자신들이 속한 제국의 현실과 비슷한 점들을 알아봤을 것이다. 그런 폭력 가운데서 하나님은 정의로운 자들은 하나님의 신실하심으로 살 것이라고 약속하신다. 70인역에서(바울은 대부분 이 번역본을 사용한다) 이 구절은 "의인은 나의 신실함으로 살 것이다"[32]라고 번역한다. 갈대아인들이 제국의 신실함을 가장하는 것에 직면해서, 하박국은 경제적이고 정치적인 박해 속에서도 하나님의 신실하심을 상기시킨다. 바울이 하박국을 인용했을 때 로마에 있는 사람들 역시 하나님의 신실하심을 떠올렸을 것이다.

바울은 "의인은 믿음으로 말미암아 살리라"는 직관적인 선언을 하기 바로 앞서 준비 작업을 하는데, 자신은 "복음을 부끄러워하지 않는다"고 주장한다(1:16). 이 말을 통해 "수치"와 "정의"가 공통 주제인 탄원시들을 생각나게 한다.[33] 그중 가장 두드러지는 것은 시편 71:1-2이다.[34]

---

the Wine Before Breakfast community, *Habakkuk before Breakfast: Lament, Liturgy, and Hope* (Toronto: Books Before Breakfast, 2016).

32 참조. Hays, *Echoes of Scripture*, 40-41. 바울은 대명사를 생략해서 인용함으로써 마소라 역 ("의로운 자들은 그의 신실함으로 살 것이다")과 70인역("의인은 나의 신실함으로 살 것이다")의 해석을 둘 다 가능하게 한다.

33 참조. Sylvia C. Keesmaat, "The Psalms in Romans and Galatians," *The Psalms in the New Testament*, ed. Steve Moyise, Maarten J. Menken (New York: T&T Clark, 2004), 140. Hays가 수치(shame)라는 단어와의 관계에서 지적했듯이 *aischynein*과 그것과 비슷한 단어인 *kataschynein, epaishynesthai*는 바울이 의(righteousness)라는 용어를 위해 인용한 탄원시들과 예언서들에 규칙적으로 등장한다"(Hays, *Echoes of Scripture*, 38). Hays는 다음의 구절들도 언급한다. 시 44:10; 24:2; LXX 사 28:16(바울은 롬 9:33에서 이 말씀에 직접 호소한다); 사 50:7-8.

34 LXX 시 70:1-2; 비교. LXX 시 30:1-3.

여호와여 내가 주께 피하오니

내가 영원히 수치를 당하게 하지 마소서.

주의 의[dikaiosynē]로 나를 건지시며 나를 풀어주시며

주의 귀를 내게 기울이사 나를 구원하소서.[35]

시편 저자는 계속해서 하나님께서 불의한 자들(adikountos, 71:4[LXX 70:4]; 비교. 롬 1:18, 29)로부터 구해주시길 간구하면서 그의 소망의 근거를 하나님의 정의(tēn dikaiosynēn)와 구원(71:14-15[LXX 70:14-15])에 둔다. 탄원시들의 주제를 생각나게 하는 언어로 복음을 부끄러워하지 않는다고 주장함으로써, 바울은 하나님이 불의한 자들에 의해 수치를 당하는 사람들을 대변해서 공의를 이루기 위해 행동하시는 분임을 선포한다. 하지만 바울은 탄원시들 속에 하나의 **질문**이 제기되고 있음을 **분명히 한다.**[36] 왜냐하면 이 시편들은 신정론(이스라엘에 대한 하나님의 신실하심의 문제)의 문제를 진지하게 제기하고 있기 때문이다.[37] 그러나 신정론은 단순히 하나님이 이스라엘을 버렸느냐 아니냐의 문제가 아니다. 그것은 또한 왜 가난한 자들이

---

35 롬 1:17은 시 71편을 의도적으로 암시하고 있다. 이 시편은 다음의 책에서도 논의되었다. N. T. Wright, "The Letter to the Romans: Introduction, Commentary, and Reflections," *The New Interpreter's Bible*, vol. 10 (Nashville: Abingdon, 2002), 424.

36 바울이 이 시편들을 본문 여기저기서 암시하고 있어서, 바울의 글 안에서 이 시편 전통은 방해를 받기도 하고 동시에 새롭게 해석되기도 한다. "즉 어떤 본문을 다른 문맥에 놓게 되면, 그 본문의 원래 뜻이나 문맥이 약화될 수 있다. 하지만 또 한편으로는 어떤 본문을 새로운 맥락에 놓게 되면, 그 본문은 새로운 상황에 적용되어 새롭게 해석된다." Keesmaat, *Paul and His Story*, 51. 그래서 바울은 탄원시들(특히 여기서는 시 71편)에서 수치의 문제를 끄집어내어 롬 1:16에서 수치를 당하지 않는다는 확신으로 바꾸어놓는다.

37 Walter Brueggemann은 이렇게 말한다. "이스라엘이 가장 잘 알고 있는 본문들이 제기하는 문제는 이스라엘의 죄에 대한 것이 아니라 하나님의 확신할 수 없는 신의(fidelity)에 대한 것이다." Walter Brueggemann, "Praise and the Psalms: A Politics of Glad Abandonment," *The Psalms and the Life of Faith*, ed. Patrick D. Miller (Minneapolis: Fortress, 1995), 117.

계속해서 고통을 받고, 왜 불의를 행하는 자들(*adikia*)이 승리하는 것처럼 보이느냐에 대한 질문이기도 하다.

이러한 질문은 시편에 핵심적으로 드러나는데, 바울은 로마서 3:10-18에서 이 시편들을 다 모아놓는다. 이 부분은 이스라엘의 성경을 가장 방대하게 인용한 부분이다. 죄의 세력과 편만함을 서술한 뒤에 사도는 우선 다양한 탄원 시편들을 언급한다. 이 시편들의 핵심은 불의한 자들의 무법함과 억압 때문에 의로운 자들이 고통받는 문제다. 이러한 억압은 속이는 말과 가난하고 궁핍한 자들을 박해하는 것으로 완성된다.

바울이 여기서 무엇을 하는지 살펴보는 가장 좋은 방법은 로마서 3:10-18 말씀과 각각의 시편들을 병치해서 보는 것이다. (롬 3장에 나오는 구절들이 많은 시편과 다른 성경 본문들을 생각나게 하고 그 의미를 함축하고 있다는 점은 이미 살펴보았다.)

기록된 바 의인은 없나니 하나도 없으며
　　깨닫는 자도 없고(시 14:2).
하나님을 찾는 자도 없고
　　다 치우쳐 함께 무익하게 되고
　　선을 행하는 자는 없나니
　　하나도 없도다(시 14:1, 3).

그들의 목구멍은 열린 무덤이요
　　그 혀로는 속임을 일삼으며(시 5:10).

그 입술에는 독사의 독이 있고(시 140:3)

그 입에는 저주와 악독이 가득하고(시 10:7).

그 발은 피 흘리는 데 빠른지라.
  파멸과 고생이 그 길에 있어
  평강의 길을 알지 못하였고(사 59:7-8)

그들의 눈앞에 하나님을 두려워함이 없느니라(시 36:1).
  (롬 3:10-18)[38]

바울은 시편 14편으로 시작한다. 시편 저자는 선을 행하는 자(롬 3:12; 시
14:1, 3)가 하나도 없다고 불평한다. 그들은 자신들이 법 위에 있다고 믿으
며 만족할 줄 모르는 탐욕에 이끌려, 빵과 함께 사람들까지 먹어 치우면서
가난한 자들의 계획을 좌절시키고 가로막는다(시 14:4, 6). 이들은 바울이
로마서 1:29-31에서 말한 탐욕스럽고 악의가 가득한 자들이다.

시편 5:10(롬 3:13)은 모든 억압의 특징이 되는 죽음의 담론(the
discourse of death)을 언급한다. 힘 있는 자들의 속이는 말과 제국의 미사여
구에는 생명이 없다. 하박국 2:8, 17에서처럼 시편 저자는 속이는 자들을
"피 흘리기를 즐기는 자"(시 5:6)라고 매도하면서 그들의 목마름은 가난한
자들의 피로만 해갈된다고 말한다.

로마서 3:14에서 바울은 이 기만이라는 주제를 계속 이어가면서, 시편
10:7과 140:3을 암시한다. 이 시편들과 로마서 3장의 유사성은 상당하다.

---

38 제시된 참고 구절들은 마소라 텍스트다. 70인역 장절은 괄호 안에 표시했다. 시 14:2(13:2);
    14:1, 3(13:1, 3); 140:3(139:4); 10:7(9:8); 36:1(35:1).

위에서 살펴보았듯이 시편 10편은 힘 있는 부자들과 취약한 가난한 자들 사이의 억압적 관계에 집중한다. 시편 저자는 이렇게 시작한다.

여호와여, 어찌하여 멀리 서시며
　어찌하여 환난 때에 숨으시나이까?
악한 자가 교만하여[39] 가련한 자를 심히 압박하오니
　그들이 자기가 베푼 꾀에 빠지게 하소서.

악인은 그의 마음의 욕심을 자랑하며
　탐욕을 부리는 자는 여호와를 배반하여 멸시하나이다.
악인은 그의 교만한 얼굴로 말하기를
　"여호와께서 이를 감찰하지 아니하신다" 하며
　"그의 모든 사상에 하나님이 없다" 하나이다(시 10:1-4).

시편 10편은 시편 9편에서 시작된 아크로스티콘(보통 각 행의 첫 글자를 아래로 연결하면 특정한 어구가 되게 쓴 시나 글—역자주)의 두 번째 부분에 해당한다.[40] 시편 9편에서 이미 압제당하는 자(9:9), 가난한 자와 궁핍한 자(9:12, 18), 고통을 받는 자(9:13), 가난한 자(9:18)라는 언급들이 나오는데, 이는 "화자와 화자를 대표하는 자들이 사회적으로 취약하고 소외된 자들"[41]임을 분명히 보여준다. 여기서 시편 저자는 취약한 자들 편에 서서 그들을

39　70인역 *hyperēphaneuesthai*; 비교. 롬 1:30.
40　아크로스티콘은 히브리어 알파벳 글자의 순서대로 앞 글자를 시작한다. 시 9편과 10편은 이러한 구조를 취하고 있다.
41　Walter Brueggemann, "Psalms 9-10: A Counter to Conventional Social Reality," Miller, *Psalms and the Life of Faith*, 220.

억압하는 자들을 직접적이고 공격적으로 반대한다. 시편 저자는 힘 있는 자들이 폭력적인 불의를 좋아하는 것에 대해 신랄하게 묘사한다.

> 그의 입에는 저주와 거짓과 포악이 충만하며(*dolou*; 비교. 롬 1:29)
> 　그의 혀 밑에는 잔해와 죄악이 있나이다.
> 그가 마을 구석진 곳에 앉으며
> 　그 은밀한 곳에서 무죄한 자를 죽이며
> 　그의 눈은 가련한 자를 엿보나이다.
>
> 사자가 자기의 굴에 엎드림 같이
> 　그가 은밀한 곳에 엎드려 가련한 자를 잡으려고 기다리며
> 　자기 그물을 끌어당겨 가련한 자를 잡나이다(시 10:7-9).

물론 이것이 새로운 내용은 아니다. 시편 저자는 가난한 자들의 정치적·경제적 삶에서 늘 일어나던 일들을 묘사함으로써 사회 구석구석의 더러운 치부를 그저 말하고 있다.[42] 그러나 이렇게 소리를 내지 못하던 사람들을 위해 과감하게 소리를 내던 행위는 갑자기 급격한 반전을 맞는다. 로마 제국의 중심부를 향해 글을 쓰던 바울처럼, 시편 저자도 "당시 당연하다고 여겨지던 사회 현실과 사회 권력에 모순되는 방식으로 **사회 현실을 비판하는 목소리를 낸다.**"[43] 당연히 시편 저자는 계속해서 하나님께 가난한 자들

42　Naomi Klein, *The Shock Doctrine: The Rise of Disaster Capitalism* (New York: Picador, 2008). 동시대 상황에서 부자들이 매복하여 가난한 사람들을 잡을 기회를 엿보는 모습을 보여준다.

43　Brueggemann, "Psalms 9-10," 233. 그는 또 이렇게 말한다. "이 시편은 반어(counterspeech)와 대위(counterpoint)라는 보기 드문 방법을 쓴다. 강한 자들이 별 질문 없이 상투적으로 쓰던 글을 채택하여 그것을 모욕하고 기각시킨다. 그렇게 함으로써 이 시편은 그 자체로 늘

과 힘없는 자들을 기억하고(10:12-14), 악한 자들에게 벌을 내리고(10:15-16), 고아와 억압받는 자들(*tapeinō*, 10:18; 비교. 롬 12:16)을 위해 정의를 행하시길 호소한다. 월터 브루그만은 이러한 하나님을 향한 부르짖음을 "봉기"(rise up)라고 표현하고, 역전된(reverse) 사회 현실은 "신학적 열정에 기반을 둔 정치적 역상상(counterimagination)의 행위"[44]라고 부른다. 시편 9편과 10편의 폭넓은 사회경제적 주제들이 바울의 로마서 3:12에 그대로 녹아 있다면, 바울의 로마서에서도 이와 비슷한 정치적·경제적 역상상의 목소리를 듣는 것은 어쩌면 당연하지 않겠는가?

당연히 시편 140편도 불의한 자들로부터 구해달라는 기도다.

> 여호와여, 악인에게서 나를 건지시며
>> 포악한 자(*adikou*)에게서 나를 보전하소서.
> 그들이 마음속으로 악을 꾀하고
>> 싸우기 위하여 매일 모이오며
>> 뱀 같이 그 혀를 날카롭게 하니
>> 그 입술 아래에는 독사의 독이 있나이다(비교. 롬 3:13).

> 여호와여, 나를 지키사 악인의 손에 빠지지 않게 하시며
>> 나를 보전하사 포악한 자(*adikōn*)에게서 벗어나게 하소서.
> 그들은 나의 걸음을 밀치려 하나이다.
>> 교만한 자가 나를 해하려고

힘없이 할 말도 하지 못한 채 살아가던 사람들을 위한 사회적 역위(逆位)와 심지어 사회적 통제의 순간이 된다"(228).

44 Brueggemann, "Psalms 9-10," 230.

올무와 줄을 놓으며 길 곁에 그물을 치며 함정을 두었나이다

(시 140:1-5; LXX 139:2-6).

시편 10편처럼 이 시편은 신이 인정한 기존의 질서에 역행하는 다른 정치와 경제를 상기시킨다.

내가 알거니와 여호와는 고난당하는 자를 변호해주시며

궁핍한 자에게 정의(dikē)를 베푸시리이다.

진실로 의인들이 주의 이름에 감사하며

정직한 자들이 주의 앞에서 살리이다

(시 140:12-13; LXX 139:13-14).

바울이 로마서 3:10-18에서 폭력과 멸망과 죄의 참혹함에 대해 쓴 것은 그가 인용한 이 시편에서 깊이 영향을 받았다. 주제들이 일치한다. 힘을 가진 압제자들의 음모와 모략이 가난하고 궁핍한 자들을 고통스럽게 한다. 사도는 **죄의 힘**이 유대인과 이방인에게 같은 위력을 가한다고 말하긴 하지만(3:9), **힘 있는 자들의 죄**가 힘없는 자들에게 폭력과 억압과 경제적 불이익을 부가하는 데 더 큰 위력을 갖는다고 암시하는 것이 분명하다.

로마서 3장의 구절들이 악한 자들의 이해력 부족(10-12절)에서 시작해서 그들의 말과(13-14절) 발로 행하는 것(14-18절)으로 발전해가는 것은 우연이 아니다. 그들의 마음에 있던 불의는 그들이 말하고 행하는 모든 것에서 구현된다. 물론 바울은 시편 10편과 140편에 나오는 점진적인 발전을 그대로 흉내 낸 것이다.

바울 사도가 이사야를 대화에 불러온 것은 당연한 수순이다. 인간의

죄성과 그것이 사회경제 생활에 미치는 영향을 말하면서, 바울 같은 사람이 이사야를 언급하지 않는다는 것은 상상하기 어렵다.[45] 바울은 이사야가 이스라엘을 비판한 내용을 인용하면서(즉 "그 발은 피 흘리는 데 빠른지라/ 파멸과 고생이 그 길에 있어/ 평강의 길을 알지 못하였고"[롬 3:15-17; 비교. 사 59:7-8]), 이사야 본문에서 발견되는 더 광범위한 사회경제적 암시들을 강조한다. 다른 말로 하면 피흘림과 폭력의 주제들(사 59:3, 8)이 신탁을 통해 등장한다. 그 땅에는 정의가 없고(4, 8, 9, 11, 14, 15절) 가난한 자들을 위해 정의를 수호해야 할 사법 체계 자체가 왜곡되고 부패했다(4절). 예언자는 이렇게 선포한다.

> 정의가 뒤로 물리침이 되고
>> 공의가 멀리 섰으며
>> 성실이 거리에 엎드러지고
>> 정직이 나타나지 못하는도다.
> 성실이 없어지므로
>> 악을 떠나는 자가 탈취를 당하는도다(사 59:14-15).

이 구절은 로마서 1:18의 주장과 놀랄 정도로 비슷하지 않은가? 그들은 자신들의 불의로 진리를 짓눌렀다. 혹은 타메즈의 말을 빌리면 "불의가 진리인 양 곧 정의인 것처럼 자신을 가장했고, 진리가 자신을 드러내지 못

---

45   J. Ross Wagner는 바울이 이사야의 글을 인용한 것을 문서로 정리했다. Ross Wagner, *Heralds of the Good News: Isaiah and Paul "in Concert" in the Letter to the Romans* (Leiden: Brill, 2002).

하게 막았다"[46]고 할 수 있다. 불의한 경제정치적인 체제를 "자명한 진리"라 하며 그 불가피성을 주장하는 기만적인 구조들은 폭력과 죽음을 만들어낼 뿐이다. 그래서 로마서 1:18, 29-30에서 시편 저자들과 바울 모두이러한 기만을 끄집어내 거론한다. 바울은 우리의 개인적인 관계들에 있는 거짓을 드러내는 "개인적인" 거짓말만 언급한 것이 아니라 체제적인 거짓들도 언급하고 있는데, 이는 부자들의 부와 지위를 유지하고 사회적·경제적, 혹은 정치적 힘이 없는 사람들을 계속해서 배제하고 속박하도록만드는 정치경제적인 시스템을 지탱하는 데 필요한 것이다. 이러한 거짓말들은 "가난한 자와 연약한 자가 불의라는 왜곡된 논리에 완전히 항복하게"[47] 만든다. 이사야는 사람들이 "평화의 길"을 모른다고 주장한다. 평화란 히브리인들이 사용하는 샬롬이라는 단어로서 모든 삶이 정의 안에서풍요롭다는 의미를 갖기 때문이다.[48] 이것은 메시아 예수 안에서 성취된것으로서 팍스 로마나(Pax Romana)가 상상하던 그 어떤 것보다 더 깊은 차원으로 진행된다.

로마서 1장에서 암시된 내용은 결정적인 인용문과 함께 계속된다. 바울은 로마서 3장에서 인간의 불의에 대한 묘사를 시편 36:1을 인용하여결론적으로 말한다. "그들의 눈앞에 하나님을 두려워함이 없느니라"(롬 3:18). 그들은 "하나님께서 미워하시는 자들"(1:30)이다. 로마서 3장에 나

---

46 Tamez, *Amnesty of Grace*, 98.
47 Tamez, *Amnesty of Grace*, 107.
48 참조. Walter Brueggemann, *Peace* (St. Louis: Chalice, 2001). 신약에 나오는 샬롬에 대한 폭넓은 논의는 다음의 책을 참조하라. Willard Swartley, *Covenant of Peace: The Missing Peace in New Testament Theology and Ethics* (Grand Rapids: Eerdmans, 2006). 샬롬이 지닌 생태학적 의미를 파헤친 책은 다음과 같다. Steven Bouma-Prediger, Brian J. Walsh, *Beyond Homelessness: Christian Faith in a Culture of Displacement* (Grand Rapids: Eerdmans, 2008). chap. 6.

오는 다른 시편들의 표현과 마찬가지로 이들은 말이 거짓되고(시 36:3), 악을 꾀하며(36:4, 12), 교만하여 힘없는 자들을 짓밟는다(36:11). 다시 한번 로마서 1:29-31과의 평행 관계가 명백히 드러난다.

하지만 여기서는 1장보다 좀 더 나아간다. 앞에서 보았듯이 로마서 1장에서 사람들이 진리를 억압했기 때문에 하나님의 진노는 모든 경건하지 않음과 불의에 대하여 나타난다(1:18; 비교. 사 59:14-15). 또한 그들은 변명할 수 없다고 바울은 주장한다. "이는 하나님을 알 만한 것이 그들 속에 보임이라. 하나님께서 이를 그들에게 보이셨느니라. 창세로부터 그의 보이지 아니하는 것들 곧 그의 영원하신 능력과 신성이 그가 만드신 만물에 분명히 보여 알려졌나니 그러므로 그들이 핑계하지 못할지니라"(1:19-20). 하지만 창조세계가 하나님을 드러낸다는 것이 정확히 무엇을 의미할까? 그리고 그것이 바울이 악한 자들의 불의라고 부르는 것과 무슨 연관이 있을까? 시편 36편이 힌트를 준다. 악한 자들은 하나님을 두려워하지 않기 때문에 악을 꾀하는 반면, 시편 저자는 악한 자들이 볼 수 없는 그것을 정확하게 선포한다.

> 여호와여, 주의 인자하심이 하늘에 있고
>> 주의 진실하심이 공중에 사무쳤으며
> 주의 의(LXX *dikaiosynē*)는 하나님의 산들과 같고
>> 주의 심판은 큰 바다와 같으니이다.
>> 여호와여, 주는 사람과 짐승을 구하여 주시나이다(시 36:5-6).

창조세계는 하나님에 대해 무엇을 선포하는가? 세상이 창조된 이래로 하나님의 어떤 본성(nature)이 알려졌는가? 볼 수 있는 눈을 가진 모든 사람

에게 하나님이 만드신 것들로부터 하나님에 대해 분명히 드러난 것이 무엇인가? 바로 모든 창조세계(하늘, 구름, 산, 깊은 바다, 인간, 동물이 모두)가 하나님에 의해 지어졌고 그분의 인자와 신실함과 정의를 드러내고 있다는 것이다. 경제적 불평등은 가난한 자들을 억압할 뿐 아니라 하나님의 명령을 어기는 것이기도 하다. 왜냐하면 그것은 하나님의 속성에 정면으로 반하는 삶의 방식이기 때문이다. 사실상 하나님에 대한 두려움 없이 사는 사람은 어리석은 자이고 억압하는 자일 뿐 아니라 창조세계의 질서에 반해서 살아가는 것이다. 인자와 신실함과 정의는 모든 창조세계에 미치고, 모든 창조세계에 스며들고, 모든 창조세계에 구원을 가져온다.[49] 마틴 루터 킹 주니어가 한 유명한 말이 있다. "온 우주의 도덕적 아크(arc)는 사랑이지만, 그 사랑은 정의를 향해 구부러져 있다."[50] 시편 36편과 바울이 이 내용을 좀 더 확장시킨 로마서 1:18-32도 같은 요지를 말하는 것처럼 보인다.[51]

바울이 로마서 3:10-18과 1:18-32에서 제시하는 죄에 대한 묘사는 탄원시들을 생각나게 하는데, 한마디로 로마 사회 전역에서 광범위하고도 체계적으로 억압받던 가난한 자들을 도와달라고 하나님께 요청하는 내용이라고 결론지을 수 있다. 바울이 지속적으로 이러한 탄원시들을 언급했던 점과 예언서 전반에서 부정의를 비판하는 것을 암시했던 점을 감안할 때, 바울이 생각하는 죄와 불의에 경제적 함축이 있음을 놓치기 어렵다.[52]

---

49 9장에 가서 이 부분을 좀 더 깊이 다룰 터인데, 동성애 문제와 관련해서 다루겠다.

50 참조. Obery M. Hendricks Jr., *The Universe Bends toward Justice: Radical Reflections on the Bible, the Church, and the Body Politic* (Maryknoll, NY: Orbis, 2011).

51 지식과 정의 간의 이러한 연결은 다음 책도 말하는 바다. Tamez, *Amnesty of Grace*, 111.

52 바울이 롬 11:2에서 인용한 시 94:14과 롬 11:9-10에서 인용한 시 69:22-23에서도 유사한

또한 인간의 죄성을 경제적 불평등의 관점에서 특징짓는 것은 놀랄 일이 아니다. 타메즈가 지적했듯이 로마서 1장과 2장은 "하마르티아"(*hamartia*, 죄)라는 단어 대신 "아디키아"(*adikia*, 불의)라는 단어를 사용해서 인간 사회의 죄성을 표현하고 있다.[53] 로마서 3:9에서 모든 사람이 죄 아래 있다고 말할 때도 그가 이전에 말한 불의를 언급하는 것이 분명하다. 하지만 청중들이 요지를 제대로 파악하지 못할 경우를 대비해 다음과 같이 덧붙인다. "의로운 자(*dikaios*)는 없나니 하나도 없다"(3:10 저자의 번역). 이렇게 말한 후 앞에서 설명한 대로 시편들을 인용한다.

물론 회심한 바리새인인 바울이 어떻게 이렇게 다르게 생각할 수 있었는지는 정확히 알기 어렵다. 이스라엘 전 역사를 통해 볼 때 우상숭배는 **늘** 경제적 억압과 불의라는 쓴 열매를 맺었다. 우상숭배는 늘 언약을 잊어버리는 문제였다(신 6:10-15). 우상을 받아들이면서 사람들은 자신들의 하나님이 누구인지 잊어버리고 그 결과 자신들이 어떤 존재로 부름 받았는지 잊어버린다. 언약을 맺으신 하나님이 자신들을 노예에서 해방시킨 하나님임을 잊고, 토라가 말하는 "너는 마땅히 공의만을 따르라. 그리하면 네가 살겠고 네 하나님 여호와께서 네게 주시는 땅을 차지하리라"(신 16:20)는 말씀을 잊으면서, 우상숭배를 일삼던 이스라엘은 자신들이 연약한 자들을 돌보고 가난한 자들을 향해 손을 펴는 자비와 정의의 백성이어야 한다는 사실을 잊어버린다.[54]

이런 점을 고려할 때 바울이 자신 안에서 역사하는 죄의 예로 탐욕을

함축을 식별해낼 수 있다.

53 Tamez, *Amnesty of Grace*, 105.
54 예. 출 22:21-27; 레 19:1-17, 32-37; 신 15:1-11; 사 1:16-17; 56:1; 58:6-10; 렘 21:12; 22:3; 겔 34:1-4; 호 12:6; 암 5:21-24; 미 6:8.

명시적으로 말한 것은 당연하다(롬 7:7-8). 십계명의 마지막 명령인 "탐내지 마라"(출 20:17; 신 5:21)는 토라가 금하는 모든 그릇된 "취득"(taking)을 자행하게 만드는 경제적인 죄의 뿌리다. 다른 사람의 것을 탐하기 때문에 살인을 하고 강간을 하고 절도를 해서 "취하는 것"이다. 게다가 이웃에 대해 거짓 증언을 하는 것도 탐욕에서 기인한 행동이다.[55] 죄의 결과에 대해 바울이 한 단어로 요약한 것이 바로 경제적 불평등의 뿌리인 탐욕이다.

바울이 불충실해지는 다른 방법들은 다 배제하고 경제적인 죄에만 초점을 맞추었다는 것이 요지가 아니다. 오히려 성경 이야기 전체에서 사람들의 경제생활(그들이 가난한 자와 과부와 취약한 자들을 다루는 방식)은 그들의 인격을 반영하고, 그들이 언약의 하나님께 충실한지(혹은 충실하지 못한지)를 보여준다. 하나님은 억압받는 자들의 울음소리를 들으시고(출 3:22) "고아와 과부를 위하여 정의를 행하시며 나그네를 사랑하여 그에게 떡과 옷을 주시는"(신 10:18) 분이시다. 바울이 기록한 성경에서 경제적 신실함은 하나님의 형상을 지니는 데 있어 가장 근간이 된다. 사도 바울이 로마서 전체에서 언약에 대한 충실을 말한다면, 그것은 가난한 자들의 울음소리를 듣고 억압받는 자들을 돌본다는 주제가 늘 섞여 있다고 보아야 한다.

바울이 경제적 불평등에 대해 직접 표현하기도 하고 암시적으로 표현하기도 했다는 것은, 이리스와 네레오가 이 주제를 느끼는 강도가 각자 달랐을 수 있다는 의미다. 기근이나 헐벗음이 이리스에게는 큰 문제가 되지 않았을 것이다. 그녀는 적어도 상대적으로 안정된 노예제도하에 있었

---

55 참조. Stephen Barton, "Money Matters," Longenecker, Liebengood, *Engaging Economics*, 40. 다음 글도 참조. Patrick D. Miller, "Property and Possession in Light of the Ten Commandments," *Having: Property and Possession in Religious and Social Life*, ed. William Schweiker, Charles Mathewes (Grand Rapids: Eerdmans, 2004), 17-50.

기 때문이다. 하지만 그녀는 주인의 가정에 소속되어 그 집안의 경제적 복지를 위해 일했을 것이고 이로 인해 다른 집안 사람들과 경쟁을 벌여야 했을 것이다.[56] 바울이 로마서 1:29-30에서 열거한 오만, 탐욕, 불의, 시기, 거만, 무례, 속임이 그녀가 매일 만나는 제국 내 부유한 자들 안에서 뚜렷이 나타났기 때문에 그녀의 집안에도 깊이 스며들어 있었을 것이다. 결국 애초에 그녀를 노예로 만들고 그녀의 아이들을 그녀에게서 빼앗은 것은 바로 그러한 불의, 기만, 무자비, 무정함이 아니었겠는가? 그래서 이리스는 바울이 로마서 5:3에서 인내를 이루게 하는 고통을 말했던 것에 공감했을 것이다. 그녀는 깊은 고난을 인내해야만 했다. 또 바울이 그런 고난과 고통을 겪는 사람들을 위해 예수가 중보한다고 썼을 때(롬 8:34-35) 그녀도 깊이 공감했을 것이다. 또한 바울이 그녀가 당하는 고난과 그녀가 겪고 있던 폭력에 관심을 깊이 가졌다는 사실이 로마서 12장에서 공동체 윤리를 다루면서 더욱 분명히 드러났다. 모두를 존중하고, 우는 자들과 함께 울고, 억압받는 자들의 편에 서는 공동체(12:15-16)는 이리스의 고통을 알아주는 장소였을 것이다. 그리고 이리스는 나깃수의 집에서는 노예였지만, 바울이 말하는 변화된 공동체에서는 새로운 정체성을 발견할 수 있었다. 그곳에서 그녀는 더 이상 다른 사람에 의해 소유되는 하나의 "육체"로 전락하지 않았다. 거기서는 사랑으로 이루어진 몸의 필수불가결한 "지체"로서 자신을 볼 수 있었다. 그녀는 더 이상 시장에서 사고 팔리는 일개 경제 상품이 아니었다. 이제 그녀는 "선물"에 근거한 새로운 정체성을 갖게되었다. 나깃수의 집에서 그녀는 하나의 상품이었지만, 예수의 집에서는 사랑받는 꼭 필요한 자매였다.

---

56   참조. Oakes, *Reading Romans*, 103-6.

이와 달리 네레오는 배고픔과 헐벗음에 익숙했다. 그는 고용주의 억압적인 경제 관행들을 봐왔는데, 그의 고용주는 노예들을 학대했고, 최대한 적은 금액을 지불했고, 자신의 램프를 사용한 대가로 최대한 많은 액수를 요구했다. 이리스와 마찬가지로 네레오도 자신이 착취하기 딱 좋은 대상으로 여겨진다는 것을 알았다. 그리고 그는 자유인이었는데도 불구하고 이리스보다 음식이나 옷을 구하기 더 힘들었다. 바울이 직접적으로 표현한 경제적 불평등이 네레오에게는 더 공감이 되었을 텐데, 이보다 더 큰 의미가 있었다. 네레오는 성경 말씀을 잘 알고 있었다. 그는 옛날이야기들을 잘 알고 있었다. 그는 토라도 알았고 예언자들에 대해서도 알았다. 특히 포로로 끌려간 이스라엘의 역경과 하나님이 구원하러 오신다는 약속된 희망을 설명한 예언자들을 잘 알고 있었다. 또한 네레오는 시편 말씀들도 잘 알고 있었다. 그는 밤낮으로 그 말씀들로 기도했을 것이다. 바울이 회복에 관한 위대한 약속의 말씀들과 함께 탄원시들을 많이 암시한 것이 네레오에게는 소망이었다. 하나님이 오셔서 교만하고 악한 자들을 심판하실 것이다. 하나님이 오셔서 이방인 압제자들을 물리치실 것이다. 하나님이 오셔서 가난한 자들을 일으키시고, 아픈 자들을 치유하시고, 창조세계를 회복하실 것이다. 네레오가 예수를 따르는 자가 되었을 때 이 소망들을 다시 붙들 수 있었다. 아니 오히려 그 소망들이 더 강화되었다.

부활과 정의의 회복

이스라엘 이야기의 기본 내러티브, 특히 경제 정의에 대한 함축들은 바울이 이 편지 전체에 걸쳐 부활을 강조한 것에서도 발견된다. 아마도 이 주제를 알아보는 제일 좋은 방법은 네레오의 눈을 통해서 보는 것일 것이다. 그는 성경을 아주 잘 알고 있었고 하나님이 새롭게 구원하시길 간절히 기다리던 사람이었다.

네레오는 이스라엘의 역사와 글들 속에서 부활이라는 말이 억압자의 손에서 고통당하는 사람들을 위해 정의를 세우는 것과 밀접하게 연결된다는 것을 알고 있었다. 이사야가 보았던 잔치(만민을 위하여 기름진 것과 오래 저장하였던 맑은 포도주로 베푸는 연회)에 대한 종말론적 환상에는 사망의 패배가 전제되어 있다(사 25:6-7). 모든 얼굴에서 눈물이 씻기고(25:8), 무자비한 나라들(특히 모압)이 패망하게 되고(25:10-12), 가난한 자와 궁핍한 자들이 그곳에서 피난처와 그늘을 발견하게 될 것(25:1-5)이다. 이와 비슷하게 이사야 26:19에서도 죽은 자들이 일어날 거라는 하나님의 약속이 그 땅의 거주자들이 정의를 알게 해달라는 간구의 맥락에서 나온다(26:9). 다니엘 12:2-3에서는 신실한 자들이 깨어나 영생을 받고 그들을 억압하던 자들은 깨어나 영원히 수치와 멸시를 받게 될 거라고 말한다. 다니엘 12장에 묘사된 부활은 엄청난 역전을 일부 보여주는데, 다니엘 7장에서도 발견된다. 여기서 "억압하던 자들은 심판을 받을 것이고 의로운 자들은 본래 그들의 것이던 왕국을 받게 될 것"이라고 말한다.[57] 또한 이러한 다가올 엄청난 반전은 마리아의 노래(눅 1:46-55)와 한나의 노래(삼상 2:7-9)에서 드러난 것처럼 "성경이 보여주는 하나님의 정의에서 기본이다."[58] 리처드 미들턴(J. Richard Middleton)은 이런 말씀 구절들을 놓고 볼 때 " '높

---

57   J. Richard Middleton, *A New Heaven and a New Earth: Reclaiming Biblical Eschatology* (Grand Rapids: Baker Academic, 2014), 140. 다음 책도 참조하라. N. T. Wright, *The Resurrection of the Son of God* (Minneapolis: Fortress, 2003), 113-15. 『하나님의 아들의 부활』(CH북스 역간, 2005).

58   Middleton, *New Heaven,* 113-15.

이다'나 '일으키다'는 성경에서 부활에 대한 상징이다"[59]라고 말한다. 이스라엘의 종말론적 관점에서 볼 때 부활에 대한 소망은 죽은 후 개인적으로 다시 살아나는 차원에 머무는 것이 아니라 하나님이 구원이라는 새로운 행위를 시작하시는 것이다. 이때 이방 군주들에 의해 부과되었던 폭력적인 경제적 침체가 공의로운 통치자이신 하나님에 의해 완전히 역전된다. "따라서 부활 교리는 하나님의 회복적인 정의라는 비전 안에 토대를 둔다."[60]

의로운 자들의 부활이라는 이러한 소망은 네레오 같은 1세기 유대인들이 갖고 있던 부활 소망의 한 측면이었다. 하지만 도움이 필요한 자들을 위하여 하나님이 "들고 일어나기"를 요청하는 전통도 있었다. 이는 네레오가 정기적으로 기도했던 탄원시들에 가장 잘 드러나 있다. 하나님이 대적들, 즉 다른 나라(시 9편; 44편; 68편; 74편; 102편)나 그들의 신들(시 82편)이나 이스라엘 안팎에 있는 교만하고 악한 자들(시 3편; 10편; 12편; 17편; 94편)로부터 구해주시기를 간청하던 시편 저자들의 기도를 따라하면서 네레오는 하나님께서 "일어나시기"를 요청한다. 또 이 시편들에서는 하나님이 일어서실 때 가난한 자들, 궁핍한 자들, 억압받던 자들에게 구원이 임한다.[61] 네레오는 이 탄원시들을 따라하면서, 하나님이 로마의 통치자들을 무찔러 주시기를 소망하는 동시에 자신의 고용주 같은 사람들과 그들의 폭력적인 행동을 허락한 사람들에 대해 하나님이 심판하시길 기도했을 것이다. 하나님이 일어나시기를 구하는 그의 기도는 하나님 나라가 세

---

59   Middleton, *New Heaven,* 141. 또한 고통당하던 7형제에 대한 부활의 약속(마카베오하 7:6, 9, 11, 14, 20, 23, 29, 36)은 그들을 억압하던 자들, 특히 안티오코스 에피파네스에 대한 하나님의 심판(마카베오하 7:17, 19, 31, 34-35)과 대조된다. 에스라4서 7:32-39도 참조.

60   Middleton, *New Heaven,* 154.

61   시 9:9-11; 10:12, 17-18; 12:5; 68:5-6; 74:19, 21; 82:3-4; 94:6; 102:17, 20; 132:15.

워지고 그가 겪고 있던 빈곤과 결핍이 끝나기를 탄원하는 내용을 포함했을 것이다.[62]

네레오가 예수의 제자가 되었을 때 부활의 이 두 가지 측면이 하나가 되었다. 예수 안에서 하나님은 "충직하게 살아가는 의로운 자들"의 무죄를 입증하고 억압자들을 심판하기 위해 일어나셨고 그 결과로 정의가 회복되는 부활의 시대가 시작되었다. 네레오의 모습을 상상해보면 그는 아마도 기뻐하며 메시아이신 예수 안에서 시편 저자들의 기도와 예언자들의 소망이 성취되었다고 믿었을 것이다. 예수 안에서 하나님은 그 기도들에 응답하셨고 하늘에서처럼 이 땅에서 실현된 하나님 나라의 새 시대가 도래하도록 "일어나셨다." 이 새 시대에는 적들이 패할 것이고, 불의를 행하던 자들이 심판받고, 이스라엘은 회복되고, 가난한 자들은 먹을 것이 충분하고, 갇힌 자들은 풀려날 것이다. 이런 모든 소망이 부활에 대한 열망 속에서 그 맥락과 의미를 찾았다. 그러므로 바울이 하나님의 "복음"을 설명하면서 메시아 예수를 "성결의 영으로는 죽은 자들 가운데서 부활하사 능력으로 하나님의 아들로 선포되셨다"(롬 1:4)고 했을 때, 네레오는 자신과 자기 민족이 갖고 있던 가장 깊은 소망과 열망들이 성취되는 숨 막히는 선언으로 들었을 것이다. 이사야가 전한 복음, 즉 하나님이 불의와 폭력으로 고통받던 자들에게 구원과 평화를 가져오신다는 소식(사 52:7)이 예수

62　부활에 대해 이런 식으로 해석하는 것을 뒷받침해주는 신구약 중간기(바울 시대 이전과 바울 시대까지) 본문들이 물론 많이 있다. 성경을 연구할 때 당시의 사상을 알려주는 모든 역사적 자료와 함께 신약성경 텍스트를 읽는 것이 올바르지만, 대다수 1세기 유대인들이 우리가 접하는 모든 텍스트를 다 알고 있지는 않았을 거라는 점을 기억해야 한다. 그래서 네레오가 알았을 거라고 합리적으로 추론할 수 있는 본문들로만 제한을 했다. 물론 다른 본문들이 그 주제에 대해 더 폭넓은 인식을 줄 수 있다는 것은 인정한다. 이런 해석을 지지해주는 몇몇 본문들은 다음과 같다. 에녹1서 10:6-22; 62장; 63:10; 103장; 104장; 108:11-15; 시빌의 신탁 4:179-92; 바룩2서 50:1-51:6, 8-12.

의 부활 안에서 성취되었다는 의미로 들렸을 것이다. 그리고 앞에서 보았듯이 신들의 아들이라 불리는 로마 황제가 폭력과 억압과 불의를 통해 전하는 소위 좋은 소식과 극명하게 대조되는 소식으로 들렸을 것이다. 그도 그럴 것이 사도 바울은 네레오와 로마 내 기독교 공동체에 속한 모든 사람에게 "이 세대를 본받지 말고 오직 마음을 새롭게 함으로 변화를 받으라"(롬 12:2)고 요청한다. 그들은 더 이상 네로 황제가 대변하는 죽음을 암시하는 세대를 따를 필요가 없었다. 새로운 시대, 정의가 회복되는 시대가 예수의 부활을 통해 시작되었기 때문이다!

제국 한복판에서 유배자처럼 살던, 즉 많은 사람이 비좁은 공간에서 다닥다닥 붙어살면서 매일 먹을거리를 걱정해야 하는 경제적 형편과 유대인으로서 끊임없는 위협과 의심을 받으며 살던 네레오는 하나님 나라가 도래하기를 간절히 바랐다. 그는 충분한 음식과 가난한 자들을 위한 정의와 포로에서 자유함을 얻기를 간절히 바랐다. 물론 이것은 본향(home)을 향한 열망이다. 하지만 네레오는 "돌아갈" 본향이 없다는 것을 알았다. 본향으로 가는 길은 앞으로 나 있었다. 본향으로 가는 길은 언제나 부활의 길이었다. 이것은 위대한 귀향에 대한 소망이었다. 그리고 이것은 예수 안에서 성취된 부활의 약속이었고 이제 귀향의 복음을 받아들이는 모든 사람에게 주어진다는 것을 네레오는 알았다.

바울은 그의 편지에서 네레오를 위해 이 모든 것이 함께 연결되도록 돕고 있다. 죽음과 삶, 죄와 구원, 추방과 귀향, 불의와 정의, 이 모든 것이 예수의 부활 안에서 하나로 연결되었다! 네레오가 로마로 보낸 바울의 편지를 읽었을 때 시편 저자들과 예언자들이 들려주던 이야기들이 다 이해되기 시작했다. 굶주린 자가 배부르게 되고, 갇힌 자가 풀려나고, 악한 자가 벌을 받고, 온 땅이 폭력의 힘에서 풀려나는 부활의 소망이 예수 안에서 밝아왔다! 사도는 반복해서 예수의 부활을 이야기했다. 이 부활은 새 시대의 시작일 뿐 아니라 더욱 놀랍게도 이 복음을 듣고 하나님과 화해한 자들은 또한 그리스도와 함께 다시 살아날 것이다(6:4-13; 8:11).

이 모든 것이 부활에 달려 있다. 바울은 아브라함이 "세상의 상속자가 되리라"(4:13)는 불가능한 약속을 믿었고, 그 언약의 하나님이 "죽은 자를 살리시며 없는 것을 있는 것으로 부르신다"(4:17)는 것을 믿었기에, 그의 이런 신실함이 "그에게 의로 여겨졌다"(dikaiosynē, 4:9, 22)고 말했다. 그래서 "예수 우리 주님을 죽은 자 가운데서 살리신 이를 믿는"(4:24) 자들도 의롭다 여김을 받게 된다. 이를 통해 네레오는 아브라함에게 속한 자신의 전통을 급진적으로 깊이 이해하게 되었다. 하지만 바울은 예수의 부활이 갖는 이런 암시들을 풀어내는 것으로 멈추지 않았다.

죽음이 없이는 부활이 없다. 바울은 예수가 "우리가 범죄한 것 때문에 내줌이 되고 또한 우리를 의롭다 하시기 위하여 살아나셨다"(4:25)고 말한다. 예수에게 일어난 일이 그분을 믿는 사람들에게도 일어난다. 그분의 이야기는 곧 우리의 이야기다. 그리스도 안에 있다는 것은 그분의 이야기 안으로 들어갔다는 의미로서 그리스도가 죽어 장사되었고 죽은 자 가운데서 살아나셨듯이, 우리도 그렇게 된다는 의미다.[63] 네레오에게는 독자들을 구원의 이야기 속으로 끌어들여 과거에 일어난 일을 현세대의 바로 그 정체성이 되도록 하는 바울의 방식이 매우 익숙했다. 이것은 전형적인 유대인들의 사고방식이었다. 그들은 과거 사건을 언약 백성의 계속 진행 중인 정체성과 연결시켰다. 놀라운 것은 이 모든 것이 어떻게 예수의 이야

---

63 이 책의 저자들은 골 2:8-3:4에서 예수의 이야기가 어떻게 믿는 자들의 이야기가 되는지를 살펴본 바 있다. Brian J. Walsh, Sylvia C. Keesmaat, *Colossians Remixed: Subverting the Empire* (Downers Grove, IL: IVP Academic, 2004), 157-59.

기와 로마에 있는 기독교 신자들의 정체성으로 옮겨졌는지다.

"무릇 그리스도 예수와 합하여 세례를 받은 우리는 그의 죽으심과 합하여 세례를 받은 줄을 알지 못하느냐? 그러므로 우리가 그의 죽으심과 합하여 세례를 받음으로 그와 함께 장사되었나니 이는 아버지의 영광으로 말미암아 그리스도를 죽은 자 가운데서 살리심과 같이 우리로 또한 새 생명 가운데서 행하게 하려 함이라"(롬 6:3-4). 부활은 그저 예수에게만 일어나지 않았다. 그의 죽음을 받아들이는 자들, 죄에 대하여 죽은 자들은 그리스도와 함께 살아나 그들의 매일의 삶에서 부활의 소망을 실현시킨다. 바울이 얼마나 반복적으로 믿는 자와 예수의 이야기를 동일시하는지 주목하라. "우리가 그의 죽으심과 합하여 세례를 받음으로 **그와 함께** 장사되었나니"(6:4). "우리가 그의 죽으심과 같은 모양으로 **연합한** 자가 되었으면 또한 그의 부활과 같은 모양으로 **연합한** 자도 되리라"(6:5). "우리의 옛사람이 **예수와 함께** 십자가에 못박힌 것은"(6:6). "우리가 **그리스도와 함께** 죽었으면 또한 **그와 함께** 살 줄을 믿노니"(6:8). 또한 예수 안에 있는 이 부활의 생명에는 종말론적 열망과 소망의 차원이 있지만("우리가 **그와 함께** 영광을 받기 위하여 고난도 **함께** 받아야 할 것이니라"[8:17], "우리까지도 속으로 탄식하여 양자 될 것 곧 우리 몸의 속량을 기다리느니라"[8:23]), 바울은 우리가 **지금** 부활의 삶을 살도록 부름 받았다고 주장한다. 우리는 그리스도 안에서 죽었고 그리스도 안에서 "새 생명"(6:4)으로 살아난다. 더 이상 "죄에 종노릇"(6:6)하거나 "죄의 지배"(6:12, 14) 아래 있지 않다. 이러한 요청을 예언자들과 시편 저자들이 가졌던 부활의 소망이란 관점에서 부활의 삶에 적용한다면 무슨 의미가 될까? 네레오는 바울의 이런 주장 속에서 평생 동안 그를 지탱해준 부활의 소망을 읽어냈을까?

바울은 이 부분을 요약하면서 부활이 어떤 의미인지 놀랍게 설명한다. "또한 너희 지체를 불의(*adikia*)의 무기(혹은 도구)로 죄에게 내주지 말고 오직 너희 자신을 죽은 자 가운데서 다시 살아난 자 같이 하나님께 드리며 너희 지체를 의(*dikaiosynē*)의 무기(혹은 도구)로 하나님께 드리라"(6:13). 네레오는 이것이 무슨 의미인지 알았을 것이다. 그는 살면서 불의의 무기가 되지 않으려고 애써왔고 어둠의 왕자의 노리개가 되지 않으려고 애써왔다. 하지만 눈을 감고 문제를 회피하려고만 했지 자신을 분명한 정의의 무기로 드리지 못했다. 네레오는 여기서 바울의 언어를 곰곰이 생각하면서 예수를 따르는 자들의 이 새로운 공동체에 속한다는 것은 죽음이 더 이상 자신을 지배하지 못하는 삶으로 발걸음을 내딛기 시작하는 것임을 깨달았다. 그는 로마로 새롭게 이주한 사람들에게 진흙, 즉 전에는 어떻게든 피하려고만 했던 이방인들과 함께 일하는 방법을 가르치기 시작했다. 그는 이방인 여자 노예들에게 소망의 이야기를 나누었을 뿐 아니라 함께 식사도 했고 자매로서 존중하기 시작했다. 그는 자신보다 궁핍한 사람들을 흔쾌히 받아들이고 그들을 존중하면서 보살피기 시작했다. 간단히 말해 그는 하나님 나라가 이미 도래한 것처럼 살기 시작했고 모두를 환대했다.

네레오는 시편과 예언서의 전통을 잘 알고 있었기 때문에 부활은 곧 정의라는 것을 믿었다. 종교개혁 이후로 기독교 경건의 주류를 이루던 개인주의와는 달리, 네레오는 이 세상에서 정의를 이루라는 소명과는 담을 쌓은 일종의 사후에 받을 천국의 복을 구하지 않았다. 그래서 그리스도와 함께 살리심을 받았다는 것은, 네레오에게는 전적으로 자신의 구체적인 삶으로 정의를 이루라는 부름으로 이해되었다. 결국 구체화된 정의야말로 부활이 말하는 모든 것이다. 그러나 우리는 그가 이리스와 대화하면서 바울이 우리 몸의 "지체"를 정의의 도구로 제시하는 것에서 "정의의 종"이라는 은유를 사용하는 방법으로 어떻게 옮겨갔는지 고민했을 거라고 추측한다(롬 6:17-19). 네레오가 가진 유대인이라는 정체성은 출애굽을 통해 노예에서 풀려나게 되었다는 점에 뿌리를 두고 있어서, 이리스처럼 로마 제국에서 노예로 살던 여성 앞에서 종이라는 비유를 허울 좋은 말뿐으로 사용하지는 않았을 것이다. 분명히 바울은 "육신이 연약하므로 내가 사람의 용어로 말한다"(6:19)고 인정했다. 이는 정의를 향한 이 소명을 이해하기 어렵게 만드는 약점을 의미한다. 하지만 아마도 그런 이유에서 자신이 말하려는 바를 명확히 하려고 종이라는 경제적인 비유를 사용했을 것이다. 그는, 너희는 부활하신 분의 바로 그 복음을 통해 불의에 매여 있던 종에서 자유로워졌고, 이 세대의 통치자들과 권세자들로부터 자유로워졌고(8:38; 12:2), 가난한 자와 창조세계의 희생을 바탕으로 경제적 부를 약속하는 로마 제국의 경제학과 그것의 거짓된 복음으로부터 자유로워졌다고 말하는 것이다. 그리고 그 부활은 공의로우신 하나님의 언약적 통치에 순종하는 새로운 시대, 다른 왕국의 시작이다. 우리는 탐욕과 욕심의 제국에서 풀려나 하나님 나라, 즉 "정의의 종"에 속하게 된다.

바울이 종의 비유에서 로마서 7:4에 나오는 열매 맺는 비유로 옮겨 갈 때 네레오는 아마도 훨씬 더 익숙했을 것이다. 사실 열매 맺는다는 비유는 히브리 성경에 깊이 녹아 있다. 성경은 열매가 풍성한 동산을 만들어 온 피조물을 향해 "생육하고 번성하라"(창 1:28)고 명하신 창조주에 대한 이야기로 시작하지 않는가? 또한 토라는 언약에 충실하면 그 땅에서 풍성한 열매를 상으로 받고(레 26:3-13), 우상숭배를 하면 열매 맺지 못하는 삶을 산다고(사 24:4-12; 호 4:1-3) 약속하지 않았는가? 유배지에서 태어난 희망은 제국의 한복판에서도 열매 맺고 번성하는 것이 아니었는가?(렘 29:4-7) 그러니 예언자들이 포로로부터의 귀환을 새롭게 열매를 가득 맺고(겔

36:8-12), "밭에 나무가 열매를 맺으며 땅이 그 소산을 내는"(겔 34:27) 평화의 언약의 복을 받는 귀향의 관점에서 기대했던 것은 놀랄 일이 아니다. 그리고 이 귀환에서 노예로 있던 자들이 구출될 것이다. "그들이 다시는 이방의 노략거리가 되지 아니하며 땅의 짐승들에게 잡아 먹히지도 아니하고 평안히 거주하리니 놀랠 사람이 없으리라"(34:28). 실제로 하나님이 "그들을 위하여 파종할 좋은 땅을 일으키리니 그들이 다시는 그 땅에서 기근으로 멸망하지 아니할지며 다시는 여러 나라의 수치를 받지 아니할지라"(34:29). 이것이 열매가 풍성하고 안전한 귀향이다. 이는 창조주가 늘 의도했던 샬롬의 상태로 경제적이고 생태적인 삶이 회복되는 것이다. 이런 종류의 창조적인 결실과 불의에 대한 시정은 네레오가 이스라엘의 율법과 문서들을 묵상하면서 배운 바로 그 소망의 핵심이었다. 부활은 풍성한 열매 맺음이 회복되는 것이었다.[64]

그래서 바울이 우리는 이제 메시아 예수에게 속하여 "죽은 자 가운데서 살아나신 이에게 가서 우리가 하나님을 위하여 열매를 맺게 하려 함이라"(롬 7:4)고 말했을 때 네레오는 그가 무슨 말을 하는지 알았다. 예수의 부활을 통해 그는 열매 없는 죄의 속박에서 풀려나서 이제는 그의 삶에서 정의의 열매를 맺을 수 있게 되었다.

물론 네레오는 하나님 나라가 아직 완전히 임하지 않았고 그 부활의 삶은 자신과 주변 사람들의 삶에 완벽히 스며들지 못했다는 것을 잘 알고 있었다. 로마서 7장에서 바울이 말한 것처럼, 그는 자신의 삶에 있는 죄를

---

64 빌 1:11에서 바울은 공동체가 "예수 그리스도로 말미암아 의의 열매가 가득하여 하나님의 영광과 찬송이 되기를" 기도한다. 따라서 정의를 행하는 것은 하나님께 영광을 돌리고 찬송하는 방법이다. 제국이 말하는 풍성한 열매는 이것과 대조된다는 것을 앞서서 살펴보았고 다음의 책에서 이 주제를 더 폭넓게 다루고 있음을 말한 바 있다. Walsh, Keesmaat, *Colossians Remixed*, chap. 4.

알았을 뿐 아니라 불의의 무기가 그 하나님 나라의 삶을 살아가려고 애쓰는 사람들을 계속해서 공격하고 망가뜨린다는 것도 알았다.[65] 그래서 로마서 8장에 나오는 약속들에는 그의 바람들로 가득했다. 살리시는 영이 언젠가 그를 새로운 생명으로 일으키실 것이고(8:11), 그의 몸이 구원을 받을 것이다(8:23). 하지만 무엇보다 네레오는 시편들과 예언자들이 말하는 살리시는 하나님, 가난한 자들과 억압받는 자들과 굶주린 자들과 궁핍한 자들의 무죄를 입증하겠다고 약속하신 주님이 바로 부활하신 주 예수, 즉 하나님 우편에 앉으셔서 네레오가 속한 공동체에 있는 환난이나 곤고나 박해나 기근이나 적신이나 위험이나 칼로 고통받는 사람들을 중재하시는 그분이라는 것을 믿었다(8:35). 억압받는 자들을 위해 살아나신 그분의 사랑이 그를 지탱해주었고 그를 에워쌌기 때문에 어떤 것도 그 사랑에서 그를 떼어놓을 수 없다(8:35).

네레오가 예수를 주님으로 고백하고 그분이 죽은 자 가운데서 살아나셨음을 믿는다는 것은 구원을 의미한다(롬 10:9). 이는 일종의 "영적인" 의미에서만이 아니라 매일의 사회경제적이고 문화적인 삶에서 구체적으로 경험하는 구원이다. 네레오에게는 영적인 것과 경제적인 것의 구분이 없었을 것이다. 혹은 구원과 정치가 분리되어 있지 않았을 것이다. 로마서 본문에 그러한 이원론을 부과하면 바울의 편지(그리고 나머지 성경들)가 갖는 힘을 놓치게 된다. 예수 안에 있는 구원은 제국 내에서 당할 수 있던 모든 수치를 무장해제 시킨다(10:11). 뿐만 아니라 은혜라는 놀라운 관대함을 통해 유대인과 이방인 사이의 종교문화적 구분을 무너뜨린다. "누구든

---

65   Tamez, *Amnest of Grace*, 125. 여기서 이 역동성을 "죄로 특징되는 사회적 관계들의 구조—통제되지 않는 그래서 모든 인간을 구속하는 구조"라고 묘사한다. 저자는 또 이것을 "시체친화성(屍體親和性) 시스템"이라고 묘사한다(130).

지 주의 이름을 부르는 자는 구원을 받기"(10:12-13) 때문이다. 무엇보다 가난한 자를 구원하고 굶주린 자를 먹이는 분은 새로운 영생의 나라를 약속하신 하나님이시다(2:7; 5:18, 21; 6:22). 네레오에게는 이 약속들이 현재의 억압적인 경제구조에 대한 비판으로 들렸을 것이다. 현재의 억압적인 경제구조는 악한 자들의 탐욕과 기만으로 많은 이들이 손해를 볼 수밖에 없었고 이런 구조는 결국 많은 이들을 죽음으로 내몰았기 때문에 죽음이 통치하는 체제였다.[66] 그는 하나님의 생명의 나라에서 경제 정의라는 약속을 들었을 것이다(5:17-21).

이 책 앞부분에서 살펴보았듯이 문제는 우리가 어디에 사느냐다. 어디를 본향으로 두느냐다. 또는 좀 더 정확히 표현해보자면 누가 혹은 무엇이 우리 안에 사느냐다. 불의라는 우상숭배적 영성이 우리의 삶을 차지하고 있는지 아니면 그리스도의 영이 우리 안에 머무는지다. "그리스도께서 너희 안에 계시면 몸은 죄로 말미암아 죽은 것이나 영은 의로 말미암아 살아 있는 것이니라"(8:10). 영은 정의 때문에 살아 있다. 정의가 없다면 생명도 없고 열매 맺음도 없다. "예수를 죽은 자 가운데서 살리신 이의 영이 너희 안에 거하시면 그리스도 예수를 죽은 자 가운데서 살리신 이가 너희 안에 거하시는 그의 영으로 말미암아 너희 죽을 몸도 살리시리라"(8:11). 네레오나 바울에게 구원의 문제는 언제나 구체화(embodiment)의 문제였다. 예수를 죽은 자 가운데서 살리신 이의 영이 우리 삶에 거하시고 그 영이 우리의 매일의 습관과 모든 선택과 행위 속에 임하시면 우리의 삶은 정의를 구체적으로 이루게 될 것이다. 이것이 바로 부활이 의미하는 바다.

로마에 있는 예수를 따르는 자들의 공동체에 편지를 쓰면서 바울은

---

66   참조. Tamez, *Amnesty of Grace*, 130.

단순히 로마 제국의 억압적인 경제활동들을 비난만 한 것이 아니다. 그는 그 공동체를 위한 새로운 삶, 부활한 삶에 대한 비전과 함께 그 제국의 치명적인 경제적인 수법들이 무너질 거라는 비전을 제공한다.

제국의 그늘에 가려진 가정 경제학

이러한 생명을 불어넣는 생활방식에 대한 비전은 로마서 12장에서 절정에 이른다. 여기서 바울은 예수를 따르는 공동체가 로마의 정신에 도전하는 방식을 개론적으로 보여준다. 성도들의 필요를 서로 채워주고, 낯선 이에게도 호의를 베풀고(12:13), 우는 자들과 함께 울고(12:15), 높은 데 마음을 두지 말고 도리어 낮은 데 처하라(12:16)는 바울의 요구는 약탈과 통제라는 거미줄 속에서 제국의 사회적 관계들을 지탱하던 후견제도(patronage)에 입각한 관계들을 약화시킨다.[67] 제국의 사회적 위계질서 안에서 위에 있는 사람들에게 잘 보이려고 그들을 높이는 대신, 바울의 부활 공동체는 스스로 명예와 덕을 쌓으면서도 자기 자랑을 피하고(12:3) 손님과 억압받는 자들에게 환대와 존중을 확대함으로써 모든 자기 명예를 포기한다.

　더 나아가 원수와 어떤 관계를 맺어야 하는지에 대한 바울의 가르침을 보면 이 공동체는 자신들과 비슷한 처지에 있는 사람들 **안에서만** 관대한 대접을 하는 것이 아니라 그들을 불공정하게 대하던 사람들에게도 호

67　후견제도에 대해서는 다음 책을 참조하라. Andrew Wallace-Hadrill, ed., *Patronage in Ancient Society* (New York: Routledge, 1989).

의를 베풀어야 한다고 말하고 있다. 다시 말해 바울의 편지에서 늘 등장하던 경제적 불평등을 **만들어낸** 사람들도 이 공동체의 인심 좋은 경제 정의를 경험해야 할 사람들이다. 음식과 음료로 관대하게 환대하는 것은 대적들에게까지 범위가 넓혀진다. 따라서 이 공동체가 제시하는 대안적인 경제 정신은 로마 제국을 형성하던 후견(patronage) 경제구조를 단순히 약화시키는 것이 아니라, 적을 폭력적으로 대하던 그 제국의 폭력성에 정면으로 도전하며 복수가 아닌 사랑(분명히 경제적인 측면을 갖는)을 제시한다.

이러한 경제적 관대함과 사랑이라는 비전은 로마서 1:14에서 바울이 사용한 빚이라는 단어로 인해 더욱 강화된다. 바울은 자기가 헬라인이나 야만인이나 지혜 있는 자나 어리석은 자에게 다 빚졌다고(*opheiletēs*) 말한다. 로마 제국의 빚 개념에 대해 이보다 더 현저한 전복을 상상할 수 없을 것이다. 명예와 빚으로 이루어진 제국적 위계질서의 맨 아래서 제일 무시당하고 수치를 당하던 사람들이 문화적 체계의 맨 위 수준으로 끌어 올려진다.

바울은 로마서 13장에서 이 빚이라는 단어를 완전히 반대 의미로 사용한다.[68] 이는 앞 장(12:10)에서 공동체의 모든 사람을 존중하라는 사도의 권고와 모순되어 보이는데, 바울은 믿는 자들을 향해 "모든 자에게 줄 것을 주되(*opheilas*), 조세를 받을 자에게 조세를 바치고 관세를 받을 자에게 관세를 바치고 두려워할 자를 두려워하며 존경할 자를 존경하라"(13:7)고 가르친다. 처음 이 본문을 읽으면 로마 제국의 명예와 빚 체계를 그대로 따르는 말처럼 들린다. 하지만 바울은 바로 다음 구절에서 그 체계를 다시 한번 약화시킨다. "피차 사랑의 빚 외에는 아무에게든지 아

---

68 롬 13장의 이 표현은 8장에서 다룰 것이다.

무 빚(*opheilete*)도 지지 말라"(13:8). 결국 이 공동체를 하나로 묶어주는 것은 세금이나 관세나 두려움이나 명예가 아니라 사랑이다. 우리가 유일하게 진 빚은 사랑의 빚이고 그것은 문화적 혹은 경제적 지위와 상관없이 모두에게 진 것이다. 율법과 계명을 완성하는 것은 그런 사랑이다. 언약의 사랑 안에서 살아가면서 이 공동체는 간음하지 않음으로써 성적 순결을 지키고, 살인의 폭력을 삼가고,[69] 경제적으로 취약한 사람들의 것을 훔치거나 이용하지 않음으로써 청렴한 경제를 유지한다. 또한 그들은 경제 생활의 근간으로 모든 탐심을 버린다(13:9). 탐욕, 기만, 폭력, 부정은 제국 경제에서 중심적인 역할을 하는 반면, 예수를 따르는 공동체에서는 그렇지 않다. 실제로 제국의 경제는 약탈을 일삼고 소수의 엘리트들에게 부가 집중된 반면, 바울은 사랑의 경제학의 핵심으로써 우리가 순종할 가치가 있는 어떤 법(로마법이든 유대인의 법이든 다른 어떤 법이든)과 어떤 명령도 "'네 이웃을 네 자신과 같이 사랑하라' 하신 그 말씀 가운데 다 들었느니라. 사랑은 이웃에게 악을 행하지 아니하나니 그러므로 사랑은 율법의 완성이니라"(13:9-10)라고 주장한다.

사랑의 부름 아래로 모든 율법을 모으는 것은 예수의 가르침 안에 분명히 뿌리를 두고 있었지만, 십계명을 언급한 구절들(출 20:13-17; 신 5:17-21)을 레위기 19:18("네 이웃 사랑하기를 네 자신과 같이 사랑하라")의 인용으로 요약하는 바울의 방식은 당시 유대 문학에서는 한 번도 볼 수 없었던 것이다.[70] 사도 바울은 로마서 13:10에서 두 가지를 암시하면서 이 이웃 사랑의

---

69 살인은 종종 경제적인 동기로 행해진다.

70 Jewett는 Oda Wischmeyer를 인용하면서 이렇게 말한다. "바울의 편지 이전에는 유대 문학에서 레 19:18을 인용한 경우는 없다." Jewett, *Romans*, 813. 예수가 레위기의 바로 그 명령을 언급하셨다는 복음 전통(the gospel tradition; 마 20:19; 눅 10:27)은 바울 서신이 복음서 이전에 쓰였다고 본다면 Jewett(과 Oda Wischmeyer)의 주장을 약화시키지 않는다. 하지만 바

정신을 확장시키는데, 먼저는 시편이고 그다음은 성만찬이다.

바울은 네 이웃을 네 몸같이 사랑하라는 이 요청을 다음과 같이 풀이한다. "사랑은 이웃에게 악을 행하지 아니하나니"(롬 13:10). 이것은 분명 시편 15:3을 반향한 것으로, 시편에서도 같은 표현을 통해 흠 없는 사람을 묘사한다. 시편 저자는 이런 사람을 "이웃에게 악을 행하지 않는다"고 쓴다.[71] 이 짧은 시는 거주의 문제로 시작한다. "여호와여, 주의 장막에 머무를 자 누구오며 주의 성산에 사는 자 누구오니이까?"(시 15:1) 누가 거룩한 분과 함께 거할까? 하나님과 함께 살기 위해 무엇이 필요할까? 그 대답은 바로 좋은 이웃이다. 하지만 시편 저자는 이어서 그렇게 집을 세우는 이웃 사랑을, 바울의 로마서에서 인용된 시편들 전체에서 보았던 경제적 암시를 기대하게끔 하는 방식으로 풀어낸다. 흠 없는 자는 진리를 말하고 그 마음에 거짓이 없다(시 15:2). 그들은 중상모략하지 않고 악을 행하지 않는다(15:3). 자신의 유익을 구하기보다 "그의 마음에 서원한 것은 해로울지라도 변하지 않는다"(15:4). 그리고 그들은 물론 "이자를 받으려고 돈을 꾸어주지 아니하며 뇌물을 받고 무죄한 자를 해하지 않기"(15:5) 때문에 관용과 신뢰를 기반으로 경제활동을 한다. 로마서 13장에 나오는 이 중요한 본문에서 시편 15편 내용을 되풀이한 것은 하나님의 집안에서는 이러한 경제활동을 한다는 강한 암시를 보여준다.

대량 생산된 조리 음식이 나오기 전까지 가족 모임에서 가장 중요한 순간 하나는 뭐니 뭐니 해도 가족이 함께 먹는 음식이었다. 가정 경제는 다각적인 측면이 있긴 하지만, 가정에서 직접 만든다는 의미로 볼 때 직접

울의 새로운 시도가 실제로는 그가 예수에 대해 배운 이야기에 의존하고 있음을 암시할 수 있다.

71 Jewett의 번역, *Romans*, 814.

생산한 재료로 음식을 만들어 함께 나누는 것이 가장 근간을 이룬다. 바울은 로마서 13:10에서 교회를 바로 이렇게 가족이 음식을 나누는 곳으로 보고 있는 것 같다. 사도 바울은 사랑이라는 말로 시작해서 사랑이라는 말로 끝을 내는데, 이상하게도 정관사를 붙인 것으로 보아서 알 수 있듯이 일반적인 사랑이 아닌 구체적인 사랑을 의미한다. 로버트 주이트는 이 구절을 이렇게 번역한다. "그 사랑(아가페 사랑)은 이웃에게 악을 행하지 않는다. 그러므로 아가페 사랑은 율법의 완성이다."[72] 주이트는 또 이렇게 말한다. "이 구절에서 아주 치밀하게 의도적으로 정관사를 붙인 그 단어를 두 번 반복함으로써, 바울은 가정 혹은 공동주택과 같던 초기 교회가 경험한 바로 그 구체적이고 뚜렷이 구별되는 사랑의 형태를 말하고 있음을 분명히 한다." 또 이렇게 말한다. "이 구절에 나오는 '그 사랑'에 대한 논리적·사회적 추론은 사랑의 식사 교제로 알려진 아가페 식사로서 초기 교회가 성만찬과 관련하여 대부분 지키고 있던 것이다."[73]

주이트가 로마서 13:10을 초기 교회가 행하던 아가페 식사 교제로 파악한 것이 맞다면 그것이 함축하는 바는 실로 놀랍다. 그러한 사랑의 식사 교제는 그리스 로마 문화에 있는 심포지아(*symposia*)라고 알려진 공동 식사를 모델로 했다. 심포지아는 음식을 나누며 교제하고 토론하는 모임이었다. 심포지아는 제국 사회의 사회적 위계질서와 분열을 그대로 보여주고 강화시키는 역할을 했다. 이런 저녁 모임은 비슷한 사회경제적 지위를 가진 남자들만을 위한 것으로서 여자들과 종들은 배제되었다(그 행사에서 일할 종들만 빼고). 심지어 좌석 배치도 모인 사람들의 상대적인 지위와

---

72 Jewett, *Romans*, 814. 아가페는 이 구절에서 사랑에 해당하는 그리스어다.
73 Jewett, *Romans*, 814.

명예에 따라 지정되었다. 하지만 그리스도인의 사랑의 식사 교제는 성별이나 사회경제적 지위와 상관없이 모두를 식탁에 초대함으로써 제국에서 행하던 심포지아의 질서를 뒤엎어버렸다. 그래서 바울이 "사랑(아가페)은 율법의 완성이다"라고 말한 것은 실로 대담한 주장이 아닐 수 없다. 모두가 함께 모여 음식을 나누며 예수의 이야기를 주고받는 것은 다름 아닌 사회 혁명이었다. 제국의 폭력적이고 타락한 음식 교제가 아닌(바울은 곧 이 제국으로 다시 돌아가겠지만) 이 아가페 식사 교제 안에서는 새로운 사회 질서가 정립된다. 모든 율법이 사랑의 법에 종속된다면, 이 아가페 식사 교제는 예수를 따르는 다양한 사회계층의 사람들 안에서 모든 율법의 가장 심오한 목적을 성취함으로써 억압적인 제국의 법을 해체한다.

이것이 사실이라면 왜 사도는 "사랑은 이웃에게 악을 행하지 않는다"고 말해야 했던 것일까? 두 가지 가능성이 있는데, 서로 완전히 다른 이야기는 아니다. 아마도 어떤 사람들은 자신들의 가문과 충성도가 이런 사랑의 식사 교제로 인해 평가 절하된다는 사실에 화가 났을 것이다. 사람들이 그리스도인이 되어 이런 식사 교제에 참여하기 시작하면서, 그들 집안의 식사 교제나 그가 속한 모임에서 주최하는 심포지아에 참석하지 않게 되자 기독교 식사 교제를 안 좋은 시선으로 바라보았을 가능성이 있다. 하지만 또 하나의 가능성은(아마 이 가능성이 더 높을 것 같은데), 바울이 여기서 이어지는 두 장에서 말할 내용을 미리 예고했다는 것이다. 아가페 식사 교제는 이웃에게 악을 행하지 않는다는 바울의 말은, 이 식사 교제 동안 그리스도인이 자매와 형제에게 실제로 악을 행할 수 있다는 점을 말하려고 기초작업을 하는 것이다. 공동체가 실제로 먹고 마시는 현장에서 이상적인 사랑이 전혀 실현되지 않는다면, 그 공동체의 신뢰와 사명이 위협을 받게 된다고 바울은 주장하려고 한다. 우리도 해보면 알겠지만 식사 자리에서 종종 가족 간에 말다툼이나 불화가 일어난다.

그러나 바울은 공동체 안에서 먹는 것으로 일어나는 문제를 말하기에 앞서, 그의 말을 듣는 사람들에게 그 시기가 어느 때인지를 상기시키고 제국에서 벌어지는 식사 만찬의 현실이 사랑의 식사 교제의 이상과 얼마나 다른지 대조시킨다. 사도는 하나님의 시간표에서 밤이 가고 낮이 왔음을 공동체에 상기시킨다. 그러므로 지금은 깰 때고 어둠의 행위를 벗어버려야 할 때다(13:11-12). 바울은 공동체에게 빛의 갑옷을 입고(13:12; 6:13에서 정의의 무기 혹은 도구로 드리라고 했던 말을 다시 상기시키면서) 밤의 어두운 곳이 아닌 환한 대낮처럼(13:13) 훌륭한 삶을 살라고(제국에서 멋지게 산다는 의미를 그가 얼마나 급진적으로 뒤집어엎고 있는지 깨달아서) 요청한다. 12:2에서 이 세대를 더 이상 본받지 말라고 명령한 것은, 바울이 이 세대가 끝나고 있다고 확신했음을 보여준다. 그들에게 임한 중요한 시간인 "카이로스의 순간"은 제국의 종말이다. 우상숭배적인 제국의 시간이 다 되었기 때문에 바울은 더 이상 그 제국의 명령과 방식대로 살지 말라고 말한다.

하지만 바울은 이를 일반적인 말로 남겨두지 않고 구체화시킨다. 로마에서 예수를 따르는 자들이 낮을 살아야 한다면, 황제의 제국이 영원히 유효하거나 지속되지 않는다는 것을 완전히 이해하고서 하나님 나라를 살아야 한다면, 그들 대안 공동체의 상징적 핵심이 급진적으로 포용적이고 혁명적인 아가페 식사 교제에서 발견된다면, 바울은 그 공동체가 그들이 함께 먹고 즐기는 일에서 제국을 흉내 내지 않도록 조심해야 한다고 주장한다. "낮에와 같이 단정히 행하고 방탕하거나 술 취하지 말며 음란하거나 호색하지 말며 다투거나 시기하지 말고"(13:13). 이것이 부활의 식사 교제이고, 가난한 자가 배불리 먹고 집이 없는 자에게 집이 생기고 눈에서 눈물이 씻기는 위대한 종말론적 향연을 기대하는 귀향 축하 파티이며, 풍성한 열매가 있는 교제라면(사 25:6-10; 65:13-19; 욜 2:15-26), 분명히 제국의 식사 교제와 확연히 대조될 것이다. 그것은 로마 엘리트들이 즐기던 심포지아의 특징이 되는 행동들이 그리스도인의 아가페 식사 교제에서는 절대 찾아볼 수 없을 것이라는 의미가 된다. 로마의 술자리에서 늘 벌어지던 문란한 성행위와 과도한 음주(벽화에서 이런 술자리 모습을 자주 볼 수 있는데)는 기독교 공동체 안에서는 설 자리가 없다. 그러한 과도한 행위들은 주최자의 명예와 부를 드러내 보이려고 계획되었고, 심포지아의 착취적이고 자기 탐닉적인 성적 방종은 아가페 식사 교제의 핵심인 사랑, 충성, 연민, 존중을 모욕한다. 식탁에서 모두가 연합하는 기쁨 외에도, 이리스가 아가페 식사 교제에서 발견한 또 하나의 자유로운 요소는 잔치가 진행되다 보면 늘 강제로 수반되던 성적 수발을 들어야 한다는 두려움이 사라졌다는 것이다.

바울이 열거한 처음 네 가지 악(방탕하거나 술 취하지 말며 음란하거나 호색하지 말며)이 모두 복수 형태로 쓰여 있다는 점이 중요하다. 이것들은 심포지아에서 반복적으로 흔히 행하던 일들이다. 하지만 마지막 두 가지 악(다툼, 시기)은 단수 형태다. 이것은 공동체 내에서 분쟁이 일어났을 때 당파를 짓는 문제를 언급한 것이다. 이것도 그리스-로마 심포지아에서 흔히 일어나던 일이다. 또한 바울이 1:29-30에서 악을 열거한 부분, 특히 "시기, 살인, 분쟁, 사기, 악독이 가득한 자요, 수군수군하는 자요"라는 언급에서도 드러난다. "명예와 수치의 체계에서 초기 기독교 혁명은 이러한 경향을 완전히 바꿔버렸다. '살인'과 '분쟁'을 믿는 자들의 동등함을 약화시키고 믿음의 공동체를 파괴하는 옛 시대의 요소(어둠의 일)로 보았다."[74] 바울은 이것을 진짜 심각한 문제로 본 것 같다. 로마 그리스도인들의 아가페 식사 교

---

74   Jewett, *Romans*, 827.

제가 성적 부도덕함과 과도한 술 취함으로 물드는 것에 대해 드러내놓고 걱정하는 모습이 보이지 않는 반면, 이어지는 두 장에서 바울은 시기, 살인, 분쟁, 사기, 악독이 어떻게 믿음의 공동체를 실제로 파괴하고 하나님 나라의 사명에서 탈선하게 만드는지를 깊이 걱정하는 모습을 보여준다.

그러므로 바울이 이 장에서 성적 부도덕, 술 취함, 공동체 내의 파벌 싸움이라는 제국의 악들을 행하는 삶과 "오직 주 예수 그리스도로 옷 입고 정욕을 위하여 육신의 일을 도모하지 말라"(13:14)는 요청을 극명하게 대조하면서 끝내고 있다는 점이 중요하다. 편지의 시작부터(1:7) "주 예수 그리스도"라는 특별한 공식으로 돌아감으로써 바울은 그 문제를 주권 충돌의 맥락에 정직하게 배치한다. 누가(혹은 무엇이) 이 공동체의 삶의 주인인가? 그리고 어떻게 그 주님 되심이 그 공동체가 함께 빵을 떼는 방식에서 드러날 것인가? 그들이 이미 십자가에 못박힌 구세주를 위해 거짓 주인인 황제를 버렸다면, 그들이 이미 로마의 신화 대신 메시아 예수의 빛 안에서 성취되고 재해석된 이스라엘의 이야기를 받아들인다면, 성령이 그들의 삶에 내주하신다면, 그들이 제국의 위계질서를 무력화시키는 공동체 윤리를 받아들였다면, 그들은 어떻게 함께 먹어야 할까? 또한 그들은 더 이상 근본적으로 부, 명예, 쾌락, 소비에 대한 자신의 욕망을 충족시키는 것이 아닌 방식으로 이것을 해야 하는가?

많은 것이 실제로 저녁 식사에 달려 있다. 많은 것이 먹는 방식, 누구와 먹느냐에 달려 있다. 물론 먹는 것은 모든 삶에서 근본적이다. 음식이 있는 곳에는 정의, 포용, 평등이라는 문제가 있으며, 그리고 아마도 가장 중요한 정체성의 문제가 있다. 따라서 이제 먹는 문제로 가보겠다.

7장

연약한 자들을 환대하기

바울의 경제적 비전이 음식으로까지 내려오는 것은 놀랄 일이 아니다. 불의한 곳에서 사람들은 굶주리게 된다. 정의로운 곳에서 사람들은 먹게 된다. 사람들은 먹게 될 뿐 아니라 다른 사람들과 즐겁게 공동체를 이루며 생계를 유지하게 된다. 바울의 복음이 로마에 있던 예수를 따르는 자들의 삶 속에서 구체화된다면, 그것은 식사 교제에서 사실로 증명될 것이다. 이 편지의 전체적인 반제국적 의제(agenda)는 제국의 중심부에서 대안적인 가정(alternative home)을 이뤄가는 일에 열심을 내는 것과 더불어, 예수를 따르는 자들이 가족 저녁 식사로 모일 때 무슨 일이 일어나느냐에 달려 있다.

그렇다면 어떻게 먹어야 할까?

2장에서 보았듯이 먹는 것과 음식을 둘러싼 정체성의 질문들이 네레오와 이리스 사이에 존재하던 긴장의 핵심이다. 이리스는 아가페 식사 교제에서 고기를 서로 나누어 먹는 것을 통해 예수를 따르는 자들의 관대함과 평등함이 멋지게 표현되었다고 경험한 반면, 네레오는 같은 고기를 보며 그것이 메시아를 따르는 공동체의 하나 됨을 심각하게 위협한다고 보았다.[1] 앞에서 보았듯이 이것은 단순히 음식 선호도의 문제가 아니라 초기 기독교 공동체의 정체성 문제다. 그리고 그 긴장의 폭이 너무 깊고 너무 우려스럽고 또 너무 파괴적인 잠재력이 커서, 바울은 이 문제를 설명하는 데

---

1   2장 "네레오 이야기" 참조.

무려 두 장을 할애한다.[2]

실제로 로마에 있던 가정 교회들 안에서 발생한 갈등이 로마 제국이 이 공동체(이제 막 생겨난 예수를 따르는 자들의 모임)에 끼칠 수 있는 어떤 요인보다 더 크게 복음 전파에 위협이 되었다. 바울이 소개한 복음이 수치와 명예라는 제국적 범주를 깨트리는 것인데, 그 공동체 내 누군가가 수치를 당하게 되면 그 복음이 훼손된다. 바울이 이 편지를 쓴 목적이 서로 격려하고 로마 안에 예수의 공동체를 세우는 것(롬 1:12)인데, 로마서 14장과 15장에서 말하는 식사 교제에서 벌어진 긴장이 바울 사도가 세우고자 한 바로 그것을 무너뜨리고 있다. 바울의 복음은 로마 제국이 헬라인과 야만인, 지혜 있는 자와 어리석은 자, 이방인과 유대인을 구분하던 것(1:14-16)을 뒤집어엎고 있는데, 교회의 식사 교제에서 강한 자와 약한 자를 다시 새롭게 구분한다면 바울이 전한 복음의 핵심인 구원의 능력을 제거해버리는 꼴이 된다. 바울은 우리가 다 죄의 권세 아래 있고(2:1-11; 3:23) 은혜의 보호하심 아래 있어서(3:24-26; 5:6-11) 서로를 심판할 위치에 있지 않다고 처음부터 주장해왔는데, 식사 교제 자리에서 어떤 정죄가 이루어진다면 그 복음을 부정하는 셈이 된다. 바울은 일관되게 관대함과 정의의 경제학을 생각나게 하는 복음을 선포해왔는데, 강한 자와 약한 자라는 범주를 다시 만드는 행위는 그러한 경제학에 정면으로 배치된다. 로마서 전체

---

2   고기를 먹는 사람과 먹지 않는 사람을 대조한 것이 이방인-유대인을 구분하는 것과 같은 선상에 있지 않다는 점을 짚고 넘어가는 것이 중요하다. 유대인이라면 누구나 돼지고기를 먹지 않았지만, 모든 유대인이 채식만 했던 것은 아니다. 우리가 아는 한 모든 고기와 포도주를 금지한다는 정형화된 유대인의 관습은 없다. 다음을 참조하라. John D. Roseblum, "Jewish Meals in Antiquity," *Food in the Ancient World*, ed. John M. Wilkins, Shaun Hill (Oxford: Blackwell, 2006), 348-56. 덧붙이자면 하나님을 경외하는 몇몇 이방인들은 고기를 먹지 않았다.

가 가정을 죽이는 제국 한복판에 가정을 세우는 일에 집중하고 있는데, 식탁에서 다시 그런 갈등이 일어난다면 가족 식사는 가정을 파괴하는 재앙이 될 것이다. 그리고 로마서 전체에서(1:17; 3:26, 30; 4:16; 5:1; 9:30) 바울의 복음은 신실함(faithfulness)과 밀접한 관련이 있는 반면, 식탁에서 음식과 관련해서 다툼이 일어난다면 그 공동체에 대한 믿음이 깨지고 우리의 구원이신 그분의 신실하심에 대한 믿음이 깨지게 된다.

로마 내 가정 교회 구성원 대다수에게 한 가지 확실한 것이 있다면, 그것은 그들이 상류층의 식사 자리에서는 환대를 받지 못한다는 사실이었다. 네레오는 심포지아에 초대받지 못했고, 이리스는 주인과 한자리에 앉아 식사하지 못했다. 제국의 식탁은 언제나 배제의 식탁이다. 하지만 바울은 아가페 식사의 경제학을 논할 때면 언제나 파격적인 환대(radical hospitality)와 포괄적인 환대(inclusive welcome)를 함께 요청한다. "신실함으로 연약한 자들을 환대하되 의견이 서로 다르다고 싸우려고 하지 마라"(14:1 저자의 번역). "그러므로 그리스도께서 우리를 받아 하나님께 영광을 돌리심과 같이 너희도 서로 받으라"(15:7). 이것이 예수의 환대에 근거한 환대이고, 하나님이 영광을 받으실지 여부는 교회가 이런 관대한 환대에 참여하는지에 달려 있는 것 같다. 그 공동체의 핵심적인 특징이, 특히 불가피하게 존중받지 못하고 억압받는 사람들(12:16)을 상호 간의 사랑 안에서 서로 사랑하고(12:9) 서로 존중하여 행하는(12:10) 것이라면, 이 공동체에서 이루어지는 식사 교제는 환대라는 이름으로 이루어져야 한다. 이곳이 구성원의 경제적 필요를 관대하게 채워주고 낯선 이들에게까지 환대를 넓히는(12:13) 그런 공동체가 분명하다면, 서로를 환대하지 못하는 것은 가장 치명적인 실패가 된다. 식탁에서 생기는 긴장들은 육신의 일을 도모하는(13:14) "어둠의 일"(13:12)이고 "밤이 깊고 낮이 가까운 줄"(13:12) 아는 자들에게 어울리지 않는다고 바울은 말한다.

그러나 환대하라는 요청이 갖는 의미는 로마서 14장 처음에 나오는 "연약하다"(asthenounta)는 말의 의미를 제대로 알지 못하면 이해하기 어렵다. 14:1에 대한 일반적인 번역은 "믿음이 연약한 자를 환대하라"이지만, 그 그리스어는 "연약한 자들을 신실함으로써 환대하라"[3]로 번역하면 더 좋다는 점에 먼저 주목해야 한다. 이 번역에 근거하면 여기서 중요한 것은 신자들의 믿음의 타당성이나 상대적인 강도가 아님을 알 수 있다. 실제로 바울이 이어서 펼치는 주장을 보면(이에 대해서 밑에서 살펴볼 것이다) 기존의 번역이 힘을 잃는다. 오히려 문제는 예수 그리스도의 신실함, 즉 로마서 전체에서 반복적으로 울려 퍼지는 주제인 언약적 신실함이 공동체가 그 신실하신 분의 이름으로 모일 때 분명히 드러나는가 여부다.

그리스어 단어 astheneia("연약한" 혹은 "연약"으로 번역된다)는 폭넓은 의미를 갖는다. 예를 들어, 이 단어는 복음서에서 병들어서 예수께 나아온 사람들의 상황을 나타낼 때 사용된다. 그 단어는 경제적으로 취약한 사람들에 대해서도 사용된다. 브루스 롱네커(Bruce Longenecker)는 바울의 서신서 여러 곳에서 "아스테네이아"(astheneia)라는 단어는 사회경제적 지위가 낮은 사람들을 포함하는 것이 분명하다고 말한다. 이것은 고린도전서 1:26-29의 의미인데 여기서 연약한 자는 지혜로운 자, 높은 지위를 갖고 태어난 자, 힘 있는 자들과 대조된다.[4] 또한 고린도전서 1:28에서 바울은

---

3   A. Katherine Grieb, *The Story of Romans: A Narrative Defense of God's Righteousness* (Louisville: Westminster John Knox, 2002), 129. 그리스어로는 *ton de asthenounta tē pistei proslambanesthe*다.

4   Bruce Longenecker, *Remember the Poor: Paul, Poverty, and the Greco-Roman World* (Grand Rapids: Eerdmans, 2010), 143. Longenecker는 그들이 실제 육체적으로도 연약하고 취약하기 때문에 경제적으로도 안전하지 못하다고 지적한다(143n21). 살전 5:14에서 바울은 "마

로마서 14:3, 10에서 나오는 것과 같은 단어(*exoutheneō*)를 사용해서 그런 사람들은 종종 무시당하거나 멸시를 받는다고 말한다. 말하자면 아가페 식사 자리에서 몇몇 사람을 대하는 방식이 로마 제국 전역에서 사회적 지위가 낮은 사람들을 대하던 방식과 닮아 있다는 말인데, 이는 바울이 로마서에서 설교하고 설명했던 복음이 갖는 경제적 함축을 훼손한다.[5]

그래서 로마서 14장과 15장에 나오는 "약한 자들"은 사회적 지위가 낮은 자들, 로마 공동체 안에서 가난한 자들을 언급한다고 보는 것이 전적으로 가능하다. 그들이 고기와 포도주를 얻지 못한 이유가 무엇이든 간에 (14:21), 공동체 내 다른 사람들이 그들의 가난에 일정 정도 책임이 있었을 것이다. 고기를 손쉽게 먹을 수 있는 형편이 아닌 사람들도 "자신들에게 무엇이 좋은지 모르고" 공동체의 관대함을 거절하는 것처럼 보이는 신자들을 경멸했을지도 모른다.[6]

공동체 안의 긴장들이 로마 제국의 사회경제적 구분과 닮아 있었기 때문에 바울은 그 공동체에게 주님이 어떤 분인지를 일깨움으로써 이러한 긴장들을 해결하려고 시도한다. 그 공동체가 여전히 황제의 경제학 아

음이 연약한 자들을 격려하고 힘이 없는 자들(*antechesthe tōn asthenōn*)을 붙들어주며 모든 사람에게 오래 참으라"고 신자들을 격려한다.

5 같은 맥락에서 고전 9:22에서 바울은 자신의 사역을 이렇게 표현한다. "약한 자들에게 내가 약한 자와 같이 된 것은 약한 자들을 얻고자 함이요"(*egenomēn tois asthenesin asthenēs, hina tous astheneis kerdēsō*). Longenecker가 지적하듯이 "여기서 바울은 '약한'이라는 단어를 사용해 자기 스스로에게 부과한 경제적 취약성을 언급한다." Longenecker, *Remember the Poor*, 143. 경제적으로 취약한 자들을 "연약한 자들", 즉 가난한 자들이라고 표현한 것은 행 20:35 에서도 발견된다.

6 Peter Oakes, *Reading Romans at Pompeii: Paul's Letter at Ground Level* (London: SPCK, 2009), 86, 92-93. Peter Oakes는 여기서 로마 사회 모든 곳에 위계질서가 있었다고 지적하는데, 심지어 가장 낮은 사회 계층에도 위계질서가 있었다고 한다. 그래서 외부에서 보면 똑같이 가난에 찌든 사람들인데도 그들 안에서는 명예-수치의 원리가 작동했다.

래 살고 있다면, 그들의 참 주인에게로 되돌아가지 않는 한 그 문제는 풀리지 않을 것이다. 아가페 식사 교제가 세상 방식과 뒤섞여서 제국의 심포지아와 같은 모습이 되었기 때문에, 로마서 전체가 예수의 주님 되심을 반복해서 주제로 내세운 것은 당연하다. 실제로 바울은 예수를 "주"라고 칭하는데 이는 로마서 14:1-12에서 9번 이상 나온다. 특히 14:7-9에 집중되어 있다. "우리 중에 누구든지 자기를 위하여 사는 자가 없고 자기를 위하여 죽는 자도 없도다. 우리가 살아도 주를 위하여 살고 죽어도 주를 위하여 죽나니 그러므로 사나 죽으나 우리가 주의 것이로다. 이를 위하여 그리스도께서 죽었다가 다시 살아나셨으니 곧 죽은 자와 산 자의 주가 되려 하심이라." 바울은 모든 것을 예수의 주님 되심의 관점에서 보자고 주장한다. 너희들은 누구의 것이냐? 너희들이 무릎을 꿇고 찬양하는 주님은 누구인가?(14:11) 너희들은 누구의 이야기에 속해 있는가? 황제의 이야기인가, 아니면 십자가에 못박혔다가 죽은 자 가운데서 다시 살아나신 분의 이야기인가? 그리스도가 모든 생명과 심지어 죽음의 주님이시라면 너희들은 어떻게 함께 먹어야 하겠는가?[7]

다른 방식으로 표현하면 이렇게 묻는 것이다. 우리는 누구의 집안에 속하는가? 황제의 집안이라면 그의 집안과 그의 경제를 반영하는 식사 형식을 그대로 유지해라. 하지만 우리가 예수의 집안에 속한다면, 예수가 주님이라면 우리가 함께 모여 먹는 모습은 하나님 나라의 경제를 증언해야만 한다. 그리고 **집안**은 올바른 단어다. 바울이 말하는 환대는 분명히 집

---

7   이것은 바울이 고전 11:17-34에서 성만찬을 먹을 때 불평등이 있다고 지적한 내용과 비슷하다. 여기서 바울은 청중들에게 그들이 모여서 함께 먹는 식사의 근간으로서 예수의 십자가 이야기를 상기시킨다.

으로 초대해 들여 그 집 안에서 함께 음식을 먹는 것이다.[8]

집안이나 주님 되심(lordship) 같은 모티프들은 사도 바울이 "남의 하인을 비판하는 너는 누구냐? 그가 서 있는 것이나 넘어지는 것이 자기 주인에게 있으매 그가 세움을 받으리니 이는 그를 세우시는 권능이 주께 있음이라"(14:4)고 말할 때 함께 등장한다. 이것은 누구의 집안인가? 이 식사 자리를 준비한 주인은 누구인가? 예수가 이 집안의 주인이라면 오직 그분만이 그 집안에 있는 사람들을 판단할 수 있다. 바울은 여기서 용어를 신중하게 사용한다. 바울은 집에 있는 그저 단순한 노예나 고용된 종을 말하기보다(그에 해당하는 단어는 *doulos*이다) "오이케테스"(*oiketēs*)라는 용어를 사용하는데, 이는 "가정 하인"(a household servant)이라는 뜻이다. 그 구분이 아주 중요하다. 여기서 사용된 용어는 "보통 가정의 일원으로 배제할 수 없는 사람, 즉 종의 역할뿐 아니라 거의 가족 구성원으로서의 역할을 하는 사람을 의미한다."[9] 요지는 이것이 가족 식사라는 것이고, 이 식사 자리에서는 모두가 평등하고 누구도 다른 사람을 배제시킬 법적 권한이 없다는 것이다. 어느 누구도 좀 더 넘어지기 쉬운 연약한 자를 이용할 수 없다. 모든 구성원이 은혜 안에 서 있게 되었다면(5:2) 그들을 서게 하신 분은 그 집의 주인이고, 따라서 그들을 넘어지게 하고 그들이 그 공동체에서 "서는 것"을 막는 어떤 판단도 그 은혜에 대한 배반이 된다. 이는 가족 구성원들에 대한 배반이기도 하고 은혜의 주님에 대한 배반이기도 하다.

바울은 몇 구절 후에 가족이라는 비유를 더욱 노골적으로 확대시킨다. "네가 어찌하여 네 형제를 비판하느냐? 어찌하여 네 형제를 업신여기

---

8   Robert Jewett, *Romans: A Commentary*, Hermeneia (Minneapolis: Fortress, 2007), 835. 비교. 행 18:27; 28:2; 몬 17절.

9   Jewett, *Romans*, 841.

느냐? 우리가 다 하나님의 심판대 앞에 서리라"(14:10). "무엇이든 먹는 자들"은 야채만 먹는 자들을 업신여기고, 도덕적으로 예민하게 "야채만 먹는 자들"은 무분별하게 고기 먹는 자들을 비판하였기 때문에(14:3), 바울은 여기서 이러한 판단은 가족 구성원들 사이에서는 해서는 안 된다고 말한다. 당신이 하나님의 집에 속하였고 그리스도 안에서 함께 상속받을 자이며(8:16-17) 한 몸이 되어 서로 지체가 되었다면(12:5), 서로 사랑을 주고받는 그 사랑을 포기하고 역기능 가족이 서로 배제하고 묵살하는 것처럼 행동해서는 안 된다.[10]

바울은 로마서 12장에서 그리스도의 몸과 제국의 정치적 통일체(body politic)를 은연중에 대조한 반면, 여기서는 예수의 집과 황제의 집을 급진적으로 대조한다. 이 두 집은 서로 상충되는 가정 경제학으로 운영된다. 제국의 경제는 극소수를 위해 배제, 지위, 호화로움이 작동하지만, 하나님 나라의 가정 경제학은 포용, 상호성, 평등성의 원리로 운영된다. 황

---

10 이 구절에 대해 주목할 점은 아래 소개하는 해석자들이 극소수의 예외만 제외하고, 바울의 말을 바울이 약하다고 표현한 사람들을 정죄한 것이라고 해석하고 있다는 점이다. 예를 들어, Wright는 연약한 자들을 "믿음이 있긴 하지만 그 믿음이 함축하는 모든 내용을 다 이해할 만큼 성숙하지 못한 사람들"이라고 말한다(N. T. Wright, "The Letter to the Romans: Introduction, Commentary, and Reflections," *The New Interpreter's Bible*, vol. 10 [Nashville: Abingdon, 2002], 733. 『로마서』[에클레시아북스 역간, 2014]). Dunn은 "'믿음이 약해'지는 것은 하나님을 온전히 신뢰하는 데 실패한 것이다"라고 말한다(J. D. G. Dunn, *Romans 9-16*, Word Biblical Commentary 38B [Dallas: Word, 1988], 798). 또 다음 책도 참조하라. Bruce J. Malina, John J. Pilch, *Social Science Commentary on the Letters of Paul* (Minneapolis: Fortress, 2006), 282: "연약한 자들은 두려움으로 자신들의 토라에 갇혀서 예수의 죽음과 부활로 모세의 토라가 요구하던 것들이 폐기되었다는 것을 알지 못하고 따르지 못하는 자들이다." Malina와 Pilch도 연약한 자들은 유대로 돌아가기를 희망하는 유대 사람들이라고 본다.

바울은 실제로는 음식을 가리는 자들과 가리지 않는 자 모두를 하나님이 받아주시고(롬 14:3), 그들 모두 하나님의 심판 앞에 서게 되고(14:4, 10), 또한 그들 모두 주를 위하여 감사하는 마음으로 모든 일을 한다(14:6)고 말하고 있다. 바울은 음식을 가리는 자와 가리지 않는 자의 행동을 이해한다는 뜻을 담은 용어들을 사용하여 자신의 주장을 펼쳤다.

제의 집은 패권적 질서를 부과하지만, 예수의 집은 판단하지 않고 다양성을 수용한다. 실제로 바울은 이 구절에서 놀라운 자유의 비전을 제공한다. 그 집의 구성원들은 같은 주님을 섬기는 자들로서 다른 음식을 먹을 자유가 있고, 그들이 "주를 위하고" 또 감사로 하는 것이라면(14:5-6) 서로 다른 날짜를 특별한 날로 지킬 수 있는 자유가 있다. 한 주님을 섬긴다는 통일성 안에서 믿음을 표현하고 문화적 행위를 하는 데 있어서는 얼마든지 다양성을 열어놓는다. 그리고 바울은 이러한 문제들을 통일시키려고 정죄하거나 판단하는 방법을 사용하는 것은 은혜 위에 세워진 공동체 안에, 안전하게 세워져야 할 사람들 앞에 걸림돌을 놓는 행위라고 주장한다.

하지만 이것은 단순히 다름을 수용하는 차원을 넘어서는 가정 경제학이다. 바울은 앞서서 진정한 사랑과 상호존중성을 말했고(12:9), 사랑이 어떻게 율법을 완성하는지 말했는데(13:8-10), 여기서 더 나아가 이렇게 말한다. "만일 음식으로 말미암아 네 형제가 근심하게 되면 이는 네가 사랑으로 행하지 아니함이라. 그리스도께서 대신하여 죽으신 형제를 네 음식으로 망하게 하지 말라"(14:15). 다른 말로 하면 공동체는 음식에 대해 싸우고 분열하는 일을 그만두는 것에서 더 나아가 "무엇이든지 스스로 속된 것이 없기"(14:14) 때문에 어떤 음식(아마도 우상에게 바친 고기)을 먹을 충분한 이유가 있는 자들도 그것이 공동체의 다른 사람에게 상처를 줄 수 있다면 기꺼이 그렇게 하지 않아야 한다. 여기서 먹는 것을 좀 더 예민하게 구분하는 사람들을 받아들이기 위해 무엇이든 먹는 사람들에게 책임이 부여된다는 점에 주목하는 것이 중요하다. 말하자면 "연약한 자"라고 표현된 사람들이 그 공동체 안에서 우선권을 부여받는다는 의미다. 그리고 이것은 사회적·경제적으로 소외된 사람들을 위한 정의를 더 우선시했던 복음에서 기대할 법한 것이 아니겠는가?

그런 다음 바울은 다음과 같이 선포하면서 모든 주장을 정리한다. "하나님의 나라는 먹는 것과 마시는 것이 아니요, 오직 성령 안에 있는 의와 평강과 희락이라"(14:17). 소위 연약한 자들, 사회경제적으로 지위가 낮은 사람들이 그들을 업신여기는 사람들보다 더 정의가 필요한 것은 사실이다. 바울이 여기서 씨름하고 있는 문제는 음식의 정의를 세우는 것이다. 많은 부분이 저녁식사에 달려 있다. 누가 저녁식사에 초대받는가? 메뉴에는 어떤 음식이 있는가? 그리고 누가 이 식사 자리를 주최하는가? 아가페 식사는 기쁨의 축제여야 하는데, 그 자리에 알력이 있다면 공동체 안에 불의가 생겨나고 기쁨이 사라지게 될 것이다.

"모든 사람과 더불어 화목하라"(12:18)는 명령을 다시 꺼내 들면서 사도는 이제 공동체에게 "화평의 일과 서로 덕을 세우는 일을 힘쓰자"(14:19)고 요청한다. 사도는 이 구절 전체에서 공동체를 집이라고 묘사한 그 연장선상에서, 이제는 집을 세우고 가정을 세운다는 뜻을 가진 동사를 사용한다. 영어 단어 *upbuilding*(설립)과 *edification*(교화)은 건물(building, edifice)이라는 뜻을 갖고 있는데, 이 단어들은 그리스어로 *oikodomē*(*oikos*라는 어근에서 나왔다)이고 번역하면 "집"이다. 앞서 보았듯 이 영어 단어 *economics*(경제학)와 *ecology*(생태학)도 같은 어근에서 나온 말이다. 따라서 하나님 나라가 정의와 평화와 기쁨의 문제이고, 그 공동체는 예수의 집에서 삶을 공유하는 곳이어야 한다면, 바울이 청중들에게 하는 훈계는 이 집을 세우는 삶과, 제국 안에서 이 대안적인 가정의 평화와 기쁨을 진작시키는 것과, 하나님의 정의 안에 뿌리내리고 그것을 급진적으로 반영하는 신실한 삶을 함께 세워나가자는 말로 가득해야 할 것이다.

이 정의가 공동체 내의 가장 가난한 사람들에게 우선적으로 향하고 있다는 점은 권력을 잡은 자들에게 주어진 훈계 속에서 분명히 드러난다. 바울은 15:1에 와서야 공동체 내의 어떤 부류를 일컫는 말로 **힘 있는** (*powerful*)이라는 단어를 사용한다. 이 구절은 "강한 자"가 "연약한 자의 실패를 참으라"라고 번역하기보다는 "힘 있는(powerful; *dynatoi*) 우리는 힘이 없는 자(*adynatōn*)의 약점(*asthenēmata*)을 담당하고 자기를 기쁘게 하지 아니 해야 한다"라고 번역하는 것이 더 낫다.[11] 요지는 분명하다. 바울은 **힘 있는** 자들(분명히 사회경제적인 힘과 통제력이라는 의미를 함축하는 단어다)이 힘없는 자들의 연약함을 담당해야 한다고 주장한다. 이렇게 보면 14장에 나오는 연약한 자가 가난한 자라는 것을 알 수 있고, 12장에서 공동체에게 성도들의 쓸 것을 공급하며 손 대접하기를 힘쓰고(12:13) 도리어 낮은 데 처하라는(12:16) 요구를 한 것을 같은 맥락으로 이해할 수 있다. 클라우스 벵스트(Klaus Wengst)는 이렇게 말한다. "이것은 가장 연약한 구성원들의 필요와 고통을 가장 중시하는 공동체다."[12] 주엣은 바울이 여기서 책임의 일반적인 구조를 뒤집고 있다고 지적한다. "그리스-로마 문화에서 전형적인 모습이던 약한 자가 강한 자에게 복종하도록 강요받는 것이 아니라, 여기서는 힘 있는 자가 힘없는 자의 연약함을 '담당하는/짊어지

---

11 이 구절에서 "담당하다"(*bastazein*)라는 동사는 갈 6:2에 사용된 것과 같다. "너희가 짐을 서로 지라. 그리하여 그리스도의 법을 성취하라"(*Allēlōn ta barē bastazete...*). 어떤 이들은 바울이 힘이라는 단어를 풍자적으로 사용한 것이라고 말한다. 예를 들어, "이것은 소위 너희 힘 있는 자들이 참으로 너희 힘으로 해야 할 일이다"라는 식으로 해석한다. 이런 해석은 바울이 이 단어를 다른 곳에서 사용한 예를 볼 때 적절한 것 같다. 특히 고린도전후서에서 바울은 자신을 힘 있는 자가 아닌 연약하고 힘없는 자와 동일시한다. 참고. Beverly Roberts Gaventa, "Reading for the Subject: The Paradox of Power in Romans 14:1-15:6," *Journal of Theological Interpretation* 5, no. 1 (2011): 9n30, Thomas Tobin, *Paul's Rhetoric in Its Contexts: The Argument of Romans* (Peabody, MA: Hendrickson, 2004), 409.

12 Klaus Wengst, *Humility: Solidarity of the Humiliated* (Minneapolis: Fortress, 1988), 47, speaking of Rom. 12:16.

는'(*bastazein*) 의무를 진다."[13] 섬김을 받는 것이 아니라 섬기러 오신 분을 따르는 자들에게 다른 무엇을 기대하겠는가? 힘 있는 자들은 그들 중에 있는 연약한 자들을 모욕하는 것이 아니라, 비방받는 자들의 비방을 받으신 분(15:3)을 따르도록 요청받는다.

그래서 바울은 "그리스도께서 우리를 받아들여 하나님께 영광을 돌리심과 같이"(15:7) 서로 환대하라는 요청을 반복한다. 물론 이 말은 아가페 식사 자리에서 서로 환대하지 않고 경제적인 억압과 압력을 계속하는 것은 하나님께 영광이 되지 않는다는 말과 같다. 그리고 로마에 사는 예수를 따르는 자들의 일상의 삶에서 하나님이 영광을 받지 못하신다면, 즉 복음이 이들 공동체가 함께 나누는 식사 교제에서 대안적인 방법으로 드러나지 못한다면, 조상들에게 주신 약속이 성취되지 않고(15:8), 하나님이 열방 가운데서 영광을 받지 못하실(15:9-12) 것이 아니겠는가? 바울이 로마의 가정 교회들 안에서 찾고 있는 조화로움(연합)은 목회적이고 복음전도적인 의미를 모두 갖는다. 따라서 만약 그 집이 역기능적인 모습을 보이고 불의가 지속된다면 이방인이든 어떤 누구든 예수 안에 있는 하나님의 집에 아무도 오고 싶어 하지 않을 것이다.

하지만 바울은 제국 전역에서 실제로 많은 사람이 예수 안에서 하나님께로 돌아왔다고 말한다. 황제가 다스리는 광범위한 영역에서 바울이 이 편지에서 힘을 다해 설명했던 반제국적인 복음이 선포되었고, 이제 바울은 로마를 넘어 스페인까지 이 복음을 전파하려고 한다(15:14-24). 그리고 이 복음이 성령의 능력으로 선포되었음을 보여주는 분명한 표지 중 하나는 이방인들이 "예루살렘 성도 중 가난한 자들을 위하여 기쁘게 얼마를

---

13   Jewett, *Romans*, 877.

연보하였다"(15:26)는 것이다. 제국 전역에서 이방인 그리스도인들이 예루살렘의 유대인들을 위해 이러한 경제적 관용을 베푼 것이 확실하다면, 이런 비슷한 관용이 로마 안에서 예수를 따르는 자들의 다양한 공동체 안에서도 행해졌을 것이라고 기대할 수 있다. 예수를 따르는 자들은 "성도들의 쓸 것을 공급"(12:13)함으로써 제국 전역에서 실제로 "서로 지체가 되어갔다"(12:5). 제국 전역에 걸쳐 나타난 이러한 교회의 본이 로마 한복판에 살던 그리스도를 믿는 형제자매들에게 증거가 된다.

배신과 경제적 정의

그럼 어느 교회에 등록할까요?

죄송한데, 뭐라고 하셨지요?

어느 교회에 등록하지요?

무슨 말씀이신지?

이게 다 사실이라면, 이렇게 행하는 교회가 어디 있습니까? 당신이 로마서에서 찾은 그런 경제적 비전을 이제 막 시작하는 곳이라도 좋으니 그런 곳이 어디 있습니까? 솔직히 말해서 저는 처음 듣는 말이라, 이전 두 장에 걸쳐 당신이 한 주장은 조금 받아들이기 힘들었습니다. 바울의 편지를 경제 정의의 관점에서 해석하는 것은 전에는 한 번도 들어본 적이 없습니다. 로마서 12장의 관대하라는 요청과 14장과 15장의 서로 환대하라는 충고를 지금까지는 개인적인 자선의 차원으로 이해했고 또 유대인과 이방인이 서로 잘 지내야 한다는 의미로만 이해해왔습니다. 그런데 당신은 이 모든 것이 바울이 가진 하나님의 정의라는 더 큰 비전의 일부이고, 그러한 관점은 바울이 편지 앞부분에 "의인은 믿음으로 말미암아 살리라"라고 한 말에 이미 다 들어 있다고 주장하는군요. 저도 정말 제 일상의 삶에서, 그리고 제가 속한 공동체의 삶에서 실제적인 경제적 결과를 가져오는 기독교 신앙을 갖고 싶긴 한데, 또 한편으로는 참 불편하기도 합니다. 이것이 다 사실이라면 왜 전에는 아무도 이런 얘기를 해주지 않은 거지요? 경제 정의라는 이러한 비전이 바울이 로마서에서 선포하는 복음의 핵심이라면, 어떻게 그 핵심을 완전히 잃어버릴 수가 있지요?

음… 이 질문에 답변하려면 이 책으로는 부족할 겁니다. 하지만 웬델 베리의 신랄한 평가를 기억합시다. 그는 교회는 "제국의 깃발을 흔들고 그 슬로건을 외쳐왔다.…그리고 황제를 높이며 그가 저지르는 경제적 약탈과 채무 불이행을 용인했다"[14]고 말합니다. 교회가 로마 제국의 공식 종교가 되고 당시 황제(콘스탄티누스)의 협력자가 되면서 본래의 길을 잃은 것에 대해 다시 논하지는 않겠습니다. 하지만 바울의 로마서에서 찾은 경제적 비전이 주님 되심(lordship)의 문제라면, 많은 미국의 그리스도인들이 입으로는 예수를 주님이라고 고백하고 개인적인 경건 생활은

---

14 Wendell Berry, "Christianity and the Survival of Creation," *Sex, Economy, freedom and Community* (New York: Pantheon, 1993), 115. 다음 책도 참고. Wes Howard-Brook, *Empire Baptized: How the Church Embraced What Jesus Rejected* (Maryknoll, NY: Orbis, 2016).

중시하면서도 자신들의 매일의 경제적인 삶 속에서는 황제와 그의 약탈적인 경제에 무릎을 꿇은 것처럼 보이는 것은 분명합니다.

참 마음이 불편하군요. 제가 속한 신앙 전통은 언제나 성경의 권위를 인정해왔습니다. 주일학교에서 "모든 성경은 하나님의 감동으로 된 것으로 교훈과 책망과 바르게 함과 의로 교육하기에 유익"(딤후 3:16)하다고 배웠습니다. 그런데 나의 경제관이나 매일 아무 생각 없이 소비하는 삶의 방식을 수정받거나 책망받은 일은 한 번도 없었다니 말입니다. 또 당신은 여기서 의(righteousness)라는 단어가 바울이 로마서에서 말하는 정의 (justice)와 같다고 하는데, 왜 교회에서 형성되어온 제 영성으로는 그러한 정의, 즉 예수를 따르는 데 핵심이 되는 그런 정의를 요구받지 못했을까요?

많은 사람이 이런 좌절을 겪는데, 특히 청년들에게서 많이 보입니다(우리는 수년간 이들을 가르치는 특권을 누렸습니다). "왜 나에게 이런 말을 해주는 사람이 없었지?"라는 질문에는 일종의 배신감이 담겨 있습니다. 기독교 신앙은 뭔가 숨겨왔고, 또 개인적 신앙으로 축소되어 사회문화적 합법성을 얻어왔다는 느낌이지요. 그리고 이것은 너무나 많은 차원에서 이루어진 배신입니다. 젊은이들에게 배신이 되는 것은 그들이 실제적인 사회문화적이고 경제적 중요성은 다 빠져버린 무미건조한 신앙을 물려받았다는 것입니다. 성경에 대한 배신이 되는 것은 너무 개인적인 차원으로 축소되었기 때문입니다. 또 단도직입적으로 말하면 자신의 신실함으로써 우리를 의롭다 해주신 그분에 대한 배신입니다. 결국 경건이라는 옷을 입은 배교로 끝이 나는 것이지요.

슬프게도 바울의 로마서를 읽을 때 이런 일이 가장 분명히 일어납니다. 교회는 자신들의 신학 논쟁에서는 이 편지를 칼처럼 휘둘렀지만, 실제로 이 편지는 이상하게도(그리고 모순되게도) 바울이 그리스도의 복음의 핵심에 있어야 한다고 거명한 실제적인 갈등 속에서는 무력했습니다. 교회는 "죄인들"의 "칭의"에 골몰해왔지만 불의한 자들이 실제로 어떻게 예수 그리스도 안에서 새롭게 의로워지고, 의로운 삶을 살도록 준비되고, 능력을 얻는지에 대한 급진적인 메시지는 잃어버렸습니다. 다시 한번 타메즈의 말을 인용하면, 바울은 칭의를 이렇게 설명합니다. "인간이 정의를 행하도록 만드시는 하나님의 방법이다.…칭의의 목적은 인간이 정의를 행하고, 불의에 갇힌 진리를 구해내는 백성으로 변화되는 것이다."[15]

잠깐, 믿음으로 얻는 칭의에 대해 많이 말한 것이 오히려 이 서신서의 핵심에서 멀어지게 했다는 말인가요?

그렇습니다. 바로 그런 이유로 바울의 서신서를 읽으면서도 우리의 경제 관념은 수정되지 않았고, 정의를 행하는 방식을 배우지도 못했던 것이지요. 바로 그런 이유로 바울의 편지를 읽으면서도 디모데후서 3:16이 성경의 목적이라는 것을 제대로 깨닫지 못했던 것입니다. 다음 구절이 어떻게 결론을 내리는지 보십시오. "의(또는 정의)로 교육하기에 유익하니 이는 하나님의 사람으로 온전하게 하며(또는 완전하게 하며) 모든 선

---

15   Elsa Tamez, *The Amnesty of Grace: Justification by Faith from a Latin-American Perspective*, trans. Sharon H. Ringe (Nashville: Abingdon, 1993), 110.

한 일을 행할 능력을 갖추게 하려 함이라"(딤후 3:16-17). 성경을 읽는 것은 어떤 경건한 영감을 얻고 단순히 새로운 정보를 얻는 문제가 아닙니다. 오히려 성경을 진실되게 읽는다는 것은 정의로운 삶을 살기 위한 훈련 기반을 다지는 것이라 할 수 있습니다. 로마서 같은 고대 문서를 읽으면서 우리의 삶과 습관이 정의로운 삶을 사는 데 우리를 좀 더 유능하고 실질적으로 역량이 있게 만드는 방식으로 깊어지지 않는다면, 그것은 전혀 성경을 읽은 것이라 할 수 없습니다! 성경을 읽으면서도 우리가 정의를 행하는 사람이 되지 못한다면, 그것은 우리를 의와 자유의 길로 인도하시고 성경이 기록되도록 영감을 주시고 지금 우리 안에 내주하시는 성령이 계시지 않는 것입니다. 이 고대 문서가 살아 움직여서 그간 우리를 사로잡았던 거짓된 사상들을 수정하고 점검해주며, 우리의 상상력을 자유롭게 해주고, 우리의 매일의 행동과 습관 속에서 정의를 행하는 삶이 제2의 천성이 되도록 우리 삶을 변화시킨다면, 우리는 정말 성경을 읽었고 잘 읽은 것입니다. 성경이 우리를 성숙하도록 인도하고, 정의와 연민과 관대함과 자기희생과 친절과 평화의 삶을 통해 하나님의 형상을 드러내는 인간의 사명을 완성할 때 성경은 그 목적을 다 하는 것입니다. 그리고 우리는 지금까지 가장 연약한 자들을 위한 정의야말로 이러한 하나님 나라의 삶에서 가장 중심이 된다는 것을 살펴보았습니다.

하지만 가장 연약한 자들을 위한 정의는 미국 경제의 중심에 있지 않았습니다. 제가 자라온 경제체제, 그간 당연하다 여겨온 모든 경제생활, 제 삶의 방식 자체가 근본적으로 우상숭배라는 말인가요?

묻기 참 불편한 질문이지요. 이 질문에 답하는 한 가지 방법으로 몇 가지 질문을 하는 방법이 있습니다. 바울이 아브라함에 대해 "믿음의 의로 말미암아…세상의 상속자가 되리라"(롬 4:13)고 말했던 것을 기억해봅시다. 이 말은 신실하게 정의를 행하는 삶을 통해 세상을 상속받게 될 것이라고 바꿀 수 있습니다. 어떻게 이렇게 될까요? 누가 이 세상을 상속받게 될까요?

세상을 상속받는 자들은 자신들의 재산을 자기 자손들에게 대물림하는 상위 1%의 사람들이겠지요.

신실하게 정의를 행하는 것은 전혀 상관이 없을까요?

별로 관계없을 것 같은데요.

세상을 통제하는 사람들이 거짓과 불의를 행한다는 것은 경제학자가 아니어도 다 압니다. 그리고 물론 우리도 특혜를 누리고 있습니다.

우리의 특혜라고요?

분명 그렇습니다. 우리가 속한 계급, 배경, 교육 정도, 인종이 많은 다른 사람들은 원천적으로 받지 못한 "세상을 상속받도록" 우리를 지켜왔습니다. 이 책을 읽고 있다는 것만 봐도 게임에서 앞서 있다는 말이 됩니다.

그렇게 말하다니 흥미롭군요. 솔직히 산악지대의 골짜기에서 자거나 길

거리 난방 배관 옆에서 자지 않아도 된다는 생각에 위안이 됩니다. 전 직장을 잃거나 집을 잃어도 언제나 갈 곳이 있지요. 친구들이나 가족들이 받아주겠지요.

그런 편안함은 당신의 사회적 자본, 당신의 특권에서 나옵니다. 하지만 당신이 속한 그런 특권을 누리는 공동체가 없었다면 어떻게 되었을까요? 아프리카계 미국인 공동체가 처한 절박한 가난은 미국의 핵심 기반인 노예 경제의 결과이고, 원주민(Indigenous) 공동체가 겪고 있는 사회적 문제들은 식민지주의의 결과임을 쉽게 알 수 있습니다.

문제는 돈을 구걸하는 이기(Iggy) 같은 사람을 보거나 난방 배관 옆에서 자는 사람을 봐도 뭘 해야 할지 모른다는 겁니다. 그리고 지금 당신은 그 문제가 한 개인의 잘못된 선택과 게으름보다 더 깊다고 말하고 있군요. 참 무서운 말입니다. 가난이 가난한 자들 자신의 잘못된 선택의 결과라고 한다면, 제 책임은 그저 한 끼 음식을 먹여주는 친절 정도면 되는데, 그게 아니라고 하니 말입니다.

그렇습니다. 음식을 한 끼 대접하는 것으로는 충분치 않아 보입니다.

제가 누리는 편안한 삶과 안정된 수입과 안전이 불의한 경제로부터 얻는 혜택의 결과라고 한다면 그 말이 맞지요.

경제학과 세계관 재고

이에 대해 조금 더 살펴봅시다. 3장에서 세계 자본주의 내러티브가 어떻게 다섯 가지 세계관 질문에 답을 할지 추측해봤던 것을 기억합니까?

잠시만요. 3장이면 한참 전이네요!

맞습니다. 3장에서 그 세계관 질문들에 대해 답한 것과 바울이 로마서의 관점에서 그 질문들에 답할 것을 대조해보는 것이 도움이 되리라고 생각합니다. 잘 기억나지 않는 경우를 대비해서 그 대답들을 간략하게 살펴보려고 합니다.

우리는 어디에 있는가? 모든 것에 가격이 매겨져 있다는 세계관과 달리, 바울의 비전은 은혜에 뿌리를 내리고 은혜에 의해 지탱되고 회복되는 세상을 말한다. 이것은 가격, 상품, 착취의 세상이 아니라 놀라운 선물로 받은 세상이다. 이것은 수동적이고, 자력으로 아무것도 못하고, 아무 말도 못하는 인간의 지배대상이 아니라 하나님의 신실한 사랑, 정의, 자비, 신실함이라는 성품을 증언하는 놀라운 창조세계다. 마르크스와 로크는 "자연"은 인간의 노동을 통해 경제적 산물로 변화되지 않는 한 가치가 없다고 말한 반면, 바울의 경제관은 창조세계가 창조주의 사랑을 통해 존재하게 되었고 창조주의 피조물로서의 깊은 가치를 부여받았다고 믿는 데 뿌리를 두고 있다.

우리는 누구인가? 우리는 자율적 인간(*Homo autonomous*)이라기보다는 하나님의 형상으로 창조되었고 하나님의 통치 아래 있으며 신실함과 정의와 자비와 섬김과 사랑의 삶을 살도록 요청받는다. 그리고 경제적 인간 (*Homo economicus*)이기보다는 우리의 소비적인 자아탐닉을 만족시키려는 경제적 힘에서 완전히 자유로울 수 있다는 사실을 깨닫고 "영광"을 위해 부름 받고 선택받고 뽑힌(chosen) 존재들이다. 하지만 이것은 제국의 텅 빈 영광이 아니다. 이것은 하나님의 형상대로 온전히 살아가는 삶이 갖는 영광이다. 인간이라는 창조물의 영광은 신중하고 열매 맺으며 사랑하며 섬기는 삶 안에서 분명하게 드러난다. 자본주의자는 소유와 부를 통해 삶을 파악하지만, 예수를 따르는 자들은 그리스도 안에서 죽었고 이제는 정의를 따르는 자로서 그리스도 안에서 살아간다. 그는 우리 삶에 있는 모든 자원과 선물을 취해서 정의를 구하는 데 아낌없이 바친다. 그는 시장의 음모에 가난한 자들을 희생시키거나 너무나 다채롭고 웅장한 창조세계를 세계 자본주의의 소모품 정도로 생각하는 대신, 우리 자신을 정의의 나라를 가져오시는 분께 산 제물로 바친다.

무엇이 문제인가? 창조세계가 신음하고, 불의가 판치고, 우상숭배가 하나님의 형상을 왜곡시키고, 우리는 성과 폭력적이고 착취적인 경제의 노예가 되었다. 자본주의는 인간의 경제적 자유를 가로막고, 시장과 시장 원리로 가장 이익을 보는 자들에게 제약을 가하는 것을 문제라고 말하지만, 바울은 의로운 사람이 없고 신실한 사람이 없는 것이 문제라고 말한다. 문제는 가난, 박해, 폭력, 배제다. 문제는 인간의 자유를 잘못 사용한 것이고 인간의 욕구가 왜곡된 것이다.[16] 삶이 제국적 환상에 매여 있고, 거짓 주인에게 복종하고 있으며, 우리는 거짓으로 이루어진 제국의

---

16 참고. Daniel M. Bell Jr., *The Economy of Desire: Christianity and Capitalism in a Postmodern World* (Grand Rapids: Baker Academic, 2012), esp. chaps. 5-7.

내러티브 안에서 우상들로부터 구원을 얻으려 한다.

해결책은 무엇인가? 불충실함에 맞서 정말 신실하신 분이 한 분 계신다. 불의에 맞서 자신의 신실함으로 정의를 이루신 분이 한 분 계신다. 제국과 그 제국의 거짓 주인과 구원자에 맞서 예수 그리스도는 자신의 정의와 기쁨과 평화의 나라를 세우셨다. 가난한 자들의 한탄이 모든 창조세계와 하나님의 성령의 탄식과 함께 울린다. 하지만 이것은 다름 아닌 새로운 창조, 불의에 사로잡힌 육체의 구원, 예수께서 제국의 십자가에서 성취하신 구원을 간절히 기다리는 염원이며 탄원이다. 폭력과 불평등의 제국은 그것이 가진 죽음의 경제학과 더불어, 예수의 부활 안에서 전복되고 권좌에서 물러나게 되고 무장해제 된다. 이 부활 안에서 정의가 새롭게 다스리고 신실함과 환대가 넘치는 집이 세워지기 시작했다. 이것은 정의의 기반 위에 세워진 집이다. 이 가정 경제에서는 모든 다른 법을 초월하는 법, 모든 빚과 의무를 탕감해주는 법, 모든 법과 모든 경제 체제와 모든 경제활동을 판단하는 기준이 되는 법이 하나 있는데, 그것은 바로 사랑의 법이다.

처음 네 가지 세계관 관련 질문에 대해 세계 자본주의의 대답과 바울의 대답을 정리해서 이렇게 대조해보았습니다. 그렇다면 이제 다섯 번째 세계관 질문에 대해 어떻게 답을 해야 할까요?

시간에 대한 질문 맞지요?

맞습니다. 이 질문에 대해 현재까지 나온 다른 답들과 조심스럽게 대조하고 대화를 나누면서 이 중요한 질문에 답할 필요가 있습니다.

좋습니다. 듣고 있습니다.

지금은 어떤 때인가? 회개와 탈퇴

지금은 어떤 때인가? 3장에서 보았듯이 세계 자본주의 역사에서 이 순간이 질문에 대해 많은 다양한 목소리들이 서로 충돌하는 답들을 주고 있습니다. 9·11 테러 이후 미국이 세계를 책임져야 할 때가 되었다고 말하는 사람들이 있었습니다. 미 제국, 즉 팍스 아메리카나가 이루어질 때라는 것이지요. 다른 어떤 초강력 세력이 없으니, 미국이 그 힘과 영향력을 발휘해 시장의 무제한적 운영에서 경제적 자유를 가로막는 다른 장애물들과 더불어 테러 세력을 제거할 때라고 했습니다. 미 제국은 세계자본주의가 극대화된 곳으로, 미국의 군사력과 정치력을 사용해서 자본주의가 규제받지 않도록 비호합니다.

하지만 "아메리칸 드림"의 약속은 2008년 경제 위기로 직업이 사라지고 (많은 경우 해외 생산자들에게 해당), 군비 지출로 경제가 고갈되고(결코 끝나지 않는 테러와의 전쟁에서 세계를 보호하는 일은 비용이 많이 들지요!), 투자 자산의 가치가 줄어들고, 집을 잃어버리면서 많은 이들에게 악몽으로 바뀌었습니다. 그리고 그에 따라 욕심이 공포로 바뀌었고, 팍스 아메리카나는 민족주의자들의 "미국을 다시 한번 위대하게"라는 외침으로 대체되었습니다. 에두아르도 갈레아노(Eduardo Galeano)는 "자본주의라고 불리던 체제의 가장 큰 동력은 욕심과 공포였다"라고 지적합니다. 실업에 대한 공포, 투자금과 집과 연금을 잃게 될 거라는 공포지요. 부채의 만기가 다가오는데 갚을 수 없다는 공포입니다. 빈곤에 대한 공포입니다.

갈레아노는 "대가족을 거느린 아버지의 공포는 또한 증오를 낳는다"[17] 라고 덧붙입니다. 불법 이민자, 외국인들, 세금으로 돈을 빼앗아 경제적인 안정과 번영을 누리지 못하게 하는 정치인들을 증오하는 것이지요. 그래서 2016년 미국 선거에서 소외되고 분노한 백인 중산층과 노동자 계급들이 분열(division)이라는 치명적인 반정치학과 선동정치가의 증오를 받아들임으로써 들고 일어났습니다.[18] 책임전가, 폭력, 민족주의, 인종주의, 여성 혐오, 외국인 혐오가 "미국을 다시 한번 위대하게"라는 기치 아래로 모두 모였습니다. 이런 관점에서 볼 때 지금은 어떤 때일까요? 지금은 정치적 옳고 그름과 심지어 정치적 예의가 설 자리가 없습니다. 가난한 자들을 위해 부자들을 제한하는 정치 질서의 흔적들이 거부되고 있습니다. 기업의 욕심을 억제하는 경제 혹은 환경 정책들이 포기되고 있습니다. 모든 불법 이민자들을 몰아내고, 국경을 폐쇄하고, 이 나라를 다시 위대하게 이끌 강력한 사람을 받아들여야 한다고 생각합니다. 아이러니한 것은 이러한 주장들이 우리가 예언자들과 예수와 바울에게서 살펴보았던 경제 정의를 향한 열정과 전혀 어울리지 않는데도 불구하고, 백인 복음주의자들은 "미국을 다시 한번 위대하게"라는 구호 아래로 모여들었고 이들의 증오의 정치학을 받아들였다는 것입니다.

따라서 팍스 아메리카나나 "미국을 다시 한번 위대하게"라는 주장은 모두 예수 그리스도의 복음에 충실한 것이 아닙니다. 그렇다면 지금은 어

---

17   Eduardo Galeano, *Upside Down: A Primer for the Looking-Glass World,* trans. Mark Fried (New York: Holt, 2000), 170.

18   참고. Juan Cole, "Why the White Working Class Rebelled: Neo-liberalism Is Killing Them (Literally)," *The Guardian*, November 9, 2016.

떤 때일까요?

회개할 때가 아닐까요? 온 나라가 회개할 수 있을지는 잘 모르겠지만, 적
어도 교회가 회개해야 할 때인 것은 분명합니다. 웬델 베리가 인용한 말
이 아직도 생생한데, "미 제국"이라는 말을 사용하거나 "미국을 다시 한
번 위대하게"라는 말을 사용하는 것은 "제국의 슬로건을 되풀이하는
것"이고, 바울이 계속해서 공격했던 우상숭배를 위해 복음을 희생시키
는 것이라는 생각이 듭니다. 그리고 좀 전에 당신이 배교라는 단어를 사
용했던 것을 생각하니 깊은 슬픔이 몰려오는군요.

배신에 대한 분노가 슬픔에 길을 내줄 때 우리는 치유의 길에 있다는 것을
알게 됩니다. 하지만 그 슬픔을 가지고 아직 해야 할 일이 있습니다.

그 슬픔으로 제가 하고 싶은 것은 회개입니다. 말하기도 어렵지만 행하기
는 더 어려운 거 같습니다. 제국을 회개한다는 것이 무슨 의미인지 제가
제대로 아는지도 잘 모르겠습니다.

웬델 베리의 말이 도움이 될 겁니다. 그가 쓴 "미친 농부, 투박한 나뭇가지
를 깃발 삼아 휘두르며, 그 연합에서 탈퇴하다"라는 상징시의 첫 도입
부는 다음과 같습니다.

권력과 돈의 연합으로부터
권력과 비밀스러움의 연합으로부터
정부와 과학의 연합으로부터

정부와 예술의 연합으로부터

과학과 돈의 연합으로부터

야망과 무지의 연합으로부터

천재와 전쟁의 연합으로부터

우주와 내면적 공허함의 연합으로부터

그 미친 농부는 조용히 걸어 나간다.[19]

지금은 어떤 때입니까? 지금은 제국으로부터 탈퇴할 때입니다. 이것은 우리가 삶에서 우상숭배를 거부하려고 할 때 필연적으로 일어나는 일입니다. "권력과 과학이 돈과 결탁하는 곳, 무지가 야망을 이끄는 곳, 천재가 전쟁에 이용되는 곳에서, 우리에게는 오직 하나의 선택만 있다. 바로 조용히 걸어 나가는 것이다. 이러한 결탁으로부터 우리는 탈퇴해야 한다. 하지만 탈퇴해서 무엇으로 혹은 누구에게로 나가야 하는가?"[20] 베리는 다음과 같이 대답합니다.

자기만족과 전멸의 연합으로부터 탈퇴하여

서로를 보살펴주고

하늘과 땅이 주는 좋은 선물들로 나가야 한다.

지금은 어떤 때입니까? 결국은 전멸이라는 결과를 가져오게 될 자기만족

19   Wendell Berry, "The Mad Farmer, Flying the Flag of Rough Branch, Secedes from the Union," *The Selected Poems of Wendell Berry* (Washington, DC: Counterpoint, 1998), 162-63.

20   Brian J. Walsh, Sylvia Keesmaat, *Colossians Remixed: Subverting the Empire* (Downers Grove, IL: IVP Academic, 2004), 159. 『제국과 천국』(IVP 역간, 2011).

에서 **벗어나** 서로를 보살피고 창조세계의 좋은 선물을 누리는 삶으로 **들어가야** 할 때라고 베리는 충고합니다.

이에 대해 조금 더 자세히 알아보겠습니다. 먼저, 모든 제국의 심장부에 도사리고 있는 후기 자본주의라는 제국 경제학을 포함하는 자기만족은 언제나 전멸의 길을 가는 경제학이자 삶의 방식이라는 사실을 알아야 합니다. 제국들은 언제나 과도한 욕심이라는 유혹에 걸려 넘어집니다. 팍스 아메리카나 같은 제국주의는 그것이 갖는 팽창주의를 유지하고 자신의 이익(당연히 전 세계를 대상으로 하는)을 군사적으로 보호하기 위해서 막대한 자원이 필요할 뿐 아니라, 제국적인 경제학이 갖는 소비적인 탐욕은 언제나 자국 영토와 자국민의 적재량을 확대하려고 할 것입니다.[21] 간단히 말해 규제를 받지 않는 경제성장은 우리가 사는 행성의 주거 적합성(inhabitability)을 심각하게 위협합니다.[22]

웬델 베리는 "공적 부와 건강을 사적으로 착취"하는 것을 통해 "이익을

---

21 현대 세계에서 제국적인 과욕에 대한 고전적인 논쟁을 다룬 책은 Paul Kennedy의 *The Rise and Fall of the Great Powers: Economic Change and Military Conflict from 1500 to 2000* (New York: Fontana, 1990)이다. Geir Lundestad는 Kennedy에 비판적이지는 않지만, 미 제국이 군비 지출을 과도하게 하다가 몰락할 거라는 점에 주목한다. 부자들의 편의를 위해 세금은 줄이면서 제국의 팽창을 위해 군비는 과도하게 높인다면, 국가 부채만 치솟게 될 것이다. 그렇게 되면 "세계에서 가장 부채가 많은 나라가 얼마나 오랫동안 세계의 지도력을 유지할 수 있을까?"라는 경제적 질문이 제기된다. 혹은 Lundestad는 이런 식으로 표현한다. "국방비보다 이자를 내는 데 돈을 더 많이 쓰게 되면 과연 미국이 초강대국이라 할 수 있을지 많은 사람이 질문한다. 아마 수년 내에 이런 일이 일어날 것이다"(Geir Lundestad, *The Rise and Decline of the American "Empire": Power and Its Limits in Comparative Perspective* [Oxford: Oxford University Press, 2012], 149). Kennedy와 입장을 같이하는 네오 마르크스주의자는 David Harvey다. David Harvey, *The New Imperialism* (Oxford: Oxford University Press, 2003), chap. 2. 다음 책도 참고하라. Jared Diamond, *Collapse: How Societies Choose to Fail or Succeed*, 2nd ed. (New York: Penguin, 2011).

22 참고. Steven Bouma-Prediger, Brian J. Walsh, *Beyond Homelessness: Christian Faith in a Culture of Displacement* (Grand Rapids: Eerdmans, 2008), chap. 5.

얻을 권리"를 비호하는 현행 경제와 "선물을 보호"하려는 "공동체 경제"를 대조시킵니다.[23] 이익을 얻을 권리가 경제의 기반이 되면 모든 공적 자원(공기, 물, 광물, 땅 등)이 기업의 이익을 위해 사유화될 뿐 아니라 그러한 이익 추구는 끝이 없을 것입니다. 반대로 선물의 경제학에서 한 가지 확실히 하는 것이 있는데(창조의 완전성에 뿌리를 내린), 그것은 무제한적인 성장을 목표로 하는 경제는 창조세계의 한계라는 현실과 비참한 충돌을 하게 된다는 것입니다. 5장에서 논했듯이 로마의 경제적 탐욕이 생태계 파괴라는 결과를 냈지만 현대의 경제 성장이라는 이데올로기는 로마의 제국 경제와 비교가 안 되는 엄청난 기술 혁명으로 생태계 파괴를 더 가속화시켰습니다. 게다가 현대 경제를 이끌어온 화석 연료 소비는 세계 생태계를 더 빨리 훼손시켰는데, 이는 지금 일상에서 겪고 있는 이상기후를 보면 가장 극명하게 드러납니다.

나오미 클라인은 기후 변화가 인간의 자원 사용의 축소를 요구한다는 사실을 상기시키면서 (반면 우리 경제 시스템은 규제 없는 팽창을 요구한다) 우리가 지금 냉혹한 선택의 순간에 있다고 말합니다. "우리의 세상을 완전히 바꾸게 될 기후 붕괴를 허락할 것인지 아니면 그 운명을 피하기 위해 우리 경제를 바꿀 것인지 선택해야 한다."[24]

---

23 Berry, *Sex, Economy, Freedom and Community*, 138; Walter Brueggemann, "Reflections on Biblical Understandings of Poverty," *A Social Reading of the Old Testament: Prophetic Approaches to Israel's Prophetic Life*, ed. Patrick J. Miller (Minneapolis: Fortress, 1994, 276)는 히브리 성경 안에서 왕족/도시의 경제학과 예언적/언약적 경제학을 비슷하게 대조한다.

24 Naomi Klein, *This Changes Everything: Capitalism versus the Climate* (Toronto: Knopf Canada, 2014), 22. 『이것이 모든 것을 바꾼다』(열린책들 역간, 2016). 다음 책도 참고. Bill Mckibben, *Deep Economy: The Wealth of Communities and the Durable Future* (New York: Holt, 2007), chap. 1.

그래서 많은 사람이 기후 변화를 부인하는 거군요. 기후 변화가 사실이라면 과학에 의문을 제기해야 하는데, 그렇게 하면 그들이 사는 방식과 경제가 돌아가는 방식이 영향을 받을 테니까요.

정확한 지적입니다. 클라인은 이렇게 말합니다. "우리의 세계관이 흔들리는 걸 받아들이는 것보다 현실을 부인하는 것이 언제나 훨씬 쉽다."[25] 지금까지 보았듯이 천연자원, 특히 화석 연료의 사용을 "축소"한다는 생각은 그렇게 했을 때 결과적으로 생기게 될 경제위축과 더불어 사람들 대다수가 생각조차 하기 싫어하는 것입니다. 수십 년 전에 로버트 하일브로너(Robert Heilbroner)는 이렇게 지적한 바 있습니다. "팽창은 자본주의와 떼려야 뗄 수 없는 것으로 늘 여겨져 왔다. 반대로 '정지된', 팽창하지 않는 자본주의는 곧 몰락하거나 아니면 그 본래의 역사적 목적을 벗어난 것으로 늘 여겨져 왔다."[26] 세계 자본주의 세계관 안에서 소비와 수입을 늦춘다는 생각은 자본주의의 핵심 정체성과 운명에 반하는 것입니다. 미국 예외주의라는 이데올로기의 관점에서는 이는 다름 아닌 아메리칸 드림의 실패입니다.[27]

---

25 Naomi Klein, *This Changes Everything*, 37. Klein은 기후 변화에 이데올로기적으로 저항하는 태도들을 언급하면서 다음과 같이 쓴다. "근본주의적이고, 성장에 기반을 두고, 이익을 추구하는 자본주의의 논리가 변하는 것을 기대하는 것보다 지구의 기후가 혼동과 재앙을 일으키는 방향으로 변해가는 것이 더 받아들이기 쉽다"(81).

26 Robert Heilbroner, *An Inquiry into the Human Prospect* (New York: Norton, 1974), 83.

27 우리가 기억할 수 있는 한, 소비를 제한하는 미국인의 생활방식을 꿈꾸었던 유일한 미국 대통령은 지미 카터다. 1979년 7월 15일에 한 유명한 연설에서 카터는 온 국민에게 "자기 탐닉과 소비지상주의"를 버리라고 촉구했다. 또한 끊임없이 더 가지려는 욕구가 실현되는 것이 자유가 많아지는 것이라고 잘못 알고 있다는 점을 지적했다. 카터 대통령은 그것을 대체할 대안적인 비전을 제시했다. 그리고 그는 그것이야말로 핵심적인 미국적 가치들에 뿌리를 두고 있다고 믿었다. 그것은 바로 소비를 제한하고 적은 것에 만족하는 질적인 자유의 길이

따라서 현 경제체제가 세상에서 지속 가능한 형평성에 근접하는 어떤 것도 생산해내지 못한다는 점과 기후 변화의 위기에 초미의 관심을 보이는 사람들이 경제적 불평등과 생태적 위험이라는 현 상태를 야기한 이 불명예스럽고 재앙에 가까운 삶의 비전을 대체할 만한 새로운 세계관을 요구하는 것은 당연한 일입니다. 이제 현 경제체제를 조금 수정하는 것이 아니라 총체적인 세계관의 변화가 필요합니다. 클라인은 무엇이든 정말로 변하기 위해서는 "자연과 다른 나라와 이웃을 적이 아닌 상호 재혁신이라는 거대한 프로젝트 안에서 함께하는 파트너로 인식하는 세계관이 전면으로 등장할 필요가 있다"[28]고 말합니다. 그리고 앞서 보았듯이 세계관은 늘 이야기에 뿌리를 내리고 있습니다. 클라인은 우리에게 필요한 것은 "다른 이야기"라고 말하는데, 왜냐하면 우리가 현재 갖고 있는 이야기는 우리와 이 행성을 죽이고 있기 때문입니다.[29]

었다. 그것은 미국 역사에서 예언자적 순간이었다. 그러나 슬프게도 카터의 생각은 틀렸다. 미국의 심장에는 공동의 돌봄(common care) 같은 가치들이 없었다. 게다가 1980년 선거에서 로널드 레이건이 카터를 압승하면서 이어지는 역사가 어떻게 흘러갈지 이미 드러나고 있었다. 끝없이 경제적 성장을 추구하는 담론 안에서 자기 이익을 구하는 이데올로기와 분리된 미국은 없다. 카터의 연설문은 온라인으로 찾아볼 수 있다(http://www.presidency.ucsb.edu/ws/?pid=32596). 카터의 연설에서 다음 책이 인용된다. Andrew J. Bacevich, *The Limits of Power: The End of American Exceptionalism* (New York: Holt, 2008), 32-37. 버락 오바마 대통령이 이러한 경제 성장이라는 미국의 이데올로기에 문제를 제기하는 데 실패했다는 비판은 다음 책을 참고하라. Brian J. Walsh, *Subversive Christianity: Imaging God in a Dangerous Time*, 2nd ed. (Eugene, OR: Wipf & Stock, 2014), 97-124. 『세상을 뒤집는 기독교』(새물결플러스 역간, 2010).

28 Klein, *This Changes Everything*, 23. 『이것이 모든 것을 바꾼다』(열린책들 역간, 2016). 비교. Lester R. Brown은 "세계관의 전환, 즉 지구와 경제의 관계에 대한 생각의 전환"이 필요하다고 주장한다. Lester R. Brown, *Eco-Economy: Building an Economy for the Earth* (New York: Norton, 2001), 6. 『에코 이코노미』(도요새 역간, 2003).

29 Naomi Klein, *No Is Not Enough: Resisting the New Shock Politics and Winning the World We Need* (Toronto: Knopf, 2017), 8. 『노로는 충분하지 않다』(열린책들 역간, 2018).

하지만 어디서 이런 "다른 이야기"를 찾지요? 회개에 자본주의 세계관을 포기하는 것이 포함된다는 것은 알겠어요. 왜냐하면 자본주의 세계관은 베리가 말하듯이 "자기만족과 전멸(annihilation)"의 연합이니까요. 하지만 그게 아니라면 어디로 가란 말이지요?

돌봄의 경제

자, 다시 베리의 말을 들어보겠습니다. 베리는 깊이 있는 성경적 상상력을 가지고(분명 바울 계통) "서로를 보살피고 하늘과 땅이 주는 좋은 선물들을 보살피는" 삶을 살아야 한다고 조언합니다. 다시 말해 선물의 경제학입니다. 지금은 어떤 때입니까? 돌봄의 경제학이 필요한 때입니다.

돌봄이라고 하면 제겐 좀 약하게 들립니다.

경제적 불평등과 창조세계의 훼손이라는 탐욕스러운 무심함(carelessness)을 고려하지 않을 때는 그럴 수도 있겠지요. 5장에서 생태계 파괴적인 경제학은 더 이상 설 곳이 없다고 말했던 것을 상기해보십시오. 이익 추구의 권리를 옹호하며 끝없는 팽창을 추구하는 경제는 언제나 장소에서 분리된 경제(a displaced economy)가 될 수밖에 없습니다. 왜냐하면 경제적 성공의 기준이 이익으로 제한되어 있기 때문에, 어떤 장소도 이익 추구를 위해서라면 희생될 수 있습니다. 돌봄의 경제는 장소에 심겨진(emplaced) 경제로서 자신의 장소를 알고, 장소의 한계를 존중하고, 그 장소와 그곳 거주민들의 재생 가능한 건강을 추구하는 경제입니다. 랜디 우들리(Randy Woodley)는 이것을 원주민 용어로 조화의 길(Harmony Way)이라고 말합니다.[30]

5장에서 생태적인 가정관리는 자신이 속한 "자리"(장소)를 알고 사랑하는 것과 분리해서는 불가능하다고 말했습니다. 지금 그 생태적 주장을 경제로 확대시키는 건가요?

바로 그렇습니다. 바울이 "피차 사랑의 빚 외에는 아무에게든지 아무 빚도 지지 말라. 남을 사랑하는 자는 율법을 다 이루었기 때문이다"(롬 13:8, 10)라고 말한 것이 옳다면, 우리는 개인적인 삶과 우리가 살고 있는 바로 그 경제적 구조 안에서 경제적 사랑이란 어떤 모습일지 질문해야 합니다. 우리가 놀라운 선물로 받은 세상을 어떻게 세심하게 가꾸어 하나의 가정, 사랑의 가정이 되게 할지의 관점에서 경제를 가장 잘 이해하게 된다면 우리는 어떤 경제를 찾아야 할까요?

다시 한번 나오미 클라인의 도움을 받아보겠습니다. "(지구와 서로에게서) 끝없이 뭔가를 얻어내려는 체계에서 돌봄에 기반을 둔 문화, 즉 얻을 뿐 아니라 돌보고 돌려주는 원리로 이동해야 한다."[31] 이것은 "파괴에 기반을 둔 경제학을 사랑에 기반을 둔 경제학으로"[32] 대체하라는 요청입니다. 지금은 어떤 때입니까? 사랑의 경제, 돌봄의 경제가 필요한 때입니다. 클라인이 들으면 놀라겠지만, 그녀의 말은 바울이 하는 말과 같습니다.

---

30 Randy S. Woodley, *Shalom and the Community of Creation: An Indigenous Vision* (Grand Rapids: Eerdmans, 2012), 111-36, 151-56.

31 Klein, *No Is Not Enough*, 241.

32 Klein, *No Is Not Enough*, 241.

보프 하우츠바르트(B. Goudzwaard)와 해리 드 랭(Harry de Lange)은 우리가 지금껏 바울의 로마서에서 발견했던 성경적 비전을 깊이 생각나게 하는 경제관을 제안했습니다. 경제생활에서 가정적 특징을 진지하게 받아들여 경제학의 근간에 "돌봄"을 배치한다면 어떤 일이 일어날까요? 그들은 이렇게 말합니다. "돌봄의 경제에서 경제적 필요 또는 목적은 생산의 결과물이 만족시킬 수 있는 것 이상을 포함한다. 인간 문화가 생존하기 위해 필요한 것도 포함한다. 예를 들어, 지구 환경이 비옥한 상태로 남아 있기 위해 요구되는 돌봄의 수준, 사람들이 서로를 돌보는 것이 지속성을 띠고 전통이 될 수 있도록 공동체가 유지되기 위해 필요한 돌봄의 양, 그리고 고용의 기회와 노동의 질을 위한 적절한 돌봄이 포함된다."[33]

돌봄으로 **시작하는** 경제는 경제적 성장과 취약한 자들을 보살피는 것의 관계를 역전시키는데, 경제적 효율성이라는 협소한 개념보다 정의에 더 우선순위를 둡니다. 이것은 더 많이 가지려고 하기 때문에 만족이 없는 경제학과 대조되는, 충분하다는 경제학에 뿌리를 둔 경제입니다. 이것은 "정의와 공감과 공동체와 선행과 생태계적 책임을 경제생활에 있어서 (필요하면) 나중에 생각해볼 것들이 아닌 출발점으로 여기는" 경제입니다.[34]

아니면 바울이 로마서에서 한 것처럼 환대와 관용이라는 용어를 써야 할지도 모르겠습니다. 환대와 관용은 원주민들이 식민 지배를 받기 전에

---

33 Bob Goudzwaard, Harry de Lange, *Beyond Poverty and Affluence: Toward a Canadian Economy of Care*, trans. Mark Vander Vennen (Toronto: University of Toronto Press, 1994), 87.

34 Bouma-Prediger, Walsh, *Beyond Homelessness*, 144.

실천했던 공동체적 삶의 핵심이었습니다. 이들의 삶은 관용이 가장 핵심이었기 때문에 부의 재분배 의식인 "포틀래치"(*potlatch*) 혹은 "선물교환식"이 한 사람의 삶에서 중요한 순간들에 행해졌습니다. 이러한 행위는 식민지 개척자들의 경제적 담론에 너무나 위협적이었기 때문에 법으로 금지되었습니다. 하지만 이러한 환대와 관용의 행위들은 오늘날에도 여전히 원주민 공동체의 핵심 가치입니다.[35] 이것은 선물과 환대의 경제학으로 가장 잘 표현됩니다.

이것은 경제적 삶에서 정말로 완전한 패러다임 이동이라는 사실을 꼭 인지합시다. 우리가 제국주의적 경제학에 맞서 바울의 창조적인 비전과 경제 정의를 더 우선시하는 태도를 진지하게 취한다면, 욕심껏 움켜쥐는 경제학이 아닌 선물의 경제학을 받아들여야 합니다. 그 결과 우리는 자본의 성장이라는 추상적인 신학이 아니라 실제 장소들에 뿌리를 둔 경제적 집 세우기(an economic homemaking)를 실천할 것입니다. 이것은 세계 자본주의에 대비되는 지역 경제학이 될 것입니다. 우리는 자기 탐닉적인 소비보다 적절함과 검소함을 소중히 여기게 될 것입니다. 경제 지배력을 가진 자들의 오만함과 폭력이 아닌 대다수 취약한 자들의 편에 서서 평화를 추구하는 겸손한 경제학으로 대체될 것입니다. 돌봄의 경제학은 사적 이득을 위해 공동의 자원을 약탈하는 것을 반대하고 공동의 자원을 경제적 가족 구성체의 근간으로 보아 보호합니다. 금융거래에 지나지 않는 "가상 경제"(여기서는 자본이 더 많은 자본을 얻는다)와는 완전히 달리, 돌봄의 경제학은 공동체 안에서 서로를 섬기며 실제로 경제 상품을 생산해내는, 실재하는 사람들의 풍성함으로 가치를 매깁니

---

35 Woodley, *Shalom*, 151-56.

다.[36] 그리고 세계 자본주의의 소비주의는 소비자들이 그 상품이 어디서 만들어졌는지 알지 못하고, 자신들의 저축이나 뮤추얼 펀드, 연금 저축이 어떻게 투자되었는지 알지 못하고, 혹은 이러한 경제적 이득을 위해 누구의 삶과 어떤 장소가 희생당했는지 전혀 알지 못하는 무지의 경제학인 반면, 돌봄의 경제는 사랑과 애정에 뿌리를 두고 알 책임을 저버리기를 거부하며 그러한 지식의 토대에서 선택합니다.[37]

현장에서 이것은 어떤 모습일까요?

자, 이제 상상력이 힘을 발휘해야 할 순간입니다. 우리 친구 조 미헤우츠(Joe Mihevc)는 토론토에서 오랫동안 시의원으로 활동하고 있습니다. 그는 예전에 자기 관할 도시 구역의 다양성을 보여주는 그림으로 선거운동 피켓을 만든 적이 있는데, 거기에 이렇게 적혀 있었습니다.

> 정치는 하나의 사회를 꿈꾸고
> 그것을 함께 세워나가는 것이다.
> 조 미헤우츠에게 한 표를

앞에서 살펴보았던 경제적 비전을 충족시키는 꿈을 꾼다면, 우리가 만들게 될 사회와 경제는 어떤 모습일까요? 이 책에서 완전한 사회경제적

---

36 Galeano는 가상 경제에서는 "돈이 돈을 사랑할 때 더 많은 결실을 맺는다"고 냉소적으로 말한다. Galeano, *Upside Down*, 166.
37 Wendell Berry, "Two Economics," *What Matters: Economics for a Renewed Commonwealth* (Berkeley: Counterpoint, 2010), 115-38.

플랫폼을 다룰 수는 없지만, 성경적으로 영감을 받은 상상력으로 본다면 적어도 다음 중 일부는 확실히 제안할 수 있을 겁니다.

연간 기본 소득이 보장되어 있어서 모든 사람이 경제적 안정을 누릴 수 있는 경제여야 합니다.[38] 그리고 이것은 연간 최대 소득도 정해져 있어야 한다는 의미일 것입니다. 경제 정의라는 성경적 관점에서 볼 때 빈부 격차는 언제나 사회 안에 불의와 약탈이 있음을 보여줍니다. 현 경제 상황에서는 불가능해 보이기는 하지만, 그리스도인이라면 누가 실제로 얼마나 부자가 될 수 있는지 상한선을 정해놓는 것을 지지해야 합니다. 빈부 격차가 너무 큰 사회에는 경제적 평화가 올 수 없습니다.

보장된 연간 기본 소득이 부족하기 때문에 돌봄의 경제는 최저 생계비와 보편 복지를 통해 공동체의 가장 가난한 자들을 위한 경제 정의를 더 우선시할 것입니다. 돈이 없으면 교육을 받을 수 없는 곳에서는 교육적 정의를 이루기 위한 좀 더 많은 프로그램이 필요합니다. 모든 아이를 위해 학교에 투자해야 하지만, 특별히 불이익을 받고 있는 아이들을 위해 더 투자해야 합니다. 그리고 모든 아이에게 더 많은 교육의 기회를 제공하기 위해서는 소득이 가장 낮은 가정의 아이들을 위해서(추가 조치를 취하지 않고 모든 수업료를 면제하지는 않는다고 하더라도) 교육비 혜택을 더 늘려야 합니다.[39]

---

38 기본 소득 캐나다 네트워크는 훌륭한 웹사이트(www.basicincomecanada.org)를 갖고 있는데 학술 논문, 팟캐스트, 사례 연구, 교육 자료를 포함한 기본 소득에 관한 많은 자료를 보유하고 있다.

39 이것은 유토피아에서나 가능한 제안들이 아니다. 선진국 중에서 미국만 공공 의료보험이 없다. 무상교육을 제공하는 나라로는 터키, 아르헨티나, 덴마크, 노르웨이, 아이슬란드, 핀란드, 에스토니아, 스웨덴, 브라질, 스리랑카, 모리셔스, 프랑스, 그리스, 독일, 몰타, 스코틀랜드, 트리니다드, 토바고가 있다.

돌봄의 경제는 가정 경제학입니다. 하지만 실제 무주택 문제에서는 이런 경제학이 거의 끼어들지 못합니다. 민간 기업은 이익이 거의 남지 않는 저렴한 가격의 주택을 절대 만들지 않을 것이 분명하기 때문에, 개발자들이 승인을 받으려는 모든 프로젝트에서 저가 주택을 만들도록 하는 정책을 제도화해야 합니다.[40] 민간 기업은 공익에 대한 책임을 질 필요가 있습니다. 또한 코하우징(cohousing)이나 협동조합 같은 대안적인 주택 모델을 지지하고 장려하는 정부 정책도 필요합니다.

가장 취약한 사람들을 위해 가정 경제학과 돌봄을 함께 연결시킨 것은, 이런 경제라면 원주민 공동체가 갖고 있는 집에 대한 존중을 우선시할 거라는 의미입니다. 어떤 집도 수력발전용 댐이나 역청탄 때문에 파괴되는 일이 없을 것이고, 깨끗한 물과 단열 처리된 집과 문화에 맞는 거처를 구할 수 있도록 적절한 자금 제공이 이루어질 것입니다.

게다가 돌봄의 경제는 장소의 경제이기 때문에, 장소를 보호하고 환경을 보호하는 정책들을 경제 발전에 대한 외적 제약이 아닌 가정 경제학의 핵심 가치로 보아야 합니다. 이 행성은 우리의 집이고, 창조주의 넘치는 사랑과 지혜와 관용으로부터 창조된 수없이 많은 다른 종들(species)의 집입니다. 창조세계라는 더 넓은 경제와 분리된 인간 경제란 있을 수 없습니다. 그래서 우리는 생태적으로 지속 가능하고 재생 가능한 경제를 만들 필요가 있습니다. 재생 가능한 에너지에 투자해야 합니다. 일자리를 창출하는 동시에, 화석 연료 채취와 소비가 우리의 가정에 끼친 피해를 완화하고자 하는 성장 산업이 여기 있습니다. 바로 탄소 집약적인 경

---

40 예를 들어, 뉴욕, 워싱턴 DC, 암스테르담에서는 모든 개발자가 1/3은 사회적 주택, 1/3은 저가 주택, 1/3은 일반 시세의 주택을 짓도록 되어 있다.

제에서 청정 에너지 경제로 옮겨가는 것입니다. 이런 청정 에너지 경제에는 농사를 짓는 방법에 대해 완전히 다시 생각해보는 것도 포함됩니다. 비료와 살충제를 사용하고 모든 가축에게 곡물을 먹이는 방식을 통해 공기 중으로 엄청난 양의 탄소를 배출하는 산업 방식의 농업을 계속 이어가는 대신, 탄소를 배출하지 않고 회복력과 비옥함을 높이는, 원주민들이 전통적으로 사용하던 농작물 재배와 방목의 방식으로 돌아가야 합니다.[41] 이것은 수천 년 전 이 땅에 살았던 사람들로부터 배워야 할 또 하나의 영역입니다.[42]

나오미 클라인 같은 사람이 이런 재생 경제를 꿈꾼다면, 그것은 아마 "모든 사람이 탄소를 줄이려는 선택을 쉽고 편리하게 만들어주는 포괄적인 정책과 프로그램"을 말하는 것일 겁니다. 그녀는 이렇게 말합니다.

무엇보다 이런 정책들은 공정해야 한다. 그래서 이미 기본을 지키려고 애쓰는 사람들이 부자들의 과도한 소비를 상쇄시키기 위해 더 추가적인 희생을 요구받지 않아야 한다. 즉 저렴한 공공 이동수단과 청정 경철도를 모두가 이용할 수 있어야 하고, 이런 이동 수단 주위에 저렴하고 에너지 효율적인 주택도 공급되어야 하고, 도시들이 높은 인구밀도에 대한 계획을 세워야 하며,

---

41 참고. Eric Toensmeier, *The Carbon Farming Solution: A Global Toolkit of Perennial Crops and Regenerative Agriculture Practices for Climate Change Mitigation and Food Security* (White River Junction, VT: Chelsea Green, 2016); Paul Hawken, ed., *Drawdown: The Most Comprehensive Plan Ever Proposed to Reverse Global Warming* (New York: Penguin, 2017). 감축 프로젝트(drawdown project)는 상위 100가지 해결책을 따져보고 모델로 사용해보는데, 온실가스를 줄이는 데서부터 시작할 수 있다. 이 프로젝트는 건물, 도시, 에너지, 음식, 토지 사용, 자재, 교통, 여성과 소녀들에 이르기까지 폭넓은 분야에 집중하고 있는데, 22개국에서 70명의 연구자들이 참여하였다. 관련된 모든 기술적인 보고서와 안내서들은 다음 홈페이지에서 찾아볼 수 있다. www.drawdown.org.

42 Woodley, *Shalom*, 147.

자전거로 출근하는 사람들이 생명의 위협을 무릅쓰지 않도록 자전거 도로도 있어야 하고, 땅 관리도 불규칙한 확산을 억제하고 지역적이고 에너지를 적게 쓰는 형태의 농업을 장려해야 하고, 학교와 의료 시설 같은 핵심 서비스들이 대중 교통 수단이 잘 갖춰지고 보행에 친화적인 지역에 밀집되도록 도시를 설계해야 하며, 제조사들이 자신들이 생산하는 전기 제품 쓰레기에 책임을 지도록 하는 프로그램을 마련하여 고착된 중복성과 노후성을 과감히 줄일 수 있어야 한다는 의미다.[43]

이것은 그저 시작에 불과합니다. 클라인과 캐나다의 다양한 분야, 다양한 공동체에 속한 다수의 지지자들과 이상가들과 리더들은 자신들의 제안을 경제와 돌봄의 윤리에 적용하여 "도약 선언"(The Leap Manifesto)[44]이라 불리는 것을 만들어냈습니다. 이들은 우리 시대 우리가 있는 곳에서 돌봄의 경제를 위한 어떤 제안을 하려면, 그 밑바탕에 "이 땅의 원래 소유자들이 갖는 생득권과 소유권"을 존중하고 인정하는 것이 필요하다고 주장합니다. 그래서 이 성명서는 캐나다 원주민 공동체들에게 행해졌던 피해를 인정하고, 이 장소에서 가장 오랫동안 가장 깊이 돌봄의 전통을 지켜왔던 이들을 존중하는 마음으로 그들로부터 배우며 이 나라에서 경제적·정치적·사회적 개발을 할 때는 캐나다 원주민들(캐나다 전체 인구의 4%도 안 되는 원주민; First Nations)에게 배상하고 화해하는 것을 우선시할 필요가 있다고 인정합니다. 또한 캐나다 원주민들(First Nations)을 위한 경제 정의와 새로운 기회 없이는 캐나다에 경제 정의란

---

43 Klein, *This Changes Everything*, 91

44 이 성명서는 Klein의 책(*This Changes Everything*, 267-71)과 https://leapmanifesto.org에서 볼 수 있다.

있을 수 없다고 말합니다.

성명서는 화석 연료 없는 경제 비전을 내세우며 화석 연료 산업을 위한 모든 사회 기반 시설의 건설을 중단하라고 요구합니다. 또한 송유관을 더 이상 만들지 말아야 한다고 요구합니다. 사실 성명서는 지역 공동체가 자신들의 에너지 자원을 좀 더 통제할 수 있는 에너지 민주주의를 요구하고 있습니다. 이것이 에너지 정책의 지방분권화인데, 다국적 에너지 거대기업이 자원과 사람들의 삶을 통제하지 못하도록 하는 것이지요. 성명서는 자동차에 집착했던 화석 연료 기반 교통수단 시스템과 자동차를 위해 필요한 거대한 사회 기반 시설을 거부하는 대신, 재생 가능하고 저렴한 공공 교통시설이 될 수 있는 고속 철도 시스템을 요구합니다. 상품을 먼 거리로 이동시키는 기업식 농업 구조를 억제하고 좀 더 지역적이며 생태친화적인 농업 구조를 선호합니다. 또한 "지역 경제를 일으키고, 대기업을 규제하며, 치명적인 채굴 프로젝트를 멈추려는 시도들을 방해하는" 무역 협정들이 해체되어야 한다고 주장합니다.[45]

물론 이 모든 일을 위해서는 보조금과 세금이 어떻게 사용되는지에 대한 재조정이 필요할 것입니다. 그래서 성명서는 화석 연료의 보조금 지급을 중지하고 화석 연료를 위한 금융 거래에 세금을 매기며, 대기업에 더 높은 세율을 적용하고, 부자들에게 소득세를 내게 하고, 탄소세를 점차적으로 늘리라고 요구합니다.

이것은 "도약 선언"에서 주장하는 정책들 가운데 몇 가지 예일 뿐입니다. 그들은 우리 경제가 뭔가 심각하게 잘못되었다고 보고 있고, 바울이 말하던 경제 정의가 오늘날 어떤 모습일지 상상해보았던 바로 그 내용과

---

45 "Leap Manifesto," Klein, *No Is Not Enough*, 269-70.

너무나 닮은 돌봄의 경제학에 근거한 접근을 하고 있습니다. 그들은 다음과 같이 성명서를 끝맺습니다. "따라서 우리는 정치를 하려는 모든 사람이 이 기회를 잡고 긴급한 변화의 필요를 받아들이기를 요청하는 바다. 이것은 이 나라가 과거에 피해를 주었던 사람들, 현재 끝없이 고통받고 있는 사람들, 그리고 밝고 안전한 미래를 가질 자격이 있는 사람들에 대해 져야 할 신성한 의무다."[46] 그들은 "신성한 의무"라고 말합니다. 이것은 값싼 종교 언어가 아닙니다. 이런 모든 말 속에는 결정적으로 포스트 세속주의적인(post-secular) 뭔가가 있습니다. 세속적인 세계관이 활개를 쳐왔지만 사려 깊은 사람들은 대안적인 세계관, 즉 새로운 이야기를 위해 세속성이라는 틀 너머를 바라보고 있습니다. 그리고 다양한 장소에서(특히 식민주의가 너무나 폭력적으로 제거하려고 했던 토착 세계관에서) 그 이야기를 발견하게 될 것입니다. 그들은 경제 발전의 담론에 깊이 박혀 있는 사리사욕적인 자율성은 경제적으로, 생태적으로, 사회적으로, 또 너무나 많은 사람들에게 문자 그대로 죽음으로 끝난다는 것이 증명되었다는 것을 압니다. 그들은 이러한 죽음의 문화라는 그늘에서 생명의 재생 경제를 추구합니다. 그리스도인이라면 배제, 폭력, 인종주의, 탐욕, 불의라는 힘에 저항하는 자들과 이웃이 되어야 한다고 생각합니다.

이 모든 것이 참 슬프게 아이러니하지 않나요?

무슨 뜻이지요?

---

46   "Leap Manifesto," Klein, *No Is Not Enough*, 271.

지금 대다수 그리스도인보다 경제 정의에 대해 더 잘 이해하는 비그리스
도인들을 편들라고 말하고 있으니까요. 누가 누구를 전도하는지 모르
겠습니다.

그 질문은 실제로 이렇게 바꿔 말할 수 있습니다. 우리는 어디에서 성경이
말하는 정의의 비전을 깊이 반향하는 계획들을 보고 있습니까? 바로 그
곳에서 진정한 동역자를 발견하게 될 것입니다.

참여 방법

이 모든 것에 동의하고 싶지만 당신들의 말에 두 가지 문제가 있습니다.
첫째는 당신들이 여기서 말한 모든 것은 정부 차원의 개입이 필요하다
는 점입니다. 많은 나라가 실제로 이런 일을 하고 있고, 또 캐나다에서
도 이 중 몇 가지는 시행되고 있긴 하지만, 캐나다와 미국의 많은 사람
들은 이런 정책들이 실제로 시행되는 것은 불가능하다고 확신할 것 같
은데요. 풀뿌리 수준에서 일하고 있는 우리에게 뭐라고 조언하겠습니
까? 우리 자신의 삶과 공동체 안에서 돌봄의 경제학이 어떻게 드러날
수 있을까요?

우리가 처한 자리에서 최선을 다하는 것으로 시작하는 것은 어떨까요? 지
금까지 대안적인 경제학과 지역화된 경제에 대해 말했습니다. 이런 주
제들은 전환 운동(Transition Movement)에서 다루고 있는데, 이 운동은 장
소와 지역 경제 모두, 특히 지역 경제의 갱생에 관심을 가지고 있습니

다. 몇몇 곳은 자신들의 공동체 내에서 유통되는 지역 화폐를 만들어 사용합니다.

지역 화폐라고요?

가장 일반적인 모델은 지역 사회의 여러 기업이 공동의 지역 통화를 인정해주는 겁니다. 구매자들은 지정된 시설에서 그 통화로 결제할 수 있습니다. 그 통화를 사용하는 사람들은 자신들의 돈을 지역 안에 묶어두려고 애를 쓰는 것입니다. 영국에는 다수의 잘 알려진 지역 화폐들이 있습니다. 그중 토트네스 파운드(Totnes Pound)가 아마 가장 유명할 겁니다.[47] 또 어떤 곳에서는 지역 내의 식품 공급자들과 더 나은 관계를 맺기 위해, 지역 내 농부들을 지원하고 기업 농업에 대한 경제적 의존도를 줄여갑니다.

농부와 직거래하는 것이 경제를 변화시키는 행동이라는 말인가요?

그럴 수 있습니다. 아니면 공동체 공유 농업 프로그램에 가입할 수도 있습니다.[48] 하지만 이런 것들은 많은 사람이 접근하기 힘듭니다. 사람들에

---

47 참조. www.totnespound.org. 다른 지역 화폐로는 다음과 같은 것들이 있다. 브릭스톤 파운드(Brixton Pound, http://brixtonpound.org), 카와사 루니(Kawartha Loonie, 온타리오주 피터버러: http://transitiontownpeterborough.ca/Kawartha-Loon-Exchange), 캘거리 달러(Calgary Dollar, www.calgarydollars.ca); 이타카 아워즈(Ithaca Hours, www.ithacahours.com); 이타카 달러(디지털용: http://ithacash.com/#home). 여기서 약간 변형된 것이 타임뱅크다. 이곳은 통화 없이 서비스를 공유한다. https://timebanks.org/more-about-timebanking/.

48 공동체 공유 농업(Community Shared Agriculture, CSA)에서는 구매자들이 농부에게 일주

게 경작 방법을 가르치고, 학교 마당에 밭을 만들고, 신선한 음식을 구하기 힘든 곳이나 시장 접근성이 좋지 않은 곳에는 공동체 텃밭을 만드는 일들이 공정한 경쟁의 장을 만들기 시작할 것이고 충분한 식량 공급 시스템을 갖춘 경제학을 만들어낼 겁니다.

당신들은 단지 5장에서 식량 주권(food sovereignty)에 대해 말했던 것을 반복하는 것 같군요.

왜냐하면 식량, 땅, 경제학은 언제나 서로 연결되어 있기 때문입니다. 하지만 식량 주권은 그저 시작에 불과하다는 점을 덧붙이고 싶습니다. 전환 운동(Transition Movement)은 의류 관련 경제도 지역화시키는데, 사람들에게 오래된 옷을 수선하는 방법과 새로운 옷을 만드는 방법을 가르쳐줍니다. 또한 교통과 관련해서는 사람들에게 자전거를 수리하는 방법을 가르쳐주고 자전거 공유 프로그램을 포함한 지역 교통수단의 선택의 폭을 넓히고 있습니다. 어떤 곳에서는 새로운 기술 배우기 이벤트(ReSkilling event)를 개최해서 토스터부터 컴퓨터에 이르기까지 다양한 물품을 수리하는 방법을 가르쳐줍니다.[49]

일 치 혹은 한 달 치 농산물 박스 가격을 미리 지불하는데, 이로써 농부들이 초기 비용을 마련하는 데 도움을 주고 농작물이 자라는 시기의 위험과 이익을 공유한다. CSA 농산물 박스에는 야채, 허브, 꽃, 심지어 고기도 포함된다.

49 우리가 살고 있는 지역에서 자전거 수리를 가르쳐주는 사회적 지역 기업으로는 온타리오주 해밀턴에 있는 뉴호프 커뮤니티 자전거가 있고(www.newhopecommunitybikes.com), 토론토에 있는 스위치백 자전거포(www.switchbackcyclery.ca)는 조립 자전거를 만들 기회를 제공한다. 사람들이 다양한 물품을 고치도록 도와주는 공동체 사업의 한 예로 뉴욕 이타카에 픽서스 콜렉티브(Fixers Collective, http://ithacareuse.org/fixers/)가 있는데, 이곳에서는 일정 시간을 정해놓고 사람들이 들러서 다양한 물품을 고칠 수 있게 가르쳐준다. 덴버 툴 라이브러리(Denver Tool Library, http://denvertoollibrary.org)는 자전거를 포함해서 물건을 고

하지만 이런 일들은 실제로 돈이 오가지는 않지요. 그런데 어떻게 지역 경제를 활성화시킬 수 있겠습니까?

뭔가를 고칠 때마다, 혹은 지역민 누군가가 뭔가를 고칠 때마다, 혹은 지역 내 독립적인 상점에서 뭔가를 살 때마다 우리는 돈이 지역 공동체 안에서 순환되도록 만드는 것입니다. 안 그랬으면 회사에 넘어갔을 위임권을 우리가 갖는 셈이지요. 안 그랬으면 우리 공동체 밖으로 흘러나가 다른 공동체의 와해를 도왔을 돈을 우리가 쥐고 있는 것입니다. 또한 우리 공동체 안에 있는 사람들과 관계를 쌓고 있는 것입니다. 이런 일들을 할 때 우리는 탈퇴 행위를 하는 것입니다.

탈퇴라고 하면 왠지 배타적으로 보이는 게 문제입니다. 우리가 지금까지 만들어온 세계 경제는 전 세계 토착민들로 하여금 땅을 떠나 공장과 현금 작물 농장에서 일하게 만들었습니다. 이를 통해 충분하지는 않아도 그들에게 수입을 제공했습니다. 그 사람들에게 생계수단을 제공하는 농산물들을 사지 말라는 건가요? 그들을 가난하게 버려두라는 말 아닌가요?

아닙니다. 그 물건들을 사게 되면 오히려 그들을 가난하게 만들어버립니

<hr />

칠 장소도 제공하고 공구도 빌려준다. 이런 일을 실행하는 다른 공동체들을 더 알고 싶으면 다음의 책을 참조하라. Rob Hopkins, *The Transition Handbook: From Oil Dependency to Local Resilience* (White River Junction, VT: Chelsea Green, 2008); *The Transition Companion: Making Your Community More Resilient in Uncertain Times* (White River Junction, VT: Chelsea Green, 2011). 「퍼머컬처」(*permaculture*, www.permaculture.co.uk)는 거의 매호에서 이런 일들을 소개한다.

다. 지역 공동체는 이미 대기업들에 의해 파괴되었는데, 우리가 그들의 물건을 계속해서 산다면 우리는 전 세계 지역 경제를 지속적으로 파괴하도록 승인 도장을 찍어주는 셈이 됩니다. 지역을 생각한다면 지역 차원에 있는 모든 공동체(가깝든 멀든)의 건강을 위해 행동해야 합니다. 따라서 문제는 우리가 어떻게 이런 지역 공동체를 도울 수 있는지입니다. 한 가지 방법은 우리가 사용하는 물건들에 주의를 기울이는 것입니다. 우리가 산 커피가 누군가의 공동체를 가난하게 합니까? 아니면 공정무역 제품을 구입해서 그 이윤이 실제로 그 커피를 생산한 공동체를 유익하게 합니까? 옷은 어떤가요? 중고품을 사는 것이 아니라면, 새 옷을 살 때 공정한 거래를 통해 유통된 옷을 사려고 애씁니까?[50]

잠깐만요. 이런 것들이 얼마나 비싼지 아세요? 공정무역 커피며 초콜릿, 옷가지들은 대부분의 사람에게는 사치품이에요.

어떤 사람들에게는 맞는 말입니다. 그래서 아마도 이 지점에서 우리가 지난 장에서 얘기했던 제한을 실천해야 할 것 같습니다. 옷을 적게 소유하는 방법이지요. 캐나다에서 만들고 우리 지역 공동체 내의 작은 독립 가게에서 파는 새 청바지를 살 수도 있지만, 우리가 소유하는 청바지 개수를 제한할 수도 있습니다. 모든 사람이 옷가지 수를 제한한다면 어떻게 될까요? 초콜릿을 좀 덜 먹고 커피를 좀 덜 마시는 건 어떨까요?

---

50 참조. Sally Blundell, *The No-Nonsense Guide to Fair Trade,* 3rd ed. (Toronto: New Internationalist, 2013).

지금 참 불편한 말을 하는군요. 커피를 줄이라고요?

그 질문을 하시니 옛말이 생각나는군요. "모두가 하나님 나라가 오기를 원하지만, 아무도 커피를 포기하려고 하지는 않는다."

잠깐, 그건 혁명과 설거지에 대한 말 아니었나요?

맞습니다. 하지만 몇 가지 변형된 버전이 있습니다.[51] 이런 질문을 한번 해 봅시다. 이것들이 **정말** 너무 비싼가요? 몇몇 분들에게는 이런 선택이 경제적으로 불가능할 수도 있습니다. 하지만 많은 분이 휴대폰을 사고, 커피를 마시고 술집에서 친구와 맥주를 마실 수 있을 만큼 충분한 가처분 소득이 있는 것이 사실입니다. 많은 이가 공정무역 제품은 너무 비싸 다고 **말하지만**, 그들의 소비 습관을 보면 이율배반적입니다. 이것은 비판하려고 하는 말이 아니라 반복적으로 보이는 모습이라 말씀드리는 겁니다. 자신들이 가난하다 생각하고 공정무역은 너무 비싸다고 생각 하는 사람들 중에 **투자**를 하는 사람들도 있습니다.

투자를 한다고요? 글쎄요. 저한테는 해당하지 않는군요. 하지만 그래도 한 가지 질문이 더 생깁니다. 만일 제게 투자할 돈이 있다고 하면, 이 억 압적인 경제 시스템에 말려들지 않으면서 어떻게 투자할 수 있겠습니 까?

---

51 또 다른 변형으로는 "모두가 지구를 구하고 싶어 하지만, 아무도 퇴비를 쌓아두는 곳을 비우 려고 하지는 않는다"가 있다.

이에 대해서는 다른 곳에서 길게 다룬 적이 있습니다.[52] 여기서 단도직입적으로 말하면 오직 돈을 벌려는 목적으로 사용된 돈은 근본적으로 비성경적이라는 것입니다. 그런 이유로 이자를 매기는 것이 성경 본문에서는 불의와 동일시됩니다.[53] 하지만 투자하기로 결정했다면 최소한 가장 취약한 사람들의 복지와 공동체 건설에 기여할 수 있는 곳에 돈을 투자해야 합니다. 예를 들어, 저가 주택 프로젝트는 자금을 신청하는 데 필요한 예비 작업을 수행하기 위해 종종 대출이 필요합니다.[54] 아니면 여러분이 사는 지역에서 찾아본다면, 이제 막 사업이나 사회적 기업을 시작하기 위해 저금리 혹은 무이자 대출을 받으려는 사람들이 있지 않습니까?[55]

무이자 대출이요! 이자가 붙는 퇴직 연금 계좌에 돈을 넣지 않는다면 우리가 어떻게 퇴직에 대비해서 저축할 수 있겠습니까? 당신이 말하는 지역 경제를 살리는 많은 방법들이 어려워 보이지만, 이건 정말 비현실적

---

52 참고. Sylvia C. Keesmaat, Brian J. Walsh, "Outside of a Small Circle of Friends: Jesus and the Justice of God," *Jesus, Paul, and the People of God: A Theological Dialogue with N. T. Wright*, ed. Nicholas Perrin, Richard B. Hays (Downers Grove, IL: IVP Academic, 2011), 66-89. 『예수, 바울, 하나님의 백성』(에클레시아북스 역간, 2013).

53 참고. 출 22:25; 레 25:35-37; 신 23:19; 시 15:5; 겔 18:5-18. "Outside of a Small Circle of Friends"라는 글에서 우리는 눅 19:11-27이 이자를 붙이는 것을 정죄한다고 해석한다. 다음 책을 참조하라. Wright, *Jesus, Paul, and the People of God*, 66-89.

54 캐나다에 있는 이런 단체 가운데 하나로 Indwell이 있는데, 이곳은 취약 계층의 성인을 대상으로 저렴한 주택과 공동체를 제공한다. www.indwell.ca.

55 공동체 미소금융(microloan) 개념은 방글라데시에 있는 그라민 은행이 처음 개척했다. 이 개념이 전 세계로 퍼져나가 많은 지역 통화가 미소금융을 그들의 조직에 연계했다. 지역 투자 자원 센터(The Local Investing Resource Center)는 미국 내 모든 지역 투자 기회들의 목록을 제공한다. www.local-investing.com. 가장 잘 알려진 온라인 미소금융 조직은 키바(Kiva)다. www.kiva.org.

인 것 같습니다!

오늘날 유행하는 경제 관념으로 보면 맞는 말입니다. 하지만 잠시 멈춰 서서 왜 그런지 한번 생각해보셨습니까? 아마 로마서에 나오는 그런 급진적인 관대함을 실천하는 공동체가 있었다면, 우리 경제의 미래를 그렇게 걱정하지 않아도 되었을 것입니다. 하나님의 공급하심을 급진적으로 신뢰하는 경제학은 안식일 경제학, 관용과 환영의 경제학입니다.[56]

그게 어떤 모습일지 상상이 안 됩니다.

신실한 경제생활에 대해 안내해주는 자료들(성경공부에서부터 "가정 언약"[Household Covenants]에 이르기까지)이 많이 있습니다.[57] 하지만 바울이

---

56 안식일 경제학에 대해서는 다음 책을 참고하라. Sylvia C. Keesmaat, "Sabbath and Jubilee: Radical Alternatives for Being Human," *Making a New Beginning: Biblical Reflections on Jubilee* (Toronto: Canadian Ecumenical Jubilee Initiative, 1998), 15-23; Ched Myers, *The Biblical Vision of Sabbath Economics* (Washington, DC: Tell the World Press, 2001); Woodley, *Shalom and the Community of Creation* (토착적 비전의 일부로서 희년 경제학도 설명하고 있다). 다음 책도 참고하라. Michael Schut, ed., *Money and Faith: The Search for Enough* (Denver: Morehouse Education Resources, 2008). 이 책에는 돈과 그리스도인의 제자도에 대한 다양한 측면을 다룬 논문들이 다수 수록되어 있고, 이 문제와 씨름하는 그룹을 위한 스터디 가이드가 수록되어 있다. 또 "공정무역과 미소금융", "회사", "투자, 소비와 개인" 섹션에서 더 읽을 만한 참고서적들을 자세히 수록하고 있다. 다음 책도 참고하라. Byron Borger, "Reading for a Globla Perspective," *Do Justice: A Social Justice Road Map*, ed. Kirstin Vander Giessen-Reitsma (Three Rivers, MI: *culture is not optional, 2008), 69-79. 미국에서 가장 저명한 기독교 저자 중 한 명이 주석을 달아놓은 참고문헌은 엄청난 정보를 담고 있고 정말 유용한 자료다. *Do Justice*는 다음 사이트에서 구할 수 있다. www.heartsandmindsbooks.com.

57 참고. Ched Myers, Matthew Colwell, *Sabbath Economics: Household Practices* (Washington: Tell the World Press, 2007). 호주 단체인 만나 검(Manna Gum)이 기독교의 경제적 성찰들을 하나로 모아놓은 훌륭한 웹사이트가 있다. www.mannagum.org.au. 가장 흥미로운 것

시작하는 곳에서 시작하면 어떨까요? 환대의 범위를 넓히십시오. 심지어 낯선 사람에게까지 환대를 확대하십시오. 낯선 사람이 점점 적대적이 되어가는 세상에서 참으로 궁핍한 사람들을 당신의 식탁이나 당신 공동체의 식탁에 초대하는 모습을 볼 수 있습니까? 이것이 바로 성소교회, 즉 이 책을 시작할 때 소개했던 공동체에서 일어나는 일입니다. 모든 이가 음식을 먹을 수 있습니다. 모든 이가 요리를 도울 수 있고 모두 함께 먹습니다(이 공동체에는 "직원"과 "고객"이 따로 없습니다).[58] 아니면 정말 위험을 무릅쓸 의향이 있다면, 온전한 관대함을 제공하고 거처가 필요한 사람들에게 그것을 제공하십시오.

거처가 필요한 낯선 이를 어떻게 찾지요? 솔직히 제 안전이 걱정됩니다.

현재 몇몇 나라에는 거처가 필요한 사람들과 그들을 맞아들이려는 사람들을 서로 연결해주는 프로그램이 있습니다. 나이가 지긋한 사람, 젊은 사람, 중년 할 것 없이 짧게 혹은 길게 머물 장소를 찾습니다. 때로는 우정이 형성되기도 합니다.[59] 동료 중 한 명이 몇 달 전에 갑작스럽게 시리아 난민 7명을 집에 데리고 있은 적이 있습니다. 그가 자기 집을 환대의 장소로 사용한다는 것을 중개 기관이 알고 있었기 때문에 그에게 전화를 걸었습니다. 환대를 필요로 하는 사람을 찾는 것은 어렵지 않습니다. 보려고만 하면 보입니다. 하지만 꼭 자기 집에서 이 일을 할 필요는 없

은 7주짜리 "가정 언약 성경 공부 자료"를 PDF로 다운받을 수 있다는 것이다. http://www. mannagum.org.au/faith_and_economy/the_household_covenant.

58   성소교회에 대한 정보는 다음 사이트를 참고하라. http://sanctuarytoronto.ca.

59   영국에서는 이 프로그램을 Nightstop UK라고 부른다. www.nightstop.org.uk.

습니다. 캐나다에서는 교회와 모스크, 유대교 회당들이 "아웃 오브 더 콜드"(Out of the Cold) 프로그램을 통해 노숙인들에게 피난처를 제공합니다. 때로는 순환 프로그램으로 운영하여 다른 예배처를 매일 밤 돌아가며 피난처로 사용하기도 합니다.

당신이나 당신 공동체가 환대를 베풀기 어려운 상황이라면, 식사 한 끼로 시작해보십시오. 이것도 집에서 할 필요가 없습니다. 공동체 식사 프로그램을 찾아보십시오. 음식을 혼자서 먹지 못하는 사람들과 함께 먹으면서 그들의 이야기를 듣는 것으로 시작해보십시오. 그들의 필요를 곧 알게 될 것이고, 그들의 필요를 돕고자 결심하게 될 것입니다. 꼭 금전적인 도움이 아닐 수도 있습니다. 가끔 병원에 갈 때 차를 태워다 줄 수도 있고, 아이를 돌봐주는 일일 수도 있습니다. 아니면 공적인 서류 작성을 도와줄 수도 있습니다. 자신도 모르는 사이 관대함의 경제학이 여러분을 빚어가고 있다는 것을 발견하게 될 것입니다. 바울은 이것을 억압받는 자들과 함께하라는 말로 표현합니다.[60]

은퇴를 위해 돈을 저축하는 것에 대한 제 질문에 이것이 어떻게 답이 되는지 잘 모르겠습니다.

당신이 이 관대함과 환대의 길을 걷기 시작하면, 즉 아무것도 소유하지 못한 사람들로부터 배우는 길을 걷기 시작하면, 두 가지 일이 일어나는 것

---

60 다음 책에서 이러한 역동적인 일들이 어떤 모습으로 드러나는지 소개하고 있다. Bruce Longenecker, *The Lost Letters of Pergamum: A Story from the New Testament World*, 2nd ed. (Grand Rapids: Baker Academic, 2016). 『어느 로마 귀족의 죽음』(복있는사람 역간, 2012). 예수를 따르는 자들이 살아가던 1세기 공동체 모습과 그들이 서로를 어떻게 돌보았는지 잘 보여준다.

같습니다. 한편으로는 당신이 실제로 얼마나 많이 가졌는지 깨닫게 됩니다. 당신 바로 앞에 있는 사람의 필요가 당신의 가설적인 미래의 필요보다 훨씬 더 중요해집니다. 그리고 또 한편으로는 당신의 돈을 미래의 당신 자신을 위해 "투자"하기보다, 현재 다른 사람의 필요를 위해 더 잘 "투자"하겠다고 결심하게 될 것입니다.

퇴직 계좌에 투자하는 것이 일종의 쌓아두기 행위라고 말하는 것처럼 들리네요.

관점의 문제입니다. 곡식을 많이 수확하여 그 곡식과 다른 물건들을 저장하려고 더 큰 헛간을 지었던 사람의 이야기를 기억하시지요? 그는 이것을 은퇴를 위한 자금이라고 보았던 것이 분명합니다. 그는 자신에게 여러 해 쓸 물건을 많이 쌓아두었으니 평안히 쉬고 먹고 마시고 즐거워할 수 있다고 말합니다!(눅 12:19) 하지만 예수는 이것을 쌓아두기로 본 것이 분명합니다. 사실 예수는 이 사람을 탐욕스럽다고 표현하시는데, 이는 바울이 로마서 1:29에서 경제적 죄의 목록을 나열하면서 썼던 단어(*pleonexias*)와 같습니다. 이 사람과 삭개오를 비교해보십시오. 삭개오는 자신의 재산을 나누었습니다. 그는 더 이상 은퇴자금은 없었지만, 공동체로 다시 받아들여졌습니다.[61]

다시 한번 짚고 넘어가겠습니다. 지금 제 퇴직 계좌로 "공동체에 투자"하

---

61 예수님은 삭개오에게 임한 구원이 그도 역시 아브라함의 자손이라고, 즉 그가 공동체로 다시 받아들여졌다는 의미라고 말씀하신다(눅 19:9). 물론 우리 사회에서는 더 큰 헛간을 짓지는 않는다. 우리는 저장소 자물쇠를 빌려준다.

라는 말씀을 하시는 건가요?

그렇습니다. 그리고 우리는 그렇게 하는 가장 간단하고 쉬운 방법은 예수를 따르는 자들이 함께하는 식사에서 했던 것과 같은 종류의 경제적 나눔을 실천하는 것이라고 제안합니다. 당신이 환대할 수 있고, 보통은 같이 식사하지 않는 사람들과 함께 먹을 수 있는 그런 공동체를 찾으십시오. **당신**을 환대해줄 공동체를 찾으십시오! 당신의 이야기를 나누고 다른 사람의 이야기를 들으십시오. 당신의 필요를 나누고 다른 사람의 필요를 들어보십시오. 당신의 자원을 나누고 다른 사람이 당신에게 제공할 수 있는 자원을 발견하십시오.

좀 불편을 감수해야 하는 일이군요.

우리는 점점 더, 예수나 바울 누구도 우리를 편안하게 해주는 것을 찾도록 도와주는 데는 별로 관심이 없었다고 확신합니다. 하나님 나라는 삶을 편안하게 해주는 것에 관한 것이 아닙니다. 그것은 정의와 샬롬의 좀 더 급진적인 비전, 경계를 넓히는 비전, 우리 중 몇 사람을 확실히 **불편하게** 만들 비전에 관한 것입니다.

경계를 넓힌다고 하니 마지막으로 한 가지 질문이 더 생깁니다.

들어봅시다.

제가 앞서 제시된 마지막 세 장의 내용을 전적으로 납득했다고 쳐봅시다.

바울은 자신이 살던 시대의 생태적 손상에 관심이 있었다는 것과 그의 한탄과 창조세계에 대한 비전이 로마 제국에 있는 그러한 문제들에 대해 말했다는 주장에 설득되었습니다. 바울의 로마서에서는 경제 정의에 강한 강조점을 두고 있다는 것에도 설득되었습니다. 또 이 모든 것이 우리가 환경 위기와 경제적인 문제들에 대해 바울과 같은 반응을 보여야 함을 의미한다는 것에도 설득되었습니다.

설득될 것이 많네요. 지금까지 우리가 많은 독자들을 성공적으로 설득시켰는지 모르겠습니다.

아마 아닐 겁니다. 하지만 저와 몇몇 독자들은 설득되었다고 칩시다. 지금까지는 바울의 로마서에서 적어도 표면적으로는 이런 종류의 생태적이고 경제적인 관심들을 보지 못했습니다. 이런 것들은 로마서를 읽는다고 저절로 알게 되는 것이 아닌 것 같습니다. 하지만 앞선 세 장의 논의를 통해 몇몇 사람들은 바울이 정말로 이러한 생태적이고 경제적인 비전을 갖고 있었다고 동의할 것입니다.

그러면 여기서 새로운 질문이 생기지요.

맞습니다. 그럼 나라는 어떻게 되는 겁니까? 정치는 어떻게 됩니까? 우리가 돌봄이라는 지역 경제학을 실천하기 시작한다고 쳐도, 종국에는 이 모든 일에서 국가의 역할을 말하지 않고는 당신들이 말한 환경적 혹은 경제적 이슈들을 다룰 수가 없습니다.

정당한 지적입니다.

당신들의 제안 가운데 상당 부분이 정치적 행동, 정책의 변화, 공개적인 지지를 요구합니다. 적어도 국가 정도는 돼야 특정 공동체와 지역의 활동에 개입할 수 있다고 다들 생각하겠지요.

맞습니다.

그러면 로마서를 읽을 때 문제가 됩니다.

왜 그렇지요?

당신의 해석은 바울의 편지 저변에 깔린 어떤 것을 우리에게 보여주었을 수도 있는데, 로마서 13장에서는 국가에 대한 꽤나 보수적인 견해가 표면적으로 드러나 있는 것이 아닙니까? 당신이 말한 것이 사실이라면 국가에 대해서, 특히 당신이 설명하는 하나님 나라의 비전에 적극적으로 반하는 우리 정부에 대해서 우리가 가만히 수동적으로 있을 수만은 없습니다. 하지만 바울이 국가에 대해 명시적으로 말할 때 그가 그리스도인들은 법을 지키는 선한 시민이 되어야 한다고 주장하는 것이 아닙니까? 그리스도인들은 통치자들을 위해 기도하고 그들에게 순종해야 합니다. 그리스도인들은 배를 흔들지 않습니다. 당신이 지난 세 장에 걸쳐 주장한 내용을 심각하게 받아들인다면 배를 심하게 흔드는 일이 될 것 같은데요. 그래서 제 질문은 이겁니다. 국가는 어떻게 봐야 합니까?

좋은 질문이고, 로마서 13장과 전통적인 해석에 비춰볼 때 확실히 필요한 질문입니다. 그래서 이 문제에 대해서는 따로 한 장을 할애할 필요가 있습니다.

8장

팍스 로마나와
평화의 복음

로마서는 처음부터 반제국적이었다. "예수 그리스도의 종 바울"이라는 첫 표현부터 제국을 해체하는 궤도 위에 있었다. 제국이 말하는 복음, 황제의 주 됨(lordship), 제국이 제공하는 구원, 정의와 경건에 대한 제국의 주장들, 이와 더불어 평화·법·정의에 대한 제국적 개념들까지, 이 모든 것이 바울이 그 제국의 한복판에 살던 예수를 따르는 자들에게 보낸 편지에서 선포한 복음에 의해 손상되고, 뒤집히고, 결국엔 무장해제 된다.

우리의 가상 인물인 이리스와 네레오가 1세기 로마라는 상황에서 바울의 편지가 갖는 의미를 살아내려고 애썼던 것처럼, 우리도 우리가 사는 21세기의 제국적 상황에서 로마서의 의미를 살아내야 한다. 우리 시대와 모순되는 이야기와 세계관을 들려주는 이 편지가 어떻게 우리에게 소망이 될까? 절대로 또 궁극적으로 자신들의 집이 될 수 없었던 도시에 살던 기독교 공동체들에 바울의 편지가 대안적인 가정을 경험하게 해주었다면 지금 우리가 사는 세상, 즉 가정을 세우는 근간들이 파괴되고 너무나 많은 사람이 노숙자가 되고 난민이 되고 추방되는 세상에서 그의 편지는 우리가 함께 집을 세워가도록 도와주지 않을까? 바울이 로마 그리스도인들에게 창조세계의 탄식, 실제로는 제국적 파괴와 약탈 앞에서 하나님의 성령이 하신 탄식에 동참할 것을 요구한 것이라면, 오늘날 생태 위기에 처한 우리 시대의 현실에서 그러한 탄식은 어떤 모습일까? 바울이 자신이 이해한 복음을 풀어낸 그 이야기가 우리가 속한 장소, 우리의 수원, 우리의 땅에서 우리를 어떻게 형성해갈까? "바울의 편지가 하나님의 정의를 선동적으로 선포하고 있고, 하나님의 진리를 은폐하고 짓누르던 사람들의 불의(adikia)를 신랄하게 비판하고 있으며",[1] 그러한 불의는 피할 수 없이 경

---

1   Neil Elliott, *The Arrogance of Nations: Reading Romans in the Shadow of Empire* (Minneapolis:

제적 억압을 드러내는 것이 맞는다면, 바울은 우리 시대의 제도화된 경제적 불평등에 대해 무엇이라고 말하겠는가?

알다시피 제국을 무장해제 시키는 길을 걷기 시작하면, 즉 로마서의 "혁명적인" 핵심이 정의라는 것을 알게 되면, 이 강력한 편지를 개인의 구원이나 개인적인 의에 집착해서 경건을 흉내 낸 해석으로 더 이상 가둬둘 수 없다는 것을 알게 된다.[2]

그리고 앞에서 보았듯이 이 편지를 읽을 때 당시 상황에서도 그렇고 오늘날 우리의 상황에 적용할 때도 그렇고, 정치적 암시들이 있다는 것을 피할 수 없다. 실제로 바울은 편지의 시작과 끝에서 "민족들의 순종"에 대해 말한다. 우리는 이것을 하나님의 가족 안에 이방인들을 포함하는 관점에서 읽는 경향이 있지만, 그렇게 되면 바울이 말하려던 더 넓은 정치적 의미를 놓치게 된다. 바울이 편지를 시작하면서 "은혜와 사도의 직분을 받아 그의 이름을 위하여 모든 이방인 중에서 믿어 순종하게 하나니"(1:5)라고 썼을 때, 그는 의도적으로 로마와 정치적으로 충돌하는 것이 자신의 목적임을 말한 것이다. 그 이유는 모든 이방인이 순종하는 것은 이미 로마 제국의 특권이자 의제(agenda)였기 때문이다. 그런 후 바울은 편지 말미에

Fortress, 2008), 6.

2 라틴아메리카의 해방신학이 북미와 유럽의 로마서 해석보다 훨씬 앞서 있다는 것은 놀라운 일이 아니다. 이미 1971년에 José Porfirio Miranda는 정의가 바울의 메시지의 "혁명적이고 전례 없는 핵심"이라고 주장했다. 그리고 바울에 대한 "새로운 관점"(New Perspective) 훨씬 이전에, Miranda는 "바울의 복음은 수 세기 동안 개인 구원이라는 관점에서 해석되어 왔지만, 사실은 그것과 아무 상관이 없다. 바울의 복음은 세상과 사람들과 사회가 암암리에 그러나 애타게 기다려왔던 정의를 다룬다"라고 주장했다. José Porfirio Miranda, *Marx and the Bible: A Critique of the Philosophy of Oppression*, trans. John Eagleson (1971; repr., Maryknoll, NY: Orbis, 1974), 179. 『마르크스와 성서』(일월서각 역간, 1991). 비슷한 내용의 다음 책을 참조하라. Elsa Tamez, *The Amnesty of Grace: Justification from a Latin-American Perspective*, trans. Sharon H. Ringe (Nashville: Abingdon, 1993).

서 다시 한번 이방인들이 순종한다는 개념을 가지고 와서 자신의 의도를 확실히 한다. 바울은 그리스도의 복음은 바로 이사야의 예언이 성취되는 것이라고 주장하면서 편지를 끝맺는다.

"이새의 뿌리 곧 열방을 다스리기 위하여

일어나시는 이가 있으리니 열방이 그에게 소망을 두리라"

하였느니라(15:12; 사 11:10을 인용).

이 구절의 "강력한 정치적 암시"를 놓칠 수 없다.[3] 나라들의 합당한 주권자이자 주인은 황제가 아니라 바울이 선포하는 바로 그 메시아이신 주님이시다. 이 **주님**께 복종할 때 민족들은 제국이 주는 가식적인 자선이 아니라 진짜 소망을 갖게 될 것이다. 당연히 바울이 폭넓게 인용하고 있는 이사야의 말씀은 모두 가난한 자들을 위한 정의, 힘없는 자들을 위한 평등, 불의한 자들에 대한 심판, 모든 창조세계의 회복에 대한 것이다.[4]

바울은 다시 한번 순종이라는 주제를 반복하면서 이것이 이 편지의 핵심임을 확실히 한다. "그리스도께서 이방인들을 순종하게 하기 위하여 나를 통하여 역사하신 것 외에는 내가 감히 말하지 아니하노라. 그 일은 말과 행위로…"(롬 15:18). 이 복음이 갖는 정치적 함축들은 실로 너무나 선동적이고 혁명적이고 폭발적이어서, 생명을 주시는 예수의 통치를

---

3   N. T. Wright, "The Letter to the Romans: Introduction, Commentary, and Reflections," *The New Interpreter's Bible*, vol. 10 (Nashville: Abingdon, 2002), 748. 『로마서』(에클레시아북스 역간, 2014).

4   사 11:1-10. Wright는 환기시키듯이 이렇게 제안한다. "바울은 편지를 쓰는 내내 이 구절(사 11:10)을 마음에 품고 있다가 자신의 주장을 마지막으로 정리하면서 기다렸다는 듯이 꺼냈을 것이다." Wright, "Letter to the Romans," 748

인정하지 않는 권력의 주권은 다 무효화시켜버린다. 그런데 교회는 불의로 죽음을 불러오는 거짓 권력들에 도전하기보다(5:17, 21; 6:13) 정치적 순응을 선택할 때가 자주 있었다. 정치권력을 휘두르는 사람들이 "그리스도인"을 자처할 때 이러한 현상은 더욱 분명히 드러났다. 특히 정부가 스스로 기독교의 탈을 쓰고서 억압과 폭력을 휘두를 때면, 로마서 13:1-7이 바울의 정치 윤리를 요약한 것이라고 내세운다.[5] 예를 들어, 히틀러 통치하에서 이 구절은 나치 정권에 합법적인 충성을 하도록 사용되었다(본회퍼와 바르멘 선언[Barmen Declaration]은 이 구절을 이렇게 읽는 것에 반대했지만). 이와 비슷한 예로, 앨런 보삭(Allan Boesak)은 남아프리카공화국의 인종차별 정권하에서 로마서 13장이 어떻게 몽둥이로 사용되어 자신을 국가에 복종하도록 요구했는지 묘사했다.[6] 르완다에서도 교회 지도자들이 로마서 13장을 사용해서 대학살을 자행하는 정부를 무비판적으로 지지하는 것을 정당화했다.[7] 미국에서도 전쟁에 대한 명분이 아무리 약하고 통수권자의 성품이 아무리 야비해도, 그리스도인들(특히 백인, 복음주의 그리스도인들)은 로마서 13장을 계속해서 이데올로기적 합법화의 도구로 사용한다.

　　복음이 제국을 무장해제 하기보다 제국이 복음을 효과적으로 길들여 왔다. 왜냐하면 너무나 오랫동안 로마서 13:1-7을 로마서 전체의 맥락에

5　뒤에 나오는 많은 부분이 다음 글로부터 재작업된 것이다. Sylvia C. Keesmaat, "If Your Enemy Is Hungry: Love and Subversive Politics in Romans 12-13," *Character Ethics and the New Testament: Moral Dimensions of Scripture*, ed. Robert L. Brawley (Louisville: Westminster John Knox, 2007), 141-58. 허락받고 사용했음.

6　Allan A. Boesak, "What Belongs to Caesar: Once Again Romans 13," *When Prayer Makes News*, ed. Allan A. Boesak, Charles Villa-Vicencio (Philadelphia: Westminster, 1986), 138.

7　참조. Roger W. Bower, "Genocide in Rwanda 1994—An Anglican Perspective," *Genocide in Rwanda: Complicity of the Churches*, ed. Carol Rittner, John K. Roth, Wendy Whitworth (St. Paul, MN: Aegis, 2004), 41; David P. Gushee, "Why the Churches Were Complicit," Rittner, Roth, Whitworth, *Genocide in Rwanda*, 263.

서 따로 떼어내어 읽음으로써 그것이 갖는 정치적 통렬함을 제거해버렸기 때문이다. 이번 장에서는 로마서 13:1-7을 로마서 12장과 13:8-14의 더 큰 맥락 안에서 읽음으로써, 바울이 선포하는 것이 다름 아닌 로마의 정치적 권위를 무너뜨리는 정치 윤리였음을 보여주려고 한다. 바울은 유일하게 가능한 방법으로 제국을 무장해제 한다. 바로 교회로 하여금 폭력적인 정권에 맞서 일방적인 무장해제 행동을 하라고 요구하는 것이다. 평화의 복음이 **팍스 로마나**를 만난다. 잠시 후에 로마서 12장과 13장 전체를 또 다른 타르굼(targum)으로 번역해보려고 한다. 이를 통해 평화의 복음이 좀 더 최근의 **팍스 아메리카나**의 그늘 아래 살고 있는 기독교 공동체를 향해 말하는 것을 들을 수 있을 것이다.

제국의 박해

바울이 그 편지를 보낸 공동체의 상황에서 로마서 13장을 논할 때면 포위당한 공동체가 할 수 있는 것은 정치적 정적주의(quietism)뿐이었다고 강조할 때가 많다. 가장 흔한 예로 당시는 세금 폭동이 일어날 수 있는 상황이었는데, 로마의 기독교 공동체는 제국의 통치에 그런 식으로 저항하는 것에 가담하지 말라고 권유받았다고 주장된다.[8]

그러나 우리가 이전 장들에서 보았듯이 로마서의 더 큰 맥락은 바울의 청중들이 로마의 통치자들로부터 박해를 받았음을 암시한다. 그러한

---

8   참조. Christopher Bryan, *Render to Caesar: Jesus, the Early Church and the Roman Superpower* (Oxford: Oxford University Press, 2005), 78-82; Wright, "Letter to the Romans," 721.

박해는 바울이 로마서 5:3-5에서 고난을 말할 때도 저변에 깔려 있었고, 그 외에도 로마서 8장에서 사용하는 "환난이나 곤고나 박해나 기근이나 칼"(8:35)이라는 표현이나 "사망", "권세자들", "통치자들"(8:38)이라는 표현들에도 깔려 있다. 이것이 암시하는 바는 바울이 여기서 언급한 박해는 로마에서 칼을 휘두르는 힘을 가졌고, 그곳에 있던 유대 공동체에게 이미 환난이나 곤고나 박해나 기근이나 칼이 임하게 했던 통치자들과 뭔가 관련이 있다는 것이다.[9]

덧붙여서 좀 더 암시적인 증거도 제시할 수 있다. 시편에서 제국의 불의에 항의한 사람들처럼, 바울은 그리스도인 신자들을 가리켜 "아빠! 아버지!"(롬 8:15)라고 부르짖는 사람들이라고 표현한다. 이스라엘의 이야기에서 이렇게 하나님을 아버지라고 부르는 것은 고난에서 건져달라는 외침이다. 바울이 이 부르짖음에 해당하는 단어로 사용한 그리스어 동사 "크라조멘"(*krazomen*)은 고통 중에 하나님께 울부짖는 사람들을 묘사하기 위해 종종 사용되는 단어다. 가장 주목할 점은 그 단어가 바울이 로마서에서 명시적으로 인용한 시편들에서 빈번하게 사용된다는 점이다.[10] 그리고 이 책 5장에서 보았듯이 제국의 그늘 아래 사는 사람들의 탄식은 로마서 8장에서 창조세계의 탄식(8:22)과 믿는 자들의 탄식(8:23), 하나님 영의 탄식(8:26)에 반영되어 있다. 이 탄식이라는 용어는 이스라엘이 처음 제국을

9   Ernst Käsemann도 "*machaira*(칼; 8:35)는 아마도 구체적으로 처형을 의미하는 것"이라고 말한다. *Commentary on Romans*, trans. ed. Geoffrey Bromiley (Grand Rapids: Eerdmans, 1980), 249. 이 외에 다음 책들도 *diōgmos*("박해"; 8:35)는 언제나 종교적 이유로 받은 박해를 의미한다고 말한다. Robert Jewett, *Romans: A Commentary*, Hermeneia (Minneapolis: Fortress, 2007), 547, 795. J. G. D. Dunn, *Romans 9-16*, Word Bible Commentaries 38B (Dallas: Word, 1988), 505.

10 시 18:6, 41(LXX 17:7, 42); 32:3(LXX 31:3); 69:3(LXX 68:4). 이 외에도 시 4:3; 17:6; 22:5; 28:1-2; 31:22; 55:16; 61:2(LXX 60:3); 88:1, 9, 13.

경험하면서 비롯되었는데, 역사를 거치며 제국의 지배하에서 고통을 경험하면서 반복적으로 사용되었다.[11]

게다가 로마서 8:26-27에서 바울은 성령의 중보가 이루어지는 맥락을 이렇게 묘사한다. "이와 같이 성령도 우리의 연약함(astheneia)을 도우시나니"(8:26). 마이클 바르(Michael Barré)는 70인역과 신구약 중간기에 사용된 용례를 기반으로 해서 바울이 "아스테네이아"(astheneia)라는 단어를 사용해서 박해(종말론적 시련의 일부로 해석되는)를 가리킨다고 설득력 있게 주장했다.[12] 로마서 8장이 보여주는 이러한 증거는 우리가 살펴보려는 구절의 단어들을 볼 때 더욱 분명해지는데, 여기서 "너희를 박해하는 자를 축복하라"(12:14)는 요청은 이 공동체가 지금 박해에 직면해 있음을 분명히 전제한다. 따라서 바울이 로마 내의 교회 공동체에게 국가에 대해 조언하는 맥락에서 우리가 제일 먼저 알 수 있는 것은 팍스 로마나가 심각하게 과대평가되었다는 것이다. 박해받는 공동체에게는 로마 사람들이 "평화"라고 부르는 것이 오히려 폭력적인 억압으로 보였을 것이다.

하지만 맥락을 좀 더 살펴볼 필요가 있다. 누가 이 구절을 썼는지 기억할 필요가 있다. 마크 나노스가 이에 대해 가장 명료하게 말한다.

전통적인 해석들은 이 편지가 네로 통치 시기의 유대인 남성이 쓴 것이라는 사실을 제대로 잘 설명해내지 못했다. 그의 세계관은 철저히 예언자들의 글

---

11 참조. 출 2:23-24; 삿 2:18; 시 31:10; 38:9-10; 사 24:7; 30:15; 애 1:18, 21-22, 겔 21:11-12; 마카베오상 1:26; 마카베오3서 1:18. 성경에서 탄식이라는 단어에 대해 더 많은 정보를 원하면 다음 책을 참조하라. Sylvia C. Keesmaat, *Paul and His Story: (Re) Interpreting the Exodus Tradition* (Sheffield: Sheffield Academic Press, 1999), 107-10.

12 Michael Barré, "Paul as 'Eschatalogic Person': A New Look at 2 Corinthians 11:29," *Catholic Biblical Quarterly* 37 (1975): 510-12; Keesmaat, *Paul and His Story*, 120-22.

에 의해 형성되었고, 그와 동시대를 살았던 사람들이 그랬듯이 그도 헤롯과 로마 통치자들의 폭정하에서 자기 동족들이 끊임없이 망가져 가는 것을 지켜봐왔다. (로마인에 의해 십자가에 못박힌 예수를 유대인의 왕으로 선포하던 사람이 갑자기 어떤 가시적인 경고도 없이 로마의 권위를 하나님의 명령으로 돌릴 만큼 순진하다고 가정할 수 있을까?) 이 시기에는 묵시문학이 성행했는데, 로마 제국을 "바빌로니아"로 언급한 것도 이런 맥락에서다.[13]

로마서는 로마 제국의 중심에 있던 잔혹성과 폭력성을 잘 알았던 유대인 남성이 쓴 편지다. 이 유대인 남성이 이스라엘의 정의의 전통에 깊이 뿌리내린 사람이라는 점은 우리가 지금까지 살펴보았다. 그는 정당하게 권위를 인정받은 로마 공직자들에 의해 십자가에 못박혔던 예수를 따르는 사람이다.[14] 그는 제국의 한복판에 사는 사람들, 제국에 의해 박해를 당한 사람들에게 편지를 쓰고 있다. 이것이 로마서 12장과 13장의 맥락이다. 이 두 장에서 바울은 유대인과 이방인 모두를 위한 구원에 대한 자신의 소망을 설명한다. 실제로 이 구원은 민족들의 순종을 가져온다. 이에 대해 자세히 논증한 후 바울은 그리스도 안에 있는 새로운 공동체의 모습을 그려 나간다. 이 두 장에서 바울이 말하는 것(그리고 말하지 않은 것)의 뉘앙스를 이해하려고 한다면, 이 글이 쓰인 상황을 심각하게 받아들여야 할 것이다.

---

13   Mark D. Nanos, *The Mystery of Romans: The Jewish Context of Paul's Letter* (Minneapolis: Fortress, 1996), 290.

14   바울은 로마서를 쓰고 나서 "다른 주권, 다른 통치, 다른 정의"를 선포했다는 이유로 국가에 의해 체포돼서 정치범이 되었다. Tamez, *Amnesty of Grace*, 57.

제국의 "새 시대"에 도전하기

먼저 로마서 12장과 13장은 묵시적 맥락에서 쓰였다는 점에 주목해야 한다.[15] 바울은 로마에 있는 이 공동체에게 "이 시대"(12:2 저자의 번역)를 본받지 말라고 요청하면서 시작한다. 이 단어는 현시대의 모든 도덕적 타락 및 정치적 억압과 더불어 묵시적 질서를 생각나게 할 뿐 아니라, 하나님 나라가 모든 하나님의 백성을 위해 다시 한번 치유와 음식과 정의와 평화를 보장해줄 오는 시대를 생각나게 한다. 로마서 13장은 새 시대가 밝아오고 있다고 확신하며 끝맺는다. 멀리 가버린 밤과 가까이 온 낮을 대조하면서(13:12), 주의 날과 관련한 약속과 심판의 본문들을 떠오르게 한다. 이 본문들은 정치적 억압이 있는 시대에는 하나님의 백성들로 하여금 보이는 외형과는 달리 하나님이 궁극적으로 다스리는 분이고, 민족들의 이야기를 통제하는 분임을 상기시킨다. 그러므로 이런 틀 위에서 로마의 힘이 이미 약화된 맥락에 그 본문을 배치한 것이다. 박해가 있고 칼을 요구하고 악하고 적대감이 넘치는 현시대와 달리, 로마에 있는 기독교 공동체는 정의와 평화와 기쁨이 통치하는 새로운 나라의 빛 아래 살아간다(롬 14:17). 앞으로 보겠지만 이러한 전복(subversion)은 13:1에서 더욱 분명해진다.

정치적으로 억압을 받을 때는 묵시 언어가 특히 풍성해진다. 이 시대와 오는 시대의 가장 격앙된 언어는 종종 역사의 밑바닥에 있는 사람들에게 그들을 억압하는 자들은 알지 못하는 더 깊은 실재에 대한 비전을 제공하는 생생한 상징주의를 동반한다. 따라서 로마 공동체에게 바울이 종말론적 소망을 생각나게 한 것은 (앞으로 살펴보겠지만) 그들이 공동체 생활을

---

15   Wright, "Letter to the Romans," 701.

공유할 수 있을 것이라는 의미였다. 이 공동체적 삶은 로마 같은 제국의 한복판에 사는 사람들에게는 보통 직관에 반하는 것으로 여겨졌지만 십자가에 못박힌 메시아를 진심으로 따르는 자들에게는 완전히 말이 되는 삶이었다.

또한 "이 시대"라는 말은 아우구스투스가 수년 전 시작했다가 네로 시대에 다시 부활한 "새로운 시대"를 생각나게 한다. "아우구스투스 시대처럼, 황제의 즉위라는 '복음'은 로마 사람들뿐 아니라 제국의 자비로운 날개 아래로 들어갈 만큼 운이 좋은 모든 사람을 위해 '황금시대'의 회복을 선포했다."[16] 여기서 바울의 언어는 분명히 하나님의 통치라는 다가오는 나라의 빛 안에서 이 새로운 황제의 시대를 심판한다. 이 다가오는 나라에서는 황제의 통치가 아닌 십자가에 못박힌 메시아에 의해 정의와 평화가 이루어진다. 그 결과 바울은 역사에 대한 하나님의 통치라는 분명한 암시뿐 아니라, 로마에 있는 그 공동체로 하여금 그들의 공동체적 삶을 이루시는 분이 누구인지를 기억하고 황제의 새 시대와 그것이 상징하는 모든 것을 거부하라고 요청하면서 이 부분을 시작한다.

---

16 Neil Elliott, "Paul and the Politics of Empire," *Paul and Politics: Ekklesia, Israel, Imperium, Interpretation; Essays in Honor of Krister Stendahl*, ed. Richard A. Horsely (Harrisburg, PA: Trinity Press International, 2000), 37. 아우구스투스에 의해 시작된 새 시대에 대해서는 다음 책을 참조하라. Paul Zanker, *The Power of Images in the Age of Augustus*, trans. Alan Shapiro (Ann Arbor: University of Michigan Press, 1990), chap. 5.

변형된 정치적 통일체

로마서 12장과 13장 전체는 또한 몸이라는 지배적인 비유로 이루어져 있다. "복음"(*euangelion*)이 제국적 의미를 담고 있었듯이, "몸"(*sōma*)도 제국의 정치적 통일체(body politic)를 지칭하기 위한 용어로 채택되었다.[17] 그러나 바울의 언어는 다시 한번 로마의 정치적 통일체에 도전장을 내민다. 황제가 머리가 되는 몸은 모든 다른 구성원들이 위계적인 제국의 질서 안에서 각자에게 맞는 영역에 거주할 때에만 기능을 발휘하는 반면, 바울이 설명하는 그리스도의 몸으로서의 로마 기독교 공동체는 각 구성원이 하나님이 그들에게 주신 은사를 서로 공유할 때 제대로 기능하는 몸이다.[18] 그러나 이러한 은사들은 부(wealth)나 신분과는 아무 관계가 없고 예언, 섬김, 가르침, 관용, 지원, 자비로운 행위와 전적으로 관계가 있다.[19]

더욱이 개인이 황제에게 희생을 요구받고 황제의 필요에 따라 자신

---

17 Richard A. Horsley, *1 Corinthians* (Nashville: Abingdon, 1988), 171. 몸과 도시 국가의 유사성을 보여주는 자료들이다. Marcus Aurelius, *Meditations* 2.1; 7.13; Epictetus, *Dissertationes* 2.10.3-4; Seneca, *Epistulae morales* 95.52; Livy, *History of Rome* 2.32. 마지막 예로, 몸의 비유는 평민들이 반란 계획을 세웠던 것을 회개하게 하려고 원로원 의원들이 사용했다. 따라서 이 비유는 통치 계급이 국가에 대한 자신들의 시민으로서의 의무를 계속해서 수행하는 것을 확실히 하는 도구로 사용되었다. Wright, "Letter to the Romans," 710. 여기서도 다음의 목록이 열거된다. Plato, *Republic* 462c-d; Plutarch, *Aratus* 24.5; *Marcius Coriolanus* 6.2-4.

18 참조. Halvor Moxnes, "The Quest for Honor and the Unity of the Community in Romans 12 and in the Orations of Dio Chrysostom," *Paul in His Hellenistic Context*, ed. Troels Engberg-Pederson (Edinburgh: T&T Clark, 1994), 225.

19 바울은 고전 11:17-12:31에서 비슷한 대조를 하고 있다. Bruce Winter는 이렇게 말한다. "따라서 바울은 수 세기에 걸쳐 지켜온 계급을 기반으로 한 로마의 자기 정의를 하나님이 주신 은사(남을 유익하게 하거나 남의 필요에 쓰라고 주신)를 기반으로 하는 이 반문화적인 자기 평가로 전복시켜버렸다." Bruce Winter, "Roman Law and Society in Romans 12-15," *Rome in the Bible and the Early Church*, ed. Peter Oakes (Grand Rapids: Baker Academic, 2002), 79.

의 몸도 희생해야 하는 제국의 정치적 통일체 안에서, 바울은 로마 그리스
도인들에게 그들의 몸을 하나님이 받으실 만한 거룩한 산 제물로 드리라
고 요청하는데, 이것이 그들이 드릴 "합당한 예배"라고 말한다.[20] 한편으
로 이것은 캐서린 그리브(Katherine Grieb)가 지적하듯이 "자신의 몸을 주
인의 처분에 맡긴다는 군사적 비유"인데, 바울은 로마서 6:12-23에서 세
례 받은 자를 설명하면서 이 비유를 길게 사용한다.[21] 또 한편으로 이것은
희생이라는 제의적 언어이기도 하다. 두 경우 모두 로마의 그리스도인 공
동체에게는 정치적 의미인 것이 분명하다. 그들은 더 이상 제국을 위해 희
생하지 않는다. 그들은 자신들에게 희생을 요구하는 정치적 통일체에 속
해 있다고 생각하지 않는다. 오히려 그들은 그리스도 안에서 한 몸이고 메
시아이신 예수, 즉 그 주님으로 옷 입는다(13:14). 그래서 이 구절은 그들
이 예배하는 주, 즉 황제가 아니라 예수의 이름을 강조하면서 끝맺는다.[22]

명예 체제 약화하기

더 나아가 바울은 이 공동체에게 제국을 유지하던 시민혜택(civic
benefaction) 패턴과 후견인-피후견인(patron-client) 시스템을 움직여가는

---

20   바울이 여기서 언급한 "합당한 예배"와 롬 1:18-32에서 비판하고 있는 로마인들의 방탕
     하고 과도한 예배를 대조한 내용은 다음 책을 참조하라. Elliott, "Paul and the Politics of
     Empire," 39.

21   A. Katherine Grieb, *The Story of Romans: A Narrative Defense of God's Righteousness* (Louisville:
     Westminster John Knox, 2002), 118.

22   *Christianoi*라는 용어가 예수를 따르는 자들에게 적용되고 있는데(예. 행 11:26), 이 용어가
     갖는 정치적 속성에 대해서는 다음 책을 참조하라. Winter, "Roman Law," 70-74.

명예/수치의 역학을 거부하라고 요청한다. 칭찬과 명예에 대한 대가로 후원을 얻는 후견인-피후견인 관계는 로마 사회에서 사회적 결집력과 통제를 가능케 한 강력한 수단이었다. 개인적 관계에 깊이 스며들어 있던 이 역학은 거시적인 차원에서도 작동했다. 즉 황제는 자신을 높이는 사람들에게 유익을 하사하는 궁극적인 후원자였다.[23] 후견인-피후견인 관계를 위한 구성 요소였던 지위와 명예에 기반한 복잡한 관계 체계를 뒤집어엎으면서, 바울은 그 공동체의 각 구성원들에게 스스로에 대해 마땅히 생각할 그 이상으로 생각하지 말라고 조언한다(12:3). 이것은 누구나 자신을 최대한 높여야 하고 그래야 다른 사람도 그 지위를 밀어준다고 생각하는 사회에서는 직관에 반한다. 반대로 바울은 기독교 공동체에게 가족 간의 사랑으로 서로를 사랑하고, 존중을 **받는 것이** 아니라 존중을 **보여주는 일에** 열심을 내라고(12:10) 요청한다. 그리고 이렇게 서로 존중하는 것이 얼마나 반제국적인지 그들에게 확실히 알리기 위해 다음과 같이 덧붙인다. "높은 데 마음을 두지 말고 도리어 낮은 데 처하며"(12:16). 이는 "억압받는 자들과 함께하라"로 번역하는 것이 더 나을 것이다. 그들이 서로에게 보여주어야 할 존중은 이미 어느 정도 지위를 가진 사람들에게 부여되는 그런 존중이 아니다. 이것은 낮은 데 처한 자들, 즉 로마 사회에서 전통적으로 존중을 받지 못하던 자들에게 보내는 존중이다.[24] "바울이 '너무 높게 생각하지 말라'고 권고한 것은 개인의 성품에 대한 것이 아니라, 서로 다른 지위에 있는 개인들이 맺고 있는 모든 관계의 시스템을 두고 한 말이

---

23 황제가 최고의 후원자가 되는 것에 대해서는 다음 책을 참조하라. Andrew Wallace-Hadrill, "Patronage in Roman Society," Andrew Wallace-Hadrill, ed., *Patronage in Ancient Society* (New York: Routledge, 1989), 84.

24 물론 이것은 바울이 고전 12장에서 주장하는 바로 그 내용이다. 고전 12장은 롬 12장의 확장판이다.

다."[25] 이 모든 구절에서 명예와 특권 위에 세워진 로마 황제의 제국과 낮은 자를 일으켜 세우고 섬김 위에 세워진 메시아의 왕국을 대비시키고 있는 것이 분명하다. 앞으로 보겠지만 이러한 대비는 로마서 12장과 13장 전체에 스며들어 있다.

제국적 폭력인가, 아니면 대적 축복하기인가?

바울은 로마서 12:14-21에서 13:1-7에 나오는 로마 국가와 정면으로 배치되어 보이는 방식으로 이 새로운 정치적 통일체의 모습을 묘사한다. 바울은 연속적으로 강한 권면을 하면서 이 그리스도의 몸이 하는 일은 로마 사회뿐 아니라 이스라엘의 전통적인 소망과도 다르다는 것을 보여준다. 이것은 12:14에서 분명히 나타나는데, 여기서 바울은 "너희를 박해하는 자를 축복하라. 축복하고 저주하지 말라"고 말한다.

　　앞에서도 보았듯이 로마서 전체에서 바울은 탄원 시편들을 종종 인용하고 반복한다. 하지만 이 시편들을 다르게 사용한다. 이 시편들은 하나님의 정의와 신실함이 그분의 백성에게 임하는 증거로써 그 대적들이 처참하게 전복될 것을 요청하는 반면, 바울은 하나님의 정의를 그 대적들이 처참하게 죽는 것으로 끝내는 대신 억압하던 자들이 구원받고 민족들이 순종하는 모습으로 그려낸다. 바울은 이 시편들이 요청하는 응징을 강화하지 않고, 오히려 다른 유형의 메시아(죽음의 고통을 겪음으로써 정복자를 능

25　Moxnes, "Quest for Honor," 222. 이 글에서 Moxnes는 그리스와 헬레니즘 철학과 문학에서 *hybris*의 맥락을 철저히 연구한다.

가하셨고 그 공동체에게 비슷한 윤리를 요구하시는 예수)를 모델로 하는 공동체를 그려낸다.[26] 그래서 로마서 12:14에서는 칼의 힘과 대적의 멸망으로 성취된 "정의"를 거부하고, 이와 반대로 억압을 가한 자들까지도 축복하는 공동체가 되라고 요구한다. 이렇게 하는 것이 로마의 불의를 무장해제 하는 것이다.[27]

몇 구절 뒤에 나오는 바울의 말이 적에게 폭력적인 복수가 예정되어 있다는 의미라고 주장하는 이들이 있다. "내 사랑하는 자들아, 너희가 친히 원수를 갚지 말고 하나님의 진노하심에 맡기라. 기록되었으되 '원수 갚는 것이 내게 있으니 내가 갚으리라'고 주께서 말씀하시니라"(12:19). 그러나 바울은 곧 이어서 이렇게 말한다. "네 원수가 주리거든 먹이고 목마르거든 마시게 하라. 그리함으로 네가 숯불을 그 머리에 쌓아놓으리라"(12:20). 이 구절들을 좀 더 면밀하게 살펴보려고 하는데, 이로써 팍스 로마나와 그리스도의 평화가 어떻게 다른지 구체적으로 볼 수 있을 것이다.

이 구절들은 구약을 배경으로 한다. 로마서 12:20은 잠언 25:21-22과 매우 흡사하다.

> 네 원수가 배고파하거든 음식을 먹이고
> 목말라하거든 물을 마시게 하라.
> 그리 하는 것은 핀 숯을 그의 머리에 놓는 것과 일반이요
> 여호와께서 네게 갚아주시리라.

---

26 롬 8:37; 15:3.
27 참조. Sylvia C. Keesmaat, "Crucified Lord or Conquering Saviour: Whose Story of Salvation?," *Horizons in Biblical Theology* 26, no. 2 (2004): 69-93.

잠언 25장의 몇 구절 앞에 다음과 같은 권고가 나온다. "오래 참으면 관원도 설득할 수 있나니 부드러운 혀는 뼈를 꺾느니라"(25:15). 또 몇 구절 뒤에는 이런 구절이 나온다. "꿀을 많이 먹는 것이 좋지 못하고 자기의 영예를 구하는 것이 헛되니라"(25:27). 로마서 12:10("서로 우애하고 존경하기를 서로 먼저 하며"), 12:21("악에게 지지 말고 선으로 악을 이기라"), 잠언 25장이 같은 주제를 다루고 있다는 점을 볼 때, 바울이 이 잠언 말씀을 계속 생각하고 있었다는 것을 알 수 있다. 잠언 25장은 분명히 정치적인 맥락에서 칼로 설득하려는 통치자를 참으라고 조언한다. 바울도 이와 비슷한 상황에 처해 있었을 것이다. 또한 이와 비슷한 맥락에서 잠언은 로마 사회에 만연하던 일종의 지위를 추구하는 일, 즉 바울이 대놓고 도전하던 그 일을 정죄하고 있다.[28]

이 구절에 대해 두 번째로 가능한 구약의 참고 구절은 열왕기하 6:8-23에 나오는 엘리사와 아람의 군대 이야기다.[29] 당신이 잘 알고 있는 이야기일 것이다. 하나님이 아람 군대의 눈을 멀게 하신 후, 엘리사는 그들을 사마리아에 있던 이스라엘 왕에게로 이끈다. 주님이 그들의 눈을 뜨게 하자 이스라엘 왕은 엘리사에게 묻는다. "내 아버지여, 내가 치리이까? 내가 치리이까?"(6:21) 엘리사가 대답한다. "치지 마소서. 칼과 활로 사로잡은

---

28 Marva Dawn은 "그리 하는 것은 핀 숯을 그의 머리에 놓는 것과 일반이요"라는 구절의 의미를 파고들어 잠언의 이 구절들이 이집트에서 기원했다고 주장한다. 머리에 핀 숯을 놓는다는 것은 회개의 상징이다. 따라서 적에게 친절을 베푼다는 것은 적이 회개하도록 하는 방법일 수 있다. 밑에서 살펴보겠지만 이것은 이 구절들에서 왕하 6장에 대한 가능한 암시와 잘 맞아떨어진다. Marva Dawn, *Truly the Community: Romans 12 and How to Be the Church* (Grand Rapids: Eerdmans, 1992), 283. 다음 책도 참조하라. Jewett, *Romans*, 777. 비교. Gordon Zerbe, "Paul's Ethic of Nonretaliation and Peace," *The Love of Enemy and Nonretaliation in the New Testament*, ed. Willard M. Swartley (Louisville: Westminster John Knox, 1992), 196.

29 참조. Grieb, *Story of Romans*, 122.

자인들 어찌 치리이까? 떡과 물을 그들 앞에 두어 먹고 마시게 하고 그들의 주인에게로 돌려보내소서." 이야기는 계속된다. "왕이 위하여 음식을 많이 베풀고 그들이 먹고 마시매 놓아 보내니 그들이 그들의 주인에게로 돌이기니라"(6:22-23).

이 이야기에서 몇 가지 눈에 띄는 부분이 있다. 먼저 이 군대는 엘리사 개인의 입장에서도 대적이었고(그들이 이스라엘에 온 이유는 결국 왕의 명령으로 엘리사를 잡으려는 것이었다) 정치적 의미에서도 이스라엘의 대적이었다. 그들은 엘리사가 계속해서 이스라엘 사람들에게 아람 군대의 위치를 노출시켰기 때문에 그를 잡으려고 했다. 여기서 분명 정치적인 상황에 있는 적들에게 음식과 음료를 제공한다. 그 결과 또한 정치적인데 왜냐하면 "이로부터 아람 군사의 부대가 다시는 이스라엘 땅에 들어오지 못했기" 때문이다(왕하 6:23). 그런 행동의 결과는 평화다. 칼을 통한 유혈사태 없이 평화가 이루어진다.

이 구절에서 또 한 가지 놀라운 점은 아람 군사들을 죽이고 싶어 하는 왕에게 엘리사가 보인 반응이다. "칼과 활로 사로잡은 자인들 어찌 치리이까?"(왕하 6:22) 이 질문에 함축된 의미는 "하나님이 그들을 사로잡았다"는 것이다. 그리고 하나님만이 이 적들을 죽일 수 있다는 의미다. 그런데 기대와 달리 하나님은 그들의 시력을 회복시킨 후에 그들을 죽이지 않으신다. 대신 하나님의 사람은 큰 잔치를 열어 그들 앞에 음식과 음료를 차려주고 그들을 집으로 돌려보낸다. 메시지는 분명하다. 이스라엘 왕의 충동은 적들을 파멸시키는 것인 반면, 하나님의 방법은 음식과 음료를 제공하는 것이다. 그리고 평화를 가져오는 것이 하나님의 방법이다.

이 이야기가 로마서 12:19-20의 배경이라면, 이 구절이 담고 있는 정치적 색채는 선명해진다. 전쟁 상황에서 하나님은 모순적이게도 대적에게 관대한 방법을 선택하셔서 평화를 가져오신다. 게다가 하나님의 "복수"는 모든 폭력적인 보복을 전복시키는 것으로 밝혀지는데, 이는 하나님의 복수는 제국의 폭력을 닮지 않았기 때문이다. 이것이 20절에서 바울이 한 "아니라!"의 힘일 것이다. 바울은 하나님의 복수에 대해 쓰는 대신 "아니다. 그런 방식이 아니다. 적들을 대적으로 여기지 말고 관대하게 환대하라"고 말한다. 물론 이것은 바울이 로마서 5:8-10에서 주장한 것과 일맥상통한다. "**우리가 아직 죄인 되었을 때에** 그리스도께서 우리를 위하여 죽으심으로 하나님께서 우리에 대한 자기의 사랑을 확증하셨느니라. 그러면 이제 우리가 그의 피로 말미암아 의롭다 하심을 받았으니 더욱 그로 말미암아 진노하심에서 구원을 받을 것이니 곧 **우리가 원수 되었을 때에** 그의 아들의 죽으심으로 말미암아 하나님과 화목하게 되었은즉 화목하게 된 자로서는 더욱 그의 살아나심으로 말미암아 구원을 받을 것이니라."

리차드 헤이스(Richard Hays)는 이렇게 주석을 단다. "하나님은 적들을 어떻게 다루시는가? 그들을 죽이기보다 그들을 위해 아들을 죽게 내어주신다고 바울은 선포한다.⋯그렇다면 그리스도 안에서 삶이 재정립된 사람들은 하나님이 적들을 다루시는 방식으로 그들을 다루어야 하는 것이 분명하다."[30] 그리고 엘리사 이야기가 분명히 전하듯이 하나님이 대적을 다루시는 방법은 이스라엘 역사 초기부터 예수의 죽음에 이르기까지 일관되게 보인, 예상을 뛰어넘는 사랑의 길이었다.[31] 로마서 12장에서 바울은 예수가 대적들을 위해 죽으셨다는 점을 암시한다. 그리고 로마 공동

---

30   Richard B. Hays, *The Moral Vision of the New Testament: Community, Cross, New Creation; A Contemporary Introduction to New Testament Ethics* (San Francisco: HarperSanFrancisco, 1996), 330.
31   이스라엘 성경에서 이것이 대적을 다루는 **유일한** 방법이라고 말하는 것은 아니다. 그러나 이것이 예수와 바울 둘 다 확신하고 발전시키고 있는 주제의 흐름이다.

체는 자신들을 박해하는 사람들을 위해 복이 되라는 요청을 받는다.

정복을 통해 평화를 이루려는 제국의 방법을 거부하기

로마서 전체에서 바울은 제국적 정복을 통해서가 아닌 메시아가 고난받는 것을 통해 오는 평화의 복음을 선포한다. 이것이 로마서 8장에서 가장 잘 표현되어 있다는 것을 살펴보았는데, 거기서 고난받는 공동체에 대한 하나님의 반응은 그들의 대적에게 복수하는 것이 아니라 성령의 탄식(8:26)과 그 아들의 죽음(8:32) 안에서 그들의 고통과 철저히 연합하는 것이었다. 또한 로마서 8:37에서 이 연합으로 인해 "넉넉히 이기는" 공동체가 된다고 말한다.[32] 이 문단의 전체적인 역학은 누가 희생자고 누가 정복자인지를 구분하던 전통적인 범주를 거부한다. 죽으셨다가 부활하신 메시아가 하나님 우편에 앉으신 분이기에, 고난받는 자들은 정복당한 자들이 아니라 오히려 정복한 자들이 된다. 바울은 이스라엘과 로마 양측이 수용하던 범주, 즉 승리라는 제국적 범주를 거부하고 고난받는 사랑이라는 길로 대체한다. 제국의 폭력에 반응하는 길은 그것을 참는 것이며, 참으면서 그들도 예수의 가족의 일부이고 그래서 하나님의 사랑에서 분리될 수 없는 사람들임을 드러내는 것이다(8:17, 29). 이런 사랑으로, 이런 "다함 없는 연대"로써 로마 그리스도인들은 그들을 박해하는 자들의 손에서 당하

---

32   이 문단의 나머지 내용은 Sylvia Keesmaat의 글을 기반으로 한다. "The Psalms in Romans and Galatians," *The Psalms in the New Testament*, ed. Steve Moyise, Maarten J. Menken (New York: T&T Clark, 2004), 151-52.

던 고난을 참을 수 있게 된다.[33]

이런 관점에서 볼 때 로마에 있는 기독교 공동체가 "모든 사람과 더불어 화목하고"(12:18) "아무에게도 악을 악으로 갚지 않는 것"(12:17)은 놀랄 일이 아니다. 이런 방식으로 그 공동체는 "악에게 정복당하지 않고 선으로 악을 정복"(12:21 저자의 번역)할 것이고, 그 결과는 평화일 것이다. 다시 한번 바울은 정복자의 언어에서 폭력적인 힘을 빼버린다. 팍스 로마나는 로마가 거둔 최고의 성과 중 하나로 여겨졌다. 그러나 로마의 평화는 대적을 폭력적으로 억압하고 그 통치에 저항하던 사람들을 잔인하게 내리눌러서 얻은 것이었다. 이러한 대조는 바울이 12:21에서 "정복하다"라는 동사를 사용함으로써 더욱 강조된다. 대적을 정복한다는 말은 승리의 여신인 빅토리아(Victoria)와 연합하여 사용되었다. 로마인들에게 평화는 승리를 통해서만 왔다.[34] 그러나 바울에게 악은 군사적 승리에 의해서 극복되는 것이 아니었다. 오히려 선으로 정복했을 때 악은 무장해제 된다.

로마서 12장 끝부분에서 바울은 이 공동체가 메시아이신 예수를 통해 오는 평화를 담아낼 매우 구체적인 방법들을 소개한다. 그 방법 중 하나가 계급, 명예, 수치에 뿌리를 둔 위계질서에 의해 만들어진 구분들(낮은 계급에서도 이 위계질서로 구분했다)을 끝내는 것이다. 이것만으로도 그 공동체를 부정적인 시각으로 볼 수 있었다. 하지만 예수를 따르는 자들의 공동체는 급진적인 형태의 환대를 행하도록 요청받았다. 즉 자신들의 계급과 명예를 지지하기 위한 의도된 환대가 아니라 억압받는 낯선 이들과 심

---

33 어둠을 변화시키는 데 있어서 하나님과의 "끊임없는 연대"가 갖는 중요성은 다음 책에서 논의된다. Walter Brueggemann, *The Message of the Psalms: A Theological Commentary* (Minneapolis: Augsburg, 1984), 12.

34 Jewett, *Romans*, 779.

지어 대적과 억압하는 자까지도 포용하기 위해 집안의 경계를 넘어서는 환대를 하라는 요청을 받았다. 하나님이 십자가에서 증오를 무장해제 하고 화해시키셨던 것처럼(롬 5:10), 이 공동체도 관대한 환대, 음식과 음료를 적과 나누는 행동을 통해 악을 정복하고 무장해제 시켜야 한다. 이것이 로마와는 다른 평화를 이루는 길이었다. 그리스도의 몸과 로마의 정치적 통일체가 평화를 획득하는 방법이 이렇게 대조적이라는 사실이 로마서 13:1-7에서 더욱 강조된다.

로마의 신적 권위를 탈신화화하기

로마서 13:1("각 사람은 위에 있는 권세들에게 복종[hypotassesthō]하라")의 어휘가 골로새서 3:18("아내들아, 남편에게 복종[hypotassesthe]하라")과 에베소서 5:21("피차 복종[hypotassomenoi]하라")에서 사용한 어휘를 그대로 따라하고 있다는 점이 놀랍다. 골로새서와 에베소서 모두 고대 로마 사회구조의 근간을 형성했던 권위주의적인 가부장적 구조를 와해시키는 요소들을 가지고 있는 것으로 여겨진다.[35] 이 구절도 비슷한 역학을 담고 있다. 복종하라는 바울의 요구는 먼저 현존하는 위계질서 안에서 자신의 자리에 복종

---

35 골로새서에 대해서는 다음을 참조하라. Brian J. Walsh, Sylvia C. Keesmaat, *Colossians Remixed: Subverting the Empire* (Downers Grove, IL: IVP Academic, 2004), 11장. 『제국과 천국』(IVP 역간, 2011). Philip H. Towner는 이 구절이 가정 규례 전통의 모든 특징을 가지고 있다고 말한다. Philip H. Towner, "Romans 13:1-7 and Paul's Missiological Perspective: A Call to Political Quietism or Transformation?," *Romans and the People of God: Essays in Honor of Gordon D. Fee,* ed. Sven K. Soderlund, N. T. Wright (Grand Rapids: Eerdmans, 1999), 159.

해야 할 필요가 있다고 제안한다.[36] 두 번째로 그 구절을 계속 따라가다 보면, 그러한 복종이 여러 가지로 해석 가능하다는 것이 분명해진다. 그 바로 다음 문장은 반복적으로 나오는 묵시적 주제를 들려준다. 즉 통치자들이 힘을 가질 수 있는 것은 오직 하나님이 주셨기 때문이라는 것이다. 억압을 받는 시기에도 이러한 주장을 함으로써 비록 제국(많은 경우 악한)이 통치하는 것처럼 보여도 정말로 주관하시는 분은 하나님임을 굳게 내세울 수 있었다(예. 단 2:21). 바울은 처음부터 신적 권위를 자처하는 로마의 기반을 약화시키고 있다. 로마에 권위를 부여한 것은 로마의 덕도 아니고 로마의 신들도 아니다. 모든 권위는 예수 그리스도의 하나님, 즉 로마가 유대인들과 그리스도인들을 똑같이 박해하면서 거부하던 바로 그 하나님 안에 뿌리를 두고 있다. 이것은 로마의 통치에 신적 승인을 제공하는 것과는 거리가 멀다. 오히려 제국의 권위를 상대화하는 것이다. 그 결과 "로마서 13장은 오만하고 자신을 신격화하는 통치자들의 지위를 심각하게 강등시킨다. 전체주의를 강화하는 것이 아니라 오히려 와해시킨다."[37]

루이제 쇼트로프(Luise Schottroff)는 제국이 요구하던 충성심을 보여주는 맥락으로 이 구절을 해석한다. 그리스도인은 통치 권력자에게 충성해야 한다. 하지만 그렇다고 제국의 신들을 숭배하거나 황제에게 무릎을 꿇어야 한다는 의미는 아니다.[38] 쇼트로프는 이렇게 지적한다. "갈등이 생긴 경우…로마서 13:1-7은 로마 권력자들의 눈에서 보면 충분하지 않았다.

36 Wright에 따르면 "그 단어는 군대에서 사용하는 말과 동일하다. 군대에서 개인은 자신의 계급에 맞는 자리에 있어야 한다." Wright, "Letter to the Romans," 720.

37 Wright, "Letter to the Romans," 719.

38 Luise Schottroff, "'Give to Caesar What Belongs to Caesar and to God What Belongs to God': A Theological Response of the Early Christian Church to Its Social and Political Environment," Swartley, *Love of Enemy*, 228-29.

왜냐하면 그 지점에서는 로마의 신들에 대한 긍정적인 인정이 있어야 했기 때문이다. 로마 종교정책의 맥락을 고려한다면, 로마서 13:1-7은 로마 종교정책의 분명한 특징을 상실한 채 종속 국민이 로마에 보여주어야 할 긴 충성심 목록의 연장선으로 말하고 있다."[39] 바울은 이 구절에서 로마에 복종하는 것을 찬성하는 것으로 **보인다**. 그러나 로마의 권위를 더 높은 하나님의 권위 아래에 놓음으로써 제국의 권위를 시작부터 약화시키고 있다. 주이트가 말한 대로다. "로마의 신들을 덮고 있던 신성한 덮개가 벗겨졌다."[40] 아니면 속된 말로 황제가 벌거벗은 임금님이 된 것이다.

---

39 Schottroff, "'Give to Caesar,'" 229.

40 Robert Jewett, "Response: Exegetical Support from Romans and Other Letters," *Paul and Politics: Ekklesia, Israel, Imperium, Interpretation*, ed. Richard A. Horsley (Harrisburg, PA: Trinity Press International, 2000), 65. Jewett, *Romans*, 790. 내용은 다음과 같다.

> "로마의 통치자들이 예수 그리스도의 아버지이신 하나님께 권위를 받았다고 말하게 되면, 그들이 진리를 억눌렀음을 폭로하면서 로마 시민의 제의 전체를 뒤집어엎게 된다. 본디오 빌라도의 명령으로 그리스도가 십자가에 못박혀 순교당한 사건에 로마 시민의 제의가 관여되었다는 사실은 클라우디우스 칙령을 직접 경험해서 온건한 법치주의를 확립했다는 로마의 주장의 공허함을 아는 롬 13장의 독자에게는 잊을 수 없는 것이었다. 로마서 처음 여덟 장이 다각도로 율법을 비판하고 있는 것은 어찌 보면 당연하다. 팍스 로마나가 가장 자랑스러워하던 제도인 법의 통치를 여기서 언급하지 않은 이유가 이것이다. 법을 강화시키는 자신들의 시스템이 구원을 가져왔고 유스티티아와 클레멘티아 신이 통치하는 가운데 일종의 메시아적 평화가 임했다는 로마의 선전은 전혀 설득력이 없다. 황제나 로마의 신들이 아닌 그리스도만이 율법의 완성이시고(10:4)…그러므로 정부의 권위에 복종하는 것은 통치자들 자체를 존중하는 것이 아니라 그들 뒤에 서 계신 못박히신 신을 존중하는 표현이다."

예수의 정치적 통일체가 제국의 칼을 만나다

바울은 제국의 모습을 설명하면서 그것이 기독교 공동체라는 정치적 공동체 및 그들의 자아 인식과 전적으로 다르다는 점을 분명히 한다. 알다시피 바울은 두려움, 분노, 폭력, 피 흘림으로 이루어진 정치체제와 예수 그리스도를 기반으로 하는 사랑, 축복, 돌봄, 비폭력의 정치체제를 대조한다. 그러나 여기서 한 가지 기억할 것은 네로 황제는 자신의 제국이 칼로 얻어진 것이 아니라고 자랑했고 자신이 통치하던 시기가 아우구스투스 황제의 황금시대를 다시 열었다고 자랑스러워했다는 점이다. 네로의 자기 이해와 공식적인 선전 속에서 네로의 시대는 전례 없는 평화의 시기였다. 사실상 네로의 통치하에서 칼은 "과거의 기이한 유물"[41]이 되었다고 여겨졌다. 그러나 바울과 로마 유대인들과 기독교 공동체는 다른 경험을 하고 있었다. 제국의 칼이 가동되지 않는 것이 아니었다. 그 칼은 네로의 정치적 통일체에 복종하지 않는 사람들의 몸을 계속해서 찌르고 있었다. 제국의 거짓된 선전에 맞서 바울은 로마서 13:1-7에서 "엄중한 경고를 드러낸다. 제국의 칼은 가동을 멈춘 것이 **아니다**. 그것은 계속해서 파멸과 피 흘림으로 위협한다"[42]고 말한다.

또한 이와 비슷하게 로마의 통치는 "두려움"을 유발하는 통치이고

---

41 Neil Elliott, "Romans 13:1-7 in the Context of Imperial Propaganda," *Paul and Empire: Religion and Power in Roman Imperial Society*, ed. Richard A. Horsely (Harrisburg, PA: Trinity Press International, 1997), 203. 『바울과 로마 제국』(CLC 역간, 2011). Elliott는 많은 자료를 인용하면서 이 관점을 보여준다. Calpurnius Siculus, *Eclogue* 1.45-65; *Einsiedeln Eclogues* 25-31 (둘 다 다음 책에서 가져옴. J. Wright, Arnold M. Duff, eds., *Minor Latin Poets,* LCC [Cambridge, MA: Harvard University Press, 1954]); Seneca, *De Clementia* 1.2-4; 11.3; 13.5. 다음 책도 참조하라. Elliott, *Arrogance of Nations*, 155-56.

42 Elliot, "Romans 13:1-7," 203.

(13:3-4), 칼로 분노를 해결하는 통치(13:4)라고 바울은 묘사한다. 엘리어 트(Elliott)가 지적하듯이 제국의 권력자들은 동의의 쌍둥이 대리인으로서 설득과 무력이라는 두 가지 합의점을 연결시켰다.[43] 또한 필론(Philo) 같은 유대인들은 익숙한 말로 통치자들의 영광을 칭송했지만 진짜 충성심을 담아서 하지는 않았다. 엘리어트는 필론이 알렉산드리아 시장에서 유대 인들이 어떻게 "'통치자와 멍에를 멘 짐승들'에게 길을 비켜주는지" 묘사 하는 구절에 주목한다. 엘리어트는 이렇게 말한다. "필론은 이 두 행동의 동기가 다르다고 말한다. '통치자들에 대해서는 존경심[timē]에서 그렇게 하는 것이고, 멍에를 멘 짐승들에 대해서는 심각한 해를 입지 않으려고 두 려워서[phobos] 그렇게 하는 것이다.'"[44] 이것이 빈정대는 뉘앙스라는 점 에 주목해야 한다. 필론은 여기서 포악한 통치자를 치명적인 짐승에 견주 고 있다. 엘리어트는 이렇게 풀이한다. "필론은 통치자들에게는 존중해서 항복하지만 짐승들에게는 두려워서 항복한다고 말한다.…하지만 [필론 의] 유대인 독자들은 이 둘에게 항복하는 이유가 필론에게는 사실 같다는 것을 아주 잘 알고 있었을 것이다. 왜냐하면 그렇게 하지 않으면 짓밟힐 것을 알았기 때문이다."[45]

또한 바울이 로마 국가가 선하다고 말로는 칭송하는 듯 보이지만, 그 가 사용하는 단어와 토의하는 맥락을 보면 로마서 12장에서 표현하는 몸 과 13장에서 설명하는 정치적 통일체가 다르다고 강조하고 있다. 전자는

---

43   Elliott, "Romans 13:1-7," 198.

44   Elliott, "Romans 13:1-7," 200. *Phobos*(두려움)는 로마 내 상태를 묘사하기 위해 바울이 사 용한 단어다. 13:3-4에 사용된 *timē*(보통 "명예"로 번역한다)와 *phobos*("존경"으로 번역한 다)는 13:7에도 나온다.

45   E. R. Goodenough, *An Introduction to Philo Judeaus*, 57, 다음에서 인용함. Elliott, "Romans 13:1-7," 200-1.

사랑과 낯선 이에게 베푸는 환대와 박해하는 자를 축복하는 것과 평화와 복수를 거절하는 것이 특징인 반면, 후자는 칼이 두려워서 복종하는 것이다.

여기서 바울의 수사법이 국가에 복종하라던 요청보다 분명히 덜 열정적이긴 하다. 그는 필론처럼 미묘하게 표현하려고 애쓰지 않는다. 그는 두려워하라고 말한다(13:3-4). 그리고 칼을 가진 정권을 두려워하며 살아야 한다(4절)고 말한다. 마땅히 조세를 받아야 할 사람에게 조세를 내고 관세를 받아야 할 사람에게 관세를 내야 한다고 말한다. 왜 그럴까? 두려워할 자를 두려워하며 존경할 자를 존경하는 것이 지혜롭기 때문이다(13:7). 우리는 눈을 크게 뜨고 그런 폭력적인 권위를 휘두르는 국가를 두려워해야 한다. 그리고 바울이 "존경하라"고 말할 때 그 단어에는 인용 표시를 해야 한다고 생각한다. 그런 존경을 요구하는 사람들에게는 제국적 "존경"을 주되, 동시에 억압받는 자들과 연합하고 이 정권 안에서 존경을 받지 못하는 사람들과 연합해야 한다. 권력자들에 대한 이 전체 담론이 갖고 있는 아이러니를 볼 수 있어야 한다. 알다시피 이 본문이 보여주는 직접적인 의미는 타당하지 않다. 엄청나게 똑똑한 저자가 갑자기 너무나 노골적으로 스스로 모순된 말을 할 때는 "독자나 청중에게 아이러니가 있음을 경고하는 신호다."[46]

---

46 T. L. Carter, "The Irony of Romans 13," *Novum Testamentum* 46, no. 3 (2004): 209-28, 여기서는 213.

두려움과 존경을 넘어 사랑으로

이 아이러니는 13:7, 8 사이의 대조로 강화된다. "바쳐야 할 자들에게는 다 바쳐라. 조세를 받을 자에게 조세를 바치고 관세를 받을 자에게 관세를 바치고 두려워할 자를 두려워하며 존경할 자를 존경하라. 피차 사랑의 빚 외에는 아무에게든지 아무 빚도 지지 말라. 왜냐하면 남을 사랑하는 자는 율법을 다 이루었기 때문이다"(저자의 번역). 한편으로 바울은 그 공동체에게 그들의 의무를 다하라고 말한다. 또 한편으로는 그가 방금 했던 말과 명백하게 모순되게, 진짜 유일한 의무는 서로 사랑하는 것이라고 분명히 말한다. 세금과 각종 요금, 두려움과 존경을 당연히 요구하는 국가에 맞서 바울은 사랑만이 유일한 법이 되는 공동체를 설명해왔다.

이 구절이 갖는 급진적인 특성을 놓쳐서는 안 된다. 세금, 각종 요금, 두려움, 존경을 로마에 바쳐야 하든 아니든(그리고 이전 구절들에 따르면 로마에 반드시 바쳐야 할 유일한 한 가지는 두려움이다), 이 공동체가 궁극적으로 로마에 바쳐야 할 것은 사랑이다. 그런 사랑은 다른 주님, 즉 메시아이신 주님, 예수를 섬기는 사람들의 유일한 의무다(13:4). 박해하는 자를 축복하고(12:14), 대적이 굶주리거나 목마를 때 먹이라는(12:21) 요구에서부터, 공동체에 무자비한 폭력을 행사하는 제국까지도 사랑하라는 이 요구까지 바울은 복음서(마 5:44; 눅 6:22-28)에 나오는 원수를 사랑하라는 예수의 요구를 반향하고 있는데 이는 어찌 보면 당연한 일이다. 그러한 요구는 성경에 깊이 뿌리를 둔 것으로, 예레미야가 포로로 끌려간 사람들에게 보낸 편지에 그 제국의 한복판에서 "그 성읍의 평안을 빌라"(렘 29:7)는 요구에서도 분명히 드러난다.

물론 여기서 아이러니한 것은 그 사랑이야말로 제국이 안겨주는 폭력과 두려움을 궁극적으로 약화시키는 유일한 방법이라는 것이다. 그 사랑은 공동체가 폭력적인 제국 체제에서 가장 고통받는 사람들에게 치유와 소망을 주게 해준다. 그리고 그 공동체가 십자가에 못박히신 메시아의 몸이라는 사실을 보여주는 것도 바로 이 사랑이다. 왜냐하면 그분이 못박히심으로써 대적들과 화해를 이루었기 때문이다(롬 5:10).

바울은 그런 사랑이 율법의 완성이라고 말하는 것에 또한 주목하라(13:8, 10). 로마서 13:1-7은 제국의 칼이 로마의 법을 지키도록 인정사정없이 휘둘러지는 상황에서 쓰였다. 그 칼에 대한 두려움은 실재다. 그래서 바울은 국가의 폭력에 대해 순진하지 말라고 그리스도인들에게 말하는 것이다. 그는 국가에 대해 조심스럽게 처신하라고 조언한다. 어떤 권한들에 대해서는 실제로 두려워해야 한다. 하지만 그런 두려움이 이 세상에서 처신하는 마지막 단어가 되어서는 안 된다. 오히려 바울은 이렇게 말한다. "피차 사랑의 빚 외에는 아무에게든지 아무 빚도 지지 말라. 남을 사랑하는 자는 율법을 다 이루었느니라"(13:8). 바울은 로마의 사회-법 체제 전체를 로마법이 아닌 유대인의 법에 복종시킨다. 대부분 십계명을 인용한 짧은 세 구절에서(13:8-10) 바울은 명예와 수치, 의무와 채무의 체계로 이루어진 로마법의 핵심 근간들을 사랑의 법으로 약화시킨다. 사랑이 율법의 완성이라면, 사랑에 미치지 못하는 어떤 것을 우리에게 요구하거나 다른 사람들을 억압하는 것을 합법화하는 법들은 사랑의 법의 기준에서 아무 가치 없고 헛된 것으로 판단된다. 바울의 독자들이 13:1-7에서 바울이 로마의 제국적 질서와 예수를 따르는 자들 사이의 관계를 협상하는 듯한 방식으로 설명하는 아이러니를 포착하지 못했다고 하더라도, 그가 바로 다음 구절에서 사랑의 법에 대한 논의로 옮겨간 것이 그 점을 매우 명확하게 했을 것이다.

이렇게 옮겨간 것이 갑작스럽기는 하지만 우리는 그것을 예상했어야 한다. 바울은 그 공동체에게 제국의 시스템을 버리고 상호 존중의 삶, 특히 낮은 자들과 함께 어울리고 빚진 것이 없는 자들과 어울려 살라고 하지 않았는가? 그리고 그는 자기가 교육받지 못한 어리석은 자들과 문명화되지 못한 야만인들에게 빚졌다고 말했을 때(1:14) 편지의 시작부터 현 상황을 유지하는 것에 관심이 없다는 것을 보여주지 않았는가? 이런 사람들은 바울처럼 교육을 받은 시민들에 대해 아무런 의무도 없었을 것이다. 수치를 받던 유대인들과 그들의 못박힌 메시아(1:16)로부터 나온 복음을 "부끄러워하지 않는다"고 담대히 주장할 때 명예와 수치의 체제가 그에게 아무런 영향력을 미치지 못한다는 것을 말한 것이 아니겠는가? 그러니 바울이 그 제국의 법(전부 의무이고 다른 사람에게 빚지고 있는 법)에 순종하라는 다소 아이러니한 호소를 한 다음에 다른 법을 언급하여 제국의 시스템 전체를 상대화시킨 것은 놀랄 일이 아니다.

다른 법은 로마법을 약화시키는 법이다. 그것은 모든 법, 특히 네로의 인장을 지닌 법들을 심판하는 법이다. 그것은 분명히 유대인의 법이다. 이제 바울에게는 간음, 살인, 도둑질, 탐심을 거부하라는 명령들을 인용할 일만 남게 되는데 그렇게 되면 제국이라는 집, 실제로 팍스 로마나의 전체 틀이 무너져 내릴 것은 뻔한 일이었다. 바울이 아는 한 팍스 로마나, 즉 제국이라는 집은 성적 부도덕, 폭력, 절도, 탐심 위에 세워졌기 때문이다.

때를 알기

바울 사도는 제국의 질서를 단번에 묵살하려는 듯, 기독교 공동체의 모습과 그 공동체가 제국 안에서 어떻게 처신해야 하는지에 대한 담론을 결론지으면서 때를 분별하라고 말한다. "또한 너희가 이 시기를 알거니와"(13:11). "밤이 깊고 낮이 가까웠으니"(13:12). 네로의 시인들은 새로운 아우구스투스 황제의 시대, 평화와 미덕의 시대, 자선과 안전의 시대가 열렸다고 노래하지만, 사실은 많이 다르다는 것을 너희는 안다. 이 시대는 어둠의 시대이고 밤에 속한 시대인 것을 너희는 안다. 그러므로 이 세대를 본받지 마라(12:2). 너희들은 밤이 아닌 낮에 속한 것처럼 살아라. 그리고 "명예"라는 이름에 걸맞는 삶을 살아라. 성적 방종과 폭력과 만족함이 없는 소비(13:13)에 푹 빠져 과도한 삶을 사는 제국을 흉내 내지 마라. 황제는 미덕의 전형인 양 가장하지만 우리가 진실을 안다. 그러니 "주 예수로 옷 입고" 너희 삶을 저 제국의 사기꾼이 아닌 이 자유하게 하시는 주님께 드려라. 그리고 "육신의 일을 도모하지 말고"(13:14) "너희 몸을 하나님이 기뻐하시는 거룩한 산 제물로 드려라. 이는 너희가 드릴 영적 예배니라"(12:1). 바울은 로마 제국 한복판에 있는 이 어린 기독교 공동체에게 제국의 **것이** 되지 말라고 요청한다. 그들은 로마의 정치 체제 속에 살고 있지만, 이것은 "육신"의 몸이다. "만일 너희 속에 하나님의 영이 거하시면 너희가 육신에 있지 아니하고 영에 있나니"(8:9). 제국은 불의를 일삼는 죽음의 문화이지만(1:18-32), "영은 의로 말미암아 살아 있다"(8:10). 그들은 로마에 살지만, 너희는 영 안에 "거한다"(8:9-11).

이와 비슷한 우리 시대에 맞는 타르굼

그렇다면 우리는 어떤가? 우리가 로마서 12장에서 기독교 공동체에 대해 바울이 그려내는 말들의 급진적인 특성을 파악하고서 로마서 13장을 정적으로 읽는 것을 포기하고 그가 하는 말 속에 아이러니와 정반대의 말이 숨어 있다는 것을 끄집어낸다면, 바울의 비전이 우리의 정치적 상상력을 어떻게 빚어갈까?

바울은 뭐라고 말할까? 바울이 제국의 그늘 아래 살고 있는 우리에게 편지를 썼다면 뭐라고 할까? 세계 정치가 민족주의, 정체성 정치(identity politics), 인종주의, 외국인 혐오로 위험하게 변화하는 것을 볼 때 바울은 어떻게 반응할까? 거리에서, 나이트클럽에서, 교회에서, 모스크에서 날마다 피 흘림이 있고, 미국에서 무장하지 않은 흑인 청년이 경찰에게 총을 맞고, 캐나다에서 원주민 청년이 정착민에게 총을 맞아도 유죄 선고가 내려지지 않고, 원주민 청년들이 계속해서 자살하고, 해마다 수천 명의 난민이 유럽에서 피난처를 구하려다 지중해에 빠져 죽고…, 바울이 오래전 로마에 있던 예수를 따르던 자들에게 쓴 편지가 오늘날 우리의 제국적인 상황에서 말할 수 있도록 하는 방법이 있을까?

로마서 전체가 로마의 제국적 맥락을 지속적으로 견지하면서 그 제국 한복판에 살던 기독교 공동체가 실천해야 할 내용들을 분명하게 암시한다는 것을 지금까지 살펴보았는데, 또 한편으로 바울은 특별히 그리고 의도적으로 이 편지에서 두 장을 할애하여 이 공동체들이 날마다 행해야 할 일들로 관심을 돌리고 있다. 그러니 특별히 로마서 12장과 13장을 통해 우리가 사는 세상과 비슷한 상황에 있던 세상을 향해 그가 했던 말들을 통해 그의 사회정치적 비전을 들어보는 것이 어떨까? 2천 년 전이 아니라 폭력과 민족주의, 탐심과 기후 위기와 불평등이 고조되는 우리 시대의 정치적 맥락에서 이 두 장이 쓰였다면 어떻게 들릴까?

1장에서 했던 것처럼 상상력을 발휘해서 타르굼 식으로 해석해보려고 한다. 랍비들이 로마 제국 전역에 있던 디아스포라 회당에서 토라를 읽어줄 때, 이미 많은 유대인이 히브리 언어를 잊어버린 상태였기 때문에 번역을 해주어야 했다. 하지만 그들은 절대 직역하지 않았다. 그들은 정확하게 문자적으로 번역(그것이 번역에 대한 현대적 개념이다)해야 의미가 전달된다고 생각하지 않았다. 아니 그렇게 하는 것은 그들에게 너무나 환원주의적이었다. 그들은 오히려 토라는 살아 있는 말씀이어서 모든 새로운 상황에서 말한다고 믿었다. 그래서 옛 성경 본문을 해석하고 그 본문 내용을 업데이트하여 고향에서 멀리 떨어져 외국 땅에서 이방인으로 살고 있는 언약 민족에게 토라가 새롭게 말하도록 했다. 우리도 너무나 비슷한 상황 아닌가? 우리에게는 옛 성경 본문이 있고, 이 본문을 이해하려고 애쓴다. 때로는 교조적인 해석에서 말씀을 해방시키려고 애쓰고 또 필사적으로 이 본문이 현재의 우리 삶에 자유롭게 말해주길 바란다. 이 본문을 이렇게 새롭게 듣기 위해서는 상상력을 발휘해서 해석하는 연습이 필요하다. 그래서 다시 타르굼 장르로 돌아가 보려고 한다.

타르굼은 어쩔 수 없이 원문보다 더 길다는 점을 기억하라. 그럴 수밖에 없는 것이 원 글에서는 함축적이었을 많은 내용을 설명해야 할 필요가 있기 때문이다. 처음 청중은 쉽게 알아들었을 내용을 후대의 독자는 종종 놓친다. 또 타르굼은 고대의 텍스트를 대화로 풀어내야 하고, 후대의 역사적·문화적·정치적·경제적 현실들과 충돌하는 부분들을 풀어내야 한다. 게다가 16장으로 이루어진 서신서의 3/4이 지나서 등장하는 이 타르굼은 앞장들에서 나온 내용들에 비추어 바울이 뭐라고 말하는지를 듣기 위해서도 어느 정도 시간을 할애할 필요가 있다. 다른 말로 하면 타르굼은 바울이 우리가 고찰하려고 하는 본문의 서두에서 "그러므로"라고 말한 의미가 무엇인지를 풀어보는 데 시간을 내야 한다.

따라서 바울이 우리의 현 사회정치적 상황에 대해 말하는 것을 다음과 같이 풀어보려고 한다. 제국 한복판에 있던 고대 기독교 공동체에게 바울이 전한 사회헌장이 21세기 초반 우리에게도 비슷하게 다가올까? 우리는 이 타르굼을 사도가 직접 말하는 것처럼 제시한다.[47]

로마서 12:1-13:14 타르굼

그러므로…(12:1)

그러므로, 그리스도 안에 있는 친구들인 형제자매들이여,

메시아이신 예수가 주님이 맞다면

다른 리더나

나라나 민족 정체성이나

제도나 경제체제나

정치 구조가 여러분의 궁극적인 충성심을 요구할 수 없습니다.

예수의 복음이

지금 제공되는 어떤 다른 거대한 담론이나 세계관보다

더 진실하고, 더 급진적이고,

---

47 이 타르굼은 지난 50년간 다양한 맥락에서 발전되어온 것인데, Brian이 2017년 2월 4일 온타리오주 미시소거에 있는 메도우베일 기독교 개혁 교회에서 "믿음과 원수 사랑의 정치학"이라는 컨퍼런스에서 말하면서 지금의 형태와 가장 밀접해졌다.

더 변혁적인 것이 맞다면,

이 복음이 예수의 사랑과 포용을 통해
모든 합법적인 폭력을 무장해제 시키고
모든 책임 전가하는 행동과 모든 인종적 배제를
뒤엎어버릴 힘이 있는 것이 맞다면,

이것이 급진적인 정의의 복음으로
메시아 예수의 신실함에 뿌리를 내린 채
다른 신에게 충성을 맹세하거나 무릎을 꿇지 않고
그분을 따를 자들의 언약적 신실함을 요구하는 것이 맞다면,

우리가 원수였을 때
예수가 십자가에서 원수 사랑을 몸으로 보여주시고
제국의 무덤을 열고 나옴으로써 불의의 치명적인 힘을 깨트리심으로
그 예수의 죽음과 부활을 통해
하나님이 우리와 화해하셨고 우리를 온전하게 하신 것이 맞다면,

이 부활의 생명 안에서
우리는 모든 불의를 버리고
우리 몸을, 즉 우리 삶의 모든 국면을
어떤 대가를 치르더라도
의의 종, 도구, 수단, 심지어 노예로 드리도록 요구받는 것이 맞다면,

하나님이 제국 한복판에 있는

집 없고 차별받는 사람들을 불러내어

가족으로 부르셔서

적대감으로 얼룩진 세대들 속에서

함께 환대하고 환영하는 집을 만들게 하는 것이 맞다면,

이러한 하나님의 회복시키시는 자비가

망가져 버린 생태계 안에서 구원을 간절히 염원하고

기후 붕괴의 짐을 지고 울부짖으며

하나님의 자녀들이 착취의 경제학을 포기하고

창조세계와 사랑과 재생산의 관계를 맺기를 기다리는

모든 창조세계에 미치는 것이 맞다면,

죽음이나 생명도

박해나 국가의 감시 장치나

폭력이나 실업이나

국외 추방이나 감금이나

조롱이나 테러나

그 어떤 것도 우리의 유일하고 합당한 주님이신 메시아 예수 안에 있는

하나님의 사랑에서 우리를 끊을 수 없는 것이 맞다면,

탈진리의 세상(post-truth world)에서는

하나님의 깊이와 풍성함과 지혜와 지식을

찾을 수 없는 것이 맞다면,

그리고 금으로 도금된 풍요로움을 자랑스럽게 보여주는

시장 패권의 세계에서

모든 것이 하나님께로부터 나오고

하나님을 통해, 하나님께로 가고

모든 진정한 영광은 하나님의 것이고 오직 하나님의 것이라고

우리가 고집스럽게 고백하는 것이 맞다면,

이 모든 것이 사실이라면…

그렇다면 내가 가진 모든 것으로 여러분을 강권합니다.

호소합니다.

큰 소리로 외칩니다.

이 급진적이고, 삶을 변화시키는 예수의 복음에 응답하여

여러분의 몸을 드리십시오.

단순히 경건함과 헌신적인 삶만이 아니라

여러분의 바로 그 몸을 드리십시오.

여러분의 몸을 드리십시오.

트위터 계좌나 온라인 서명이 아니라

복음을 위해 여러분의 몸을 드리십시오.

여러분의 몸을 드리십시오.

안락의자에 앉은 전문가적 견해가 아니라

몸으로 존재하는 모든 것으로(the totality of your embodied existence) 드리십시오.

실제로 여러분의 몸을 드리십시오.
그리스도의 몸,
성육신한 말씀의 공동체,
저항의 세포들을 여기저기서 모아서
전복적인 제자도를 형성하여
억압받는 자들을 해방시키고
정의를 실현하고 우리를 불러
자신의 포괄적이고 값비싼 정의를 살아내도록 요구하시는
그분을 예배합시다.

…다름 아닌 살아 있는 희생제물로서 여러분의 몸을 드리십시오.

여러분의 모든 경제가 자기 이익에 뿌리를 두고 있고
자기 자신의 이익과 국가의 이익을 먼저 챙겨야 한다고
가장 최근의 황제에게 들었겠지만
저는 여러분에게 그런 이익을 희생하라고 요청합니다.

우리는 이 세상에서
가장 약한 자들을 희생시키라고 부름 받은 것이 아닙니다.
가장 소외된 자들에게 우리의 문을 닫아
동정심을 버리라고 부름 받은 것이 아닙니다.
화석 연료를 재빨리 추출하고 이동시키고 팔고 사용하여

창조세계를 돌보는 일을 희생시키라고 부름 받은 것이 아닙니다.

속임수 가득한 거짓말들을 위해

진리를 희생시키라고 부름 받은 것이 아닙니다.

민족 간, 인종 간 희생양을 만들어

이웃다움을 희생시키라고 부름 받은 것이 아닙니다.

1%를 부유하게 만들려고 시장이라는 거짓 신 앞에서

관대함을 희생시키라고 부름 받은 것이 아닙니다.

폭력적인 애국적 민족주의라는 이름으로

정의를 희생시키라고 부름 받은 것이 아닙니다.

아니, 친구들이여, 희생제물이 있어야 한다면

십자가에 못박힌 분을 따르는 우리가 그 희생제물이어야 합니다.

실제로 산 제물로서의 제자도가 없다면

우리는 십자가를 모욕하는 것입니다.

하나님의 자비가 갖는 풍성함과 깊이를 값싸게 만드는 것입니다.

복음의 급진성을 잠재우고 길들이는 것입니다.

그리고 비극적이게도 우리가 시작할 때 사용했던

"그러므로"의 의미를 놓치는 것입니다.

산 제물.

그것이 모든 것을 포괄하는 하나님의 자비에 대한

유일하게 합당한 반응입니다.

산 제물.

그것이 진정한 거룩의 모습입니다.

산 제물.

그것이 하나님이 받을 만한 삶이고, 복음의 부름에 합당한 삶입니다.

친구들이여, 그것이 영적 예배입니다.

그렇습니다. 산 제물로 드려진 몸이

영적 예배의 핵심입니다.

반면 이 세상의 소비적인 패턴에 동화된 몸은

절대 산 제물이 될 수 없습니다.

영적 예배에 대해 말한다면

문제는 "어떤 영이냐?"는 것입니다.

이 세상 영의 이기적인 손아귀에 붙들린 몸,

부의 허세적인 과시에 매인 몸,

성공의 이미지에 집착하는 몸,

다른 사람의 몸에 분노를 표출하는 몸,

끝없이 소비하려는 몸은

모두 잘못된 신에게 잘못된 제물이 된 몸입니다.

이 몸들은 거룩하지 않고 하나님이 기뻐하지 않으십니다.

그리고 이 몸들은 산 제물이 되기에 썩 좋은 후보들이 아닙니다.

본받지 말고, 변화를 받으라(12:2)

그러니 친구들이여, 제국을 본받지 말고

그 나라로 인해 변화를 받으십시오.

통치 이념에 동화된 마음을 갖지 말고

산 제물로 살아내서

다름 아닌 마음이 새로워지는 것을 경험하십시오.

여러분의 상상력은 더 이상 구속받지 않습니다.

자유로워지고 새로워지고 해방되었습니다.

마음을 새롭게 하십시오.

해방된 상상력을 가지십시오.

　회복된 창조세계에 대해,

　분별력 있는 저항에 대해,

　정의로운 삶에 대해,

　세상 질서와 다른 환대에 대해,

　급진적인 화해에 대해.

마음을 새롭게 하십시오.

　진보와 식민주의와 문명화라는

　막다른 담론으로 형성된 상상력이 아니라,

　구원이라는 위대한 이야기로 변화된 상상력을 가지십시오.

마음을 새롭게 하십시오.

　대통령이 아닌 예수의 이야기에,

우리나라가 아닌 창조세계의 이야기에,

자기 이익이 아닌 사랑의 이야기에 뿌리를 내리십시오.

희생적인 사랑이라는 구체적인 삶과

온 삶에 스며들어 있는 복음의 영성과

해방된 상상력으로

우리는 분별력 있는 사람들이 되어

보통 사람들이 볼 수 있는 범위를 넘어 정의를 볼 것이고,

이 어두운 시대에서 길을 발견할 것이고,

위기 속에서 하나님의 뜻을 식별해낼 것이고,

우리가 어느 편에 속했고, 누가 우리의 동맹인지 알게 될 것입니다.

사랑하는 친구들이여,

그것이 "하나님의 뜻"을 안다는 것이 의미하는 바입니다.

그러니 하나님의 뜻을

우리의 개인 경건으로 제한하려고 하지 마십시오.

우리가 살고 있는

타락하고 신성모독적이고 세속적인 시대에서

무엇이 선하고, 무엇이 받으실 만하고,

무엇이 온전한지 알아야 합니다.

하지만 친구들이여, 혼자서가 아닙니다.

혼자서가 아닙니다.

그리스도의 몸인 공동체(12:3)

감사로 몸을 드리라는 이 요청은 한 몸으로의 부름입니다.

그리스도의 몸 없이

산 제물로 드려진 몸은 없습니다.

그리스도 안에서 새로워진 공동체 없이

영적 예배는 없습니다.

하나님의 말씀에 뿌리내린 신실한 공동체 없이

변화된 마음이란 없습니다.

교회 없이

하나님의 선하시고 기뻐하시고 온전한 뜻을 분별할 수는 없습니다.

여기서 제가 "몸"이라고 말한 것은

그리스도의 몸을 말하는 것임을 분명히 합시다.

그것 자체가 정치적 통일체입니다.

우리 시대의 지배적인 이야기와 충돌하는

이야기를 실현해내는 공동체입니다.

우리는 제국의 정치 집단과 완전히 다른

한 몸입니다.

실수가 없도록 하십시오.

우리가 그리스도의 몸을 이야기할 때

이것은 제국 입장에서 보면 분명 도발입니다.

다른 사람을 이 그리스도의 몸으로 초청한다는 것은

그들을 그들이 속했던 제국에서 뽑아내는 것입니다.

우리는 그리스도 몸의 일원이지,

우리 시대의 정치적 통일체의 일부가 아닙니다.

그리고 예수가 우리 주님이요 구원자이시지,

황제나 현대의 그와 유사한 것 하나가 주와 구원자가 아닙니다.

이것은 "나와 예수"에 관한 것이 아닙니다.

이것은 "나와 예수의 개인적인 관계"에 국한되지 않습니다.

이것은 혼자만의 영성에 관한 것이 아닙니다.

이것은 개인적인 구원에 국한되지 않습니다.

예수가 여러분에게 경제적인 번영을 가져다준다는 이야기는

더더욱 아닙니다!

아닙니다.

만연한 개인주의와 좁은 의미의 개인주의적인 경건에 맞서,

저는 여러분을 몸으로 부릅니다.

우리는 서로의 일부입니다.

정체성 정치에서 은사와 공동체로(12:4-5)

우리를 다른 사람과 분리하려는 정체성 정치(Identity Politics)에 맞서

그리스도의 몸은 아름답도록 다양하고 포괄적인 멤버십을 구성합니다.

우리 시대의 분열과 불화에 맞서

우리는 이 몸의 구성원 자격으로 온전해지고 하나가 되어
"다시 구성원이 되었습니다."

따라서 어떤 정체성을 찾고 싶다면,
여러분만의 독특함을 느끼거나 혹은 여러분의 "개성"을 찾고 싶다면,
그렇다면 겸손한 마음으로
그 몸에서 여러분의 섬김의 자리가 무엇인지 분별하십시오.

실제로 여러분은 여러분의 멤버십 안에서 생명을 갖게 되고
그 몸에 제공하는 섬김의 관점에서만 멤버십을 갖게 됩니다.

몸을 옮기는 일을 하지 않는 다리는 위축되어 약해질 것입니다.
몸을 위해 산소를 받아들이지 않는 폐는 죽게 될 것입니다.
몸을 위해 일하지 않는 간은 죽게 될 것입니다.

그러니 친구들이여, 환상을 버리십시오.
하나님께 산 제물로 드린 몸이
그리스도의 몸을 섬기는 일에 자신의 역할을 찾지 못한다면,
즉 대안적인 공동체를 위해 일하지 못한다면,
그 몸은 죽을 몸입니다.

지금 말하는 것은 고립된 영성이 아닙니다.
너무 단순하고, 너무 길들여져서, 너무 쉽게 그렇게 생각해버립니다.
아닙니다. 이것은 공동체로의 부름입니다.

이것은 그리스도의 몸으로의 부름입니다.

그러니 교만하지 않은 냉정한 판단으로,
냉정한 판단으로,
　　자만하며 과대평가하지 않고
　　"다른 누군가가 이것을 다루도록 할게요"라는 거짓된 겸손이 아닌
냉정한 판단으로,
　　그리고 서로가 구성원이 되어 이룬
　　공동체 안에서
여러분이 자비의 하나님,
　　은사의 하나님으로부터 받은
　　은사들을 분별하십시오.

이 은사들은 은혜의 은사입니다.
그것들은 몸에 주어진 은사입니다.
　　몸의 건강을 위해,
　　몸의 성장을 위해,
　　다름 아닌 그리스도의 몸으로서
세상에서 자신의 소명을 이루도록 주신 것입니다.

이 불화의 시대에 우리는 그 몸의 구성원이 될 필요가 있습니다.
이 위기의 시대에 우리는 모든 은사를
우리 시대의 지배적인 정치 집단이 아닌
그리스도의 몸을 섬기는 데 사용해야 합니다.

그리고 하나님은 이와 같은 때에 우리를 은사 없이
남겨두지 않으셨습니다.

제국에 맞서는 전복적인 은사들(12:6-8)

예언,

섬김,

가르침,

격려,

베풀기,

이끌기,

그리고 연민.

이것들은 그 몸을 세우는 은사들입니다.

마음을 변화시키는 은사들,

이 세대를 본받지 않는 공동체를 유지하는 은사들,

대안적인 공동체를 형성하는 은사들,

관대하게 끌어안는 공동체를 만들어내는 은사들,

저항할 수 있게 힘을 주는 은사들,

우리가 제국 안에서 전복적인 삶을 살도록 준비시켜주는 은사들입니다.

알다시피…

끊임없이 변화하는 상황에서

하나님의 말씀을 분별하는 **예언자적** 사역 없이

변화된 마음이란 있을 수 없습니다.

이념과 수사적 연막을 뚫는

　예언적 분별력이 있어야

　시대를 현명하게 분별할 수 있습니다.

우리 가운데 그리고 우리의 세상에서 **섬기는** 사역이 없이는

　산 제물이란 없습니다.

그리스도의 몸은 섬김을 배우는 제자학교가 되어야 하는데,

　특히 배제의 체제로 인해

　가장 상처받고 소외된 사람들을 섬겨야 합니다.

예수의 길을 과격할 정도로

진실되고 심오하게 지속적으로 **가르치지** 않고는

제국의 거짓과 술수를 치료할 해독제는 없습니다.

우리의 상상력이 자유로워진다면

성경적 믿음을 가르치는 것이 어떤 모습일지

다시 찾고 다시 상상해야 합니다.

좌절과 근심과 실망에 맞서

격려의 사역을 하지 않고서는

이 시대에 공동체를 유지하기란 불가능합니다.

감사와 상호 관계 맺음이 있는 공동체를 얼마나 잘 만드느냐로

그 몸의 건강을 판단해야 합니다.

우리 중에서 그러한 과격할 정도의 **관대함**을

은사로 실천하는 사람들이 없다면,

당대의 풍조에 맞서는

관대한 넉넉함(generous spaciousness)을 만들어내지 못할 것입니다.[48]

탐욕과 불평등이라는 자기 이익을 추구하는 문화에 맞서

우리는 우리의 돈과 시간과 마음과 삶을 관대하게 나누는

공동체를 만들어갈 것입니다.

성실하고 비전 있는 **리더십**이 없다면

그리스도의 몸은 세상을 역행하며

그 속박에서 벗어나는 방향으로 나갈 수 없을 것입니다.

세상은 점점 더 자신의 힘과 거만을 뽐내며

약자를 괴롭히는 강한 지도자들의 허세로 기우는 것처럼 보이지만

우리는 십자가의 길로 인도할 조용한 겸손을 보여주는

섬기는 지도자들을 따르고 길러낼 것입니다.

폭력적인 박해와 협박을 경험하는 이 공동체에게

　소망이 있으려면,

　그 몸이 경험하게 될 가장 깊고 가장 고통스러운 시련 속에서도

　연민을 기쁘게 행할 수 있어야 합니다.

48　의도적으로 우리가 동역하고 있는 관대한 공간 공동체들(Generous Space communities)을
　　암시했다. www.generousspace.ca.

냉혹한 대우를 받고

　기본적인 정중함도 받지 못하지만

　우리는 이웃의 고통을 감싸 안고

　그들의 슬픔을 나누며 소망의 전달자들이 되는

　연민할 줄 아는 사람들이 될 것입니다.

이런 것들이 그 몸의 은사입니다.

그리고 이런 은사들이 없다면 이 몸에는 기회가 없습니다.

이런 은사들이 없다면 그리스도의 몸은

기껏해야 시대착오적인 경건한 사회가 되거나

최악의 경우에는 제국의 시녀로 전락할 것입니다.

그러니 좀 더 구체적으로 살펴봅시다.

구체적인 사랑(12:9-13)

경건한 감정으로서의 사랑의 속성은 일단 인정하고 그 이상을 알아봅시다.

사랑이 진짜라면,

사랑이 정말로 사랑받는 사람들을 위해 먼 길을 가고자 한다면,

사랑이 간접적인 감정 이상이 되고자 한다면,

그렇다면 더 깊이 사랑하기 위해서

우리는 악을 미워하는 법을 배워야 합니다.

그것은 사랑이 실체들에 똑바로 이름을 붙일 것을 요구합니다.

사랑은 그냥 친절하게 행동하는 것이 아닙니다.

사랑에는 너무 많은 것이 달려 있습니다.

모두가 미워할 때 우리는 사랑해야 한다면,
모순적이게도 우리는 그 미움을 미워해야 합니다.
그리고 그것이 무엇인지 이름을 붙여야 합니다.

여성을 사랑하려면
여성혐오를 미워해야 합니다.

무슬림 이웃을 사랑하려면
이슬람 증오를 미워해야 합니다.

이 땅의 토착민들을 사랑하려면
식민주의와 그것이 주는 지속적인 상처와
우리가 식민지적 체제의 수혜자로 남아 있는 방식을 미워해야 합니다.

성소수자인 형제자매들을 사랑하려면
동성애혐오증, 성전환혐오증을 미워해야 합니다.

우리와 다른 인종들을 사랑하려면
인종주의를 미워해야 합니다.

우리 이웃의 목소리를 사랑하려면
선거권을 박탈하는 체계를 미워해야 합니다.

관대함과 평등을 사랑하려면

가난한 이들을 희생시키는 경제 구조와

다수를 희생시켜 소수를 부유하게 하는 카스트 체계를 미워해야 합니다.

강제이주와 불평등으로 고통받는 사람들을 사랑하려면

모든 사람을 집 없는 난민으로 만드는

지정학적이고 경제 군사적인 힘을 미워해야 합니다.

친절함을 사랑하려면

ISIS, CSIS, 또는 CIA 같은

폭력과 고문의 힘을 미워해야 합니다.[49]

우리가 이 창조된 집을 사랑한다면

우리는 이 집을 훼손하고 파괴하는 삶의 방식들을 미워해야 합니다.

친구들이여, 알다시피 진짜 사랑하려면

우리는 악한 것을 미워하고

선한 것을 굳게 붙들어야 합니다.

그리고 그러기 위해서는 선을 부지런히 식별해내야 합니다.

그렇기 때문에 우리 가운데 **예언자**와 **선생**이 필요합니다.

---

49 ISIS는 중동에서 테러전을 벌이고 다른 나라에서 테러를 일으키고 있는 이슬람 국가들의 앞
   글자를 딴 말이다. CSIS는 캐나다 안전정보국이고, CIA는 미국 중앙정보국이다. 셋 모두 폭
   력과 고문의 공모를 인정했다.

하지만 그것이 그렇게 복잡하지는 않습니다.

반제국적 사랑은 악한 것을 미워하고 선한 것을 굳게 붙듭니다.

서로 사랑하고

서로 존중합니다.

그 몸이 보여주는 사랑은

우리 문화를 악마적으로 붙들고 있던

부조화와 증오에 대한 심오한 해독제입니다.

그리고 자본주의 문화가 부추기는 경쟁은

삶의 창조적인 기반들 자체와도 싸우게 할 뿐 아니라

모두가 서로 싸우도록 만드는 반면,

우리는 이 문화를 뒤집어엎는 일에 경쟁하도록 부름 받았습니다.

우리 주변의 모든 것이

가장 힘 있는 자들을 높이라고 요구합니다.

"존경받는 시장님" 또는 "존경받는 판사님" 하면서

이런저런 "존경받을 만한 사람"에게 존경을 표하라고 요구합니다.

그리고 국가의 최고 지위에 있는 사람들에게

(특히 그들이 황금 에스컬레이터를 타고 내려올 때!)

존경을 표해야 한다고 말합니다.

그러나 그리스도의 몸은 이 모든 것을 허튼짓으로 봅니다.

그리스도의 몸은 서로가 서로에게 존중을 표합니다.

특히 사회에서 가장 존중받지 못하는 사람들을 존중합니다.

낮은 자들과 어울립니다.

억압받는 자들과 함께합니다.

가난한 자들의 목소리에 더 귀를 기울입니다.

착취 대신 사랑을 실천합니다.

세상의 힘들은 여러분의 힘을 소모시키고

저항해봤자 소용없다고 갖은 방법을 다해 말하지만,

열정을 잃지 마십시오.

포기하지 마십시오.

서로를 붙잡아주십시오.

곤란을 무릅쓰고 영적으로 활력 있는 공동체가 되십시오.

목숨이 그것에 달린 것처럼

격려의 은사를 실천해야 합니다.

왜냐하면 정말 여러분의 목숨이 그것에 달려 있기 때문입니다.

그렇습니다. 나는 이 길이 고통의 길이라는 것을 압니다.

이 시대에서 이렇게 사는 것은 쉬운 길이 아닙니다.

하지만 예수님은 우리를 십자가로 부르셨습니다. 그렇지 않습니까?

그러니 여러분의 주님이 누구인지 기억하십시오.

그가 가신 길을 기억하십시오.

그분의 부활에 대한 소망,

다가올 그분의 나라에 대한 소망이

여러분을 지탱하게 하십시오.

하나님은 여러분에게 그 길을 보여줄 **지도자들**을 주셨습니다.

그리고 이런 고통이 몰려올 때, 이 소망으로
기도를 살아 있게 하십시오.

친구들이여, 기도를 포기하지 마십시오.
기도 없이는 우리는 끝장납니다.

관대함을 기억하십시오.
공동체의 필요를 살피고,
거기서 멈추지 마십시오.
낯선 이들에게까지도
관대함을 베푸십시오.

권력자들이 경례하며 들어올린 움켜쥔 주먹으로
편 손을 대체하려고 하더라도,
여러분은 손을 편 자들이 되십시오.
여러분의 공동체에 속한 사람뿐 아니라
"외부"에 있는 사람들에게까지 손을 펴십시오.
　　가족들에게 쫓겨난 사람들에게 집을 제공하고
　　공동체가 없는 사람들을 환대해주고
　　추방된 자들에게 성소를 제공하고
　　배제된 자들을 환영해주고
　　검거 대상이 되어 신원이 공개된 사람에게 피난처를 제공하십시오.

평화의 정치학(12:14-21)

그리고 그렇게 살다가 박해를 받게 되면,

이웃에 사는 온라인 트롤(온라인 커뮤니티에서 주제와 관계없는 선동적이고 도발적인 글

이나 댓글을 올려 다른 사용자들의 감정을 자극하고 다툼을 유발하는 사용자를 지칭하는 용

어―역자주)들이나 자경단원들, 혹은 국가 안전 조직이 여러분을 박해하면,

그들을 초대해 커피를 대접하고

각자 음식을 가져오는 식사에 초대하여

그들의 이야기를 들려달라고 요청하십시오.

이것이 위험한 일인 것은 압니다.

여러분이 기도할 때

그들이 여러분을 죽일 수도 있습니다.

하지만 그들을 축복하고

그들에게 손을 펴서

그들이 자신들의 증오를 부끄러워하고

혹여 사랑의 길로 회심하게 하는 것이 더 낫습니다.

우리는 모두 악을 미워하지만

악을 행하는 자들을 사랑하라는 어려운 일을 하도록 부름 받았습니다.

그리고 우리가 해야 할 일은 축복하는 것이기에

우리 원수들을 저주하지 않습니다.

따라서 우리는 잔치를 열 줄 아는 사람들이며,

기뻐하는 자들과 함께 기뻐합니다.

반면 슬픔과 한탄을 잘 알고 있기에

우는 자들과 함께 웁니다.

잠시 동안은 우는 일이 더 많을지 모릅니다.

가족에게서 멀어지고, 추방의 두려움에 떨며

피난민 무리에 섞여 있을지도 모릅니다.

아들을 잃어 통곡하는 사람들 편에

서 있을 수도 있습니다.

그리고 많은 시간을 병원

　호스피스 병동,

　장례식,

　거리에서 보내며

　우는 자들과 함께 울고

　연민의 은사를 사용하게 될지도 모릅니다.

그러나 평화를 조금이라도 맛본 자들,

　기쁨을 아는 자들,

　치유의 순간을 경험한 자들,

　소망이 다시 일깨워진 자들을 위해

우리는 해방의 잔치를 열 것입니다.

손을 활짝 펴고 춤추면서 노래할 것입니다.

　"강 건너 한 성이 있네

　그 안에서 불빛이 흘러나오고

　사람들은 성루에서 춤을 추네

네게 손짓하며 들어오라고, 저 도피성으로"⁵⁰

그리고 우리는 그 도시를 세우려 합니다.
그래서 그 도시의 평화를 구합니다.
그래서 갈등이 아니라 조화를 찾습니다.
　우리 거리에서,
　우리 일터에서,
　권력의 전당에서.

앞에 있던 팍스 로마나처럼, 팍스 아메리카나는
언제나 가짜였습니다.
그리고 그 허울이 벗겨져,
제국의 험상궂은 얼굴이 드러날 때
그 폭력은 심해질 것입니다.

그런 폭력에 맞서
우리는 주변의 모든 것이 무너질 때
　평화의 복음,
　적과의 화해,
　제국의 무장해제를 받아들입니다.

50　토론토 성소교회의 주제곡을 다시 인용. Red Rain, "City of Refuge," *A Night at Grace's*, Red Rain, 2006. 허락받고 사용.

원래의 우리 모습보다 더 현명해지려는 것이 아닙니다.

모든 답을 찾겠다는 주장도 아닙니다.

그저 힘없는 자들과 함께 길을 만들어가고

억압받는 자들과 함께 걸으려는 것입니다.

비록 그것이 출입국 관리관이 왔을 때

증인으로 나서야 한다는 의미일지라도,

팔레스타인 어린이들을 학교로 데려다주는 일일지라도,

스탠딩 록(Standing Rock, 인디언 보호구역)에 모이는 일일지라도,

그래시 내로우스(Grassy Narrows, 원주민 마을)에 합류하는 일일지라도,

난민 가족을 돕는 일일지라도,

후원 모임에 가입하는 일일지라도,

무료로 아이를 돌봐주고,

식사를 제공하여,

미혼모를 돕는 일일지라도 말입니다.

우리가 하려는 것은 우리를 필요로 하는 사람들과 함께 있어주는 것입니다.

불의를 견디도록 도와주는 것,

그것이 주변에 만연한 불의에 대한

우리의 유일한 답일지 모릅니다.[51]

---

51 미국 친구 서비스 위원회(American Friends Service Committee)는 밀입국 이민자들이 당국
과 원활한 작업을 할 수 있도록 같이 동행해서 서류 작업을 하도록 돕는 프로그램을 운영한
다. 그 외에도 지원과 법적 조언을 제공한다. 이 프로그램과 그 외 성소교회 프로그램을 알
고 싶으면 다음 사이트를 참조하라. www.afsc.org. 투손에 본부를 둔 마리포사 신 프론테라
스(Mariposa Sin Fronteras)는 성소수자(LGBTQ+) 난민들과 이민자들을 지원한다(www.
mariposassinfronteras.org). 밀입국 이민자들에게 신분증을 마련해주는 노스캐롤라이나 그
린즈버러에 있는 페이스액션 아이디 프로그램(FaithAction ID program)은 페이스액션 인
터내셔널 하우스와 그린즈버러 법률 집행(www.faithaction.org)이 시행하던 새로운 계획

그리고 우리는 분명 보복을 구하지 않습니다.

보복하면 더 비참해지고 더 고통스러울 뿐입니다.

우리가 구하는 정의는 그런 복수와 상관이 없습니다.

사실상 만일 이번 생이나 혹은 다음 생애에 어떤 식으로든 보복이 있다면,

그것은 전적으로 하나님께 달린 일이지 우리와는 상관이 없습니다.

그렇습니다. 정말 그렇습니다. 이런 옛말이 있습니다.

" '복수는 나의 것이다. 내가 갚겠다'라고 주님이 말씀하신다."

하지만 이것은 우리가 예수께 배운 방식이 아닙니다.

오히려 예수는 원수가 배고프면 먹이고

그들이 목말라하면 마실 것을 주라고 하십니다.

다시 말하지만 이것은 악을 악으로 갚지 않는 문제가 아니라

원수를 무장해제 시키는 문제입니다.

의 일환으로 시작되었다. 성소교회에 대한 더 많은 정보를 원하면 다음을 참조하라. *Yes! The Sanctuary Issue* 82 (Summer 2017), www.yesmagazine.org; Dhana Addaki, "Safe House" *Sojourners* 46, no. 10 (November 2017): 26-30. 크리스찬 피스메이커 팀즈 팔레스타인 (Christian Peacemaker Teams Palestine)은 팔레스타인 어린이들을 이스라엘 정착민들의 폭력으로부터 보호하기 위해 학교에 데려다주고 데려오는 사역을 한다(www.cptpalestine. com). 스탠딩 록 수족(Standing Rock Sioux)이 자신들의 물 근원을 위협하는 다코타 액세스 송유관(Dakota Access Pipeline)을 상대로 저항하자, 스탠딩 록은 일촉즉발의 지대가 되었다. www.standwithstandingrock.net 참조. 그래시 내로우스(Grassy Narrows)의 오지브와족은 50년 넘게 자신들의 물이 제지공장으로 인해 수은에 중독된 문제와 씨름하고 있다. www. freegrassy.net 참조. 캐나다 메노파 중앙 위원회(Mennonite Central Committee)의 프로그램인 지지와 책임 서클(Circles of Support and Accountability)은 성범죄로 유죄판결을 받았다가 풀려난 죄수들을 돕는 그룹을 만들고자 애쓴다. https://mccccanada.ca/learn/more/circles-support-accountability-cosa 참조.

원수의 마을에 폭탄을 떨어뜨리는 대신,

은밀하게 죽이는 드론 공격으로 "그들을 퇴출해버리는" 대신,

지상에서 그들을 멸절시키려고 시도하는 대신,

  원수를 잔치에 초대하고,

  원수에게 음식을 후히 대접하고,

  그들의 필요를 채워주고,

  보편적인 인류애를 제공하는 것보다

  원수가 원수 되는 것을 멈추게 하는 더 나은 방법이 있을까요?

압니다. 압니다. 너무 순진한 말처럼 들린다는 것을요.

하지만 바로 여기에 탈진리의 세상에서 붙들어야 할 진리가 있습니다.

여기에 예수가 삶으로 보여주고

그의 죽음으로 더욱 심오하게 보여준 진리가 있습니다.

여기에 여러분이 발견할 수 있는

가장 확실한 진리가 있습니다.

  악은 절대로 악을 이기지 못합니다.

  폭력은 절대로 폭력을 끝내지 못합니다.

그리고 "정당한 이유로라도

  폭력의 독을 마시게 되면

  그것은 여러분을 부패하게 만들고 변형시키고 왜곡시킵니다."[52]

---

52   Chris Hedges, *Death of the Liberal Class* (Toronto: Vintage Canada, 2011), 198.

그러니 친구들이여, 이런 폭력의 시대에

여러분을 집어삼키려는 원수들 앞에서

이것을 기억하십시오.

　악에 지지 말고 선으로 악을 이기십시오.

알다시피

　선은 악보다 강하고,

　사랑은 증오보다 강하고,

　빛은 어둠보다 강하고,

　진리는 거짓보다 강합니다.

　평화는 전쟁보다 강하고,

　화해는 복수보다 강합니다.

　그리고 관대한 환대는

　원수를 무장해제 시킵니다.

국가를 조심하라(13:1-7)

지금 여러분이 무슨 생각을 할지 압니다.

질문 소리가 이미 들립니다.

　국가는 어떻습니까?

반대의 목소리가 이미 들립니다.

　우리는 법을 지키는 사람이 되도록 부름 받지 않았습니까?

여러분이 이 문제에 대한 제 말을 어떻게 해석했을지 너무나 잘 알고 있습니다.

권력자들이 아무리 폭력적이고, 부당하고, 잔인해도
모든 그리스도인은 다스리는 권력자들에게 복종해야 한다고
제가 말하고 있다고 해석했을 것입니다.

정말일까요?

방금 말했던 것처럼
그렇게 급진적으로 대안적인 정치 공동체를 요구해놓고
바로 돌이켜서 제국 정권에
무조건 순종하라고 말하는 것이 가능하다고 생각하십니까?

주 예수께 전적인 순종을 요구해놓고
황제나 다른 어떤 권력에 그런 순종을 하라고 요구하는 것이 가능합니까?

원수를 축복하라고 해놓고
바로 국가의 전쟁 무기에 순종하라고 요구하는 것이 가능할까요?

그게 아니라면 제가 여러분에게 질문을 해야겠지요.

여러분은 어떻게 제가 로마서 13장에서 한 말을
바로 그 이전 로마서 12장에서 한 말과 따로 떼어서 읽을 수 있습니까?
실제로 하나의 편지인데 말입니다.

우리 백성을 박해하고 우리 주님을 십자가에 못박은 것이 바로 그 제국인데,

어떻게 제 말을 그 제국의 통치를 합리화하는 것으로 읽을 수 있습니까?

그리고 어떻게 국가에 대한 제 말을
제가 토라와 예언자들의 글에 깊이 뿌리를 내리고 있다는 사실과
분리하여 읽을 수 있습니까?
제 편지 전체에서 이 글들을 인용하지 않았습니까?

그러니 들어보십시오.

그렇습니다.
만일 우리가 지금 제가 말한 대안적인 정치 공동체가 되어야 한다면
우리와 통치 권력자들의 관계를
깊이 고려해보아야 합니다.

그리고 제가 하는 말은 다음과 같습니다.

잘 들어보십시오.

국가는 자칭 신적 권위를 주장할 수 없습니다.
"하나님이 미국을 축복하신다"고 말하는 것은 주제넘고
"미국 우선주의"라는 말은 신성모독입니다.
모든 권위는 메시아 예수의 하나님께 속해 있습니다.
그 제국이 우상을 받아들이면서 거부한 바로 그 하나님 말입니다.
국가가 통제하는 듯 보이지만

국가가 가진 모든 권력은 그저 일시적입니다.

아이러니하게도 국가의 힘은 그 국가가 배신한
바로 그 하나님이 허락하신 것입니다.
국가가 섬기는 신들은

　힘도 없고

　권위도 없고

　생명을 줄 능력도 없습니다.

모든 정치적 통치를 전능하신 하나님께 맡길 때
우리는 교만하고 전체주의적인 통치자들의 지위를 낮출 수 있습니다.
하지만 이들이 폭력적인 정권임을 알기에
우리는 주의해야 합니다.
국가에 대해서는 조심해야 합니다.

하나님이 마지막 권위이시기 때문에
국가에 궁극적인 권위를 주지는 않지만,
국가는 조심하는 것이 현명합니다.

결국 국가가 칼을 갖고 있기 때문입니다.
국가는 스스로 법과 질서를 자비롭게 행사하는 것처럼 보이려고 할 것입니다.
그러나 테이저건을 재빨리 뽑을 것이고

　섬광 수류탄과 최루가스,

　종국엔 치명적인 힘을 사용할 것입니다.

특히 흑인이나 라틴계

　밀입국자나 토착민들에게는 더욱 그럴 것입니다.

그러니 그 정권의 잘못된 점을 비판하는 사람이라면

두려움은 당연한 몫입니다.

지금까지 제가 말한 전복시키는(subversive) 윤리와

반대되는 말처럼 들린다는 것을 저도 압니다.

우리가 산 제물이 되라는 부름을 받았다면

끝까지 가서 폭력적인 국가 앞에서 희생당하지 않을 이유가 무엇일까요?

여러분의 전쟁을 선택하라고 제안하는 것입니다.

우리 중에는 저항, 반대, 도전이 가능할 뿐 아니라

필요한 사람도 있을 것입니다.

하지만 또 어떤 이들은 두려워할 자들을

두려워해야 할 자들도 있을 것입니다.

권력자들을 조심하십시오.

할 수만 있으면 국토 안보부 사람들과 맞닥뜨리지 마십시오.

여러분의 공동체가 어설프게

RCMP, FBI, ICE의 주목을 받지 않도록 하십시오.[53]

53　RCMP는 Royal Canadian Mounted Police의 약자다. FBI는 Federal Investigation Bureau(미국)의 약자다. ICE는 Immigration and Customs Enforcement(미국)의 약자다.

이것은 게임이 아닙니다.

취약한 이웃들을 불필요하게 노출시키지 마십시오.

어떤 사람들은 정말로 두려워해야 합니다.

하지만 여러분이 이 세상에서 행동하는 데 있어서

그런 두려움이 마지막 단어가 되게 하지는 마십시오.

그리고 제가 지금 비록 억압받는 자들과 함께하고

정권이 수치를 주는 사람들에게 명예를 수여하여

명예와 명망이라는 모든 개념을 뒤바꾸어놓아야 한다고 주장해왔지만,

자신들이 맨 위에 있다고 생각하는 사람들에게 "경의"를 표하십시오.

따옴표로 표시한 점에 주목하십시오.

그 아이러니에 주목하십시오.

팔로 쿡쿡 찌르고, 눈짓을 보내고 있는 점에 주목하십시오.

"꼭대기"에 있는 사람들은 사실 그럴 자격이 없을 수도 있지만,

그들에게 경의를 표해야 합니다.

존중하기를 서로 먼저 하라는 말은

사회가 보는 면에서든

여러분이 보는 면에서든

자격이 없는 사람도 존중하라는 의미입니다.

하지만 이것도 마지막 말이 아닙니다.

존중을 받아야 할 사람들을 존중하고

자신들이 그런 경의를 받아야 한다고 생각하는 사람들에게

"경의"를 표하라고 주장했지만,

이것을 기억하십시오.

"피차 사랑의 빚 외에는 아무에게든지 아무 빚도 지지 말라.

남을 사랑하는 자는 율법을 다 이루었느니라."

율법, 사랑, 그리고 시민 불복종(13:8-10)

모든 권위를 메시아이신 예수의 하나님께 종속시킴으로써

모든 권위를 상대화시킬 뿐 아니라,

모든 율법을 사랑의 법 아래로 복종시킴으로써

모든 법,

모든 법적 판결들,

모든 헌법,

모든 행정 명령을 상대화시킬 필요가 있습니다.

모든 법 위에 또 다른 법이 있습니다.

황제의 인장이 찍힌 법이든 아니든 상관없이

모든 법을 심판하는 또 다른 법이 있습니다.

이 법에 따르면

우리가 서로에게 가장 깊이 빚진 한 가지는 사랑입니다.

그리고 이 법의 참고문헌인

급진적인 토라의 전통 속에 이 사랑의 법을 놓아보겠습니다.

토라의 명령들은 다음과 같습니다.

　"간음하지 말라,

　살인하지 말라,

　도둑질하지 말라,

　탐내지 말라" 한 것과

그 외에 다른 계명이 있을지라도

순종해야 할 모든 다른 법들은

이 말로 요약된다.

　"네 이웃을 네 자신과 같이 사랑하라.

　사랑은 이웃에게 악을 행하지 아니하나니

　그러므로 사랑은 율법의 완성이니라."

이런 이유로 예수의 복음은

모든 세속적인 법 체제의 바로 그 기반들을 흔들어놓습니다.

모든 법이 이 사랑의 법으로 판단됩니다.

사랑이 율법의 완성이라면,

　사랑에 미치지 못하는 어떤 것을 요구하는 법들,

　다른 사람을 희생시켜서 어떤 일을 하도록 의무 지우는 법들,

　다른 사람을 억압하는 것을 합법화하는 법들은

　사랑의 법에 따르면 무효이고 헛된 것으로 판정받습니다.

사랑의 법은 모든 다른 법을 판단할 뿐 아니라

또한 우리로 하여금 사랑의 법에 위배되는

법들에 저항하여 시민 불복종을 하도록 요구합니다.

그것은 송유관의 설치에 반대해서 방어벽을 설치하는 것일 수도 있고,
무슬림들에 대한 여행 금지를 반대하는 시위일 수도 있고,
국경에서 아이들과 부모들을 떼어놓으면 안 된다고
요구하는 것일 수도 있습니다.

좀 더 구체적으로 파고들려면
간음, 살인, 도둑질, 탐심을 금지하는
이 명령들에 주목해야 합니다.

제가 처음 이 단어들을 썼을 때는
네로의 제국 통치를 염두에 두었습니다.
　네로의 만족할 줄 모르는 성적 욕구,
　피와 살인으로 얼룩진 그의 집안,
　절도와 약탈로 가득한 그의 경제생활,
　끝없는 탐심과 확장으로 이루어진 그의 제국.
그런데 지금도 상황이 그리 많이 변한 것 같지 않습니다.
그렇지 않습니까?

그렇습니다.
여러분에게도 법체계가 있겠지만
　그것이 여성혐오적인 폭력에서 여성들을 보호해주는 것 같지 않습니다.
　그것은 원주민의 땅이 약탈당하는 것을 막지 못합니다.

그것은 국가가 승인한 살인을 막지 못합니다.

그것은 약한 자들이 추방되는 것을 멈추지 못합니다.

오히려 공공 자산이 개인적인 이득을 위해 약탈되는 것을
법적으로 승인합니다.

탐욕과 욕심이 범죄가 아닌 미덕으로서 보호받게 해줍니다.

간단히 말해 그것은 생명이 아닌 죽음에 이르게 하는 법입니다.

시대 분별하기(13:11-14)

하지만 다른 무엇을 기대하겠습니까?

제 말은 여러분이 지금이 어떤 때인지 안다는 의미입니다.

그렇지 않습니까?

여러분은 "지금 그것들이 변하고 있는 시기"임을 압니다.

여러분은 "밤이 깊고 낮이 가까웠다"는 것을 압니다.

여러분은 이 제국이라는 불안정한 집이 시간이 다 되었다는 것을 압니다.

새 시대, 새날,

새로워진 힘, 새로워진 위대함이라는

온갖 허세를 들어왔지만

실상은 매우 다르다는 것을 압니다.

여러분은 지금도 어둠의 시대임을 압니다.

지금도 밤에 갇힌 시대임을 압니다.

하지만 여러분은 또한 이 시대가 끝나고 있음을 압니다.

동트기 직전이 가장 어둡지만

새벽이 오고 있습니다.

그것이 예수의 이야기 전체가 말하는 바입니다.

그것이 실제 현재의 시간입니다.

지금은 "혼돈 속에 있는 어둠의 피조물들이"

"새벽빛 앞에서 무너지는" 때입니다.[54]

이 끝없는 밤이 새벽에 길을 내주는 때입니다.

지금은 어떤 때입니까?

　지금은 깰 때입니다.

　문화적으로 부과된 잠에서 깰 때입니다.

　하나님이 우리 세상을 변화시키려고 하시는 내용에 대해 깨어나야 할 때입니다.

　다가올 하나님 나라의 완전한 빛 안에서 살아가도록 깰 때입니다.

지금은 어떤 때입니까?

　어둠의 일을 버려야 할 때입니다.

하지만 친구들이여,

그 일을 하려면 "빛의 갑옷"이 필요할 것입니다.

54　Bruce Cockburn, "Santiago Dawn," track 7 on *World of Wonders*, High Romance Music Inc., 1985.

이 빛으로 옷을 입어야 합니다.

왜냐하면 어둠의 힘이 소매를 걷어붙이고 강한 팔로

여러분을 내리누르려고 할 것이기 때문입니다.

지금은 어떤 때입니까?

주 예수 그리스도를 덧입을 때입니다.

그것이 "빛의 갑옷"을 입는다는 의미입니다.

그리스도로 옷 입어

그리스도의 몸으로 변화를 받아야 할 때입니다.

우리가 지금까지 얘기했던

전복적인 바로 그 정치 공동체가 되어야 할 때입니다.

사소한 싸움과 알력 다툼을 할 때가 아닙니다.

그리스도의 몸이 제국의 방탕을 흉내 낼 때가 아닙니다.

우리가 성적 방종의 먹이로 전락할 때가 아닙니다.

고통을 느끼지 못하도록 냉소적인 술 취함에 빠질 때가 아닙니다.

헛된 향락에 정신을 뺏길 때가 아닙니다.

아니 친구들이여,

밤이 깊고, 낮이 가까이 왔습니다.

그러니 낮에 사십시오.

국가의 억압적인 법들은 이제 시간이 다 되었습니다.

그러니 사랑의 법에 복종하십시오.

제국의 시간은 이제 다 되었습니다.

　그러니 하나님 나라를 살아가십시오.

새롭게 취임한 정권의 시간이 다 되었습니다.

　그러니 주 예수 그리스도로 옷 입으십시오.

밤이 깊고, 낮이 가까이 왔습니다.

그리고 친구들이여, 저도 압니다. 정말 압니다.

대부분의 시간이 그렇게 느껴지지 않는다는 것을 말입니다.

많은 사람이 느끼기에 밤은 끝없고

　낮은 보이지 않으며

　지평선 너머로 한 줄기의 새벽빛도 보이지 않고

　새벽별조차 보이지 않는다는 것을 압니다.

새벽별이 절망과 슬픔의 구름에

　가리어질 수 있고

　깊은 어둠의 그늘에 막힐 수 있다는 것을 압니다.

하지만 보통의 시야의 범위를 조금만 넘어서 볼 수 있다면,

　믿음의 눈으로 볼 수 있다면,

　여러분의 상상력이 자유로워졌다면,

　여러분의 마음이 새로워졌다면,

　여러분이 시대를 분별할 수 있다면…

여러분은 시대의 흐름을 거슬러 보게 될 것이고,

여러분을 대적하여 쌓여 있는 제국적 증거들을 거슬러 보게 될 것이고,

밤이 정말로 깊고 낮이 가까이 왔다는 것을 보게 될 것입니다.

그러니 믿음으로 살고

사랑의 정치학을 받아들여

어둠에게 "우리는 다른 것을 간절히 바란다"[55]고 선포하고

낮에 사십시오.

---

55   Mary Jo Leddy, *Say to the Darkness, We Beg to Differ* (Toronto: Lester & Orpen Dennys, 1990).

9장

제국의 성생활과
언약적 신실함

우리는 종종 "끌어당김/밀어냄" 질문으로 세미나와 강좌를 시작할 때가 종종 있다. 참가자들에게 무엇이 그들을 성경으로 이끌었는지, 그리고 무엇이 그들을 성경으로부터 멀어지게 했는지 알려달라고 요청한다. 오래된 문서를 모아놓은 이 책에서 그들이 사랑하고 가치 있게 여기며 소중히 여기는 것은 무엇인지, 그리고 무엇이 그들에게 어렵고 문제가 되며 심지어 혐오스러운지 묻는다. 때때로 사람들은 두 번째 질문에 당황하곤 한다. 성경을 혐오스러워해도 되는 걸까? 그리고 공개적으로, 특히 기독교 환경 안에서 그렇게 말하는 것이 정말 괜찮을까? 많은 사람이 그들이 성경에 대해 느끼는 불편이나 회의나 갈등을 표현할 수 있다는 것만으로도 자유를 느낀다고 말한다. 그들은 오랜 세월 이 책의 어떤 내용에 대해 깊은 혐오를 느끼고 있었지만 드러내놓고 말해도 된다고 느껴본 적이 없었다.

소문과 불편한 진실

우리는 넓게는 성경 전체, 구체적으로는 로마서에 대해 이 질문을 해왔다. 한 번은 그 질문에서 성경에 마음이 끌리는 세 가지 이유가 제시되었다.

- "저는 로마서 5:8을 가장 좋아합니다. '우리가 아직 죄인 되었을 때에 그리스도께서 우리를 위하여 죽으심으로 하나님께서 우리에 대한 자기의 사랑을 확증하셨느니라.' 이 말씀이 참 위로가 됩니다. 저에게는 이 말씀이 전체 복음의 요약입니다."
- "로마서 7장에서 영적 싸움에 대해 정직하게 써놓아 참 감사합니다. 저에게도 그런 영적 싸움이 있습니다."

- "인생에서 어려울 때 '하나님을 사랑하는 자 곧 그의 뜻대로 부르심을 입은 자들에게는 모든 것이 합력하여 선을 이루느니라'(롬 8:28)는 말씀을 읽고 큰 위로를 받았습니다."

사람들이 로마서에서 그들을 밀어내는 측면들을 말하기 시작했을 때, 다음과 같은 사항들이 나왔다.

- "로마서에 제가 좋아하는 부분도 있긴 하지만, 사도 바울의 논증을 파악하지 못할 때가 있습니다. 이해가 잘 안 됩니다. 왜 그렇게 복잡하게 썼을까요?"
- "로마서 9-11장의 바울의 논증을 따라잡는 것도 어렵지만, 동시에 제 유대인 친구들이 너무 공격을 받는 것 같아 기분이 가라앉습니다."
- "바울이 로마서 13장에서 국가에 대해 하는 말이 제 정치관과 맞지 않습니다."

그러다 누군가 그것이 아직 아무도 얘기하지 않은 불편한 진실인 것처럼 "로마서 1장의 마지막 부분"이라고 말했다.

우리는 바로 이렇게 질문했다. "아, 로마서 1장에 뭔가 걸리는 부분이 있으시군요?"

"네. 바울이 거기서 말하는 내용이 너무 가혹하고, 음… 제가 믿는 내용에 대해 모욕적입니다."

불편한 진실을 드러내긴 했지만, 아직 그 내용이 명확하게 드러나지는 않았다. 그래서 좀 더 밀어붙였다. "저희도 전적으로 동감합니다. 수군거리는 자가 죽을 정도로 잘못했다고 인정하는 건 저희도 쉽지 않습니다."

그 사람은 혼란에 빠져 웃음을 지었다. 그래서 계속 밀어붙였다. "그리고 오만함도 그렇습니다. 오만함이 죽을죄라면 여기 있는 우리 중 사춘기에 안 그래 본 사람이 누가 있겠습니까? 청년 사역할 때 이 말씀을 어떻게 이해해야 할까요? 당신 말에 동의합니다. 로마서 1장의 마지막 내용은 정말 문제가 있습니다!"

그 사람은 낄낄거리며 웃었다. 그러다 우리는 깜짝 놀라 이렇게 말했다. "아, 잠깐만요. 당신이 말하는 건 1장의 그런 말씀들이 아니군요. 그렇지요? 동성애에 대한 두 구절을 말씀하시는 거군요!"

부자연스러운 혼동 덕분에 중요한 포인트를 잡게 되었다. 동성애 문제와 씨름하는 현대 교회의 맥락에서 바울의 편지에 나온 그 두 구절을 어떻게 읽을 것인가가 중요한 관건이다. 그 방에 있는 어느 누구도(한 사람도) 바울이 로마에 있는 교회들에 쓴 이 **모든 내용**을 곧이곧대로 믿는 사람은 없다고 생각한다. 살인 정도면 죽을죄라고 생각할 사람은 몇 있을지 모르겠다. 하지만 수군거리고 오만한 죄? 거만하고 자랑하며 부모를 거역하는 것은 어떤가? 이것들은 분명 심각한 인간의 악덕이다. 그리고 앞에서 보았듯이 이런 악함 때문에 인간의 공동체적 삶, 경제와 생태와 정치적 삶이 치명적인 영향을 받고 있다. 하지만 그렇다고 그것들이 죽을죄일까? 사도는 죽을죄라고 말하는 것이 아닌가?

아니면 탐욕을 한번 보자. 우리는 탐욕 위에 세워진 문화와 경제 안에서 살고 있다. 탐욕이 없다면, 욕심과 소비 욕구가 없다면, 우리 경제 전체가 무너질 것이다. 영화 〈월스트리트〉에서 고든 게코(Gordon Gekko)라는 인물이 기억에 남는 말을 했다. "탐욕은 선하다."

우리가 하려는 말은 이것이다. 바울이 로마서 1장 말미에서 거론한 21개의 악덕과 악한 행위 중에서 미국에서 불법인 것은 살인밖에 없다. 이 악덕과 악한 행위들이 불법적인 행위를 이끌어낼 수 있는데도 말이다. 우리 사회에는 사악한 것에 대한 법적 제재가 없다. 탐욕에 대한 제재도 없고, 악한 생각과 의도를 품는 것에 대해서도 제재하지 않고, 시기, 개인적인 다툼, 속임, 교활함, 수군거림, 거만, 오만, 자랑, 부모를 거역함, 어리석음, 신실하지 않음, 무자비함, 경솔함, 더 나아가 하나님을 증오하는 것에 대한 제재가 없다. 이런 일을 다 해도 법을 어기는 것이 아니며 사형에 처할 일은 더더욱 아니다. 이런 악덕 중 많은 것을 보여주어도 미국 대통령이 될 수 있다!

우리는 이 구절들을 읽는 데 믿기지 않을 정도로 놀라운 이중 잣대를 대고 있는 것 같다. 이 악덕들이 죽음에 합당한 죄인지 아닌지를 문제 삼지 않고, 오히려 특정 성적 죄악들을 정죄하는 데 26절과 27절을 쉽게 사용한다. 그러면서 (몇 가지만 나열하면) 욕심, 시기, 다툼, 게으름, 거만, 자랑에 대해서는 믿을 수 없을 정도로 무신경한 태도를 유지한다. 이게 어떻게 된 일일까? 동성애에 대해서는 죽어 마땅한 죄라고 공격적으로 설교하면서 오히려 욕심과 탐욕과 자랑과 거만을 구현하는 번영 복음(prosperity gospel)은 받아들이다니 이게 말이 되는가? 바울은 이런 것들(욕심, 게으름, 교만, 자랑을 포함한 모든 것)을 행하는 자는 죽어 마땅하다고 말한다. 왜 우리는 성에 대해서는 걱정하면서 우리 삶을 망치고, 창조세계를 병들게 하고, 죽음의 형벌을 받게 하는 경제와 관련한 죄에 대해서는 신경 쓰지 않는가?

물론 양쪽 다 문제다. 로마서 1장 끝부분을 받아들이기 힘들다고 대답했던 그 응답자는 예상한 대로 동성애 관련 부분을 언급했는데, 수군거리는 것도 죽음에 합당한 죄라는 점에 대해서는 같은 수준으로 문제 삼지 않았다. 그러니 바울이 여기서 말하는 모든 것에 다 동의하는 사람은 한 명도 없다는 것이 솔직한 말일 것이다. 어떤 사람은 악덕 목록 중에서 경제적인 것들은 얼버무리며 넘어가려 할 것이고, 또 어떤 사람은 동성애에 대한 바울의 의견에 "동의하거나 동의하지 않을" 것이고, 또 다른 사람은 자신의 맥락에서 바울을 더 잘 이해할 수 있는 방법을 찾으려 할 것이다. 어느 쪽이든 이 구절을 해석하려는 고된 작업을 계속해나갈 필요가 있을 것이다. 이 악덕 목록에 대해서는 이미 해석을 한 바 있다. 이번에는 로마서 1:26-27을 그것이 쓰인 로마서의 맥락 안에서, 성경 전체의 이야기 안에서, 고대 세계의 맥락에서, 그리고 오늘날 그리스도의 몸에 게이와 레즈비언 형제자매들을 받아들여야 하는 문제로 씨름하는 우리의 맥락 안에서 어떻게 읽어야 할지에 관심을 집중해보려고 한다.[1]

이쯤 되면 우리는 로마 제국의 심장부로 보낸 바울의 반제국적 서신을 우리 시대의 제국적 맥락에서 생명을 주는 권위 있는 말로 읽기를 소망한다. 그리고 사도가 여기서 쓴 모든 내용에 다 동의하는 사람은 아무도 없을 것이라고 솔직히 인정할 필요는 있겠지만, 바울의 말이 현대의 삶과는 동떨어진다고 치부해버리는 것은 어리석고 불경하고 오만한 행동일 것이다. 그렇게 묵살해버리는 것은 너무 쉽고 너무 값싼 행동이다. 오히려

---

1 동성애/이성애 구분으로 제한할 수 없는 더 넓은 범위의 인간의 성생활이 있다는 것을 우리는 안다. 앞 글자를 딴 LGBTQ+도 동성애 공동체 내에서 변화와 확장을 겪어왔다. 퀴어(queer)라는 용어도 이 넓은 공동체 내에서 보편적으로 받아들여지지 않는다. 그러나 이 책의 목적상 킨제이 척도(Kinsey scale)의 두 극, 즉 이성애와 동성애(게이와 레즈비언)로 국한하려고 한다. 이는 성적 경험과 정체성의 범위를 부인하는 것이 아니라, 다만 동성애 문제에 대해 로마서가 말하는 바에(왜냐하면 이 책이 이 문제에 대해 말하고 있기 때문에) 국한하여 우리의 연구를 진행하기 위해서다. 바울의 말을 해석하다 보면 양성애, 트랜스젠더, 젠더 퀴어(제3의 성, 남성도 여성도 아닌), 그 외 다른 성정체성을 함축하고 있다고 볼 수도 있을 것이다. 그러나 이런 것들을 다 다루자면 로마서 연구의 범위를 넘어서기 때문에 여기서는 다루지 않을 것이다.

우리는 씨름하고 나서 다리를 저는 한이 있어도, 복을 받을 때까지 사도와 씨름하고 이 편지와 씨름해야 한다.

바울은 다소 정도가 지나친 것 같아 보여도, 여기서 말하는 것 그대로 의미한다. 실제로 모든 것이 설정일지라도, 그는 여기서 말하는 바를 그대로 의미한다. 그리고 그것은 설정이다.[2] 알다시피 이 편지의 수신자들 일부는 바울이 제국 내 이방인의 삶이 보여주는 악덕들에 대해 총력을 기울여 공격하는 소리를 듣고 있다가 조용히 이렇게 말한다. "아멘, 바울 형제, 우리는 확실히 당신이 공격하는 그런 방식으로 살지 않지요." 그리고 바울은 공동체에서 자기 의가 강한 사람들을 바로 다음 문장에서 심원하게 심판하는 설정을 한다. "그러므로 남을 판단하는 사람아, 누구를 막론하고 네가 핑계하지 못할 것은 남을 판단하는 것으로 네가 너를 정죄함이니 판단하는 네가 같은 일을 행함이니라"(2:1). 바울은 마치 그것이 기정사실인 것처럼 이렇게 말한다. 논쟁할 여지도 없이 다른 사람을 판단하는 그 행동 자체가 우리 자신의 잘못을 보여준다. 이 구절로 무엇을 하든 간에 다른 사람을 판단하고 우리 자신은 판단하지 않는다면 심각하게 초점에서 벗어나 있는 것이다. 우리는 바울이 다음 장에서 말하려고 하는 내용에 비추어 로마서 1장의 이 마지막 부분의 맥락에 주의를 기울이면서, 이것이 우리 자신이 아닌 다른 사람의 죄악에 대한 묘사로 섣불리 해석되지 않도록 조심해야 한다. 이 편지에서 바울의 전체 구도는 모든 자기 의에 기반한 "우리/그들"의 대립을 무너뜨리는 것이다. 그리고 이 편지가 갖는

---

2 Richard B. Hays는 이것을 바울의 "설교식 찌르기 작전"이라고 부른다. Richard B. Hays, *The Moral Vision of the New Testament: Commentary, Cross, New Creation; A Contemporary Introduction to New Testament Ethics* (San Francisco: HarperSanFrancisco, 1996), 389. 『신학의 윤리적 비전』(IVP 역간, 2002).

천재성은 전체 공동체에게 읽혔다는 것으로, 아마도 유대인/이방인 양측이 모두 있는 상태에서 읽혔을 거라는 점이다. 2장에서 소개한 우리 이야기의 관점에서 볼 때 네레오와 이리스 둘 다 이 편지를 받았고, 이 편지의 의미는 나누어진 공동체의 한복판에서 해석할 필요가 있었다.

"그들"이 참석하고 있지 않다면 "우리/그들"을 첨예하게 나누는 것이 가장 쉽기 때문에, 로마서 1:26-27의 의미를 논하면서 게이와 레즈비언은 그 방에 없는 것처럼 생각하는 것은 말도 안 된다. 사실상 그 방에 이성애자들만 있었다고 보기란 거의 불가능하다. 하지만 여기서 좀 더 밀고 나가보려 한다. 자신을 게이로 생각하는 사람과 친구가 아니면서 이 문제에 대해 바울이 말하는 바(혹은 말하지 않는 바)에 대해 민감하고 신중하게, 존중을 바탕으로 통찰력을 가지고 말할 수 있다고는 생각하지 않는다. 실제로 관계를 맺어보지 않고 어떤 해석적 선언을 하는 것은 바울의 로마서 전체, 그리고 특히 1:26-2:1의 말투와 의도에 크게 반하게 된다.[3]

슬픈 것은 전 세계 교회에서 동성애에 대해 논할 때 그들과의 직접적인 만남이나 우정 없이 했다는 것이 전부가 아니라는 것이다. 그들의 논쟁은 폭력적인 혐오감과 다를 바가 없다. 그래서 로마서 1:26-2:1을 보며 우리는 잠깐 멈추어 서서 지금 무슨 일이 벌어지는지 좀 더 깊이 생각해 보아야 한다. 여기서 우리가 직면해야 할 것은 이것이다. 동성애를 범죄시

---

3   Stephen E. Fowl은 이런 식으로 말한다. "그리스도인들은 동성애자들을 집에 초대해서 같이 앉아 식사를 해볼 때까지는 동성애 문제에 대해 성령께서 어떻게 이끄시는지 안다고 생각할 이유가 없다." *Engaging Scripture: A Model for Theological Interpretaion* (Oxford: Blackwell, 1998), 122. 『성경과 함께 가라』(CLC 역간, 2019). 물론 이것은 사실이지만 20년이 지난 지금 Fowl의 말을 읽으면, 이 말이 오늘날 얼마나 시대착오적이고 거만한지에 충격을 받을 것이다. 그의 요점은 그 당시에는 급진적이었지만 2018년에는 우리 중 많은 사람에게(우리는 Fowl을 포함할 것으로 가정한다) 이질적이고 불쾌감을 주는 "우리/그들"의 역학에 뿌리를 둔 것처럼 들린다.

하는 것을 옹호하고 더 극단적인 경우에는 사형 제도를 옹호하는 그리스도인들은, 바울의 관점에서 보면 그들 자신이 죽어 마땅하다는 것이다. 공동체에 속한 게이와 레즈비언들을 향한 그들의 무자비하고 비정한 태도와 함께 적의와 비방은 이 본문의 관점에 의거하면 죽어 마땅한 죄다. 왜일까? 이런 것들은 치명적인 태도이자 행위이기 때문이다. 바울은 여기서 묘사하는 태도와 행위들이 다름 아닌 죽음의 길이기 때문에 이런 일을 하는 사람들은 죽어 마땅하다고 말한다. 바울은 이 공동체를 위해 예수 안에서 한 가족이라는 감정을 불러일으키려고 하는데, 이런 적대적인 태도들은 어쩔 수 없이 공동체를 죽이고, 가족을 파괴하고, 다른 사람에게 폭력을 가하고, 공동체가 함께 건강한 가정을 만들어가는 기반을 무너뜨리기 때문이다. 이 두 구절을 그렇게 읽게 되면 가정을 세우고 평화를 만들려는 바울의 말을 폭력과 가정을 깨트리는 도구로 만들어버리게 된다. 다시 말하지만 우리는 로마서를 제대로 파악해야 한다.

바울은 이 구절들에서 혹은 이 편지의 나머지 부분에서 어떤 추상적이고, 시간이 지나도 변하지 않는 객관적인 신학적 원리들을 말하는 것이 아니다. 그는 심각하게 분열되어 있는 실제 공동체를 향해 말하고 있다. 그리고 사람들이 유대인/이방인으로 분열된 것을 뛰어넘어 서로를 형제자매로 보고, 그들 모두 죄인이라는 점에서는 같지만 그럼에도 은혜로 함께 환대하는 정의를 행하는 삶을 살도록 부르심을 받았음을 알게 하는 방법을 찾으려 애쓰고 있다. 그래서 우리는 바울이 말하는 바와 그것이 어떻게 우리의 성생활에 심판의 말과 소망의 말이 되는지를 관대하고, 은혜롭고, 정직하게 대화해보고자 한다.[4]

---

4   많은 예 중에서 다음을 참조하라. Wendy VanderWal-Gritter, *Generous Spaciousness:*

교회와 나의 레즈비언 친구

음, 제가 좀 말해도 될까요?

물론이지요. 우린 당신에게 무슨 일이 있었는지 궁금했습니다.

음, 당신들이 불편한 진실을 들춰주길 기다리고 있었습니다. 이런 논쟁을
한다는 것 자체가 정말 화나고 당황스럽습니다. 우리 교회가 걱정스럽
습니다. 이런 성적인 문제가 왜 교회에서 크게 논란이 되는지 이해는 하
지만, 그래도 너무 심하게 논란거리가 되는 것 같습니다. 아니…, 증오
가 넘친다고 해야 하나요? 사람들이 자신들이 진리이고 성경적이라고
믿는 것을 지키려고 하는 건 알겠는데, 그 "진리"를 이런 식으로 방어하
는 것은 너무 공격적이라는 생각이 들고 많은 제 친구들에게는 몰상식
적이고 상처를 주는 행동으로 비칩니다.

그래서 이 문제가 당신에게는 추상적인 주제가 아니군요. 아주 개인적인
문제이군요.

네, 그렇지요. 그리고 저는 게이 친구들이 많이 있는데, 그중에 특히 아주

Responding to Gay Christians in the Church (Grand Rapids: Brazos, 2014); James Brownson,
Bible, Gender, Sexuality: Reframing the Church's Debate on Same-Sex Relationships (Grand
Rapids: Eerdmans, 2013); Justin Lee, *Torn: Rescuing the Gospel from the Gays-versus-Christians
Debate* (New York: Jericho Books, 2012); David Myers, Letha Dawson Scanzoni, *What God
Has Joined Together?: A Christian Case for Gay Marriage* (San Francisco: HarperSanFrancisco,
2005).

걱정되는 친구가 하나 있습니다.

그 친구에 대해 말해줄 수 있나요?

제 친구는 아주 독실한 기독교 가정에서 태어나 복음주의 교회에서 성장
했습니다.[5] 그녀는 성장하면서 기독교 여름 캠프에 참여했습니다. 그녀
의 친구들 대부분은 그리스도인이었습니다. 14살이 되었을 때, 그녀는
왜 자신이 남자아이들에게 끌리지 않는지 궁금해지기 시작했습니다.
대신 그녀는 한 여자아이에게 푹 빠져 있었습니다. 그리고 이것이 잘못
되었다는 것을 알았습니다. 그래서 그러지 않으려고 무척 애를 썼습니
다. 남자아이들에게 더 관심을 가지려고 노력했습니다. 나이가 들면서
남자아이들에게 관심을 가지려고 상담도 받고 다양한 치료도 받아보았
습니다. 수년간을 이성애자가 되려고 노력하며 보냈습니다. 그리고 그
시간 내내 부모가 이 사실을 알게 되면 뭐라고 할지 죽도록 두려워했습
니다. 교회가 알게 되면 뭐라고 할지 그녀는 무서워 죽을 것 같았습니
다. 그녀는 거부당할 뿐 아니라 영원히 저주받을 거라는 두려움 속에서
살았습니다.

그녀는 우울해졌고 차라리 죽는 게 낫지 않을까도 생각했지만 자살은 레
즈비언이 되는 것보다 더 나쁜 죄일 것 같아 두려웠습니다. 그래서 그렇
게 하지도 못했습니다.

그러다 결국 그녀는 자신이 이성애자가 될 수 있는 길은 없다는 것을 깨달

---

5   이 이야기는 우리가 아는 많은 사람의 이야기를 합성한 것이다. 게이 성향을 가진 한 그리스
    도인의 치열한 싸움에 대해서는 이미 말한 바 있다. Lee, *Torn*.

있습니다. 그래서 자신이 레즈비언이라는 사실을 받아들이고 레즈비언 그리스도인으로서 신실한 삶을 살고자 애쓰겠다 결심했습니다.

그녀는 어떻게 되었습니까?

처음에는 그리 좋지 않았습니다. 부모에게 말하기로 결심했는데, 놀랍게도 부모들은 그녀가 독신으로 사는 한 받아들이겠다고 했습니다. 교회에서는 몇몇 사람에게 고백했지만 잘 받아들여지지 않았습니다. 더 이상 주일학교 교사를 못하게 되었고 청년부 모임에서도 완전히 배제되었습니다. 그리고 그녀에게 너무나 중요했던 기독교 캠프에서도 일할 수가 없었습니다.[6] 그녀는 자신이 알던 모든 세상에 들어맞지 않는 사람이 되어버렸습니다. 레즈비언 클럽에도 맞지 않았고, 교회에도 맞지 않았습니다. 그녀의 친구들은 결혼해서 아이를 가졌지만, 그녀는 혼자였습니다. 그리고 그녀는 정말 외로웠습니다.

그러다 게이와 레즈비언들을 환영하는 교회를 찾았습니다. 집 같은 장소를 찾은 것이지요. 다시 주일학교에서 가르치기 시작했고(기독교 집안에서 자랐기 때문에 성경에 대해 무척 많이 알고 있었지요!) 이웃의 노숙자들을 위한 도시락 나눔 프로그램에도 참여했습니다. 1년 후에는 그곳에서 다른 여성을 만났고, 결국 그들은 결혼했습니다. 지금은 어린 아들도 키우고 있습니다. 문제는 이것입니다. 제 친구는 헌신적이고 신실한 결혼생

---

6 우리가 수년간 참여해온 기독교 캠프 가운데 적어도 한 군데에서 이런 역학에 대해 연구한 것이 있다. Kristy Woudstra, "One Pioneer and the Fight for LGBTQ Inclusion at a Beloved Summer Camp," *Huffington Post*, March 9, 2017, http://www.huffingtonpost.ca/2017/03/09 onepioneer-camp-gay-inclusion_n_15122628.html.

활을 하고 있습니다. 아들이 예수님을 사랑하도록 키우는 부모입니다. 교회를 적극적으로 섬기고 있을 뿐 아니라 강력한 복음의 증인입니다. 도덕적으로 뒤떨어지지도 않고, 혐오스럽지도 않고, 그녀의 결혼이 우리 사회에서 폄하될 이유도 없습니다. 그녀는 제가 알고 있는 아주 훌륭한 그리스도인 중 한 명입니다. 그러나 제 마음 한편에서는 이 모든 것이 잘못되었다는 생각을 떨쳐버릴 수가 없습니다.

왜 그렇게 생각하는데요?

음, 아무래도 성경이 말하는 바 때문이지요. 제 친구의 삶은 잘못되었다고 명백하게 말하는 성경 본문들이 있으니까요.

호되게 때리는 본문들

로마서 1:26-27 같은 말씀을 의미하나요?

네. 몇몇 다른 구절들과 함께요. 알다시피 소돔과 고모라 이야기, 남자와 남자의 동침을 금하는 율법들, 그리고 바울이 동성애를 반대하는 다른 구절들 등이지요.[7] 그런데 로마서 말씀이 가장 중요한 거 같습니다. 가장 분명하게 말하기도 하고, 레즈비언을 저주에 포함시킨 것도 그렇고요. 다른 곳에는 그런 언급이 안 나오거든요.

---

7   창 19:1-29; 레 18:22; 20:13; 고전 6:9-11; 딤전 1:10.

자, 그 점부터 한번 시작해봅시다. 동성 간의 성관계를 말하는 여섯 개의 본문에서 왜 다섯 구절은 남자들만 말할까요? 남자들에게 집중되도록 이 본문들이 쓰인 문화는 어떠했을까요?

2천 년 전에 쓰였기 때문일 것 같습니다.

그러니까 그 본문들은 특정한 문화 속에서 쓰였고, 그 문화에서 성은 권력과 밀착되어 있었지요.

우리 세계에서도 남자들의 성은 권력에 깊이 뿌리를 박고 있습니다. 뉴스를 통해 보면 알 수 있듯이, 성은 전쟁에서 남자들에 의해 무기로 사용될 뿐 아니라 상대를 모욕하고 위신을 떨어뜨리기 위해 사용되고 있습니다. 심지어는 "평등한" 사회로 여겨지는 우리 사회에서도 가장 높은 수준의 권력에서는 그렇습니다.

이런 종류의 수치를 주는 성행위는 "호되게 때리는 본문들" 중에 핵심적으로 등장합니다. 예를 들어, 창세기 19장에 나오는 소돔성의 남자들은 여흥을 모색하는 게이들이 아니었습니다. 그들은 자신들의 마을에 찾아온 이방인을 욕보이고 위신을 떨어뜨리려던 사람들이었습니다. 그리고 롯이 자신의 처녀 딸들을 내주겠다고 한 점을 볼 때, 롯은 그들이 게이 성관계를 찾는 것이 아님을 알았다는 것을 보여줍니다. 그들은 폭력적이고 학대적인 통제를 원했던 것입니다.
한 가지 덧붙이자면 자신의 딸들을 난폭한 강간자들에게 내보내겠다는 롯의 비열한 제안이 동성애 문제보다 우리의 관심을 덜 끄는 이유를 생각해본 적이 있으십니까? 우리 교회 지도자들은 왜 이 부분을 그리 크게 문제 삼지 않는 걸까요?[8] 사사기 19장에서도 비슷한 이야기가 나오는데, 여기서도 폭력이 최고조에 달해 있습니다. 그곳을 방문한 레위인의 첩이 그 도시 남자들의 폭력적인 요구를 만족시키기 위해 강제로 떠밀려 나갑니다. 그녀는 밤새도록 무리에게 강간당하고 아침에 문 앞에 버려지는데, 이는 일종의 조롱 행위였습니다. 즉 우리 마을에 오면 네 소유가 어떻게 되는지 보라는 의미였습니다. 분명한 것은 이들은 성적 욕구를 만족시키기 위해 다른 남자를 찾는 자들이 아니었다는 것입니다. 그들은 폭력으로 수치를 주려는 사람들이었습니다. 이 이야기는 점점 더 폭력적으로 진행되는데, 특히 여성들을 대상으로 합니다. 사사기 19-21장에 그 충격적인 이야기가 나옵니다.

소돔 이야기에서 아브라함은 그 도시의 구원을 위해 절박하게 협상합니다. 사람의 모습을 한 천사들이 아브라함을 방문하여 아이를 낳지 못하던 사라에게 아들이 태어날 것이라는 좋은 소식을 전한 후에, 하나님은 아브라함에게 소돔의 극악한 죄로 인해 그 도시가 멸망할 것이라고 말씀하십니다. 그리고 이때 아브라함과 하나님 사이의 놀라운 협상이 시작됩니다. "그 도시에 의로운 사람 50명이 있으면 어떻게 하시겠습니까?"라고 아브라함이 묻습니다. "그 50명을 위해 그 도시를 남겨두시겠습니까?" 하나님이 그 미끼를 무십니다. "그렇다. 그 50명을 위해 그 도시를 남겨두겠다." 하지만 이것은 협상의 시작에 불과했습니다. 아브라

---

8 Holly Joan Toensing은 이렇게 지적한다. "신체의 적절하고 부적절한 사용이라는 성별에 따른 개념을 놓고 보면, 이 본문이 주는 메시지는 '이 남자들보다 이 여자들을 강간하는 것이 더 낫다'는 뜻 같다." Holly Joan Toensing, "Women of Sodom and Gomorrah: Collateral Damage in the War against Homosexuality?," *Journal of Feminist Studies in Religion* 21, no. 2 (2005): 71.

함은 45명에서 40명, 30명, 20명, 마지막으로 10명까지 협상을 밀고 나 갑니다. 의로운 사람이 10명만 있어도 하나님이 그 도시를 남겨두실까요? 그렇습니다. 하지만 아브라함이 협상의 기준을 낮춘 것은 거기까지 였습니다.[9]

사람의 모습을 한 천사들은 10명의 의인을 찾으러 소돔으로 갑니다. 그들은 롯의 집으로 초대되어갔고, 그때 문제가 시작됩니다. 그 도시의 남자들(아마도 그들은 새로 정착한 이방인인 롯과 그의 가족을 이미 의심스러워하고 있었을 것입니다)은 이 방문객들을 더 직접적으로 "알고" 싶어 합니다. 폭력적인 이야기의 나머지는 그렇게 전개됩니다. 소돔에는 10명의 의인이 없었습니다.

소돔의 이야기가 동성애에 대한 이야기가 아니라는 말씀이신가요?

그렇습니다. 그것은 집단 성폭행과 폭력을 통해 이방인에게 수치를 주는 이야기입니다. 정말 흥미로운 것은 나중에 성경 구절들이 소돔에 대해 말할 때 절대 동성애를 언급하지 않는다는 점입니다. 다음은 에스겔이 소돔에 대해 말하는 부분입니다. "네 아우 소돔의 죄악은 이러하니 그와 그의 딸들에게 교만함과 음식물의 풍족함과 태평함이 있음이며 또 그가 가난하고 궁핍한 자를 도와주지 아니하며"(겔 16:49).[10] 이방인을 향해 폭력적인 태도를 취할 때 가난하고 궁핍한 사람을 돕기란 어렵습

---

9 창 18:22-33. 아브라함이 대담하게 더 밀어붙였다면 하나님이 더 기준을 낮추셨을지도 모를 일이다.

10 예수가 소돔을 언급한 것이 두 번 있는데, 두 번 다 이방인을 환대하지 않은 죄의 맥락에서 한 것이지 동성애에 대한 언급은 전혀 없다. 참고. 마 10:14-15; 눅 10:10-12.

니다. 그리고 6장에서 살펴보았듯이 교만과 부유함과 잘 먹고 잘 사는 것은 종종 불의와 폭력과 결합됩니다.

유다서 7절에서 소돔과 고모라는 성적으로 부도덕하고 다른 육체를 따라 갔다는(집단 성폭행을 잘 표현한 말) 정죄를 받습니다. 사실 유다서 7절에서 "사르코스 헤테라스"(*sarkos heteras*)라는 표현을 사용한 것은 이것이 같음(sameness)으로 규정되지 않는 다른 육체임을 강조합니다. 어떤 이들은 이것이 그 방문객들이 가진 천사의 육체를 언급한 것이거나 그들이 이방인이었다는 사실을 언급한 것이라고 말합니다.[11] 어찌 되었든 동성애는 유다의 안중에 없는 것 같습니다.

그렇군요. 어찌 되었든 제 친구에게는 다 해당하지 않습니다. 제 친구는 성폭력에 가담하지는 않으니까요. 또한 그녀는 살면서 늘 은혜를 베푸는데, 특히 가난한 이웃들을 아주 잘 돌봅니다. 그녀는 소돔에 있던 거친 무리와는 정반대입니다. 하지만 다른 성경 구절들은 어떻게 합니까? 바울은 동성애를 명시적으로 언급하면서 하나님 나라에서 배제된다고 하지 않았습니까?

아닙니다. 바울이 그렇게 한 것이 아니라 몇몇 **번역자들**이 "동성애"를 하나님 나라에서 배제시킨 겁니다. 고린도전서 6:9-10과 디모데전서 1:9-10에서 바울이 의미한 바에 대해 너무나 많은 해석이 있어서 이런

---

11 James E. Miller, "A Response to Robert Gagnon on 'The Old Testament and Homosexuality,'" *Zeitschrift für die Altentestamentliche Wissenschaft* 119 (2007): 88. 또한 Miller는 랍비 전통의 참고문헌들을 인용하는데, 여기서는 소돔의 죄를 가난한 자와 이방인을 학대하고 불의하게 대한 것이라고 해석했다.

논의들을 다 살피다 보면 로마서 말씀을 제대로 볼 수 없기 때문에, 여기서는 두어 가지 도움이 되는 언급들만 살펴보겠습니다. 가장 중요한 문제는 두 개의 그리스어 단어, 즉 "말라코이"(malakoi, 고전 6:9)와 "아르세노코이타이"(arsenokoitai, 고전 6:9-10; 딤전 1:9-10)를 어떻게 번역하느냐입니다. 다양한 영어 번역본을 대충 살펴보면, 이 단어들의 번역에 보편적인 합의점이 없다는 것을 알게 됩니다. 이 두 단어가 개별적으로 번역되기도 하고 또 어떨 때는 동성애와 관련해서 함께 해석되기도 하는 것을 보게 됩니다.[12] 고린도전서 6:9-10에서 이 두 단어를 번역한 NRSV 번역이 대표적입니다. "미혹을 받지 말라! 음행하는 자나 우상숭배하는 자나 간음하는 자나 탐색하는 자나[malakoi] 남색하는 자나[arsenokoitai]…하나님의 나라를 유업으로 받지 못하리라." "말라코이"를 "탐색하는 자"라고 번역한 것이 몇 가지 장점이 있는 반면, 남색하는 자(sodomite)라는 영어 단어를 사용한 것은 심각한 문제가 됩니다. 이 단어의 뿌리는 물론 소돔이지만 영어에서 갖는 의미는 "항문 성교를 하는 사람"입니다. 위에서 논의한 것을 통해 분명히 보았듯이, 소돔의 주된 죄는 항문 성교 그 자체가 아니라 집단 성폭행과 환대의 거룩한 요건들을 위배한 것이었습니다. 남색(sodomy)이라는 잘못된 영어 단어를 사용함으로써, 번역자들은 결국 동성애를 반대하는 번역을 하게 된 것입니다.

그렇다면 이 두 단어가 의미하는 것은 무엇입니까?

---

12 Myers와 Scanzoni가 이 단어들에 대한 다양한 번역을 연구하여 도움이 되는 도표를 제공한다. "표1. 성경 번역본 간 번역의 이형들" Myers, Scanzoni, *What God Has Joined Together*, 96.

말하기 쉽지 않습니다. "말라코이"는 해이하고 게으르고 방종적이고 퇴폐적인 삶에 빠진 사람이라는 의미를 담고 있습니다. "아르세노코이타이"는 사도 바울이 만든 단어로 "남자"(arsēn)와 "침대"(koitē)라는 두 단어를 특별하게 합성한 것으로 보입니다. 레위기 18:22("너는 여자와 동침함 같이 남자와 동침하지 말라. 이는 가증한 일이니라")의 그리스어 번역에 같은 단어들이 쓰였기 때문에, 바울은 이 두 단어를 합성해서 썼던 것이 아닐까요?

그것이 동성애에 대한 분명한 언급이 아닐까요?

글쎄요, 동성애적인 행동에 대한 언급은 분명합니다. 문제는 어떤 종류의 행동이냐입니다. 사실 이 문제는 로마서 1:26-27을 다룰 때 중점적으로 다루려고 합니다. 레위기 본문은 제의적 매춘에 대한 언급이라고 학문적으로 합의가 이루어진 것으로 보입니다.[13]

그렇다면 바울은 고린도서와 디모데서에서 이 단어들을 어떤 의미로 사용한 걸까요?

완전히 정확히 알 수는 없지만 고린도전서에서 "말라코이"와 "아르세노코이타이"가 함께 쓰이는데, 이때의 역사적 맥락을 볼 때 바울은 몇 가지 형태의 남색 행위, 사춘기 이전 소년들을 대상으로 하는 성행위를 말

---

13 보수적인 입장의 학자들도 성전 매춘이 레위기 말씀의 맥락이라는 데 동의한다. 참고. Robert Gagnon, *The Bible and Homosexual Practice: Texts and Hermeneutics* (Nashville: Abingdon, 2001), 130.

하는 것으로 보입니다. "부드러운 자들"(soft ones)인 "말라코이"는 "아르세노코이타이"가 성적 쾌락의 도구로 사용하는 소년들입니다.[14] 따라서 "말라코이"를 "남창"이라고 번역하면 몇 가지 장점이 있습니다. 다만 이런 소년들이 모두 돈을 받고 몸을 파는 것은 아닙니다. 하지만 그들이 남창들**이었다면**, "아르세노코이타이"의 의미가 좀 더 충격적인 함축을 갖게 됩니다. 디모데전서 1:10에서 "아르세노코이타이"는 NRSV 번역으로는 "음행하는 자"와 "인신 매매하는 자", RSV 번역으로는 "호색가"(whoremonger)와 "남자를 훔치는 자들"(men stealers)이 되는데, 이들은 억제되지 않는 성욕을 즐기는 자들로 어린 소년들까지 매춘의 종이 되게 할 정도로 비열하고 자기 주머니를 채우는 자들입니다.

그렇다면 이 본문들도 제 친구의 경우와는 맞지 않아 보이네요.

그렇지요. 전혀 해당하지 않습니다.

로마 제국 내 성생활(롬 1:26-27)

하지만 로마서로 다시 가보면 상황이 다른 것 같습니다. "이 때문에 하나님께서 그들을 부끄러운 욕심에 내버려 두셨으니 곧 그들의 여자들도

---

14 비교. Victor Paul Furnish, "The Bible and Homosexuality: Reading the Texts in Context," *Homosexuality in the Church: Both Sides of the Debate*, ed. Jeffrey S. Siker (Louisville: Westminster John Knox, 1994), 24; Richard B. Hays, *First Corinthians*, Interpretaion (Louisville: Westminster John Knox, 1997), 97.

순리대로 쓸 것을 바꾸어 역리로 쓰며 그와 같이 남자들도 순리대로 여자 쓰기를 버리고 서로 향하여 음욕이 불일 듯하매 남자가 남자와 더불어 부끄러운 일을 행하여"(1:26-27상). 제 친구와 관련해서 제가 늘 마음에 걸리는 구절입니다. 제게는 그 본문이 아주 분명하게 말씀하시는 것 같습니다.

음, 이 본문을 다르게 해석하는 것부터 시작해야 할 것 같군요. 즉 우리가 처한 상황과 이 본문이 쓰인 상황이 다르다는 점을 먼저 보아야 합니다. 예를 들어, 복음서에서 세리를 죄인이라고 분명하게 표현한 부분들을 볼 때도 당시의 상황을 살펴보았습니다. 세리들이 점령자 로마군과 어떻게 결탁했고, 그들이 징수하는 세금이 갈릴리와 유대 사람들의 삶을 얼마나 피폐하게 만들었는지 살펴보았습니다. 성경을 제대로 읽으려면 당시 세리들과 오늘날 캐나다 세무청이나 미국 세무청에서 일하는 사람들을 구분해야 합니다. 이렇게 당시의 상황을 살피고 과거와 현대의 차이점을 살펴야 제대로 된 해석을 할 수 있습니다.

그러니까 지금 우리가 말하는 것이 바울이 말하는 것과 같은지 질문해봐야 한다는 말씀이시지요? 맞나요?

네, 그렇습니다.

그렇다면 동성애 성향 같은 것이 고대 세계에서도 있었는지를 질문해야겠군요. 이것이 성경 시대에 일리가 있었을까요?

성경 시대에는 동성애 성향이라는 개념이 일리가 있지 않았을 겁니다. 남자는 여자에게 끌리고, 여자는 남자에게 끌린다고 가정했지요. 이것이 자연스러운 질서로 여겨졌습니다. 성적 성향이라는 개념조차 없었기 때문에 동성인 사람에게 끌리는 성적 성향이 있다는 생각은 아예 존재하지 않았습니다.[15] 그렇다고 동성애적 성행위가 없었다는 말은 아닙니다. 성전 매춘에서 그런 행위가 흔하게 이루어졌습니다. 바울이 살던 세상인 로마 문화에서는 소년들과 노예들, 자유민들을 성폭행하는 일이 만연했고 용인되었습니다.

하지만 바울 시대에도 동성애 성향이 알려져 있었다고 주장하는 사람도 있지 않나요? 충실한 동성애 관계가 알려져 있었으며 용인되었다고 말하는 몇몇 로마 풍자가들과 플라톤을 거론하며 하는 말을 들었습니다.[16]

거기서 말하는 예들은 우리 논지에 실제로 맞지 않습니다. 플라톤과 크세노폰, 아리스토텔레스가 가끔 언급되지만, 바울보다 거의 4세기나 앞선 그리스 작가들이 쓴 문서를 사용해서 1세기 로마의 성행위를 논하기는 어렵습니다.[17] 바울과 동시대 풍자가인 마르티알리스는 재치 있는 짧

---

15 Hays는 이 문제들에 대해 우리보다 더 보수적인 견해를 가졌음에도 다음과 같이 인정한다. "바울도 그렇고 고대에 있던 어느 누구도 '성적 성향'이라는 개념을 갖고 있지 않았다." Hays, *Moral Vision*, 388.

16 비교. Mark D. Smith, "Ancient Bisexuality and the Interpretation of Romans 1:26-27," *Journal of the American Academy of Religion* 64, no. 2 (1996): 223-56. N. T. Wright는 다음 책에서 플라톤을 거론하며 비슷한 주장을 한다. *Romans, Part 1: Chapter 1-8*, Paul for Everyone (Louisville: Westminster John Knox, 2004), 22.

17 James F. Miller, "Response: Pederasty and Romans 1:27; A Response to Mark Smith," *Journal of the American Academy of Religion* 65, no. 4 (1997): 861.

은 풍자시들을 썼는데, 여기서 남색(pederasty)이 사람들 사이에서 용인되었고 흔히 행해졌다는 것을 분명히 보여줍니다. 실제로 그의 풍자시를 보면 남색이 이성애보다 더 자주 언급됩니다. 동성애도 그의 시에서 드물게 나타나는데, 부정적인 시각이 뚜렷해 보입니다. "마르티알리스와 그의 글을 읽던 대중들에게 성적 윤리는 확실해 보인다. 남색은 사회생활의 또 다른 하나의 측면쯤으로 여겨지지만, 남자 어른들 사이에서 동성애 행위를 하는 것은 일탈이고 비웃음과 경멸의 대상이라고 보았다."[18] 여기서 한 가지 의아한 것은 바울 당시 어른 남성들이 서로 동의하에 성행위를 하는 것은 문화적으로 받아들여지지 않은 반면, 남색은 용인되었다는 것입니다.[19]

그렇다면 바울이 동성애 성향을 이야기하는 것이 아니라면 뭘 말하는 겁

---

18 Miller, "Response: Pederasty and Romans 1:27," 862.

19 Miller, "Response: Pederasty and Romans 1:27," 863. Miller는 Amy Richler의 다음 책이 증거를 보여준다고 주장한다. Amy Richler, *The Garden of Priapus* (Oxford: Oxford University Press, 1992), 220-26. 또한 Miller는 우리 시대와 1세기의 성 개념을 어떻게 구분해야 하는지 그 방법을 잘 보여준다.

> "로마 제국에서 남색은 허용되었고 어른들 사이의 동성애(남녀 성 모두)는 경멸을 받았다. 오늘날에는 두 행위 중 남색이 더 경멸받는 것이 분명하다. 로마 제국에서 항문 성행위(남성 간이든 이성 간이든)는 비교적 정상적인 것으로 받아들여졌고 구강 성행위는 대단히 수치스러운 것으로 여겨졌다(Richlin: 25-26, 69). 반면 오늘날의 상황은 완전히 반대다. 오늘날 우리 문화에서 결혼의 정조는 보통 쌍방이 지켜야 할 것으로 여겨지지만 로마 제국에서는 유대인이건 이방인이건 분명히 그렇지 않았다. 남성은 비교적 자유로웠던 반면 여성들은 엄격하게 규제를 받았다. 또한 로마 제국에서는 종들은 남녀 구분 없이 주인들의 성적 재산으로 여겨졌는데…19세기 노예제도가 폐지된 이래로 우리 문화에서는 불법이고 비도덕적이고 비교적 흔하지 않은 일로 여겨진다"("Pederasty and Romans 1:27," 864).

노예와 로마의 성행위에 관해서 Miller는 다음의 책을 참고로 한다. Moses I. Finley, *Ancient Slavery and Modern Ideology* (New York: Viking, 1980), 95-96; Eva Cantarella, *Bisexuality in the Ancient World* (New Haven: Yale University Press, 1992), 101-4.

니까? 어떤 상황에서 동성 간 성행위가 벌어지는 것이지요?

로마서 1장의 맥락을 떠올리면서 답을 해야 합니다. 앞서 이 편지가 로마 제국 한복판에 살고 있는 그리스도인들에게 쓰인 맥락을 어느 정도 논했습니다. 그리스도인들은 로마 제국의 이야기와 생활방식과 이미지들과 상징들에 둘러싸여 살고 있었습니다. 바울은 편지를 시작하면서 하박국 2:4을 인용하여 의인은 믿음으로(혹은 신실하게) 산다고 선언합니다. 앞에서 보았듯이 이러한 통찰력은 하박국이 갈대아인들의 제국적 우상을 수사학적으로 공격하면서 한 말입니다. 바울이 로마서 첫 장에서 이 말을 인용했다는 것은 바울 또한 우상숭배를 비판하고 로마 제국의 불의를 비판하겠다는 뜻이 됩니다. 그러한 비판의 일환으로 바울은 우상숭배로 인해 폭력적인 성관계와 거짓과 불성실에 뿌리를 둔 탐욕의 경제학을 만들어내는 특정한 폭력적인 소비가 생겨난다고 주장합니다. 바울은 인사말부터 줄곧 반제국적인 수사법을 쓰고 있습니다. 라이트(N. T. Wright)는 이렇게 언급합니다. "로마서의 전체 서론에서만도 너무나 분명한 반제국적인 신호들이 들어 있어서 바울과 당시 그의 독자들(로마에 있건, 어디에 있건)이 그 메시지를 크고 분명하게 들었을 것이라는 점을 의심하는 것은 불가능해 보인다."[20] 로마서 1:28-32에 나오는 악덕 행위들은 바울의 반제국적 관점을 로마의 정치적이고 경제적인 삶으로 확대한 것이라고 이 책의 6-8장에서 논했습니다. 따라서 로마서 1:26-27에서 말하는 성생활에 대한 것도 반제국적인 차원에서 보는 것이 맞습니다.

---

20   N. T. Wright, *Paul in Fresh Perspective* (Minneapolis: Fortress, 2005), 76.

어떻게 그렇습니까?

이러한 제국에 대한 비판은 바울이 가진 우상숭배에 대한 이해에 뿌리를
두고 있다는 점을 기억하면서 시작해봅시다. 그들은 불멸하는 하나님
의 영광을 유한한 인간 존재(황제) 혹은 다른 피조물들(로마와 그리스의 모
든 신들)을 닮은 형상과 바꾸었기 때문에 "하나님께서 그들을 마음의 정
욕대로 더러움에 내버려 두사 그들의 몸을 서로 욕되게 하셨습니
다"(1:24). 그들은 우상을 숭배하면서 하나님의 형상을 신실하게 닮아
내야 하는 자신들의 소명을 저버렸기 때문에 "하나님께서 그들을 부끄
러운 욕심에 내버려 두셨습니다"(1:26). "하나님께서 그들을 그 상실한
마음대로 내버려 두사 합당하지 못한 일을 하게 하셨습니다"(1:28).[21]
또한 이 구절들은 대조의 구조를 갖고 있다는 점에 주목하는 것이 중요
합니다. 로마서 1:17은 하나님의 정의가 메시아의 언약적 신실함을 통
해 드러나고, 의인은 믿음으로 살기 때문에 하나님의 언약에 우리도 신
실하게 반응해야 한다고 말합니다. 그런 후 우상숭배라는 불의와 의로
운 자들의 신실함을 대조하면서, 바울은 이렇게 선포합니다. "하나님의

---

21 Wright는 여기서 시 81:11-12과 일관된 의미를 발견해낸다. 이스라엘이 고집스럽게 우상
숭배를 좋아하는 것을 시편 저자는 이렇게 기록한다.

"내 백성이 내 소리를 듣지 아니하며
이스라엘이 나를 원하지 아니하였도다.
그러므로 내가 그의 마음을 완악한 대로 버려두어
그의 임의대로 행하게 하였도다."

Wright는 이렇게 주석을 단다. "즉 다시 한번, 바울은 표면적으로는 이교도의 신앙 행위를
묘사하면서, 숨은 의미로 조용히 이스라엘의 폐단을 지적한다." "The Letter to the Romans:
Introduction, Commentary, and Reflections," *The New Interpreter's Bible*, vol. 10 (Nashville:
Abingdon, 2002), 433.

진노가 불의로 진리를 막는 사람들의 모든 경건하지 않음[신앙심이 없음]과 불의에 대하여 하늘로부터 나타나나니"(1:18). 이 진노는 "나타납니다." 여기서 한 가지 가정할 수 있는 것은, 눈이 있는 사람은 누구나 불의를 행하는 사람들의 우상숭배적인 삶 속에 하나님의 진노가 이미 드러나고 있음을 볼 수 있다는 것입니다. 누구나 이 모든 것이 어떤 결말을 가져오는지 볼 수 있습니다. 하나님이 그들을 타락한 열정이 지배하는 왜곡된 성생활을 하도록 "내버려 두셨다"는 것을 누구나 알 수 있습니다(1:26-27). 그리고 하나님이 그들을 불의와 탐욕과 살인과 기만과 악의와 부모를 거역함과 경솔함(바울이 열거한 악덕들을 몇 가지 말하자면)이 특징인 삶과 상실한 마음에 "그대로 내버려 두셨다"는 것을 누구나 알 수 있습니다(1:28-32).

우상숭배를 하고 하나님께 감사하지 않게 되면 필연적으로 매일의 삶에서 제어되지 않는 경솔함과 폭력을 일삼고 성적 방종에 빠지게 된다는 것을 누구나 **볼 수 있고 보아왔다**고 바울은 가정합니다! 하지만 바울의 독자들은 **어디서** 이러한 분명하고 편만한 하나님의 진노가 일어나는 것을 보았을까요? 그들은 바울이 여기서 묘사하는 폭력적인 불의와 만족을 모르는 성생활에 과도하게 빠지도록 하나님이 "내버려 둔" 사람들을 어디서 보았을까요? 닐 엘리어트는 이렇게 대답합니다. 바울이 이렇게 타락한 인간성을 묘사한 것은 "자신의 독자들로 하여금 다름 아닌 **황제들**에 대한 분명한 암시임을 깨닫게 하려는 것이다." 엘리어트는 계속해서 이렇게 말합니다. "끔찍한 범죄에는 신의 형벌이 뒤따른다는 것을 보여주어 바울의 주장을 효과적으로 뒷받침해준 것은 다름 아닌 황제들이었다." 실제로 "율리우스-클라우디우스 왕조의 최근 왕들이 저지른 악덕 목록에서 이 구절에 나오는 모든 항목을 발견할 수 있다."[22] 로마서 도입부 전체에서 반제국적 수사법을 끌어오기 때문에, 나중에 바울이 "죄의 삯"(6:23)이라고 말한 것을 묘사할 때 제국 황제들의 집안을 염두에 두고 한 말이라는 것은 어찌 보면 당연합니다.

"로마 황제 집안"이라고 하면 바울이 칼리굴라, 클라우디우스, 네로 같은 미친 황제들을 언급한 것이라는 말이세요?

음, 이 황제들에 대해 어떤 걸 알고 계시나요?

사실 그리 많지는 않습니다. 하지만 대중적으로 알려진 역사를 읽다 보면 그들 모두 기만적인 권력에 굶주린 미치광이들이었음을 알 수 있지요.

요약해보겠습니다. 가이우스라고도 알려진 칼리굴라(기원후 37-41)는 자신의 선임자(티베리우스)를 살해하고 곧바로 황제의 자리에 올라 스스로를 신이라고 선포했습니다. 그는 통치 기간 동안 누구든 조금이라도 위협이 된다고 판단하면 처형하거나 스스로 목숨을 끊게 하는 등 수많은 백성을 무자비하게 다스렸습니다. 수에토니우스는 칼리굴라의 삶을 서술하면서 그의 성적인 문제뿐 아니라 방탕함에 대해서도 쓰고 있습니다. 그는 누이들과의 근친상간을 자랑하기도 했고 "로마에 있는 거의 모든 지위 높은 여인들"을 (심지어 결혼식을 올리는 신부까지도 결혼한 날) 강

---

22 Neil Elliott, *The Arrogance of Nations: Reading Romans in the Shadow of Empire* (Minneapolis: Fortress, 2008), 79, 82.

간한 유명한 성범죄자였습니다.[23] 또 그는 저녁 식사에 초대한 여자 손님들을 데려가 다른 방에서 강간하고 다시 돌아와 그녀들이 어땠는지 떠들어대기도 했습니다. 또한 수에토니우스는 칼리굴라가 다양한 남자들과 남자 역할과 여자 역할을 다 행하며 성적으로 무모한 장난을 저질렀다고 기록합니다. 제임스 브라운슨은 이렇게 기록합니다. "결국 그에게 성적으로 모욕을 당한 한 장군이 그를 살해하려는 음모에 가담했고, 이 일은 그가 통치한 지 4년도 되지 않아 일어났다. 수에토니우스는 가이우스(칼리굴라)가 살해당할 때 생식기가 칼에 찔렸다고 기록한다. 사람들은 바울이 로마서 1:27에서 '남자가 남자와 더불어 부끄러운 일을 행하여 그들의 그릇됨에 상당한 보응을 그들 자신이 받았느니라'고 한 기괴한 이야기를 그대로 듣는 듯했을 것이다."[24]

칼리굴라를 이어 클라우디우스(기원후 41-54)가 즉위했지만, 상황은 그리 좋아지지 않았습니다. 특히 극단적인 폭력으로 다스리는 상황은 그대로였는데 그의 집안사람들도 예외가 아니었습니다. 칼리굴라 이야기에서 보았듯이, 폭력과 거짓으로 살아가는 사람들은 어쩔 수 없이 폭력과 거짓을 낳아 스스로 당하게 되어 있습니다. 클라우디우스는 그의 아내 아그리피나에게 독살당했고, 그녀의 아들 네로(기원후 54-69)가 황제가 되었습니다.

바울이 로마서를 쓸 때 네로가 황제가 아니었나요?

---

23 Suetonius, *Gaius 36*. Elliott, *Arrogance of Nations*, 80에 인용됨.
24 Brownson, *Bible, Gender, Sexuality*, 13.

맞습니다. 바울이 로마서를 쓴 것은 네로 황제의 통치 초반이었습니다. 네로는 앞서 있었던 황제들의 야비한 전통을 물려받아 자신의 동생 브리타니쿠스를 강간했고, 농담 하나에 마음이 상해 동생이 자신의 권세에 도전할지도 모른다는 위협을 느낀 나머지 황제에 오른 지 몇 달도 되지 않아 그를 죽였습니다.[25] 그의 어머니 아그리피나도 몇 년 후 비슷한 운명에 처했습니다. 그리고 그가 나중에 행하게 될 퇴폐적인 방탕은 이미 젊은 시절에 확연히 드러나고 있었습니다. 네로는 젊은 패거리들과 거리를 배회하면서 (때로는 적당한 거리에 경비를 세워두고) 지나가는 사람을 때리거나 물건을 훔치거나 성적으로 폭행을 저지르는 등 폭력적인 재미와 제어되지 않는 쾌락을 찾곤 했습니다. 그 앞에 있던 칼리굴라와 마찬가지로 네로도 모두에게 공개된 장소에서 떠들썩한 파티를 열기로 악명이 높았습니다. 그가 가는 곳마다 난잡하고 수치스러운 성행위들이 난무한 파티가 열렸습니다. 한번은 그가 "결혼한"[26] 남자에게 성적으로 지배당하는 광경이 보이기도 했습니다.

그가 "결혼한" 남자라고요? 여기서 동성애 문제로 넘어가는군요. 이것이 바울이 남자가 "남자와 더불어 부끄러운 일을 행한다"라고 말한 그것이 아닌가요?

음, 아닙니다. 바울이 여기서 정죄하는 것은 성폭력과 성남용인데, 이는 네로와 다른 황제들이 했던 행위로서 누군가의 품위를 떨어뜨리려는

---

25 Edward Champlin, *Nero* (Cambridge, MA: Harvard University Press, 2003), 165 (rape), 151 (murder).

26 Champlin, *Nero,* 160.

목적을 가지고 "자연 질서"에 위배되는 방식으로 구강성교든 항문성교를 하는 행위를 말합니다.

아, 조금 당황스러운데, 질문이 있습니다. 구강성교든 항문성교를 하려면 두 사람이 필요한데, 둘 중 한 명만 품위가 떨어지는 것이 아닙니까?

네, 맞습니다. 다른 사람을 항문으로 성교하려고 하든가 아니면 누군가에게 구강성교를 시키려고 할 때는 그 사람에 대해 우세한 위치에 있어야 합니다. 달리 말하자면 항문성교를 당하거나 당혹스러운 구강성교를 하는 것은 말 그대로 복종적인 행위이지요. 그런 복종은 수치스러움으로 여겨졌습니다.

좋습니다. 하지만 그런 점들을 인정한다 해도 바울의 이야기는 전체적으로 동성애에 관한 것 아닙니까? 바울이 이 구절에서 동성애를 공격하고 있는 게 맞지 않나요?

상황에 따라 다릅니다. 당신이 말하는 "동성애"는 무엇입니까?

글쎄요. 제 친구처럼 다른 여자에게 끌리는 것이겠지요. 제 친구는 동성애자이기도 하고 레즈비언이기도 하지요. 왜냐하면 제 친구는 동성인 사람과의 친밀한 관계에서만 충족될 수 있기 때문입니다.

그러면 그것은 바울이 여기서 말하는 것이 **아닙니다**. 위에서 주장했듯이 바울은 동성애 성향 같은 것은 전혀 알지 못했습니다. 고대 로마인들의 성 이해에서 성적 욕구라는 개념은 있었고 그 욕구는 여러 가지 표현으로 나타날 수 있었지만, 오늘날 우리가 이해하는 성적 "성향"이라는 것은 전혀 알려지지 않았습니다. 고대 세계에서는 "오늘날 우리가 동성애 성향, 즉 이성애적 성향과 구별되는, 동성인 사람들에게 자연스러운 성적 호감을 느끼는 그런 것은 전혀 없는 개념이었습니다."[27] 다양한 동성애적인 행위들이 분명 있었긴 하겠지만 지금 우리가 말하는 **동성애**라는 단어에 정확히 해당하는 것은 없었습니다.

하지만 네로는 다른 남자와 "결혼"했습니다. 이것이 동성애 결혼 아닌가요?

아닙니다. 네로는 많은 대상과 관계를 맺었는데, 그는 그 관계들을 "결혼들"이라고 불렀습니다. 두 번은 남자와 했는데, 분명히 동성애자들의 결혼과는 달랐습니다. 그리고 그것들은 바울 당시에 동성 결혼이라는 개념이 알려졌음을 주장하기 위해 사용되지도 않았습니다.[28] 첫 번째 결혼은 사람들에게 충격을 줄 의도로 한 길거리 공연의 형태였고, 두 번

---

27 Elliott, *Arrogance of Nations*, 78. Sandra Boehringer는 "고대의 성생활을 연구하는 학자들은 현대의 성 범주(특히 동성애)와 고대의 성 범주는 맞지 않는다는 점을 20년 이상 강조해 왔다"는 점에 주목하면서 "기껏해야 120년 정도 된 범주로 고대 세계를 봐서는 안 된다"고 주장한다. Sandra Boehringer, "Female Homoeroticism," *A Companion to Greek and Roman Sexualities*, ed. Thomas K. Hubbard (Oxford: Blackwell, 2015), 150. Contra Bernadette Brooten, *Love between Women: Early Christian Responses to Female Homoeroticism* (Chicago: University of Chicago Press, 1996).

28 Contra Wright, *Romans, Part 1*, 22. Thomas K. Hubbard의 에세이 "동년배 동성애"에서는 고대 그리스나 로마 문화에서 동성애 결혼이 있었다는 언급을 전혀 하지 않는다(Thomas K. Hubbard, *Greek and Roman Sexualities*, 128-49). 실제로 이 중요한 에세이 모음집에서 결혼에 대한 모든 언급은 종족 번식이 중요한 이성 간의 연합을 가정하고 있다.

째 경우는 네로의 죽은 아내를 대체하기 위한 것이었습니다.[29] 네로는 처음에는 아내를 대체할 다른 여자를 찾았지만, 그녀를 충분히 닮은 사람이 없어서 대신 거세한 소년을 선택했습니다. 이렇게 거세한 행위를 보아도 그가 남자를 원한 것이 아니라 여자를 원했음을 보여줍니다.

따라서 바울이 "남자와 더불어 부끄러운 일을 행하여 그들의 그릇됨에 상당한 보응을 그들 자신이 받은" 남자들을 말했을 때, 로마 사람들은 동성애 결혼 같은 것을 생각한 것이 아니라, 당시 황제들의 집안에서 자행되던 동성애적인 과도한 행위들과 남색 행위에서 볼 수 있는 불평등하고 억압적인 성행위를 생각했을 것입니다. 네로의 뜰을 보십시오! 그가 드러내놓고 성적으로 비하하는 행동을 하면서 얼마나 자신을 과시하는지 보십시오! 이 통제 불가능한 성적 음탕함을 보십시오!

하지만 당시 사람들은 그렇게 멀리 볼 필요가 없었습니다. 우리가 살펴본 이리스 이야기가 보여주듯, 제국 통치자들의 착취적인 성행위는 평범한 집안에서도 그대로 행해졌습니다. 집안의 가장들과 주인들은 아내뿐 아니라 모든 남녀 종에 대한 성적 권한을 갖고 있었습니다.[30] 게다가 저녁 만찬이 있는 날이면 그 집안의 종들은 저녁 식사에 초대받은 손님들을 성적으로 응대해야 했는데, 그것은 의무의 일부였습니다. 그래서 주인들도 종종 남녀 종들을 성적으로 이용했습니다. 그리고 때때로 남자 종들은 저녁 식사에 초대된 손님들의 성적 즐거움을 위해 여장을 해야 했습니다. 간단히 말해 이 사회는 소년들과 남녀 종들을 성적으로 착

---

29   이 두 "결혼들"에 대해서는 다음 책을 참조하라. Champlin, *Nero*, 167. 이 두 사건 모두 바울이 로마서를 기록한 시기 **이후에** 일어났다는 점도 주목해야 한다.

30   참조. Margaret Y. MacDonald, "Slavery, Sexuality, and House Churches: A Reassessment of Colossians 3.18-4.1 in Light of New Research on the Roman Family," *New Testament Studies* 53 (2007): 94-113.

취하는 것이 만연했고 일상적이었습니다.

바울이 로마서 1:27에서 여성들과의 자연스러운 관계를 버리고 남자와 부끄러운 일을 행하는 남자들에 대해 썼을 때, 그 말을 듣는 사람들은 이런 것들을 생각했을 것입니다. 최근 들어 생겨난 동성애 성향이나 동성 간의 성관계 같은 것들은 바울의 의중에 없었습니다.

27절과 관련해서는 말이 되는군요. 하지만 26절은 어떻게 합니까? 자기 아내와 종들과 어린 소년들에게 착취적인 방법으로 행동하는 남자들에 대해 말씀하셨는데, 그럼 바울이 말하는 자연을 거슬러 행동하는 여자들은 무슨 의미입니까? 로마 사회의 양식은 남자들이 다른 사람들에 대해 이런 권리를 가졌지, 여자들은 이런 권리가 없지 않습니까?

제러미 타운슬리(Jeramy Townsley)는 이 구절이 여신 종교들이 행하던 우상 숭배적인 성행위를 반영한 것이라고 설득력 있게 주장했습니다. 이 종교들에서는 여성들이 남성들과 구강 혹은 항문 성행위를 하도록 되어 있었고, 거세된 남성 사제들은 항문 성교의 대상이 되어야 했습니다.[31] 이런 모든 행위는 "자연을 거스르는" 것으로 여겨졌습니다.[32]

---

31 Jeramy Townsley, "Paul, the Goddess Religion, Queer Sects," *Journal of Biblical Literature* 130, no. 4 (2011): 707-28.

32 "자연을 거스른다"는 것이 문화적으로 어떤 독특한 개념을 갖는지 알기 위해서는 두 가지를 고려해야 한다. 먼저는 고전 11:14에서 사도 바울은 남자가 긴 머리를 하고 여자가 짧은 머리를 하는 것이 "자연을 거스른다"고 주장한다. 오늘날 기독교 공동체 중에서 그리스도인의 머리 길이로 자연스러움을 논하는 것이 맞다고 생각하는 곳은 거의 없을 것이다. 두 번째로, 이것이 좀 더 충격적인데 고대 세계에서 구강성교를 하거나 항문성교를 당하는 것은 자연을 거스르는 것으로 여겨진 반면, 남색 제도는 그렇지 않았다는 점이다. 소년으로서 성적 대상이 되는 것은 노예나 젊은 자유인의 의무이고 필수불가결한 일이라고 여겨졌다. 오늘날 몇몇 그리스도인들은 항문성교가 "자연을 거스른다"고 생각하는 반면, 구강성교에 대해서는

"여신 종교"라고 하면 아르테미스 같은 여신을 말씀하시는 건가요? 에베소에서 바울과 아르테미스 사원의 사제들 간에 갈등이 있었던 것이 기억납니다.[33]

아르테미스, 키벨레/아티스, 아프로디테/베누스, 데메테르, 아스타르테 같은 여신들은 바울이 자라고 여행한 대부분의 큰 도시들에 사원을 갖고 있었습니다. 그래서 사도행전 19장을 보면, 바울의 설교가 아르테미스 여신을 섬기는 종교 행위 및 예배와 너무 충돌되어서 소요가 일어났던 것이 분명합니다. 그 외에도 초기 그리스도인들과 갈등을 빚었던 몇 가지 여신 종교들이 있었는데, 로마서 1:26의 언어가 그러한 맥락을 잘 지적하고 있습니다. 이 구절은 레즈비언에 대한 설명이라기보다는(레즈비언은 고대 세계에서는 거의 언급되지 않습니다), 보통은 성전 매춘의 맥락이 넓게 퍼져 있었고 로마에 널리 알려진 바였음을 풍자적으로 드러낸 것입니다. 이는 수 세기 동안 교부들이 열성적으로 반대한 것이었습니다.[34]

분명히 하고 가야겠습니다. 바울이 말한 여성이 자연을 거슬러 행한다는

아무도 그렇게 생각하지 않는다. 그러나 모든 그리스도인이 소아성애는 심각한 범죄라고 여기는 것 같다.

33 행 19:21-41.

34 Jeramy Townsley, "Queer Sects in Patristic Commentaries on Romans 1:26-27: Goddess Cults, Free Will, and 'Sex Contrary to Nature?,'" *Journal of the American Academy of Religion* 81, no. 1 (2013): 58-61. Miller는 고전 자료들에서 여성의 성행위에 대해 여덟 개의 언급을 열거하는데, 이 중 몇 가지는 남성 역할을 하는 여성들을 강조한다. 두 가지 경우에서 여성 동성애가 간음법 위반의 상황에서 논의된다. James E. Miller, "The Practices of Rom. 1:26: Homosexual or Heterosexual?," *Novum Testamentum* 37, no. 1 (1995): 5.

것은 여성이 여성과 성관계를 맺는다는 의미가 아니라, 남자와 "자연을 거슬러" 성행위를 하는 것을 의미한다는 말인가요?

정확히 그렇습니다. 그리고 고대 세계에서 "자연을 거스른다"는 말은 남성과 여성이 행하는 모든 성행위에 해당됩니다. 그것은 여성과 성관계를 맺을 뿐만 아니라 소년이나 다른 남성을 성적으로 학대하는 남성을 언급**할 수 있지만,**[35] 교부들의 기록에서 로마서 1:26을 최초로 언급한 것들을 보면 그들이 이 구절을 동성 간의 성관계로 보고 있지 않다는 것을 알 수 있습니다.[36] 그들은 이 구절을 여신 종교들을 언급하는 것으로 해석했습니다.[37] 그러다 4세기 말이 되어서야 처음으로 이 구절이 여성

---

35 Hays, *Moral Vision*, 387. Hays는 다소 부정직하게 *para physin*(자연을 거스르다)은 "동성애와 이성애를 구분하는 방법으로 종종 사용된다"('이성애'와 '동성애'에 해당하는 그리스어가 없어서)고 말한다. 그러나 말미의 주를 보면(405), 그가 열거한 목록들(Dio Chrysostom, *Discourse* 7.135, 151-52; Plutarch, *Dialogue on Love*, 751C, E; Josephus, *Against Apion* 2.199; Philo, *On the Special Laws* 3.37-43; *On the Life Abraham* 133-41)은 부자연스러운 성욕을 가진 사람들, 즉 남자와 여자 모두와 다 성관계를 즐기는 사람들을 언급한다. 몇몇 경우에는 확실한 남색 행위들이 보인다. *Para physin*(자연을 거스르다)이 이성애와 동성애를 다 포함하는 다양한 성행위들(당시 비난받던 행위들이었다)을 묘사하기 위해 사용되었을 수 있다는 것은 분명하지만, 그 용어가 "동성애적" 행위 그 자체를 언급한다고 제안하는 것은 너무 비약이다. 암브로시아스터(Ambrosiaster)와 아우구스티누스 모두 남자와 여자 사이의 성관계를 가리켜 "자연을 거스르다"라는 말을 사용한다. 아마도 항문성교와 구강성교도 포함되었을 것이다. Theodore de Bruyn, "Ambrosiaster's Interpretation of Romans 1:26-27," *Vigiliae Christianae* 65 (2001): 469, 472. 고전 자료들에 나타난 부자연스러운 이성애적 성관계에 대해서는 다음 책을 참조하라. Miller, "Practices of Rom. 1:26," 8-11.

36 De Bruyn, "Ambrosiaster's Interpretation," 468-69.

37 Townsley의 글("Queer Sects in Patristic Commentaries," 58-60)은 롬 1:26-27 모두 여신 숭배 행위를 가리키는 것으로 보고 있다. 그가 인용하는 교회 교부들은 히폴리투스(*Refutation of All Heresis* 5.2, 기원후 222-235), 아타나시오스(*Against the Pagans*, 기원후 335-337; 여성들과 거세된 남성들이 행하던 제의적 매춘을 언급한다고 본다), 크리소스토모스(*Homily on Romans*; Townsley는 기원후 390년 초기 안디옥에서는 *arrenōn mania*라는 그리스어가 사용되었는데, 이는 종종 "동성애"로 번역되었다는 점에 주목한다. 그런데 시 115편에 대한 크

들 사이의 동성 성관계로 해석되기 시작했고, 이런 해석이 도입되었을 때 의견이 분분했습니다.[38]

창조, 하나님, 그리고 성

참 중요한 지적이군요. 이 편지의 초기 해석들이 그 구절을 여성들 사이의 동성 성행위를 언급하는 것으로 보지 않았다면 바울의 독자들도 그랬을 것 같습니다. 하지만 우상숭배를 공격하는 내용까지 포함해서 그 구절 전체가 창조에 근거를 두고 있다는 점은 어떻습니까? 바울은 동성애가 남자와 여자가 결혼하도록 한 창조질서에 위배되기 때문에 그것을 비판하는 것 아닙니까?[39]

바울이 창조세계에 대해 무엇을 말하고, 무엇을 말하지 않는지 자세히 살펴봅시다. "하나님의 진노가 불의로 진리를 막는 사람들의 모든 경건하지 않음과 불의에 대하여 하늘로부터 나타나나니 이는 하나님을 알 만한 것이 그들 속에 보임이라. 하나님께서 이를 그들에게 보이셨느니라. 창세로부터 그의 보이지 아니하는 것들 곧 그의 영원하신 능력과 신성

리소스토모스의 주석에 같은 단어가 사용되는데 이때는 로마의 신들 축제에서 벌어지던 성적 의례들을 가리키는 말로 사용되었다고 말한다). 성전 매춘과 남성 거세는 크리소스토모스도 말하고 있다. 펠라기우스는 그의 『로마서 주석』(*Commentary on Romans*)에서 "그들의 몸을 비하하는 행위"로 낙인을 찍고 화상을 입히는 제의를 말하고 있다(63). 오리게네스도 우상숭배에 대해 말하고 있다(67, 68).

38　De Bruyn, "Ambrosiaster's Interpretation," 469-70, 477.
39　예. Hays, *Moral Vision*, 388; Wright, *Romans, Part 1*, 20-22; Wright, "Letter to the Romans," 433-34.

이 그가 만드신 만물에 분명히 보여 알려졌나니 그러므로 그들이 핑계하지 못할지니라"(롬 1:18-20).

여기서 진리를 막는다고 한 것은 창조세계에 대한 진리, 혹은 인간에 대한 진리가 아닙니다. 남성/여성의 상보성에 대한 진리도 분명 아닙니다. 먼저 이 점을 주목하며 시작해봅시다. 여기서 막힌 진리는 창조세계를 **통해** 드러난 **하나님**에 대한 진리입니다. 여기서 강조점은 하나님에게 있지, 창조 질서나 창조 내러티브에 있지 않습니다.[40] 그리고 바울 사도는 하나님께 집중하면서 계속해서 말합니다. "하나님을 알되 하나님을 영화롭게도 아니하며"(1:21). "썩어지지 아니하는 하나님의 영광을 썩어질 사람과 새와 짐승과 기어 다니는 동물 모양의 우상으로 바꾸었느니라"(1:23). "그들이 하나님의 진리를 거짓 것으로 바꾸어 피조물을 조물주보다 더 경배하고 섬김이라"(1:25). 우상숭배는 하나님의 형상대로 지음 받은 인간이 그 창조주를 닮아가기를 거부할 때 일어나고, 바울이 묘사하는 나쁜 열매들을 맺게 됩니다. 이것은 인간의 성생활을 시작으로 불의를 증진시킴으로써 사회적·경제적 삶의 구조들을 와해시키는 악들로 진행됩니다(1:28-32).

따라서 여기서 막힌 진리란 창조세계를 통해 우리가 하나님에 대해 알 수 있던 것이라고 한다면, 그것이 무엇인지 질문해야 합니다. 바울은 창조세계, 즉 하나님이 만드신 것들을 통해 하나님에 대해 알 수 있는 것이 무엇이라고 말합니까?

---

40 롬 1:18-32을 주해하면서, Fitzmyer는 "창세기에 나오는 아담 이야기로 주장되는 이야기는 실재하지 않는다"고 말한다. *Romans*, Anchor Bible Commentary (New York: Doubleday, 1992), 274.

음, 하나님의 영원하신 능력과 신성이겠지요?

그러면 이런 것들이 인간의 성생활과 어떤 관련이 있습니까?

우리는 하나님의 본성에 대해 어느 정도 알고 있고 하나님의 형상대로 지
음 받았기 때문에, 우리 삶은 그분의 본성을 반영해야 하는 것이겠지요.

그러면 하나님의 본성에도 남성/여성 이분법이 있습니까?

그런 생각은 한 번도 해보지 않았습니다. 이 구절에서 바울이 그런 말을
하는 것은 아닙니다.

그렇다면 창조세계를 통해 하나님을 만날 때 우리는 하나님의 본성에 대
해 더 깊이 생각해볼 필요가 있습니다. 바울이 여기서 하는 말의 성경적
배경을 찾고 싶다면, 창세기 1-3장보다는 시편에서 더 유익한 암시들
을 얻을 수 있을 것입니다.[41] 시편 19:1-4 말씀은 창조세계가 하나님을
계시한다고 선포하지 않습니까? 들리는 소리가 없는데 그의 소리가 들
리고, 말씀이 없는데 그의 말씀이 세상 끝까지 이른다고 한 시편 저자의
표현은 보이지 않는 것들이 보여 알려졌다는 바울의 개념(롬 1:20)과 너
무나 닮지 않았습니까?[42] 바울이 말하는 바로 그 하나님의 영광을 우상

---

41 Wright는 롬 1:18-32, 특히 1:26-27의 배후에 창 1-3장이 깔려 있다고 주장하지만
    (*Romans, Part 1*, 21; "Letter to the Romans," 433-34), 바울이 롬 1:16에서 시 71편을 생
    각나게 하고, 롬 1:24-27은 분명히 시 81:12을 생각나게 한다고 강조한다. 참조. Wright,
    "Letter to the Romans," 424, 433.
42 Fitzmyer, *Romans*, 280. 비교. 지혜서 13:1-9; 욥 12:7-12. 창조세계의 계시의 능력은 지혜

으로 바꾸었다고 창조세계가 웅변적으로 선포하고 있다고 시편 저자가 고백하지 않습니까?(1:23)[43] 그리고 그 영광이란 무엇입니까? 창조세계가 신성에 대해 무엇을 드러냅니까? 시편 33:4-5을 보십시오.

여호와의 말씀은 정직하며

그가 행하시는 일은 다 진실하시도다.

그는 공의와 정의를 사랑하심이여,

세상에는 여호와의 인자하심이 충만하도다.[44]

온 땅이 창조주의 언약적 사랑으로 가득합니다. 창조세계는 그 사랑에 흠뻑 젖어 있고, 그 사랑이 흘러넘칩니다. "하늘을 지었고"(33:6), "온 땅이…이루어졌으며…견고히 서게 한"(33:8-9) 그 "말씀"은 올바른 말씀이고, 그 말씀이 지은 창조세계는 창조주의 의와 정의를 증언합니다. 실제로 복음 안에 드러난 하나님의 바로 그 정의(롬 1:16)는 모든 창조세계가 웅변적으로 증언하는 그 정의의 메아리입니다. 또한 바울이 로마서 1:16-17에서 되풀이하는 시편 98편은 하나님의 구원, 정의, 신실함을 묘사할 뿐 아니라(시 98:2-3), 바다와 바다 피조물들과 땅과 그곳에 사는

문학에서 중요한 주제이기도 하다. "현명한 자들을 위해서, 하나님은 창조세계의 경험 안에서 그리고 경험을 통해 기본적으로 가장 잘 알려진다. 즉 지혜는 창조세계의 하부구조에 녹아 있어서 세상을 향한 하나님의 목적과 성품은 완전히는 아니더라도 합리적으로 인간의 진리탐구와 사색을 통해 알 수 있다." Terence E. Fretheim, *God and the World in the Old Testament: A Relational Theology of Creation* (Nashville: Abingdon, 2005), 219.

43 바울은 롬 1:18에서 바로 이 시편을 참조하고 있다는 점에 주목하라.

44 비교. 시 119:64; 136:4-9. 창조세계의 계시적 특성과 평행을 이루는 것이 창조세계의 찬양이다. 창조세계는 하나님의 정의와 의와 진리에 반응하고 그것을 증언한다. 비교. 시 96편; 98편.

피조물들과 큰물과 산악이 하나님의 정의와 구원을 기뻐하는 방식을 묘사합니다(98:7-8).[45] 하나님에 대해 창조세계가 드러내는 진리가 불의로 인해 억눌려 있다고 바울이 말하는 것이 분명합니다.

시편 145편에서 히브리 성경이 하나님을 묘사하는 가장 흔한 후렴구 하나를 만나게 됩니다.

> 여호와는 은혜로우시며 긍휼이 많으시며
> 노하기를 더디 하시며 인자하심이 크시도다(8절).

은혜롭고, 자비롭고, 인자하심이 큰 것이 신적 속성입니다. 그리고 시편 저자의 상상력 안에서 이러한 큰 사랑은 모든 창조세계에 스며들어 있습니다.

> 여호와께서는 모든 것을 선대하시며
> 그 지으신 모든 것에 긍휼을 베푸시는도다.
> 여호와여, 주께서 지으신 모든 것들이 주께 감사하며
> 주의 성도들이 주를 송축하리이다(9-10절).

"모든"이라는 말이 반복되는 점에 주목하십시오. 주님은 **모든 것**을 선대하시고, 그의 긍휼은 **그가 만든 모든 것**에 베풀어지고, **그가 지으신 모든 것**이 감사하고, **모든 주의 성도**가 주를 축복합니다. 모든 창조세계가 하

---

45 Sylvia Keesmaat, "The Psalms in Romans and Galatians," *The Psalms in the New Testament*, ed. Steve Moyise, Maarten J. Menken (New York: T&T Clark, 2004), 142-43. Keesmaat도 시 106:20이 롬 1:23에서 되풀이된다는 점에 주목한다.

나님의 사랑으로 흠뻑 젖어 있을 뿐 아니라 주의 긍휼은 모든 것에 뻗어나간다고 시편 저자는 고백합니다. 모든 창조세계가 "때를 따라 먹을 것"(15절)을 얻기 위해 하나님을 바라볼 때, 하나님은 손을 펴서 **"모든 생물**의 소원을 만족하게"(16절) 하시는데, 바로 이런 이유로 시편 저자는 다음과 같이 노래합니다.

> 여호와께서는 그 모든 행위에 의로우시며
> 그 모든 일에 은혜로우시도다.
> 여호와께서는 자기에게 간구하는 모든 자
> 곧 진실하게 간구하는 모든 자에게 가까이 하시는도다(17-18절).

"창세로부터 그의 보이지 아니하는 것들 곧 그의 영원하신 능력과 신성이 그가 만드신 만물에 분명히 보여 알려졌나니 그러므로 그들이 핑계하지 못할지니라"(롬 1:20). 이스라엘의 시들을 통해 볼 때, 창조세계는 신적 신성의 특징인 신실함과 정의와 언약적 사랑을 드러내고 있는 것이 분명합니다. 이것이 바로 인간이 우상숭배로 인해 보지 못하는 것입니다. 창조세계가 드러내는 하나님의 속성이 우상숭배로 인해 막혔다고 말하면서, 바울은 이성애가 창조의 표준이라고 말하려던 것이 아닙니다. 오히려 로마서 1:26-27은 제국의 성생활이 이 가장 기본적인 기준으로 심판을 받을 것임을 암시합니다. 그는 세상이 창조될 때부터 하나님에 대해 알려진 것(하나님의 속성)을 위반하는 성행위들을 공격하는 것이지, 인간의 성정체성과 생식에 위반되는 것을 공격하는 것이 아닙니다. 불성실과 불의와 만족할 줄 모르는 소비에 경도된 성생활은 심판을 받게 됩니다. 이런 행위들은 우리가 닮아야 할 신실함과 정의와 사랑과 한참 거리가 멀기 때문입니다.

제가 제 친구의 결혼생활에서 본 것이 바로 신실함, 정의, 사랑입니다.

맞습니다. 여기서 바울의 말은 이성애를 표준화하려는 것이 아니라, 성생활을 포함한 우리 모든 삶의 영역이 하나님의 형상을 닮아가는 사명과 관련된 것임을 알 수 있습니다. 그러니 동성 결혼도 얼마든지 강력한 성경적 근거를 가질 수 있다고 봅니다. 기본적인 기준이 신실함과 정의와 언약적 사랑이라면, 일부일처의 동성 결혼은 인정할 수 있고 장려할 수 있습니다. 그 결혼은 우리가 살아가야 할 언약적 이야기에 충실할 뿐 아니라 창조세계에 계시되어 있는 하나님의 바로 그 속성에도 충실하기 때문입니다. 성생활뿐 아니라 우리 삶의 모든 영역에서 우리가 닮아가야 할 분은 바로 이 창조주 하나님이십니다.[46] 하나님의 형상을 닮은 자로서의 우리의 영광을 버리고 우상의 형상을 따라가게 될 때, 성적 성향과 상관없이 성생활에서 신실함과 정의와 사랑의 하나님을 닮아가는 것은 불가능합니다. 그리고 적어도 바울이 알고 있던 우상숭배적 의례 중 일부는 그가 공격하던 성적 타락과 직결되어 있었습니다.

하지만 더 있습니다. 문화적 의례는 더 넓은 사회를 형성하기 때문에,[47] 다

---

46   물론 이번 장에서 다룰 수 있는 것보다 롬 1장은 훨씬 더 많이 나간다. 1:24-27에 나오는 탐욕과 욕망, 순결과 불결, 명예와 수치, "자연을 거스르는" 것과 아닌 것 같은 도덕적 논쟁들을 다루면서, Brownson은 이 본문을 사용하여 동성 결혼을 반대할 수 없다는 미묘하면서도 신중한 주장을 펼친다. Brownson, *Bible, Gender, Sexuality*, part 3.

47   사회생활을 형성하는 (문화적 그리고 종교적) 의례들에 대해서는 다음 책을 참조하라. James K. A. Smith, *Desiring the Kingdom: Worship, Worldview, and Cultural Formation* (Grand Rapids: Baker Academic, 2009). 『하나님 나라를 욕망하라』(IVP 역간, 2016); Walter Brueggemann, *Israel's Praise: Doxology against Idolatry and Ideology* (Philadelphia: Fortress,

양한 종교적 맥락에서 발견되는 착취적인 성적 의례들은 개개인의 집 안에서도 그대로 행해졌습니다. 사람들이 의례에서 배운 것을 집에서 행한 것이지요. 그래서 착취와 소비라는 폭력적이고 약탈적인 성적 특징이 황제의 집안뿐 아니라 로마 사회 전반에 걸쳐 행해진 것을 봅니다. 여자, 노예(남녀), 소년들, 그리고 성전 매춘부들이 당하던 성적 착취는 제국의 종교적 행위로 합법화되어 있었습니다. 위계적인 사회 구조와 황제와 귀족 계급이 공공연하게 보여주는 본으로 인해, 인간의 성적 타락이 로마 세계 전체에 만연한 것은 어찌 보면 당연합니다.

그렇다면 폭력적이고 착취적인 특정 행위들만 말씀하시는 것이 아니군요. 폭력적인 성행위를 합법화시키는 전체 세계관을 말씀하시는 건가요?

네, 그렇습니다. 황제들의 삶과 로마서 1:28-31에 열거된 악덕 목록들과 이스라엘 예언자들의 말을 통해 보았듯이, 퇴폐적이고 폭력적인 성생활은 언제나 착취적이고 약탈적인 경제와 관련이 있습니다. 이리스가 그녀의 주인에게서 이런 행동을 보았듯이, 네레오도 그의 주인과 고객들에게서 그런 대우를 받았을 것입니다.

1988).

로마서 1장 타르굼 재고

이 책 1장에서 로마서 1장에 대한 "타르굼"을 했던 것을 기억하시지요?

네, 기억합니다.

그것은 1:25에서 끝났는데 그때는 말하지 못했지만, 왜 다음 몇 구절을 남겨놓는지 궁금했습니다. 그때는 뭐가 뭔지 잘 몰랐습니다. 한편으로는 제 친구의 입장에서 이 말씀들이 무슨 의미인지 알고 싶어서 당신들이 계속하기를 바랐습니다. 하지만 또 한편으로는 당신들이 거기서 멈춘 것이 다행이다 싶기도 했습니다. 제 말이 이해가 되시나요? 당신들은 반제국이라는 주제를 끌어와 그것들을 우리의 현 경제 상황에 적용시켰는데, 동성애를 다루는 부분에서 멈추었으니 일면 다행이다 싶었지요. 하지만 1장의 끝까지 계속한다면 그 타르굼이 어떤 내용일까 궁금했습니다.

그럼 한번 해봅시다. 1:24부터 시작해서 2:1까지 해보겠습니다. 2:1에서 "남을 찌르는 행위"가 역전되기 때문입니다. 자, 해봅시다.

로마서 1:24-2:1 타르굼

우리는 진리 안에 살도록 부름 받았습니다.
우리는 우리 삶에서 진리를 구현하라는 부름을 받았습니다.
하지만 우리는 진리를 거짓과 바꾸어버렸습니다.

우리의 상상력은 멈춰버리고 말았습니다.

　우상숭배의 손아귀에서 벗어난 삶이 어떤 모습일지

　　꿈도 꿀 수 없게 되어버렸습니다.

　우리는 소비에 매이지 않은 삶을 상상할 수조차 없습니다.

　우리는 정의와 의가 무엇인지 이해조차 하지 못합니다.

　관대함과 만족은 우리에게 생소해졌습니다.

　넉넉함의 경제학을 살아가기는커녕 생각조차 할 수 없습니다.

이 모든 것이 너무 공허하고

모든 것이 어리석고

모든 것이 무의미합니다.

우리는 우상과 함께 잠자리에 들고

　주님을 알지 못합니다.

우리는 우상에게 무릎을 꿇었고

　영원히 축복받을(아멘)

　창조주를 경배하지 않았습니다.

탐욕이라는 만족할 줄 모르는 우상을 받아들였고

　소비라는 우상에게 사로잡혀서

　우리의 욕망은 왜곡되었고

　우리의 열망은 거칠어졌고

　그래서 우리는 치명적인 성적 환상의 나라에서 길을 잃었습니다.

모든 창조세계가 선언하는 하나님의 성품을 억누른 채

　창조주의 영원한 사랑,

　신실함,

　정의를 알지 못하고

게걸스러운 욕망,

　자기 욕구를 채우려는 부정(不貞),

　성적 폭력이라는

　우상의 형상을 닮은 삶을 살고 있습니다.

젊은 여성들은 스스로를 성적 상품으로 치장하여

　소비될 준비를 합니다.

젊은 남성들은 그 상품들을 사서 정복하여

　성적 착취를 쌓아갑니다.

우리의 성생활은 언약적 친밀함과 멀어졌고

　값싼 육신의 향락으로 전락했습니다.

하지만 이것은 하나님이 우리를 성적인 존재로 창조하신 이유가 아닙니다.

　이 모든 것은 우리를 창조하신 분에 대한 배신입니다.

　하나님의 형상은 이러한 성적 우상숭배로 인해 왜곡되었습니다.

기억하십시오.

우상은 만족할 줄 모릅니다.

　그들은 언제나 희생제물을 요구하고, 결코 만족하지 않습니다.

　그리고 그들은 어린아이들을 엄청나게 탐냅니다.

　우상숭배는 아이를 희생제물로 바치게 합니다.

　이것이 우리 문화의 엄청나게 파괴적인 진실입니다.

그렇습니다. 우상들은 만족할 줄 모릅니다.

　그들은 언제나 희생제물을 요구하고 결코 만족하지 않습니다.

　그들은 다른 사람들의 육체를 쌓아 올려

　게걸스러운 성욕으로 먹어 치웁니다.

　신실한 친밀감, 헌신, 성적 존중감은

모두 그들의 제단에 바쳐졌습니다.

이것은 약탈적인 문화입니다.

　우리도 자신의 약탈 행위로 희생되긴 하지만

　어린이들이 가장 취약한 희생자들입니다.

이것은 우상숭배의 비참한 열매입니다.

이것은 제국의 성생활입니다.

그러니 우리에게 성을 주신 하나님께서 우리를 만족할 줄 모르는 성욕과

　　왜곡된 욕망과

　　타락한 삶과

　　방탕한 마음에 내버려 두신 것은 놀랄 일이 아닙니다.

우상과 뒹구느라 너무 바빠서

　하나님 알기를 거부할 때 이런 일이 일어납니다!

하지만 정말입니다!

이렇게 우상과 결합하면 나쁜 열매를 맺습니다.

　심각하게 왜곡된 삶,

　탐욕, 증오,

　시기, 죽음,

　공동체를 깨뜨리고 가족을 파괴하는 행위,

　교만, 오만불손함,

　어리석음, 부정(不貞),

　사랑에 등돌린 마음에서 나오는 경솔함으로

　악한 열망이 가득한 삶을 살게 됩니다.

이 모든 것…

　이 상상력,

이 세계관,

이 문화적 행위,

이러한 삶의 방식,

…이 모든 것이 죽음의 문화를 위해 일합니다.

그러니 이 문화가 죽는다고 놀라지 마십시오.

이런 식으로 사는 사람들에게 박수와 환호를 보내면서도

이런 삶의 방식이 당신을 죽인다고 놀라지 마십시오.

여기서 분명히 하고 넘어갑시다.

지금 "그들"을 말하는 것이 아닙니다.

"우리"가 아닌 다른 누군가를 말하는 것이 아닙니다.

아닙니다.

친구들이여, 우리도 다 이렇게 엉망입니다.

저는 지금 여러분에 대해 말하고 있습니다.

저는 지금 저 자신에 대해 말하고 있습니다.

✝

우리가 했던 말들과 일치합니까?

네, 우리가 했던 말들이 다 연결이 되네요. 이 모든 내용이 여전히 제게는
참 충격적이긴 하지만, 그래도 당신들이 제시한 타르굼에서 우리 모두
이 일에서 자유롭지 못하고, 동성애자 공동체를 비판하는 것이 목적이
아니라는 말이 참 안심이 되긴 합니다.

드러내놓고 말하지는 않았지만, 이성애자들과 마찬가지로 동성애자 공동체에도 위 타르굼에서 말한 만족할 줄 모르는 성적 환상의 나라가 비극적으로 건재한다는 사실을 인정하고 넘어갑시다. 성적 방탕은 제국이 몰락할 때 드러나던 일부 현상이라고 주장하는 사람들이 있는데, 분명 맞는 말입니다. 하지만 이런 방탕은 성적 지향을 말하는 것이 아닙니다.[48] 타르굼이 "우리도 다 이렇게 엉망입니다"라고 끝낼 때, 우리 모두를 말한 겁니다. 성적 지향과 상관없이 소비자본주의, 모든 삶의 상품화, 만연한 개인주의가 성적인 난잡함과 착취라는 문화적 정서를 이데올로기적으로 뒷받침하고 합법화하는 기능을 합니다.[49] 바울은 우리 문화 전반에서 발견되는 성윤리를 비판하고 있습니다. 우리 문화에서 "몸을 서로 욕되게 하는 것"(롬 1:24), 즉 몸을 소비나 착취의 대상으로 전락시키는 것을 어디서 볼 수 있습니까?

글쎄요, 포르노가 명백한 예인 것 같습니다. 왜냐하면 거기서는 여성의 육체가 어떤 관계를 맺는 대상이 아닌 욕망의 대상으로 전락하기 때문입니다. 그런데 대부분의 광고가 사실 "포르노 아류"나 마찬가지입니다. 육체를 욕망의 대상으로 전락시키는 일은 어린이 영화에서도 이미 시

---

48 대조. N. T. Wright, "Communion and *Koinonia*: Pauline Perspectives on Tolerance and Boundaries," *Pauline Perspectives: Essays on Paul, 1978-2013* (London: SPCK, 2013), 267.

49 우리가 "다" 엉망이라고 말할 때 그리스도인들도 포함된다. "그리스도인들이 다른 사람들처럼 똑같은 소비주의적인 방식으로 성적으로 무질서하게 산다면, 성적 난잡함에서 도덕적으로 절대평가를 받을 이유가 전혀 없다." Brian J. Walsh, Sylvia C. Keesmaat, *Colossians Remixed: Subverting the Empire* (Downers Grove, IL: IVP Academic, 2005), 162. 『제국과 천국』(IVP 역간, 2011). 사실상 최근 통계자료에 의하면 포르노를 보는 비율이 일반 사람들보다 보수적인 그리스도인들 사이에서 더 높다고 한다. 참조. Adam Alter, *Irresistible: The Rise of Addictive Technology and the Business of Keeping Us Hooked* (New York: Penguin, 2017), 265.

작되고 있습니다. 디즈니 영화를 보면 날씬하고 가슴이 크며 긴 머리에 커다란 눈을 가진 여성들로 도배됩니다. 요즘은 머리 모양이나 피부색이 조금 다른 것만 빼면 모두 거의 똑같이 생겼습니다. 바비 인형은 말할 필요도 없겠지요.

우리 문화의 왜곡된 성은 처음에는 아무도 모르게 영화나 광고로 시작하지만 폭력적인 포르노로 끝이 나는 것 같습니다.

지난 2년 동안 제가 다니는 교회에서도 포르노 중독에 대해 말해지고 있을 뿐만 아니라 한 리더가 자신이 포르노 중독이라고 고백해서 참 놀랐습니다.

우리도 느끼고 있던 바입니다. 우리가 교회에서 로마서 1:26-27을 이야기하면, 우리 성생활에서 결혼과 신실함을 위협하는 것은 동성애가 아니라 바로 포르노라고 말해주는 사람들이 있습니다. 이들은 이 착취적인 성행위와 자신들이 어떻게 씨름하고 있는지, 그리고 중독을 돕는 그룹 안에서 어떻게 치유되었는지에 대한 경험을 들려줍니다.
하지만 바울은 육체를 더럽게 하는 것 이상의 말을 하고 있습니다. 앞에서 말했듯이 바울은 어린이를 폭행하고 남녀 종들을 강간하며, 이들을 다른 사람의 성적 쾌락의 대상으로 여기는 폭력적이고 학대적인 성행위에 대해 말하고 있습니다.

처음에는 당신들이 1세기 로마에서 허용되던 행위들을 묘사할 때 정말 불편했습니다. 그보다는 성적으로 덜 폭력적인 시대에 사는 것이 다행이라 생각했습니다. 그런데 조금 더 깊이 생각해보니 아동 학대가 지금은 불법이긴 하지만, 사실 아동 포르노 혐의로 처벌받는 사람들이 우리 지역사회 안에 늘 있었습니다. 집에서 성폭력을 경험한 아이들이 학교에서 다른 아이들을 대상으로 "그대로 따라 합니다."[50] 그리고 저는 여성으로서 파티에서 술 마시는 걸 정말 조심합니다. 왜냐하면 술 취한 여성은 강간을 당하기 쉽기 때문입니다. 강간당할 이유를 제공했다고 비난을 받기도 하지요.[51]

이 중심에는 탐욕과 소비의 사고방식이 있는데, 모든 성적 욕구를 합법적으로 보고 성적으로 난잡한 행위를 하는 것을 여흥으로 여깁니다. 실제로 욕망과 탐욕을 미덕으로 보고 소비를 우리의 사명으로 여기는 문화

---

50 우리 딸들이 10대 시절에 공동체 유소년 프로그램에서 명백한 언어적·육체적 성적 괴롭힘을 당했었다는 말을 듣고 충격을 받았었다. 더 놀라운 것은 괴롭힌 아이가 11살이었다는 사실이었다.

51 이 장을 처음 썼을 때 브리검영 대학교는 강간을 당한 여성들에 대해 학교의 명예를 실추시켰다는 이유로 징계를 내렸고, 여성들은 이에 대해 항의하고 있었다. 참조. Maria L. La Ganga, Dan Hernandez, "'You're a Sinner': How a Mormon University Shames Rape Victims," *The Guardian*, April 30, 2016, https://www.theguardian.com/world/2016/apr/30/mormon-rape-victims-shame-brigham-young-university. 그 일 이후 학교측은 성폭력 피해자들을 사면해서 그들이 학교 명예 실추로 처벌받지 않게 했다. 그러나 피해자들은 그들의 주교가 교회의 기준을 지키지 않았다고 결정하면 여전히 퇴학을 당할 수 있었다. 한 경우 주교는 그녀가 "부적절하게" 행동했다고 판단했고 그 학생은 술 취했다는 이유로 벌을 받았다. 참조. Erin Alberty, "Her Mormon College Upheld Her Sex-Assault Complaint-But Kicked Her Out Anyway," *Salt Lake Tribune*, https://www.sltrib.com/news/2018/08/05/her-mormon-college-upheld/.

세간의 이목을 끈 또 다른 강간 사건은 백인 육상선수 Brock Turner가 술 취한 여성들을 강간한 사건인데, 그는 누가 봐도 너무 가벼운 6개월 형을 받았다. 그의 아버지는 6개월 형이 "20분의 행동"에 대한 처벌로는 너무 가혹하다고 생각했다. 참조. Elle Hunt, "'20 Minutes of Action': Father Defends Son Convicted of Sexual Assault," *The Guardian*, June, 6, 2016, https://www.theguardian.com/us-news/2016/jun/06/father-stanford-university-student-brock-turner-sexual-assault-statement.

에서 이 둘이 어떻게 다를 수 있겠습니까? 하지만 우리는 이것이 신실함과 언약적 사랑의 피조물이 되어야 한다는 우리의 진정한 사명을 왜곡한 것임을 압니다.

다시 제 친구가 생각나는군요. 당신들과 저와 마찬가지로 그녀도 소비자본주의 사회에서 "뒤죽박죽된" 삶을 살고 있긴 하지만, 그래도 바울이 로마서에서 그녀의 성생활이나 삶에 대해 말하고 있지 않다는 것을 알아 많이 안심이 됩니다. 그녀는 우상숭배자가 아니고 예수를 신실하게 따릅니다. 그녀는 정의로운 삶을 살려고 무척 애쓰고 있고, 솔직히 그녀보다 더 신실한 사람은 본 적이 없습니다. 그녀는 어떤 폭력적이고 난잡한 성행위는 전혀 하지 않고 배우자에게만 헌신합니다. 그리고 어린 아들과 함께 가정을 이루고 있습니다.

함께 가정을 이루고 있다는 말이 참 단순하면서도 아름다운 표현이네요. 바울이 여기서 비판하는 행위들은 모두 가정을 깨는 삶의 방식입니다. 가족 구성원들을 하나하나 죽이는 것에서부터 욕심, 탐욕, 중상, 비방, 거만, 경솔, 억제되지 않은 성적 쾌락까지, 이 모든 것이 가정을 깨는 악입니다. 이런 삶의 방식에는 정의나 신실함이 없습니다. 그리고 정의와 신실함이 없는 곳에는 가정이 없습니다. 바울이 로마서에서 예수를 따르는 사람들의 다양한 공동체를 하나의 가정으로 만드는 것에 관심이 있던 것처럼, 당신 친구나 그녀의 가족은 그들이 섬기는 교회와 공동체에서 가정을 세워가고자 하는군요.

맞습니다. 그녀의 삶은 너무나 복음에 충실합니다. 그런데 기독교 공동체 내 많은 사람의 경멸을 받고 있습니다. 로마서 1장에 대한 이런 논의가 제게 정말 도움이 되지만, 그렇다고 뭐가 달라질까 싶어 여전히 절망스럽습니다. 제 친구와 그녀의 친구들은 아직도 교회 안에서 저주받고 거부당하고 있습니다. 당신들이 바울의 편지에서 이 두 구절을 다르게 해석한다 해도, 그런 것은 바뀌지 않을 것 같습니다. 사람들은 계속 이렇게 말할 겁니다. "성경이 동성애를 저주하니까 우리도 그래야 합니다!"

이런 좋은 주석을 통해 동성애 혐오가 근거 없다는 것이 밝혀져도 성경을 믿는 사람들이 그런 생각을 버리지 않는다면, 그것은 아마도 그들이 성경을 보는 관점의 문제일 것입니다.

그들이 게이와 레즈비언을 바라보는 시각도 문제라고 생각합니다. 너무 많은 편견이 있습니다.

너무 편견이 심하지요. 이 두 문제를 좀 더 깊이 다뤄보겠습니다. 먼저, 이 모든 대화에서 성경의 권위가 갖는 진짜 역할은 무엇일까요? 그리고 두 번째로, 성령을 받을 수 없다고 생각하던 사람들의 삶에서 성령의 치유하시고 구속하시는 역사가 나타나는 것을 어떻게 알아볼 수 있을까요?

성경의 권위 재고

첫 번째 질문이 한동안 저를 괴롭혔는데 이제 살펴볼 수 있겠군요. 성경에서 소위 호되게 때리는 본문이라고 불리는 이 부분이 오늘날 우리가 동성애 지향이라고 알고 있는 것을 전적으로 거부해야 한다고 말하는 것이 아니라면, 성경은 우리에게 무슨 말을 하고 있는 것입니까? 지금 우리가 논의하고 있는 동성애 혹은 그와 관련한 문제들에 대해 성경은 어떻게 권위 있는 기능을 하고 있나요?

그 질문에 답하는 한 가지 방법은 성경이 우리의 일반적인 삶에 어떤 권위를 갖는가를 물어보는 것입니다. 성경은 어떻게 권위 있게 기능합니까?

어떨 때는 교회가 누군가를 비난할 때만 성경의 권위에 호소하는 것처럼 보입니다. 성경을 펼칠 때마다 절대자에게 얼굴을 강타당하는 느낌이 들곤 합니다.

그러니까 당신이 경험한 성경의 권위는 누군가를 배제하고 꼼짝 못 하게 하는 의미라는 거지요?

많은 경우 그렇게 느껴집니다. 하지만 그것은 제가 경험한 하나님과 너무나 다릅니다. 하나님이 성경에서 당신의 권위를 사용하시는 것을 보면 전혀 그렇지 않거든요. 하나님이 권위를 가지고 행하실 때 사물이 창조되고 생명을 얻었고, 억눌린 자가 자유로워지고, 돌처럼 딱딱한 마음이 부드러워지며, 사막은 음식과 물을 공짜로 얻을 수 있는 곳이 되지요.

어떤 사람은 당신이 하나님에 대해 너무 환상을 갖고 있고, 하나님의 권위가 심판을 위한 것이라는 점을 간과하고 있다고 말할지도 모르겠습니다. 바울은 분명 어떤 것들은 심판을 받아야 한다고 말합니다. 왜곡되고 불의한 삶의 방식에 대해서는 하나님의 진노가 분명 드러납니다. 하지만 성경 이야기 전체에서 하나님의 심판은 언제나 구속을 위해 일합니다. 하나님이 죽음의 방법들을 심판하시는 것은 새로운 삶의 길을 열기 위해서입니다. 바로가 심판받은 것은 사람들을 바로의 제국으로부터 해방하기 위해서였고, 이스라엘이 심판받아 포로로 잡혀 간 것은 가난한 자와 과부와 그 땅이 풀려나기 위해서였습니다(레 18:28). 예수가 악한 영들을 심판하신 것은 사람들을 치유하기 위해서입니다. 하나님의 심판의 반대편에는 늘 구속이 있습니다. 그리고 물론 심판이 이야기의 전부가 아닙니다. 광야에서 금송아지를 만들었을 때, 모세는 하나님께 용서를 구하며 심판을 포기하시기를 요청합니다(출 32-34장). 호세아 11:8-9에서 하나님은 심판을 포기하시고 다시 분노하지 않겠다고 말씀하십니다(그분은 하나님이시지 인간이 아니기 때문에!). 그리고 십자가 위에서 심판은 용서로 대체됩니다. 그저 예수의 말씀 안에서만이 아니라("저들을 사하여 주옵소서. 자기들이 하는 것을 알지 못함이니이다"[눅 23:34]), 예수의 죽음이라는 바로 그 행위(롬 5:6-11) 안에서 그러합니다.

참 아이러니하군요. 성경은 용서와 생명에 충실한데, 동성애 문제가 나오면 저주와 죽음의 책으로 전락하고 마니까요. 동성애자들을 사형에 처해야 한다는 주장을 뒷받침하기 위해 성경을 인용하는 것도 들어보았습니다. 더 비극적인 것은 제 친구와 같은 사람들은 이 성경이 자신들에 대해 적대적이라 여겨 자살을 생각하기도 한다는 것입니다. 성경이 이제는 생명의 책이 아니라 죽음의 책이 되었기 때문에, 기독교 전통에서 자란 많은 게이와 레즈비언들이 가족을 떠나면서 신앙까지 포기하는 것 같습니다.

맞습니다. 왜 죽음의 이야기를 믿고 의지하려 하겠습니까? 흥미로운 것은 이것이 초기 몇몇 성경 해석자들의 중요한 관심사였다는 것입니다. 토라를 해석하던 초기 유대인 해석자들은 성경 본문을 살아 있는 텍스트로 남게 하는 데 관심을 기울였습니다. 즉 새로운 문화적 맥락에 맞도록 재해석되어야 한다는 의미입니다. 성경의 해석이 과거와 똑같이 반복되기만 한다면 현재에는 더 이상 살아 있는 말씀이 될 수 없습니다.[52]

당신들의 타르굼이 그렇게 하려고 애쓰는 걸 알겠습니다. 하지만 좀 더 폭넓게 우리 삶에 적용하려면 어떻게 해야 할까요? 성경의 권위가 어떻게 변화하는 역사적 환경 속에서 살아 있는 말씀으로 기능할 수 있을까요? 이러한 성에 관한 문제들을 말할 때 좀 더 도움이 되도록 성경의 권위를 생각할 방법이 있을까요?

성경의 이야기를 드라마처럼 읽으면 어떨까요?

무슨 뜻이지요?

음, 성경 이야기는 6막으로 된 연극과 비교할 수 있습니다. 1막은 선한 세상의 창조입니다. 2막은 죄로 그 세상이 파괴됩니다. 3막은 이 타락한 세상에서 복이 되어야 하는 이스라엘의 사명입니다. 4막은 예수의 오심

---

52   이러한 역동성에 대해서는 다음 책을 참조하라. Michael Fishbane, "Inner-Biblical Exegesis: Types and Strategies of Interpretaion in Ancient Israel," *The Garments of Torah: Essays in Biblical Hermeneutics* (Bloomington: Indian University Press), 3-18; Sylvia C. Keesmaat, *Paul and His Story: (Re) Interpreting the Exodus Tradition* (Sheffield: Sheffield Academic Press, 1999), 22-31.

이고, 여기서 죄가 결정적으로 다루어집니다. 5막 1장은 성령이 새로운 언약 공동체 위에 부어진 성령강림절과 사도행전과 서신서들의 이야기입니다. 예수의 삶과 죽음과 부활이 1세기 기독교 공동체들의 삶에 녹아진 이야기입니다. 그리고 사도 시대를 넘고, 교부들의 시대를 넘어 현재까지 이어집니다. 6막은 완성의 도래인데 이때 예수가 돌아올 것이고 우리는 죽은 자들이 부활하면서 새 땅에서 그분과 함께하게 될 것입니다. 물론 6막은 아직 일어나지 않았습니다. 그래서 이것은 아직 끝나지 않은 드라마이고, 우리는 5막 **안에** 있습니다.[53]

자, 이것이 우리가 살고 있는 이야기라면, 우리가 이 계속되는 드라마에서

---

53 끝나지 않은 드라마라는 점에서 성경의 권위를 이해하는 것은 당연히 Wright의 영향이다. N. T. Wright, "How Can the Bible Be Authoritative?," *Vox Evangelica* 21 (1991): 7-32. 이 내용이 다음의 책에서 더 발전된다. N. T. Wright, *The New Testament and the People of God* (Minneapolis: Fortress, 1992), 139-44. 우리는 J. Richard Middleton과 Brian J. Walsh의 획기적인 생각을 따라 그 모델에 여섯 번째 막을 더해 교회의 역사(5막)와 그리스도의 재림으로 이루어질 만물의 완성(6막) 사이를 좀 더 벌려보려고 한다.

  Wright의 제안을 변형시킨 또 다른 제안에 대해서는 다음 책을 참조하라. Samuel Wells, *Improvisation: The Drama of Christian Ethics* (Grand Rapids: Brazos, 2004). Wells는 이 끝나지 않은 드라마 모델을 가져와서 동성애자들의 정체성 문제를 설명한다. Samuel Wells, *How Then Shall We Live?: Christian Engagement with Contemporary Issues* (London: Canterbury Press, 2016), 99-115.

  우리가 Wright의 모델을 받아들인 것에 대해 더 논란이 되는 것은 6막을 끼워 넣었다는 것이 아니라 우리가 그 모델을 가져와서 동성애에 대한 동시대 그리스도인들의 논쟁과는 사뭇 다른 관점을 제공하고 있다는 점이다. 참조. Brian J. Walsh, "Sex, Scripture and Improvisation" *One God, One People, One Future: Essays in Honour of N. T. Wright*, ed. John Anthony Dunne, Eric Lewellen (London: SPCK, 2018), 287-315. 우리는 사실상 이것을 그 모델이 갖고 있는 천재성이자 생산성의 일부라고 본다. 믿음의 사람들은 신실한 혁신자(innovators)와 즉흥 연주자가 되고자 애쓰면서, 아직 끝나지 않은 드라마 안의 다른 장소에서 성령의 길을 기도로 분별하며, 신실한 혁신처럼 보이는 것에 늘 동의하지는 않는다. 그러한 의견 충돌은 새로운 일이 아니다. 신약은 그러한 예로 가득 차 있다. 아래에서 우리는 초기 교회와 더 나아가서는 오늘날 교회가 어떻게 그러한 깊은 의견 불일치 속에서 신실하게 나아갈 수 있는지에 대한 성경적 모델을 논하려고 한다.

어디쯤 있는지 성령 안에서 분별할 필요가 있습니다. 우리가 새로운 문화적 맥락에서 이 연극을 해야 한다면, 마치 3막과 4막에서 했던 것처럼 앞선 것을 그대로 반복할 수는 없습니다. 실례로 동성애 문제에 대해서 이전에 바울이 쓴 로마서에서 배우는 것은 매우 중요합니다. 하지만 바울에게 충실하고 우리가 살아가야 할 이야기에 충실하다고 해서 꼭 바울이 말한 것을 그대로 반복해야 하는 것은 아닙니다(그의 말을 바르게 이해했다 하더라도 말입니다). 구원이라는 이 끝나지 않은 드라마는 혁신적인 즉흥성(innovative improvisation)을 통해 계속 앞으로 나아갑니다. 그 이야기가 출발한 곳에 충실하면서도 다른 역사적인 맥락 안에서 그 이야기를 펼쳐나갈 때 성령께서 교회를 어디로 이끄시는지 관심을 기울여야 합니다. 바울의 로마서를 포함한 성경 본문에 깊이 뿌리내린 채로, 혁신적이면서도 충실하게 앞으로 나아가기 위해서는 창조적인 상상력이라는 용기가 필요합니다.

"혁신적인 즉흥성"이라고 말씀하셨나요?

네, 우리에게 꼭 필요한 것이지요. 우리는 아직 끝나지 않은 드라마 속에 있고, 동성애를 포함해서 많은 것들에 대해 우리가 무엇을 해야 하는지 말해주는 확정된 원고가 없으니까요.

하지만 "즉흥성"이라고 하면 우리 마음대로 한다는 소리 같이 들리는데요. 절대주의에 시달리는 것도 싫지만, 상대주의에 빠지는 것도 두렵습니다.

훌륭한 배우나 음악가라면 즉흥성이 "아무렇게나 한다"는 뜻이 아니라고 분명 말할 겁니다. 오히려 즉흥성은 훈련된 자유입니다. 제레미 벡비(Jeremy Begbie)는 즉흥적인 관계를 "아주 민감하고 조심스럽게 상대방에게 '공간을 주고', 참을성 있는 침묵 속에서 경청하며, 그들이 계속 참여하도록 격려받을 수 있게 그들로부터 받은 것을 '최대한 활용'함으로써 상대의 성장에 기여하는 것"이라고 말합니다.[54] 상대에게 공간을 주는 것은 즉흥성이 갖는 필수불가결한 "제약"입니다. 그리스도인의 믿음이라는 이 "5막"에서 타인의 목소리를 주의 깊게 들음으로써 우리는 언제나 변화와 혁신이라는 역동성 안에 있게 됩니다.

하지만 이 이야기에서 벗어날 정도로 혁신적이어서는 안 되겠지요.

맞습니다. 혁신과 충실은 늘 함께 가야 합니다. 혁신 없이 그 이야기에 충실하기만 하면 계속해서 변해가는 사회역사적 맥락에 창조적으로 응답하지 못하는 죽은 정통에 머물게 됩니다. 반대로 충실함 없는 혁신은 월터 브루그만이 말한 "순간의(일시적인) 정당성을 위해 모든 것을 포기하는 더 깊은 상대주의"에 빠지고 맙니다.[55] 교회사를 통틀어 있었던 수많은 논쟁들이 바로 이 충실함이란 무엇인지에 대한 것이었습니다.[56]

---

54 Jeremy Begbie, *Theology, Music, and Time* (Cambridge: Cambridge University Press, 2000), 206.

55 Walter Brueggemann, *The Creative Word* (Philadelphia: Fortress, 1982), 7.

56 이번 장에서는 동성애에만 집중하고 있지만, 교회사에는 수많은 다른 예들이 있었다. 그간 논란이 되어왔던 다른 네 가지 문제들에 대해 교회가 성경을 어떻게 해석해왔는지에 대해 심도 있게 논의한 다음 책을 참조하라. Willard Swartley, *Slavery, Sabbath, War, and Women: Case Studies in Biblical Interpretation* (Scottdale, PA: Herald Press, 1983). 이보다는 좀 덜 논란이 된 다른 문제로는 이혼한 사람이 다시 결혼해도 되냐가 있다.

교회사가 오순절과 함께 시작되었다면, 교회사에 있었던 논쟁들은 많은 경우 성령께서 어디로 인도하시는가였다고 말할 수 있겠네요.

네, 아주 적절한 표현이네요.

성령을 식별하기

그렇다면 사람들이 제 친구의 삶에서 성령의 역사하심을 알아보지 못하는 것이 문제군요. 사람들이 성경을 모르거나 아니면 성경을 잘못 해석해서, 레즈비언임을 공개적으로 밝힌 제 친구가 성령 충만한 삶을 살고 있다는 걸 보지 못하는 것이 아닐까요? 사실 제 친구는 레즈비언임을 공개적으로 밝힌 후에 예수와의 관계가 다시 불타올랐고 이전보다 훨씬 더 강력하고 가슴 뛰는 방법으로 기독교 제자의 길을 걷고 있습니다. 하지만 그녀의 가족들이나 이전 교회 공동체는 전혀 그것을 받아들이지 않습니다.

초기 교회 시절 이방인 회심자들과 같군요.

어째서 그렇지요?

이방인들이 메시아에게 회심해서 성령 충만을 받는다는 것을 예수의 제자들이 받아들이기 힘들었던 것처럼 오늘날 많은 "성경을 믿는" 그리스도인들도 동성애자 그리스도인들이 진실되고 진정성 있는 결혼생활을 하며 예수를 따를 때 같은 성령이 역사하신 것임을 보지 못합니다.

그렇다면 어떻게 해야 이 교착상태를 벗어날까요? 성경의 권위를 좀 더 역동적으로 본다고 해도 어떻게 사람들이 동성애자 공동체 안에서의 성령의 역사를 알아보고 교회 안으로 이들을 온전히 받아들이게 할 수 있을까요?

쉽지는 않을 겁니다. 하지만 이방인들이 초기 교회 안으로 온전히 받아들여졌던 것과 같은 방법이면 될 거 같습니다.

이방인과 할례를 논의하기 위해 예루살렘에서 열린 대규모 모임을 말씀하시는 건가요?[57]

네. 오늘날 성령을 식별하기 위해 큰 모임을 열어야 하는 것은 아니지만, 예루살렘에서 열렸던 공의회를 통해 어떻게 하면 교회가 신실하지만 혁신적인 방법으로 성령을 식별할 수 있는지에 대해 몇 가지 중요한 교훈을 얻을 수 있습니다.
지금 우리가 논의하는 것과 매우 비슷한 문제를 다루고 있어서 아주 흥미로운 이야기입니다.[58] 한 천사가 고넬료라는 백부장에게 나타나면서

---

57 행 15:1-29.
58 앞으로 진행할 주해는 Sylvia C. Keesmaat의 주석을 따르려고 한다. Sylvia C. Keesmaat, "Welcoming in the Gentiles: A Biblical Model for Decision Making," Dunn, Ambidge, *Living Together in the Church*, 30-49. 동성애 문제와 교회와 관련하여 이 구절을 비슷하게 다룬 내용들을 보려면 다음 책을 참조하라. Luke Timothy Johnson, *Scripture and Discernment: Decision Making in the Church* (Nashville: Abingdon, 1996), 60-108; Stephen E. Fowl,

이야기가 시작됩니다. 고넬료는 그의 기도와 가난한 자들에게 베푼 친절이 하나님께 상달되었고, 사람을 보내 베드로를 데려오라는 말을 듣습니다. 그의 하인들이 길을 나선 동안, 베드로는 환상을 보는데 거기서 부정한 음식이 가득 든 바구니가 내려옵니다. 하늘에서 소리가 나서 "먹으라"고 명령하고, 그는 부정한 음식을 먹은 적이 없다고 대답합니다. 그 목소리는 이렇게 말합니다. "하나님께서 깨끗하게 하신 것을 네가 속되다 하지 말라"(행 10:15). 베드로는 이 환상에 몹시 당황합니다. 그게 무슨 뜻일까요? 베드로가 환상의 의미를 알아내려고 애쓰고 있을 때, 고넬료가 보낸 사절단이 도착했습니다. 베드로는 그들과 함께 고넬료의 집으로 갑니다. 그리고 거기서 하나님이 주신 환상의 의미를 깨닫는데, 그가 누군가를 속되다 하거나 깨끗하지 않다(*koinon ē akatharton*; 10:28)고 해서는 안 된다는 것이었습니다. 이것은 굉장한 해석학적 비약입니다. 하나님께서 베드로에게 **음식**을 보여주셨기 때문에 그는 보통 이방인들만 먹을 수 있다고 허락된 것을 포함해서 모든 음식을 먹을 수 있다는 의미로 받아들여야 한다고 생각했을지 모릅니다. 하지만 베드로는 하나님의 계시를 **사람들**, 즉 이방인들에게 적용해야 한다고 보았던 것이 분명합니다. 우리는 이방인이기 때문에 이 이야기가 갖는 급진적인 성격을 제대로 알지 못할 수 있습니다. "이방인이 부정하지 않은 건 당연하지!"라고 생각할 수 있습니다. 하지만 고대 세계의 유대인들에게 이방인은 가장 부도덕한 사람들로 비쳤습니다. 그들은 성적으로 비도덕적이고 난잡한 우상숭배자들로 여겨졌습니다. 사실 바울이 로마

Engaging Scripture: A Model for Theological Interpretation (Oxford: Blackwell, 1998), 101-27.

서 1장에서 말한 것들은 유대인들이 이방인들에 대해 하던 표현들입니다(비교. 지혜서 14:22-31). 유대인들이 이방인을 어떻게 생각했는지 알고 싶으면, 로마서 1:18-31을 읽어보십시오.

이방인들을 부정하다고 여기는 것이 최고의 모욕이었습니다. 그들은 역겨웠고 도덕성을 흐리는 존재들이었습니다. 그러한 부정함은 남성 성기를 할례하지 않은 것과 전적으로 관계가 있었습니다. 요즘 우리가 아는 어떤 그룹에 대해 말하는 것 같지 않습니까? 성생활 때문에 부정하다고 여겨지는 그룹이 있지 않습니까?

네, 참 충격적인 비유네요.

그래서 베드로가 이방인 신자들에게 할례를 받으라고 요구하지 않고 세례를 주려고 했을 때 이것은 매우 논란이 될 만한 일이었습니다. 이는 유대에서 온 다른 그리스도인 지도자들이 그 일에 반대하며 구원받으려면 할례가 필요하다고 주장했기 때문에 더욱 논란이 되었습니다(행 15:1). 그래서 바울과 바나바와 베드로는 예루살렘에서 더 많은 사도들과 장로들을 모아 이 일을 논의하기로 했습니다. 새로운 신자들이 할례를 받고 모세의 율법을 지켜야 한다고 주장하던 바리새파 그리스도인들(15:5)은 성경이 자신들 편이라고 주장했습니다(비교. 출 12:43-49). 그들은 할례도 받지 않고 토라를 따르지도 않는 이방인을 언약 공동체 안으로 받아들인 선례가 성경적으로 한 번도 없었다고 주장했습니다. 이주장을 뒤집어엎는 성경 본문은 없었습니다. 이방인을 받아들이라고말하는 이사야 말씀도 "그들은 할례 받을 필요가 없다"라고까지는 말하지 않습니다.[59] 예수도 이 전통에 어긋나는 것을 제안하신 적이 없었습니다. 이 문제에 대해 정통성은 분명했습니다.

흥미로운 것은 사도행전이 정통과 이방인을 포함시키는 문제에 대해 상당한 논쟁이 있었다고 전하면서도(15:7) 갑론을박을 자세히 기록하지 않고 있다는 점입니다. 오히려 이 모든 신학적 논박이 있은 후에, 베드로는 일어서서 그 문제에 대한 자신의 입장을 밝혔다고 전합니다. 그는 먼저 이방인들이 어떻게 복음을 받아들여 신자가 되었는지를 말합니다. 베드로는 이 모든 일을 직접 목도하면서 이런 결론을 내립니다. "또 마음을 아시는 하나님이 우리에게와 같이 그들에게도 성령을 주어 증언하시고 믿음으로 그들의 마음을 깨끗이 하사 그들이나 우리나 차별하지 아니하셨느니라"(행 15:8-9). 부정한 자들이 성령을 받고 메시아를 신실하게 따르는 삶을 살기 때문에 그들은 깨끗합니다. 마음을 아시고 새 언약 공동체 안에서 새 마음을 약속하신 그 하나님이 이 이방인들에 대한 증인입니다![60] 우리/그들을 구분하던 것이 예수 안에서 뒤엎어집니다! 베드로와 다른 사람들에게 이것은 세상이 바뀌는 순간입니다. 그런 후 베드로는 즉각적으로 이 모든 것이 함축하는 의미를 꿰뚫어 봅니다. "그런데 지금 너희가 어찌하여 하나님을 시험하여 우리 조상과 우리도 능히 메지 못하던 멍에를 제자들의 목에 두려느냐?"(행 15:10) 이것은 놀라운 결론입니다. 우리 유대인들이 토라를 지킬 수 없었다는 것을 알면서 왜 성령을 받은 이 제자들(그가 여기서 사용한 용어에 주목하십시

---

59 Johnson은 바리새인들의 주장이 신학적으로 신빙성이 있고 존경받았음을 지적한다. *Scripture and Discernment*, 101.

60 마음을 아시는 하나님에 대해서는 시 44:21; 51:10을 참조하라. 새 언약의 새마음에 대해서는 렘 31:33; 32:38-40을 참조하라.

오)에게 그것을 부과하려고 하는가?

이 선언으로 인해 다시 한번 신학 논쟁이 일어났을 거라 생각하시겠지만, 놀랍게도 이 선언은 그간의 끝없던 논쟁을 종식시켰고 더 많은 증언들을 위한 문을 열었습니다. 베드로가 한 말을 진지하게 받아들였다면, 그다음은 그 성령께서 이방인 중에서 무슨 일을 하고 계신지 더 많은 이야기를 들어야 할 것입니다. 바울과 바나바는 더 많은 이야기를 들려줍니다. 그들의 이야기가 끝나자 야고보는 포로에서 돌아와 "다윗의 무너진 장막을 다시 지으며…이는 그 남은 사람들과 내 이름으로 일컬음을 받는 모든 이방인들로 주를 찾게 하려 한다"(행 15:16-17, 암 9:11-12에서 인용)는 아모스의 환상에 호소하며 결정을 내립니다. 이 본문은 이방인들이 할례를 받아야 하는지 아닌지에 대한 여부를 말하지 않고 "부정한" 이방인들을 포함하여 모두를 환영하는 집을 말하고 있다는 점이 이상하지 않습니까?

그래서 야고보의 결정은 무엇을 근거로 했습니까?

율법이 말하는 바보다는 새롭게 믿게 된 사람들의 삶에서 경험한 하나님의 역사를 근거로 한 것으로 보입니다. 그것은 복음이 예수를 따르는 자들의 삶에서 보여주었던 방식과 완벽히 일치했습니다. 사실 누가복음을 읽어보면 이야기가 진행되면서 어울릴 것 같지 않았던 사람들이 점점 더 많이 포함되는 것을 보게 됩니다. 목자들은 좋은 소식을 들을 것 같지 않았던 사람들이었습니다. 누가복음 10장에는 사마리아 사람이 신실함의 모범으로 등장합니다. 메시아가 베푸는 잔치에는 가난한 자, 다리 저는 자, 몸이 불편한 자, 맹인들이 초대됩니다(눅 14장). 그리고 누가가 사도행전에서 이야기를 계속 이어갈 때 그 범위가 점점 더 넓어지는데 에티오피아의 내시가 세례를 받고(행 8:26-39), 백부장 고넬료가 환영을 받습니다(행 10장). 이러한 결정은 이어지는 이야기들에서 계속됩니다.[61]

야고보가 그 순간에는 이방인들에게 일어난 일과 성령 간의 연관성을 정확히 인지하지는 못했지만, 그래도 예수 안에서 일어났던 모든 일을 보았다는 말씀이신가요?

야고보는 복음이 지속적으로 확장되는 것에 충실하게 행동했던 겁니다. 야고보와 공동체 일원 모두 충실한 즉흥 연주의 과정에 참여했다고 말할 수 있겠지요. 이방인들을 그 공동체에 받아들이는 단순하면서도 결정적인 성경적 지침은 없었지만, 이 끝나지 않은 드라마가 계속되기 위해서는 이방인들을 포함시켜야 하는 것이 분명했습니다. 공동체의 신뢰할 만한 구성원들이 그 당시 그 장소에서의 이 새로운 신자들의 삶에서 성령께서 하신 일을 증언했기 때문에, 그들은 급진적인 포용의 길을 알아보았던 것이지요.

두 가지 질문이 있습니다. 먼저, 공동체로 받아들이는 범위는 어느 정도 넓은가요? 모든 사람을 받아들입니까, 아니면 포함과 배제에 어느 정도 기준이 있습니까? 두 번째로, 이것이 오늘날 교회에는 어떻게 적용되나요?

---

61 누가가 들려주는 예수와 초기 교회의 이야기에서 이렇게 역동적으로 많은 다양한 사람들을 포함시키는 점에 대해서는 다음 책을 참조하라. Arlo Duba, "Disrupted by Luke-Acts," *Theology Today* 68, no. 2 (2011): 116-22.

그 범위는 성령이 구원의 역사를 행하시는 만큼 넓어집니다. 그 범위는 신실함과 정의와 사랑으로 예수를 증언하는 사람들만큼 넓어지겠지요. 그 범위는 우상을 버리고 성령의 능력을 통해 하나님의 형상을 새롭게 회복한 사람들만큼 넓어집니다. 하지만 동시에 그것은 그 범위의 한계, 자기 배제의 장소를 만나는 지점입니다. 할례가 기독교 공동체로 들어오는 조건은 아니지만, 우상숭배를 거부하는 것은 조건입니다. 그래서 몇몇 규정이 정해져 있습니다. 유대인 신자들은 이방인, 특히 토라를 따르고 할례를 받을 필요가 없는 이 이방인 신자들을 다른 이방인들과 같다고 생각했을 것입니다. 로마서 1장에 반영된 논쟁이 모든 이방인에게 적용되었을 것입니다. 살아계신 하나님을 경배하지 않는다면, 그들은 그저 우상숭배자들이고 부도덕한 자들일 뿐입니다. 그래서 야고보의 결정은 바로 이 도덕성의 문제를 다룹니다. 그는 그들에게 우상에게 바쳐진 것이나 우상에 의해 더럽혀진 것, 성적 부도덕과 "목매어 죽인 것과 피"를 피하라고 가르칩니다(행 15:20, 29).

사실 이 세 가지 조건 모두 우상숭배 문제와 깊은 관련이 있습니다. 이방인 신자들은 로마 제국에서 우상숭배와 관련해 삶에서 중요한 것들을 멀리하라는 요청을 받았습니다. 로마서 1장에서 우상숭배를 제국의 타락한 삶(성적 부도덕, 모략, 비방, 시기, 질투, 거짓, 불성실)의 뿌리로 보았듯이, 예루살렘 공의회는 이방인 신자들이 그리스도인으로서 제자의 길을 가기 위해서는 우상숭배 거부를 핵심 규정으로 지정할 필요가 있음을 잘 알고 있었던 겁니다.

우상에게 바쳐진 것을 피하라는 교육을 받은 이방인 회심자들은 제국에서 행해지던 엄청나게 많은 시민 축하행사로부터 조용히 멀어져야 했습니다. 금지된 **성적 부도덕**에는 간음, 성매매, 남색, 성전 매춘 등 폭넓은 의미가 함축되어 있었습니다. 이런 행동들은 제국의 우상숭배적인 행동들에 깊이 뿌리내리고 있었습니다. 예수를 따르는 이방인 신자들은 성적 순결에 대해 높은 기준을 요구받았습니다. 이방인 사원에서 우상에게 바쳐진 제물의 고기는 예외 없이 목을 맨 것이었고 피가 섞여 있었습니다. 이것도 우상숭배를 하지 않기 위해 피해야 할 것들이었습니다.

그게 전부인가요? 회심자들에게 요구된 것이 그게 전부입니까?

우상숭배를 포기하는 것이 가장 근본적인 요구가 아닐까요? 이것들은 초기 교회 당시 협상하기 힘든 삶의 요소들이었기에 신약성경 곳곳에서 지면이 많이 할애됩니다. 어떻게 먹을지, 무엇을 먹을지, 공적인 삶에 참여할지 말지, 그리고 성생활을 위한 윤곽을 정하고 나면 삶의 거의 모든 영역이 다뤄집니다. 예루살렘 공의회에서 이 모든 것이 맞추어지고 해결된 것은 아닙니다. 음식과 우상숭배에 관한 논쟁은 바울의 로마서뿐 아니라 다른 신약성경에서도 "작지 않은 불화"(15:2)로 계속 등장합니다.

잠시만요, 그들이 계속 이 문제로 논쟁을 했다면, 이 규칙들이 결국 구속력이 없었다는 의미 아닙니까? 바울은 고린도전서에서도 우상에게 바쳐진 고기를 먹어도 되는지 논쟁하지 않습니까?

우상에게 바쳐진 고기만이 아닙니다. 고린도 교인들은 성적 도덕성에도 문제가 있었던 것 같습니다.[62] 기준을 정하긴 했지만 그 이후에도 바울이 편지를 보낸 교회들은 무엇이 성적으로 도덕적인지, 어떤 음식이 우상숭배와 관련이 있는지에 대해 여전히 논란을 벌였던 것으로 보입니다. 교회들 안에서 이 문제들에 대한 하나의 합의는 없었습니다. 앞에서 보았듯이 로마의 공의회들에서도 어떤 음식을 먹을 수 있는지에 대해 합의된 것이 없었습니다.

하지만 적어도 폭력적이고 착취적인 성행위는 잘못된 것이라는 합의는 있었던 것으로 보이는데요.

그럴 수 있습니다. 하지만 그 문제에 대해서도 바울이 말하지 않는 몇 가지가 있습니다. 예를 들어, 바울은 노예를 성적 대상으로 이용하는 것을 금한다는 말을 어디서도 하지 않습니다. 이리스 같은 노예는 바울의 말을 정죄로 들었을지 모릅니다. 하지만 주인들이 그렇게 들었을 것이라는 증거는 없습니다. 결국 노예가 재산이라면 그들을 성적으로 사용하는 것은 주인의 권리였습니다.[63]

그렇다면 그리스도인 주인도 종들을 성적으로 학대했나요?

---

62 우상에게 바쳐진 고기에 대해서는 고전 8-10장을 참조하라. 성적 도덕성에 대해서는 고전 5-7장을 참조하라.

63 이 문제의 복잡성을 파헤친 두 개의 탁월한 논문이 있는데 다음과 같다. Carolyn Osiek, "Female Slaves, *Porneia*, and the Limits of Obedience," *Early Christian Families in Context: An Interdisciplinary Dialogue*, ed. David L. Balch, Carolyn Osiek (Grand Rapids: Eerdmans, 2003), 255-74; Margaret Y. MacDonald, "Salvery, Sexuality, and House Churches: A Reassessment of Colossians 3:18-4:1 in Light of New Research on the Roman Family," *New Testament Studies* 53 (2007): 94-113.

사실 그것을 우리가 알 수는 없습니다. 그러나 바울이 두 번이나 그리스 도 안에서 더 이상 종이나 자유인이 없다고 말했고(갈 3:28; 골 3:11) 주 인들에게 종들을 정당하고 평등하게 대하라고 말하고 있기 때문에(골 4:1),[64] 그가 비록 편지에서 드러내놓고 말하지는 않았어도 주인들이 종 들을 성적으로 이용하는 것을 금했을 것이라고 추측할 수는 있습니다.[65] 우리가 말하려는 요지는 예루살렘 공의회가 특정한 조건들을 부과하긴 했지만, 그것들이 초기 기독교 공동체들 안에서 통일성 있게 받아들여 졌는지는 분명하지 않다는 것입니다. 무엇이 신실한 제자도인지 상당 히 다양한 의견들이 있었습니다.

무슨 말인지 알겠습니다. 이 문제들에 대해 상당히 논란이 있었던 것 같군 요. 하지만 예수를 따르는 자들이 어떠해야 하는지에 대해 어느 정도의 통일성은 있었을 것 같습니다. 그 문제에 대해 유대인 신자들뿐 아니라 이방인 신자들에게 바라던 좀 더 긍정적인 기대들이 있지 않았을까 싶 습니다.

물론 있었습니다. 예루살렘 공의회는 포함과 배제에 대해 가장 먼저 근본 적인 고민을 했습니다. 하지만 아무래도 부정적인 측면에 초점이 있었 습니다. 교회는 특정한 행위를 따르지 않는 사람들을 배제시키려고 애 썼고, 공의회는 그런 제한을 강조하고 구성원들의 기본적인 조건들(앞 에서 보았듯이 상당히 급진적인 조건들)을 정하기 위해 모였습니다. 그러다

---

64 그리스어로 *dikaion*과 *isotēta*이다. 후자는 로마법 안에서 다른 사회 집단의 평등성을 말한다.
65 참조. Walsh, Keesmaat, *Colossians Remixed*, 202-12. MacDonald, "Slavery, Sexuality, and House Churches," 108-12.

가 신약성경 다른 부분들에서는 이러한 신실한 그리스도인 제자도의 모습을 좀 더 심오하고 성숙한 방법으로 풀어내기 시작합니다. 계속 진행되는 드라마라는 개념으로 다시 돌아와서, 예루살렘 공의회가 5막 8장이라고 한다면 그다음 장들에서는 이를 좀 더 통찰력 있게 풀어나갈 거라고 기대하게 될 것입니다.[66]

나중에 바울이 갈라디아서 5:22-23에서 성령의 열매를 말하는 방식 안에서 그러한 종류의 더 깊어진 기독교 신앙과 이해와 실천을 보게 됩니다. 불의와 오만과 살인과 싸움과 속임과 탐욕과 불성실과 경솔과 시기로 가득한 우상숭배적인 삶을 버린다는 것이 무슨 의미일까요? 성령의 열매를 맺는 것은 또 무슨 의미일까요? 사랑, 기쁨, 평화, 인내, 친절, 관용, 신실함, 예의 바름, 자기 통제야말로 더 이상 우상숭배로 인해 왜곡된 삶을 살지 않는 그리스도인의 새로운 삶의 증거가 아닐까요?[67] 바울이 로마서 12장에서 로마에 있는 그리스도인들에게 더 이상 이 세대를 본받지 말고 그들의 마음을 우상숭배로부터 자유롭게 하여 변화를 받으라고 요청했을 때, 이런 일을 말한 것이 아닐까요? 바울이 그리스도인들에게 사랑과 상호 존중과 관대와 억압받는 자와의 연대와 평화 이루기라는 반제국적 공동체 윤리를 살아내라고 요청하는 이유가 바로 이것이 아닐까요? 이 모든 것은 제국 한복판에서 그리스도인의 정체성

---

66 그러나 3막에 나오는 이스라엘 이야기나 4막에 나오는 예수와 제자들의 이야기처럼 5막에서도 이야기가 막히거나 방향을 재설정해야 하는 이런저런 막다른 골목을 만나고, 방향을 잘못 정하는 경우나 절망적일 정도로 믿음 없는 순간들이 있었고 또 계속될 것이다. 이것은 우리가 6막 모델을 채택한 이유 중 하나다.

67 바울이 골 3:12-17에서 말하고 있는 미덕들이 어떻게 고대 로마 제국뿐 아니라 오늘날 우리 상황에서도 반제국적인 기독교 공동체를 위한 기준이 되는지는 이미 살펴본 바 있다. Walsh, Keesmaat, *Colossians Remixed*, 10장을 참조하라.

과 증언을 구축하면서 성실하게 즉흥 연주를 하는 이 과정을 계속해나가는 방식입니다.

이제 제 두 번째 질문으로 넘어가야겠네요. 이 모든 것이 오늘날 어떻게 작동할까요? 예루살렘 공의회와 5막의 초반 장면들에서 일어난 모든 일을 통해 오늘날 우리가 무엇을 배울 수 있나요? 이 일들이 우리 공동체 안에서 성생활을 둘러싼 혼란을 설명하기 위한 통찰력과 방향성을 제공하나요? 이 이야기가 실제로 오늘날 이 끝나지 않은 드라마가 어떻게 펼쳐질지 알 수 있도록 도와주나요? 이 이야기는 어떻게 해야 교회가 예수께 충실하고 성경적이며 서로 사랑하고, 그리스도 안에 있는 동성애자 형제자매와 관련해서 구원을 선포할 수 있을지 우리에게 무엇을 가르쳐주나요?

그 대답은 이야기들 속에서 찾을 수 있다고 생각합니다. 이방인을 받아들이는 것과 관련해서 그들이 취했던 즉흥적인 움직임은 성령이 이방인들 가운데서 하신 이야기들을 주의 깊게 듣는 데서 가능했습니다. 하지만 그 자리에서 이방인들 스스로 자신들의 입장을 변호하지 않았다는 점에 주목하십시오. 그 단계에서는 그들의 믿을 만한 동료들, 즉 영적인 지명도가 있고 신뢰받는 기독교 공동체의 구성원들이 그들을 대신해 증언해주는 것이 필요했습니다. 아마도 자매님은 자매님의 친구를 위해 그 일을 하도록 부름 받았다고 할 수 있겠지요.

약간 무섭군요. 제 말은, 그러니까 제가 제 친구를 지지한다는 사실을 밝혀야 하니까요. 만일 제가 공개적으로 제 친구를 변호하면, 분명 부정적인 반격이 있겠지요.

자매님이 그걸 감당하지 못할 거라고 생각하시나요?

잘 모르겠습니다. 사람들은 이 문제에 대해 너무 적대적이잖아요. 하지만 바울이 로마서 12장에서 억압받는 자들과 함께하라고 요청하는 것이라면, 제 친구를 향한 적대감을 나눠 가져야 한다는 의미겠지요.

레즈비언 자매들과 게이 형제들이 자신들의 이야기를 할 때, 많은 이성애 동료들이 지지의 목소리를 내서 그들이 자신들의 이야기를 할 수 있도록 안전한 환경을 만들어주어야 합니다. 그들의 이야기가 없이는, 즉 성령께서 우리 가운데 행하시는 일에 대한 증언이 없이는 변화도 없을 겁니다. 성령의 열매가 분명한, 그리스도를 닮은 삶의 이야기들을 들어야 합니다. 자매님은 자매님 친구와 그 친구의 신실한 삶에 대해 우리에게 말해주었습니다. 저희도 몇몇 동성애 친구들의 이야기를 들려드리겠습니다.

마르지는 간호사인데 일찍 은퇴해서, 그녀가 다니는 교회를 통해 매일 만나는 노숙자들의 상처를 치료해주는 일을 하고 있습니다. 짐과 에이미는 주일학교에서 매주 성실하게 아이들에게 성경 이야기를 가르쳐왔습니다. 다니엘은 널리 존경받는 주정부 검찰관인데, 도시라는 척박한 장소에서 청소년기를 보내면서 어떻게 신실한 그리스도인으로 살 수 있을지 길을 찾는 우리 교회 청년들을 섬기고 있습니다. 신시아는 기술자로서 성공적인 삶을 살다가 지금은 자전거 가게를 열어서 노숙자들에게 자전거 수리와 고객 응대 기술을 가르칩니다. 멜로디는 노숙자들과 함께 어울리며 그들이 예술로 자신을 표현하도록 돕는 일을 합니다. 빌리는 치유하는 은사와 놀랄 정도로 관대한 마음을 갖고 있습니다. 예배할 때 에이미가 드리는 중보기도는 공동체의 가장 깊은 소망을 하나로 모이게 합니다. 데니스는 음악적 재능과 목회적 지혜를 자신이 돌보는 동성애 청소년들을 위해 사용합니다. 베스는 우리가 아는 최고의 설교자입니다. 마크는 지적 장애가 있는 성인들을 대상으로 사역합니다. 카렌과 헤더는 신실하고 헌신적인 사랑이 무엇인지 정말 잘 보여주는 사람들입니다. 크리스는 성찬식이 진행되는 동안 말썽 피우는 아이들을 조용히 시킬 수 있는 능력이 있습니다. 아비가일의 학문적인 은사는 교회를 위해 잘 사용되고 있습니다. 프레드는 자원해서 지역의 사회정의 단체를 위해 일하고 있고, 교사인 잭은 같은 곳에서 물건들을 봉투에 넣는 일을 자원해서 하고 있습니다. 존은 찬양 선곡을 참 잘하는데, 신학적으로 풍부한 내용을 담고 있고 성경적으로도 충실해서 주일 아침 최고의 설교와 맞먹는 역할을 합니다. 메간은 거리 간호사로서 토론토에서 펜타닐 위기가 최고조에 달했을 때 중독자들을 구하기 위해 아주 추운 날씨에 밤늦도록 간이 안전 주사실에서 일했습니다. 수잔은 아픈 사람들을 돌보고, 상처 받은 사람들을 위로하며, 죽은 사람들을 장사지내 주고, 힘이 약한 사람들의 편이 되어줍니다. 이 밖에도 얼마든지 더 많은 사람을 댈 수 있습니다. 이들 대부분은 아주 헌신적이고 일부일처제에 충실합니다. 이들 중 몇은 결혼했습니다.

바울은 "우리가 한 몸에 많은 지체를 가졌으나…이와 같이 우리 많은 사람이 그리스도 안에서 한 몸이 되어 서로 지체가 되었느니라"(롬 12:4-6)고 말합니다. 하지만 그 몸이 계속해서 다른 지체들을 잘라내는 한 온전한 몸이 될 수 없습니다. 그간 너무 오랫동안 성령의 인도를 받는 신실한 동성애자 그리스도인들에게 그런 일이 행해졌습니다. 바울은 그리스도의 몸이 예언, 사역, 가르침, 권면, 관용, 리더십, 동정이라는 은사들의 몸이라고 말합니다. 우리 공동체 안에서 그리스도의 몸을 세우기 위해 게이 형제들과 레즈비언 자매들이 이런 은사를 받았습니다. 우리는 책을 쓰는 동안 이들의 이야기를 들으면서 많이 놀랐습니다. 이들이 우리 삶과 우리 공동체 안에 있다는 것이 축복이라는 감동이 밀려왔고 가슴 깊이 겸손한 마음이 들었습니다. 이런 우리의 경험이 이상한 것일까요? 어떤 분들은 그렇다고 할 것이고, 어떤 분들은 아니라고 하겠지요. 주님의 식탁에 어떤 이들을 환영하는가에 따라 대답이 다를 것이라고 생각합니다. 이는 우리가 어떻게 성령을 식별하고, 기독교 신앙이라는 이 끝나지 않은 드라마에서 얼마나 충실하게 즉흥적인 연기를 하느냐에 달려 있겠지요.

그래서 질문은 이렇습니다. 우리가 이들, 수없이 많은 게이와 레즈비언 그리스도인들의 이야기를 주의 깊게 듣는다면 어떤 일이 일어날까요? 예루살렘 공의회처럼 신학적 논쟁은 잠시 내려놓고 이들의 이야기를 겸손히 존중하는 마음으로 듣고 이들을 더 알아간다면 어떻게 될까요? 이 형제들의 삶에서도 우리와 마찬가지로 하나님의 영이 아름다운 역사를 이루신다는 것을 보기 시작하지 않을까요? 이들의 헌신적인 관계에 다름 아닌 성생활에서도 우리 시대의 우상숭배적이고 약탈적이며 소비적인 에로티시즘을 철저히 거부하고 창조세계가 드러내는 하나님의 속성인 신실함과 정의와 사랑을 볼 수 있지 않을까요? 이런 친구들의 삶에서 성령의 증거를 받아들인다면, 우리는 성경을 새롭게 읽으며 새로운 신의의 길을 열어갈 수 있지 않을까요? 그리스도인 동성애자들의 헌신적인 관계가 결혼에 대한 위협으로 다가오지 않고 결혼을 회복시키는 하나의 증거로 다가오지 않을까요?

정말로 감동적인 질문들입니다. 당신들의 동성애 친구들 이야기를 들어
　보니 눈물이 나는군요.

당신이나 당신 친구의 삶에서 이런 문제들에 대한 슬픈 경험이 많았기 때
　문이겠지요.

네, 부분적으로는 맞는 말입니다. 하지만 그게 다가 아닙니다. 알다시피
　우리가 사는 세상은 너무나 성적으로 난잡합니다. 십 대 초반부터 성적
　으로 너무 노출되어 있고, 제 친구의 경우도 너무 일찍 성폭력과 성적
　학대를 경험했습니다. 그래서 당신들이 들려주는 헌신적이고 신실한
　삶을 사는 사람들의 이야기를 들으니 이것이 새 땅의 비전이라는 생각
　이 들었습니다.

그럼, 당신의 눈물은 간절한 소망의 눈물이군요?

네, 그런 이야기를 더 듣고 싶은 염원이 담긴 눈물입니다. 그렇게 깊은 존
　중과 기쁨을 보여주는 언약적 관계의 이야기를 더 듣고 싶습니다. 자신
　들의 삶에서 하나님의 형상을 닮아 나그네와 잃어버린 자를 환영하는
　사람들의 이야기를 들려주셨는데, 그게 바울이 로마서에서 우리에게
　요구하는 것 아닌가요? 이런 공동체가 제 삶에서 불가능해 보여서 눈물
　이 나는군요. 하지만 우리가 어디로 나가야 하는지, 우리가 소망해야 하
　는 것이 무엇인지 감을 잡을 수 있게 해주셨습니다.

바울의 말에 따르면, 우리가 소망하는 것은 언제나 깊은 기쁨과 깊은 슬픔의 근원입니다. 우리는 이제 그 깊은 소망을 향해 방향을 돌리려고 합니다.

ROMANS
DISARMED

10장
구원, 탄식, 소망

구원의 재고

그의 눈을 사로잡은 건 네온 불빛이었다. 그는 킬(Keele) 스트리트 버스를 탈 때마다 동쪽에 있는 세인트클레어 대학을 힐끗 쳐다보곤 했다. 네온 불빛이 제대로 켜져 있는지 확인하듯이 말이다. 그 네온 불빛은 그에게 매력적인 동시에 거슬리는 것이었다. 거기에는 감동적이면서도 뭔가 불편한, 심지어 두렵기까지 한 감정을 불러일으키는 글씨가 있었다. 그 네온 간판 뒤에는, 그가 평생 살면서 이제야 깊이 깨닫게 된 무언가를 이미 알고 있는 사람들이 있는 게 분명했다. 하지만 그럼에도 불구하고 그 건물 안으로 성큼 들어가기에는 뭔가 불편하다는 것을 그는 육감적으로 알았다.

그 간판은 강한 메시지 하나를 밝은 네온 불빛으로 비추고 있었는데, 거친 정육업자 노동자 이웃들이 모두 다 볼 수 있었다.

```
J E S U S
        A
        V
        E
        S
```

"예수가 구원하신다." 로마서 10장 같은 본문은 교회에 다니는 사람들은 쉽게 고백하는 말이 틀림없다. "네가 만일 네 입으로 예수를 주로 시인하며 또 하나님께서 그를 죽은 자 가운데서 살리신 것을 네 마음에 믿으면 구원을 받으리라"(10:9). "왜냐하면 누구든지 주의 이름을 부르는 자는 구원을 받을 것이기 때문이다"(롬 10:13; 욜 2:32을 인용).

브라이언은 열여섯 살이었고, 그의 인생에서 중요했던 그해에 예수를 따르기로 결심했다. 그의 삶에서 그 변화에 사용된 언어는 구원의 언어였다. 그는 "구원"받았다. 그리고 그 말이 그리 불편하지 않았다. 왜냐하면 정말로 구원받았다는 느낌이 들었기 때문이다. 뭔가 급진적인 일이 그에게 일어났다. 그의 삶의 방향이 완전히 바뀌었다. 그는 한 방향으로 걷다가 예수를 따르기 위해서는 다른 방향으로 가야 한다는 사실을 깨달았고, 그것을 기쁘게 받아들였다.[1]

그런데 이상한 것이 있다. 브라이언은 이 "구원받았다"는 말이 그가 새롭게 만나게 된 그리스도인 친구들 사이에서 하나의 특정한 의미가 있다는 것을 알았고, 그가 그 의미에 반론을 제기하는 것은 아니었지만, 그에게는 구원받았다는 개념이 마음에 확실히 와닿지 않았다. 알다시피 브라이언은 자신이 "분노한 하나님의 손에 들린"(조나단 에드워즈의 표현대로) 소망 없는 죄인이라고 느꼈기 때문에 예수를 따르기로 한 것이 아니었다. 물론 그는 자신이 죄인임을 알았고, 용서 없이는 자신의 삶이 앞으로 나아갈 수 없다는 것도 알았다. 하지만 그것이 그가 예수를 따르기로 한 절대적인 이유는 아니었다. 그래서 그가 구원받았다는 사실을 생각할 때 그런 의미로는 잘 다가오지 않았다.

문제는 당신이 구원을 받으려고 한다면, **무엇으로부터** 구원받아야 한다고 생각하느냐다. 토론토 외곽에서 자란 열여섯 살 난 브라이언이 구원받아야 할 대상은 분노한 하나님이 아니었다. 그는 하나님 자체를 믿지 않았기 때문에 하나님이 화가 나셨든 말든 별로 문제가 되지 않았다. 그가 정말로 구원받아야 할 것은 의미 없는 삶이었다. 곧 무료하고 공허한 도시 외곽의 단조로운 삶, 권력 지향적인 삶, 깊고 깊은 상처를 입은 외로운 삶,

---

1   이것은 지어낸 이야기가 아니다. Brian Walsh의 실제 회심 이야기다. 1인칭으로 쓰는 것이 자연스럽겠지만, 우리 둘이 같이 이번 장을 쓰고 있기 때문에 3인칭으로 처리했다.

그리고 솔직히 말하면 자기를 사랑해주는 아버지가 없는 삶이었다. 그는 이 모든 것으로부터 구원받아야 했다. 아니면 이렇게도 말할 수 있을 것이다. 그는 도덕적인 깊이도 없고, 기쁨의 삶을 지속할 수도 없고, 역사적이고 문화적인 막다른 골목에 갇힌 것 같은 세속적인 내러티브에서 구원받을 필요가 있었다. 그가 당시에는 그렇게 표현할 수 없었지만, 지금은 자신에게 정말 그런 일이 일어났다고 확신한다. 핵심은 그가 집(본향)을 찾고 있었다는 것이다. 그것은 아버지가 부재하거나 깨어진 가족이 있는 집이 아니라, 그가 살고 있던 텅 빈 도심 외곽의 세속주의 안에서는 발견할 수 없는 집이었다. 그는 영혼 깊이 뼈저리게 느끼고 있던 노숙생활 같은 삶과 그가 나고 자란 문화에서 구원받을 필요가 있었다. 이것이 "구원하신" 예수로부터 온 제안이었다면 브라이언이 간절히 얻고자 했던 바였다.

물론 이것은 사람들이 "예수가 구원하신다"는 팻말 뒤에 의도했던 내용이 아닐 것이다. 또한 우리가 학술회의에서 로마서와 로마 제국에 대해 말했을 때 우리에게 질문했던 청중들이 생각했던 내용도 아니었다. 우리는 바울이 어떻게 로마 제국 한복판으로 반제국적인 편지를 보냈는지의 관점에서 로마서 1장을 풀어가는 데 시간을 꽤 할애했다. 바울의 언어가 어떻게 일관되게 로마의 제국적 이데올로기를 와해시키고 있는지 보여주었고, 바울이 황제의 제국적 선포에 대해 대안적 복음을 제시하고 있음을 보여주었다. 그때 한 사람이 손을 들고 이렇게 질문했다. "'복음'으로라는 말이 무슨 의미입니까?"

그가 질문하는 방식으로 볼 때 이것은 분명 질문이 아니었다. 일종의 시험이었다. 그는 우리가 복음을 말하는 방식이 상당히 불편하게 들렸던 터라 직설적인 질문을 해서 우리의 정통성을 시험해보려고 했던 것이다. 그래서 우리는 이렇게 대답했다. "복음은 예수 그리스도 안에서 하나님의 나라가 왔고 황제의 나라는 어쩔 수 없이 몰락한다는 좋은 소식이지요."

그는 더 밀고 나갔다. "그럼 누가 이 복음을 받아들이겠습니까?"

"어린아이와 같은 이들이지요."

"그럼 왜 우리한테 이 복음이 필요합니까?"

"왜냐하면 우리는 빌*** 상태이니까요."

"뭐라고 하셨지요?"

"우리는 빌*** 상태라고요."

"죄는 어떻습니까?"

"제가 한 말이 바로 그겁니다."

예상하겠지만 질문자는 우리의 짧은 대답에 만족하지 못했다. 그는 더 질문을 밀어붙여 우리가 의미하는 복음, 죄, 구원, 더 나아가 동성애에 대해 설명을 요청했다. 그분이 이 책을 읽는다면 그 질문들에 대해 당시 줄 수 있었던 대답보다 더 충실한 답을 들을 거라고 생각한다. 그러나 문제의 핵심은 사실 구원이었다.

그가 옳았다. 문제의 핵심은 구원이다. 우리가 그런 강력한 방식으로 그의 질문에 답을 한 이유 중 하나는 그 방 안에 복음주의 외상 후 스트레스 장애(Post-Evangelical Traumatic Stress Disorder)를 앓고 있는 사람이 많다는 걸 알았기 때문이었다. 이 사람들은 우리에게 질문한 사람의 심문 뒤에 깔린 바로 그 언어와 영성과 복음주의적 문화 때문에 영적으로 감정적으로 외상이 생긴 사람들이었다. 이런 복음주의는 그들 중 많은 사람이 기독교 신앙을 버리는 지경까지 몰아붙였다. 이런 질문들과 그의 취조하는 듯한 어조는 억압적이었던 과거의 기억들을 떠올리게 했다. 과거의 폭력적인 경험 때문에 외상 후 스트레스가 생긴 사람들에게 총을 들이댄 것처럼, 그곳에 있던 많은 사람이 이런 질문 때문에 다시 외상을 입고 있다는 것이 느껴졌다. 그래서 우리는 그곳에 있던 대다수 청년들을 보호하려는 목회적 차원에서 그 질문자에게 다소 공격적인 대답을 했다. 그의 말 속에 담겨 있는 오래된 주문을 깨트리는 용어를 사용해서 그 방에 있던 많은 사람을 자유롭게 할 필요가 있었다. 과거 복음주의에 대한 잘못된 경험으로 스트레스를 받고 있는 사람들의 삶에서 고통스럽고 마비시키는 기억을 단절시키고자 했다. 로마서를 반제국적으로 풀어내어 사람들을 자유롭게 하려던 우리의 작업은 이 사람이 제기한 질문들의 바로 그 속성과 어조로 위협받고 있었다.

이 책을 읽는 독자들도 복음주의 외상 후 스트레스 장애라는 말에 공감할 거라고 생각한다. 누군가 "구원받으셨나요?"라고 물으면 당황스러워하며 아무 말 못 하거나 화를 내거나 초조해하는 반응을 보인다. 이것이 많은 사람이 바울과 그의 로마서와 씨름하는 이유 중 하나일 것이다. 로마서를 해석한 책들을 읽다가 이 책까지 읽게 되었다면 우리에게는 참 감사한 일이다. 하지만 구원의 언어를 피해 갈 방법은 없다. 너무나 많은 사람이 이 말을 통해 경험하는 영적 트라우마를 해결하는 방법은 구원이라는 말과 정면으로 부딪쳐 치유하고 해방시키는 방식으로 이해하고자 애쓰는 것이다. 로마서를 파헤쳐보려면 이 구원이라는 말이 갖고 있는 배타적인 판단주의(exclusionary judgmentalism)를 해체해볼 필요가 있다. 그렇지 않고 우리가 갖고 있는 복음주의 외상 후 스트레스 장애를 치유할 다른 방법은 없다.

여기 질문이 있다. 바울이 구원이라는 말을 무슨 의미로 사용했을까? 깊은 의미에서는 "예수가 구원하신다"는 말에 동의할 테지만 오늘날 현대 그리스도인들이 이 말을 할 때 의미하는 바를 생각하지는 않았을 것이다. 우리가 만들어낸 네레오와 이리스 같은 인물들도 오늘날 대부분의 그리스도인들이 이 단어를 사용하면서 생각하는 그런 의미로 생각하지는 않았을 것이다.

네레오부터 시작해보자. 하나님의 백성이 수치를 당하고, 나라들이 조롱하고, 불의한 자들이 무죄한 자들을 해치려고 음모를 꾸미기 때문에 네레오가 하나님께 부르짖으며 탄원시편들로 기도할 때, 그가 구체적으로 간구하는 것은 하나님이 오셔서 하나님의 백성을 노예로 삼은 이방 나라들을 무너뜨리시고 창조세계에 정의와 온전함을 회복하시는 것이다. 이것이 구원의 모습이다. 하늘에 있는 영원한 집이라든가 그의 영혼을 붙들고 있는 죄책감을 더는 것하고는 아무 관계가 없다. 토라와 예언자 전통에 깊이 뿌리를 내리고 있고, 탄원시들의 슬픔을 잘 알고 있던 네레오에게 구원은 그의 백성, 특히 가난한 자들의 정의에 관한 문제다. 네레오에게 귀향이 있다면, 그것은 분명히 세속적인 귀향이다. 네레오에게 구원은 실제적이었다. 그의 전통은 분명했다. 하나님이 구원을 행하시면 불의와 고통이 끝날 것이다. 이방인 압제자들이 무너질 것이고 하나님의 백성은 구원받고 그들을 정복했던 사람들로부터 자유로워질 것이다. 따라서 바울이 메시아를 받아들이지 않은 동료 유대인들에 대해 그가 갖고 있는 "큰 근심과 마음에 그치지 않는 고통"(롬 9:2)을 쓰기 시작했을 때, 네레오는 그 고통과 혼란스러움에 공감했을 것이다. 그 이야기가 이런 식으로 끝나면 하나님은 어디 계시는가?[2] 구원의 이야기가 이스라엘로 끝난다면 이것이 어떻게 구원의 이야기가 될까? 바울처럼 네레오도 자기 백성의 역사적 현실 안에서 구원의 부재를 경험하면서도 예수의 죽음과 부활 안에서

---

2   그런 질문은 언제나 탄식의 중심에 있다. 참고. Scott A. Ellington, *Risking Truth: Reshaping the World through Prayers of Lament*, Princeton Theological Monograph Series (Eugene, OR: Pickwick, 2008), 87-88.

드러났고 실행된 하나님의 구원이라는 긴장감을 가지고 살았다. 그들은 메시아를 받아들이지도 않았고, 그들의 억압은 하나님의 정의에 의해 전복되지도 않았다.

이제 이리스를 생각해보자. 그녀도 불의와 고통을 끝내고 싶었다. 그녀의 아이들을 빼앗아갈 수 있는 시스템을 끝내고 싶었고, 도덕적으로 살고 싶어도 수치스럽다고 여기는 일들을 하도록 강요하는 노예생활을 끝내고 싶었다. 이리스의 경우에는 속박에서 벗어나는 것이 구원의 핵심이었다. 이리스가 듣기에 바울의 편지는 그녀가 노예로서 경험하는 깊은 고통을 말해주고 있었다.

이리스와 네레오는 이방인과 유대인, 노예와 자유인으로서 각기 다른 것들을 들었겠지만, 그 편지의 어느 부분은 두 사람 모두에게 공감되었다. 만일 그들이 나중에 만나서 이 편지를 읽고 자신들이 느낀 바를 나누었다면 아마 이런 결론이 나왔을 것이다.

우리 둘 다 바울의 말에서 우리 자신이 겪는 고통을 볼 수 있었다. 특히 바울이 환난, 곤고, 박해, 기근, 적신, 위험 그리고 우리 머리를 겨누고 있는 로마의 칼을 언급했을 때 그랬다.[3] 바울이 메시아 예수를 통해 오는 정의의 통치와 반대되는 로마 제국의 죽음의 통치에 대해 말했을 때, 정말 공감되었다. 황제의 통치가 어떻게 많은 사람에게 죽음을 가져오는지 우리는 볼 수 있었다. 정복당한 자들이 죽고, 밭에서 일하는 사람들과 도로를 건설하는 사람들이 죽고, 광산에서 일하는 사람들이 죽고, 주인에게 맞은 노예들이 죽고, 로마를 빛내기 위해 사원은 더 지으면서 거리에서는 아이들이 굶어 죽고, 너무

---

3   롬 8:35.

나 많은 유대인이 자신들의 땅에서 죽음을 맞이했다.

이리스와 네레오 둘 다에게 구원이란 **죽음의 제국적 통치**[4]가 끝나는 것이었다. 그것은 부활을 의미했고 생명을 의미했다. 곧 속박된 자들을 위한 생명, 배고픈 자들을 위한 생명, 벌거벗은 가난한 자들을 위한 생명, 제국의 경제적이고 정치적인 폭력 때문에 죽어가는 자들을 위한 생명이다. 바울이 예수가 주님이시고 하나님이 죽은 자 가운데서 그를 일으키셨음을 고백하면 구원받을 것이라고 말했을 때, 그들은 그 의미가 너무나 잘 이해가 되었다. 다른 주님이 있고, 그의 왕국은 정의와 평화와 기쁨이다(롬 14:17). 이 주님은 죽음을 정복했기 때문에 생명을 가져오는 분이다. **물론** 이 주님을 고백하고 그가 생명을 가져온다고 믿는 것이 구원을 의미했다! 이 책 3장에서 보았듯이 네레오와 이리스 둘 다에게 그러한 구원은 집의 회복과 전적으로 관계가 있었다.

바울의 언어를 좀 더 자세히 보자. 우리가 예수를 주님으로 고백할 때 구원을 받게 된다는 바울의 말은 율법, 예언자들, 이스라엘의 성경이라는 큰 틀 안에서 나온 것이다. 로마서 9-11장은 이스라엘의 성경을 방대하게 인용하고 있는데, 로마서 10장만 봐도 바울은 신명기에서 이사야로, 요엘로, 다시 두 번 더 이사야로 이동한 다음 잠깐 시편 19편을 들렀다가 다시 신명기로 갔다가 다시 한번 이사야를 인용하면서 끝내고 있다.

시편 19편만 빼고 이 모든 성경 인용문들은 한 가지 공통점이 있다. 이 본문들은 모두 유배의 현실과 고향으로 돌아가고 싶다는 열망을 말하고 있다. 이 본문들은 모두 이스라엘이 하나님과의 언약을 저버렸기 때문

---

4 롬 5:14-17에 나오는 "죽음이 왕 노릇 하는 것"을 우리 방식대로 번역한 것이다.

에 그 필연적인 결과로 유배를 예언하고 있거나 유배에서 돌아오게 되는 소망에 대해 말하고 있다. 이 본문들은 모두 집을 잃어버린 현실과 그 집으로 돌아가게 될 거라는 약속과 소망을 말하고 있다. 이 본문들은 모두 집이 없는 현실과 집으로 돌아가는 것에 대해 말하고 있다. 그와 더불어 그 집이 어떤 곳인지, 어떻게 집에 돌아가는지, 누가 집에 돌아가는지를 또한 말해준다. 구원과 귀향은 불가분의 관계다.

신명기 30:12-14(롬 10:6-8에 인용됨)은 하나님의 말씀을 듣고 순종함으로써 언약적 가정을 세우라는 초청이며, 그 말씀은 우리에게 호흡만큼 가까이 있으며 부활하신 주 예수 안에서 우리 가운데 구체화되어 있다. 바울은 이 주님을 고백하면 가정을 무너뜨리는 죄와 죽음의 권세 앞에서 언약적 가정 세우기라는 구원이 우리의 것이 된다고 말한다. 이사야 28:16(롬 10:11)에 근거해서 바울은 "그를 믿는 자는 부끄러움을 당하지 아니하리라"고 우리에게 확실히 말한다. 이사야가 전한 좋은 소식의 맥락은 유배가 끝날 것에 대한 신탁이다. 이와 비슷하게 요엘이 주님을 부르는 자들은 구원을 얻을 것(욜 2:32; 롬 10:13에 인용됨)이라고 말할 때, 그 구원은 유배의 포로에서 벗어나는 것이다. 따라서 "좋은 소식"을 가져오는 사람(사 52:7; 롬 10:15에 인용됨)도 유배가 끝났음을 선포한다. 구원은 유배가 끝나고 집으로 돌아오는 것이다.

물론 이것은 전부 믿기 어렵다. 그래서 이사야는 이렇게 묻는다. "우리가 전한 것을 누가 믿었나이까?"(사 53:1; 롬 10:16에 인용됨) 약속의 성취가 우리가 기대하던 것과 달라 보일 때 그 약속이 성취되었다고 믿기는 어렵다. 그렇다. 이스라엘은 귀향을 원했다. 그러나 확실히 이것은 **그들의** 귀향이다. 결국 **그들의** 약속, **그들의** 언약, **그들의** 의였다. 그렇다면 이 모든 이방인들은 여기서 무엇을 하고 있는가? 낯선 이들이 집을 차지하고 있는

데 어떻게 이것이 귀향이 될 수 있는가? 그리고 바울은 신명기 32:21(롬 10:19에서 인용됨)과 이사야 65:1(롬 10:20에서 인용됨)로 답을 하면서, 하나님의 귀향은 언제나 민족들을 위한 귀향이었고, 그 약속들은 언제나 온 세상을 위한 것이었으며 이러한 귀향을 바라지 않았던 자들도 집으로 초대받는다고 말한다. 이사야 65장은 이렇게 귀향하는 환상을 보여주는데 곧 새 하늘과 새 땅을 그린다. 당연히 바울은 시편 19:4을 언급한다(롬 10:18). 하늘의 바로 그 별들로부터 들려오는 하나님의 목소리, 온 창조세계에 울려 퍼지는 하나님의 이 말씀은 세상 끝까지 "온 땅에 퍼졌다." 집으로의 부름은 계속된다. 집으로의 부름은 모든 창조세계와 모든 민족에 대한 부름이다.

그리고 그 부름은 예수 그리스도 안에서 육체를 입었다. 그분이 그 이야기의 끝이다. 그분은 그 이야기가 언제나 진행되는 장소다. 그분은 하나님의 가정을 세우는 약속들의 성취다. 그래서 "우리가 우리 입으로 예수를 주님이라고 시인하고 마음으로 하나님이 그분을 죽은 자 가운데서 살리신 것을 믿으면 구원받을 것이다." 황제가 아닌 예수를 주님으로 고백함으로써 제국 한복판에서든 아니면 주변으로 밀려나 멸시받던 유대인으로서든 집 없는 상태에서 구원받는다.

로마서 첫 부분으로 다시 돌아가 보면(롬 1:4), 바울은 예수가 주님이라는 고백은 그분이 죽은 자 가운데서 살아나셨다는 믿음(10:9)과 불가분의 관계라고 말한다. 그 부활 안에서 죽음이 갖는 가정을 무너뜨리는 권세는 무너지고, 하나님 나라 안에서 가정을 세우기 위한 문이 새롭게 열린다. 그 부활 안에서, 그리고 이 고백 안에서, 새로운 언약 공동체가 태어나고 유배로부터 돌아오는 일이 이루어진다. 이제 브라이언이 젊은 시절에 보았던 그 간판으로 돌아가 보자.

예수가 구원하신다!…집 없음으로부터.

예수가 구원하신다!…가정이 무너지는 것으로부터.

예수가 구원하신다!…가정을 이루고 있는 모든 거짓되고 비우호적인 것들로부터.

하지만 우리는 이스라엘처럼 자신의 귀향을 계속해서 망치고 있다. 그래서 바울은 이사야 65:2(롬 10:21에 인용됨)에 주신 하나님의 말씀으로 끝을 맺는다. "순종하지 아니하고 거슬러 말하는 백성에게 내가 종일 내 손을 벌렸노라." 하나님이 종일 손을 벌려 우리를 집으로 환영하고 계신다. 하나님은 종일 문을 열어두신다. 하나님은 종일 눈물을 글썽이며 부르시고 외치시고 속삭이신다. "집으로 오라, 집으로 오라." 이것이 하나님의 집을 향한 열망이다. 이것이 하나님의 비애다. 이것이 하나님의 탄식이 우리의 탄식이 되는 장소다.

탄식의 재고

우리가 특정한 슬픔의 상황에 이 책을 놓은 것은 예수 안에서 시작되었고 그를 따르는 공동체 안에서 열매를 맺고 있는, 바울이 보여주는 새로운 창조라는 더 큰 비전이 그 비애감에서 시작되기 때문이다. 월터 브루그만이 지적했듯이, 희망의 새로운 상징들로 변형을 가져오려는 의도를 가진 예언자적 상상력은 그 어둠의 깊이를 파헤침으로써 시작될 필요가 있다. 폭력과 죄의 결과인 고통과 슬픔을 인정하지 않고서 새로움을 상상하는 것은 불가능하다.[5] 바울은 예언이 시작하는 곳, 그리고 실제로 전체 성경 이야기가 시작되는 곳에서 그의 편지를 받는 공동체가 갖고 있는 고통과 슬픔을 안은 채 시작하고 있다고 우리는 믿는다.

그래서 바울이 표현하는 구원이, 그 사도가 자기 백성에 대한 슬픔의 깊이를 드러내는 곳인 9-11장에 나타나는 것은 놀랄 일이 아니다. 바울은 예언자 예레미야와 호세아가 믿음 없는 백성을 향한 하나님의 사랑과 고통과 쓰라림을 가지고 씨름하던 괴로움을 들려주면서 자신이 느끼는 큰 슬픔과 끝나지 않는 고통(9:2)을 말하며 로마서 9장을 시작한다.[6] 로마서 9-11장에서 바울은 반복적으로 이스라엘 백성의 이야기를 들려주는데 예언서 전반에서 발견되는 싸움, 곧 언약의 길을 걷기를 거부하고, 정의를 행하고 인자를 사랑하며 겸손하게 하나님과 함께 행하기를 거부하는 백성을 포기하지 못하는 하나님의 싸움을 보게 된다(미 6:8).

이 싸움은 로마서의 시작부터 계속 있었다. 바울이 로마서 1:18에서 하나님의 진노가 불의하고 경건하지 못한 자들에 대하여 나타났다고 말할 때, 한편으로는 이스라엘 백성에 대한 하나님의 심판과 다른 한편으로는 그 백성을 향한 하나님의 긍휼 사이의 긴장이라는 이야기의 흐름 안에 있음을 우리는 알게 된다. 이 이야기의 흐름은 로마서 안에서 계속 반복된다. 로마서 1장의 진노는 로마서 2:4-5에서 하나님의 호의와 인내와 참음으로 넘어간다. 로마서 3:3-4, 21-26에서는 사람들의 불의가 하나님의 신실함과 은혜와 정의와 인내를 만나게 된다. 로마서 3:25에서는 하나

---

5   Walter Brueggemann, *Prophetic Imagination* (Philadelphia: Fortress, 1978).『예언자적 상상력』(복있는사람 역간, 2009). 다음 글도 참조하라. "The Costly Loss of Lament," *Journal for the Study of the Old Testament* 36 (1986): 57-71.

6   예레미야서와 호세아서는 롬 1:23; 9:25-26; 11:27에서 인용되고 반영된다.

님이 죄를 간과하시는 내용이 나오고, 4:16-25에서는 약속의 은혜가 개략적으로 소개된다. 로마서 5장은 죄인들과 원수들을 향한 하나님의 사랑(5:8-10)과 은혜와 영생이라는 값없이 주는 선물(5:15-21)을 말한다. 로마서 7장과 8장은 죄에 매인 자들이 어떻게 정죄를 받지 않고 자유로워지는지(8:1-2) 말하면서 사람이 땅이나 하늘에서 할 수 있는 **어떤 것**도 하나님의 사랑의 길을 방해할 수 없다고 끝을 맺는다(8:35-39).

로마서 1-8장에서 바울은 계속해서 심판과 용서, 인간의 불의와 하나님의 신실함, 인간의 죄와 하나님의 사랑 사이를 오간다. 그렇게 하면서 바울은 예언자들의 세상을 돌아다니는데, 그들은 다음과 같은 방식으로 하나님의 비애를 표현했다. 즉 신실한 동반자를 잃은 슬픔 가운데, 하나님은 계속해서 새로운 일의 가능성을 가지고 씨름하신다는 것이다. 스캇 엘링턴은 이렇게 표현한다. "야웨는 극심한 분노에도 불구하고 이혼서류에 도장을 찍지 못하는 주저하는 배우자다."[7] 그렇게 주저한 결과, 즉 어떻게 해서든지 관계를 유지하려고 한 결과는 하나님이 그 관계의 고통을 참으시는 것이다. 하나님은 그 관계가 깨진 것을 슬퍼하시지만 이 관계가 주는 고통을 참아내신다.[8] 하나님이 처음에는 침묵하시거나 분노하실지 모르지만, 하나님의 긍휼과 사랑은 너무 커서 분노가 마지막 단어가 될 수 없다.[9]

9-11장에서 바울은 이 역학을 좀 더 분명하게 파헤친다. 불의에 맞

---

7   Ellington, *Risking Truth*, 135.
8   참조. 사 8:18-9:3. 참조. Ellington, *Risking Truth*, 47-52, 133-43. Kathleen M. O'Connor, *Jeremiah: Pain and Promise* (Minneapolis: Fortress, 2012), 61-64.
9   호 11:5-9. Fretheim이 한 말을 되새길 필요가 있다. "슬픔은 언제나 하나님 편에서 보내는 심판의 모습이다." *The Suffering of God: An Old Testament Perspective* (Philadelphia: Fortress, 1989), 112.

서, 돌아서는 것에 맞서, 불신에 맞서, 하나님은 경건하지 않은 것을 없애시고 죄를 용서하시면서 새 단어(a new word)를 가지고 오실 것이다(11:27). 이 장들이 보여주는 모든 우여곡절 속에서 바울은 로마 공동체에 속한 사람들에게 하나님의 사랑과 긍휼과 인내와 구원에 대한 열망과 은혜와 친절과 떨어져 나간 자들을 다시 맞아들이려는 끝없는 욕구를 상기시키며 로마서 8장의 기본 주제로 계속 돌아간다.[10]

예언서들 안에서 하나님이 그 이야기에 대한 다른 결말을 품으실 수 있게 해준 것은 언약의 연대 안에 머물려는 이 헌신이다. 같은 방법으로, 모든 이스라엘이 은혜를 입어 구원받고 하나님이 그들을 사랑하시기 때문에 그들의 죄를 없애주신다는 새 언약이 있는 로마서의 새로운 비전이 가능한 것은 긍휼을 베풀고 구원을 베풀려는 하나님의 깊은 욕망 때문이다(11:26, 31).

바울이 들려주는 이 이야기는 그가 인용하고 있는 예언서들에서 발견되는 싸움과 열정과 소망과 정확히 똑같다. 그리고 바울은 그렇게 하면서 하나님의 마음에 있는 깊은 비애와 자신의 백성과 바른 관계 속에 머물고 또한 그들을 통해 세상과 바른 관계 속에 있고 싶어 하는 하나님의 고통스러운 열망을 드러낸다. 이것 때문에 하나님은 창조세계와 하나님이 부르신 사람들을 위해 계속해서 고통을 받으신다. 그리고 바울은 그러한 고통을 통해 가능해진 구원과 그러한 비애의 깊이를 헤아리기 위해 이 편지에서 많은 말을 사용하고 있긴 하지만, 사실 그 비탄의 한가운데서 이러한 경험을 적절하게 표현할 말이 거의 없음을 인정한다.

---

10 사랑(9:13, 25); 긍휼(9:15-16; 11:30-32); 인내(9:22); 구원에 대한 열망(10:1, 9-10, 13; 11:11, 14, 26); 은혜(11:5-6); 친절(11:22); 떨어져 나간 자들을 다시 맞아들이려는 끝없는 욕구(11:23-32).

그래서 우리도 너무나 많은 말들이 쓰인 이 책의 끝으로 갈수록 그저 할 말이 없음을 고백하게 된다. 때로 말은 너무 쉽고, 너무 값싸다. 때로 말은 침묵을 덮으려는 수다에 불과하다. 이기가 죽었을 때 우리 공동체는 다 같이 침묵 속에 앉아 있었다. 프랭키는 그의 친구를 떠올리며 파티장 구석에 앉아 슬피 울었다. 알다시피 우리 삶의 가장 깊은 자리로 가면 우리의 가장 강력한(사실 가장 압도당하는) 경험들, 바람들, 감정들, 욕망들, 소망들을 깊숙이 끌어 올려보면 사실 우리는 할 말을 잃는다.

아마 그런 이유로 기도의 자리가 그렇게 힘든지 모르겠다. 할 말을 찾지 못하는 것이다. 이는 단순히 과거의 경건(비록 좋은 것일지라도)의 모습에 더 이상 만족할 수 없다는 문제가 아니다. 오히려 그러한 가장 깊은 열망들이 도대체 무엇인지 잘 모른다는 것이다. 뭐라 콕 집어 말할 수 없는 탄식, 슬픔, 한숨, 울음을 발견하게 되고, 때로는 뭐라 말할지 몰라 그저 침묵 속에 하나님 앞에 앉아 있게 된다. 할 말을 잃은 채, 깊은 갈망과 깊은 기다림에 압도당한 채 기다리고 또 기다리는데, 그 기다림이 무엇인지 말로 표현할 수가 없다. 복음주의 외상 후 스트레스를 앓아 본 사람들은 우리가 무슨 말을 하는지 알 것이라 생각한다.

바울도 웅변력 있고 굉장한 어휘들을 사용하긴 했지만 할 말을 잃는다는 것이 무엇인지 알았던 것 같다. 그리고 그의 이 굉장한 편지가 중간쯤에 이르러 더 이상 말로 어찌 표현할 수 없게 되었을 때, 그는 우리 삶의 많은 부분을 특징짓는 이 말로 표현할 수 없는 열망과 기다림이 창조세계의 그 핵심과 조화를 이루고 하나님의 바로 그 마음과 공명을 이루고 있다고 말한다.

모든 창조세계가 간절히 기다린다고 바울은 말한다(롬 8:22). 모든 창조세계가 구원을 염원한다. 모든 창조세계가 이 선한 창조세계에서 신실한 가정을 세우는 자들인 인간의 구원뿐 아니라 모든 것의 회복을 위해 해산의 고통을 겪는다(8:23). 모든 창조세계가 기다린다. 기다림이 계속된다. 따라서 우리는 기다림에서 혼자가 아니다. 우리는 사물의 바로 그 본성과 조화를 이룬다. 사실 우리의 신음, 우리의 한탄은 하나님의 영이 우리 안에서 일하고 있다는 증거다(8:23). 우리 안에 내주하시고, 우리와 동거하시고, 우리 삶에서 집을 세워가시는 성령(8:9-11)은 우리를 노예 상태로부터 풀어주시고 하나님의 귀향 잔치에서 우리를 그리스도의 상속자로 만드시는 바로 그 영이시다(8:12-17). 하지만 바울은 우리가 그리스도와 함께 상속자가 된다면 그리스도와 함께 고난도 받을 거라고 말한다(8:17). 우리는 비전과 현실 사이의 비극적인 간극 안에서 고통을 받는다. 우리는 세상의 상처와 억압의 쓰라림과 창조세계의 한탄과 다름 아닌 바로 그리스도를 경험했기 때문에 매일의 사회적이고 정치적이고 경제적인 삶에서 구체화된 구원에 대한 열망을 경험한다.

하지만 그 이상이 있다. 바울은 또한 성령께서 모든 피조물과 함께 탄식하시고 모든 인간과 함께 해산의 고통으로 새로운 창조세계를 탄생시키기 위해 탄식하고 있다고 주장한다(롬 8:26). 비애가 계속 내려가고, 계속 올라가고, 계속 관통하고, 주변과 내면으로 흐른다. 우리는 모두 이 문제를 겪고 있다.

그런 다음 바울은 여기서 좀 더 나아간다. 성령이 우리와 함께 해산의 고통으로 신음할 뿐 아니라 그 신음은 말로 표현하기에는 너무 깊은 한숨이다. 이것은 너무나 두렵다. 알다시피 성령은 우리의 말로 표현 못 하는 기도를 받아서 하나님께 그것을 말로 옮겨드릴 수가 없다. 왜냐하면 성령도 우리만큼이나 말로 표현 못할 만큼 당혹스럽기 때문이다. [창조 때] 깊은 곳의 표면을 품고 있던 영은 여전히 품고 있고, 여전히 해산하려고 하고 있지만, 산고를 겪는 모든 여인처럼 성령은 신음하면서 말로 다 표현하지 못한다. 말로 표현하기에는 너무 깊은 한숨이다. 그리고 바울은 하나님이 성령의 그 신음을 해석할 수 있다고 우리를 확신시킨다. 하나님은 성령의 마음을 이해할 수 있는데, 이는 성령이 우리를 대신해 신음하시기 때문이다. 하나님은 그 가장 깊은 열망들을 아시고, 우리가 기다리는 것을 아시는데, 하나님이 그 열망들을 공유하시고 우리와 마찬가지로 같은 것을 기다리고 계시기 때문이다.

그래서 우리는 너무나 자주 말로 다 할 수 없는 상태임을 깨닫게 된다. 우리는 기도하기 위해 애쓰고, 우리의 고통과 절망과 깊은 혼란을 표현하려고 애쓰는 자신을 발견한다. 우리는 결국 할 말을 잃는다. 우리에게 남은 것은 오직 눈물이고 한숨이고 신음이다. 그리고 나서 누군가 로마서 8장에서 다음 구절을 즐거이 인용하면서 모든 것을 깨트린다. "우리가 알거니와 하나님을 사랑하는 자 곧 그의 뜻대로 부르심을 입은 자들에게는 모든 것이 합력하여 선을 이루느니라"(8:28). 그런 일을 겪어보았는가? 그리스도인들이 얼마나 자주 가장 절망스러운 상황에서 이 구절에 호소하는지 알고 있었는가?

젊은 아버지가 비극적인 교통사고로 목숨을 잃고, 젊은 아내와 아직 어린 아들이 남겨졌다. 누군가 이렇게 말한다. "마이클은 지금 주님과 함께 있어요. 더 좋은 곳에 있어요." 정말인가? "주님과 함께"한다는 식의 사후의 축복이 이 세상에서 아버지와 남편으로 충만한 삶을 사는 것보다 더 나은가?

한 어린이가 죽을병에 걸렸다. "하나님이 이 일을 멋지고 강력한 방법으로 사용하실 거예요." 글쎄, 하나님이 이 사랑스러운 아이의 삶으로 장난치신다고 생각하지 않는 것이 더 낫지 않을까?

도시의 길거리에 나앉은 너무나 많은 원주민처럼 우리 형제 이기 (Iggy)도 그가 살아온 삶의 엄청난 무게와 짐으로 인해 너무 일찍 죽었다. "하나님은 모든 것에 목적을 갖고 계시고 이것은 그분의 계획의 일부다" 라고 말들 한다. 우리는 정말로 그러한 신의 결정론을 믿고 싶은 것인지 의아하다.

여러분은 모든 탄식을 이기기 위해 이 구절이 언제 등장할지 예견할 수 있다. 상황이 절박하다면 우리의 고통을 말로는 표현할 수 없지만 로마서 8:28에서 위안을 받기가 더 쉬울 것이다. 이는 두터운 아이러니다. 우리가 말할 것이 하나도 없을 바로 그때, 우리는 바울이 성령이 말할 수 없는 탄식을 하고 있고 말로 표현 못할 절망 속에 있다고 말한 바로 그곳에서 두 구절 뒤에 나오는 말씀을 인용한다. 성령은 할 말을 잃었을지 모르지만, 우리는 벙어리로 남겨지지 않을 것이다. 그래서 우리는 우리가 처한 비극을 달콤하게 포장한 영성을 붙든다.

바울이 "우리가 알거니와 하나님을 사랑하는 자 곧 그의 뜻대로 부르심을 입은 자들에게는 모든 것이 합력하여 선을 이루느니라"라고 말한 것은 사실이지만, 확실히 이것은 우리가 처한 진짜 고통과 고난을 무시하거나 일축한 것이 아니다. 분명히 우리는 지금까지 바울이 은폐하는 저자가 아니라는 것을 보아왔다. 이 로마서는 슬픔을 잘 아는 감성에서 나온 것이다. 그리고 이 편지의 8장은 고통과 고난으로 가득 차 있다. 바울은 우리가 그리스도와 함께 고난을 받는다고 말한다. 그리고 바울은 그가 "장차 우리에게 나타날 영광"(8:18)이라고 부른 것의 관점에서 이 고통을 두고 싶어 하는 반면, 우리는 그러한 고통이 성령 하나님의 마음과 존재에 바로 들어가는 모든 창조세계를 통한 신음과 맥을 같이한다는 것을 보아왔다. 바울은 우리의 현실이 그러한 구원과 거리가 멀다는 것을 알기 때문에 구원을 기다리고 열망한다고 말한다. 그는 보이지 않는 소망(8:24-25)을 말하는데, 젊은 남편이자 아빠의 만신창이가 된 몸과 터키 해안가에 있던 시리아 난민 소년의 생명 없는 육체와 약화시키는 질병과 우리를 꼼짝 못 하게 하는 절망 속에서는 쉽게 발견할 수 있는 희망이 없기 때문이다.

바울은 여기서 결정주의를 말하는 것이 아니다. 그는 하나님의 마음과 목적을 어렴풋이나마 볼 수 있게 한다. 그는 우리가 소망 안에서 구원받는다고 말했다. 무엇에 대한 소망인가? 사랑이 이긴다는 소망이다. 선이 악보다 강하다는 소망이다. 우리가 그리스도의 형상을 닮아갈 거라는 소망이다. 그리스도 안에서 온전해지고, 우리 삶에서 하나님의 형상을 드러낼 거라는 소망이다. 인간과 모든 피조물이 우리의 소명을 완성할 거라는 소망이다. 우리가 수치의 사람이 아닌 회복된 영광의 사람들이 될 거라는 소망이다. 이것은 이 편지 전체에 스며들어 있는 소망이다.

그리고 이것은 우리로 하여금 그가 말한 모든 것이 합력하여 선을 이룬다는 이 유명한 구절을 다시 읽게 한다. 이는 로마서 8:28을 우리에게 닥쳐오는 모든 악에 대한 만병통치약으로 받아들이는 것이 아니다. 우리는 실제로 이 구절을 완전히 잘못 읽었다. 사실 잘못된 번역에 기쁘게 끌려갔다고 해야 옳을 것이다. 이렇게 볼 만한 충분한 이유가 있는데, 이 구절에서 그리스어 시제를 자세히 보면 일반적인 번역에 의문을 품게 된다.

우리가 알거니와 하나님을 사랑하는 자 곧 그의 뜻대로 부르심을 입은 자들에게는 모든 것이 합력하여 선을 이루느니라.

이렇게 번역하면 안 된다.

우리가 알거니와 하나님을 사랑하는 자 곧 그의 뜻대로 부르심을 입은 자들의 선을 위해 하나님은 모든 것 속에서 일하시느니라(NIV).

이렇게 번역해서도 안 된다. 오히려 다음과 같이 번역해야 한다.

우리가 알거니와 하나님을 사랑하는 자 곧 그의 뜻대로 부르심을 입은 **자들과 함께** 하나님은 모든 것 안에서 선을 위해 일하시느니라.[11]

차이점을 알겠는가?

바울은 "힘내, 보기와는 달리 하나님이 다 통치하고 계셔"라고 말하는 것이 아니다. 오히려 바울은 고난과 고통과 창조세계의 해산의 고통에 직면해서, 깊고 깊은 열망과 말로 표현할 수 없는 한숨과 신음에 직면해서, 말을 한마디도 할 수 없는 상황에 직면해서 예수를 따르는 자들은 값싼 말이나 안이한 위로로 대처하지 않고 구속의 길을 찾느라 바쁘게 움직인다고 말한다. 우리는 부르심 받은 목적을 부지런히 행한다. 하나님을 사랑하는 자들은 창조세계를 보살피라는 소명을 받아들인 자들이고, 죽음에 직면해서 생명의 비전을 갖는 자들이고, 반대되는 증거에도 불구하고 구속을 주장하는 자들이다. 바울의 세계관에서 하나님을 사랑하는 자들은 하나님의 형상으로 새로워져서 하나님 나라를 간절히 열망하고 그리스도와 함께 고난을 받는 자들이다.

하나님은 하나님을 사랑하고 그의 뜻대로 부르심을 받은 **자들과 함께**

---

11   참조. Robert Jewett, *Romans: A Commentary*, Hermeneia (Minneapolis: Fortress, 2007), 527.

선을 위해 일하신다. 공동체 공원을 만들어 가꾸고, 화석연료 사용을 줄이려고 하며, 난민 가족을 후원하거나 원주민과의 더 깊은 화해를 추구하고, 공동체를 세우거나 죽어가는 사람들의 옆에서 철야하고, 우리의 자원을 나누고, 경제적 재분배를 찬성하며, 그 밖에 다른 많은 방법으로 우리는 하나님이 말로 다할 수 없는 악에 직면하여 모든 것이 합력하여 선을 이루도록 하는 데 함께 일한다. 말은 할 수 없을지 모르지만 아무것도 하지 못하는 것은 아니다. 할 말은 없겠지만, 아무것도 못한다는 의미는 아니다.

　　바울은 계속해서 이렇게 말한다. "하나님이 미리 아신 자들을 또한 그 아들의 형상을 본받게 하기 위하여 미리 정하셨으니 이는 그로 많은 형제 중에서 맏아들이 되게 하려 하심이니라"(8:29). 여기서는 예정론과 관련한 신학적 논쟁에는 얽히지 말자. 요점은 그것이 아니다. 하나님의 미리 아심은 하나님의 전지하심에 대한 선언이 아니라 우리가 태어나기 전부터 우리를 사랑하셨다는 의미다. 여기서 하나님의 예정은 우리가 그분의 아들의 형상을 닮는다는 것이다. 당신의 삶을 향한 하나님의 목적을 알고 싶은가? 그렇다면 예수를 닮아가라! 그것이 하나님의 목적이다. 그것이 우리가 언제나 도달해야 할 모습, 즉 하나님의 형상으로 회복되는 것이다. 우리는 폭력을 당하도록, 죽도록, 비극적인 상처를 경험하도록 예정된 것이 아니다. 그것은 경건한 결정론이라는, 약화시키는 이단적 주장이다. 오히려 우리는 예수의 형상을 닮도록 예정되었다. 우리는 예정되었고 부름 받았는데, 예수의 가족으로 초대되고 그 가족의 일원으로 살아감으로써 우리의 가장 깊은 의미와 완성을 발견하게 된다.

　　바울은 이것이 우리의 영광이라고 말한다. 그 모든 것이 영광으로 귀결된다. 우리는 우상을 숭배하면서 하나님의 영광과 그분의 형상을 닮아야 할 우리의 부르심을 가치 없고 어리석은 새긴 형상들(1:23)로 바꿔버렸다. 바울은 우리가 그리스도와 함께 고난을 받으므로 그분과 함께 영광을 받게 된다고 말한다(8:17). 현재의 고난은 우리에게 나타날 영광과 비교하면 아무것도 아니라고 바울은 감히 말한다(8:18). 창조세계는 "하나님의 자녀들의 영광의 자유"를 얻게 될 것이다(8:21). 의롭다 하신 그들을 또한 영화롭게 하신다(8:30). 이 영광은 죽음의 왕국을 전복시키는 하나님 나라다. 이 영광은 하나님의 자녀가 사랑하고 보살피는 가정을 세우는 자들로서 집으로 돌아오는 것이다. 또 이 영광은 하나님의 임재가 회복된 정의로운 삶에 내주하실 때 드러난다. 이것은 하나님의 목적이 완수되고 사랑이 이길 때 우리가 만나게 되는 영광이다. 우리가 그런 영광을 향해 일할 때 하나님의 형상, 실제로는 고난받는 그리스도의 형상을 회복한 자들로서 우리 삶을 살아낼 때, 그때 우리는 서로 협력하여 하나님과 함께 모든 생명이 구원받도록, 모든 것이 처음 창조되었을 때처럼 보시기에 "좋았더라"(창 1:4, 10, 12, 18, 21, 25, 31)고 했던 상태로 변화되도록 일하게 된다.

바울의 비전은 우리 삶에서 그러한 고통을 야기하는 실제 악을 덮어버리지 않는다. 실제로 그는 8장을 끝내면서 하나님의 백성을 공격하는 많은 악을 거론한다. "누가 우리를 그리스도의 사랑에서 끊으리요?"(8:35)라고 물은 후, 그렇게 하나님과 우리를 분리시키려는 악들을 거론한다. 경제적 억압으로 생기는 어려움, 삶이 위기에 처했을 때 생기는 좌절, 국가의 힘과 경제력을 휘두르는 사람들에 의해 힘 없는 자들이 당하는 박해, 생태계가 파괴되고 시장이 조작되어 생기는 기아, 우리 옷을 만드는 사람들의 헐벗음, 표준 이하의 상황에서 일하는 사람들의 위험, 마지막으로 국가의 억압적인 강요인 칼이 있다. 분명히 이것들은 실제적인 악이고 실제적인 위협들이다. 바울의 서신서를 논하면서 우리가 줄곧 살펴보았듯이 그는 악을 거론하면서 위축되지 않는다. 그는 이 모든 것들에도 불구하고 "우리를 우리 주 그리스도 예수 안에 있는 하나님의 사랑에서 끊을 수 없다"(8:39)고 말한다. 이것은 값싼 경건이 아니다. 이것은 위장이 아니다. 이것은 저항의 함성이다. 이것은 반제국적 소망의 심장이다.

소망의 재고[12]

하나님이 자신의 백성과 함께 슬퍼하신다는 사실이 갖는 중요성은 아무리 강조해도 지나침이 없다. 왜냐하면 가장 기본적인 의미로 슬퍼한다는 행위는 **진리를 말하는** 것이고, 불의를 드러내고 고통을 표현하고 폭력과 거짓이 양산하는 공포를 드러내는 행위이기 때문이다.[13] 하나님은 부단히 진실을 말씀하시는 하나님이시다. 그래서 하나님은 인간이 서로와 세상을 향해 끊임없이 가하는 테러에 대한 증인으로서 고통스러워하신다. 그리고 하나님이 그러한 고난을 넘어서는 미래를 꿈꿀 수 있는 것은 부지런히 그 고난을 드러내시기 때문이다. 바로 하나님 그 자신이 화해와 치유와 용서를 간절히 바라신다. 하나님의 긍휼과 용서에 대한 넘치는 증언들은 하나님이 다루시고 치유하시고 참으시고 용서하시기 위해서 그 슬픔을

---

12 아래 단락은 Sylvia C. Keesmaat의 글에 기반한 것이다. Sylvia C. Keesmaat, "Walking with the Oppressed: Lamen and New-Creation Hope," *One God, One People, One Future: Essays in Honour of N. T. Wright*, ed. John Anthony Dunne, Eric Lewellen (London: SPCK, 2018), 388-417.

13 Soong-Chan Rah은 미국 내 인종 차별의 현실과 관련하여 슬퍼하고 진실을 말하는 것의 중요성을 논한다. Soong-Chan Rah, *Prophetic Lament: A Call for Justice in Troubled Times* (Downers Grove, IL: IVP, 2015), 44-59. 다음도 참고하라. Joshua Beckett, "Lament in Three Movement: The Implications of Psalm 13 for Justice and Reconciliation," *Journal of Spiritual Formation and Soul Care* 9, no. 2 (2016): 209.

드러내야 한다는 의미다. 이로 인해 하나님의 마음에는 죽음의 고통과 부활의 가능성이 모두 있게 된다.

이런 하나님을 닮은 사람들은 그러한 진실을 말하는 것이 사명이 된다. 이런 이유로 이 책 앞부분에서 로마에 있는 그 공동체의 비애를 묘사하면서 노예와 생존 노동자들의 삶이 어떠했는지 대략적으로 살펴보았다. 우리가 불의한 성학대, 경제적 억압, 인신매매, 노예와 유대인들에게 수치를 안겨주는 명예 시스템, 이방인의 배제를 거론하지 않으면, 복음이 이런 고통스러운 상황에 가져오는 소망의 말이나 로마서에서 바울의 언어가 갖는 급진적인 성격을 이해할 길이 없을 것이다. 바울이 소년들에 대한 폭력적인 성학대와 성전 매춘(1:26-27) 및 로마 경제체제의 불의와 교만과 탐욕과 치명성과 거짓과 무모함(1:29-31)을 정죄할 때, 그는 뭔가 구체적인 것을 말하고 있다. 바울이 사리사욕을 탐하고 불의를 위해 진리를 무시하는 사람들을 말할 때(2:8), 입으로 죽음을 전하고 평화의 길을 알지 못하기에 속이며 피 흘리고 망치고 비참하게 만드는 자들을 말할 때(3:13-17), 불의를 위해 일하는 죽음과 죄의 제국적 통치에 대해 말할 때(5:17; 6:12), 이 편지의 원 수신자들은 자신들이 경험했던 성학대를 언급한다고 들었을 것이다. 또한 자신들을 굶주리게 하고 집을 잃게 만들며 노예가 되게 했던 경제적 폭력을 들었을 것이다. 그런 시스템을 가능하게 했던 거짓말들을 들었을 것이다. 로마 식민주의가 다른 민족들에게 가져다준 비극과 폐허를 들었을 것이다. 바울은 일반적인 죄와 불의를 말한 것이 아니다. 그는 자신이 편지를 쓰는 사람들, 즉 1세기 중반 로마에 살고 있던 사람들의 경험을 거론하고 있다.

월터 브루그만은 이것을 "고통의 대중적 표현"을 가능하게 한 "이데올로기 비판"이라고 부른다.[14] 그런 비판 없이는 그 공동체의 고통의 깊이를 알 수 없고, 광범위한 치유가 필요하다는 것을 생각하지 못하게 된다. 바울이 이 공동체 안에 있는 너무나 많은 사람의 삶을 형성했던 고통과 폭력을 거론했기 때문에, 그들의 고통이 그의 로마서 집필에 깊이 녹아 있었기 때문에, 이 공동체가 하나님 아들의 형상을 닮기 위해 어떤 모습으로 부르심을 받았는지에 대한 그의 비전은 실로 급진적이고 치유적이었다. 앞서 보았듯이 로마서 12-15장에서 바울은 명예/수치 시스템을 가능하게 했던 사회 구조를 뒤엎는 공동체를 묘사한다. 사랑과 상호 간의 애정을 실천하고 자신이 받는 것보다 더 존중하려고 애쓸 때, 존중의 경계를 유지하기는 어렵다(12:10). 마땅히 생각할 그 이상으로 스스로를 생각하지 않고(12:3), 공동체 내 다른 사람들의 필요를 위해 자신의 것을 나누고 손님을 대접하며(12:13), 교만을 피하고 억압받는 자들과 함께 걷는다면(12:16), 무자비한 탐욕과 거짓말하는 교만의 경제학을 실천하기는 어렵다. 진정으로 사랑하고 상호 존중하고 악을 미워하고 선한 것을 굳게 지킨다면(12:9), 종을 성적으로 학대하기는 어렵다. 박해하는 자를 축복하고(12:14) 우는 자들과 함께 울고(12:14) 원수에게 먹을 것과 마실 것을 주면서(12:20), 이웃에게 폭력을 가하기는 어렵다. 그리스도가 우리를 환영하듯이 힘없는 자들을 자신의 식탁에 초대하면서, 거만과 불의로 다른 사람을 위협하기는 어렵다(15:1-7).

그러므로 바울이 "억압받는 자들과 함께하라"(12:16 저자의 번역)고 할 때, 그가 그렇게 하는 이유는 그리스도인은 어떠해야 하는지를 우리에게

---

14   Walter Brueggemann, "Unity and Dynamic in the Isaiah Tradition," *Journal for the Study of the Old Testament* 29 (1984): 89-107, 여기서는 97.

가르쳐줄 수 있는 사람이 바로 울고 있는 억압받는 자들이기 때문이다.[15] 그들은 폭력적인 문화가 "정상적으로" 기능할 때 요구되는 고통과 슬픔을 말로 표현하도록 도와준다. 이것이 우리가 이 책을 시작하면서 우리 친구 이기의 이야기를 하고, 로마서를 해석하는 관점 안에 원주민들을 집단 학살하려고 했던 시도를 늘 염두에 두고 있었던 이유다. 서구문화를 형성한 식민주의의 폭력적인 결과를 보여주는 것은 기숙사 트라우마를 아직도 갖고 있는 사람들이다. 우리 경제체제가 중산층에서 게임을 앞서 시작하지 않은 사람들을 깔아뭉개버리는 현실은 집이나 최저생계 직업을 구할 수 없는 사람들을 보여준다. 좀 더 고급주택에 사는 이웃들을 위해 집을 빼앗긴 사람들은 우리 사회경제체제 안에서 가난한 자들이 소망도 없고 집도 가질 수 없음을 보여준다. 교통법규 위반으로 보석금도 없이 감옥에 갇히거나 총에 맞아 죽은 사람들은 백인이 지닌 특권의 부당함을 보여준다. 핸드폰 부품을 생산하는 광산에 의해 자신들의 땅이 오염된 사람들은 우리에게 우리의 삶이 지구에 가하는 폭력을 보여준다. 기아와 전쟁으로 살 곳을 잃은 사람들은 우리의 지속적인 소비로 인해 가난한 자들의 삶에 부과된 환경세를 우리에게 보여준다. 바로 성소수자 공동체에 속한 사람들은 우리 교회들이 행하는 배제가 어떻게 죽음과의 언약이 되는지를 보여준다. 우리가 진심으로 회개해야 할 필요성을 깨닫고, 진심으로 용서를 구해야 할 죄를 알게 되는 것은 바로 이 사람들이 받는 고통을 공유할 때다.[16] 죽음의 지배로 고통을 받아온 사람들만이 정의의 지배가 정말로

---

15 사 31:8-9과 관련해서, O'Connor는 어떻게 여기서 말하는 "연약한 자, 취약한 자, 낮은 자, 상처 입은 자가 새 생명의 중심에 오게 되는지" 설명한다. 이와 비슷하게 그녀는 이렇게 말한다. "그들(잊힌 자, 장애를 가진 자, 취약한 자)은 사회에서는 가장 낮은 자들이지만, 그 새로운 공동체 안에서는 살아 있는 심장이 될 것이다." O'Connor, *Jeremiah*, 105, 106.

16 Rah, *Prophetic Lament*, 89-97; Katherine Moloney, "Weeping, Warning, and Woe in

얼마나 생명을 주는지 보여줄 수 있다(롬 5:21). 슬퍼하는 자들의 인도 없이, 우리가 어떻게 새 창조의 약속이 진실로 복음이 되고 좋은 소식이 되며 구원이 되는 사람들의 고통을 이해할 수 있겠는가? 슬퍼하는 자들의 인도 없이, 우리가 어떻게 십자가에 못박힌 하나님의 비애를 이해할 수 있겠는가? 그들의 탄식 안으로 들어가 보지 않고 어떻게 감정적인 낙관주의 이상의 어떤 것을 소망하는 삶을 가늠해볼 수 있겠는가?

브루그만은 **이데올로기의 비판**과 **고통의 수용**이 **새로움의 수용**과 **사회적 상상력의 해방**을 가능하게 한다고 강조한다.[17] 이 역학은 새 창조를 상상할 수 있는 가능성을 이데올로기의 비판 안에 뿌리내리게 한다. 즉 불의를 나열하지 않으면, 죄가 바울의 맥락과 우리 시대 맥락에서 현실감 있게 표현되지 않으면, 그것이 만들어낸 고통과 고난을 인정할 가능성이 없다. 그리고 그 고통이 인정되고 애도되지 않는다면 미래에 대한 소망의 어떤 비전도 상상할 수 없다. 브루그만이 상기시키듯이 "슬픔만이 새로움을 허용한다."[18] 소망은 언제나 애도에서 태어난다. 이것은 슬퍼하는 공동체가 행하는 진실을 말하는 것의 힘이다. 그것이 예언서뿐 아니라 로마서가 갖는 역동성이다. 그것이 예언서들의 역동성이기 **때문에** 예언적 전통에 경도된 사도가 쓴 로마서의 역동성이라고 말하는 것이 더 정확할 것이다. 로마서에서 바울은 이데올로기 비판으로 시작해서(롬 1-7장), 고통의 수용으로 나아가고(롬 8-11장), 당시의 통치 이데올로기와 세계관을 바꾸어놓을 대안적인 미래에 대한 비전을 그려 나간다(롬 12-16장).

Revelation 18: The Role of Lament in Establishing Collective Responsibility and Enabling Collective Repentance," *Expository Times* 127, no. 7 (2016): 320.

17 Brueggemann, "Unity and Dynamic," 99-102.

18 Walter Brueggemann, *The Hopeful Imagination: Prophetic Voices in Exile* (Philadelphia: Fortress, 1986), 41. 다음도 참고하라. "Unity and Dynamic," 94-102.

애도가 없는 소망은 이데올로기다. 바울은 이렇게 말한다. "우리가 소망으로 구원을 얻었으매 보이는 소망이 소망이 아니니 보는 것을 누가 바라리요. 만일 우리가 보지 못하는 것을 바라면 참음으로 기다릴지니라"(롬 8:24-25). 보이는 것과 보이지 않는 것 사이의 긴장, 우리가 사는 부정할 수 없는 고통스러운 현실과 앞으로 모든 것이 다 회복될 것이라는 비전 사이의 긴장에서 소망이 생겨난다. 하지만 바울이 인간의 죄악된 현실을 묘사하면서 구체적으로 언급했듯이 소망 또한 사회문화적이고 역사적인 구체성을 띠고 있다.

지위와 명예로 가난한 자들과 노예들에게 수치와 모욕을 주는 것을 합법화했던 세상에서, 바울은 이 공동체를 향해 모두를 환대할 뿐 아니라 위엄과 존중을 한 번도 경험해보지 못한 사람들에게 위엄과 존중을 표하라고 요청한다(롬 12:10, 16). 그렇다면 집이 없고, 정신적으로 병들고, 지적 장애를 가진 사람들이 위엄과 존중을 받는 공동체를 그려볼 수 있겠는가?

경제적 구분이 뚜렷하게 존재하고 집안들이 서로 경쟁하는 세상에서 바울은 이 공동체에게 공동체 안에서 서로 나누는 경제를 실천할 뿐 아니라 낯선 이를 환대하라고 요청한다(롬 12:13). 그렇다면 너무 많이 가진 자가 없고 모두가 충분히 소유하는 세상, 피부색이나 억양이나 성 정체성 혹은 성적 성향 때문에 거리에서 공격당하거나 추방당하는 일이 없는 그런 세상이 그려지는가?

원수를 헐뜯는 세상에서 바울은 우리에게 잘못한 사람을 관대하게 대하고 축복하며 친절을 베풀라고 요청한다(롬 12:14, 20). 그렇다면 공격적인 복수보다는 정치적 원조를 제공하고, 교회들은 투쟁보다는 용서를 설파하며, 범죄자들이 배제되기보다 환대받고 지지를 받는 세상이 그려지는가?

고난받는 자들의 아픔은 사회질서를 위한 어쩔 수 없는 부수적인 피해라고 여겨 외면당하고 무시되는 세상에서 바울은 이 공동체에게 우는 자들과 함께 울고 억압받는 자들과 함께 걸으라고 요청한다(롬 12:15-16). 그렇다면 고난받는 자들의 목소리가 우리의 상상력을 지배하던 군국주의와 소비주의 이데올로기를 전복시키는 세상이 그려지는가? 특권을 가진 자들이 다른 사람들의 고통, 창조세계의 고통, 하나님의 고통에 참여하기 위해 그 특권을 희생하는 세상이 상상이 가는가?

바울은 이런 세상을 본 것이 분명하다. 이것은 우리가 살고 싶은 세상이기도 하다. 이것이 바울이 우리에게 요청하는 소망이다. 우리가 억압받는 자들과 함께하고 슬퍼하는 자들이 우리를 이끌도록 허용한다면, 아마도 우리는 이리스와 네레오와 함께 새로운 창조를 상상할 뿐 아니라 다른 사람들도 그 새 창조가 도래했음을 알아차릴 수 있는 방법으로 살아가게 될 것이다.

로마서를 무장해제 하다

로마서 읽기를 통해 제국의 질서를 전복시키기

Copyright © 새물결플러스 **2023**

1쇄 발행 2023년 1월 31일

지은이   실비아 키이즈마트, 브라이언 왈쉬
옮긴이   이선숙
펴낸이   김요한
펴낸곳   새물결플러스

편 집   왕희광 정인철 노재현 이형일 나유영 노동래
디자인   박인미 황진주
마케팅   박성민 이원혁
총 무   김명화 이성순
영 상   최정호 곽상원
아카데미   차상희

홈페이지   www.holywaveplus.com
이메일   hwpbooks@hwpbooks.com
출판등록   2008년 8월 21일 제2008-24호
주 소   (우) 04118 서울시 마포구 마포대로19길 33
전 화   02) 2652-3161
팩 스   02) 2652-3191

ISBN 979-11-6129-250-2 03230

책값은 뒤표지에 있습니다.